图书在版编目（CIP）数据

北京石景山年鉴. 2022/北京市石景山区地方志办公室编.—北京：中华书局，2022.12
ISBN 978-7-101-16065-9

Ⅰ.①北… Ⅱ.①北… Ⅲ.①石景山区—2022—年鉴
Ⅳ.①Z521.3

中国版本图书馆 CIP 数据核字（2022）第 255021 号

责任编辑：朱 慧

北京石景山年鉴 2022
北京市石景山区地方志办公室编
*
中 华 书 局 出 版
（北京市丰台区太平桥西里 38 号 100073）
http://www.zhbc.com.cn
E-mail:zhbc@zhbc.com.cn
廊坊市金虹宇印务有限公司印刷
*
889×1194 1/16 28.75 印张 35 插页 1060 千字
2022 年 12 月第 1 版 2022 年 12 月第 1 次印刷
印数：1300 册 定价：260.00 元

ISBN 978-7-101-16065-9

地址

北京市石景山区
八角西街27号

电话

010-68883642

传真

010-68880579

邮编

100043

电子信箱

sjsqzb@126.com

《北京石景山年鉴》编纂委员会

《北京石景山年鉴》编辑部

编 纂 说 明

一、《北京石景山年鉴》是石景山区人民政府主办、区地方志办公室按年编纂、连续出版的大型综合性、权威性、资料性工具书。自2006年开始逐年编纂并公开出版，本卷为第17卷。

二、年鉴以马克思列宁主义、毛泽东思想、邓小平理论、“三个代表”重要思想、科学发展观和习近平新时代中国特色社会主义思想为指导，遵循实事求是的原则，并力求科学、客观、全面、系统记录石景山区经济和社会发展的基本情况，体现时代特征、地区特点、行业特色。旨在为社会各界了解、研究石景山区提供基本资料。

三、年鉴收录范围以地域为界，凡在石景山区境域之内的部门单位、各行各业，不论其性质、隶属关系和级别，均在收录之列。本卷以详记区属各系统、各单位情况为主，适当记述辖区内中央、市属单位情况，既突出主题又概括全貌。

四、年鉴所收录资料信息的主要形式为文字（文章和条目）、数据（表格）、图片，采用分级分类编纂法，以条目体为主，用规范的语体文直陈其事，文字力求言简意赅。按栏目、分目、次分目、条目四级结构层次编排。

五、本鉴设置32个类目。分为：总述、特载、专文、大事记、中共石景山区委员会、石景山区人民代表大会、石景山区人民政府、政协石景山区委员会、纪检监察、民主党派、人民团体、法治、军事、应急管理、新首钢高端产业综合服务区与首钢集团、经济管理、商务、旅游、城市规划与建设、城市管理、生态环境、科学技术、教育、文化、卫生、体育、社会事业、社会生活、街道、人物荣誉、统计资料、附录。全书总计约106万字。

六、本鉴记述时限均为2021年1月1日至12月31日，本卷中凡未注明年份的事物，均为2021年内所发生。各级负责人任职情况，一律以2021年12月31日在册统计为准。

七、本鉴所用文章和条目，部分由区属各部门和驻区有关单位确定专人撰写或提供，并经撰稿单位主管领导审核。综合性统计资料由区统计局提供，业务部门的统计数字则由各主管部门提供。随文图片由各单位提供为主，编辑部提供为辅。

八、本鉴卷首有“总目”和“分目”，卷尾有“索引”。索引采用主题分析法，按主题词首字汉语拼音字母顺序排列。“总目”采用中英文对照，便于涉外交流。

区域总面积 85.74 平方千米

常住人口 56.6 万人，户籍人口 39.0 万人

地区生产总值 959.9 亿元

三次产业构成为 0∶16.5∶83.5

财政收入总计 187.4 亿元

财政支出总计 253.8 亿元

社会消费品零售总额 439.9 亿元

居民人均可支配收入 84666 元

居民人均消费支出 44790 元

全社会固定资产投资增速 17%

图书馆藏书 117.9 万册

文物保护单位 36 个

卫生技术人员 9564 人

医疗病床实有床位 5320 张

6月17日，中国共产党成立100周年庆祝活动石景山区服务保障动员部署会召开

6月25日，石景山区召开“两优一先”表彰大会

6月24日，石景山区举行离退休干部光荣在党50年纪念章颁发仪式

6月18日，区领导参观“红色回响·石景山”庆祝中国共产党成立100周年主题展

6 月 18 日，石景山区举行“奋斗百年路”党史宣讲首场报告会

6 月 25 日，石景山区举办“永远跟党走 百年正青春”情景党课

7 月 16 日，石景山公安分局举办“忠诚誓言”庆祝中国共产党成立 100 周年暨优秀共产党员主题宣讲活动

6 月 19 日，区妇联举办“颂党恩 传家风”家风家教主题宣传日活动

6月18日，八宝山街道九旬老人出板报—— 一支画笔绘就党的百年历程

6月3日，八角街道景阳东街第二社区举办楼门红色故事汇活动

2 月 25 日，石景山区举办冬奥城市志愿者骨干训练营活动

4 月 9 日，首钢滑雪大跳台场馆团队进行首次全流程演练

9 月 29 日，北京冬奥公园正式开园迎接游客

12 月 4 日，冬奥公园志愿者为游人提供信息咨询服务

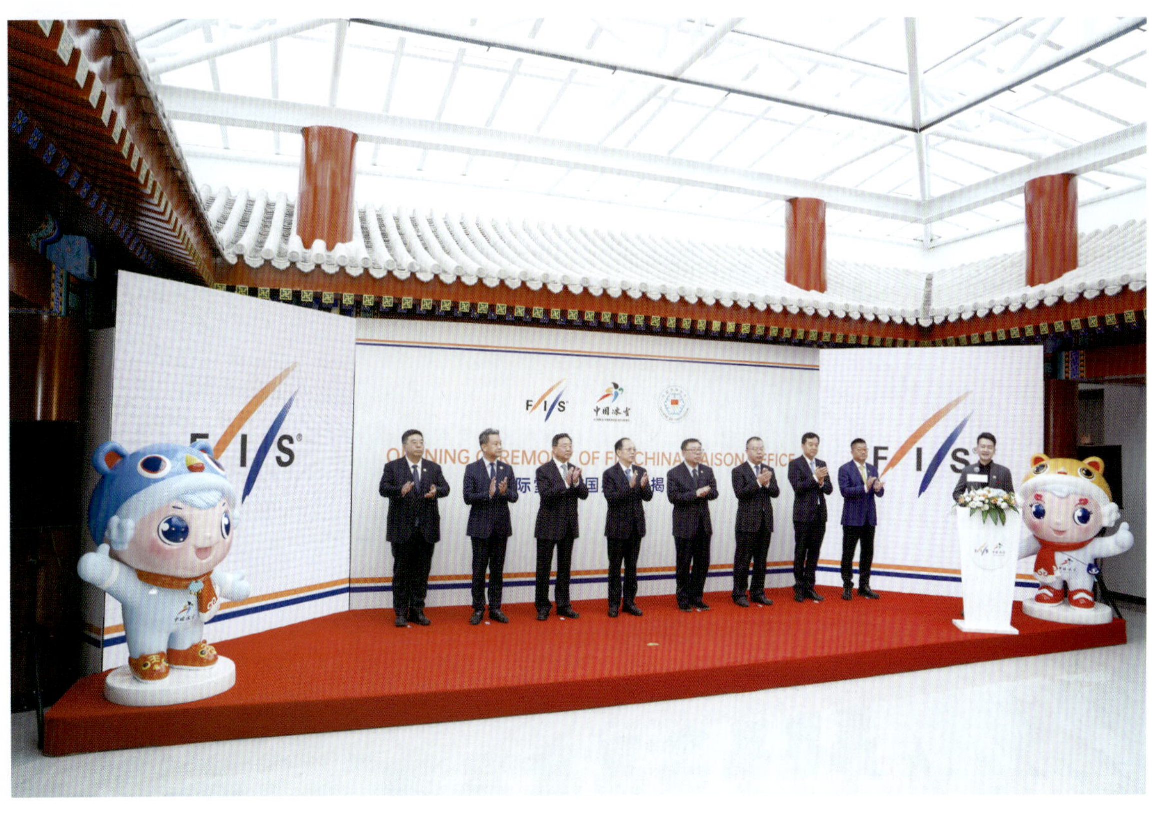

9 月 28 日，国际滑雪联合会中国办事处揭牌仪式在石景山区举行

12 月 26 日，石景山区举行“带动三亿人参与冰雪运动”示范活动

12 月 16 日，石景山区冬奥社区综合文化中心建成

12 月 26 日，石景山区举办第八届市民快乐冰雪季活动

12 月 13 日，石景山区委常委班子集体到八宝山革命公墓党员干部政德教育基地重温入党誓词

2月4日，石景山区“接诉即办”第一次专班工作推进会召开

11 月 8 日，石景山区“以案为鉴、以案促改”警示教育大会召开

12月13日，政协北京市石景山区第十一届委员会第一次会议召开

12 月 14 日，北京市石景山区第十七届人民代表大会第一次会议召开

9 月 2 日，2021 年中国国际服务贸易交易会拉开帷幕，石景山主场展示“首都城市西大门”风采

9 月 28 日，以“科学梦想创造未来”为主题的 2021 中国科幻大会在首钢园区开幕

3 月 10 日，石景山区与门头沟区合作发展工作座谈会召开

1 月 15 日，石景山区与清华五道口 EMBA13 期共同举办“聚焦石景山，共话新发展”主题活动

8 月 19 日，石景山区政府与中国建设银行北京市分行签署《城市更新战略框架协议》

1 月 19 日，石景山区与中交投资签订合作协议

1 月 18 日，石景山区“两区”建设宣传推介会举办

4 月 9 日，石景山区政府与北京市青年企业家协会签署《推进战略合作备忘录》

5 月 12 日，北京市石景山区博物馆揭牌仪式

9 月 26 日，北京西山永定河文化高峰论坛举办

十一期间，石景山游乐园国庆活动期间一角

5 月 3 日，第二十届八大处中国园林茶文化节开幕

7 月 5 日，北京市十一学校石景山学校新建工程开工仪式

11 月 9 日，北大附中石景山学校（新址）建设工程开工仪式

4 月 23 日，石景山医院胸痛中心通过中国胸痛中心认证并授牌

4 月 13 日，石景山区首辆流动接种车开进社区

5 月 25 日，石景山区首次开展“直播带岗　职业体验”专项活动

10 月 13 日，石景山区第十二届残疾人运动会开幕

2 月 2 日，中共北京市石景山区委生态文明建设委员会第四次全体会议召开

5 月 19 日，石景山区北辛安消防救援站举行揭牌仪式

9 月 7 日，石景山区北辛安棚户区改造 A 区 1608-669 地块竣工

9 月 16 日起，S1 线金安桥站－苹果园站开始进行空载试运行

12 月 27 日，地铁 M11 号线（金安桥站－新首钢站）正式开通试运行

年内，首钢园区环境持续改善，图为群明湖

初春，莲石湖迎来成群白天鹅

总　目

区情概览 …… 1
特　　载 …… 5
专　　文 …… 21
大 事 记 …… 27
中共石景山区委员会 …… 31
综述 …… 32
区委重要会议 …… 32
主要工作和重大活动 …… 41
组织建设 …… 46
宣传工作 …… 54
精神文明建设 …… 55
统一战线 …… 57
台港澳事务 …… 59
全面深化改革 …… 60
决策研究 …… 62
机构编制管理 …… 62
老干部管理 …… 63
区直机关党建 …… 66
党校教育 …… 67
党史编研 …… 68
石景山区人民代表大会 …… 71
综述 …… 72
重要会议 …… 72
监督工作 …… 75
国家工作人员任免和监督 …… 76
代表工作 …… 76
重要工作和活动 …… 77
人大专门委员会工作 …… 78
石景山区人民政府 …… 81
综述 …… 82
主要工作和重大活动 …… 82
退役军人事务 …… 99
双拥工作 …… 101
政务服务 …… 102
外事 …… 104
信访 …… 107
政协石景山区委员会 …… 109
综述 …… 110
重要会议 …… 110
专门委员会 …… 111
重要活动 …… 113
主要职能 …… 114
纪检　监察 …… 117
综述 …… 118
监督工作 …… 118
审查调查 …… 119
巡察工作 …… 120
民主党派 …… 121
综述 …… 122
民革石景山区工委 …… 122
民盟石景山区工委 …… 123
民建石景山区工委 …… 124
民进石景山区工委 …… 125
农工党石景山区工委 …… 126
致公党石景山区工委 …… 127
九三学社石景山区工委 …… 127
人民团体 …… 129
综述 …… 130
石景山区总工会 …… 130
共青团石景山区委员会 …… 133
石景山区妇女联合会 …… 135
石景山区科学技术协会 …… 137
石景山区归国华侨联合会 …… 138
石景山区工商业联合会 …… 138
法　　治 …… 141
政法委与综治 …… 142
公安 …… 142
检察 …… 144
法院 …… 146
司法行政 …… 148
法治政府建设 …… 149
军　　事 …… 151
人民武装 …… 152
人民防空 …… 153
应急管理 …… 155
综述 …… 156
综合管理 …… 156
应急救援 …… 158
防灾减灾救灾 …… 159
安全监管 …… 160
新首钢高端产业综合服务区与首钢集团 …… 163
综述 …… 164

服务保障北京冬奥冬残奥 …… 164
新首钢高端产业综合服务区 …… 165
首钢集团 …… 168
经济管理 …… 171
综合调控 …… 172
经济和信息化 …… 174
财政 …… 178
税务 …… 179
金融 …… 182
审计 …… 184
统计 …… 185
市场监管 …… 188
招商引资 …… 192
国有资产监管 …… 193
国有资产经营 …… 195
集体经济 …… 196
烟草专卖 …… 197
商　　务 …… 199
综述 …… 200
商务服务业 …… 200
对外经贸 …… 201
旅　　游 …… 203
综述 …… 204
旅游活动 …… 204
行业管理 …… 206
北京石景山游乐园 …… 208
八大处公园 …… 209
城市规划与建设 …… 211
规划与自然资源管理 …… 212
建设管理 …… 215
工程竣工 …… 217
城市管理 …… 221
综述 …… 222
城市环境建设管理 …… 222
市政基础设施建设 …… 224
交通 …… 225
水务 …… 228
市容环境 …… 230
园林绿化 …… 232
公园管理 …… 236
城市管理监督指挥 …… 237
消防救援 …… 239
气象 …… 242
防震减灾 …… 244
生态环境 …… 245
综述 …… 246
环境质量 …… 246
生态环保督察 …… 247
环境监管 …… 248
节能减排 …… 249
生态保护 …… 249
科学技术 …… 251
综述 …… 252
科技活动 …… 254
中关村科技园区石景山园 …… 255
教　　育 …… 261
综述 …… 262
学前教育 …… 265
基础教育 …… 266
高等教育 …… 268
成人教育 …… 270
职业教育 …… 272
教育督导 …… 273
民办教育 …… 276
文　　化 …… 277
综述 …… 278
西山永定河文化带建设 …… 279
群众文化 …… 280
图书馆 …… 283
文化遗产保护 …… 283
文化创意产业 …… 286
文化市场 …… 287
媒体传播 …… 287
档案 …… 288
地方志 …… 289
文联活动 …… 289
卫　　生 …… 291
综述 …… 292
卫生应急 …… 294
医疗服务管理 …… 294
社区卫生服务 …… 295
疾病预防与控制 …… 297
卫生监督 …… 300
生育服务管理 …… 301
中医药事业 …… 301
药品安全监管 …… 302
体　　育 …… 303
综述 …… 304
冬奥会服务保障 …… 304
体育产业 …… 305

竞技体育 …… 306
群众体育 …… 307
社会事业 …… 309
综述 …… 310
社区建设与管理 …… 310
社会领域党建 …… 312
社会工作队伍建设 …… 313
民政工作 …… 313
社会组织 …… 318
社会生活 …… 319
人力资源 …… 320
社会保障 …… 325
医疗保险 …… 326
民族宗教事务 …… 327
红十字事业 …… 328
残疾人事业 …… 329
街　道 …… 331
八宝山街道 …… 332
鲁谷街道 …… 333
老山街道 …… 334
八角街道 …… 336
古城街道 …… 337
苹果园街道 …… 339
金顶街街道 …… 340
广宁街道 …… 343
五里坨街道 …… 344
人物　荣誉 …… 347
全国先进集体 …… 347
全国先进个人 …… 347
北京先进集体 …… 347
北京先进个人 …… 347
统计资料 …… 349
附　录 …… 351
中共北京市石景山区委主要文件目录 …… 351
北京市石景山区人民政府主要文件目录 …… 352
区域文化设施名录 …… 353
公证服务机构 …… 354
公安分局派出所 …… 354
街道社区居委会 …… 354
索　引 …… 359

CONTENTS

SUMMARY …… 1
SPECIAL ISSUE …… 5
FEATURES …… 21
CHRONICLE OF EVENTS …… 27
SHIJINGSHAN DISTRICT COMMITTEE OF THE COMMUNIST PARTY OF CHINA …… 31
Overview …… 32
Main Conferences of District Committee …… 32
Main Work and Activities …… 41
Organization Building …… 46
Publicity Work …… 54
Construction of Spiritual Civilization …… 55
Work on the United Front …… 57
Affairs Related to Hong Kong, Macao and Taiwan …… 59
Comprehensively Deepen the Reform …… 60
Policy Research …… 62
Organization Staffing …… 62
Work on Senior Cadres …… 63
Party Building of All District Official Organs …… 66
Party School …… 67
Party History Study …… 68
PEOPLE'S CONGRESS OF SHIJINGSHAN DISTRICT …… 71
Overview …… 72
Major Conferences …… 72
Supervision Work …… 75
Appoint or Remove Administrative Personnel …… 76
Work Related to Deputies …… 76
Main Work and Activities …… 77
Special Committees …… 78
PEOPLE'S GOVERNMENT OF SHIJINGSHAN DISTRICT …… 81
Overview …… 82
Main Work and Activities …… 82
Veterans Affairs …… 99
Double Support Work …… 101
Administrative Services …… 102
Foreign Affairs …… 104
Letters and Visits …… 107
SHIJINGSHAN DISTRICT PEOPLE'S POLITICAL CONSULTATIVE CONFERENCE …… 109
Overview …… 110
Main Conferences …… 110
Special Cammittees …… 111
Main Activities …… 113
Special Committees …… 114

DISCIPLINARY INSPECTION AND SUPERVISION …… 117
Overview …… 118
Supervision …… 118
Inquiry …… 119
Cruising …… 120
DEMOCRATIC PARTIES …… 121
Overview …… 122
Shijingshan District Committee of Revolutionary Committee of the Chinese Kuomintang …… 122
Shijingshan District Committee of China Democratic League …… 123
Shijingshan District Committee of the China National Democratic Construction Association …… 124
Shijingshan District Committee of China Association for Promoting Democracy …… 125
Shijingshan District Committee of Chinese Peasants and Workers Democratic Party …… 126
Shijingshan District Committee of China Zhi Gong Party …… 127
Shijingshan District Committee of Jiu San Society …… 127
PEOPLE'S ORGANIZATIONS …… 129
Shijingshan District Federation of Trade Unions …… 130
Shijingshan District Committee of China Communist Youth League …… 130
Shijingshan District Women's Federation …… 133
Shijingshan District Association for Science and Technology …… 135
Shijingshan District Federation of Returned Overseas Chinese …… 137
Shijingshan District Federation of Industry and Commerce …… 138
RULE OF LAW …… 141
Political and Legal Affairs Committee …… 142
Public Security …… 142
Procuracy …… 144
People's Court …… 146
Judicial Administration …… 148
Nomocracy …… 149
MILITARY AFFAIRS …… 151
People's Armed Forces …… 152
People's Aerial Defense …… 153
Emergency Management …… 155
Overview …… 156
Management …… 156
Emergency Rescue …… 158
Protection against and mitigation …… 159
Administration of Work Safety …… 160
THE NEW SHOUGANG HIGH - END INDUSTRY COMPREHENSIVE SERVICE PARK AND SHOUGANG GROUP …… 163
Overview …… 164
Service Guarantee of Winter Olympic and Paralympic Games …… 164
The New Shougang High - end Industry Comprehensive Service Park …… 165
Shougang Group …… 168
COMPREHENSIVE MANAGEMENT OF ECONOMY …… 171
Economic Regulation …… 172
Economy and Informationization …… 174
Public Financial Administration …… 178

Taxation Administration …… 179
Financial Industry Service Management …… 182
Auditing …… 184
Statistics …… 185
Administration for Market Regulation …… 188
Investment Attraction …… 192
State – owned Assets Administration …… 193
State – owned Assets Operation …… 195
Collective Economy …… 196
Tobacco Monopoly …… 197
COMMERCE AND TRADE …… 199
Overview …… 200
Commercial Service Industry …… 200
External Economy …… 201
TOURISM …… 203
Overview …… 204
Tourism Activity …… 204
Tourism Management …… 206
Bejing Shijingshan Amusement Park …… 208
Badachu Park …… 209
URBAN PLANNING AND CONSTRUCTION …… 211
Planning and Land Resources Management …… 212
Construction Management …… 215
Priority Project …… 217
Western construction of Shijingshan ……
URBAN MANAGEMENT …… 221
Overview …… 222
City Environmental Construction Management …… 222
Municipal infrastructure construction …… 224
Traffic Affairs …… 225
Water Affairs …… 228
Urban Environment …… 230
Landscape and Forestry …… 232
Park Management …… 236
City Management Supervision and Direction …… 237
Fire Prevention …… 239
Meteorology …… 242
Earthquake Prevention …… 244
ECOLOGICAL AND ENVIRONMENTAL PROTECTION …… 245
Overview …… 246
Environmental Quality …… 246
Inspection on Ecological and Environmental Protection …… 247
Environmental Regulation …… 248
Energy Conservation & Emission Reduction …… 249
Ecological Protection …… 249
SCIENCE AND TECHNOLOGY …… 251

Overview ······ 252
Science Activities ······ 254
Shijingshan Sub – park of Zhongguancun Science Park ······ 255
EDUCATION ······ 261
Overview ······ 262
Preschool Education ······ 265
Elementary Education ······ 266
Higher Education ······ 268
Adults Education ······ 270
Vocational Education ······ 272
Educational Supervision ······ 273
Education Run by Non – State Sectors ······ 276
CULTURE ······ 277
Overview ······ 278
Construction of Xishan – Yongding river Cultural Belt ······ 279
Cultural Service ······ 280
Libraries ······ 283
Cultural Relics Protection ······ 283
Cultural Creative Industries ······ 286
Cultural Market ······ 287
Media Communication ······ 287
Archives ······ 288
Local Chronicles ······ 289
Federation of Literary and Art Circles ······ 289
HEALTH ······ 291
Overview ······ 292
Health Emergency ······ 294
Medical Service and Management ······ 294
Community Health Service ······ 295
Disease Prevention and Control ······ 297
Health Inspection and Supervision ······ 300
Fertility Service Management ······ 301
Traditional Chinese Medicine Cause ······ 301
Drug Administration ······ 302
SPORTS ······ 303
Overview ······ 304
Winter Olympic Games Service Guarantee ······ 304
Sports Industry ······ 305
Competitive Sports ······ 306
Public Sports ······ 307
SOCIAL PROGRAMS ······ 309
Overview ······ 310
Community Development and Administration ······ 310
Party Building in Social Field ······ 312
Construction of Social Work Team ······ 313
Civil Affairs ······ 313

Social Organization …… 318
SOCIAL LIFE …… 319
Human Resources …… 320
Social Insurance …… 325
Medical Insurance …… 326
Ethnic Group Work & Religion Work …… 327
Red Cross Cause …… 328
Disabled People's Cause …… 329
SUB - DISTRICTS …… 331
Babaoshan Sub - District …… 332
Lugu Sub - District …… 333
Laoshan Sub - District …… 334
Bajiao Sub - District …… 336
Gucheng Sub - District …… 337
Pingguoyuan Sub - District …… 339
Jindingjie Sub - District …… 340
Guangning Sub - District …… 343
Wulituo Sub - District …… 344
FIGURES AND HONOR …… 347
STATISTICS …… 349
APPENDIX …… 351
INDEX …… 359

目　录

区情概览

基本地情 …… 2
重点任务 …… 2
经济发展 …… 2
城市建设与管理 …… 3
教育　文化　卫生　体育 …… 3
社会建设与社会治理 …… 3

特　载

在中国共产党北京市石景山区第十三次代表大会上的工作报告 …… 6
政府工作报告 …… 14

专　文

石景山区2021年国民经济和社会发展统计公报 …… 22

大事记

1月 …… 28
2月 …… 28
3月 …… 28
4月 …… 28
5月 …… 28
6月 …… 28
7月 …… 29
8月 …… 29
9月 …… 29
10月 …… 29
11月 …… 30
12月 …… 30

中共石景山区委员会

综述 …… 32
概况 …… 32
市委领导到区调研 …… 32
区委重要会议 …… 32
概况 …… 32
党建工作会议 …… 32
区委十二届十三次全体会议 …… 32
区委工作务虚会 …… 32
“以案为鉴、以案促改”警示教育大会 …… 32
区委十二届十四次全体会议 …… 32
区第十三次党代会 …… 33
区委十三届一次全体会议 …… 33
常委(扩大)会议 …… 33
街道部门党(工)委、党组书记月度工作点评会 …… 33
领导干部会议 …… 33
常委会会议 …… 34
主要工作和重大活动 …… 41
概况 …… 41
创建全国文明城区 …… 41
服务保障北京冬奥会筹办 …… 42
党史学习教育 …… 43
京西产业转型升级示范区建设 …… 43
市委巡视整改 …… 43
对口支援合作交流 …… 43
军民融合发展 …… 44
庆祝中国共产党成立100周年 …… 44
“带动三亿人参与冰雪运动”示范区建设 …… 44
重大活动服务保障 …… 44
接诉即办改革 …… 44
新冠肺炎疫情防控 …… 45
打造新时代首都城市复兴新地标 …… 45
“五子”联动 …… 45
保障和改善民生 …… 45
开展专题调研 …… 45
组织建设 …… 46
概况 …… 46
完成社区党组织换届 …… 46
加强党管人才 …… 46

公务员考核与考试录用 …… 46
社区“两委”换届三到位三严格 …… 46
区级基层党组织书记工作室授牌 …… 46
党建研究会理事会 …… 47
“两优一先”表彰大会 …… 47
成立社会实践基地 …… 47
“景贤人才”评选认定 …… 47
举办人才培训班 …… 47
选调生补助资金管理使用 …… 47
首都基层治理专题研讨会 …… 47
重点人群核酸检测 …… 47
党员队伍情况 …… 47
公务员信息更新采集 …… 48
区第十三次党代会代表选举 …… 48
党建工作领导小组会 …… 48
疫情风险人员排查管控 …… 49
疫情防控保障 …… 49
开展党内表彰 …… 49
基层党建“品牌创建”工程 …… 49
“我为群众办实事”实践活动 …… 49
“一把手进社区”活动 …… 49
“两新”组织“两个覆盖” …… 50
“两新”组织教育培训 …… 50
新业态、新就业群体党建 …… 50
党群服务中心建设 …… 50
各领域党建 …… 50
党支部标准化规范化建设 …… 50
党组织完成换届 …… 50
基层党员教育培训 …… 50
发展党员工作 …… 51
党内帮扶工作 …… 51
颁发“光荣在党50年”纪念章 …… 51
开展专项工作 …… 51
强化理论武装 …… 51
锤炼党性修养 …… 52
推进精准施训 …… 52
做精做细教育培训 …… 52
加强换届风气监督 …… 52
领导干部个人有关事项报告 …… 52
干部选拔任用“一报告两评议” …… 52
选人用人工作专项检查 …… 53
开展审计监督 …… 53
干部日常监督管理 …… 53
印发人才发展规划 …… 53
加大人才支持力度 …… 53
景贤杯创新创业大赛 …… 53
走进高校引才计划 …… 53
健全人才服务体系 …… 53
加强人才工作宣传力度 …… 53
完善党建工作责任制 …… 53
开发远程教育精品资源 …… 53
开展远教平台督学促学 …… 54
“一呼百应”整合并入“城市大脑” …… 54
日常运行维护和数据资源管理 …… 54
宣传工作 …… 54
概况 …… 54
组建百姓宣讲团全区巡讲 …… 54
冬奥倒计时100天线上活动 …… 54
冬奥倒计时50天线上活动 …… 54
区委理论学习中心组学习 …… 54
党的十九届六中全会精神学习 …… 54
意识形态建设和管理 …… 54
党史学习教育 …… 55
新闻宣传 …… 55
新时代文明实践所、站、基地试点 …… 55
软件正版化成果 …… 55
“扫黄打非”成果 …… 55
新闻出版审批 …… 55
精神文明建设 …… 55
概况 …… 55
深化公民思想道德建设 …… 56
榜样模范选树宣传 …… 56
深化学雷锋志愿服务 …… 56
深化未成年人思想道德建设 …… 56
推动文明行为促进条例贯彻落实 …… 56
倡导健康文明的生活方式 …… 56
拓展公共文明引导行动 …… 56
深化文明城区创建 …… 56
深化文明单位创建 …… 57
深化文明家庭创建 …… 57
统一战线 …… 57
概况 …… 57
庆祝大会服务保障 …… 57
“不忘百年初衷·共筑百年梦想”活动 …… 57

全面从严治党主体责任 …… 57
为统战对象办实事 …… 58
巩固共同思想政治基础 …… 58
服务地区高质量发展 …… 58
完成各民主党派换届 …… 58
完成区政协换届 …… 58
加强参政党建设 …… 58
党外代表人士队伍建设 …… 58
完善大统战工作格局 …… 59
宣传调研工作 …… 59
侨海外统战工作 …… 59
侨梦苑北京论坛 …… 59
民营经济领域统战 …… 59
新阶层人士统战 …… 59
台港澳事务 …… 59
概况 …… 59
春节走访慰问 …… 59
“京港一家亲，共赏元宵灯”活动 …… 59
冬奥主题交流 …… 60
涉台疫情防控 …… 60
节庆品牌活动 …… 60
“百年复兴·共享荣光”活动 …… 60
京台教学交流 …… 60
落实惠台措施 …… 60
加强涉台宣传 …… 60
全面深化改革 …… 60
概况 …… 60
深化城市更新改革 …… 60
深化产业转型改革 …… 60
深化基层治理改革 …… 61
深化养老服务体制改革 …… 61
深化医药卫生体制改革 …… 61
深化教育综合改革 …… 61
深化公共文化服务改革 …… 61
深化政法领域改革 …… 61
深化党建领域改革 …… 61
决策研究 …… 62
概况 …… 62
区重点协作调研课题 …… 62
石景山区城市更新问题研究 …… 62
关于加快推进石景山区产业转型升级的研究 …… 62
优秀调研文集 …… 62
决策参考 …… 62
机构编制管理 …… 62
概况 …… 62
事业单位改革试点 …… 63
完善事业单位治理体系 …… 63
完善党政机构职能体系 …… 63
事业单位法人登记管理 …… 63
街道体制改革评估 …… 63
第二次机构编制核查 …… 63
老干部管理 …… 63
概况 …… 63
走访慰问 …… 63
老干部自管组织建设 …… 63
组织领导 …… 64
区老干部活动中心新址启用 …… 64
政治建设 …… 64
思想建设 …… 64
党组织建设 …… 65
阵地建设 …… 65
党建引领老干部工作向基层延伸 …… 65
增添正能量活动 …… 65
落实政策办实事 …… 65
区直机关党建 …… 66
概况 …… 66
政治建设 …… 66
助力创城 …… 66
疫情防控 …… 66
党史学习教育 …… 66
学习活动 …… 66
双报到工作 …… 66
夯实组织基础 …… 66
党代表选举 …… 66
帮扶慰问 …… 67
打造党建品牌 …… 67
纪律作风建设 …… 67
群团工作 …… 67
党校教育 …… 67
概况 …… 67
区党支部书记学院成立 …… 67
市首家团支部书记学院成立 …… 67
举办28期主体班 …… 67
科研工作 …… 68

党史编研 …… 68
概况 …… 68
“红色回响·石景山”主题展览 …… 68
区党史基本著作出版 …… 69
编印《石景山·红色记忆》 …… 69
刊发《见证石景山》 …… 69
· 中共北京市石景山区第十三届委员会 …… 69
· 石景山区委工作机构主要负责人 …… 69
· 石景山区政府工作机构党组织书记 …… 70

石景山区人民代表大会

综述 …… 72
重要会议 …… 72
概况 …… 72
区十六届人大七次会议 …… 72
区人大常委会第三十三次会议 …… 72
区人大常委会第三十四次会议 …… 72
区人大常委会第三十五次会议 …… 73
区人大常委会第三十六次会议 …… 73
区人大常委会第三十七次会议 …… 74
区人大常委会第三十八次会议 …… 74
区人大常委会第三十九次会议 …… 74
区十七届人大一次会议 …… 74
区十七届人大常委会第一次会议 …… 75
人大常委会主任会议 …… 75
监督工作 …… 75
督办大会议案和代表建议 …… 75
监督经济社会高质量发展 …… 75
监督城市治理和环境保护工作 …… 76
监督民生保障和文化发展 …… 76
监督监察和司法工作 …… 7676
人大备案审查 …… 76
预算审查监督 …… 76
国家工作人员任免和监督 …… 76
国家工作人员任免 …… 76
监督任命干部履职情况 …… 76
代表工作 …… 76
代表履职服务和管理 …… 76
会前集中活动 …… 77
重要工作和活动 …… 77
换届选举 …… 77
人大工作研讨会 …… 77
建党百年重大活动服务保障 …… 77
投入冬奥筹办“百日会战” …… 77
做好疫情防控工作 …… 78
督导全国文明城区创建 …… 78
人大专门委员会工作 …… 78
概况 …… 78
人大法制委员会 …… 78
人大财政经济委员会 …… 78
人大教科文卫体委员会 …… 79
人大城建环保委员会 …… 79
人大社会建设委员会 …… 79
· 石景山区第十六届人民代表大会常务委员会 …… 79
· 石景山区第十六届人民代表大会专门委员会 …… 79
· 石景山区第十六届人大常委会工作机构负责人 …… 80
· 石景山区第十七届人民代表大会常务委员会 …… 80
· 石景山区第十七届人民代表大会专门委员会 …… 80
· 石景山区第十七届人大常委会工作机构负责人 …… 80

石景山区人民政府

综述 …… 82
主要工作和重大活动 …… 82
概况 …… 82
政府常务会 …… 82
“两区”建设宣传推介会 …… 92
光功能材料与芯片项目专家论证会 …… 93
走访高新技术企业 …… 93
区政府英文版门户网站正式上线 …… 93
西苑医院调研西部医院建设 …… 93
与金融街控股、中青旅座谈 …… 93
国家体育总局到区调研 …… 94
赴航天云网公司调研 …… 94
对口支援协作 …… 94
与中国电科集团座谈 …… 94
石景山区博物馆正式对外开放 …… 94
“两区”建设招商推介 …… 94
北辛安消防站揭牌 …… 95
市人大常委会到区调研 …… 95
赤塔市“城市日”庆典 …… 95
总责任规划师聘任 …… 95
“高校京西发展联盟”成立 …… 95

冬奥会文化广场授牌 …… 96
模式口文保区专家聘任 …… 96
“带动三亿人参与冰雪运动”工作推进会 …… 96
“带动三亿人参与冰雪运动”示范区建设 …… 97
冬奥会倒计时200天活动 …… 97
走访信息科学研究院 …… 97
与芬兰商会座谈交流 …… 97
冬奥会倒计时100天活动 …… 97
中国虚拟现实产学研大会 …… 97
荣膺“平安中国建设示范区”称号 …… 98
第八届市民快乐冰雪季 …… 98
中国关工委调研考察 …… 98
推进接诉即办 …… 98
冬奥保障服务 …… 99
全民参与冬奥 …… 99
退役军人事务 …… 99
概况 …… 99
走访慰问和困难帮扶 …… 99
服务保障体系建设 …… 99
优抚工作 …… 100
褒扬纪念 …… 100
转业军官安置 …… 100
退役士兵安置 …… 100
自主择业军转干部服务管理 …… 100
社会保险接续 …… 100
退役军人就业创业 …… 100
矛盾问题攻坚化解 …… 100
军休干部接收安置 …… 100
无军籍职工管理 …… 101
军休干部服务管理 …… 101
军休党委建设 …… 101
双拥工作 …… 101
概况 …… 101
军政齐心谋发展 …… 101
服务部队办实事 …… 101
双拥月送关怀 …… 101
双拥宣传氛围浓厚 …… 101
解决“三后”问题 …… 101
深化政策宣传落实 …… 101
基层双拥活动丰富 …… 102
创建双拥品牌 …… 102
新冠疫情联防联控 …… 102
全力助推重点工程 …… 102
政务服务 …… 102
概况 …… 102
机构沿革 …… 102
政务服务事项办理 …… 102
政务服务体系建设 …… 102
营商环境优化 …… 102
“数字服务”建设 …… 102
抗击新冠肺炎疫情 …… 103
服务冬奥筹办 …… 103
大厅建设管理 …… 103
“接诉即办”工作 …… 103
政府信息和政务公开 …… 103
区政府公报发行 …… 103
信息主动公开 …… 103
英文版门户网站 …… 103
政府信息依申请平台 …… 104
政务公开新媒体平台 …… 104
惠企政策兑现栏目 …… 104
“会议公开”栏目改版 …… 104
政府网站内容监管 …… 104
区级政策查询库 …… 104
政务新媒体突出问题排查整治 …… 104
政府对外联系电话自查整改 …… 104
外事 …… 104
概况 …… 104
拓展海外资源 …… 105
外籍人员疫苗接种 …… 105
友好城市交往 …… 105
展示地区国际形象 …… 105
中芬创意交响乐音乐快闪活动 …… 105
与麻浦区缔结友城25周年纪念展 …… 106
因公出国(境)管理 …… 106
涉外疫情防控 …… 106
服务保障冬奥筹办 …… 106
国际交往中心功能建设 …… 106
营商环境优化 …… 106
信访 …… 107
概况 …… 107
《信访风采》出版 …… 107
市领导接访 …… 107
信访条例宣传月 …… 107

区领导接访 …… 107
中央政法委调研 …… 107
新时代网上枫桥经验 …… 107
矛盾纠纷排查化解 …… 107
复查复核 …… 107
· 石景山区人民政府区长、副区长 …… 107
· 石景山区人民政府工作机构主要负责人 …… 107

政协石景山区委员会

综述 …… 110
重要会议 …… 110
概况 …… 110
区政协第十届委员会第五次会议 …… 110
区政协第十一届委员会第一次会议 …… 110
常务委员会会议 …… 110
主席会议 …… 110
专门委员会 …… 111
概况 …… 111
经济科技委员会 …… 111
社会法制与民族宗教委员会 …… 112
城建环保委员会 …… 112
教文卫体委员会 …… 112
提案委员会 …… 112
学习与文史委员会 …… 113
重要活动 …… 113
概况 …… 113
学习培训活动 …… 113
纪念“五一口号”发布长走活动 …… 113
与兄弟区(市)政协友好往来 …… 113
开展相关调研座谈 …… 114
“笔情墨趣”书画展开幕 …… 114
政协工作理论研讨会 …… 114
市政协到区开展协商调研 …… 114
主要职能 …… 114
概况 …… 114
组织协商议政 …… 115
开展民主监督 …… 115
参政议政 …… 115
· 中国人民政治协商会议北京市石景山区第十届委员会 …… 115
· 石景山区政协专门委员会负责人 …… 115
· 石景山区政协工作机构负责人 …… 116
· 中国人民政治协商会议北京市石景山区第十一届委员会 …… 116
· 石景山区政协专门委员会负责人 …… 116
· 石景山区政协工作机构负责人 …… 116

纪检　监察

综述 …… 118
概况 …… 118
区纪委十二届九次全体会议 …… 118
区纪委十三届一次全体会议 …… 118
监督工作 …… 118
概况 …… 118
北京冬奥会、冬残奥会专项监督 …… 118
以案为鉴、以案促改 …… 118
粮食购销领域腐败问题专项整治 …… 118
开发区领域腐败问题专项监督 …… 118
新冠肺炎疫情防控监督 …… 118
全面从严治党工作考核 …… 118
落实中央八项规定精神 …… 118
纠治形式主义、官僚主义 …… 118
巡视整改 …… 119
扫黑除恶专项斗争监督执纪问责 …… 119
换届监督 …… 119
小微权力腐败问题监督 …… 119
创建文明城区监督 …… 119
12345 市民服务热线“接诉即办”监督 …… 119
廉政宣传教育 …… 119
审查调查 …… 119
概况 …… 119
信访举报 …… 119
监督执纪“四种形态” …… 119
案件处置 …… 119
信息技术保障 …… 119
巡察工作 …… 120
概况 …… 120
政治巡察 …… 120
巡察“后半篇文章” …… 120
制度化规范化建设 …… 120
· 中共北京市石景山区第十三届纪律检查委员会 …… 120
· 北京市石景山区监察委员会 …… 120

民主党派

综述 …… 122
民革石景山区工委 …… 122
概况 …… 122
思想建设 …… 122
参政议政 …… 122
组织工作 …… 122
社会服务 …… 122
民盟石景山区工委 …… 123
概况 …… 123
思想宣传 …… 123
组织建设 …… 123
参政议政 …… 124
社会服务 …… 124
民建石景山区工委 …… 124
概况 …… 124
理论学习宣传 …… 124
组织发展 …… 124
参政议政 …… 124
社服联络 …… 125
宣传工作 …… 125
民进石景山区工委 …… 125
概况 …… 125
社会服务 …… 125
组织建设 …… 125
思想建设 …… 125
参政议政 …… 126
农工党石景山区工委 …… 126
概况 …… 126
社会服务 …… 126
思想建设 …… 126
组织建设 …… 126
参政议政 …… 126
社情民意 …… 126
民主监督 …… 126
致公党石景山区工委 …… 127
概况 …… 127
理论学习 …… 127
参政议政 …… 127
服务社会 …… 127
海外联络 …… 127
九三学社石景山区工委 …… 127
概况 …… 127
组织建设 …… 127
思想建设 …… 127
活动开展 …… 127
参政议政 …… 128
社情民意 …… 128
・石景山区各民主党派负责人 …… 128

人民团体

综述 …… 130
概况 …… 130
向阳花保护计划 …… 130
支援协作 …… 130
冬奥城市志愿站点试运行 …… 130
职业技能大赛 …… 130
石景山区总工会 …… 130
概况 …… 130
会员管理京卡服务 …… 130
工资集体协商 …… 130
厂务公开民主管理 …… 131
劳动争议调解 …… 131
安全生产 …… 131
安全维稳 …… 131
工会普法 …… 131
农民工专项工作 …… 131
推进工会建会 …… 131
基层工会组织建设 …… 131
女职工工作 …… 131
工会经费税务代收 …… 132
劳模管理和服务 …… 132
创新工作室 …… 132
送温暖精准帮扶 …… 132
困难职工精准脱贫 …… 132
职工互助保险 …… 132
志愿者服务活动 …… 132
职工之家暖心驿站建设 …… 132
文体活动 …… 132
工会经费审查 …… 133
共青团石景山区委员会 …… 133

概况 …… 133
冬奥主题活动 …… 133
留京过大年系列活动 …… 133
“两节”送温暖 …… 133
学雷锋日主题活动 …… 133
党史学习教育活动 …… 133
困境青少年普法教育 …… 133
未成年人保护委员会全体会议 …… 133
青年交友 …… 133
“两红两优”表彰座谈会 …… 134
青少年事业发展规划调研 …… 134
“00后”红色故事宣讲团 …… 134
社区团支部选举 …… 134
“快递员暖蜂驿站”揭牌 …… 134
“高校京西发展联盟”成立 …… 134
服务数字冰雪运动会 …… 134
团代表联络站、政协委员工作站揭牌仪式 …… 134
服务中国国际服务贸易交易会 …… 134
港澳台新生参访石景山 …… 135
冬奥志愿者骨干培训 …… 135
城市志愿服务活动 …… 135
法治副校长培训 …… 135
石景山区妇女联合会 …… 135
概况 …… 135
八届六次执委会议 …… 135
主题演讲比赛 …… 135
建党百年群众宣传教育 …… 135
社区妇联换届选举 …… 135
八届七次执委会议 …… 136
家庭手抄报大赛 …… 136
街道妇联换届选举 …… 136
儿童之家提质增效 …… 136
关爱新就业群体女性 …… 136
冬奥专项志愿服务 …… 136
第九次妇女代表大会 …… 136
妇女儿童发展规划颁布 …… 136
走访慰问特殊困难群体 …… 136
选树最美家庭 …… 136
石景山区科学技术协会 …… 137
概况 …… 137
主题科普活动 …… 137
全国科技工作者日 …… 137
全国科普日 …… 137
我为群众办实事 …… 137
新冠疫苗接种 …… 137
全民科学素质提升 …… 137
青少年科技教育 …… 137
冬奥主题科普 …… 137
服务科技工作者 …… 138
石景山区归国华侨联合会 …… 138
概况 …… 138
区侨联换届 …… 138
文化交流活动 …… 138
基层组织建设 …… 138
依法维护侨益 …… 138
参政议政 …… 138
石景山区工商业联合会 …… 138
概况 …… 138
民营经济统战工作 …… 138
优秀会员企业 …… 138
非公经济人士教育活动 …… 139
光彩公益 …… 139
冬奥筹备 …… 139
商会工作 …… 139
民营企业产权保护服务 …… 139
区工商联(商会)换届 …… 139
民营企业调研及百强申报 …… 140
抗击疫情 …… 140
第十届企业服务季 …… 140
· 石景山区人民团体、群众团体负责人 …… 140

法　　治

政法委与综治 …… 142
概况 …… 142
维护国家政治安全 …… 142
各项安保维稳任务 …… 142
冬奥安保基础建设 …… 142
“平安石景山”建设 …… 142
常态化疫情防控 …… 142
保障区域经济社会发展 …… 142
教育整顿政法队伍 …… 142
公安 …… 142
概况 …… 142

"110"主题宣传 …… 143
知识竞赛、警务练兵 …… 143
反恐禁毒宣传 …… 143
冬奥倒计时100天 …… 143
反恐防恐、涉访维稳 …… 143
打击破案 …… 143
治安整治 …… 143
涉疫警情 …… 143
社会面防控 …… 143
公共安全监管 …… 143
冬奥警务 …… 143
冬奥安保 …… 144
检察 …… 144
概况 …… 144
看守所在押人员死亡案件 …… 144
公益诉讼检察 …… 144
职务犯罪案件座谈会 …… 145
刑事检察监督 …… 145
保障民营企业发展 …… 145
区属行刑衔接 …… 145
普法宣传 …… 145
诉前建议与磋商 …… 145
检察听证 …… 145
移送问题线索 …… 145
未成年人检察工作 …… 145
检察建议回头看 …… 145
转办案件督察 …… 146
司法救助 …… 146
服务冬奥会战 …… 146
"12·4"宪法宣传周系列活动 …… 146
精品案件与优秀文书 …… 146
结对共建 …… 146
民事检察监督 …… 146
法院 …… 146
概况 …… 146
服务保障冬奥筹办 …… 146
优化法治营商环境 …… 146
一站式多元解纷机制 …… 147
我为群众办实事 …… 147
破解执行难题 …… 147
精准普法 …… 147
未成年人司法保护 …… 147
民法典首判 …… 147
大合议庭模式判案 …… 148
首次腾退山区林地执行案 …… 148
司法行政 …… 148
概况 …… 148
律师管理 …… 148
普法宣传 …… 148
助企惠民 …… 148
人民调解 …… 149
"法考"考点服务保障 …… 149
社区矫正和安置帮教 …… 149
棚改征收 …… 149
法律援助 …… 149
法治政府建设 …… 149
概况 …… 149
处级干部依法行政研讨班 …… 149
街道执法业务培训 …… 149
行政处罚案卷抽验 …… 150
依法治区 …… 150
法治政府示范创建 …… 150
行政复议与行政应诉 …… 150
规范性文件审查 …… 150
·石景山区政法部门负责人 …… 150

军　事

人民武装 …… 152
概况 …… 152
党管武装工作 …… 152
国防教育宣传 …… 152
民兵政治教育 …… 152
战备执勤 …… 152
民兵组织整顿 …… 152
民兵训练 …… 152
国防动员 …… 152
征兵工作 …… 152
双拥共建 …… 152
军民融合 …… 153
人民防空 …… 153
概况 …… 153
防空警报试鸣 …… 153
疫情防控 …… 153

人防工程维护维修 153
应急保障 153
行政审批 153
指挥通信建设 153
人防进社区 153
竣工验收 153
专项消防与反恐 153
人防工程防汛 154
接诉即办 154
人防工程再利用 154
服务保障冬奥 154
行政许可 154
人防工程完好率评估 154

应急管理

综述 156
概况 156
“十四五”应急体系专项规划 156
综合管理 156
概况 156
节假日安保和应急部署 156
安全生产责任保险推进会 156
安全生产月咨询日活动 156
安全生产大检查部署会 157
自然灾害综合风险普查部署 157
安全生产督察部署汇报 157
国家宪法日暨宪法宣传周活动 157
安全生产专项整治“三年行动” 157
安全生产标准化建设 158
信息宣传引导 158
生产安全事故调查处理 158
城市安全风险评估 158
应急救援 158
概况 158
森林防灭火联合应急演练 158
安全应急宣传进校园 158
防汛应急综合演练 159
冬奥会安全应急管理保障 159
突发事件应对 159
应对汛期降雨 159
疫情防控保障 159
建设应急避难场所 159
防灾减灾救灾 159
概况 159
重点林区喷淋洒水降湿 160
防汛设备维护及使用培训 160
5·12防灾减灾宣传 160
防汛动员部署会 160
开展全国自然灾害综合风险普查 160
森林火灾防治 160
发布气象灾害预警 160
安全监管 160
概况 160
企业安全管理和疫情防控检查 161
瓶装液化气安全隐患排查 161
五一期间疫情防控和安全生产检查 161
高考考场周边企业安全检查 161
区领导检查强降雨应对准备工作 161
有限空间作业夜查专项行动 161
建设工程安全生产及疫情防控检查 161
“服贸会”安全生产专项执法检查 161
实验室危险化学品安全检查 162
“冰雪嘉年华”活动现场临建安全检查 162
冬奥会建设工程安全生产督查检查 162
首钢园区全覆盖执法检查 162
安全生产综合专题督察 162
工业、涉危和有限空间作业监管 162

新首钢高端产业综合服务区与首钢集团

综述 164
服务保障北京冬奥冬残奥 164
概况 164
获全国体育事业突出贡献奖 164
首钢吉泰安助力绿色冬奥 164
冬奥青年出征大会 164
三项冰雪运动活动举行 164
冬奥电力保障服务中心启用 164
北京冬季奥林匹克公园揭牌 164
冬奥制服装备发布 165
M11冬奥支线新首钢站开通 165
冬奥城市志愿者上岗服务 165
推动冬奥服务保障 165

新首钢高端产业综合服务区 …… 165
概况 …… 165
2021北京迎新年活动 …… 165
首钢园区成为体育产业示范基地 …… 166
首钢政协委员工作站成立 …… 166
坦克300定向挑战赛 …… 166
2021北京消费季启动 …… 166
发布“五一口号”73周年活动 …… 166
意大利品牌冠名首钢极限公园 …… 166
服贸会首钢园会场 …… 167
北京时装周潮流在首钢园发布 …… 167
西山永定河文化节开幕 …… 167
2021中国科幻大会 …… 167
环境舞蹈展演 …… 167
园区建设三年行动 …… 168
首钢园科幻产业集聚区 …… 168
首钢集团 …… 168
概况 …… 168
首钢基金获奖 …… 168
2人获全国脱贫攻坚先进个人 …… 168
国家级高技能培训基地 …… 168
获中国钢铁清洁生产环境友好企业 …… 168
入选国企改革“双百企业” …… 169
第十次跻身世界500强 …… 169
13项成果获冶金科学技术奖 …… 169
首钢基金助力北京智慧城市发展 …… 169
首钢再获A+极强评级 …… 169
首钢基金获卓越社会责任奖 …… 169
钢铁制造业创新高 …… 170
科技创新 …… 170
产融结合 …… 170
城市服务新产业 …… 170

经 济 管 理

综合调控 …… 172
概况 …… 172
京西产业转型示范区获通报表扬 …… 172
重大项目建设 …… 172
“十四五”规划纲要印发实施 …… 172
疫情防控与复工复产 …… 172
营商环境优化 …… 172
高精尖经济结构构建 …… 172
公共服务领域重点项目建设 …… 172
15项便民工程完成 …… 173
谋划重要民生实事 …… 173
“疏解整治促提升”专项行动 …… 173
脱贫攻坚乡村振兴有效衔接 …… 173
依法行政 …… 173
经济领域改革 …… 173
依法办理政府信息公开 …… 173
公共资源交易 …… 173
提议案办理 …… 173
价格监测预警 …… 173
价格调控 …… 173
价格管理 …… 174
接诉即办 …… 174
经济和信息化 …… 174
概况 …… 174
拓宽财源建设路 …… 174
大数据工作推进小组会议 …… 174
应检尽检纳入“信用+医疗” …… 174
区通管办揭牌成立 …… 174
发布建设发展规划 …… 174
电子政务网络和安全改造 …… 174
5G基站 …… 174
政务云平台 …… 174
视频共享服务平台 …… 175
协同办公一体化平台 …… 175
街道综合平台 …… 175
经济运行平台初步建成 …… 175
城市地下管线管理与监测 …… 175
疫苗接种点位信息化建设 …… 175
疫苗接种数据统计 …… 175
疫苗摸排小程序紧急上线 …… 175
公共数据开放工作 …… 175
门户网站适老化和无障碍改造 …… 175
年度信息化项目前置评审 …… 175
信息化培训会 …… 175
疏解整治促提升 …… 176
安全生产管理保障 …… 176
疫情防控和疫苗接种 …… 176
配合工业企业开展环保工作 …… 176
新一代信息技术产业发展 …… 176

严重违法失信行为专项治理 …… 176
创新信用领跑行动 …… 176
街道政务诚信建设 …… 176
“信用＋医疗”试点考察调研 …… 177
信用医疗网络化发展 …… 177
服务中小企业 …… 177
城镇集体企业疫情防控宣传 …… 177
“专精特新”中小企业认定 …… 177
推进规范双公示 …… 177
创新创业大赛 …… 177
企业获北交所首批上市资格 …… 177
助力“专精特新”企业发展 …… 177
助力乡村振兴 …… 178
财政 …… 178
概况 …… 178
财政收支平衡 …… 178
重点投入 …… 178
财源建设 …… 178
预算编制与执行 …… 178
国库集中收付 …… 179
预算绩效管理 …… 179
国有资产管理 …… 179
政府采购 …… 179
财政监督管理 …… 179
税务 …… 179
概况 …… 179
税收收入特点 …… 179
增值税管理 …… 179
出口退税管理 …… 180
所得税管理 …… 180
个人所得税管理 …… 180
国际税收管理 …… 180
社会保险和非税收入管理 …… 180
财产和行为税管理 …… 181
冬奥服务 …… 181
减税降费 …… 181
信息化建设 …… 181
金融 …… 182
概况 …… 182
建行获金融系统创城示范点位 …… 182
“新金融”亮相服贸会 …… 182
中国国际金融年度论坛 …… 182
与中交资本战略合作签约 …… 182
筑牢金融防疫屏障 …… 182
现代金融产业高质量发展 …… 182
银保园创新发展 …… 182
金融服务保障冬奥 …… 183
金融服务实体经济体系 …… 183
金融营商环境优化 …… 183
金融活水推动实体经济发展 …… 183
金融风险防范化解 …… 183
金融安全宣传 …… 183
金融助力乡村振兴 …… 183
“流金岁月”首批登陆北交所 …… 183
零售金融 …… 183
文明城区创建 …… 184
农行保障服务冬奥会 …… 184
农行服务实体经济 …… 184
中行获市级荣誉 …… 184
工行服务保障冬奥会筹办 …… 184
审计 …… 184
概况 …… 184
区委审计委员会会议 …… 184
审计成果 …… 185
政策审计 …… 185
财政审计 …… 185
领导经济责任审计 …… 185
政府投资审计 …… 185
企业审计 …… 185
专项审计调查 …… 185
内部审计 …… 185
审计查出问题整改 …… 185
审计理论研究 …… 185
统计 …… 185
概况 …… 185
第七次全国人口普查 …… 186
年度人口抽样 …… 186
季度人口抽样 …… 186
统计基层基础 …… 186
统计宣传 …… 186
信息化建设 …… 187
统计执法 …… 187
专项调查 …… 187
统计调研 …… 187

折子工程 …… 187
统计服务 …… 187
统计年报 …… 188
名录库管理维护 …… 188
居民生活状况 …… 188
居民收入 …… 188
消费支出 …… 188
百户耐用消费品拥有量 …… 188
市场监管 …… 188
概况 …… 188
新冠肺炎疫情防控 …… 189
冬奥筹办服务保障 …… 189
文明城区创建 …… 189
12345“接诉即办” …… 189
登记注册便利化改革 …… 189
法制建设 …… 189
登管衔接和信用监管 …… 189
餐饮品质提升 …… 189
药品使用监管 …… 190
药械市场监管 …… 190
特种设备安全保障 …… 190
产品质量安全监管 …… 190
广告监管 …… 190
网络市场监管 …… 191
价格监管 …… 191
民生计量监管 …… 191
知识产权公共服务 …… 191
公平竞争审查制度 …… 191
标准创制 …… 191
私营个体经济服务 …… 191
食品安全示范区创建 …… 191
“疏整促”专项行动 …… 192
规范直销打击传销 …… 192
年度荣誉 …… 192
市场主体发展情况 …… 192
招商引资 …… 192
概况 …… 192
走访企业 …… 192
主题活动 …… 193
京外招商引资活动 …… 193
项目推介投洽会 …… 193
瞭仓科幻科技展示应用论坛 …… 193
完善工作机制 …… 193
培育新动能 …… 193
储备目标企业 …… 193
推进“两区”建设 …… 193
深化“服务包”制度 …… 193
举办京外招商活动 …… 193
组织考察推介活动 …… 193
开展线上宣传 …… 193
国有资产监管 …… 193
概况 …… 193
支援协作 …… 194
国资国企发展规划 …… 194
国企改革发展 …… 194
国有资产管理 …… 194
产权管理 …… 194
疏解整治促提升 …… 194
国有资本经营预算 …… 194
服务改善民生 …… 195
服务保障冬奥 …… 195
重点项目建设 …… 195
国有资产经营 …… 195
概况 …… 195
布局战略性新兴产业 …… 195
支援协作取得阶段性成果 …… 195
助推重点项目建设 …… 195
功能园区建设 …… 195
全国文明城区创建 …… 195
常态化疫情防控 …… 196
支持国有企业改革攻坚 …… 196
中关村科技园区石景山园 …… 196
集体经济 …… 196
概况 …… 196
新冠肺炎疫情防控 …… 196
农工商总公司改制 …… 196
集体土地利用 …… 196
集体租赁房项目建设 …… 196
集体经济特色产业项目 …… 196
疏整促成果 …… 197
综治维稳 …… 197
就业安置和专项补贴 …… 197
精准扶贫 …… 197
冬奥服务保障工作 …… 197

烟草专卖 …… 197
概况 …… 197
“3·15”普法宣传 …… 197
政务大厅设立“首席代表” …… 197
“守护成长”专项行动 …… 197
创城集中整治 …… 197
助力“创城”工作 …… 197
文明吸烟环境建设验收 …… 198
通过档案等级评定 …… 198
“宪法宣传周”学习教育 …… 198
经济运行情况 …… 198
新冠肺炎疫情防控 …… 198
扶贫采购 …… 198

商　　务

综述 …… 200
概况 …… 200
总部经济 …… 200
行业安全生产监管 …… 200
行业创城 …… 200
疫情防控 …… 200
商务服务业 …… 200
概况 …… 200
入选全国首批便民生活圈 …… 200
国际消费中心城市培育建设 …… 200
消费市场 …… 201
消费扶贫 …… 201
粮食安全 …… 201
救灾物资管理 …… 201
对外经贸 …… 201
概况 …… 201
参加服贸会 …… 201
参加进博会 …… 202
外商投资 …… 202
外资来源 …… 202
“两区”建设 …… 202
服务贸易 …… 202
外贸进出口 …… 202

旅　　游

综述 …… 204
概况 …… 204
“十四五”文旅发展规划 …… 204
旅游活动 …… 204
品牌发力引领新消费 …… 204
特色主题线路打造 …… 204
实体书店扶持项目 …… 204
提升文旅知名度 …… 204
完善配套设施 …… 205
国际消费中心文旅方案制定 …… 205
参展服贸会 …… 205
参加国际旅游商品博览会 …… 205
体系化营销塑造新形象 …… 205
旅游宣传资料编制 …… 205
实体书店建设和发展 …… 205
扩大合作“朋友圈” …… 206
行业管理 …… 206
概述 …… 206
元旦旅游市场 …… 206
集中隔离观察酒店检查 …… 206
专家组检查文旅行业安全 …… 206
检查“两会”驻地服务保障 …… 206
隔离酒店春节期间服务保障 …… 206
“五一”假日旅游市场 …… 206
服务保障高考 …… 207
“端午”假日综合整治行动 …… 207
安全生产月咨询日 …… 207
冬奥服务保障 …… 207
消防安全急救培训 …… 207
有限空间作业安全监督检查 …… 207
服贸会服务保障 …… 208
冬奥签约酒店无障碍设施验收 …… 208
旅游景区反恐怖工作检查 …… 208
星级饭店复核 …… 208
旅游团队文明旅游管理 …… 208
北京石景山游乐园 …… 208
概况 …… 208
IDO 北京国际动漫游戏嘉年华 …… 208
冬奥特许经营店营业 …… 208
灯光秀庆祝建党 100 周年 …… 208
“狂欢之夏”活动 …… 209
新项目十一期间运营 …… 209
国庆游园会活动 …… 209
百魅狂欢汇活动 …… 209
冰雪小镇活动 …… 209
获评北京网红打卡地 …… 209

提示信息 …… 209
八大处公园 …… 209
概况 …… 209
环境整治及提升项目 …… 209
第二十届八大处中国园林茶文化节 …… 210
《八大处传说》入选国家级非遗 …… 210
第八届西山八大处文化节 …… 210
北京八大处重阳游山会 …… 210

城市规划与建设

规划与自然资源管理 …… 212
概况 …… 212
依法行政 …… 212
“双随机、一公开”监管 …… 212
城市体检及五年评估 …… 212
石景山责任规划师 …… 212
街区控规编制 …… 212
既有控规街区评估 …… 212
五里坨等浅山区发展研究 …… 212
“四道合一”规划研究 …… 212
土地供应计划 …… 213
城乡建设用地减量 …… 213
“多规合一”平台 …… 213
规划综合实施方案 …… 213
模式口街区规划实施研究 …… 213
优化土地管理 …… 213
M11 号线冬奥支线开通运营 …… 213
优化营商环境 …… 213
完成历史代征道路移交 …… 213
保障重点项目建设 …… 213
土地权属审查 …… 213
第三次全国国土调查 …… 213
2020 年度国土变更调查 …… 213
国有自然资源资产报告 …… 213
开发区土地集约利用评价 …… 214
征收农用地区片综合地价 …… 214
“多元化补偿”标准 …… 214
集体土地征收及农转用 …… 214
汛期地质灾害防治 …… 214
矿产资源和涉矿企业监督管理 …… 214
历史遗留矿山核查 …… 214
拆违腾地消减存量违法建设 …… 214
推进自然资源督察整改 …… 214
年度耕地保护督察整改 …… 214
农村乱占耕地建房专项整治 …… 214
公共公益类违法用地专项整治 …… 214
不动产登记业务 …… 215
10 个历史遗留项目问题解决 …… 215
历史数据整合入库 …… 215
全市首批预购商品房全程网办 …… 215
档案管理 …… 215
土地储备开发 …… 215
建设管理 …… 215
概况 …… 215
重大项目建设 …… 215
竣工验收备案 …… 215
住宅工程缺陷保险投保 …… 215
保障性住房资格审核分配 …… 215
保障性住房管理 …… 216
棚户区改造 …… 216
物业管理 …… 216
专项维修资金审核备案 …… 216
房改售房 …… 216
住房补贴和专项维修资金管理 …… 216
建筑施工绿色安全管理 …… 216
房屋登记管理与征收 …… 216
房屋交易与资金监管 …… 216
工程建设招标投标 …… 216
房产经纪机构管理 …… 216
普通地下室管理 …… 217
违法群租房管理 …… 217
房屋安全及防汛管理 …… 217
劳务管理 …… 217
建筑节能和建筑材料监管 …… 217
工程质量管理 …… 217
房地产企业资质管理 …… 217
建筑业企业资质管理 …… 217
工程竣工 …… 217
· 公建工程 …… 217
实验中学新建综合楼工程竣工 …… 217
北辛安棚改 1608－656(A 号等 4 项)竣工 …… 217
五里坨 1601－055 地块(55－1 号等 5 项)竣工 …… 218
中关村科技园 1605－636 地块 B23 项目竣工 …… 218

· 住宅工程 …… 218
五里坨 1602 – 074 地块(A – 1 号等 20 项)竣工 …… 218
五里坨 1602 – 062(62 – 01 号等 16 项)竣工 …… 218
古城南街 1612 – 819(1 号等 6 项)竣工 …… 218
古城南街 1612 – 819(地库及配套)竣工 …… 218
古城南街 1612 – 820(1 号等 7 项)竣工 …… 218
古城南街 1612 – 820(地库及配套)竣工 …… 219
铸造村一区 14 号楼竣工 …… 219
北辛安棚改 1608 – 689(1 号等 4 项)竣工 …… 219
北辛安棚改 1608 – 680(1 号等 15 项)竣工 …… 219
北辛安棚改 1608 – 6901(1 号等)竣工 …… 219
五里坨 1601 – 029 地块(29 – 1 号等 13 项)竣工 …… 219
北辛安棚改 1608 – 669(1 号等 12 项)竣工 …… 219
北辛安棚改 1608 – 669(5 号等 3 项)竣工 …… 219
北辛安棚改 1608 – 669 地库及配套竣工 …… 219
东下庄 1605 – 630(1 号等 9 项)竣工 …… 219
金顶山南路 1604 – 745 混合用地竣工 …… 220
刘娘府定向安置房 D3、D7 号楼竣工 …… 220
古城南街 1612 – 806(1 号等 8 项)竣工 …… 220
古城南街 1612 – 806(1 号 ~ 3 号楼)竣工 …… 220
古城南街 1612 – 806(地库及配套)竣工 …… 220

城 市 管 理

综述 …… 222
概况 …… 222
新冠肺炎疫情防控及疫苗接种 …… 222
服务保障冬奥筹办工作 …… 222
重大活动服务保障工作 …… 222
12345“接诉即办” …… 222
城市环境建设管理 …… 222
概况 …… 222
全国文明城区创建 …… 223
垃圾分类管理 …… 223
非居民厨余垃圾规范管理 …… 223
大件垃圾规范收运 …… 223
城市环境建设管理 …… 223
背街小巷环境整治提升 …… 223
冬奥周边及阜石路沿线整治 …… 223
景观布置 …… 224
市政基础设施建设 …… 224
概况 …… 224
管网改造 …… 224
燃气管线消隐工程 …… 224
重要活动电力保障 …… 224
新冠肺炎疫情期间电力保障 …… 224
变电站投运 …… 224
老旧小区电力配网改造 …… 224
交通 …… 225
概况 …… 225
停车设施建设 …… 225
冬奥石景山交通场站 …… 225
专 11 路公交增设站点 …… 225
服贸会交通保障完成 …… 225
新开专 210 公交线路 …… 225
新开专 215 公交线路 …… 226
新冠肺炎疫情服务保障 …… 226
重大活动保障 …… 226
秩序整治 …… 226
交通宣传 …… 226
拓展服务 …… 226
城市道路建设 …… 226
苹果园综合交通枢纽建设 …… 227
轨道交通建设 …… 227
架空线入地 …… 227
冬奥社区高井路改造 …… 227
常规疏堵工程 …… 227
首钢北区慢行系统示范区 …… 227
代征代建道路用地移交 …… 227
桥下空间治理 …… 227
市政设施承灾体普查 …… 227
慢行交通服务评价及考核 …… 227
地下管线探测和建模 …… 227
地下管线安全防护 …… 227
交通综合治理行动计划 …… 227
停车综合治理示范区 …… 228
停车有偿错时共享 …… 228
共享自行车管理 …… 228
石景山路新型交通护栏 …… 228
福寿岭公交中心站建设 …… 228
刘娘府公交场站建设 …… 228
八大处公交场站外迁 …… 228
田顺庄公交场站迁移 …… 228
“十四五”交通发展建设规划 …… 228

道路停车电子收费视频管理 …… 228
水务 …… 228
概况 …… 228
北京冬奥公园开园 …… 229
水环境治理与水生态建设 …… 229
水资源管理 …… 229
河长制工作 …… 229
供水基础设施建设和管网改造 …… 229
节水型社会建设 …… 229
海绵城市建设专项规划 …… 229
污水管线建设 …… 229
防汛工作 …… 230
永引渠水系景观提升工程 …… 230
永定河左岸京原路以南环境整治提升 …… 230
市容环境 …… 230
概况 …… 230
专业作业 …… 230
服务保障冬奥 …… 231
热线办理 …… 231
信息化平台建设 …… 231
设施设备更新升级 …… 231
安全生产管理 …… 231
重点工程建设 …… 231
新冠肺炎疫情防控 …… 231
机构改革 …… 232
园林绿化 …… 232
概况 …… 232
2021 园林绿化重点工作 …… 232
专题研究铁路沿线环境整治 …… 232
区绿化委员会调整 …… 232
全民义务植树宣传 …… 232
首都全民义务植树日活动 …… 233
义务植树基地接待活动 …… 233
西山绿道项目设计方案 …… 233
“十四五”园林绿化发展规划 …… 233
乡土植物“六进”活动 …… 233
林长制工作协调会 …… 233
区林长制办公室揭牌 …… 233
“12·4”国家宪法日暨宪法宣传周 …… 233
林长制区长专题会 …… 233
总林长 1 号令和 2 号令发布 …… 234
林长制年度督查考核 …… 234
首都全民义务植树书画大赛 …… 234
花园式创建 …… 234
园艺驿站 …… 234
古树保护工作 …… 234
病虫害防治 …… 234
野生动物救助 …… 234
野生动物疫源疫病监测 …… 234
野生动物执法检查 …… 234
森林督查及森林资源管理 …… 235
林地资源日常巡查及管理 …… 235
林长制实施方案及配套制度 …… 235
建立健全林长制责任体系 …… 235
区级林长开展巡林巡绿 …… 235
森林防火隐患治理 …… 235
森林防火宣传 …… 235
森林防火执法督查 …… 235
参加市级法律法规知识竞赛 …… 235
“疏解整治促提升”市级任务 …… 236
绿化养护管理 …… 236
园林植物有害生物防治 …… 236
公园管理 …… 236
概况 …… 236
第十八届玉兰赏花季 …… 236
第九届非遗文化体验周 …… 236
冬奥保障 …… 236
新冠肺炎疫情防控 …… 237
项目建设 …… 237
生态环境保护 …… 237
园区服务 …… 237
精细化管理 …… 237
文化建设 …… 237
共建共治共享 …… 237
平安建设 …… 237
城市管理监督指挥 …… 237
概况 …… 237
网格工作推进会 …… 238
年终绩效考核 …… 238
“接诉即办”重要工作 …… 238
专班区领导调度工作 …… 238
未解决诉求督办 …… 238
“疏整促”点位治理督办 …… 238
12345 热线回访 …… 238

12345 热线考核 …… 238
数据分析平台建设 …… 238
城市管理问题智能采集应用 …… 238
市区五级网格统一划分 …… 238
年度基础数据普查 …… 239
社区“一码通” …… 239
消防救援 …… 239
概况 …… 239
调研大型商业综合体 …… 239
水屯小型消防站揭牌 …… 239
首钢大跳台全要素消防演练 …… 239
校园安全主题活动 …… 239
安全护送 100 天授旗活动 …… 239
水域救援综合演练 …… 239
服贸会展馆联合实战演练 …… 240
冬奥倒计时 100 天誓师大会 …… 240
“119”消防宣传月线上启动 …… 240
首钢南区小型消防站揭牌 …… 240
灭火救援 …… 240
民生实事落细落实 …… 240
消防安全专项整治 …… 241
重点行业消防安全管理 …… 241
消防宣传 …… 241
实战化救援能力提升 …… 241
2021 服贸会消防安保 …… 241
清明节消防安保 …… 241
“两会”消防安保 …… 242
《灭逃躲》系列消防宣传作品 …… 242
“四联”“消防 + 环卫” …… 242
社会面网格化火灾防控 …… 242
气象 …… 242
概况 …… 242
气象科普宣传 …… 243
依法行政 …… 243
气象服务 …… 243
气象科研 …… 243
气候评价 …… 243
防震减灾 …… 244
概况 …… 244
防震减灾示范学校创建 …… 244
防震减灾宣传教育 …… 244
震情跟踪保障 …… 244
监测台站建设管理 …… 244

生 态 环 境

综述 …… 246
环境质量 …… 246
概况 …… 246
空气环境质量 …… 246
地表水环境质量 …… 247
地下水环境质量 …… 247
声环境质量 …… 247
生态环境质量 …… 247
辐射环境质量 …… 247
土壤环境质量 …… 247
生态环保督察 …… 247
概况 …… 247
第二轮中央生态环境保护督察 …… 247
区级生态环境保护督查 …… 248
区委生态文明委督察 …… 248
环境监管 …… 248
环境准入 …… 248
排污许可证核发 …… 248
危险废物监管 …… 248
辐射环境安全监管 …… 248
空气重污染应急 …… 248
固定源行政执法 …… 248
移动源行政执法 …… 248
环境信访 …… 249
节能减排 …… 249
污染物减排 …… 249
煤改清洁能源 …… 249
应对气候变化 …… 249
生态保护 …… 249
蓝天保卫战行动 …… 249
水污染防治 …… 250
土壤污染防治行动计划 …… 250
生态环境保护宣传 …… 250

科 学 技 术

综述 …… 252
概况 …… 252

获“新一代人工智能”立项……252
百进千线上专场对接会……252
2020 年度科技项目结题验收……252
“科创 28 条”政策培训……252
2021 年度科技项目评审会……252
四家机构复核国家级众创空间……252
新增“北京市知识产权公共服务工作站”……252
首个科幻产业联合体成立……252
石景山区与华为签署合作协议……253
中国科幻大会举办……253
中国科幻研究中心成果发布……253
5G 创新应用成果亮相首钢园……253
“高新技术企业培育加速训练营”……254
获“报备即批准”认定……254
科技扶贫活动……254
科技活动……254
概况……254
科普能力提升线上课程……254
青少年科幻创意活动……254
科技活动周……254
“青年科幻人才队伍建设与培养机制”沙龙……254
“科幻写作训练营”开班……255
欢乐科普行主题活动……255
八角美好生活造物节……255
“创意科普助力冬奥”活动……255
中关村科技园区石景山园……255
概况……255
登榜“中国领先金融科技 50 强”……255
创业公社 B 轮融资……255
百融云创港股上市……256
获城市更新优秀案例奖……256
虚拟现实产业推进会……256
仿真技术产业高峰论坛……256
首家“智慧托育”……256
工业互联网年度创新方案……256
获评“北京市科技企业孵化器”……256
凌宇科技完成 B 轮融资……256
园区产业推进日……256
标准化与质量管理工作站揭牌……257
园区诞生“超级独角兽”……257
航天云网 INDICS 平台通过评测认证……257
“创业石景山”活动……257
斯威克斯入驻石景山……257
清华校友三创大赛工业物联网赛道……257
园区获四部委通报表扬……258
服贸会“侨梦苑北京论坛”举办……258
中关村数字化创新国际论坛……258
中关村工业互联网产业园核心区建设……258
6 家 VR 企业荣获 VR/AR 创新奖……258
元宇宙产业实验室落成……259
凌云数安科技入驻石景山……259
中航信移动科技入驻石景山……259
流金岁月文化公司挂牌北交所……259
花滑协会与数智人工智能产业联盟签约……259
京蒙(赤峰)协作项目……259
中国虚拟现实产学研大会……259
“园小服”开讲……259
京西产学研创服务平台……259
首批特色产业园授牌……260
入选“中国智能制造十大科技进展”……260
六工汇完工……260

教　育

综述……262
概况……262
参加北京市学生艺术节……262
教育工作领导小组会……262
“体教融合·植根计划”……262
劳动教育……262
中华经典诵写大赛……263
“万人共绣一面党旗”……263
一体化德育实践研究……263
党史知识竞赛……263
“红色风采”成果展演……263
建党 100 周年表彰大会……263
评选师德优秀教师……264
共育机制工作现场会……264
爱乐交响乐团成立……264
思想道德建设工作部署会……264
第 24 届普通话宣传周……264
中小学生足球联赛……264
依法治校达标创建工作……264
共做冰雪操……264

“迎冬奥 一起来”活动 …… 264
全民终身学习活动周 …… 264
依法治校培训 …… 265
心理健康教育实践研究学校 …… 265
语言文字工作会 …… 265
德育心理教育评比 …… 265
学前教育 …… 265
概况 …… 265
保育员职业技能培训 …… 266
“萌芽”杯表彰会 …… 266
幼儿园与小学科学衔接研究 …… 266
推进幼小双向衔接 …… 266
学前教研展示活动 …… 266
“示范幼儿园”授牌 …… 266
学前教育培训 …… 266
“萌芽杯”录像课展评 …… 266
学前教育督查 …… 266
基础教育 …… 266
概况 …… 266
高三期末质量分析会 …… 266
高三模拟练习质量分析会 …… 266
创新人才培养项目 …… 267
特殊教育提升计划实地评估 …… 267
第四届融合教育评优课 …… 267
“四史”知识竞赛 …… 267
第35届师生“四联展” …… 267
高中多样化发展调研 …… 267
学业监测质量分析会 …… 267
研学旅行管理 …… 267
“双师课堂”项目 …… 267
第十五届翱翔学员推荐 …… 267
“守正杯”活动 …… 267
“墨香书法”展示 …… 267
普通高中宏志奖学金 …… 268
推进中华优秀传统文化 …… 268
中小学武术进校园项目 …… 268
“双减”工作督导检查 …… 268
民办学校业务管理 …… 268
小学生暑期托管服务 …… 268
“当代好课堂”项目 …… 268
落实“双减”工作 …… 268
高等教育 …… 268
概况 …… 268
北工职院马克思主义学院成立 …… 269
施耐德应用工程师学院揭牌 …… 269
“中文＋职业技能”研究基地落户 …… 269
北方工大重大活动服务保障 …… 269
北方工大思政课程改革 …… 270
北方工大人才培养 …… 270
北方工大学科建设 …… 270
北方工大科研创新 …… 270
北方工大人事制度改革 …… 270
北方工大人才强校 …… 270
北方工大国际化办学 …… 270
北工职院人才培养 …… 270
成人教育 …… 270
概况 …… 270
参加第五届“中日韩”论坛 …… 271
红色教育活动 …… 271
“红色讲堂”活动 …… 271
党史教育培训启动 …… 271
丝路书画院揭牌 …… 271
“阅时光”读书嘉年华 …… 271
公益冬奥英语培训 …… 271
老年艺术成果展演 …… 271
教师科研工作坊 …… 271
外语风采大赛初赛 …… 271
教育科学规划课题立项 …… 271
养老护理技能培训班 …… 272
快乐厨艺风采大赛 …… 272
第八届市民花卉节 …… 272
职业教育 …… 272
概况 …… 272
产教融合真实项目 …… 272
对口帮扶 …… 272
创新教学模式 …… 272
拉萨班红色文化活动 …… 272
党史学习教育 …… 272
教学成果宣传 …… 273
职业教育宣传月 …… 273
推进中小学劳动教育 …… 273
传承非遗文化 …… 273
综合课程改革与培养 …… 273
建设后疫情时代教学机制 …… 273

教育督导 …… 273
概况 …… 273
义教质量监测结果解读会 …… 274
教育执法目标责任考核 …… 274
市督导检查问题整改 …… 274
制发教育督导体制机制改革 …… 274
综合督导意见反馈 …… 274
教育集团办学绩效评估指标 …… 274
义教优质均衡发展督导检查 …… 274
素质教育综合督导 …… 274
校外教育培训机构督导检查 …… 274
幼儿园办园质量督导评估 …… 275
国家义务教育质量监测 …… 275
完善政府部门教育职责 …… 275
集团办学绩效督导 …… 275
教育满意度调查解读会 …… 275
教育工作满意度测评 …… 275
督学换届聘任大会 …… 275
市教育执法督导回访检查 …… 276
责任督学与专项督导 …… 276
民办教育 …… 276
概况 …… 276
专场招聘会 …… 276
培训机构白名单 …… 276
培训机构压减 …… 276
培训机构营转非登记 …… 276
培训机构资金监管 …… 276
培训机构监督检查 …… 276

文　化

综述 …… 278
概况 …… 278
成立中国文化馆协会合唱委员会 …… 278
创建公共文化服务示范区 …… 278
入选市文化旅游体验基地 …… 278
公共文化服务效能大数据平台 …… 278
街道综合文化中心社会化 …… 279
城市奥运文化活动 …… 279
数字文化馆服务效能 …… 279
西山永定河文化带建设 …… 279
概况 …… 279
新首钢高端产业综合服务区规划建设 …… 279
首钢园区公共设施移交 …… 279
北京西山永定河文化节 …… 279
模式口历史文化街区开街 …… 279
西部地区城市转型升级 …… 280
推动京西八大厂转型升级 …… 280
文化品牌塑造传播 …… 280
群众文化 …… 280
概况 …… 280
线上春节文化活动 …… 280
正月十五唱大戏 …… 280
“3·5 学习雷锋日”活动 …… 281
清明咏怀线上演出 …… 281
“古城之春”艺术节 …… 281
戏聚石景山·戏曲进校园 …… 281
红色经典诵读交流会 …… 281
“庆祝建党 100 周年”主题展览 …… 281
冬奥会倒计时 200 天活动 …… 282
制作“不得不”折页 …… 282
原创文艺作品获奖 …… 282
红色讲解员大赛 …… 282
光影石景山活动 …… 282
公益电影主题放映 …… 282
文化助力冬奥 …… 282
周末场演出 …… 282
国家级院团惠民演出季 …… 283
图书馆 …… 283
概况 …… 283
春节主题活动 …… 283
世界读书日主题活动 …… 283
冬奥主题活动 …… 283
“虚拟读者卡”启动 …… 283
文化遗产保护 …… 283
概况 …… 283
新增 2 处文保单位 …… 283
市第一批革命文物 …… 283
北辛安记忆建筑安防工程 …… 283
北辛安记忆建筑防雷工程 …… 283
北辛安记忆建筑工人俱乐部修缮工程 …… 284
法海寺藏龙钮铜钟钟壁铭文研究项目 …… 284
区文保单位古树维护 …… 284
区博物馆 3D 交互项目 …… 284

慈善寺香文化展项目 …… 284
“5·18 国际博物馆日”活动 …… 284
法海寺壁画保护监测成果研讨会 …… 284
“铁肩担道义 妙手著文章”巡展 …… 284
非遗主题文化宣传周 …… 284
区博物馆正式开放 …… 284
“文化和自然遗产日”活动 …… 285
八大处传说等入选非遗项目名录 …… 285
法海寺藏龙钮铜钟钟壁铭文研讨会 …… 285
冰川馆科普大篷车进校园 …… 285
雍正御制碑移交石景山区管理 …… 285
首批金牌“小小讲解员” …… 286
区第一家民办博物馆开放 …… 286
文保单位机构调整 …… 286
成立石景山古建群文保所 …… 286
冬奥会倒计时 100 天线上活动 …… 286
冬奥倒计时 50 天非遗活动 …… 286
石景山古建群移交区政府管理 …… 286

文化创意产业 …… 286
概况 …… 286
文化企业上市 …… 286
国际电竞创新发展大会 …… 286
培育文化精品 …… 286
出台政策 …… 287

文化市场 …… 287
概况 …… 287
疫情防控常态化执法工作 …… 287
宣传活动 …… 287

媒体传播 …… 287
概况 …… 287
新媒体 …… 287
纸媒体 …… 287
电视媒体 …… 287

档案 …… 288
概况 …… 288
“国际档案日”活动 …… 288
编辑出版《麻峪村》 …… 288
档案数字化工作 …… 288
与党校共建教学点 …… 288
建党百年教育宣传 …… 288
编写《档案参阅》 …… 288
冬奥记录工程 …… 288
档案征集 …… 289

地方志 …… 289
概况 …… 289
2021 年鉴出版发行 …… 289
地名志编纂 …… 289

文联活动 …… 289
概况 …… 289
“以心为笔 情系冬奥 ”画展 …… 289
新春送福送联活动 …… 289
文艺家协会换届 …… 290
丁荫楠红色电影艺术展 …… 290
“再唱山歌颂党恩”音乐会 …… 290
“勿忘来时路”书画展 …… 290
“不忘初心 百年巨变”摄影展 …… 290
区曲艺家协会挂牌 …… 290
“冰雪情缘石景山”画展 …… 290
“迎冬奥·一起向未来”书画展 …… 290

卫 生

综述 …… 292
概况 …… 292
爱国卫生运动 …… 292
健康北京周主题宣传 …… 292
卫生专项督导检查 …… 293
落实《北京市控制吸烟条例》 …… 293
病媒生物控制 …… 293
北京市卫生街道创建 …… 293
印发《健康石景山行动》 …… 293
开展全国健康促进区首次复评 …… 293
扶贫协作 …… 293
老龄健康 …… 294

卫生应急 …… 294
概况 …… 294
新冠肺炎疫情防控 …… 294
突发事件处置 …… 294
出台文件 …… 294
血液管理 …… 294

医疗服务管理 …… 294
概况 …… 294
医联体建设 …… 295
准入管理 …… 295

社区卫生服务 …… 295
概况 …… 295
新冠肺炎疫情防控 …… 295
家庭医生签约服务 …… 295
公共卫生服务项目 …… 296
健康档案管理 …… 296
老年人健康管理 …… 296
发热哨点建设 …… 296
国家医共体试点建设 …… 296
中医药服务 …… 296
人才培养 …… 297
优质服务基层行 …… 297
规范管理返聘专家 …… 297
家庭保健员 …… 297
疾病预防与控制 …… 297
概况 …… 297
慢性非传染性疾病防治与管理 …… 297
实验室建设 …… 297
生命统计 …… 298
传染病防治 …… 298
计划免疫 …… 298
艾滋病防控 …… 298
美沙酮门诊 …… 298
结核病防治 …… 298
公共卫生监测与评价 …… 299
感染防治 …… 299
学校卫生 …… 300
健康教育与健康促进 …… 300
突发事件处置 …… 300
卫生监督 …… 300
概况 …… 300
公共卫生监督 …… 300
医疗卫生监督 …… 301
生育服务管理 …… 301
概况 …… 301
出生人口监测 …… 301
婴幼儿照护服务 …… 301
奖励扶助政策 …… 301
计生特殊家庭帮扶 …… 301
避孕药具服务管理 …… 301
妇幼卫生 …… 301
计生服务 …… 301
中医药事业 …… 301
概况 …… 301
中医健康养老护理员培训 …… 301
中医药技能培训 …… 301
中医传承工作室建设 …… 301
中医文化进校园 …… 302
药品安全监管 …… 302
概况 …… 302
药品使用监管 …… 302
药械市场监管 …… 302

体　育

综述 …… 304
概况 …… 304
中国冰雪运动发展高峰论坛 …… 304
中国数字冰雪运动会总决赛 …… 304
参展北京国际服贸会 …… 304
“双奥之区”建设 …… 304
冬奥会服务保障 …… 304
概况 …… 304
“带动三亿人参与冰雪运动”专题会 …… 305
冬奥知识进社区 …… 305
国家体育总局副局长调研 …… 305
冰雪产业政策项目资金专题会 …… 305
“带动三亿人参与冰雪运动”示范区 …… 305
“携手聚冰雪 联盟助冬奥”活动 …… 305
冬奥进军营活动 …… 305
国际滑雪联合会中国办事处揭牌 …… 305
冬奥会倒计时活动 …… 305
体育产业 …… 305
概况 …… 305
入选“北京体育旅游十佳精品景区” …… 306
优化营商环境 …… 306
新冠疫苗接种服务保障 …… 306
安全监管 …… 306
开展配套安全活动 …… 306
预付式消费监管 …… 306
处置市民投诉 …… 306
竞技体育 …… 306
概况 …… 306
中小学生冬季运动会 …… 306

市青少年射箭锦标赛 …… 306
市青少年U系列柔道冠军赛 …… 306
市青少年U系列跆拳道冠军赛 …… 306
区学生击剑邀请赛 …… 306
中小学生篮球联赛 …… 307
小学生游泳邀请赛 …… 307
市青少年U系列花样滑冰冠军赛 …… 307
市青少年U系列短道速滑冠军赛 …… 307
奥运金牌零突破 …… 307
全运会花样游泳自由组合比赛 …… 307
市青少年短道速滑锦标赛 …… 307
市青少年花样滑冰锦标赛 …… 307
市青少年冰壶锦标赛 …… 307
市青少年U系列冰壶冠军赛 …… 307
群众体育 …… 307
概况 …… 307
阳春社区体育节足球赛 …… 307
“连线冬奥会·再创新骑迹”耐力骑行 …… 307
“百城”健身气功活动 …… 307
中老年优秀健身项目展示 …… 307
“激情冬奥健身节”徒步游园会 …… 307
推广大众冰雪 …… 307
健身气功易筋经培训 …… 308
区滑板挑战赛 …… 308
“全民健身日”启动仪式 …… 308
“向山礼”自行车强人赛 …… 308
金秋体育盛会闭幕式 …… 308

社 会 事 业

综述 …… 310
概况 …… 310
社区居委会第十一届选举 …… 310
第三届社区邻里节 …… 310
完成实验区建设目标 …… 310
实施“十四五”社会救助规划 …… 310
社区建设与管理 …… 310
概况 …… 310
成立3个社区居委会 …… 310
推进新时代街道工作 …… 310
“品质社区”建设 …… 311
垃圾分类社区动员 …… 311
社区自治能力建设 …… 311
社区服务改革 …… 312
“社区之家”规范化建设 …… 312
市级城乡社区治理表彰 …… 312
社会领域党建 …… 312
概况 …… 312
社区书记任职培训 …… 312
完善党建工作体系 …… 312
党史学习教育 …… 312
社会工作队伍建设 …… 313
概况 …… 313
枢纽型社工党建 …… 313
协管员管理改革 …… 313
社工队伍制度建设 …… 313
社区工作者培训 …… 313
助力新冠疫苗接种 …… 313
志愿服务行政管理 …… 313
民政工作 …… 313
概况 …… 313
走访慰问 …… 313
见义勇为权益保护 …… 313
慈善工作 …… 314
社会救助专项治理 …… 314
调整未成年人保护委员会 …… 314
政策培训 …… 314
专项整治 …… 314
社会救助 …… 315
低保调标 …… 315
信访核查 …… 315
精准救助 …… 315
疫情保障 …… 315
实施济困工程 …… 315
特困人员供养 …… 315
儿童福利工作 …… 315
成年孤儿安置 …… 315
超转人员服务管理 …… 316
地退人员服务管理 …… 316
收养工作 …… 316
流浪人员救助 …… 316
慈善公益救助 …… 316
“共产党员献爱心”捐款 …… 316
“送温暖　献爱心” …… 316

残疾人补贴发放 …… 316
养老服务补贴津贴 …… 316
老年人综合能力评估 …… 316
养老服务机构疫情防控 …… 316
养老机构补贴管理 …… 316
养老服务机构安全管理 …… 316
养老服务人才培训 …… 317
老年餐桌建设与管理 …… 317
居家养老巡视探访 …… 317
养老综合信息平台运维 …… 317
居家养老精准化服务 …… 317
养老机构“数字化监管” …… 317
新建配套养老设施 …… 317
适老化改造与无障碍建设 …… 317
养老服务设施建设 …… 318
养老机构质量管理 …… 318
康复辅助器具产业园区建设 …… 318
康复辅助器具租赁试点建设 …… 318
婚姻登记 …… 318
社会组织 …… 318
概况 …… 318
社会组织监督管理 …… 318
社区社会组织培育 …… 318
社会心理服务体系建设 …… 318
社会组织参与扶贫 …… 318

社会生活

人力资源 …… 320
概况 …… 320
“根治欠薪”专项行动 …… 320
事业单位人事管理 …… 320
人才工作 …… 320
健全就业体系运行机制 …… 320
第二届职业技能大赛 …… 321
送服务进企业 …… 321
直播带岗 …… 321
高端人才工作 …… 321
人力资源市场管理服务 …… 321
专业技术人员管理 …… 322
重点就业指标完成 …… 322
人事档案管理 …… 322
出台促进就业政策 …… 322
就业服务 …… 322
就业扶贫协作 …… 322
创业带动就业 …… 322
促进毕业生就业 …… 323
保障重点群体就业 …… 323
职业技能培训 …… 323
职业技能鉴定 …… 323
工资福利工作 …… 323
完善学校绩效工资制度 …… 323
人事考试工作 …… 324
劳动关系风险防控 …… 324
和谐劳动关系创建 …… 324
劳动监察 …… 324
劳动争议仲裁 …… 324
劳动争议调解 …… 324
接诉即办工作 …… 324
社会保障 …… 325
概况 …… 325
社会化管理服务 …… 325
社保基金收支 …… 325
社保待遇足额支付 …… 325
基金内控监督 …… 325
劳动能力鉴定 …… 326
工伤认定 …… 326
退休核准 …… 326
医疗保险 …… 326
概况 …… 326
参保总体情况 …… 326
疫情防控 …… 326
长期护理保险制度试点 …… 326
医保基金监管 …… 326
优化营商环境 …… 327
医疗救助 …… 327
医疗费用审核结算 …… 327
异地就医 …… 327
信访及接诉即办 …… 327
宣传培训 …… 327
民族宗教事务 …… 327
概况 …… 327
民宗领域处罚职权划转 …… 328
宗教节日活动 …… 328

民族团结进步创建系列活动……328
和谐寺观教堂创建……328
公益慈善活动……328
区基督教爱国组织成立……328
清真寺加固改造工程……328
红十字事业……328
概况……328
培育红十字会青少年……328
应急救护培训和普及……329
志愿服务……329
“99 公益日”网络募捐……329
项目救助……329
募捐救助……329
支援协作……329
“我为群众办实事”……329
造血干细胞知识普及……329
残疾人事业……329
概况……329
新冠肺炎疫情防控……329
无障碍环境建设专项行动……329
帮扶工作……330
残疾人就业……330
技能培训……330
安排就业审核……330
精准救助工作……330
各类康复服务……330
宣传残疾人事业……330
助力冬奥冬残奥……330
残疾人文体活动……330
残疾人动态更新……330

街　　道

八宝山街道……332
概况……332
新冠肺炎疫情防控……332
平安八宝山建设……332
精细化管理……332
生态环境治理……332
基层治理……332
创建全国文明城区……332
就业和社会保障……332
民生实事……332
鲁谷街道……333
概况……333
党史学习教育……333
意识形态工作……333
新冠肺炎疫情防控……333
未诉先办……333
“四个一”模式……333
成立“街区功能型党支部”……333
重点项目建设……333
精品文化地标……333
新业态新就业群体试点……333
消除安全隐患……333
依法行政……333
平安鲁谷建设……334
京蒙对口支援……334
大气污染治理……334
创建全国文明城区……334
就业与民生保障……334
无障碍环境建设……334
退役军人服务保障……334
老山街道……334
概况……334
郎园疫苗接种点……335
核酸检测工作……335
建党 100 周年庆祝活动……335
创建全国文明城区……335
“双报到”活动……335
接诉即办……335
老旧小区改造……335
社会保障救助……335
信访代理……335
流动人口服务管理……335
民生保障……335
八角街道……336
概况……336
党史学习教育……336
就业保障……336
重点项目建设……336
疫情防控……336
新冠疫苗接种……336
违法建设拆除……336

全民健身示范街道创建…… 336
平安八角建设…… 337
品质社区建设…… 337
物业服务管理…… 337
垃圾分类…… 337
接诉即办…… 337
“智慧社区”建设…… 337
党组织建设…… 337
社区治理…… 337
古城街道…… 337
概况…… 337
建党100周年庆祝活动…… 338
党史学习教育…… 338
服务保障冬奥筹办…… 338
无障碍环境建设…… 338
新冠肺炎疫情防控…… 338
老旧小区改造…… 338
基层党建…… 338
社会保障服务…… 338
垃圾分类…… 339
安全生产…… 339
道路治理…… 339
社区“两委”换届…… 339
创建全国文明城区…… 339
苹果园街道…… 339
概况…… 339
新冠肺炎疫情防控…… 339
接诉即办…… 340
创建全国文明城区…… 340
垃圾分类…… 340
物业管理…… 340
就业服务…… 340
公共文化服务…… 340
社会保障服务…… 340
民生工程…… 340
消除安全隐患…… 340
信访代理…… 340
金顶街街道…… 340
概况…… 340
基层党建…… 341
垃圾分类…… 341
老旧小区改造…… 341
便民工程…… 341
接诉即办…… 341
平安建设…… 342
安全生产专项整治…… 342
化解矛盾纠纷…… 342
推进成立物管会…… 342
养老服务…… 342
住房保障…… 342
新冠疫苗接种…… 342
无障碍环境建设…… 342
拆违控违…… 342
施工环保…… 342
规范街面…… 343
模式口街区综合治理…… 343
广宁街道…… 343
概况…… 343
冬奥文化广场授牌…… 343
冬奥社区综合文化中心开馆…… 343
“带动三亿人参与冰雪运动”示范活动…… 344
中华冰雪文化展开幕式…… 344
基层治理…… 344
环境整治…… 344
落实河长制…… 344
新冠肺炎疫情防控…… 344
五里坨街道…… 344
概况…… 344
意识形态工作…… 344
党史学习教育…… 344
党建工作…… 344
廉政建设…… 344
“疏整促”专项行动…… 345
环境治理…… 345
老旧小区改造…… 345
全国文明城区创建…… 345
新冠肺炎疫情防控…… 345
平安建设…… 345
防汛应急处置…… 345
法治服务…… 345
社会救助保障…… 345
居家养老服务…… 345
民生保障…… 345
扶贫支援协作…… 346

社区队伍建设 …… 346
增设便民服务 …… 346
群众文化生活 …… 346
接诉即办 …… 346
· 石景山区街道工委、办事处负责人 …… 346

人物　荣誉

全国先进集体 …… 347
全国先进个人 …… 347
北京先进集体 …… 347
北京先进个人 …… 347

统 计 资 料

石景山区主要经济指标完成情况 …… 349

附　录

中共北京市石景山区委主要文件目录 …… 351
中共北京市石景山区委文件 …… 351
中共北京市石景山区委办公室文件 …… 351
北京市石景山区人民政府主要文件目录 …… 352
北京市石景山区人民政府文件 …… 352
北京市石景山区人民政府办公室文件 …… 352
区域文化设施名录 …… 353
全国重点文物保护单位名录 …… 353
北京市文物保护单位名录 …… 353
石景山区文物保护单位名录 …… 353
公证服务机构 …… 354
公证处名录 …… 354
法律服务所名录 …… 354
公安分局派出所 …… 354
街道社区居委会 …… 354
八宝山街道 …… 354
鲁谷街道 …… 355
老山街道 …… 355
八角街道 …… 356
古城街道 …… 356
苹果园街道 …… 357
金顶街街道 …… 357
广宁街道 …… 358
五里坨街道 …… 358
索　引 …… 359

区情概览

基 本 地 情

石景山区位于北京西部西山风景区南麓和永定河冲积扇上，因燕都第一仙山——石景山而得名。地理坐标为北纬39°53′～39°59′，东经116°07′～116°14′，东至玉泉路与海淀区毗连，南抵张仪村与丰台区接壤，北倚克勤峪与海淀区搭界，西濒永定河与门头沟区为邻。辖区东西宽约12.25千米，南北长约13千米，最东端距天安门14千米，总面积85.74平方千米。

石景山区地势北高南低，西北部山地是太行山余脉，约占全区面积的三分之一，40余座山峰比肩而立。西南部横亘着古老的永定河，蜿蜒曲折。中部和东南部是永定河冲积扇形成的夹带残丘的平原，为全区人民生产生活的主要地区。石景山地处暖温带半湿润大陆性季风气候区，年平均气温13.4℃，较常年平均值（13.2℃）偏高。年总降水量1120.9毫米，较常年（565.9毫米）偏多近1倍。

石景山区自古就是京西历史文化重镇，既是西进京城的军事交通要塞，也是北京现代工业的发祥地，历史文化独特鲜明。境内名胜古迹众多，有近现代重要史迹及代表性建筑20余处，以“三山八刹十二景”著称的一代名园八大处、以明代壁画闻名于世的法海寺、石刻造像精美的田义墓、第四纪冰川遗迹陈列馆、八宝山革命公墓等均荟萃于此。

石景山区是北京市继东城、西城之后第三个没有农业户籍人口的城区，下辖八宝山街道、鲁谷街道、老山街道、八角街道、古城街道、苹果园街道、金顶街街道、广宁街道及五里坨街道等9个街道，154个社区居委会。截至年底，全区有46个民族，常住人口56.6万人。

2021年是中国共产党建党一百周年，也是“十四五”开局之年，同样是全面建设社会主义现代化国家新征程开启之年。石景山区深入贯彻习近平新时代中国特色社会主义思想，紧紧抓住“两大机遇”，全力推进“三区建设”，经受住了服务保障冬奥筹办、助力打赢脱贫攻坚战、应对突如其来的新冠肺炎疫情等重大考验，扎实做好稳增长、促改革、调结构、惠民生、防风险、保稳定各项工作，圆满完成全年各项任务。

重 点 任 务

冬奥筹办。北京冬奥会和冬残奥会石景山区运行保障指挥部发挥统筹调度作用，实施3个“百日会战”攻坚行动，工程建设基本竣工，环境提升全部完成，服务保障全面到位。首钢滑雪大跳台中心配套、北京冬奥会技术运行中心及附属通信枢纽（TOC）、冬奥场馆周边及阜石路沿线等重点区域环境综合整治和景观提升等工程完工。

重大项目建设。深化区企高层对接和专题调度机制，协调解决首钢东南区5条次干路手续办理等60项重难点事项，推进31项重点任务和49项重大项目实施。全面落实新首钢三年行动计划，基本完成“十大攻坚工程”重点建设任务。冬奥广场、首钢工业遗址公园完工，香格里拉酒店投入试运营。深化“体育+”“科技+”产业布局，举办冬季奥林匹克博览会启动仪式等大型首发活动10余场。搭建车联网云端服务平台系统，建成“全天候多车型自动驾驶技术开发及首钢园区功能示范”项目。

经 济 发 展

主要经济指标。地区生产总值完成959.9亿元，比上年增长9.2%。一般公共预算收入完成73.3亿元，比上年增长11.6%，其中税收收入占比达到91%。工业总产值完成306.4亿元，比上年增长16%。固定资产投资比上年增长17%，两年平均增长18.9%；建安投资比上年增长41.7%，两年平均增长24.3%。投资指标保持正增长态势。社会消费品零售额完成439.9亿元，比上年增长10.1%，两年平均增长0.5%。

“两区”建设。落实“两区”建设实施方案，印发实施《石景山区推动“两区”建设 促进开放发展的若干措施（试行）》。完成90项重点任务，累计落地33项建设项目，其中外资项目21项。举办中国国际服务贸易交易会，组织策划“冬奥机遇带动城市复兴”等5场主题论坛，143家企业线上线下参展；与近百家企业合作签约，落地58项高精尖产业项目。举办首届“北京·景贤杯”创新创业大赛、“景贤计划”人才认定仪式，与17家高校共建学生实践实习基地，多渠道推进人才引进及项目成果转化应用。

高精尖产业推进。同市级部门共同研究制定京西地区转型发展行动计划；印发实施优化高精尖经济结构五年行动计划，逐步健全产业发展体系，“1+3+1”高精尖产业全年实现收入2573.8亿元，比上年增长19.5%，完成年度目标。印发《石景山区加快推进北京国际消费中心城市培育建设实施方案（2021年—2025年）》，六工汇、金安环宇荟等商业综合体建成投用，古城南路、今鼎时代广场等商圈全面改造升级。现代金融业核心地位更加凸显，总收入突破1000亿元，符合市级高精尖主导产业千亿级标准，推动北铁中心落地非标准仓单交易业务。科技服务业做精做强，成功举办中国科幻大会及北京科幻嘉年华，首次推出“北京科幻电影周”，成立全国首个科幻产业联合体及创新中心，引入科幻企业突破20家，产业影响力进一步提升。数字创意产业优势持续显现，“北京市电子竞技产业品牌中心”推进建设，“电竞北京2021”之北京国际电竞创新发展大会成功举办，北京电竞产业协会落地，在线途游等游戏企业加速集聚。新一代信息技术产业高速推进，成功引入中国电科（北京）智慧创新园、光芯片产业基地暨光芯片产业化及创新中心等项目，虚拟动点、当红齐天等8家企业入选2021中国VR50强。加速建设信息基础设施，新开通5G基站65座，建成5G基站462座；发布实施工业互联网三年行动计划，工业互联网平台工程实训基地落户。

重点功能区建设。优化“长安金轴”，引入中国邮政储蓄银行信用卡中心等企业，“三卡 + 消金”消费金融新格局基本形成。北京银行保险产业园产业空间加速释放，园区建成率超过80%；建立健全一站式“零距离”政务服务机制，举办中国国际金融论坛，园区管理运营体系进一步完善。首钢文化产业园、郎园Park成为京西网红打卡地。

城市建设与管理

城市建设。印发实施《石景山区城市更新行动计划（2021—2025年）》，与北京建筑大学、全联房地产商会等单位开展战略合作，与建设银行北京市分行签署《城市更新战略合作框架协议》。加快老旧厂房改造，研究制定京西八大厂整体复兴方案和巴威—北锅、北重西厂更新改造规划综合实施方案，以新首钢为重点带动京西八大厂全面转型。发布实施“十四五”时期老旧小区改造规划，推进2019—2021年老旧小区综合整治，广宁街道六千四小区等12个项目完工。

M11线西段（金安桥站—新首钢站）和S1线（金苹区间）通车试运行，苹果园综合交通枢纽南区主体结构完工，地铁1号线福寿岭站启用工程进场施工。高井规划一路、锅炉厂南路建成通车。石景山水厂并网通水。

完成39条背街小巷环境精细化整治提升工程，招募2973名“小巷管家”，处理各类事件77万余件。古城西街南口道路拓宽等疏堵工程及新首钢北区慢行系统改造工程完工。加强“智慧石景山”建设，建成政务云计算平台及“城市大脑”运营指挥中心城市管理、经济运行等5个主题，实现数据注册、共享、比对、融合等全流程服务。

编制印发“十四五”时期石景山区西部地区发展规划，实施广宁、五里坨等西部地区发展建设三年行动计划，明确63项重点任务、99项重大项目。深化与中交集团合作，签署西部地区开发合作框架协议和投资建设协议，中交城市更新有限公司和中交资本控股有限公司落户。研究启动邻里中心、净德寺遗址公园、天泰山旅游综合开发等项目规划建设。

生态环境。深化大气污染防治“一微克”行动，提升道路、工地等扬尘精细化管控水平。制定印发2021年能源工作要点，开展碳减排、碳中和路径研究，实施二氧化碳控制专项行动，全区空气质量持续改善。细颗粒物（$PM_{2.5}$）年均浓度为33微克/立方米，比上年下降10.8%。全面推进国家森林城市创建，北京冬季奥林匹克公园和衙门口城市森林公园开园，打造全市首条全封闭跑马路线。永引渠水系景观提升二期工程和高井沟生态修复工程完工。

教育　文化　卫生　体育

完成8项重要民生实事和67项济困工程。促进教育优质普惠发展。落实“双减”工作，学科类校外培训机构由88家压减至20家，31家无证机构动态清零。加快优质教育资源供给，新增1所普惠性幼儿园，普惠性幼儿园覆盖率达到87%；北京市十一学校石景山学校和北大附中石景山学校开工建设。

加强西山永定河文化带建设，“六张文化名片”影响力持续增强。模式口历史文化街区开街，5处景观节点、7处精品院落、30个店铺同步亮相。八大处公园环境整治及提升一期项目完工。举办首届“北京西山永定河文化节”，承办启动仪式、发展论坛等活动。创建第四批国家公共文化服务体系示范区，组织开展各类公共文化活动8206场，惠及群众162.7万人次。

深入推进区域文化旅游高质量发展，旅游产业和旅游环境持续升级，形成一批特色文化旅游区。现有A级景区3家，精品公园1家，北京首批旅游休闲街区1家，4家网红打卡地、博物馆7家，宾馆酒店96家。全年旅游收入61.4亿元，旅游人次647.8万人次。

有序做好新冠肺炎疫苗“加强针”接种，推动重点人群“应接尽接”。推广“信用 + 医疗”创新应用项目，形成“先诊疗，后付费，保险兜底”模式，在区属医院及社区卫生服务中心率先应用。

深化冬奥“六进”工作，成功创建全国首个“带动三亿人参与冰雪运动”示范区，举办首届中国冰雪运动发展高峰论坛，国际雪联中国办事处落户，北京市首个冬奥社区——广宁街道高井路社区被国家体育总局授予“冰雪社区”称号。

社会建设与社会治理

共建共治共享。深化街道工作和吹哨报到改革，巩固拓展创建全国社区治理和服务创新实验区建设成果，评选确定五星“品质社区”10个。持续抓好两件“关键小事”，实现桶站“一桶一码”管理全覆盖，在全市率先采用市场化运营模式拓展“石分达人”兑换功能，提升垃圾分类参与率。落实物业管理条例，推动物业管理融入社区治理。党的组织和工作覆盖率达到99.3%，业委会（物管会）组建率和物业管理覆盖率均达到94%以上。深化“接诉即办”，健全“五大专班”和“双派双考”工作机制。

社会保障。建立全覆盖、多层次、强重点的就业政策体系，研究制定新一轮促进就业优惠政策。促进和帮扶失业人员就业6245人，就业困难人员实现就业4488人，完成全年任务目标。在全市率先出台新业态就业社会保险补贴政策，鼓励劳动者灵活就业。推进职业技能提升三年行动计划，面向就业困难群体等各类劳动者开展技能培训，完成各类培训22602人次，以训兴业培训注册企业1112家。创新“直播带岗”服务模式，提供各类岗位2200余个。应对人口老龄化，新建京西景园等4家养老服务驿站，增加家庭照护床位312张，建设完成养老助餐点39家；八角街道景阳东街二社区等3个社区入选“全国示范性老年友好型社区”；长期护理保险参保人数达到42.2万人。东下庄和古城两个共有产权住房竣工交用，首钢铸造村一区共有产权住房、八宝山和五里坨集体土地租赁住房主体结构封顶，古城集体土地租赁住房内部装修。政策性住房开工1816套、竣工6907套，超额完成市级任务目标。

精神文明。健全工作机制，制定印发推进创建全国文明城区常态化工作实施意见和三年行动计划，设立文明城区建设服务中心。开展“擦亮城市西大门，文明祥和迎冬奥”专项行动，区四套班子主要领导以“四不两直”方式督导检查实地点位，发现问题全部整改；完成全国文明城区实地考察和问卷调查年度测评。打造43个创城“样板间”，开展5轮网申“以干代训”和16次实地“互学互促”观摩交流活动，以点带面提升创建水平。

平安建设。推进平安石景山建设，持续开展市域社会治理现代化试点，有效防范化解预付式消费领域各类风险。结合安全生产专项整治“三年行动”，进行安全生产大检查。常态化开展扫黑除恶斗争，加强矛盾纠纷和安全风险排查。强化金融风险防范，持续推动P2P网贷等金融风险平稳有序化解。

特　　载

在中国共产党北京市石景山区第十三次代表大会上的工作报告

区委书记　常　卫

(2021 年 12 月 6 日)

现在，我代表中国共产党北京市石景山区第十二届委员会向大会作工作报告，请予审议。

中国共产党北京市石景山区第十三次代表大会，是在“两个大局”交织、“两个百年”交汇、“两个五年规划”交接的关键历史节点，召开的一次重要会议。大会的主题是：高举中国特色社会主义伟大旗帜，坚持以习近平新时代中国特色社会主义思想为指导，深入贯彻习近平总书记对北京重要讲话精神，认真落实市委对石景山工作要求，立足新发展阶段，贯彻新发展理念，融入首都发展新格局，号召全区各级党组织和广大党员群众，深入实施城市更新和产业转型发展战略，全力打造新时代首都城市复兴新地标，奋力谱写首都城市西大门建设新篇章。

一、过去五年工作回顾

区第十二次党代会以来的五年，大事喜事多、风险挑战大，是极不平凡的五年，是具有里程碑意义的五年。我们深切感受了庆祝改革开放 40 周年、新中国成立 70 周年、中国共产党成立 100 周年的欢欣鼓舞，亲身经历了疏解提升、产业转型、城市更新的现实挑战，全面经受了服务保障冬奥筹办、助力打赢脱贫攻坚战、应对突如其来的新冠肺炎疫情等重大考验。这五年，我们深入贯彻习近平总书记对北京重要讲话精神，在市委的坚强领导下，认真落实首都城市战略定位，加强“四个中心”建设，提高“四个服务”水平，抓好“三件大事”，打好三大攻坚战，紧抓服务保障冬奥筹办和打造新时代首都城市复兴新地标机遇，统筹做好疫情防控和经济社会发展，胜利完成了区第十二次党代会确定的各项任务，取得了高水平全面建成小康社会决定性成就，豪情满怀地迈上了率先基本实现社会主义现代化新征程。

五年来，我们坚决落实“看北京首先要从政治上看”的要求，营造了风清气正的政治生态。始终把党的政治建设摆在首位，扎实开展“两学一做”学习教育、“不忘初心，牢记使命”主题教育和党史学习教育，引导全区党员干部增强“四个意识”、坚定“四个自信”、做到“两个维护”。以首善标准做好中央巡视、中央环保督察、规自领域和市委巡视反馈问题整改。全力打好三大攻坚战，助力顺平县、宁城县、莫旗、称多县 9.1 万余名贫困人口全部脱贫，实现 $PM_{2.5}$浓度连续五年持续下降。圆满完成建党 100 周年、新中国成立 70 周年、一带一路峰会及全国“两会”等一系列重大活动保障任务。坚决打赢疫情防控阻击战，实施党建引领“全响应”行动，疫情防控形势持续保持稳定。全区高质量发展的生动实践，充分彰显了习近平新时代中国特色社会主义思想的强大真理力量、思想力量、实践力量。

五年来，我们全力服务保障冬奥筹办，擦亮了“双奥之区”金名片。坚决履行属地责任，深化“双进入”机制，组建场馆外围保障团队，强化城市运行、维稳安保等各环节工作，提高“吃住行游购娱”全要素服务保障水平。开展三个“百日会战”攻坚行动，冬奥组委总部、首钢滑雪大跳台、主运行中心、交通指挥中心、电力运行中心等“1+6+1”场馆建成投用，苹果园综合交通枢纽、M11 冬奥支线、锅炉厂南路、北辛安路南段、高井规划一路等重大基础设施加快建设，北京冬奥公园、冬奥景观大道精彩呈现。紧抓冬奥筹办黄金期，推出支持冰雪产业发展政策，吸引国际雪联中国办事处等重要冰雪体育机构和项目落户，先后承办“沸雪”世界杯等 30 余项高水平冰雪赛事，推动冰雪体育产业蓬勃发展。深入开展冬奥“六进”活动，成功创建全国首个“带动三亿人参与冰雪运动”示范区。服务冬奥、参与冬奥、借势冬奥效应彰显，实现了“冬奥让城市更美好”。

五年来，我们倾力打造城市复兴新地标，引领了城市发展深刻转型。全面落实新首钢三年行动计划，聚焦“四个复兴”，深化区企联动，基本完成“十大攻坚工程”建设任务，建成新首钢大桥、六工汇、冬奥广场、首特绿能港等一批标志性工程，实施城市织补创新工场、国际人才社区等项目，释放 58 万平方米产业载体空间。构筑国际化特色产业生态，聚焦“科技+”“体育+”，成功举办服贸会、中国科幻大会等重大活动，打造国内外“首发”“首店”“首秀”“首演”品牌，建成全市首个体育产品公共保税仓库，获评“北京市体育产业示范基地”。以“京西八大厂”为主体，加快推动老厂区调整改造和低效楼宇提质增效。三次荣获国务院老工业基地调整改造真抓实干成效明显通报表彰，昔日的工业锈带蝶变为城市活力秀场，成为京西一道独特的城市风景线和网红打卡地。

五年来，我们大力实施城市更新行动，带动了城市面貌焕然一新。认真落实新版北京城市总规，高质量完成分区规划和专项规划编制，一体推进广宁、五里坨等西部地区规划建设。坚定有序开展疏解整治促提升专项行动，成功创建全市首个“基本无违法建设城区”。编制实施城市更新行动五年计划，滚动实施改造62个老旧小区共计713栋、400万平方米，积极探索老旧小区改造的“石景山样本”。持续推进西黄村、北辛安、衙门口、广宁村等4个重点棚户区改造，共拆除城中村、平房区及非住宅房屋建筑面积400余万平方米，竣工安置房1.6万余套，1.5万户居民的生活环境得到根本改善。加快重大基础设施建设，轨道交通M6线西延、S1线投入运营，古城南街、北辛安路北段、永引渠南路等市政道路建成通车，石景山水厂并网通水，石景山220kV、石龙220kV输变电工程等一批重点民生项目交付使用，城市承载能力显著增强。积极创建国家森林城市，建成西长安街城市森林公园群，基本实现公园绿地500米服务半径全覆盖，人均绿地面积和城市绿化覆盖率均位居中心城区第一。实施西山永定河文化带保护发展规划和五年行动计划，模式口历史文化街区开街运营，八大处公园综合环境全面提升，首届西山永定河文化节奉献盛典。城市更新弥补了城市功能短板，改善了城市环境和公共服务，释放出城市发展的强大活力。

五年来，我们着力推动产业转型升级，构建了高质量发展新格局。锚定全面建成小康社会目标任务，以建设京西产业转型升级示范区为引领，实现“十三五”规划圆满收官。精心研究编制“十四五”规划纲要和47个专项规划，为经济社会发展擘画了新蓝图。紧抓北京“五子”联动契机，扎实推进“一轴四园”重点产业功能区建设，加快构建“1+3+1”高精尖产业体系。长安金轴形成“三卡+消金”消费金融新格局，北京银行保险产业园规划建成率超过80%，2021年现代金融产业预计实现收入1000亿元，是2016年的2.26倍。中关村石景山园集聚国家高新技术企业865家，着力培育科技服务、数字创意、新一代信息技术等产业，2021年预计实现收入3438亿元，较2016年增长82.7%，荣获“中关村创新发展40年杰出贡献奖”，受到国家真抓实干成效明显通报表扬。新首钢园落户“体育+”、数字创意、人工智能等实体100余家，成为中国科幻产业集聚区、北京市电子竞技产业品牌中心和北京市游戏创新体验区。首钢文化产业园、首创郎园Park获评市级文化产业园，北重科技文创园被纳入市级老旧厂房改造试点。加快实施“两区”建设90项重点任务，推进中关村工业互联网产业园核心区建设，做优中关村人工智能创新应用产业园，壮大中关村虚拟现实产业园，有力推动经济发展。加快今鼎时代广场等传统商圈改造，推动苹果园大悦城、金安环宇荟等商业消费项目建设，创造和培育新消费需求。持续优化营商环境，精准做好企业服务，深化商事制度改革等3项工作受到国务院办公厅督查激励。2021年地区生产总值预计完成930亿元，比2016年增长38.7%，年均增长6.8%；一般公共预算收入预计完成72.25亿元，比2016年增长38.8%，年均增长6.8%；居民人均可支配收入预计实现84948元，比2016年增长39.3%，年均增长6.9%；固定资产投资五年累计达到1595.9亿元，是前五年的1.74倍，年均增长14.8%。全区二三产业占比从转型前的7:3反转为2:8，第三产业占比达到84%，对经济增长贡献率超过90%，实现了从传统重工业区向绿色高端之城的蝶变。京西产业转型升级示范区在国家年度评估中获得“优秀”等级，我区被确定为国家服务业综合改革示范典型。

五年来，我们努力在城市治理上下绣花功夫，推动了城市品质提档升级。加强城市精细化管理，建设城市大脑应用场景，实现六大基础信息库数据共享。全面落实街巷长制，完成7个重点区域、23条精品街、105条背街小巷整治提升，城市景观环境整洁有序。加强党建引领基层治理，顺利完成街道机构改革，擦亮“石景山老街坊”等特色品牌，开展“品质社区”建设，抓好垃圾分类和物业管理两个“关键小事”，扎实推进全国文明城区创建，获批“全国社区治理和服务创新实验区”。深化“吹哨报到”“接诉即办”改革创新，健全完善“五大专班”“热线+网格”等工作机制，有效解决了一大批群众关心的急事难事。强化平安石景山建设，深入开展扫黑除恶专项斗争，圆满完成政法队伍教育整顿，有序开展市域社会治理现代化试点，建设全市首个“预付式消费信用监管和服务平台”，打造“石时解纷”平台，连续两届获评“全国平安建设先进区”。坚决落实安全生产责任制，成功创建“北京市食品安全示范区”。抓好国防后备力量建设，实现全国双拥模范城“八连冠”。首都城市西大门更加有“里”有“面”，宜居宜业的品质之城魅力日渐彰显。

五年来，我们竭力围绕“七有”“五性”保障和改善民生，实现了人民生活更加美好。聚焦破解“四老四少”问题，实施民生实事项目110个，民生领域总投入达到460亿元，超过八成的财力用于改善民生。抓好稳就业工作，登记失业率2.81%。持续优化教育资源布局，引进人大附中石景山学校、北京市十一学校石景山学校、北大附中石景山学校等优质教育资源，组建完成八大教育集团，推动普惠性幼儿园覆盖率达到87.1%，有效解决了群众高度关注的学位不足问题。认真开展国家级居家和社区养老服务改革试点，率先在全市实现“一刻钟”居家养老服务设施基本全覆盖，扎实做好国家级政策性长期护理保险制度试点。不断增加保障性住房有效供给，建成投用政策性住房3万余套。推动卫生健康事业高质量发展，加快推进北京朝阳医院公共卫生应急暨妇儿中心、首钢医院门急诊医技大楼、西部医院等项目建设，深入实施医药卫生体制改革，加强公共卫生应急管理体系建设，荣获“全国健康城市建设示范城区”称号，顺利通过国家卫生区复审并受到通报表扬。加大文化惠民力度，获评国家和首都公共文化服务体系示范区。全区医教养等基础民生领域不断释放红利，有效提升了幸福指数，人民生活向更美好不断迈进。

五年来，我们坚持和加强党的全面领导，促进了党的建设全面进步。区委切实履行把方向、管大局、作决策、保落实职责，坚持和完善党委决策、政府落实、人大和政协监督的工作机制，支持公检法依法开展工作，发展壮大爱国统一战线，不断强化工青妇等群团组织桥梁纽带作用，为全区改革发展稳定汇聚起强大力量。扎实做好宣传思想领域各项工作，牢牢把握意识形态工作主导权，推进“三个中心”贯通融合。全面落实新时代党的组织路线，树立正确导向，坚持选贤任能，深化机构改革，开展干部素质提升工程，实施人才“景贤计划”，推进全国城市基层党建示范区建设，提升基层党组织建设质量，打造忠诚干净担当的高素质干部队伍，以组织优势凝聚奋进力量。持之以恒正风肃纪反腐，严格落实中央八项规定精神，实现区委巡察全覆盖，立案同比增长209.8%，党纪政务处分同比增长188.8%，保持了正风肃纪反腐的高压态势。全区干事创业氛围日益浓厚，党员干部心齐气顺劲足。

各位代表、同志们，五年奋进，令人难忘；丰硕成果，来之不易。这是以习近平同志为核心的党中央坚强领导、巨大关怀的结果，是市委正确领导、大力支持的结果，是全区各级党组织、广大党员干部群众以及各民主党派、人民团体和社会各界勠力同心、开拓奋进的结果，是驻区单位、部队、企业密切协同、积极参与的结果。在此，我代表区委向所有为石景山发展作出积极贡献的同志们、朋友们，表示崇高敬意和衷心感谢！

各位代表、同志们，五年的奋斗历历在目，积累的经验弥足珍贵。回顾这五年工作，我们深刻体会到：必须始终把党的政治建设摆在首位，充分发挥党总揽全局、协调各方的领导核心作用，胸怀“国之大者”，推动中央决策部署和市委工作要求不折不扣贯彻落实，才能确保各项事业发展始终沿着正确的方向前进。必须紧紧把握机遇谋发展，善于在形势发展中抓住机遇，在风险挑战中创造机遇，把机遇转化为实实在在的产业项目、建设项目、民生项目，才能乘势而上、推动发展、开创新局。必须坚持一张蓝图干到底，紧紧围绕区域功能定位，瞄准战略方向，对看准了的事一抓到底，一任接着一任干，一棒接着一棒跑，积小胜为大胜，才能推动“三区建设”不断结出丰硕成果。必须抓住关键求突破，盯住事关全局的重点工作，着力解决涉及发展的突出问题，才能以点带面促进全区各项事业整体跃升。必须持续增进民生福祉，践行党的群众路线，厚植为民情怀，尽心尽力为群众做实事、办好事、解难事，才能让群众有幸福感、让城市有归属感、让党组织有向心力。必须提振干事创业的精气神，大力弘扬敢于担当、攻坚克难、开拓创新的工作作风，把“一枝独秀”要求体现在工作方方面面，才能形成全区上下一盘棋、一条心、一股劲干事创业的生动局面。这些都是我们在全区火热的工作实践中，用行动和汗水换来的宝贵经验，要倍加珍惜、坚持发扬。

在肯定成绩、总结经验的同时，我们还必须清醒地看到存在的短板和差距，突出表现在：一是城市综合承载能力有待提升，“四老四少”问题突出，市政基础设施仍有欠账，公共服务存在弱项，城市功能品质与中心城区定位还不完全匹配。二是全区经济综合实力有待增强，经济总量偏小，重点功能区业态分散，高精尖产业有而不强、有而不优，主导产业规模、龙头企业数量、行业影响力都有很大差距，转型升级任务艰巨。三是城市品牌影响力有待彰显，山水融城的生态景观、多元交融的文化资源、绿色高端的城市品质、便捷高效的区位优势还没有得到充分释放，城市发展人气与活力尚显不足。四是改革创新内生动力有待激发，面对城市更新和转型发展的重任，适应城市精细治理和民生改善的新要求，干部人才队伍抢抓机遇的意识、干事创业的激情、改革创新的思维、攻坚克难的锐气还有欠缺。对此，我们必须高度重视，系统研究，认真解决。

二、关于未来五年面临的形势和发展战略

当前，世界百年未有之大变局加速演进，中华民族伟大复兴进入关键时期，党团结带领中国人民踏上了实现第二个百年奋斗目标新的赶考之路。北京坚持以首都发展为统领，统筹“五子”联动，着力构建首都发展新格局，引领首都高质量发展，向着率先基本实现社会主义现代化目标奋勇前进。石景山作为首都中心城区，紧紧抓住“两大机遇”，全力推进“三区建设”，实现了由传统重工业区向绿色高端之城的深刻转型，正处于融入首都发展新格局的战略机遇期、转型发展的攻坚期和城市复兴的关键期。综合市委要求、形势任务、规划衔接、区情特点、未来愿景，我们必须把深入推进城市更新和产业转型置于发展战略的高度，以此作为全面融入首都发展新格局、率先基本实现社会主义现代化的现实路径，作为“后奥运”时期继续抓住机遇、加快推进“三区建设”的根本动能。我们要凝心聚力、抓住关键、乘势而上，以城市更新优化提升首都功能，以产业转型构建现代产业体系，树立京西高质量发展的新标杆。

今后五年全区工作的指导思想是：高举中国特色社会主义伟大旗帜，坚持以习近平新时代中国特色社会主义思想为指导，全面贯彻党的十九大和十九届二中、三中、四中、五中、六中全会精神，深入贯彻习近平总书记对北京重要讲话精神，全面落实市委对石景山工作要求，立足新发展阶段、贯彻新发展理念、融入首都发展新格局，牢牢把握服务保障冬奥筹办和打造新时代首都城市复兴新地标重大机遇，深入实施城市更新和产业转型发展战略，以推

动高质量发展为主题，以改革创新为动力，以创新城市治理为着力点，以保障和改善民生为落脚点，以全面从严治党为保障，加快推进“三区建设”，全力打造新时代首都城市复兴新地标，奋力谱写首都城市西大门建设新篇章。

今后五年全区工作的主要目标是：在率先基本实现社会主义现代化新征程中努力走在前列。中心城区功能提升取得显著成效，“四个中心”“四个服务”能量充分释放。城市更新取得显著成效，城市承载力显著增强，城市面貌再展新彩，品质之城基本建成。产业转型取得显著成效，重点产业园区形成集群示范，高精尖产业竞争力全方位提升，经济形态进一步优化，经济发展迈上新台阶。山水文化融城取得显著成效，“秀水石景山”基本建成，城市影响力、知名度、美誉度全面提升。民生保障取得显著成效，就业、教育、医疗、养老等公共服务体系更加健全，“七有”“五性”水平达到新高度。城市治理取得显著成效，符合新时代首都治理规律、具有石景山特色的城市精细化治理体系基本形成，城市治理现代化水平大幅提高。党的建设取得显著成效，党的全面领导不断加强，政治生态风清气正，崇尚实干、勇于担当、争创一流在全区蔚然成风。我们要以一往无前的奋斗姿态和永不懈怠的精神状态，攻坚克难、拼搏进取，脚踏实地把宏伟蓝图变成美好现实！

三、全力服务保障冬奥筹办，不断放大冬奥带动效应

牢牢把握“简约、安全、精彩”的办赛要求，全面落实属地责任，围绕“服务冬奥、参与冬奥、借势冬奥”这一主线，跑秒计时、压线冲刺，既实现冬奥成功举办，又整体提升城市发展能级，打造丰厚的冬奥遗产。

全力以赴抓好赛会服务保障。充分发挥“1 办 17 组”区级运行保障指挥体系作用，深入落实“双进入”机制，加强馆地联动、区域联动，落细落实各类方案，做好“1+6+1”场馆赛时运行保障，确保各项工作万无一失。高质量完成“百日会战”攻坚行动重点任务，抓好苹果园综合交通枢纽、M11 冬奥支线、S1 线金苹区间轨道交通项目等重大工程建设收尾验收和调试运营，加快推进首钢厂区内配套道路等基础设施建设，确保满足赛时需要。加快完成环境提升和景观布置工程，充分利用冬奥社区、冬奥公园、冬奥广场、冬奥景观大道等特色地标资源，营造喜庆祥和、精彩热烈的冬奥氛围。扎实做好城市运行保障服务，以城市运行、维稳安保、餐饮住宿、交通组织、环境卫生、接待服务、网络通信等领域为重点，全面提升赛时服务水平。持续抓好涉奥疫情防控工作，坚持冬奥防疫与城市防疫全面融合、一体推进，进一步完善相关防控方案，严格落实各项疫情防控措施，确保赛事安全。配合做好火炬接力、志愿服务、国际交往等各类涉奥活动，加大冬奥宣传力度，动员全区各方面力量当好东道主，全面展示“双奥之区”的独特魅力。

扩大全国“带动三亿人参与冰雪运动”示范区创建成果。持续推进冬奥“六进”活动，推动季节性大众冰雪娱乐场地建设，在学校、社区有序建设冰雪活动场地，广泛开展群众性冰雪体育运动，助力全民冰雪普及，打造冬季体育运动特色区。培育壮大冰雪消费市场，继续开展“欢乐冰雪季”主题系列活动，积极谋划一批有影响力的冰雪消费项目，激发大众冰雪热情。进一步擦亮冬奥社区、冰雪学校品牌，广泛开展创建活动，使冬奥精神全面融入城市发展方方面面，持续释放和激发冬奥文化、冰雪文化活力。

推动冬奥遗产持续利用。提前做好冬奥遗产再利用规划，研究探索奥运场馆赛后利用和运营模式，制定北京冬奥会首钢工业遗存保护名录，出台工业遗存再利用模式与方案，推动跳台和冰场整体利用、联动发展，制定北京冬奥公园管理运营办法，建设冬奥纪念馆，打造值得传承、造福人民的奥运遗产。充分激发冬奥对经济社会发展的带动效应，发挥“双奥之区”优势，吸引具有国际影响力的大企业入驻，大力发展体育、会展、旅游等现代服务业，规划引进一批高水平的国际体育赛事，主动承接一批具有全球影响力的国际展会，打造工业遗存风貌与现代展会深度交融的国际会展品牌。

四、深入实施城市更新行动，全力建设首都西部综合服务区

把实施城市更新作为全区城市工作的战略重点，以新首钢高端产业综合服务区建设为龙头，引领带动石景山整体复兴，提高城市综合承载能力，打造新时代首都城市复兴新地标。

充分发挥规划引领作用。认真落实新版北京城市总规，严格落实分区规划，推进街区控规编制，做好与“十四五”规划的衔接配合，加快构建“一轴一带、多点支撑、组团协同”的空间布局。持续推进疏解整治促提升专项行动，深化人口调控举措，保障城市活力。深入实施城市更新五年行动计划，着力补短板、强弱项，实现存量空间资源提质增效。统筹推动西部地区规划建设，发布三年行动计划，扎实开展以五大更新组团为代表的城市更新行动，建设中交生态智慧城，激发西部地区发展活力，打造区域型城市更新示范样板。坚决维护规划的严肃性权威性，坚定依法有序推进浅山区违法占地违法建设专项整治，深入抓好规自领域问题整改。

加快建设新首钢高端产业综合服务区。紧扣传统工业绿色转型升级示范区、京西高端产业创新高地、后工业文化体育创意基地的战略定位要求，全面完成新首钢北区及东南区规划建设，实现“四个复兴”，将新首钢地区打造成为带动京西经济发展的新引擎和首都城市更新的新标杆。聚焦文化复兴，深入挖掘老工业区历史文化遗产与工业遗存文化价值，对高炉、仓库、车间等建（构）筑物实

施织补更新、加固修缮、改造提升，打造后工业文化创意基地。聚焦生态复兴，高水平完成土壤污染治理，实现首钢水系与人民渠、永定河流域连通，打造西部山、水、冬奥、工业遗存融合创新典范。聚焦产业复兴，加快构建区域创新创业生态，办好服贸会、中国科幻大会等吸引力强、热度高的活动，发展以工业遗产为特色的会展经济、科技创新和文化产业。聚焦活力复兴，高标准建设国际人才社区，积极推进国际学校配建，加快基础设施和公共服务向园区延伸，全方位推动城园融合发展。以首钢为引领带动巴威－北锅、石热等“京西八大厂”全面复兴，有效促进腾退空间和低效楼宇“腾笼换鸟”，让老空间焕发新活力。

全面推进老旧区域综合更新改造。深入实施老旧小区改造五年规划，全面推广“老山模式”“鲁谷模式”，完成全部172个、690万平米老旧小区综合改造任务。加快推进棚户区改造，全面完成西黄村、衙门口、北辛安、广宁村等棚户区改造任务，实施黄庄村改造项目，改善百姓居住条件。探索推进石景山区危旧楼房改建试点工作，加快平房区、边角地更新改造，研究推动麻峪村等城中村改造，提高群众生活质量。

加强市政基础设施建设。完善轨道交通网络，加快市郊铁路城市副中心线衙门口站、地铁1号线福寿岭站、M11线西段东延等轨道交通项目建设进度。推进道路基础设施建设，建成体育场西路、特钢中街等骨干道路，优化新首钢、北辛安、五里坨等重点区域微循环道路，推进永引渠南路西延、石门路改造等西部道路建设，打通东西部交通瓶颈，构建内畅外联、高效通达的路网新格局。提升供水保障能力，推动供水管线隐患消除工程。加强污水处理站和污水管线建设，完成五里坨污水处理厂升级改造。强化电力基础设施建设，建成西部综合能源保障中心，优化提升电网能力与新建变电站相结合，满足区域电网负荷需求。实施鲁谷北重供热厂调峰热源工程，持续优化区域供热、供气网络。

五、持续推进产业转型升级，全力建设国家级产业转型发展示范区

把推动产业转型作为全区经济工作的战略支撑，紧扣中央和北京市重大政策，紧抓京西产业转型升级示范区建设契机，坚持“螺蛳壳里做道场”，聚焦重点区域和重点领域加快创新和开放发展，引领带动产业优化升级，打造京西高质量发展新高地。

深化落实北京市推动京西地区转型发展五年行动计划。加强规划引领，制定行动方案，争取更多项目纳入行动计划统筹推进，实现清单化管理、项目化推进、精细化落实，全方位推进京西产业转型升级示范区建设。加强产业协同和要素整合，探索培育区域合作产业链和优势产业集群，推动“三区一厂”整体联动、协调发展，加快西部地区产业转型发展步伐。深化与门头沟区合作，谋划实施一批交通、市政、生态保护、生活服务等重大项目，补齐市政基础设施和公共服务设施短板，提升西部地区综合承载能力。

加快“一轴四园”重点产业功能区建设。以重点功能区为载体，强化产业发展与空间布局整体协同，深入推进新一轮高精尖行动计划，构建高精尖产业生态，促进产业聚集、特色发展。推动长安金轴高品质发展，依托银河综合商务区、京西商务中心、融科创意产业中心等载体，吸引区域性总部、功能性总部及新兴金融机构落户。全面建成北京银行保险产业园，加快中电科（北京）智能科技园落地，推动金融与科技融合发展，打造国家级金融产业和科技创新示范区。促进中关村石景山园创新发展，发挥国家自主创新示范区先行先试政策优势，重点布局工业互联网、虚拟（增强）现实、数字创意、网络安全等应用前景广、竞争优势强的新兴产业，着力打造中关村工业互联网产业园、中关村虚拟现实产业园，推动优势资源和高端产业快速聚集。推进新首钢园建设，聚焦“体育＋”“科技＋”产业，建设元宇宙创新中心、中关村人工智能创新应用产业园、电竞产业园、科幻产业集聚区和国家体育产业示范区，打造引领京西产业转型升级的新引擎。加快文创园建设，依托首钢、首创郎园Park等市级文化产业园区，加快推进北重科技文创园等北京市老旧厂房改造试点，着力培育设计创意、动漫游戏、数字媒体等文化产业，打造文创产业集群。

统筹推进“五子”联动落地。全力服务北京国际科技创新中心建设，加强央地协同、产学研用协同，吸引国家重点实验室、新型研发机构落地，不断优化创新链和产业链布局。紧抓北京“两区”建设契机，坚持“产业开放＋园区开放”并行突破，以吸引和聚集国际投资为主线，加强政策集成优化，滚动实施一批示范项目，办好中国金融科技创新论坛、工业互联网论坛和“侨梦苑”北京论坛等重要发展平台，推动全球服务贸易联盟落户，积极促进对外贸易高质量发展。借势北京建设全球数字经济标杆城市，加快5G通信、千兆网络升级等基础设施建设，以前沿技术、“卡脖子”技术、硬科技、深科技等应用场景建设为导向加强成果转化，在元宇宙、5G应用、人工智能、虚拟现实、工业互联网等重点领域布局落子，打造北京市VR/AR产业发展示范基地。推进国际消费中心城市建设，突出新首钢园极核地位，持续打造“一核三圈多点”国际消费空间布局，建成苹果园大悦城、金安环宇荟等现代消费圈，培育模式口驼铃古道、古城南路商业步行街等特色消费街区，大力发展首店经济、夜间经济，释放冬奥国际消费的潜力和韧性。推进全国首批城市一刻钟便民生活圈试点，形成全国先进示范。

大力优化营商环境。深化“放管服”改革，坚持服务跟着企业发展需求走，落实驻区企业“服务管家”“服务包”等制度，开展好重点企业走访和中小微企业帮扶，打

响“石景山服务”品牌。建成政务服务中心，加快构建高效的政务服务体系。加强招商引资顶层设计，强化与中关村科学城、中关村门头沟园联动，注重平台招商、线上招商、以商引商，提高特色园区产业集聚度。持续深化集体经济和国有企业改革，助力区域转型发展。

六、全面落实西山永定河文化带保护发展规划，全力建设生态宜居示范区

牢固树立“绿水青山就是金山银山”理念，全面加强生态文明建设，充分挖掘和展示历史文化魅力，将西山永定河文化带建设成全国文化中心精品力作，打造“秀水石景山”，实现发展更低碳、空气更清新、水体更清洁、土壤更安全、生态更宜居。

加快西山永定河文化带建设。认真落实北京市历史文化名城保护发展规划，深入实施西山永定河文化带保护发展规划和五年行动计划，抓好文物保护、修缮与利用，创新非遗保护、传承与发展路径，精心打造“三道五区”和“六张文化名片”，办好西山永定河文化节，充分彰显石景山的独特魅力。坚持“文物保护是核心、环境整治是前提、有机更新是遵循、改善民生是重点、提升业态是关键”的理念，持续精心打磨模式口历史文化街区。以创建国家5A级旅游景区为目标，进一步提升八大处公园管理水平、综合环境和品牌效应。加快激活文旅融合创新发展活力，推进天泰山旅游综合开发、石景山游乐园改造升级等文旅项目，打造一批精品旅游产品和线路，全面提升“吃住行游购娱”配套能力。巩固公共文化服务体系示范区创建成果，提升区文化中心运营管理水平，推动文化设施提档升级。繁荣基层群众性文艺活动，不断满足人民群众日益增长的精神文化需求。

坚决打好污染防治攻坚战。打好蓝天保卫战，持续深化“一微克”行动，抓好柴油货车管控、扬尘污染治理和挥发性有机物防治，不断改善大气环境质量。打好碧水攻坚战，全面落实河长制，巩固黑臭水体治理成果，加强集中式饮用水水源地保护，确保各考核断面水质持续稳定达标。打好净土持久战，有序推进重点区污染土壤治理修复。瞄准碳达峰碳中和推进绿色低碳发展，实施碳排放总量与强度“双控”，大力推动产业提质升级，倡导绿色生产生活方式。

持续扩大生态空间容量。全力创建国家森林城市，抓好新一轮百万亩造林绿化工程，实现森林覆盖率超过30%，人均公园绿地面积超过24平方米，构建石景山区绿色背景和生态屏障。坚持建管并重，加强城市公园绿地管理，大力实施“留白增绿”，持续完善西长安街森林公园群和阜石路冬奥景观大道，打造优美的城市轴线景观。实施“四道合一”示范工程，建成西山绿道、永定河区域步道和永引渠绿道，形成贯通全区的山水绿链。加强永定河沿岸生态修复，完善北京冬奥公园运营管理，全面建成水城交融、融合开放的滨河城市绿色空间，展现“一半山水一半城”的美丽姿态。

七、不断增进民生福祉，全力建设品质之城

始终坚持以人民为中心的发展思想，紧紧围绕“七有”“五性”需求保障和改善民生，不断提高人民生活品质，让全体人民获得感成色更足、幸福感更可持续、安全感更有保障。

加快推进教育现代化。优化教育结构布局，推动中西部、北部地区新建教育资源的高标准配置，推进东南部地区教育资源的结构优化和统筹使用。推动建设石景山国际学校，建成北大附中石景山学校、北京市十一学校石景山学校等优质学校。深化合作办学、集团化办学，整合优化小规模学校布局，提升存量教育资源，打造首都西部教育发展新高地。推动学前教育普及普惠、安全优质发展，普惠性幼儿园覆盖率达到90%。深入开展“雁阵工程”，下大力气培育名校长、名师骨干、学科带头人，打造名校(园)，稳步提高教育教学质量。深化新时代教育改革，扎实推进“双减”工作，打造“北京市一体化德育实践研究示范区”。

全面建设健康石景山。贯彻落实卫生健康事业发展建设规划，推动卫生健康发展以治病为中心向以人民健康为中心转变，努力实现全人群、全方位、全周期维护和保障人民健康。加强医疗卫生服务供给，推进北京朝阳医院公共卫生应急暨妇儿中心、西部医院等工程，建成五里坨精神卫生专科医院，提升石景山医院医疗服务水平。加强社区卫生服务中心建设，推进家庭医生签约服务，筑牢基层公共卫生网底。加强资源统筹利用，加大重点学科建设和高层次专家人才引进培养，全面提高医疗技术和服务质量。促进中医药传承创新发展，建设“北京中医药文化资源转化示范区”。贯彻落实公共卫生应急管理体系建设三年行动计划和实施方案，强化科技支撑，提高院前急救能力，健全公共卫生应急保障体系，织密健康“防护网”。深入开展新时代爱国卫生运动，扎实开展“六大专项行动”，引领健康新风尚。科学、精准、有效抓好常态化疫情防控，坚持“外防输入、内防反弹”不放松，严格落实“四方责任”，巩固来之不易的防控成果。

加快推进养老服务发展。积极应对人口老龄化，深入实施养老服务行动计划，深化国家级居家和社区养老服务改革试点，全面推开国家级政策性长期护理保险制度试点，开展居家养老扩容增效、社区养老转型升级等“十大专项行动”，实施养老服务“颐养工程”，打造老年友好城区。以街道为单位，办好养老服务驿站和养老照料中心，打造区域“老联体”。完善“公办民营”模式，撬动更多社会资本参与养老服务业发展，不断优化“三边十有”“一刻钟”养老服务圈，提升基层老年健康服务质量。

健全完善多层次社会保障体系。坚持就业优先，做好

就业帮扶，鼓励全民创业，确保零就业家庭“动态清零”。提高住房保障水平，完善多主体供给、多渠道保障、租购并举的住房制度。深化分配制度改革，多渠道增加居民收入，缩小收入差距，促进共同富裕。推动康复辅助器具产业国家综合创新试点深入发展，持续推进全区无障碍设施改造，建成区儿童福利院及救助站，加强助残、救孤、济困等事业发展，兜住民生底线。弘扬脱贫攻坚精神，启动一批支援协作项目，做好巩固拓展脱贫攻坚成果与乡村振兴有效衔接各项工作，开创支援协作工作新局面。

全力创建全国文明城区。贯彻落实北京市文明行为促进条例，继续开展“擦亮城市西大门”系列活动，全面提升城市品质和社会文明程度。加强新时代公民道德建设，发挥新时代文明实践中心（所、站）三级组织体系作用，大力培育和践行社会主义核心价值观，以先进榜样引领道德风尚。坚持创城为民、创城惠民，强化重点领域专项整治，破解群众“急难愁盼”问题，让人民群众切身感受到创建全国文明城区的成效，努力实现创城让人民生活更美好。

八、深化城市治理创新，推进城市治理现代化

认真研究把握首都城市和超大城市运行规律，坚持系统观念、底线思维，落实精治共治法治要求，形成数字化、智慧化、精细化、人文化的城市治理体系，提高应对各种安全风险的抵御力，持续提升城市治理能力现代化水平。

提升城市精细化管理水平。建立精细化管理标准规范，提升市容环境、生态环境、设施环境、秩序环境等关键领域管理水平，推动城市管理向城市治理转变。加快“热线”与“网格”融合，实现网格管理与接诉即办平台互联互通，形成集城市管理和民生诉求为一体的综合应用系统。落实好新一轮背街小巷环境精细化整治提升三年行动方案，做好街巷设计和风貌管控，优化公共空间品质，打造精品街巷。加强交通综合保障能力，优化公交场站布局，开展停车设施建设挖潜，着力打造城市慢行系统，多措并举改善出行条件。持续完善环境卫生设施，加强密闭式清洁站、厨余垃圾就地处理设施建设改造。提高城市管理法治水平，聚焦城市管理痼疾顽症强化执法力度，开展“门前三包”、市容环境、停车秩序等专项整治，营造干净整洁、文明有序的城市环境。

建设“智慧石景山”。提升网络基础设施支撑能力，统筹布局5G、大数据等智能基础设施，实现区内5G网络基本全覆盖，加快构建城市感知体系。夯实城市大脑基础能力，建设完善全区统一政务云平台体系，提高大数据服务支撑能力。深化各领域智慧化应用，统筹开展城市管理、社区治理、公共安全、生态保护、交通管理等重点领域应用场景建设，构建城市运行“一网统管”体系，基本建成全域感知、全网协同和全场景智慧的新一代智慧城市。

加强韧性城市建设。统筹拓展城市空间韧性，开展全要素、全过程、全空间风险评估，统筹地上地下空间利用，抓好应急避难场所建设，保障疏散救援避难空间，增强城市空间布局安全。有效强化城市工程韧性，完善大型公共设施平战转换预案，提高建筑防灾安全性能，加强灾害防御工程和防洪排涝设施建设，确保水电油气热等城市生命线安全。持续推进海绵城市建设，发挥生态空间的雨洪调蓄、自我净化作用，多维共治城市积水内涝。全面提升城市管理韧性，完善隐患排查整改工作机制，提高预报预警水平，完善应急响应体系，加强应急演练，提升救援能力、物资保障能力、医疗救治能力、交通和通信保障能力。积极培育城市社会韧性，抓好宣传教育，提升社会公众应急素养。

深化平安石景山建设。落实总体国家安全观，增强忧患意识，坚持底线思维，下先手棋、打主动仗，既防“灰犀牛”，又防“黑天鹅”，确保首都安全稳定，为党中央站好岗、放好哨。时刻绷紧政治安全这根弦，强化斗争精神，扛起政治责任，坚决捍卫首都政治安全。防范化解重点领域金融风险，加强金融领域监管、新经济业态风险防控，坚决守住不发生系统性风险的底线。深化市域社会治理现代化试点工作，加强“雪亮工程”和智慧平安小区建设，完善立体化、信息化、智能化社会治安防控体系，常态化开展扫黑除恶斗争，依法精准打击各类违法犯罪活动。深化信访制度改革，健全完善社会矛盾综合治理机制，坚持和发展新时代“枫桥经验”。严格落实安全生产责任制，坚决遏制重特大安全事故，积极创建“国家安全发展示范城市”。

加快构建基层治理新格局。深化“吹哨报到”改革，完善党建引领基层治理“1+N”制度体系，优化街道职能职权，做实区、街道、社区党建工作协调委员会。落实北京市接诉即办工作条例，健全完善接诉即办工作体系和运行机制，全面推行“双派双考”制度，建立健全以诉求解决和主动服务为核心的基层综合网格工作模式。持续抓好垃圾分类和物业管理两件“关键小事”，注重居民家庭自主分类质量，着力提高物业“三率”实效。鼓励多元主体参与基层社会治理，扩大全国社区治理和服务创新实验区创建成果，推进“品质社区”建设，推动街巷长、“小巷管家”和社区工作者、网格员、协管员、志愿者等基层力量整合融合，擦亮“石景山老街坊”品牌。

九、全面加强党的建设，为全区各项事业发展提供坚强保障

认真学习宣传贯彻党的十九届六中全会精神，大力弘扬伟大建党精神，全面落实新时代党的建设总要求，以党的政治建设为统领，以坚定理想信念宗旨为根基，以调动全体党员积极性、主动性、创造性为着力点，不断提高党的建设质量，继续推进新时代党的建设新的伟大工程，持续涵养风清气正的良好政治生态。

始终把党的政治建设摆在首位。落实“看北京首先要从政治上看”的要求，胸怀“两个大局”，心系“国之大者”，增强“四个意识”、坚定“四个自信”、做到“两个维护”，不断提高政治判断力、政治领悟力、政治执行力。不折不扣贯彻落实中央决策部署和市委工作要求，确保政令畅通，做到令行禁止。严格执行新形势下党内政治生活若干准则，加强党内政治文化建设，传承落实党的优良传统和基本制度，增强党内政治生活的政治性、时代性、原则性、战斗性。严明政治纪律和政治规矩，推进政治监督具体化常态化，教育引导党员干部始终做政治上的“明白人”。抓好市委巡视整改和成果运用，切实把整改成效转化为提高全区各项工作水平的生动实践。

突出抓好思想建设。把学习贯彻习近平新时代中国特色社会主义思想作为干部教育培训的重中之重，推动学习贯彻不断往深里走、往实里走、往心里走。把坚定理想信念作为党的思想建设的首要任务，推进“不忘初心、牢记使命”主题教育常态化制度化，把学习党史作为终身必修课，推动“四史”学习常态化，教育引导广大党员干部从党的百年奋斗历程中汲取智慧和力量，保持共产党人政治本色。坚持马克思主义在意识形态领域指导地位的根本制度，牢牢掌握意识形态工作领导权，全面落实意识形态工作责任制，旗帜鲜明坚持党管宣传、党管意识形态、党管媒体，筑牢守稳各级各类意识形态阵地，营造团结昂扬健康向上的思想舆论氛围。

贯彻落实新时代党的组织路线。认真贯彻地方党委工作条例、党组工作条例和各领域基层党组织建设制度，着力强化组织体系建设。持续深化全国城市基层党建示范区建设，实施品质先锋工程，统筹推进机关、国企、学校、医院等领域党建工作，努力提高“两新”组织党建“两个覆盖”质量，实现基层党组织全面进步、全面过硬。加强党支部标准化规范化建设，完善“我是党员我承诺”“双报到”工作机制，加快构建党建引领基层治理石景山路径。坚持党管干部原则，突出政治素质要求，树立正确用人导向，健全完善选贤任能制度，深入实施干部素质提升工程，打造政治素质、整体功能、专业本领、担当精神、纪律规矩过硬的领导班子，系统推进忠诚干净担当的高素质干部队伍建设。坚持严管厚爱并重，进一步健全完善鼓励激励、容错纠错、能上能下工作机制，持续激发干部队伍干事创业的积极性和创造力。坚持党管人才原则，深化人才发展体制机制改革，深入实施“景贤计划”，统筹加强各领域人才培育，用好北京侨梦苑、海外院士专家北京工作站等国际化人才引育平台，构建全景式人才服务体系。

持之以恒正风肃纪反腐。坚决扛起全面从严治党主体责任，形成一级抓一级、层层抓落实的合力。锲而不舍落实中央八项规定精神，持之以恒纠治“四风”顽瘴痼疾，巩固拓展治理文山会海、优化改进督查检查考核等成果，不断健全基层减负常态化机制。深化漠视侵害群众利益问题专项整治，巩固和拓展民生领域专项整治成果，让人民群众感受到公平正义。把纪律和监督挺在前面，强化对“一把手”和领导班子监督，发挥巡察利剑作用，切实加强党内监督，做到抓早抓小、防微杜渐。坚持无禁区、全覆盖、零容忍，加大重点领域、关键环节腐败问题查处力度。深化以案促改、以案促治，不断增强党员干部敬法畏纪、遵规守矩意识，一体推进不敢腐、不能腐、不想腐。

充分发挥党委总揽全局、协调各方的领导核心作用。持续加强区委常委会自身建设，充分发挥各区委议事协调机构职能作用，不断提升区委把方向、管大局、作决策、保落实的能力和水平。坚持党的领导、人民当家作主、依法治国有机统一，支持和保证人大及其常委会依法行使职权，充分发挥人民政协专门协商机构作用，加强对工青妇等群团组织的领导，巩固发展最广泛的爱国统一战线，不断汇聚奋进新征程的强大合力。坚持党管武装，支持国防、军队建设，巩固和发展军政军民团结，努力实现全国双拥模范城“九连冠”。推进全面依法治区，实施“八五”普法规划，巩固政法队伍教育整顿成果，推动法治石景山、法治政府、法治社会一体建设。

同志们，道不行不至，事不为不成！回首过去，一代又一代石景山人拼搏进取，在这片热土上创造了不平凡的业绩；展望未来，建设社会主义现代化石景山的宏伟蓝图已经绘就，激励我们奋勇前进！让我们更加紧密地团结在以习近平同志为核心的党中央周围，在市委的坚强领导下，满怀信心、接续奋斗，埋头苦干、勇毅前行，不断开创全区高质量发展新局面，高水平建设好首都城市西大门，以优异成绩迎接党的二十大胜利召开！

政府工作报告

在北京市石景山区第十七届人民代表大会第一次会议上

区长 李 新

（2021年12月14日）

各位代表：

现在，我代表石景山区人民政府向大会报告工作，请予审议，并请各位政协委员提出意见。

一、过去五年工作回顾

2017年以来的五年，是石景山区发展史上具有里程碑意义、取得历史性成就的五年。面对实现“两个一百年”奋斗目标的历史交汇期，面对北京城市总体规划赋予我区的功能定位，面对突如其来的新冠肺炎疫情，在市委市政府的坚强领导下，在区委的直接领导下，在区人大、区政协的监督支持下，我们坚持以习近平新时代中国特色社会主义思想为指导，深入贯彻习近平总书记对北京重要讲话精神，扎实推进全面深度转型、高端绿色发展，圆满完成区十六届人大历次会议确定的各项目标任务，取得了高水平全面建成小康社会的决定性成就，为率先基本实现社会主义现代化奠定了坚实基础。

——这五年，我们坚持以首都发展为统领，抓好“三件大事”打好“三大攻坚战”，中心城区功能建设取得重大成果。认真贯彻“一个统领、六个更加突出”的首都发展新要求，统筹推进“五位一体”总体布局，加强“四个中心”建设，提升“四个服务”水平。北京城市总体规划深入落实，石景山分区规划与各领域专项规划有效衔接、一张蓝图干到底；非首都功能疏解与产业优化、人口提质成效明显，在全市率先建成基本无违法建设城区；新中国成立70周年、中国共产党成立100周年等重大活动服务保障圆满成功；679项精准扶贫任务顺利完成，顺平县、宁城县、莫旗、称多县9.1万贫困人口全部脱贫；空气质量持续改善，$PM_{2.5}$年均浓度由每立方米78微克下降至34微克；服务冬奥、参与冬奥、借势冬奥效应彰显，成功创建带动三亿人参与冰雪运动示范区，“双奥之区”金名片更加闪亮。

——这五年，我们坚持新发展理念，聚焦“两大机遇”突出“两个关键”，“三区建设”取得重大成果。深入落实“国家级产业转型发展示范区、绿色低碳的首都西部综合服务区、山水文化融合的生态宜居示范区”功能定位，牢牢把握服务保障冬奥筹办和打造新时代首都城市复兴新地标重要机遇，紧紧扣住城市更新和产业转型关键动能，谋划实施229项重大项目，推动减量发展、创新发展、高质量发展。预计2021年地区生产总值完成930亿元，比2016年增长38.7%；万元地区生产总值能耗累计下降27.1%；一般公共预算收入完成72.25亿元，比2016年增长38.8%；固定资产投资累计完成1595.9亿元，是前五年的1.74倍；高精尖产业实现收入2315亿元，年均增长15.1%；第三产业占比达到84%，对经济增长的贡献率超过90%；我区成为国家新型工业化产业示范基地、国家服务业综合改革示范典型、国家级产业转型升级示范区，传统重工业区向高端绿色之城的战略转型成效显著。

——这五年，我们坚持以人民为中心，紧扣“七有”“五性”破解“四老四少”难题，增进民生福祉取得重大成果。精心办好110项民生实事和355项济困工程，民生支出达到460亿元，占财政总支出超过80%，教育、医疗、养老、住房、文化、体育等社会事业全面进步。五年来，共安置登记失业人员3.1万人，登记失业率降至2.81%；居民人均可支配收入预计由60980元增至84948元，增长39.3%；我区成功创建国家慢性非传染性疾病综合防控示范区、全国中小学校责任督学挂牌督导创新区、全国社区治理和服务创新实验区，荣获国家卫生区、国家公共文化服务体系示范区、全国健康城市建设示范城区、平安中国建设示范区、全国双拥模范城等荣誉称号，群众获得感幸福感安全感显著提升。

——这五年，我们坚持首善标准，打造人民满意的服务型政府，治理体系和治理能力现代化取得重大成果。牢固树立首都意识，持续凝聚了高端绿色发展共识和强大正能量，建立健全了一系列有利于科学发展的制度机制，营造了攻坚克难、干事创业的浓厚氛围，锤炼了一支敢打硬仗、善打巧仗、能打胜仗的干部队伍，为全面完成各项工作提供坚实保障。始终坚持首善标准，努力把各项工作做到精致细致极致，三次获得国务院老工业基地调整改造真抓实干成效明显城市表彰，深化商事制度改革等三项工作受到国务院办公厅督查激励，政府治理效能大幅提升。

五年来，我们主要做了以下工作：

（一）深入落实北京城市总体规划，中心城区功能优化提升。坚持规划引领，发布实施“十四五”规划《纲要》和47个专项规划，编制完成控制性详细规划街区指引和首钢东南区等4个街区控规；深化“四道合一”规划研究，落实常态化城市体检评估机制，建立区级总责任规划师制度，9个街道全部聘任责任规划师。深入开展疏解整治促提升专项行动，完成148项整治任务，拆除违法建设1.2万处、428.5万平方米，疏解商品交易市场42家，实施“留白增绿”91公顷，常住人口规模减幅13%，城乡建设用地减少至53平方公里以内。发布实施西山永定河文化带保护发展规划和五年行动计划，成功举办首届西山永定河文化节，有序打造模式口历史文化街区，大力彰显“三道五区”“六张文化名片”品牌魅力。深入推进全国文明城区创建，组织开展“擦亮首都西大门”系列专项行动，持续提高城市文明程度和市民文明素养。发挥“双奥之区”特色优势，与19个国外城市缔结为友好城市。优化创新要素配置和产业生态，集聚国家级研发机构20家、国家和北京市重点实验室11家，形成创新成果70余项，万人发明专利拥有量由39.8件增至118件，科技创新成为经济发展的关键动能。

（二）牢牢把握“两大机遇”，区域实现高质量发展。全面做好冬奥服务保障，持续开展“百日会战”攻坚行动，全面落实68项重点任务，建成国家冬训中心、首钢滑雪大跳台等场馆，建设苹果园综合交通枢纽、M11线西段、冬奥公园等设施，实施冬奥场馆周边环境整治等工程；开展冬奥“六进”活动，打造全国首个冰雪社区和冰雪学校，举办主题活动3000余场；出台支持冰雪产业发展若干措施，引进斯威克斯、国际雪联办事处，成功举办中国冰雪大会等30余项国际赛事活动。加快建设新时代首都城市复兴新地标，深化全国城区老工业区搬迁改造试点，全面落实三年行动计划，基本完成“十大攻坚工程”建设任务，实施88项重点任务和49个重大项目，建成首钢工业遗址公园、公用型保税仓库，推进土壤污染治理、城市织补创新工场、首钢水系连通、国际人才社区等项目，成功举办中国国际服务贸易交易会等重大活动，新首钢地区正由工业锈带蝶变为活力秀场。落实京西产业转型升级示范区建设方案，制定印发广宁、五里坨等西部地区发展建设三年行动计划，与门头沟区建立紧密合作关系，推动“三区一厂”协同发展。

（三）加快推进产业转型，经济发展质量持续提升。紧紧围绕全市“五子”联动布局，紧抓北京“两区”建设重大机遇，加强“一轴四园”重点功能区建设，长安金轴形成“三卡+消金”消费金融新格局；北京银行保险产业园规划建成率超过80%；中关村石景山园实现收入3438亿元，是2016年的1.8倍；首钢园获评北京市体育产业示范基地；首创郎园Park等文创园获评市级文化产业园。健全完善“1+3+1”高精尖产业体系，集聚光大信用卡中心等230家金融服务机构，现代金融业实现收入是2016年的2.26倍，达到市级高精尖主导产业千亿级标准；举办中国科幻大会，成立全国首个科幻产业联合体，推动设立北京科幻产业基金、中关村科幻产业创新中心，科技服务业创新发展；积极培育数字经济，建设北京市电子竞技产业品牌中心，举办国际电竞发展创新大会，拓展35处应用场景，数字创意产业快速发展；建设工业互联网产业园、虚拟现实产业园、人工智能创新应用产业园，集聚中航信、虚拟动点等龙头企业，新一代信息技术产业实现收入由331.3亿元增至639亿元；推进国家电子商务示范基地建设，引入优矩互动、中融汇智、中植国际等广告业、服务业品牌企业，全区总部企业达到111家，商务服务业实现收入年均增长12%。加快国际消费中心城市建设，建成六工汇、金安环宇荟等消费载体，完成古城南路步行街、今鼎时代广场等商圈载体改造升级，推进大悦城等高品质消费项目建设，举办“京西消费节”，社会消费品零售总额由303.4亿元增至425.5亿元。落实“两区”建设方案，发挥侨梦苑等平台作用，实施90项重点任务，引进33个重点项目，累计利用外资16亿美元。在全市率先出台优化营商环境4.0版措施，成功召开经济发展推进大会，修订升级“2+N”政策体系，“服务包”企业由100家增至260家，兑现各类政策扶持资金44.5亿元，减免税费63亿元。推进财政支持深化民营和小微企业金融服务综合改革试点，协助企业办理普惠贷款超过100亿元，全区上市挂牌企业达到45家。建成海外院士专家北京工作站、京西国际商事与人才综合服务港等开放平台，发布实施“景贤计划”，引育景贤人才124人。深挖央企国企资源，引进中铁建发展集团、光大实业、中交资本等行业龙头企业，高新技术企业保有量由623家增至865家，注册资本亿元以上企业由672家增至946家。

（四）深入实施城市更新，城市承载能力显著增强。加强市政基础设施建设，开通运营S1线、M6线西延，轨道交通运营里程由7.9公里增至18.6公里；建成新首钢大桥和北辛安路北段、锅炉厂南路、永引渠南路等9条城市主干道，市政道路总里程由256公里增至288.4公里；石景山水厂并网通水，日供水能力由18.5万吨增至22.1万吨；建设排水管网30公里，改造雨污合流管线20公里，污水处理率达到99.4%；建设9个变电站，新增容量168万千伏安；完成5个天然气项目，建设压力管线30公里；全面实施煤改电，清洁能源供热面积达到100%。加快推进城市更新，出台五年行动计划，制定10个专项计划，完成12个老旧小区改造，惠及居民2.3万人；持续推进衙门口、西黄村、北辛安、广宁村4个棚户区改造，1.5万户群众生活环境得到根本改善；实施奥园美谷等9个老旧楼宇优化提升项目，存量空间资源实现提质增效。深化“一微克”行动，推进污染土壤治理，实施永引渠水系景观提升工程，国控市控地表水考核断面水质持续提升。积极创建国家森林城市，完成造林绿化3622亩、“揭网见绿”416万平方米，新建改造城市公园20座，建成西长安街城市森林公园群，在全市率先实现公园绿地500米服务半径基本全覆盖，城市绿化覆盖率由51.89%提高到52.42%，人均公园绿地面积24.35平方米，位居中心城区第一。整治7个重点区域、23条精品大街、2个精品小区和105条背街小巷环境，完成68条道路架空线入地改造，新建公厕41座，685条街巷全部落实街巷长制。建设生活垃圾分类驿站48座，生活垃圾分类参与率超过85%，在全市率先基本实现居住小区垃圾分类全覆盖。实施25项道路疏堵工程，新增停车位3.8万个，道路停车实现电子收费。深化智慧石景山建设，落实大数据三年行动计划，实现六大基础信息库数据共享，“城市大脑”建成投用。

（五）持续增进民生福祉，群众获得感更加充实。面对突如其来的新冠疫情重大考验，坚持把人民生命安全放在首位，精准落实测温验码、一米线、无接触配送等举措，1.6万名党员干部和志愿者坚守防控一线，开展核酸检测193万人次，排查管控涉疫人员20万人次，累计接种新冠疫苗131万剂次，疫情防控阻击战取得阶段性重大胜利。引进十一学校、人大附中2所市级名校，开工建设十一学校石景山学校、北大附中石景山学校、金顶街小学，新增14所幼儿园、3895个学位，普惠性幼儿园覆盖率由45%提高到87%，平安校园、义务教育学校管理标准化100%达标。深入推进“双减”工作，全面规范学科类校外培训机构和校内教育教学秩序。推进西部医院等项目前期工作，推动国家级医共体、北京市紧密型医联体试点，面向全区医疗机构启动“信用+医疗”服务。出台养老服务三年行动计划，建成养老服务机构57家、家庭照护床位312张，每千名常住人口养老床位数由5.14张增至7.6张。全面开展国家级政策性长期护理保险试点，参保人数达到42.2万人，3103名失能人员享受优质护理服务。建成残疾人职业康复中心，建设儿童福利院和救助站，无障碍环境建设考评保持全市第一。实施4个共有产权房项目，建成各类政策性住房3万余套。新增便民商业服务网点288家，我区成为全国首批家政服务业提质扩容“领跑者”行动重点推进城区和“城市一刻钟便民生活圈”试点。建成区文化中心，街道综合文化中心在全市效能评估中排名第一。新增实体书店25家、博物馆4家，每10万人博物馆拥有量由0.5家增至1.2家。推进体育场地与公园绿地融合建设，广泛布设群众身边的体育设施，全民健身活动站点达到202个，区体育局被评为全国群众体育先进单位。做好接诉即办工作，创新实施首办负责、直通车、双派双考、三见面、五大专班等工作机制，办理群众诉求26万件，解决率由62.8%提高到78.3%，满意率由78.9%提高到87%。深化市域社会治理现代化试点，推进“石景山老街坊”社会治理五大工程，建设五星“品质社区”10个。推广“老山模式”“鲁谷模式”，小区物业管理“三率”超过94%。全力支持工会、共青团、妇联发挥桥梁纽带作用。抓好国防后备力量建设，实现全国双拥模范城“八连冠”。完善社会矛盾纠纷多元化解机制，建立全市首个“预付式消费信用监管和服务平台”，“石时解纷”平台成为新时代“枫桥经验”的北京实践。严格落实安全生产责任制，强化重点领域安全监管，成功创建北京市食品安全示范区。开展扫黑除恶专项斗争，建成304个智慧平安小区，群众安全感达到99.75%，区公安分局被评为全国公安机关执法示范单位。

（六）着力加强自身建设，政府治理能力显著提高。认真开展“两学一做”学习教育、“不忘初心、牢记使命”主题教育和建党100周年党史学习教育，实施115项“我为群众办实事”重点项目。办理人大代表建议660件、政协委员提案997件，办成率由64%提高到82%，满意率100%。坚持“三重一大”制度，集体研究重大问题1291项。深化“放管服”改革，在全市率先试点“多证合一”“证照分离”，推行综合窗口、一网通办、一厅通办等便利化政务服务措施。完成区级机构改革，形成权责明晰的政府权力清单。理顺街道管理体制，430项行政执法权下沉街道。推进国有经济、集体经济改革，11家国有企业建立现代企业制度，农工商总公司完成产权制度改革。深入落实59项市委巡视整改和市政府绩效考核任务，从严抓好规自领域问题整改，扎实开展政法队伍教育整顿。切实增强过“紧日子”意识，压减一般性支出，“三公经费”减少13.7%。加强领导干部经济责任审计，拓展审计监督的广度和深度。层层压实全面从严治党主体责任，持之以恒落实中央八项规定精神，下大力气解决“四风”问题，持续营造风清气正的政治生态。

五年来，我们紧紧围绕高水平建设好首都城市西大门这一奋斗目标，团结奋进、砥砺前行，全面深度转型、高端绿色发展取得新的重大成就。这些成绩的取得，是市委市政府坚强领导的结果，是区委直接领导的结果，是区人大、区政协监督支持的结果，是全区人民迎难而上、奋力拼搏的结果，是社会各界关心支持的结果。在此，我代表石景山区人民政府，向各位人大代表、政协委员，向辛勤工作在各条战线上的劳动者，向关心支持参与石景山区发展的同志们、朋友们，致以崇高的敬意和衷心的感谢！

同时，我们也清醒地认识到，全区正处在滚石上山、爬坡过坎的关键期，工作中还存在一些困难和问题：一是城市综合承载能力有待提升，“四老四少”问题突出，市政基础设施仍有欠账，公共服务存在弱项，城市功能品质与中心城区定位还不完全匹配；二是全区经济综合实力有待增强，经济总量偏小，重点功能区业态分散，高精尖产业有而不强、有而不优，主导产业规模、龙头企业数量、行业影响力还有差距，转型升级任务艰巨；三是城市品牌影响力有待彰显，山水融城的生态景观、多元交融的文化资源、高端绿色的城市品质、便捷高效的区位优势还没有得到充分释放，城市发展人气与活力尚显不足；四是改革创新内生动力有待激发，面对城市更新和产业转型的重任，适应城市精细管理和民生改善的新要求，干部人才队伍抢抓机遇的意识、干事创业的激情、改革创新的思维、攻坚克难的锐气还有欠缺。对此，我们将采取有效措施，切实加以解决。

二、今后五年主要任务

当前，世界百年未有之大变局加速演进，中华民族伟大复兴进入关键时期。北京坚持以首都发展为统领，统筹

“五子”联动，着力构建首都发展新格局，引领首都高质量发展，向着率先基本实现社会主义现代化目标奋勇前进。石景山作为首都中心城区，紧紧抓住“两大机遇”，全力推进“三区建设”，实现了由传统重工业区向高端绿色之城的深刻转型，正处于融入首都发展新格局的战略机遇期、转型发展的攻坚期和城市复兴的关键期。刚刚闭幕的区第十三次党代会，综合判断未来五年发展形势，明确了全区工作的指导思想、主要目标和重点任务。综合区委要求、形势任务、规划衔接、区情特点、未来愿景，我们必须把深入推进城市更新和产业转型置于发展战略的高度，作为全面融入首都发展新格局、率先基本实现社会主义现代化的现实路径，作为后奥运时期继续抓住机遇、加快推进“三区建设”的根本动能。我们要凝心聚力、抓住关键、乘势而上，以城市更新优化提升首都功能，以产业转型构建现代产业体系，树立京西高质量发展的新标杆。

落实区第十三次党代会部署，今后五年政府工作的指导思想是：高举中国特色社会主义伟大旗帜，坚持以习近平新时代中国特色社会主义思想为指导，全面贯彻党的十九大和十九届历次全会精神，深入贯彻习近平总书记对北京重要讲话精神，全面落实市委市政府对石景山工作要求，坚持稳中求进工作总基调，立足新发展阶段、贯彻新发展理念、融入首都发展新格局，牢牢把握服务保障冬奥筹办和打造新时代首都城市复兴新地标重大机遇，深入实施城市更新和产业转型发展战略，以推动高质量发展为主题，以改革创新为动力，以创新城市治理为着力点，以保障和改善民生为落脚点，以建设法治政府和服务型政府为抓手，以全面从严治党为保障，加快推进“三区建设”，全力打造新时代首都城市复兴新地标，奋力谱写首都城市西大门建设新篇章。

适应新形势、新任务、新要求，做好政府工作，必须坚持把党的领导贯穿始终，坚定不移贯彻新发展理念，坚持以人民为中心的发展思想，努力建设法治政府和服务型政府，扎实提升政府治理能力现代化水平。今后五年，重点做好以下四方面工作：

（一）坚持以首都发展为统领，高品质优化提升中心城区功能。围绕政治中心建设，精益求精做好北京冬奥会冬残奥会、党的二十大等重大活动服务保障，坚决维护首都安全稳定；提升长安街西延综合服务功能，提高为中央党政军领导机关工作服务水平，打造优良的政务环境。围绕全国文化中心建设，挖掘提升“六张文化名片”文化内涵和品牌影响力，将西山永定河文化带建设成全国文化中心精品力作，推动国家公共文化服务体系示范区创新深化发展；大力弘扬社会主义核心价值观，坚持创城为民、创城惠民，推动全国文明城区创建成功。围绕国际交往中心建设，发挥“双奥之区”特色优势，优化国际交往服务环境，办好中国国际服务贸易交易会、中国冰雪大会等会议会展活动，全方位提升国际影响力。围绕国际科技创新中心建设，聚集新一代信息技术产业的技术、人才等各类要素，以应用场景建设为导向加强科技成果转化，全区万人发明专利拥有量达到166件，国家高新技术企业保有量突破1100家，建设国际科技创新中心特色区。

（二）加快推动产业转型，高质量建设国家级产业转型发展示范区。积极推进新首钢高端产业综合服务区建设，以首钢为示范，推动巴威－北锅等老工业企业转型升级，初步形成产业转型、生态提升、业态开放、文化保护、科技赋能、效益增长、人口结构优化的系统转型示范模式，持续提升新时代首都城市复兴新地标影响力。统筹推进“五子”联动，落实各领域行动计划，加强“一轴四园”重点功能区建设，加快培育金融科技、虚拟现实、科幻、工业互联网等新兴产业，“1＋3＋1”高精尖产业实现收入3450亿元。发挥消费带动作用，构建“一核三圈多点”国际消费空间格局。着力优化营商环境，深化“放管服”改革，集成发挥“2＋N”政策体系优势，建成区政务服务中心，打造高效政务服务体系。深化经济体制改革，激发国有经济、集体经济和外资、民营经济发展活力，助力中小微企业发展壮大，增强转型发展动能。

（三）深入实施城市更新，高标准建设首都西部综合服务区。加快转变城市发展方式，全面推进城市更新行动，促进存量提质改造、优化升级，增量结构调整、布局优化，支撑带动城市高质量发展。实施老工业厂区更新，以新首钢为龙头引领带动京西八大厂整体复兴；实施老旧小区改造，全面推广“老山模式”“鲁谷模式”，率先基本完成老旧小区综合整治，健全完善共同缔造、综合治理长效机制；实施楼宇更新，完善楼宇管理信息系统，引入优质企业，提升楼宇环境和服务能力；完成衙门口、西黄村、北辛安、广宁村4个棚户区改造，研究启动区内剩余平房区改造，改善群众居住生活环境。巩固基本无违法建设城区成果，持续深入开展疏整促专项行动，常住人口规模控制在56.8万人以内，城乡建设用地规模控制在53平方公里以内。加强城市治理创新，深入落实接诉即办、物业管理、垃圾分类等条例，推进街巷整治向街区更新延伸拓展，加快构建超大城市基层治理体系，提升城市治理体系和治理能力现代化水平。

（四）着力保障和改善民生，高水平建设生态宜居示范区。更加注重保障基本民生，多措并举推动充分就业。以办好人民满意的教育为目标，优化学校布局，建成6所学校，增加学位8940个；推进集团化办学改革，引育优质教育资源，实施“雁阵工程”和校长职级制、干部教师交流轮岗等制度，加强美育、体育、劳动教育，推动各级各类教育优质均衡发展。深化医药卫生体制改革，加强公共卫生应急管理体系建设，健全公共卫生应急保障体系和重大疫情防控救治体系；建设五里坨精神卫生专科医院和西部医院，加强社区卫生服务中心建设，提升石景山医院医疗服务水平；推进体育公共设施建设，全面建设健康石景山。围绕全龄友好城区建设，落实生育政策，支持发展托育服务，普惠性幼儿园覆盖率达到90%；加快发展养老事业，加强适老化改造，提升养老驿站服务能力，每千名常住人口养老床位数达到8.2张。推进商业服务设施改造提升，加强高品质“城市一刻钟便民生活圈”服务供给。聚焦“双碳”目标，实施碳排放总量与强度双控，推动重点领域节能降碳。深化“一微克”行动，持续削减主要污染物排放总量，推广绿色生产生活方式。建成国家森林城市，落实河长制、林长制，城市绿化覆盖率达到53.5%，完善“山环水绕、绿轴穿城、绿链串园”的绿色空间格局。

三、2022年工作建议

2022年是冬奥筹办决战决胜之年，是“十四五”规划承上启下的关键一年，是党的二十大召开之年，是新一届政府开局之年。做好明年工作，责任重大、使命光荣。全区经济社会发展的主要预期目标是：地区生产总值增长6%左右，一般公共预算收入增长6%，固定资产投资稳定增长，市场总消费增长4%左右，居民人均可支配收入稳步增长，登记失业率控制在4%左右，万元地区生产总值能耗和PM2.5年均浓度下降指标达到北京市要求。

围绕实现全年目标任务，重点做好以下八方面工作：

（一）全面落实属地责任，全力做好冬奥筹办服务保障工作

全力以赴服务保障冬奥筹办。全面完成奥运场馆和配套设施运行保障任务，全面建成苹果园综合交通枢纽、M11线西段等市政基础设施，全面完善提升“吃住行游购娱”全要素服务能力。全力做好赛会服务保障，强化“双进入”机制，落细落实各类工作方案，扎实做好城市运行、维稳安保、餐饮住宿、交通组织、环境卫生、接待服务、网络通信等各环节工作，确保赛事运行万无一失。充分利用冬奥社区、冬奥公园、冬奥广场、冬奥景观大道等特色地标资源，高水平做好冬奥赛场周边等重点区域景观布置，维护好赛时重要节点环境秩序，营造浓厚冬奥氛围。

借势冬奥让城市更美好。探索滑雪大跳台、四块冰等设施赛后利用运营模式，加强冬奥公园运营管理，培育多元业态，打造后工业文化体育创意基地。深化冬奥“六进”活动，开展“欢乐冰雪季”系列活动，推进冰雪场地建设，推广群众性冰雪运动，巩固提升“带动三亿人参与冰雪运动”示范区建设成果。引育冰雪体育组织、企业、人才，举办高水平论坛展会，搭建冰雪运动用品展示、体验、销售平台，引入品牌赛事，打造以冰雪为特色的城市时尚新兴体育基地。

（二）着力打造新时代首都城市复兴新地标，加快建设京西产业转型升级示范区

积极推进京西转型发展。深入落实打造新时代首都城市复兴新地标推动京西地区转型发展行动计划，制定实施年度重点任务、重大项目、责任清单，全方位推进京西产业转型升级示范区建设。积极争取将我区“十四五”规划确定的重点任务和重大项目纳入市级行动计划，全力争取政策资金支持。深化与门头沟区交流合作，研究破解两区共性问题，推动重大基础设施互联互通，加强公共服务共建共享。探索培育区域合作产业链和优势产业集群，推进“三区一厂”协同发展，提升北京西部地区发展水平。

全力支持服务新首钢全面复兴。支持首钢与怡和集团合作，推进国际人才社区南区、城市织补创新工场建设，加快国际学校前期工作。以办好中国国际服务贸易交易会为牵引，提升会展产业发展水平；以办好中国科幻大会为牵引，全面实现科幻产业集聚；以六工汇等一批商办设施投用为牵引，提升商业服务热度。加强新首钢地区厂房、楼宇、市政设施新建、改造，全面提高城市化水平。推动市政公共设施有序移交，实现“城园”融合发展。实施首钢水系与人民渠连通工程，构建滨水绿色生态体系。制定首钢工业遗存保护名录，打造工业遗产保护利用典范，修缮石景山古建群，让历史、自然与工业文明、现代服务业交相辉映。

高质量推进西部地区建设发展。实施广宁、五里坨等西部地区发展建设三年行动计划，全面深化与中交集团城市更新合作，建设中交生态智慧城，打造区域型城市更新示范样板。坚持生态优先，研究启动浅山区生态修复，实施石府沟治理工程，建设西山绿道和净德寺公园。坚持市政优先，启动地铁1号线高井站前期研究。坚持综合服务功能优先，推动商业设施建设，推进天泰山旅游综合开发，启动老工业厂区改造利用，激发区域发展活力。

（三）加快推进产业转型，促进区域经济提质增效

推动重点功能区创新发展。全面提升银河商务区、京西商务中心等载体品质和效益，吸引优质企业落户，促进长安金轴高质量发展。推动北京银行保险产业园创新发展，建设中电科（北京）智能科技园，打造金融和科技融合的国家级金融产业示范区。推进中关村石景山园特色园区建设，加速中海科技金融城、大正创想广场虚拟现实产业基地、工业互联网产业园和人工智能创新应用产业园硬件建设、服务提升、项目引入。加快文创园提档升级，深化文商旅体消费融合，推进北重科技文化产业园一期工程。

健全完善高精尖产业体系。壮大提升“1+3+1”高精尖产业能级，力争实现收入突破2500亿元。全面深化与光大、中电科等央企战略合作，争取更多央企二三级企业落户。夯实现代金融业主导地位，引入优质金融资源，打造以“金融+场景”为支撑、多方参与、跨界融合的金融发展生态圈。落实数字经济五年规划，建成工业互联网平台工程实训基地，建设5G+8K超高清产业平台，实现新一代信息技术、科技服务、数字创意产业融合发展。引进专业会展服务机构和行业领军企业，承办展会活动20场以上，推动商务服务业高品质发展。

着力培育发展新动能。落实“两区”建设年度重点任务，发挥侨梦苑平台作用，加强与国际商协会合作，推动全球服务贸易联盟落户，加快形成科幻、数字创意、文旅、冰雪体育等领域开放发展新优势。积极参加中关村论坛、金融街论坛，加强区域合作，争取重大创新平台、新基建

设施、优质企业在我区落地。出台科幻产业发展行动计划，发挥产业基金作用，搭建中关村科幻产业创新中心孵化平台，打造科幻产业集聚区。加快元宇宙产业布局，探索推进前沿科技产业深度融合发展。加强知识产权示范区建设，推动数字人民币在公共事业缴费等领域应用场景落地。推进国际消费中心城市建设，出台文旅体消费提质扩容两年行动计划，推动大悦城、远洋春秋里开业，提高金安环宇荟、喜隆多等商业综合体服务品质，建设5个“城市一刻钟便民生活圈”。深化区属国企现代企业制度改革，健全集体经济运营管理机制，促进国有和集体经济健康发展。

持续优化营商环境。统筹利用载体资源，完善产业扶持政策信息平台，强化产业链招商、以商招商，加强与中关村、金融街对接服务，组建京外招商小组，着力引进符合我区定位要求、产业带动力强的企业和项目。全面落实北京市优化营商环境5.0版政策，深化审批事项告知承诺制改革，简化社会投资审批流程。健全完善“2＋N”政策体系，深化“服务包”工作机制，推进智慧政务服务，支持企业稳定健康发展。用好知识产权质押、担保增信等手段，落实金融服务奖补政策，破解“融资难”“融资贵”问题，助力民营和小微企业发展。加强政企沟通，在制定修改行政规范性文件过程中充分听取企业和行业商协会意见。全面实施“景贤计划”，建设优化高效便利的人才服务体系。发展保障性租赁住房，推进职住平衡，让新市民、青年人等群体住有所居、宜居宜业。

（四）深入实施城市更新行动，不断增强城市承载能力

发挥规划引领作用。深入落实北京城市总体规划和石景山分区规划，做好与“十四五”规划衔接配合，推进八大处、巴威－北锅等街区控规编制。强化责任规划师制度和常态化城市体检评估机制，推动“四道合一”示范工程，建设金安桥站轨道“微中心”。编制年度土地利用和供应计划，推动广宁、衙门口等地块入市交易。

推进重大项目建设。强化重大项目牵引支撑作用，实施150个重点建设项目。启动地铁1号线福寿岭站、市郊铁路副中心线衙门口站、M11线模式口站一体化项目规划建设，加快建设北辛安路南段等28条市政道路。建成苹果园、北辛安110kV输变电工程，完成鲁谷北重调峰热源改造，实施首钢调峰热源及配套热网改造，推进五里坨污水处理厂升级改造。

加快城市更新步伐。实施京西八大厂更新计划，以“首钢经验”为示范，推动巴威－北锅、北重西厂等老厂房改造提升。落实老旧小区更新改造方案，滚动推进松树林小区等46个老旧小区改造。启动黄庄村43号院、玉泉路11号院等平房区改造。实施中关村石景山园北Ⅱ区低效载体改造试点，推动老旧楼宇提质增效。

加强韧性城市建设。开展全要素、全过程、全空间风险评估，统筹地上地下空间利用，全区应急避难场所达到25处，增强城市空间布局安全。健全完善大型公共设施平战转换预案，抓好水电油气热等市政设施运行管理，确保城市生命线安全。推进海绵城市建设，实施金安桥雨水泵站工程，有效治理城市积水内涝。修订突发事件应急预案，加强安全隐患排查整改，提高预报预警能力，妥善应对各类突发事件。

（五）深化城市治理创新，推进城市治理现代化

提升精细化管理水平。落实2022年疏整促专项行动工作方案，实施“留白增绿”2.7公顷，推动重点区域环境提升、住宅小区配建设施移交，确保通过基本无违法建设城区复评。建设6座密闭式清洁站，完成衙门口综合场站环境整治提升，推动生活垃圾分类与再生资源“两网”融合。打造区级静态交通停车管理平台，建设刘娘府、福寿岭公交场站，实施4项架空线入地工程，完成5项道路疏堵工程。

推动智慧石景山建设。完善“城市大脑”功能，建设城市基础数据库和分析系统，提高大数据服务支撑能力，构建全区统一的政务云平台体系。推动城市感知体系建设，增强网络基础设施支撑能力，基本实现区内5G网络全覆盖。深化各领域智慧化应用，开展城市管理、社区治理、公共安全、生态保护、交通管理等重点领域应用场景建设，构建城市运行“一网统管”体系。

深化平安石景山建设。常态化开展扫黑除恶专项斗争，依法精准防范打击各类违法犯罪活动。着力防范化解重大风险，强化各类风险评估和预警防控，发挥预付式消费信用监管和服务平台作用，推进市域社会治理现代化试点。深化信访制度改革，健全完善社会矛盾综合治理机制。落实安全生产责任制，加强危化品、道路交通、食品药品、燃气、消防等重点领域安全监管，全力做好党的二十大等重大活动服务保障，创建国家安全发展示范城市。

夯实基层治理基础。做好接诉即办工作，完善专班推进和双派双考等工作机制，深化热线与网格融合，加强大数据分析研判，重点解决好高频事项和难点问题，建立健全以诉求解决和主动服务为核心的基层综合网格工作模式。健全党建引领基层治理体系，拓展“石景山老街坊”品牌，鼓励多元主体参与基层社会治理，推动协商议事向楼门院延伸，形成多元共治、良性互动、共同缔造的基层治理格局。健全社区治理机制，评定新一批五星“品质社区”，巩固全国社区治理和服务创新实验区建设成果。深化物业管理体制改革，完善市场化运行机制，提升“三率”实效。

（六）打造西山永定河文化带精品力作，彰显文化生态底蕴

扎实开展全国文明城区创建。坚持创城为民、创城惠民，强化重点领域专项整治，着力破解群众急难愁盼问题，努力实现创城让人民生活更美好。深入开展“擦亮城市西大门”专项行动，积极推动公共文明融入城市治理，加大礼让斑马线、光盘行动等文明行为培育引导，营造礼让有序、文明和谐的社会氛围。

全力推进西山永定河文化带建设。落实发展规划和五年行动计划，全面完成50项重点任务，高水平举办西山永定河文化节。以创建国家5A级旅游景区为目标，提升八大

处公园管理水平、综合环境和品牌效应。做好龙泉寺等文保单位保护修缮，加强法海寺壁画宣传策划，改善提升周边环境。完成模式口历史文化街区9个重点院落修缮改造，重现驼铃古道风采。实施永定河左岸综合治理与生态修复，推动永定河石景山段沿线公园连通，打造“秀水石景山”。

深化公共文化服务体系示范区建设。深入落实示范区创新发展规划76项指标任务，完善三级公共文化设施网络，丰富“石景山文E”等数字平台内容，高标准运营区文化中心和街道、社区文化设施。支持社会力量兴办博物馆，提升区博物馆展陈质量，推动实体书店、图书馆创新发展，打造新型公共文化空间。推动名家、名院、名剧走进石景山，举办全国社区合唱汇演、国家级院团惠民演出季、古城之春艺术节等1500场文化活动，更好满足群众精神文化需求。

改善生态环境质量。严格落实林长制，实施长安街沿线绿地提升等31项绿化工程，新增造林绿化196亩，开展公园绿地社会化养护管理试点，成功创建国家森林城市。深化河长制，推进清河行动，保持各类考核断面水质稳定达标。推进重点地区污染土壤治理修复，改善土壤环境质量。制定碳中和规划，推动碳排放强度和总量双控，实施减污降碳专项行动，启动首批碳中和试点，推进交通、建筑等重点领域和公共领域节能降耗。深化“一微克”行动，强化扬尘污染管控，做好细颗粒物和臭氧协同治理，推动空气质量持续改善。

（七）持续增进民生福祉，加快建设品质之城

健全完善社会保障体系。投入资金52.95亿元，办好40项民生实事和68项济困工程。精准开展就业服务，登记失业人员实现再就业4000人。加快北辛安回迁安置房建设，建成各类政策性住房3700套。落实社会救助政策，推进儿童福利院和救助站建设。按照“四个不摘”要求，统筹推动支援协作重点任务及市、区项目，助力宁城县、莫旗、称多县、竹山县经济社会发展。

加快推进教育现代化。建设十一学校石景山学校、北大附中石景山学校、金顶街小学，力促衙门口配套学校实现开工。接收配套幼儿园3所，增加学位810个。以“双减”工作为核心，发挥学校教书育人主体功能，强化美育、体育、劳动教育，推动一体化德育实践研究示范区建设。完善集团化办学改革，深化校长职级制、教育评价改革，实行干部教师交流、区管校聘等制度，推进“双师课堂”“融合课堂”建设，促进各级各类教育协调发展。

全面建设健康石景山。毫不放松抓好新冠疫情防控，坚持“外防输入、内防反弹”，严格落实“四方责任”，夯实社区防控基础，加强冷链食品监管，积极做好新冠疫苗接种工作，提升核酸检测和突发疫情应急处置能力，巩固来之不易的防控成果。落实公共卫生应急管理体系三年行动计划和实施方案，完善重大疫情防控救治体系。开工建设五里坨精神卫生专科医院、北辛安社区卫生服务中心，加快推进西部医院前期工作，加强3个医联体建设，全面提升医疗机构“信用+医疗”服务水平。促进中医药传承创新发展，建设北京中医药文化资源转化示范区。深入开展爱国卫生运动，确保通过国家卫生区复审。广泛开展全民健身运动，开工建设调色板城市公共空间改造提升项目，新增体育设施200件，利用冬奥公园打造一批特色体育品牌活动，举办阳春社区体育节、金秋体育盛会等群众体育活动。

积极发展养老事业。实施养老服务三年行动计划，开展十大专项行动，全面推进“颐养工程”，建设养老服务综合信息平台，提升养老驿站服务能力，新增家庭照护床位200张以上。深化国家级政策性长期护理保险试点和康复辅助器具产业国家综合创新试点，推广“互联网+护理服务”。加强跨区域合作，协同推动高品质养老服务。

（八）突出务实高效，努力建设法治政府和服务型政府

强化政治引领。深入学习贯彻党的十九届六中全会精神，增强“四个意识”、坚定“四个自信”、做到“两个维护”，不断提高政治判断力、政治领悟力、政治执行力，坚定不移地推动中央精神及市委市政府决策部署和区委工作要求落地落实。严格履行全面从严治党主体责任，巩固深化党史学习教育，从严从实抓好中央、市委巡视等反馈问题整改。健全廉政风险防控机制，落实审计监督全覆盖，严格追责问责，确保干部清正、政府清廉。

严格依法行政。自觉接受人大及其常委会法律监督、工作监督，自觉接受政协民主监督，认真办理人大代表建议和政协委员提案。深化法治政府建设，健全依法决策机制，做实重大行政决策事项风险评估机制，推进“双随机、一公开”监管、“互联网+监管”、信用监管。支持区监委、法院、检察院开展工作，听取民主党派、工商联、无党派人士的意见建议。巩固双拥共建，争创全国双拥模范城九连冠。做好普法、武装、民族、宗教、外事、侨务、对台等工作，支持工会、共青团、妇联发挥作用。抓好政务公开和信息公开，畅通社会监督渠道。

增强政府效能。加强财源建设，严格政府债务管理，大力压减一般性支出，完善全覆盖预算绩效管理体系，提高财政资源配置效率和使用效益。大力精简会议文件，切实为基层减负。完善权责清单制度，强化政府督查和绩效考评，构建上下贯通的抓落实体系。坚持首善标准，强化担当作为，提振干事创业精气神，把“一枝独秀”要求贯穿工作全过程，在服务首都发展中，做深做足石景山文章。

各位代表，时代赋予重任，拼搏铸就辉煌。让我们更加紧密地团结在以习近平同志为核心的党中央周围，在市委市政府的坚强领导下，在区委的直接领导下，以更加奋发有为的精神状态、更加开拓进取的创新精神、更加求真务实的工作作风，不断开创全区高质量发展新局面，高水平建设好首都城市西大门，以优异成绩迎接党的二十大胜利召开！

专文

石景山区2021年国民经济和社会发展统计公报

2021年是党和国家历史上具有里程碑意义的一年。面对复杂严峻的国际形势和国内疫情散发等多重考验，在以习近平同志为核心的党中央坚强领导下，全区坚持以习近平新时代中国特色社会主义思想为指导，全面贯彻党的十九大和十九届历次全会精神，深入贯彻习近平总书记对北京一系列重要讲话精神，坚持稳中求进工作总基调，以首都发展为统领，统筹推进疫情防控和经济社会发展，主动服务和融入新发展格局，经济持续恢复，民生持续改善，高质量发展迈上新台阶，实现了“十四五”良好开局。

一、综合

经济增长：初步核算，全年实现地区生产总值959.9亿元，按不变价格计算，比上年增长9.2%。其中，第二产业增加值158.2亿元，增长12.0%；第三产业增加值801.7亿元，增长8.7%。产业构成为16.5:83.5。按常住人口计算，全区人均地区生产总值为16.9万元。

表1　2021年地区生产总值　单位：亿元、%

指　标	2021年	比上年增长	占比
地区生产总值	959.9	9.2	100.0
按产业分：			
第二产业	158.2	12.0	16.5
第三产业	801.7	8.7	83.5
按行业分：			
工业	50.8	10.4	5.3
建筑业	104.8	12.7	10.9
批发和零售业	48.0	6.9	5.0
交通运输、仓储和邮政业	2.7	-2.8	0.3
住宿和餐饮业	6.7	11.7	0.7
信息传输、软件和信息技术服务业	278.0	15.4	29.0
金融业	182.3	7.6	19.0
房地产业	58.2	3.3	6.1
租赁与商务服务业	34.4	0.4	3.6
科学研究和技术服务业	53.8	9.0	5.6
水利、环境和公共设施管理业	5.9	-0.8	0.6
居民服务、修理和其他服务业	8.8	4.7	0.9
教育	45.9	-1.8	4.8
卫生和社会工作	28.5	13.4	3.0
文化、体育和娱乐业	16.6	7.2	1.7
公共管理、社会保障和社会组织	34.5	3.0	3.6

人口与就业：年末全区常住人口 56.6 万人，比上年末减少 0.2 万人。其中，常住外来人口 16.3 万人，占常住人口的比重为 28.8%。常住人口出生率为 6.30‰，死亡率为 6.28‰，自然增长率为 0.02‰。年末城镇登记失业率为 2.17%，比上年末下降 0.29 个百分点；城镇登记失业人员就业率为 65.06%，比上年末提高 11.98 个百分点。

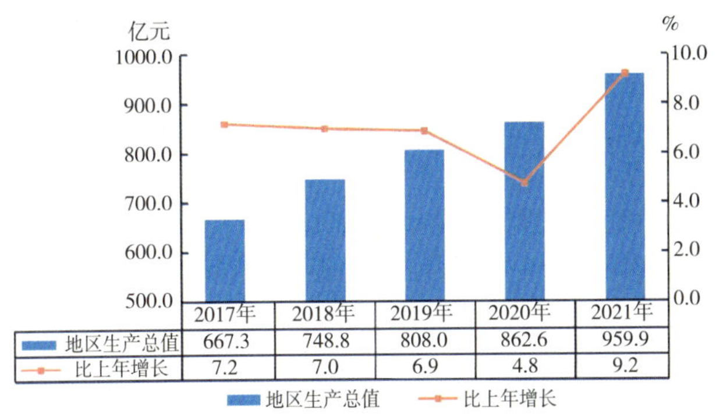

图 1　2017—2021 年地区生产总值及增长速度

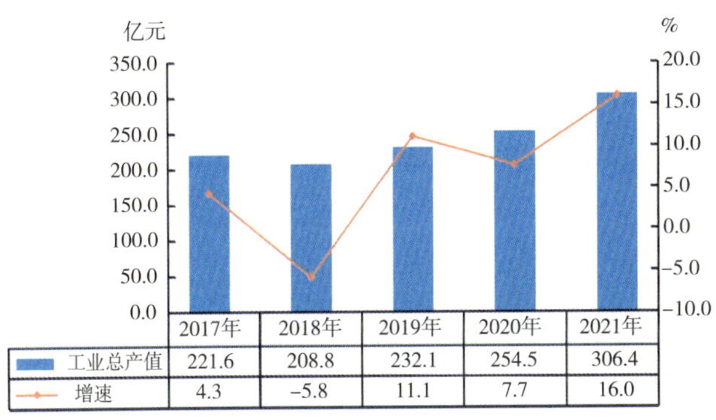

图 2　2017—2021 年规模以上工业总产值及增速

二、工业和建筑业

工业：全年实现工业增加值 50.8 亿元，按可比价格计算，比上年增长 10.4%。规模以上工业企业实现工业总产值 306.4 亿元，比上年增长 16%。从主要行业来看，黑色金属矿采选业比上年增长 30.0%，电力、热力生产和供应业比上年增长 2.8%，专用设备制造业比上年下降 62.4%。

规模以上工业企业实现销售产值 309.8 亿元，比上年增长 17.0%。其中，实现出口交货值 7.1 亿元，比上年下降 44.3%。

建筑业：全年实现建筑业增加值 104.8 亿元，按可比价格计算，比上年增长 12.7%。全年具有资质等级的总承包和专业承包建筑业企业完成建筑业总产值 906.9 亿元，比上年增长 9.7%。其中，在本市完成 176.1 亿元，增长 6.2%；在外省完成 730.8 亿元，增长 10.5%。本年新签订合同额 969.1 亿元，下降 6.3%。

三、服务业

全年实现服务业增加值 801.7 亿元，按可比价格计算，比上年增长 8.7%。规模以上服务业实现收入合计 4465.3 亿元，比上年增长 6.7%，利润总额 736.3 亿元，比上年增长 42.0%。

其中，信息传输、软件和信息技术服务业实现收入合计 863.1 亿元，比上年增长 15.0%；金融业实现收入合计 1189.9 亿元，比上年增长 3.9%；科学研究和技术服务业实现收入合计 169.4 亿元，比上年增长 9.1%；租赁与商务服务业实现收入合计 293.6 亿元，比上年下降 2.2%。

四、财政金融

全区完成一般公共预算收入 73.3 亿元，比上年增长 11.6%。其中，增值税 24.5 亿元，比上年下降 1.0%；企业所得税 16.7 亿元，比上年增长 61.6%；个人所得税 3.3 亿元，比上年增长 16.3%。完成公共财政预算支出 125.5 亿元，比上年增长 10.2%。

表 2　　2021 年中资银行人民币存贷款余额情况　　单位：亿元

指标名称	12 月末余额	比年初增减额
期末银行存款余额	2842.0	289.4
单位存款	1413.8	99.3
个人存款	1267.9	115.6
#储蓄存款	971.0	118.7
其他存款	160.4	74.4
期末银行贷款余额	1193.6	98.8
境内贷款	1193.2	98.9

续表

指标名称	12月末余额	比年初增减额
#境内短期贷款	391.0	63.0
#境内中长期贷款	801.4	40.4
境外贷款	0.4	-0.1

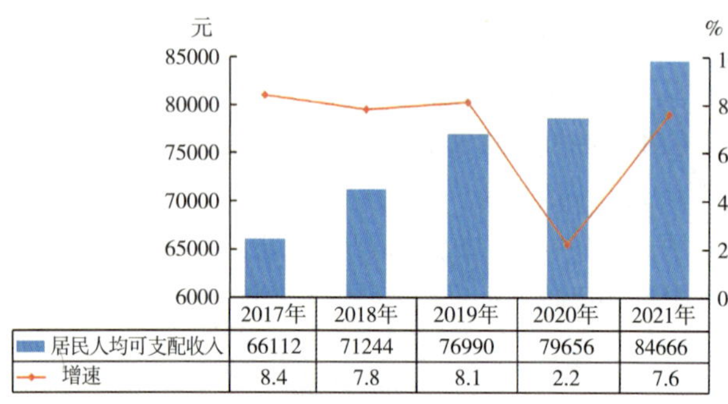

图3　2017—2021年一般公共预算收入情况

年末全区中资银行人民币存款余额2842.0亿元，比年初增加289.4亿元。其中，单位存款1413.8亿元，比年初增加99.3亿元；个人存款1267.9亿元，比年初增加115.6亿元。年末全区中资银行人民币贷款余额1193.6亿元，比年初增加98.8亿元。其中，境内短期贷款391.0亿元，比年初增加63.0亿元；境内中长期贷款801.4亿元，比年初增加40.4亿元。

五、固定资产投资和房地产开发

固定资产投资：全年固定资产投资（不含农户）比上年增长17.0%。其中，建安投资增长41.7%。分产业看，第二产业投资下降2.4%；第三产业投资增长17.8%。

房地产开发：全年房地产开发投资比上年增长6.7%。其中，商品房销售面积增长10.6%。年末全区房屋施工面积比上年末下降3.6%；全年房屋竣工面积下降17.2%。

表3　　投资领域情况　　单位：%

指标名称	累计增幅
固定资产投资（不含农户）	17.0
建安投资	41.7
民间投资	20.9
按三次产业划分	
第二产业	-2.4
第三产业	17.8
#房地产开发投资	6.7
房屋施工面积	-3.6
房屋竣工面积	-17.2
商品房销售面积	10.6
商品房销售额	19.5

六、市场消费

全年实现社会消费品零售总额439.9亿元，比上年增长10.1%。其中，限额以上企业实现零售额为336.3亿元，比上年增长11.6%，占社会消费品零售总额的76.4%。从主要行业看，超级市场零售业实现零售额45.8亿元，比上年增长1.0%；汽车新车零售业实现零售额65.9亿元，比上年下降3.7%；计算机、软件及辅助设备零售业实现零售额28.5亿元，比上年增长75.0%。

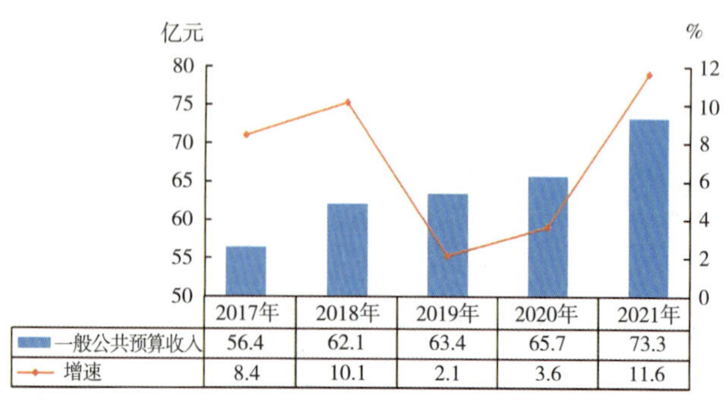

图4　2017—2021年社会消费品零售总额情况

七、对外经济

全年进出口总额 86.2 亿元，比上年增长 73.5%。其中，出口 35.5 亿元，增长 19.2%；进口 50.7 亿元，增长 154.8%。全年实际利用外商直接投资 2.3 亿美元。

八、人民生活和社会保障

人民生活：全年全区居民人均可支配收入为 84666 元，比上年增长 7.6%。从四项收入构成看，居民人均工资性收入 53358 元，增长 17.6%；人均经营净收入 31 元，下降 96.2%；人均财产净收入 8628 元，增长 3.8%；人均转移净收入 22650 元，下降 6.2%。

全区居民人均消费支出为 44790 元，比上年增长 11.7%。

社会保障：年末参加企业职工基本养老、失业、工伤保险的人数分别为 48.5 万人、33.0 万人、35.9 万人，分别比上年末增长 1.9%、2.7%、22.3%。年末参加城乡居民养老保障的人数为 0.2 万人，比上年增长 13.1%。

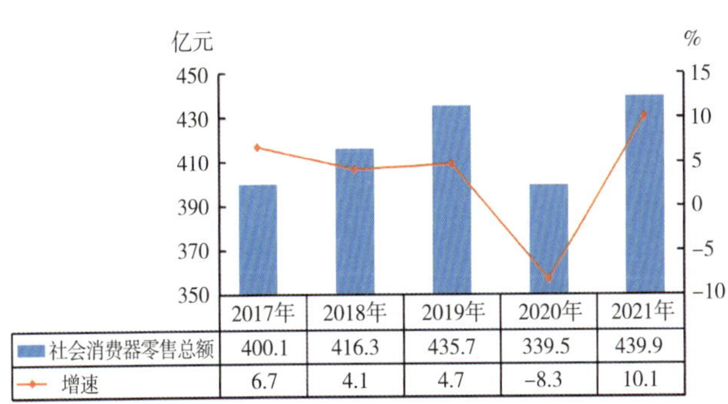

图 5　2017—2021 年居民人均可支配收入情况

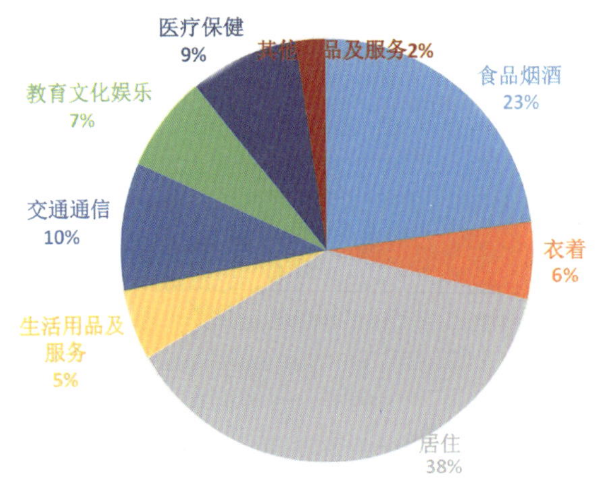

图 6　2021 年居民人均消费支出构成

九、教育、科技、文化旅游和卫生

教育：2021 年全年普通高中招生 1450 人，在校生 4109 人，毕业生 987 人。普通初中招生 2976 人，在校生 8824 人，毕业生 2216 人。普通小学招生 4548 人，在校生 24855 人，毕业生 3494 人。幼儿园入园幼儿 5400 人，在园幼儿 17158 人。各类中等职业教育招生 714 人，在校生 1470 人，毕业生 277 人。特殊教育招生 12 人，在校生 88 人，毕业生 6 人。

科技：全年专利授权量 4682 件，比上年增长 21.9%。其中，发明专利授权量 1807 件，增长 49.8%；PCT 国际专利申请量 639 件。年末拥有有效发明专利 7121 件，增长 30.7%，每万人发明专利拥有量达到 125 件。全年技术合同登记 2262 项，增长 5.7%；技术合同成交总额 124 亿元，增长 10.1%。

文化：年末共有公共图书馆 1 个，总藏量 117.9 万册；博物馆 4 个，其中免费开放 2 个；群众艺术馆、文化馆 1 个。

旅游：全年接待旅游总人数 647.8 万人次，比上年增长 50.6%；实现旅游总收入 61.4 亿元，增长 75.6%。

卫生：年末共有医疗卫生机构 224 个，比上年末减少 2 个。其中，医院 24 个。医疗机构共有（实有）床位 5320 张，减少 53 张。其中，医院床位 5260 张。卫生技术人员为 9564 人。其中，执业（助理）医师 3575 万人，注册护士 4331 人。医疗机构总诊疗人次为 748.9 万人次 ，增长 21.0%。

十、能源和环境

能源：全年能源消费总量 127.7 万吨标准煤，比上年增长 6.8%。万元地区生产总值能耗 0.1331 吨标准煤/万元，按可比价格计算，比上年下降 2.2%。

环境：全区细颗粒物（$PM_{2.5}$）和可吸入颗粒物（PM_{10}）年均浓度值分别为 33 微克/立方米和 61 微克/立方米，分别下降 10.8% 和 1.6%。二氧化氮（NO_2）年均浓度值为 30 微克/立方米，下降 3.2%。二氧化硫（SO_2）年均浓度值为 3 微克/立方米，下降 25%。

公报注释：

1.2021 年数据均为初步统计数。

2. 三次产业划分依据国家统计局 2018 年修订的执行《三次产业划分规定》（国统字〔2012〕108 号），行业划分执行《国民经济行业分类》（GB/T4754－2017）。

3. 规模以上工业企业是指年主营业务收入 2000 万元及以上的全部工业法人企业；限额以上批发和零售业单位是指年主营业务收入 2000 万元及以上的批发业、

500万元及以上的零售业单位(包括法人单位、产业活动单位和个体经营户),限额以上住宿和餐饮业单位是指年主营业务收入200万元及以上的住宿业、年主营业务收入200万元及以上的餐饮业单位(包括法人单位、产业活动单位和个体经营户)。

4. 规模以上服务业企业法人单位:①辖区内年营业收入2000万元及以上服务业法人单位。包括:交通运输、仓储和邮政业,信息传输、软件和信息技术服务业,水利、环境和公共设施管理业、卫生。②辖区内年营业收入1000万元及以上服务业法人单位。包括:租赁和商务服务业,科学研究和技术服务业,教育,以及物业管理、房地产中介服务、房地产租赁经营和其他房地产业。③辖区内年营业收入500万元及以上服务业法人单位。包括居民服务、修理和其他服务业,文化、体育和娱乐业,社会工作。

5. 规模以上事业单位、民间非营利组织服务业法人单位:①辖区内年营业收入1000万元及以上服务业法人单位。包括:交通运输、仓储和邮政业,信息传输、软件和信息技术服务业,租赁和商务服务业,科学研究和技术服务业,水利、环境和公共设施管理业、居民服务、修理和其他服务业,文化、体育和娱乐业,公共管理、社会保障和社会组织,以及社会工作、物业管理、房地产中介服务、房地产租赁经营和其他房地产业;②辖区内年营业收入2000万元及以上的卫生行业法人单位。

6. 部分数据合计数或相对数由于计量单位取舍不同而产生的计算误差,均未作机械调整。

资料来源:

本公报中财政数据来自北京市石景山区财政局;进出口数据、实际利用外资数据来自北京市石景山区商务局;社会保障数据及城镇新增就业数据来自北京市石景山区人力资源和社会保障局;卫生数据来自北京市石景山区卫生健康委;教育数据来自北京市石景山区教委;技术合同数据来自北京市石景山区科委;专利数据来自北京市石景山区市场监管局;公共图书馆、文化馆、旅游数据来自北京市石景山区文化和旅游局;空气质量数据来自北京市石景山区生态环境局;存贷款数据来自北京市统计局、国家统计局北京调查总队反馈数据;其他数据来自石景山区统计局、石景山区经济社会调查队。

大事记

1月

5日至7日 政协石景山区第十届委员会第五次会议召开。大会审议通过区政协常委会工作报告和提案审查情况报告,听取并讨论政府工作报告,通过大会决议。

6日至9日 石景山区第十六届人民代表大会第七次会议召开。会议表决通过《关于石景山区人民政府工作报告的决议》《关于石景山区"十四五"时期国民经济和社会发展规划》《二〇三五年远景目标纲要的决议》《关于石景山区2020年国民经济和社会发展计划执行情况与2021年国民经济和社会发展计划的决议》《关于石景山区2020年预算执行情况和2021年预算的决议》《关于石景山区人民代表大会常务委员会工作报告的决议》《关于石景山区人民法院工作报告的决议》《关于石景山区人民检察院工作报告的决议》。

8日 区政府英文版门户网站正式上线。

14日 石景山区2021年文明委全会暨创建全国文明城区工作动员部署会召开。会议研究审议《石景山区关于推进创建全国文明城区工作的实施意见》《石景山区关于深入推进全国文明城区创建三年行动计划(2021—2023年)》。

18日 区政府举办"两区"建设宣传推介会,来自金融、科技、体育等领域的15家机构现场签约。

21日 区委与首钢集团党委召开联合工作会议,传达学习近平总书记对北京2022年冬奥会和冬残奥会筹办工作重要讲话精神。

2月

5日 石景山区2021年迎新春军政座谈会召开。

25日 全国脱贫攻坚总结表彰大会在北京人民大会堂举行。大会对全国脱贫攻坚先进个人、先进集体进行表彰。石景山区有1名个人和1个集体获得表彰:全国脱贫攻坚先进个人——区接受捐赠事务管理中心主任兼区慈善协会秘书长贺迎潮;全国脱贫攻坚先进集体——区国有资产监督管理委员会改革发展科。

26日 区委党建工作会召开。会议研究部署石景山区2021年落实全面从严治党主体责任和调研改革、宣传思想、统战、组织和社会建设及群团工作。

3月

5日 北京2022年冬奥会和冬残奥会石景山区服务保障工作百日会战动员部署会召开。

9日 石景山区召开全区党史学习教育动员大会。会议传达中央、市委党史学习教育动员大会精神。

10日 石景山区与门头沟区召开合作发展工作座谈会,并签署《合作发展框架协议》。

22日 市长陈吉宁、副市长靳伟一行到中关村石景山园调研,与市科委、市经信局,石景山区主要领导座谈。

29日 区政府与北京建筑大学、全联房地产商会签署战略合作协议。

4月

7日 国家体育总局副局长李建明一行到石景山区调研"带动三亿人参与冰雪运动"示范区创建工作。

9日 市青年企业家协会会长买建明一行60余人到石景山区参观调研。区政府与市青年企业家协会签署《推进战略合作备忘录》。

11日 石景山区第十一届社区居民委员会选举工作完成。参与换届的145个社区居委会选举产生居委会成员889人。

12日 石景山区举办首届"景贤计划"人才认定仪式。首批50名"景贤人才"和1名"景贤计划"形象大使被授予认定证书和"景贤卡"。

13日 石景山区党史学习教育主题特色学习活动暨红色电影《青春之骏》全国首映式在石景山万达广场万达影院举行。

28日 区委召开市委第一巡视组巡视石景山区情况反馈会议。

29日 石景山区举行"永远跟党走 奋进新征程"2021年庆祝五一国际劳动节表彰大会,向受到表彰的先进集体和先进个人颁奖。

5月

8日 "2021清华大学中西医结合创新论坛"在清华大学玉泉医院举办,来自全国各地200余名中西医结合领域的医疗和科研学者参加论坛。

12日 石景山区博物馆开馆,对社会免费开放。

13日 石景山区庆祝中国共产党成立100周年"笔情墨趣"弘扬中华优秀传统文化书画展开幕。

同日 市委常委、统战部部长孙梅君到苹果园街道接访。

17日 区支援协作工作领导小组召开会议,听取全区"十三五"时期扶贫支援工作完成情况和2021年支援协作工作要点有关情况汇报。

同日 区政府、北京第二外国语学院、北京冬奥组委会服务部签署《冬奥服务保障合作框架协议》,第二外国语学院旅游科学学院学生实践基地、石景山区文化和旅游局冬奥培训基地落成揭牌。

22日 北京科技周科幻分会场暨石景山区科技周主场活动启动,这是北京科技周首次设立科幻分会场。

24日 市人大常委会副主任杜飞进带队到石景山区调研职业教育发展情况。

29日 石景山区应邀参加友好城市俄罗斯赤塔市"城市日"庆典活动,区长李新以视频形式出席活动并致辞。

6月

3日 区政府选聘北京市城市规划设计研究院为石景山区总责任规划师团队,院长石晓冬为石景山区总责任规划师。

4日 北京市“京彩奋斗者 数字嘉年华”活动举行。石景山区为共同主办方之一。

同日 中共北京市石景山区现代金融商会委员会正式成立。

9日 石景山区非物质文化遗产保护中心开放。

10日 区委退役军人事务工作领导小组和区双拥工作领导小组召开2021年第一次会议暨创建新一轮全国双拥模范城动员部署会。

22日 “高校京西发展联盟”成立仪式暨合作论坛召开。该联盟由石景山区与北京大学、清华大学、中国人民大学等17所高校共同发起成立。

同日 国家体育总局冬运中心到石景山区专题调研“带动三亿人参与冰雪运动”工作推进会筹备工作。

23日 “北京2022年冬奥会和冬残奥会文化广场授牌仪式暨奥林匹克日活动”在广宁街道冬奥文化广场举办，该广场为北京首个冬奥文化广场。

同日 全市首家“团支部书记学院”在区委党校成立。

25日 石景山区召开“两优一先”表彰大会。会议为老党员代表颁发“光荣在党50年”纪念章，为获评“十佳基层党建创新项目”和“优秀基层党建创新项目”的基层党组织代表颁发奖杯。

29日 模式口文保区专家委员会聘任仪式暨第一次规划建设方案论证会举行。

同日 石景山区举办庆祝中国共产党成立100周年“永远跟党走”群众性主题文艺汇演。

7月

7日 国家发改委领导到石景山区调研“信用＋医疗”创新应用项目。

9日至10日 国家体育总局“带动三亿人参与冰雪运动”工作推进会在首钢园区举行，石景山区成为全国首个“带动三亿人参与冰雪运动”示范区。会上还向电厂路小学授予“冰雪学校”牌匾，向广宁街道高井路社区授予“冰雪社区”牌匾。

12日 承恩寺内的北京燕京八绝博物馆正式开馆。

15日 首个国家级殡仪服务标准化试点项目——八宝山殡仪馆服务标注化试点在石景山区启动。

19日 “北京2022年冬奥会倒计时200天——欢乐冬奥行系列群众文化活动”在区文化中心举行。

21日 中低速磁悬浮S1线全线贯通。S1线西起门头沟石厂站，东至苹果园枢纽，与既有地铁1号线、新建M6号线西延实现换乘，全长10.2公里。

22日 石景山区五里坨路全线通车。

23日 石景山区“品质社区”建设工作全面启动。

24日 石景山区12岁至17岁人群新冠病毒疫苗接种工作正式开始。

30日 石景山籍运动员朱雪莹在第32届奥运会女子蹦床比赛中为中国赢得第一枚金牌。这枚金牌，开启石景山籍运动员奥运金牌零的突破。

同日 区文化中心全面对外开放。石景山区跻身第四批国家公共文化服务体系示范区。

8月

8日 石景山区第十三届“全民健身日”活动启动仪式暨冬奥社区居民线上运动会，在广宁街道高井路冬奥社区举行。

19日 区政府与中国建设银行北京市分行签署《城市更新战略合作框架协议》。

21日 石景山消防支队联合门头沟消防支队在首钢园举行“蓝剑使命－2021”服贸会展馆联合实战演练。

22日 石景山区在全市率先印发实施“八五”普法规划。

23日 石景山区首家律师助残服务站在八角北里社区揭牌。

9月

2日 2021年中国国际服务贸易交易会首次使用首钢园区作为专题场馆。

4日 石景山区在首钢园区举办“两区”建设项目推介投洽会、“冬奥机遇带动城市复兴”石景山主题高峰论坛、第十七届中国国际金融年度论坛、北京博士后成果转化基地圆桌论坛。

5日 “2021侨梦苑北京论坛”在北京侨梦苑·侨创空间举行。

14日 “2021中国科幻大会”新闻发布会在首钢园区召开。

同日 第三届中国仿真技术应用大会暨中关村数字化创新国际论坛在石景山区开幕。

23日 2021北京西山永定河文化节在首钢园区开幕。

26日 北京西山永定河文化高峰论坛在首钢园区举行。

28日 国际雪联中国办事处揭牌仪式在石景山区举行。国际雪联中国办事处是国际雪联全球首个驻外机构。

同日 “2021中国科幻大会”在首钢园区开幕。

同日 石景山区第三十六届金秋体育盛会开幕。

29日 北京冬奥公园开园。

同日 石景山模式口千年“驼铃古道”正式开街。“邂逅京西·遇见美好”第二届西山永定河文化带模式口文化嘉年华暨2021文创市集在模式口大街、法海寺公园举行。

同日 石景山区分别与中交资本、中交投资签订《战略合作协议》和《西部地区城市更新项目合作协议》。

30日 南水北调配套水厂——石景山水厂正式并网通水。

10月

1日 衙门口城市森林公园正式向市民免费开放。该公园是京西最大规模的留白增绿片区，是全市最大面积的腾退绿地。

19日 石景山区召开全区党员领导干部大会。会议民主推荐区十三届“两委”委员。

27日 石景山区开展“全力迎冬奥 一起向未来”北京2022年冬奥会倒计时100天系列线上群众文化活动。

11 月

1 日 3—11 岁人群新冠疫苗接种工作正式启动。

8 日 石景山区召开“以案为鉴、以案促改”警示教育大会,集体观看警示教育片《铁纪之威》。

16 日 市民消防安全教育体验馆在北辛安消防站揭牌。

17 日 区政府与中国中医科学院西苑医院签订合作框架协议。西苑医院石景山区西部医院建设项目纳入“十四五”规划。

同日 新华社记者团到石景山区考察调研“信用+医疗”试点工作。

30 日 石景山区政府与芬兰驻华大使馆、芬兰驻华工作组、首钢集团在首钢园区联合举办“体育互联你我,音乐共融中芬”创意交响乐音乐快闪活动,共迎北京 2022 年冬奥会和冬残奥会。

12 月

2 日 外交部涉外安全事务司司长白天一行到石景山区开展联学调研活动。

5 日 石景山区政府与中国产学研合作促进会、北京市经信局共同主办的第七届中国虚拟现实产学研大会(CVRVT2021)以线上虚拟演播厅直播形式召开。

6 日至 8 日 中共北京市石景山区第十三次代表大会召开。大会选举产生新一届区委、区纪委领导班子。

13 日至 16 日 政协北京市石景山区第十一届委员会第一次会议召开。会议选举产生政协北京市石景山区第十一届委员会主席 1 名,副主席 6 名,秘书长 1 名,常务委员 31 名。

14 日至 18 日 石景山区第十七届人民代表大会第一次会议召开。会议表决通过《关于石景山区人民政府工作报告的决议》《关于石景山区 2021 年国民经济和社会发展计划执行情况与 2022 年国民经济和社会发展计划草案的报告》《关于石景山区 2021 年预算执行情况和 2022 年预算草案的报告》。选举区第十七届人大常委会主任、副主任、委员,区人民政府区长、副区长,区监察委员会主任,区人民法院院长,区人民检察院检察长;决定区第十七届人大专门委员会的设立及其组成人员的人选。

15 日 石景山区被平安中国建设协调小组命名为 2017 至 2020 年度“平安中国建设示范区”,并被授予全国平安建设最高奖——“长安杯”。

22 日 北京 2022 年冬奥会和冬残奥会石景山区城市运行及环境保障组开展全流程、全要素演练。

23 日 石景山区第九次妇女代表大会召开。

26 日 在北京冬奥会开幕倒计时 40 天之际,“带动三亿人参与冰雪运动”示范活动在石景山区举行。

同日 石景山区第八届市民快乐冰雪季启动。

27 日 第十届全国人大常委会副委员长、中国关心下一代工作委员会主任顾秀莲一行到石景山区调研。

29 日 石景山区工商业联合会(商会)第十次代表大会召开。

同日 北京市通信管理局石景山区通信建设管理办公室揭牌。

30 日 应急管理部森林消防局机动支队石景山区驻防分队揭牌。

中共石景山区委员会

综　述

【概况】 中共北京市石景山区委员会(简称区委)是中国共产党在石景山区的领导机关。区委机构12个,其中纪检监察机关1个,工作机关11个,包括办公室、组织部、宣传部、统战部、政法委、研究室、网信办、编办、区直机关工委、巡察办、老干部局。2021年是中国共产党成立100周年,是"十四五"规划开局之年。在市委坚强领导下,区委常委会坚持以习近平新时代中国特色社会主义思想为指导,深入贯彻党的十九大和十九届二中、三中、四中、五中、六中全会精神,全面贯彻习近平总书记对北京一系列重要讲话精神,认真落实中央决策部署和市委工作要求,切实履行把方向、管大局、作决策、保落实职责,坚持和加强党的全面领导,全力服务保障北京2022年冬奥会、冬残奥会筹办和庆祝中国共产党成立100周年重大活动,坚决打赢疫情防控阻击战,大力实施城市更新行动,着力推动产业转型升级,加快西山永定河文化带建设,创新城市治理,深化平安石景山、健康石景山、智慧石景山建设,持续改善民生福祉,做好"十四五"时期开局起步工作,全力打造新时代首都城市复兴新地标,高水平建设首都城市西大门。12月6日至8日,中国共产党北京市石景山区第十三次代表大会召开,选举产生新一届石景山区委、区纪委领导班子,明确今后五年全区工作的指导思想、目标任务和重要举措。

(王　欢　苏劲松)

【市委领导到区调研】 5月19日,市委常委、统战部部长孙梅君到区调研统战工作,实地检查中关村石景山园统战工作站建设情况并召开工作座谈会,听取统一战线工作情况汇报。孙梅君对石景山区统一战线工作给予充分肯定,强调要认真学习宣传贯彻《中国共产党统一战线工作条例》,加强党对统一战线工作的集中统一领导,构建大统战工作格局;发挥新时代统一战线的重要法宝作用,深入开展好首都统一战线党史学习教育和主题教育实践活动,进一步引导统战成员坚定听党话跟党走的信心决心;增强统一战线工作的能力和水平,创新统战工作体制机制,加大教育培训力度,发扬首创精神,努力打造"一枝独秀"的统战品牌。7月12日,市委常委、政法委书记齐静到区调研预付式消费监管服务工作情况,并主持召开座谈会。齐静实地察看北京优绩培训学校和月福汽车装饰有限公司,详细了解企业经营状况、收取预付资金、发行预付卡和预付费平台使用等情况,并与企业负责人进行深入交流,强调要充分发挥预付费平台作用,切实规范预付费经营行为,使用制式合同、规范收费退费、保证服务质量,做到合规合法经营,保护消费者合法权益。12月28日,市委常委、统战部部长游钧围绕推动《北京市接诉即办工作条例》实施、抓好2021年重要民生实事落实到区调研检查。在区城管指挥中心,游钧详细察看区接诉即办平台运行情况及线上智能分析预警系统工作情况并听取工作汇报。在老山街道东里北社区,详细察看社区垃圾分类、基础设施改造等情况并作出指示。

(王　欢　苏劲松)

区委重要会议

【概况】 区委重要会议包括党的代表大会及由此选举产生的区委全体委员会,以及全会选举产生的常务委员会所召开的会议。还包括党建工作会、领导干部会议、月度工作点评会等。这些会议作出的安排部署,为贯彻落实中央决策部署和市委工作要求、统筹推动全区各项工作、高水平建设好首都城市西大门提供坚强保证。

(苏劲松　杨格远)

【党建工作会议】 2月26日召开。会议研究部署石景山区2021年落实全面从严治党主体责任和调研改革、政法和宣传思想、统战、组织和社会建设及群团工作,动员全区各级党组织和广大党员干部全面加强和改进党的建设,压实责任、明确任务、狠抓落实,推动全区经济社会高质量发展,为"十四五"开好局、起好步提供坚强政治保证。常卫主持会议并讲话。李文起、吴克瑞、田利跃等区领导参加会议。

(苏劲松　杨格远)

【区委十二届十三次全体会议】 7月30日召开。全会坚持以习近平新时代中国特色社会主义思想为指导,深入贯彻党的十九大和十九届二中、三中、四中、五中全会精神,深入学习贯彻习近平总书记在庆祝中国共产党成立100周年大会上的重要讲话精神,认真落实市委十二届十七次全会精神,总结2021年上半年工作,部署下半年任务,听取并审议区委常委会工作报告。区委常委会主持会议,区四套班子领导,区委委员、候补委员,区纪委委员、区监委委员,各街道各部门各单位党政正职领导,部分市、区党代会代表参加会议。

(苏劲松　杨格远)

【区委工作务虚会】 11月3日召开,会议全面梳理总结过去五年工作,分析研判当前发展形势,结合石景山发展实际,谋划未来五年全区发展的新思路、新举措。常卫主持会议,区领导围绕过去五年石景山发展体现出的成效进行分析,结合当前的形势,联系石景山区工作实际,对全区未来五年发展思路、面临的机遇挑战,深入细致地进行思考,进一步理清思路,形成共识。

(苏劲松　杨格远)

【"以案为鉴、以案促改"警示教育大会】 11月8日召开。会议集体观看警示教育片《铁纪之威》。会议强调,要对严峻复杂的全面从严治党形势始终保持清醒认识,深挖违纪违法案件问题根源,切实做到警钟长鸣,始终坚持"严"的主基调,扎实推动全面从严治党向纵深发展。常卫主持会议并讲话。市纪委监委有关负责人,区四套班子领导,全区各单位、各区管企业主要负责人在主会场出席会议。全区各单位正科职以上干部、各社区书记主任等在分会场参加会议。

(苏劲松　杨格远)

【区委十二届十四次全体会议】 11月25日召开。全会通报中国共产党北京市石景山区第十三次代表大会筹备工作情况，讨论并通过中国共产党北京市石景山区第十二届委员会工作报告(审议稿)、中国共产党北京市石景山区第十二届纪律检查委员会工作报告(审议稿)，决定将两个报告提请中国共产党北京市石景山区第十三次代表大会审议，会议听取中国共产党北京市石景山区第十三届委员会委员、候补委员和区纪委委员候选人预备人选相关情况的说明，通过党费收缴、使用和管理情况的报告(草案)，审议区委常委会抓党建工作情况报告。会议决定，中共北京市石景山区第十三次代表大会于12月6日至8日召开。区委常委会主持会议，区四套班子领导，区委委员、候补委员，区纪委委员参加会议。

(苏劲松　杨格远)

【区第十三次党代会】 中国共产党北京市石景山区第十三次代表大会于12月6日至8日在北京银保园会议中心召开。大会高举中国特色社会主义伟大旗帜，坚持以习近平新时代中国特色社会主义思想为指导，深入贯彻习近平总书记对北京重要讲话精神，认真落实市委对石景山工作要求，立足新发展阶段，贯彻新发展理念，融入首都发展新格局，号召全区各级党组织和广大党员群众，深入实施城市更新和产业转型发展战略，全力打造新时代首都城市复兴新地标，奋力谱写首都城市西大门建设新篇章。大会审议并批准常卫代表十二届区委所作的工作报告，审议并批准十二届区纪委的工作报告，选举产生中共北京市石景山区第十三届委员会和中共北京市石景山区第十三届纪律检查委员会，表决通过区第十三次党代会关于十二届区委工作报告的决议和区第十三次党代会关于十二届区纪委工作报告的决议。出席大会的正式代表300人，邀请来宾9人，列席52人。

(王　欢　杨格远)

【区委十三届一次全体会议】 12月8日召开，常卫主持会议。会议选举产生中国共产党北京市石景山区第十三届委员会常务委员会委员和书记、副书记，通过中国共产党北京市石景山区第十三届纪律检查委员会第一次全体会议选举结果。常卫、李新、刘海涛、陈婷婷、齐春利、李金克、王晓东、张利军、王运洪、李先侠、迟志禹当选中国共产党北京市石景山区第十三届委员会常务委员会委员。常卫当选中国共产党北京市石景山区第十三届委员会书记。李新、刘海涛当选中国共产党北京市石景山区第十三届委员会副书记。区委委员40人、候补委员8人参加会议。

(王　欢　杨格远)

【常委(扩大)会议】 全年共召开8次。1月28日，会议传达北京市十五届人大四次会议精神和北京市政协十三届四次会议精神。2月9日，区委常委依次作述责述廉报告，常卫逐一进行点评。4月25日，会议传达全市老旧小区改造现场推进会精神。7月15日，会议传达全市换届工作部署会精神。同月26日，会议传达学习中国共产党北京市第十二届委员会第十七次全体会议精神。9月27日，会议宣布市委关于石景山区区级领导班子调整的决定。11月22日，会议传达全国加强换届风气监督工作电视电话会议、全市加强换届风气监督工作会议和全市区领导班子换届选举工作会议主要精神。12月22日，会议传达中国共产党北京市第十二届委员会第十八次全体会议精神，谋划2022年工作。

(苏劲松　杨格远)

【街道部门党(工)委、党组书记月度工作点评会】 全年共召开11次。1月4日，鲁谷街道、金顶街街道、区委教工委、区金融办、市场监管局党工委、党组书记依次发言，常卫作集中点评。会议重点通报全区市民热线办理情况，并对全年接诉即办工作情况作盘点。2月1日，八角街道、广宁街道、区发改委、人力社保局、体育局党工委、党组书记依次发言，常卫作集中点评。会议重点以统筹疫情防控和经济社会发展为重点内容，并通报市民热线办理情况。3月1日，老山街道、区卫健委、应急局、商务局党工委、党组书记依次发言，常卫作集中点评。会议重点围绕疫情防控、经济社会发展、接诉即办和垃圾分类等中心工作进行点评。4月1日，苹果园街道、区城管委、园区管委会、财政局党工委、党组书记依次发言，常卫作集中点评。会议重点点评接诉即办、大气污染防治、“两个条例”实施情况，并通报市民热线办理和全国文明城区创建工作情况。同月30日，八宝山街道、区国资委、园林绿化局、社会工委党工委、党组书记依次发言，常卫作集中点评。会议重点点评接诉即办、创建全国文明城区、创建国家森林城市、全面从严治党等工作情况。6月1日，古城街道、区城管指挥中心、科委、文旅局党工委、党组书记依次发言，常卫作集中点评。会议重点点评服务保障冬奥筹办、疫苗接种、常态化疫情防控、全面从严治党等工作情况。同月28日，鲁谷街道、区经信局、城管执法局、政务服务局党工委、党组书记依次发言，常卫作集中点评。会议传达市委书记蔡奇在区委书记月度工作点评会上对石景山区工作的点评精神，并围绕做好建党百年庆祝活动服务保障和经济社会发展各项重点工作进行点评和部署。9月1日，金顶街街道、区信访办、人防办、司法局党工委、党组书记依次发言，常卫作集中点评。会议围绕接诉即办、依法治区、信访工作进行点评，并通报市民热线办理和全国文明城区创建工作情况。10月9日，八角街道、区西山永定河文化带管委会、西建办、审计局党工委、党组书记依次发言，常卫作集中点评。会议重点点评全面从严治党主体责任、大气污染防治、接诉即办工作，并通报“七有”“五性”监测评价结果半年情况。11月1日，广宁街道、区委教工委、区卫健委、人力社保局党工委、党组书记依次发言，常卫作集中点评。会议重点点评全面从严治党、教育医疗水平、大气污染防治、“两个条例”实施情况，通报市民热线办理和全国文明城区创建工作情况，并就下一步工作进行部署。

(苏劲松　杨格远)

【领导干部会议】 全年共召开3次。9月29日，会议部署国庆节假日期间疫情防控、安全生产、城市运行、市场供应等工作。10月19日，会议民主推荐区十三届“两委”委员。12月30日，会议传达中央、北京市关于做好“两节”工作相关精神，部署元旦、春节“两节”期间全区疫情防控、社会稳定、安全生产、城市运行、市场供应等工作。

（苏劲松　杨格远）

【常委会会议】 2021年，区委常委会着眼于抓大事、议大事、定大事，坚持科学决策、民主决策，统筹协调兼顾、合理组织安排，全年筹备召开区委常委会44次，安排常规议题242个、传达学习类议题25个。

（孙冠军　熊倚熙　刘凯杰）

表4　区委常委会会议一览表

上会日期	单　位	议　题　题　目
1月13日 2021年第1次 （十二届178次）		传达学习习近平总书记在省部级主要领导干部学习贯彻党的十九届五中全会精神专题研讨班开班式上的重要讲话精神
		传达2021年首都意识形态领域需要关注的重点问题情况通报
	区委办	关于《区委“十四五”规划和二〇三五年远景目标建议的重要任务清单》和《区委全会报告2021年主要工作任务分解》的汇报
	发改委	关于“十四五”时期固定资产投资重点建设项目计划安排有关情况的汇报
	财政局	关于我区2020年度地方政府隐性债务及其变动情况的汇报
	反恐办	关于2020年反恐怖工作总结及2021年重点工作任务的汇报
	组织部	关于2020年度民主生活会有关工作的汇报
	组织部	关于石景山区2020年度党委（工委、党组）书记抓基层党建述职评议考核工作方案
	妇　联	关于推荐全国城乡妇女岗位建功先进个人（集体）工作情况的汇报
	组织部	关于开展2020年度区、处级领导班子和领导干部年度考核工作的汇报
1月20日 2021年第2次 （十二届179次）	区委办	关于区委常委会2021年议题计划的汇报
	区委办	关于《区委2020年落实全面从严治党主体责任工作报告》的汇报
	研究室	关于《领导班子对照检查材料》的汇报
	研究室	关于石景山区2021年调研工作要点和重点协作调研课题计划的汇报
	史志办	关于《中国共产党北京市石景山区历史》的汇报
	生态环境局	关于我区2020年生态环境保护工作完成情况和2021年工作计划的汇报
	国资委	关于保险园公司向远洋集团控股企业颐璟润祥公司提供股权质押担保及流动性支持承诺函的汇报
	组织部	关于《2020年石景山区党员干部直接联系群众工作情况报告》的汇报
	组织部	关于组织开展2021年领导干部报告个人有关事项工作的汇报
2月3日 2021年第3次 （十二届180次）		传达学习十九届中央纪委五次全会精神
	纪　委	关于中共北京市石景山区第十二届纪律检查委员会第九次全体会议筹备工作的汇报
	区委办	关于我区2020年全面从严治党（党建）工作考核情况的汇报
	巡察办	关于十二届区委第十轮巡察工作情况的汇报
	宣传部	关于《石景山区2020年意识形态工作报告》的汇报
	应急局	关于我区2020年安全生产工作完成情况及2021年主要工作安排的汇报
	人力社保局	关于石景山区事业单位改革试点工作有关情况的汇报
	城管指挥中心	关于2020年度石景山区“接诉即办”工作情况的汇报
	组织部	干部任免
2月9日 2021年第4次 （十二届181次）		传达中共中央纪委机关、中共中央组织部、国家监察委员会关于严肃换届纪律加强换届风气监督的通知
	宣传部	关于修订完善《石景山区党委（党组）意识形态工作责任制实施细则》的汇报
	司法局	关于《北京市石景山区人民政府2020年法治政府建设年度情况报告》的汇报
	卫健委	关于《关于石景山区2020年计划生育工作情况的报告》的汇报

续表

上会日期	单 位	议 题 题 目
2月9日 2021年第4次 （十二届181次）	住建委	关于2020年老旧小区综合整治项目资金安排的汇报
	八大处公园管理处	关于八大处门区及周边环境综合整治项目的汇报
	经信局	关于打造光芯片产业基地暨加快推进光芯片产业化及创新中心项目建设有关工作的汇报
2月20日 2021年第5次 （十二届182次）		传达《中国共产党统一战线工作条例》精神
		传达杨晓渡、杨晓超同志在十九届中央第六轮巡视反馈视频会议上的讲话和《中央第十一巡视组关于巡视北京市的反馈意见》、蔡奇同志在中央巡视组巡视北京情况反馈会议上的讲话精神
	纪 委	关于调整区委巡视整改落实工作领导小组及办公室成员情况的汇报
	纪 委	关于《石景山区委关于中央第十一巡视组对北京市开展巡视意见有关问题的整改工作方案》的汇报
	区委办	关于中共北京市石景山区委2021年党建工作会安排意见的请示
	区委办	关于区委常委会2021年工作要点的汇报
	宣传部	关于石景山区2021年宣传思想文化工作要点的汇报
	政法委	关于石景山区2021年政法工作要点的汇报
	统战部	关于石景山区2021年统一战线工作要点的汇报
	发改委	关于石景山区2020年度北京市扶贫协作奖拟推荐对象有关事项的汇报
2月24日 2021年第6次 （十二届183次）		传达市委办公厅关于2020年度市委党内法规实施情况评估结果的通报
	组织部	关于石景山区2021年组织工作要点的汇报
	社工委	关于石景山区2021年社会建设工作要点的汇报
	人大办	关于区人大常委会工作要点、召开第三十三次人大常委会有关事项的汇报
	政协办	关于《政协石景山区第十届委员会常务委员会2021年工作要点》的汇报
	政协办	关于《石景山区政协2021年协商工作计划》的汇报
	园林绿化局	关于我区2020年园林绿化工作完成情况及2021年工作计划的汇报
	组织部	干部任免
3月3日 2021年第7次 （十二届184次）		传达习近平总书记在全国脱贫攻坚总结表彰大会上的重要讲话精神
	宣传部	关于中央、市委党史学习教育动员大会精神和《关于在全区开展党史学习教育的实施方案》的汇报
	区委办	关于北京冬奥组委·北京市深入推进北京冬奥会冬残奥会筹办决战决胜动员部署大会精神和石景山区服务保障冬奥会和冬残奥会领导小组调整情况及百日会战重点任务有关事项的汇报
	信访办	关于北京市信访工作联席会议精神和石景山区2020年信访工作完成情况及2021年工作要点的汇报
	生态环境局	关于石景山区深入打好污染防治攻坚战2021年行动计划及资金安排的汇报
	编 办	关于《中共北京市石景山区委编委关于2020年度机构编制重要事项的报告》的汇报
3月17日 2021年第8次 （十二届185次）	发改委	关于《"十四五"时期石景山区深化推进"疏解整治促提升"专项行动工作方案》的汇报
	发改委	关于《石景山区2021年"疏解整治促提升"专项行动工作方案》的汇报
	政法委	关于开展石景山区政法队伍教育整顿有关工作情况的汇报
	宣传部	关于《石景山区2021年区处两级理论学习中心组学习计划》的汇报
	老干部局	关于我区老干部工作情况的汇报
	工 会	关于推荐2021年全国五一劳动奖、全国工人先锋号和首都劳动奖、北京市工人先锋号工作情况的汇报
	组织部	干部任免

续表

上会日期	单　位	议　题　题　目
3月31日 2021年第9次 (十二届186次)	人大办	关于区人大常委会党组2021年党建工作要点的汇报
	政府办	关于区政府党组2021年党建工作要点的汇报
	政协办	关于区政协党组2021年党建工作要点的汇报
4月14日 2021年第10次 (十二届187次)	区委办	关于中国共产党成立100周年石景山区庆祝活动领导小组及下设机构组成人员和工作职责的汇报
	城管指挥中心	关于我区2021年第一季度“接诉即办”工作进展情况、存在问题及工作建议的汇报
	西建办	关于《关于贯彻落实〈加快新首钢高端产业综合服务区发展建设打造新时代首都城市复兴新地标行动计划(2019年—2021年)〉2021年工作方案》的汇报
	城管委	关于我区2021年河长制有关工作的汇报
	金融办	关于2020年打击非法集资和防范化解金融风险工作完成情况及2021年工作方案的汇报
	宣传部	关于石景山区2021年未成年人思想道德建设工作要点的汇报
	妇　联	关于推荐全国维护妇女儿童权益先进集体先进个人工作情况的汇报
	组织部	关于推荐北京市“三优一先”表彰对象情况和开展石景山区“两优一先”评选表彰工作的汇报
4月28日 2021年第11次 (十二届188次)		传达蔡奇书记在市委书记专题会议听取巡视情况汇报时的讲话精神、中央和市委对巡视整改工作的要求
	区委办	关于市委巡视组巡视反馈意见整改落实工作方案的汇报
	组织部	关于区委常委会巡视整改专题民主生活会方案的汇报
	组织部	干部任免
5月10日 2021年第12次 (十二届189次)		传达学习习近平总书记关于巡视工作重要论述和全国巡视工作会议暨十九届中央第七轮巡视动员部署会精神
		传达中共北京市纪委关于2020年全市查处违反中央八项规定精神问题情况的通报
		传达中共北京市纪委关于2020年全市问责情况的通报
		传达中共北京市纪委关于对中央巡视反馈“党建外包”问题进行问责的通报
	区委办	关于《石景山区落实市委巡视组巡视反馈意见整改方案》的汇报
	区委办	关于区委巡视整改落实工作领导小组下设工作机构职责及成员的汇报
	纪　委	关于对石景山区2020年全面从严治党(党建)工作考核结果暨政治生态分析研判问题清单的反馈意见的通报及我区整改方案的汇报
	统计局	关于《石景山区贯彻落实国家统计局统计督察反馈意见整改方案》的汇报
	发改委	关于2021年一季度石景山区经济社会发展形势分析的汇报
	发改委	关于《石景山区落实“十四五”规划优化高精尖经济结构行动计划(2021年—2025年)》的汇报
	人大办	关于召开石景山区第十六届人大常委会第三十四次会议的汇报
	组织部	干部任免
5月19日 2021年第13次 (十二届190次)		传达学习中共中央办公厅《关于当前意识形态领域形势的通报》
		传达学习全市档案工作会议精神
	公安分局	关于我区打击治理电信网络新型违法犯罪工作情况的汇报
	市场监管局	关于《石景山区关于强化知识产权保护的实施方案》的汇报
	财政局	关于申请发行2021年政府专项债券的汇报
	国资委	关于实兴集团申请抵押贷款的汇报
	组织部	通报2020年度区领导班子和领导干部考核情况
	组织部	关于区级干部2020年度考核等次及奖励建议情况的汇报

续表

上会日期	单　位	议　题　题　目
5月27日 2021年第14次 （十二届191次）		学习习近平总书记对深化东西部协作和定点帮扶工作的重要指示精神、传达蔡奇书记在京蒙东西部协作工作座谈会上的指示精神
	组织部	关于2020年全市基层党建述职评议结果的通报及反馈问题整改方案、全区基层党建述职评议考核工作情况的汇报
	统战部	关于石景山区各民主党派换届工作情况的汇报
	组织部	关于年度考核相关工作情况的汇报
	组织部	干部任免
6月9日 2021年第15次 （十二届192次）		传达学习习近平总书记在中央政治局常委会议审议《中国共产党机要密码工作条例》时的重要讲话精神和《中国共产党机要密码工作条例》主要内容
	统计局	关于石景山区第七次全国人口普查工作情况及主要数据成果的汇报
	园林绿化局	关于《石景山区全面建立林长制实施方案》的汇报
6月16日 2021年第16次 （十二届193次）	区委办	关于传达学习2020年北京市全面从严治党（党建）工作考核和政治生态分析研判工作情况的通报和《一体推进2021年北京市全面从严治党（党建）工作考核和政治生态分析研判工作的实施方案》及我区《实施方案》的汇报
	组织部	关于石景山区“两优一先”评选表彰有关工作安排的汇报
	住建委	关于《石景山区城市更新行动计划（2021—2025年）》的汇报
	教工委	关于《石景山区教育系统人才引进暂行办法》《石景山区教育系统人才引进暂行办法实施细则》的汇报
6月23日 2021年第17次 （十二届194次）	组织部	干部任免
7月7日 2021年第18次 （十二届195次）		传达关于各区污染防治攻坚战2020年成效考核结果的通报
	区委办	关于调整区委常委分工情况的汇报
	区委办	关于《石景山区委领导班子工作总结》的汇报
	人大办	关于《石景山区人大常委会领导班子工作总结》的汇报
	政府办	关于《石景山区政府领导班子工作总结》的汇报
	政协办	关于《石景山区政协领导班子工作总结》的汇报
	纪　委	关于《石景山区纪委区监委领导班子工作总结》的汇报
	组织部	关于《区级领导班子换届有关工作方案》的汇报
	住建委	关于广宁村棚户区改造项目资金安排的汇报
	体育局	关于推荐2017—2020年度全国群众体育先进单位和先进个人的汇报
7月12日 2021年第19次 （十二届196次）		传达学习《中国共产党领导国家安全工作条例》
	宣传部	传达学习习近平总书记在十九届中央政治局第三十次集体学习时的重要讲话精神和关于《石景山区关于加强和改进党的新闻舆论工作的实施方案》《石景山区关于加快推进媒体深度融合发展的实施方案》的汇报
	人大办	关于召开石景山区第十六届人大常委会第三十五次会议的汇报
	司法局	关于《石景山区实施法治宣传教育“七五”规划和制定法治宣传教育“八五”规划情况的报告》的汇报
	社会工委	关于《石景山区“品质社区”建设工作方案》的汇报
	组织部	关于《关于进一步改进和提升干部教育培训工作的意见》的汇报
	组织部	关于《进一步加强和改进处级领导班子和领导干部考核工作的若干措施》的汇报
	组织部	关于2020年度处级干部考核等次和奖励情况的汇报

续表

上会日期	单 位	议 题 题 目
7月14日 2021年第20次 （十二届197次）	网信办	关于《石景山区党委（党组）网络意识形态工作责任制实施细则》的汇报
	纪 委	关于《关于持续深入开展“以案为鉴、以案促改”警示教育的十项措施》的汇报
	巡察办	关于《区级党员领导干部带头落实巡视巡察整改工作若干措施（试行）》的汇报
	组织部	关于《石景山区关于积极适应高质量发展要求进一步加强处级领导班子建设的实施意见》的汇报
	组织部	干部任免
7月21日 2021年第21次 （十二届198次）		传达学习《中共中央办公厅关于贯彻新发展理念专项督查调研的情况报告》
	区委办	关于建党百年庆祝活动石景山区服务保障工作总结的汇报
	发改委	关于石景山区2021年上半年国民经济和社会发展计划执行情况的汇报
	应急局	关于2021年上半年安全生产工作完成情况及下一步工作安排的汇报
	商务局	关于2021年上半年“两区”建设工作完成情况及下一步工作安排的汇报
	西山永定河管委会	关于模式口历史文化街区修缮改造与环境整治项目资金请示的汇报
7月28日 2021年第22次 （十二届199次）	区委办	关于区委十二届十三次全会安排意见的请示的汇报
	研究室	关于《在区委十二届十三次全会上的工作报告》的汇报
	区委办	关于筹备召开区第十三次党代会相关情况的汇报
	妇 联	关于召开石景山区第九次妇女代表大会筹备工作的汇报
	区委办	关于《关于十二届市委第十一轮巡视第一巡视组对中共北京市石景山区委巡视反馈意见整改落实进展情况报告》起草情况和持续整改期安排建议的汇报
	巡察办	关于十二届区委第十一轮巡察工作情况的汇报
	信访办	关于2021年上半年信访工作情况及下半年重点工作安排的汇报
7月30日 2021年第23次 （十二届200次）	区委办	听取各组讨论情况
8月1日 2021年第24次 （十二届201次）	组织部	关于换届工作相关情况的汇报
8月4日 2021年第25次 （十二届202次）	人大办	关于区人民代表大会换届选举有关事项的汇报
	人大办	关于召开石景山区第十六届人大常委会第三十六次会议的汇报
	统战部	关于召开石景山区第四次归侨侨眷代表大会相关工作的汇报
	国资委	关于提前偿还石国投公司为石泰集团衙门口棚改项目融资资金的汇报
	城管委	关于2021年城市道路建设及大修计划与资金的汇报
	组织部	干部任免
8月11日 2021年第26次 （十二届203次）	人大办	关于区人大常委会党组2021年上半年主要工作完成情况和下半年重点工作安排的汇报
	政府办	关于区政府党组2021年上半年主要工作完成情况和下半年重点工作安排的汇报
	政协办	关于区政协党组2021年上半年主要工作完成情况和下半年重点工作安排的汇报
	反恐办	关于2021年上半年反恐怖工作总结及下半年重点工作任务的汇报
	投促中心	关于兑现2020年度政策支持资金的汇报
	国资委	关于保险园公司向银行申请651地块项目贷款融资的汇报
	纪 委	关于开展全区党员、干部和公职人员涉违法占地、违法建设行为报告工作的汇报
8月18日 2021年第27次 （十二届204次）	统战部	关于区政协换届工作有关情况的汇报
	宣传部	关于《石景山区2021年上半年意识形态工作完成情况和下半年重点工作安排》的汇报
	城管指挥中心	关于12345“接诉即办”上半年诉求情况分析和下半年重点工作安排的汇报
	园林绿化局	关于国家森林城市创建工作进展情况的汇报

续表

上会日期	单　位	议　题　题　目
9月1日 2021年第28次 (十二届205次)	政法委	关于《石景山区关于常态化开展扫黑除恶斗争巩固专项斗争成果的工作方案》的汇报
	组织部	关于区第十三次党代会代表选举工作有关情况的汇报
	投促中心	关于《关于完善石景山区"服务包"制度精准服务企业发展的工作方案》的汇报
	城管委	关于申请石景山区2021年计划新建及迁建密闭式清洁站项目资金的汇报
9月15日 2021年第29次 (十二届206次)		传达习近平总书记在中央民族工作会议上的重要讲话精神
	统战部	关于十一届区政协委员推荐名额分配有关情况的汇报
	应急局	关于开展2021年安全生产督察工作的汇报
	司法局	关于《石景山区关于开展法治政府建设情况的自查报告》的汇报
9月28日 2021年第30次 (十二届207次)	组织部	干部任免
	人大办	关于召开石景山区第十六届人大常委会第三十七次会议的汇报
10月11日 2021年第31次 (十二届208次)		传达中共中央关于加强对"一把手"和领导班子监督的意见、北京市关于加强对"一把手"和领导班子监督的若干措施
	区委办	关于区第十三次党代会秘书处工作方案及相关情况的汇报
	人大办	关于召开区第十六届人大常委会第三十八次会议及区第十七届人大第一次会议的汇报
	商务局	关于《石景山区加快推进北京国际消费中心城市培育建设实施方案(2021—2025年)》的汇报
	投促中心	关于与中电科资产经营有限公司签署《投资合作协议》有关事项的汇报
	纪　委	关于给予李某党纪处分的请示
	组织部	干部任免
10月16日 2021年第32次 (十二届209次)	组织部	关于换届工作相关情况的汇报
	组织部	关于拟由各政党、各人民团体联合推荐和选民十人以上联名推荐人大代表候选人汇总情况的汇报
	组织部	关于"两委"委员候选人推荐办法和区委提名的党代表候选人分配方案的汇报
	组织部	干部任免
10月21日 2021年第33次 (十二届210次)	人大办	关于《关于贯彻落实〈中国共产党重大事项请示报告条例〉的工作措施》的汇报
	区委办	关于《石景山区党务公开工作实施方案(试行)》的汇报
	区委办	关于2021年度区委党内规范性文件实施情况评估工作的汇报
	国资委	关于2021年国有企业党建工作情况的汇报
	教工委	关于2021年全区中小学校和民办学校党建工作情况的汇报
	组织部	干部相关事项
10月25日 2021年第34次 (十二届211次)	宣传部	关于贯彻落实《中国共产党宣传工作条例》实施方案的汇报
	宣传部	关于新时代加强和改进思想政治工作责任清单的汇报
	妇　联	关于推荐全国妇联系统劳动模范候选人工作情况的汇报
	组织部	关于"两委"委员相关情况的汇报
	组织部	干部任免
10月26日 2021年第35次 (十二届212次)	政协办	关于召开政协石景山区第十一届委员会第一次会议的汇报
	统战部	关于十一届区政协委员建议考察人选有关情况的汇报
	人大办	关于拟确定为区第十七届人民代表大会正式代表候选人人选汇总情况的汇报
	生态环境局	关于《北京市石景山区贯彻落实第二轮中央生态环境保护督察报告反馈意见整改方案》的汇报

续表

上会日期	单 位	议 题 题 目
11月4日 2021年第36次 (十二届213次)	区委办	关于调整区委常委分工情况的汇报
	机关工委	关于2021年机关党建工作情况的汇报
	卫健委	关于2021年公立医院党建工作情况的汇报
	发改委	关于2021年1—3季度石景山区经济社会发展形势分析的汇报
	纪 委	关于全市"以案为鉴、以案促改"警示教育大会精神和石景山区"以案为鉴、以案促改"警示教育大会筹备情况的汇报
	纪 委	关于给予吴某处分的请示
11月12日 2021年第37次 (十二届214次)		传达学习党的十九届六中全会精神
		传达学习全国、全市加强换届风气监督工作会议精神
		传达学习《关于领导干部及时报告个人有关事项的通知》精神
	组织部	关于石景山区第十七届人民代表大会代表选举结果的汇报
	区委办	关于在区十三次代表大会上的《工作报告(审议稿)》和《决议(草案)》的汇报
	纪 委	关于《区纪委工作报告(审议稿)》和《决议(草案)》的汇报
	人大办	关于《北京市石景山区人民代表大会常务委员会工作报告》、召开十七届一次人代会、十六届第三十九次人大常委会有关事项的汇报
	政协办	关于《中国人民政治协商会议北京市石景山区第十届委员会常务委员会工作报告》的汇报
	法 院	关于《北京市石景山区人民法院工作报告》的汇报
	检察院	关于《北京市石景山区人民检察院工作报告》的汇报
	纪 委	关于《关于十二届市委第十一轮巡视第一巡视组对中共北京市石景山区委巡视反馈意见整改落实进展情况的报告》修改情况的汇报
	发改委	关于石景山区2022年拟办重要民生实事有关情况的汇报
11月19日 2021年第38次 (十二届215次)		传达学习中央、市委人才工作会议精神
	区委办	关于区委十二届十四次全会安排意见的请示
	组织部	关于区第十三次党代会相关材料的汇报
	组织部	关于《2021年区委常委会抓党建工作情况报告》的汇报
	人大办	关于《区第十七届人民代表大会第一次会议选举办法》和《区第十七届人民代表大会第一次会议表决区第十七届人民代表大会各专门委员会主任委员、副主任委员、委员人选的办法》起草情况的汇报
	组织部	关于十二届区委巡察"回头看"工作情况的汇报
	消防支队	关于追加消防救援支队指战员新工资政策所需人员经费的请示
11月24日 2021年第39次 (十二届216次)	组织部	关于区政协第十一届一次会议有关人选建议方案的汇报
	宣传部	关于《关于做好党的十九届六中全会精神学习宣传的通知》的汇报
	区委办	关于区委十二届十四次全会相关材料的汇报
	人大办	关于区第十七届人民代表大会常务委员会委员建议人选和区第十七届人民代表大会各专门委员会组成人员建议人选名单的汇报
	研究室	关于《政府工作报告》的汇报
	发改委	关于《北京市石景山区2021年国民经济和社会发展计划执行情况与2022年国民经济和社会发展计划(草案)报告》的汇报
	财政局	关于《北京市石景山区2021年预算执行情况和2022年预算草案》的汇报
	住建委	关于冬奥赛场周边环境整治(广宁村)项目资金需求以及市级固定资产补助资金使用计划的请示

续表

上会日期	单位	议题题目
11月30日 2021年第40次 （十二届217次）	重大办	关于2021年重大项目完成情况及2022年工作安排的汇报
	发改委	关于2022年固定资产投资重点建设项目计划安排有关情况的汇报
	市场监管局	关于《石景山区2021年食品安全工作报告》的汇报
	宣传部	关于《石景山区关于新时代加强和改进思想政治工作的实施方案》的汇报
	组织部	关于明确区“两委”委员意向人选的汇报
	组织部	干部任免
12月5日 2021年第41次 （十二届218次）	区委办	听取各代表团讨论情况
12月8日 2021年第42次 （十三届1次）	区委办	关于区委常委分工的汇报
	区委办	关于《中共北京市石景山区第十三届委员会常务委员会工作规则》的汇报
12月21日 2021年第43次 （十三届2次）		传达学习中央经济工作会议精神
		传达学习平安中国建设表彰大会精神
	司法局	关于《石景山区全面依法治区规划（2021—2025年）》的汇报
	宣传部	关于石景山区2021年“扫黄打非”工作总结及2022年重点任务的汇报
	城管委	关于《石景山区关于2021年度河长制工作推进落实情况的报告》的汇报
	应急局	关于《石景山区2021年区委区政府安全生产督察工作报告》的汇报
	工商联	关于石景山区工商联（商会）第十次代表大会筹备工作情况的汇报
	区委办	关于《2021年石景山区政治生态情况报告》的汇报
	纪委	关于给予张某某纪律处分决定的通报
	组织部	干部任免
12月29日 2021年第44次 （十三届3次）	组织部	传达习近平总书记在中共中央政治局专题民主生活会上的重要讲话精神及我区党史学习教育专题民主生活会有关工作的汇报
	组织部	传达学习北京市推荐提名出席党的二十大代表和北京市第十三次党代会代表选举工作会议精神
	统战部	关于石景山区2021年统战工作情况的汇报
	区委办	关于《中共北京市石景山区委关于2021年工作总结和2022年主要工作的报告》的汇报
	研究室	关于2021年度区委领导班子工作总结的汇报
	区委办	关于《中国共产党北京市石景山区第十三次代表大会工作报告主要任务分解》的汇报
	组织部	关于《2021年度基层党建工作总体情况报告》的汇报
	组织部	关于开展2021年度党委（工委、党组）书记抓基层党建述职评议考核工作相关安排的汇报
	国资委	关于保险园公司转让持有北京保汇置业发展有限公司股权的汇报

（孙冠军　熊倚熙　刘凯杰）

主要工作和重大活动

【概况】 2021年，区委牢牢把握“建设国家级产业转型发展示范区、绿色低碳的首都西部综合服务区、山水文化融合的生态宜居示范区”的功能定位，紧紧抓住北京举办2022年冬奥会、冬残奥会和石景山区打造新时代首都城市复兴新地标的重大历史机遇，锚定全面建成小康社会目标任务，全力做好“十四五”开局工作，统筹推进疫情防控和经济社会发展，加强经济运行调度，扎实做好“六稳”工作、全面落实“六保”任务，推动主要经济指标企稳回升，较好地完成全年目标任务。

（苏劲松　闫雅倩）

【创建全国文明城区】 1月14日，召开2021年区文明委全会暨创建全国文明城区工作动员部署会。会议传达全国精神文明建设表彰大会和首都文明委全会暨深化文明城区创建工作会精神，研究审议《石景山区关于推进创建全国文明城区工作的实施意见》和《石景山区关于深入推进全国文明城区创建三年行动计划（2021—2023年）》。区住建委、交通支队、古城街道和首开集团代表发言,交流创建工作经验。区创城指挥部副指挥长田利跃主持会议,区创城指挥部指挥长常卫讲话。3月18日,召开区精神文明建设工作暨背街小巷环境精细化整治提升动员部署会,动员部署全区精神文明建设及文明城区创建工作,安排部署背街小巷环境精细化整治提升工作。7月10日,常卫围绕"擦亮城市西大门,文明祥和迎冬奥"开展创城实地检查,先后到鲁谷街道七星园北社区、石槽中街、八宝山街道沁山水南社区,督导检查创城指标落实情况。8月6日,召开2021年创城工作例会。会议传达首都文明委第二次全会、中央文明办调研北京市文明城区创建工作座谈会和全国文明城区创建工作调度会的会议及讲话精神,观看点位问题短片,听取上半年重点工作完成情况、重难点工作落实情况及《社区(小区)违法行为和不文明行为集中清理整治专项行动方案》汇报。同月21日,区四套班子领导拉练检查创城示范点位,先后到苹果园街道西黄村西里社区、八角街道教委西侧路、鲁谷街道方圆六合菜市场,实地察看创建文明城区社区、背街小巷、农贸市场示范点位工作开展情况。9月2日,常卫实地检查创城工作,先后到银河东街、石景山路南侧、鲁谷西街、鲁谷大街、政达路和万达商场F座等点位,督导检查创城指标落实情况。同月11日,常卫到八角街道参加"擦亮城市西大门,文明祥和迎冬奥"专项清洁日活动。同月13日,召开2021年"擦亮城市西大门,文明祥和迎冬奥"专项行动动员部署会。会议通报第三轮模拟测评情况,并部署中央测评服务保障工作。2021年度中央测评中,石景山区以综合成绩93.69分位列全国127个提名地级市区第六,在全国30个直辖市提名城区中名列第三,在北京市7个提名区中名列第二,其中网上申报全国第一,未成年人思想道德建设全国第三、北京第二。

(苏劲松　闫雅倩)

【服务保障北京冬奥会筹办】 2月21日,区冬奥服务保障工作领导小组组长常卫调研冬奥组委周边环境整治及冬奥社区建设工作。常卫先后到广宁街道高井路社区和红光山,实地检查街区环境提升、冬奥社区建设和广宁棚改拆除等情况并就相关工作提出要求。3月5日,召开北京2022年冬奥会、冬残奥会石景山区服务保障工作"百日会战"动员部署会。会议通报北京2022年冬奥会、冬残奥会石景山区服务保障工作领导小组方案情况和场馆运行团队筹办工作情况,部署冬奥服务保障"百日会战"重点任务。同月6日,常卫调研冬奥服务保障"百日会战"工作,先后到锅炉厂南路、首钢冬奥冷却塔酒店、花语公园施工现场,调研检查工程进展情况并就相关工作提出要求。4月6日,领导小组召开调度会。会议听取领导小组重点工作推进情况及组建场馆外围保障团队相关情况,听取场馆运行保障、工程建设、城市运行环境保障等工作组相关工作推进情况。5月17日,领导小组召开调度会。会议听取领导小组重点工作推进情况、服务保障全国"带动三亿人参与冰雪运动"示范区推进工作会筹备情况、工程建设工作组工作推进情况、城市运行和环境保障工作组工作推进情况。同月29日,常卫围绕"加强环境建设服务保障冬奥"主题以"四不两直"方式检查扬尘污染防治工作。常卫先后到广宁街道复兴街、首钢东南区建设项目工地、衙门口建筑垃圾存放点实地察看扬尘治理情况,检查施工现场、道路扬尘污染防治,存放点苫盖、降尘抑尘等工作并提出要求。6月5日,常卫调研冬奥服务保障"百日会战"工作,专程到永定河左岸京原路以南环境整治提升工程现场了解环境整治提升工程和冬奥雕塑工作进展情况并提出要求。同月24日,区冬奥服务保障工作领导小组召开调度会。会议听取重点工作推进落实情况及"带动三亿人参与冰雪运动"示范区工作推进会筹备情况和各工作组进展情况汇报,研究推进下一步工作。8月9日,领导小组召开调度会。会议听取区重点工作推进情况和"带动三亿人参与冰雪运动"工作推进会总结。同月25日,常卫调研冬奥服务保障"百日会战"工作情况,先后到永定河左岸京原路以南环境整治提升工程现场、冬奥公园新首钢大桥区域、八大处公园门区广场工程现场检查环境整治情况,并指导推进相关工作。9月26日,领导小组召开调度会。会议审议石景山交通场站运维工作方案、场馆疫情防控运行工作方案和国际雪联考察滑雪大跳台服务保障计划,听取第二个"百日会战"各工作组任务推进落实情况汇报。10月14日,北京2022年冬奥会、冬残奥会石景山区服务保障工作领导小组转换为指挥部并召开调度会。会议听取各场馆和相关工作组工作情况汇报,部署"战时"期间相关工作。11月1日,运行保障指挥部召开调度会。会议听取食品供应和食品安全保障、赛时城市景观布置、住宿保障等情况汇报。同月8日,运行保障指挥部召开调度会。会议通报上次调度会有关议定事项落实情况,听取环境保障、交通场站安保和防疫工作方案以及签约饭店疫情防控分区流线图设计情况汇报。同月13日,常卫调研冬奥环境建设工作,先后到永定河左岸公共空间提升工程现场、冬奥公园新首钢大桥区域和广宁村棚改环境提升工程现场进行检查。同月15日,召开运行保障指挥部调度会,通报上次调度会有关议定事项落实情况,听取冬奥宣传、国际语言环境建设工作情况和场馆及其它重点涉奥场所清废运行外围保障工作方案汇报。同月22日,指挥部调度会通报上次调度会有关议定事项落实情况,听取社会面防控、首钢园区外围保障和安保工作情况的汇报,部署"文明祥和迎冬奥"环境秩序整治工作方案。同月29日,指挥部调度会通报上次调度会有关议定事项落实情况,听取首钢园区媒体摄像点位服务保障工作汇报、城市志愿者工作方案、"带动三亿人参与冰雪运动"示范区工作情况、签约和驻地酒店住宿服务保障及疫情防控工作方案汇报。12月27日,指挥部调度会通报有关议定事项落实情况,听取并讨论社会面防控和首钢园区管控政策、票务和观众组织工作方案、医疗防疫保障工作方案及工作进展、服务保障首钢滑雪大跳台场馆“小闭环”总体工作方案和首钢滑雪大跳台场馆运行团队关于赛前启动“小闭环”管理情况及需要属地政府支持保障事项进展情况汇报。同月31日，常卫检查冬奥重点工程完成情况，先后到锅炉厂南路、北辛安路南段、石广路等重点道路检查通车准备情况，并乘坐地铁前往M11号线新首钢站，沿途检查地铁M11号线列车运行情况。

（苏劲松　闫雅倩）

【党史学习教育】 3月9日，召开全区党史学习教育动员大会，常卫主持会议。会议传达中央、市委党史学习教育动员大会精神。4月8日，区委党史学习教育领导小组召开第一次全体会议，区委党史学习教育领导小组组长常卫主持会议。会议传达习近平总书记在福建考察期间重要讲话精神和市委党史学习教育领导小组第一次全体会议精神，听取全区党史学习教育工作推进情况汇报，研究审议《区委党史学习教育领导小组职责任务和工作机制》《全区党史学习教育工作方案》《全区党史专题宣讲工作方案》《在党史学习教育中开展“我为群众办实事”实践活动的工作方案》。5月14日，领导小组召开第二次全体会议，常卫主持会议。会议传达习近平总书记在广西考察时的重要讲话精神以及市委党史学习教育领导小组第二次全体会议精神、“我为群众办实事”实践活动工作推进会精神，研究审议《石景山区关于庆祝中国共产党成立100周年组织开展“永远跟党走”群众性主题宣传教育活动的实施方案》《关于在“我为群众办实事”实践活动中深入开展“一把手进社区”工作的实施方案》。6月18日，常卫带队参观党史学习教育主题展。先后参观“八大处红色电波”主题展、“红色回响·石景山”百年历程主题展和街道系统党史学习教育成果展。同月30日，常卫为全区党员干部上专题党课。7月13日，领导小组召开第三次全体会议，常卫主持会议。会议传达市委党史学习教育领导小组第四次全体会议精神，研究审议《关于认真学习贯彻〈习近平总书记在庆祝中国共产党成立100周年大会上的讲话〉的通知》。11月9日，领导小组召开第四次全体会议，常卫主持会议。会议传达近期中央、北京市党史学习教育相关会议精神，听取“我为群众办实事”主题实践活动推进情况，部署抓好《中华人民共和国简史》《改革开放简史》《社会主义发展简史》学习使用和充分利用红色资源加强青少年党史学习教育相关工作。党史学习教育市委第二指导组组长王中华，区领导田利跃、李金克、张利军参加会议。年内，在市委坚强领导下，在市委指导组悉心指导下，石景山区坚持把开展党史学习教育作为贯穿全年的重大政治任务，把建党百年庆祝活动服务保障工作作为最生动的党史学习教育，把红色文化资源作为鲜活教材，在全力服务保障冬奥筹办工作中检验党史学习教育成果，以接诉即办为主抓手，开展“我为群众办实事”实践活动，高质量完成各项任务。在全区共同努力下，党史学习教育有声有色、深入人心，广大党员干部普遍受到触及灵魂的思想淬炼和精神洗礼，各级党组织创造力、凝聚力、战斗力大大提升，历史自觉、历史自信大大增强，有力推动全区各项事业取得新进展新成效，达到学党史、悟思想、办实事、开新局的目的。

（苏劲松　闫雅倩）

【京西产业转型升级示范区建设】 3月10日，石景山区与门头沟区联合召开合作发展工作座谈会。双方签署合作发展框架协议。区领导常卫、李新，门头沟区委书记张力兵，区委副书记、代区长喻华锋出席会议。9月16日，区推进京西产业转型升级示范区发展建设领导小组召开2021年第一次全体会议。会议审议广宁、五里坨等西部地区发展建设三年行动计划，听取西部地区规划建设及与中交集团合作进展情况。

（苏劲松　闫雅倩）

【市委巡视整改】 4月28日，区委召开市委第一巡视组巡视石景山区情况反馈会议，市委第一巡视组组长虞宝才代表巡视组反馈巡视相关情况，肯定区委所做的工作和取得的成效，指出存在问题，并就整改工作提出意见建议。常卫主持会议并代表区委作表态发言。5月12日，区委召开市委巡视反馈整改落实工作动员部署会，通报区委关于落实市委第一巡视组对石景山区开展巡视反馈意见的整改方案，并就整改工作进行全面部署。常卫主持会议并讲话。6月23日，区委巡视整改领导小组召开会议，进一步研究推进市委巡视反馈问题整改工作。常卫主持会议并讲话。截至年底，市委巡视石景山区反馈问题整改完成率达95.51%。

（苏劲松　闫雅倩）

【对口支援合作交流】 5月17日，区支援协作工作领导小组召开会议。会议传达习近平总书记在全国脱贫攻坚总结表彰大会上的重要讲话精神，听取全区“十三五”时期扶贫支援工作完成情况和2021年支援协作工作要点有关情况汇报。同月24日，常卫率石景山区党政代表团赴内蒙古自治区呼伦贝尔市莫力达瓦达斡尔族自治旗对接东西部协作工作。常卫一行实地察看莫力达瓦创业创新园，走访慰问贫困户并进行座谈。呼伦贝尔市委副书记、市长高润喜，市委副书记、政法委书记、常务副市长及永乾，市委常委、副市长李金克，市政协副主席、莫旗委书记田晓川等参加。8月12日，石景山区与青海省玉树州称多县召开对口支援高层联席视频会。区领导常卫、齐春利，称多县长却洛、县委副书记李振出席会议。同日，石景山区与湖北省竹山县召开对口协作高层联席视频会。常卫、齐春利，竹山县委书记陈建平、县委副书记马兰起出席会议。9月5日至6日，常卫率区党政代表团赴青海省玉树州称多县对接对口支援工作。常卫一行实地考察玉树州震后城市规划建设情况，察看称多县珍秦镇产业发展项目，看望慰问当地脱贫户和石景山区挂职干部、支教教师、支医医生，代表区委区政府向称多县捐赠对口支援资金并召开座谈会。称多县委副书记、县长却洛出席活动。同月9日，常卫率区党政代表团赴湖北省竹山县对接对口协作工作。常卫一行实地察看上庸镇水源保护区建设情况,向竹山县捐赠对口协作资金并召开座谈会。十堰市人大常委会主任师永学、竹山县委书记陈建平出席活动。

(苏劲松　闫雅倩)

【军民融合发展】 6月10日,区委退役军人事务工作领导小组和区双拥工作领导小组召开2021年第一次会议暨创建新一轮全国双拥模范城动员部署会。会议传达中央、北京市双拥模范城(县)命名暨表彰大会及北京市委退役军人事务工作领导小组第三次会议精神,部署2021年退役军人事务工作及双拥工作。中部战区、陆军、苹果园街道、区人力社保局就创建新一轮全国双拥模范城作发言。驻区部队领导谢杰、张玉国、陈晓峰、刘振国、王俊攀、杨光,市退役军人局领导贺军,区领导李新、唐行安、朱钢银、孙学伟、王运洪出席会议。同月15日,区委军民融合发展委员会召开第三次全体会议。会议传达市委书记蔡奇在市委军民融合发展委员会第四次全体会上的讲话要点,听取区2020年军民融合发展工作情况和2021年工作要点、"十四五"时期军民融合深度发展规划编制有关情况,部署军民融合发展重点任务。中部战区政治工作部群工联络局局长谢杰,区领导田利跃、齐春利、孙学伟、王运洪参加活动。7月21日,召开区委第四次议军会议。会议重点研究"八一"双拥月活动安排。

(苏劲松　闫雅倩)

【庆祝中国共产党成立100周年】 6月16日,召开中国共产党成立100周年庆祝活动石景山区服务保障动员部署会。会议通报庆祝活动服务保障工作和疫情防控工作情况,全面部署推进庆祝活动服务保障专项重点任务。同月25日,召开区"两优一先"表彰大会,表彰优秀共产党员、优秀党务工作者和先进基层党组织。李新主持会议,常卫讲话,田利跃宣读表彰决定。出席会议的区领导为老党员代表颁发"光荣在党50年"纪念章,为获评"十佳基层党建创新项目"和"优秀基层党建创新项目"的基层党组织代表颁发奖杯。区四套班子领导,区"法检"两长,荣获全国"两优一先"、全市"三优一先"、全区"两优一先"的优秀个人和先进基层党组织负责人,"十佳基层党建创新项目"和"优秀基层党建创新项目"代表,"光荣在党50年"纪念章获颁对象代表,各单位主要负责人参加会议。7月3日,区委理论学习中心组召开集体学习会议,深入学习贯彻习近平总书记在庆祝中国共产党成立100周年大会上的重要讲话精神。

(苏劲松　闫雅倩)

【"带动三亿人参与冰雪运动"示范区建设】 7月3日,常卫带队检查全国"带动三亿人参与冰雪运动"工作推进会议及相关活动筹备工作。常卫一行先后来到京源学校、冬奥社区、电厂路小学、市民冰雪体育中心等点位,实地察看"带动三亿人参与冰雪运动"工作筹备情况,并对活动展板制作和讲解进行指导。同月9日至10日,国家体育总局"带动三亿人参与冰雪运动"工作推进会在首钢园区举行。国家体育总局向石景山区授予"带动三亿人参与冰雪运动"示范区牌匾,向电厂路小学授予"冰雪学校"牌匾,向广宁街道高井路社区授予"冰雪社区"牌匾。11月29日,区冬奥运行保障指挥部召开调度会,重点听取"带动三亿人参与冰雪运动"示范区工作情况的汇报。12月26日,"带动三亿人参与冰雪运动"示范活动在冬奥社区举行,隆重庆祝北京冬奥会开幕倒计时40天。

(苏劲松　闫雅倩)

【重大活动服务保障】 8月5日,常卫调研服贸会首钢会场。常卫一行详细了解服贸会整体情况以及1号展馆、14号展馆的基本情况,并对相关筹备工作提出要求。同月12日,常卫主持召开服贸会、科幻大会相关工作专题研究会。会议听取中国国际服务贸易交易会石景山区会展活动组织工作进展情况和2021中国科幻大会及北京科幻嘉年华活动筹备工作情况汇报,并对下一步工作进行研究部署。同月28日,常卫带队检查服贸会服务保障工作。常卫一行先后到登录厅、2号馆、首钢大食堂、医疗服务点、区企现场指挥部、公安指挥部,实地检查志愿服务、交通保障、展台布展、食品安全、疫情防控和医疗服务、安全保卫等工作。2021服贸会首钢园会场相关活动于9月3日至7日举行,石景山区圆满完成相关服务保障工作。期间,区政府与近百家企业合作签约,涉及金额600余亿元,其中落地高精尖产业项目58项,涉及金额约438亿元。9月17日,常卫主持召开科幻大会、西山永定河文化节相关工作专题研究会。会议听取2021中国科幻大会及北京科幻嘉年华活动筹备工作进展情况和2021北京西山永定河文化节服务保障工作进展情况汇报,并就下一步工作作出部署。同月22日,常卫带队检查2021北京西山永定河文化节筹备情况。常卫一行到首钢园三高炉2021北京西山永定河文化节开幕式现场,实地检查开幕式舞台搭建、节目彩排等筹备情况。同月23日,2021北京西山永定河文化节在首钢园开幕。文化节以"百年风华山河永定"为主题,共举办开幕式、文化论坛、专题展览、群众活动、宣传推介五部分活动。同月28日,2021中国科幻大会在首钢园开幕。大会以"科学梦想创造未来"为主题,通过"线上+线下"相结合的方式,共举办开幕式、主题论坛、科幻展、北京科幻嘉年华等系列活动,在专业交流、展览展示、内容设计等方面更加凸显科技科幻交融、观众互动体验、夜间活动等特色。同月29日,"2021科幻电影周"在首钢园启动。活动持续7天,16部中外佳作通过露天放映、VR体验展映单元与观众见面,拓宽观众对于浩瀚时空的认知。

(苏劲松　闫雅倩)

【接诉即办改革】 9月7日,李新主持召开区接诉即办工作推进会,听取五里坨街道、区城管指挥中心近期关于12345市民服务热线接诉即办工作开展情况的汇报。10月13日,召开区落实《北京市接诉即办工作条例》实施部署会议,部署接诉即办相关工作。区住建委、鲁谷街道、苹果园街道负责人和金顶街街道社区居民代表发言。11月1日,常卫主持召开接诉即办工作调度会,听取近期接诉即办工作进展情况的汇报,制定区委区政府接诉即办周调度、区级专班日调度、重点专班不定期调度机制。同月8日、22日、30日，常卫主持召开区接诉即办工作调度会，听取近期接诉即办工作开展情况、排名末位的街道和部门工作情况的汇报。同月15日，李新主持召开区接诉即办工作调度会，听取近期接诉即办工作开展情况的汇报。全年共受理群众诉求124128件，同比增加22.33%，诉求响应率为98.52%，解决率为85.44%，满意率为90.07%。

（苏劲松　闫雅倩）

【新冠肺炎疫情防控】 全年共召开区疫情防控工作领导小组会议52次。会议及时传达贯彻习近平总书记关于疫情防控工作的重要指示精神和中央、市委有关工作部署，建立健全区疫情防控工作机构和机制，研究解决重点工作和突发性事件，科学、精准、有效抓好常态化疫情防控，坚持“外防输入、内防反弹”总策略不放松，严格落实“四方责任”，全力推进新冠疫苗接种，以首善标准筑牢疫情防控安全屏障。区领导以“四不两直”方式密集调研，强化高位统筹，全面指挥调度。

（苏劲松　闫雅倩）

【打造新时代首都城市复兴新地标】 年内，石景山区落实市领导双调研新首钢地区工作要求，将打造新时代首都城市复兴新地标与冬奥会筹办、老工业区有机更新、绿色高端发展紧密结合，立足文化复兴、产业复兴、生态复兴、活力复兴，有力有序推动新首钢三年行动计划圆满收官。三年来，新首钢地区重点项目累计完成投资近600亿元，基础设施、公共服务、绿色生态、产业发展等重点领域共计46个项目完工，区域城市主体框架基本成型，首钢北区建成面积76.5万平方米，东南区建成面积56万平方米，首钢特钢厂区建成面积23万平方米。加速首钢园“体育+”“科技+”产业集聚，编制《石景山区推进北京国际科技创新中心建设实施方案》，推动自动驾驶示范项目，建设中关村（首钢）人工智能创新应用产业园。出台《石景山区加快科幻产业发展暂行办法》，承办科幻大会。加大招商引资，杭州亿万星辰、北京天图万镜等企业落地，麦当劳全球旗舰店、亚太文融“瞭仓”全国首店开业。全区二三产业占比实现7∶3到2∶8的反转，石景山这座将北京近百年工业历史融入血脉的传统重工业区，实现向绿色高端之城的华丽转身，并连续三次获得国务院老工业基地调整改造真抓实干成效明显通报表彰。

（苏劲松　闫雅倩）

【“五子”联动】 2021年，石景山区围绕国际科技创新中心建设，持续引进建设一系列以科技、科创、科幻等为特色的先进产业园区，如中关村工业互联网产业园先导区、科幻产业集聚区、北京市电子竞技产业品牌中心等，形成具有石景山特色的新增长极，不断巩固拓展“一轴四园”重点产业功能园区，壮大“1+3+1”高精尖产业体系。年内，中关村石景山园集聚国家高新技术企业865家，着力培育科技服务、数字创意、新一代信息技术等产业，实现收入3438亿元，荣获“中关村创新发展40年杰出贡献奖”，受到国务院真抓实干成效明显通报表扬。围绕“两区”建设，9月4日，举办2021年服贸会“两区”建设项目推介投洽会，率先出台《石景山区推动“两区”建设促进开放发展的若干措施（试行）》。先后实施180项重点任务，新增入库项目75个、落地34个，其中外资项目9个，利用外资达到2.6亿美元，同比增长120.6%。围绕全球数字经济标杆城市建设，发布《石景山区数字经济发展规划（2021—2025）》，梳理出47项重点项目，部署实施数字经济“五大工程”。中国电科智能科技园下属25家法人单位入驻园区；以华为、耐德佳等龙头企业为牵引建设虚拟现实产业园，推进华为（北京）虚拟现实创新中心等项目建设，落地中关村数智人工智能产业联盟等平台机构，11家虚拟现实企业荣登“中国VR50强”榜单。围绕国际消费中心城市建设，出台《石景山区加快推进北京国际消费中心城市培育建设实施方案（2021—2025年）》，明确“1+6”框架体系，细化128项具体任务，梳理形成41个重点建设项目、10项支持政策、26家重点服务企业，打造“一核三圈多点”国际消费新格局。截至年底，全区社会消费品零售总额达425.5亿元。

（苏劲松　闫雅倩）

【保障和改善民生】 年内，石景山区针对老旧小区、老房子、老厂区占地面积大、老龄人口占比高，高品质教育设施、医疗设施、文化设施及高层次人才较少等“四老四少”突出问题，结合群众“七有”要求和“五性”需求，持续保障和改善民生。实施《石景山区“十四五”时期东中西部平衡教育资源行动方案》，编制《石景山区“十四五”时期教育改革和发展规划》，新增2所民办幼儿园，接收2所配套幼儿园，增加学前教育学位835个，普惠性幼儿园覆盖率达到87%。北大附中石景山学校（新址）、十一学校石景山学校、金顶街小学开工建设。编制《石景山区“十四五”时期卫生健康事业发展建设规划》《健康石景山行动（2021—2030）》，在首钢医院、石景山医院试运行“信用+医疗”模式，加快推进北京朝阳医院公共卫生应急暨妇儿中心、首钢医院门急诊医技大楼、西部医院等项目建设，荣获“全国健康城市建设示范城区”称号，顺利通过国家卫生区复审并受到通报表扬。全年新确认老旧小区15个、95万平方米；新开工老旧小区综合改造和有机更新工程15个、90.6万平方米；新完工4个小区、26.7万平方米。建成养老机构17家（含养老院8家、街道养老照料中心9家），社区养老服务驿站40家，共计床位4318张，每千名常住人口养老床位数为7.6张（超过北京市“十四五”期间7张的标准），其中98%实现社会化运营。

（苏劲松　闫雅倩）

【开展专题调研】 年内，常卫围绕新冠疫情防控、服务保障冬奥会和冬残奥会筹办、企业复工复产、西山永定河文化带建设、北京·银行保险产业园建设、老旧小区更新改造和长效管理、生活垃圾分类、接诉即办、大气污染综合治理和文明城区创建等工作，共开展专题调研102次。

（戚全章　糜栋炜　宋李振）

组织建设

【概况】 中共北京市石景山区委组织部(简称区委组织部)是区委重要职能部门。设办公室、研究室、组织一科、组织二科、组织三科、组织四科、干部一科、干部二科、教育培训科、干部监督科、公务员科、人才工作科、党建办秘书科,行政编制54人;下辖北京市石景山区党员教育中心(加挂北京市石景山区考核评价中心牌子,参公事业编制15人)、北京市石景山区国际人才中心(加挂北京海外学人中心石景山分中心牌子,参公事业编制12人)。年内,在区委的坚强领导下,区委组织部班子坚持以习近平新时代中国特色社会主义思想为指导,不折不扣落实中央市委决策部署和区委工作要求,把开展党史学习教育同提高组织工作质量结合起来,以更高站位强化政治建设,以更大力度完善组织体系,以更优导向建强领导班子和干部队伍,以更宽视野集聚人才资源,统筹做好建党100周年、党史学习教育、疫情防控、区级班子换届、冬奥筹办等重大任务保障,为实现高水平建设好首都城市西大门提供坚强政治和组织保证。

(张 申)

【完成社区党组织换届】 截至1月30日,全区148个参加换届社区党组织、3个新建社区党组织,全部一次性圆满完成选举工作。选出新一届社区党组织成员851名,其中书记151名,专职副书记143名,委员557名。实现“三个高”:选举成功率高,151个社区党组织一次性选举成功率100%,新当选151名社区书记与组织意向人选的吻合率100%;党员认可度高,851名新当选社区党组织班子成员平均得票率95.56%,其中230名全票当选,社区党组织第一次委员会选举中,151名社区书记全部全票当选;整体素质高,这届社区党组织班子成员平均年龄46.03岁,其中大专及以上学历764名,占89.77%;35~50岁542名,占比63.68%;79个社区党组织至少配备1名35岁以下委员。班子结构得到优化,整体素质不断提升。

(代旌航)

【加强党管人才】 1月,召开区人才工作领导小组第一次会议,听取2020年全区人才工作和“景贤人才”评选工作相关情况的汇报,研究审议《“景贤人才”和“引才伯乐奖”认定评选实施细则(试行)》。7月,召开区人才工作领导小组第二次会议。会议传达北京市《“两区”“三平台”建设干部人才支撑三年行动计划》和《市人才工作领导小组2021年重点工作安排》文件精神,听取并审议通过《2021“北京·景贤杯”创新创业大赛方案》《“景贤学院”建设方案》和《2021年石景山区“景贤计划”人才认定工作方案》。通过加强对全区人才工作的顶层设计和统筹协调,进一步完善人才工作机制,凝聚人才工作合力。

(沈 娟 刘 远 陈 山)

【公务员考核与考试录用】 4月21日,区委组织部修订出台《石景山区公务员平时考核工作实施方案(试行)》(京石组发〔2021〕20号),各公务员(参公)单位分别制定本单位平时考核实施方案。老山街道被市委组织部确定为市级平时考核联系点单位。年内,区委组织部按程序依次完成2021年度考试录用公务员笔试、资格审查、面试、体检、考察等工作。新录用公务员143人,其中定向招录选调生5人,定向招录退役大学生士兵4人,定向招录残疾人1人。招录过程中严格落实疫情防控常态化要求,实现招录工作安全平稳运行。

(章 振)

【社区“两委”换届三到位三严格】 5月14日,石景山区召开社区“两委”换届工作领导小组第三次会议暨换届工作总结会,标志着全区高质量完成151个社区党组织和145个社区居委会换届选举工作。按照社区“两委”换届工作统一部署,在区委组织部牵头抓总、区委社会工委民政局密切配合,相关部门积极支持下,扎实推动社区“两委”换届各项工作。突出“三到位”,组织推进有力有序:组织领导到位,区委高度重视,区委书记坚持以上率下、靠前指挥,通过专题会议研究、社区调研指导等方式,直接推动换届工作。建立区领导联系点、巡回督促指导制度,持续强化工作指导,督促层层抓好落实。选情摸排到位,区委常委、组织部长下到9个街道的重点社区,逐一研判问题、深入分析指导。区选办开展4轮选情摸排,全面掌握情况,建立工作台账,对37个重点关注社区逐一研判,着力把问题解决在选举之前。疫情防控到位,制定换届选举疫情防控工作预案,严格落实参会100人以上全员核酸检测要求,全力为社区换届保驾护航。落实“三严格”,程序环节依法依规:严格人选把关,针对“十不能”要求,依托综合联审机制,组织区纪委、政法委、信访办等13个部门,对社区“两委一站”人员、新提名人选共3084名人员开展资格审查,共审查出存在问题的人员48人,坚决防止“带病当选”。严格换届程序,制定《社区党组织换届选举工作规程》,印制工作指导手册,拍摄制作选举大会现场教学光盘,明确进度表,画好流程图,做到整个换届流程条理清晰,所有环节一目了然。严格纪律要求,认真落实严肃换届纪律、加强换届监督工作实施方案,对街道社区4381人次开展警示教育、谈话提醒,组织学习“十项禁令”。发挥社区监察信息员监督“前哨”作用,将监督延伸到社区“两委”换届监督工作的“最后一公里”。

(代旌航)

【区级基层党组织书记工作室授牌】 6月8日,区委深入开展“头雁培育”工程,以“党建让社区更有温度 党建让城市更有品质”为主题,举办2021年第一期“基层书记论坛”,常卫出席论坛并讲话。会上,常卫为李美红书记工作室、陈雅文书记工作室、赵红书记工作室、简道寅书记工作室、陈涛书记工作室5个第一批优秀基层党组织书记工作室授牌,来自区级部门、街道、社区和“两新”组织的5位党组织书记结合实际进行重点发言,交流基层党建工作经验和工作中遇到的困惑问题,畅谈对下一步工作的思考,来自中组部党建所、中国人民大学、市委党校的3位党建专家进行现场点评，提出意见建议。此次论坛为全区各级党组织书记相互学习交流借鉴搭建平台，为总结基层党建工作经验、展示基层治理实践探索提供载体，也为各级党组织开展活动作出良好示范。9月23日，唐行安出席基层党组织书记工作室建设推进会，为郭冬梅书记工作室、毛颖芳书记工作室、孙爱琴书记工作室、孙苗书记工作室、高雪林书记工作室、蔡云书记工作室、董玉风书记工作室、董汉胜书记工作室8个第二批优秀基层党组织书记工作室授牌。各工委、区委直属党委有关领导以及区级基层党组织书记工作室负责人30余人参加会议，围绕推进书记工作室建设、巩固深化工作方法等情况进行深入交流。

（代旌航）

【党建研究会理事会】 6月11日，区党建研究会召开第二届理事会第五次全体会议，区党建研究会会长岳德顺、区领导田利跃出席，区党建研究会副会长、区委党校分管日常工作的副校长侯宝华主持会议。会议传达北京市党建研究会第八次会员代表大会和北京市党建研究会第八届理事会第一次全体会议主要精神，审议通过岳德顺所作的区党建研究会二届五次理事会议工作报告，审议通过2020年度财务工作报告，通报《石景山区党的建设研究会会长办公会关于成立区委党校分会、教育分会、八角街道分会的决定》和有关人事事项决定，表彰2020年度调研课题优秀成果，部署2021年度重点课题方向和党建研究课题指南。会议充分肯定区党建研究会2020年以来克服新冠肺炎疫情影响取得的工作成绩。会议要求2021年党建研究工作要旗帜鲜明讲政治，做好党建咨询服务，强化研究会自身建设。

（吴　彬　宗赫男）

【“两优一先”表彰大会】 6月25日，召开“两优一先”表彰大会。常卫出席会议并讲话，会议由李新主持。会上，区领导为石景山区优秀共产党员、优秀党务工作者和先进基层党组织代表颁发奖章、奖牌、证书，为获评基层党建创新项目的基层党组织代表颁发奖杯，为老党员代表颁发“光荣在党50年”纪念章。随后，举办“永远跟党走百年正青春”庆祝建党100周年情景党课，此次活动通过石景山APP进行全程直播，将全区庆祝中国共产党成立100周年活动推向高潮。

（代旌航）

【成立社会实践基地】 6月，区委组织部成立“景贤未来人才”社会实践基地，共征集95家单位提供的208个实践岗位，并举办暑期社会实践活动。社会实践基地以高校京西发展联盟为基础开展合作，组织清华大学、北京师范大学和中央民族大学的90名同学来到辖区的30家单位开展实习实践，本次实践活动在实践单位与高校同学中得到良好反响。

（宋世明　王建策）

【“景贤人才”评选认定】 7月，启动2021年“景贤人才”申报评选工作，151家单位329名人才在线申报，经过分组初评和综合联审，94家单位122名人才进入专家评审答辩环节，人才知识层次和专业化程度明显提高。12月，组成评审专业组开展现场答辩，重点考虑人选工作业绩、社会经历、行业影响力、区域贡献度以及发展潜力等方面因素，对人选进行现场评审打分，经评审委员会讨论研究，确定建议人选共50人，其中顶尖人才5人，领军人才33人，青年拔尖人才12人。

（陈　山　曾　磊）

【举办人才培训班】 8月，区委组织部举办“景贤人才”影响力提升培训班。邀请北京电视台相关专家授课，开展公众表达能力培训，并在区文化中心举办“景贤之光”演讲秀。精心打造的“景贤人才”演讲作品，在多个媒体上得到广泛宣传，既讲好人才故事，更增强“景贤计划”品牌传播力和影响力。

（沈　娟　王建策）

【选调生补助资金管理使用】 9月10日，依据市委组织部《北京市选调生到村（社区）任职工作补助资金管理使用暂行办法》，制定《石景山区2021年度选调生补助资金分配方案》，确定资金总额并分配区委组织部和各有关街道。11月18日，经区委组织部部务会研究同意，联合区财政局出台《石景山区选调生到社区任职工作补助资金管理使用实施细则》（京石组发〔2021〕86号），明确补助资金使用范围、补助额度与分配方式、补助项目与列支范围、报销流程、责任分工以及监督管理责任。

（章　振）

【首都基层治理专题研讨会】 9月23日，全区召开“从深化两件‘关键小事’改革看首都基层治理”专题研讨会，邀请市委组织部相关领导、有关专家学者到石景山区进行实地调研并参加座谈。通过此次活动，深入挖掘落实两件“关键小事”对提高首都基层治理效能的好做法好经验，以小切口透视首都基层治理内在规律，认清还存在的薄弱环节，提出整体提升首都基层治理社会化、法治化、智能化、专业化水平的有效措施。年内，贯彻落实《关于加强基层治理体系和治理能力现代化建设的意见》，全面总结全区推进垃圾分类和物业管理两件“关键小事”的做法成效，进一步提升首都基层治理体系和治理能力现代化水平。

（代旌航）

【重点人群核酸检测】 10月30至31日，全区组织开展重点人群核酸检测，高效完成9类重点人群和来（返）京风险人员应急核酸检测任务，一天半时间完成5.2万人采样的组织实施，所有检测结果均为阴性。此举为应对全市突发新冠肺炎疫情，持续提升全区核酸检测能力建设提供保障。

（代旌航）

【党员队伍情况】 截至年底，全区共有各级党组织2180个，其中党委191个、党总支65个、党支部1924个。从基层组织覆盖领域来分，机关党组织315个，事业单位党组织251个，国有、集体企业党组织66个，非公有制企业党组织464个，社区党组织1030个、社会组织党组织48个、人才交流中心党组织6个。全区党员总数为63288名，其中预备党员807名，女党员26128名，少数民族党员2045名。全区60岁以上党员34814名，占全区党员总数的55.01%,全区35岁以下年轻党员5719名,占全区党员总数的9.04%;研究生以上学历党员5120人,占全区党员总数的8.09%,大学本、专科学历党员30505名,占全区党员总数的48.20%,高中及中专学历党员15954名,占全区党员总数的25.21%,初中及以下学历党员11709名,占全区党员总数的18.50%;从职业结构看,公有制单位在职党员9735名,占全区党员总数的15.38%,非公有制单位在职党员4181名,占全区党员总数的6.61%,离退休党员41195名,占全区党员总数的65.09%,其他类型党员8177名,占全区党员总数的12.92%。城市街道党员总数48049名,社区党员总数45532名。

(高世君　郑杰尹)

【公务员信息更新采集】 截至年底,全区共有公务员及参公人员3181人,其中机关公务员1944人,街道系统796人,群团系统64人,参公人员377人。年内,区委组织部对全区组工干部进行干部公务员一体化平台业务指导,一个单位一个单位把关,逐步克服更换统计系统、数据交换等难题,对全区公务员数据进行更新维护、修改完善。全面加强与干部科的沟通协调,共同做好处级干部信息维护。加强和区委编办以及区人力社保局联系,共同核查人员底数。

(章　振)

【区第十三次党代会代表选举】 年内,区委组织部根据市委和区委对于区党代表选举的工作要求和职责分工,印发《关于中国共产党北京市石景山区第十三次代表大会代表选举工作的通知》,全区以各工委、区委直属党委为基础,划分为20个选举单位,组织各选举单位认真贯彻执行民主集中制原则,充分发扬党内民主,精心谋划部署,认真组织实施。按照规定程序和党内有关要求,在代表候选人的酝酿提名、确定候选人初步人选和预备人选、选举大会组织实施等环节坚持标准、严格把关,统筹做好政策指导、请示批复、人选考察、联合审查、公示、大会选举等环节,累计组织对20个选举单位21批442名推荐人选进行联审,最终以无记名投票方式,由各选举单位选举产生出席区第十三次党代会代表310名,为区第十三次党代会胜利召开打下坚实基础。

(张　羽　高世君)

【党建工作领导小组会】 年内,区委组织部健全和完善区委党的建设工作领导小组工作机制,建立领导小组年度议题计划、学习调研制度,召开领导小组全体会议4次,开展会前调研2次、集体学习3次,审议议题24项,形成会议纪要4份,印发文件5份。3月19日,区委党的建设工作领导小组在金顶街街道金三区社区召开2021年第一次会议,领导小组组长常卫主持会议并讲话,领导小组常务副组长田利跃和领导小组成员参加会议,领导小组办公室成员、各街道党工委负责同志列席会议。会议传达市委党的建设工作领导小组全体会议精神,听取并原则同意领导小组2020年全年工作落实情况、2021年工作要点起草情况、领导小组会议2021年议题计划、全区党建引领基层治理工作情况汇报,审议通过领导小组及办公室成员调整情况。会前,常卫到金顶街街道金三区社区就社区生活垃圾分类、物业管理、楼门文化建设等工作进行实地调研。会议强调要始终把党的政治建设摆在首位,坚持党建引领持续提升基层治理水平,坚定不移推进全面从严治党向纵深发展。7月6日,召开领导小组第二次会议,常卫主持会议并讲话,领导小组成员参加会议,各街道党工委负责同志列席会议。会议学习习近平总书记在庆祝中国共产党成立100周年大会上的重要讲话,会议听取并原则同意区委2021年上半年落实全面从严治党主体责任情况的汇报、区委组织部关于全市新业态、新就业群体党建工作有关精神和辖区工作情况的汇报、区纪委区监委关于深化国有企业纪检监察体制改革情况、区国资委党委关于2021年上半年国企党建工作情况的汇报、区总工会关于制定《石景山区深化产业工人队伍建设改革实施方案》《石景山区推进新时代产业工人队伍思想政治工作分工方案》情况的汇报和区政府集体资产监管办党组关于强化党建引领完善集体经济组织法人治理结构工作情况的汇报,会议原则通过《石景山区贯彻落实全市新业态、新就业群体党建工作试点实施方案》《石景山区深化产业工人队伍建设改革实施方案》《石景山区推进新时代产业工人队伍思想政治工作分工方案》。会议决定主体责任调度会相关内容合并到区委党的建设工作领导小组会当中。会议要求要扎实推进市委巡视反馈问题整改,全面加强基层党组织建设,持续深化党建引领基层治理,层层压实全面从严治党责任,全力做好区级领导班子换届工作。10月18日,在鲁谷街道党群服务中心召开领导小组第三次会议,常卫主持会议并讲话,领导小组成员参加会议,各街道党工委负责同志列席会议。会议集体学习习近平总书记重要文章《毫不动摇坚持和加强党的全面领导》。会议听取石景山区推进党建引领基层治理相关工作落实情况的汇报。会前,常卫到顺丰速运石景山第一营业部、鲁谷街道党群服务中心调研服务新就业群体工作情况及“暖蜂驿站”建设运营情况。会议强调,要始终把党的政治建设摆在首位,持续深化党建引领基层治理,聚焦新业态、新就业群体党建工作开展,持续加强新兴领域党建工作,全力做好区级领导班子换届工作,全力投入新一轮文明城区创建,要进一步落实和完善党建工作责任制。12月28日,领导小组召开第四次会议,常卫主持会议并讲话,刘海涛参加会议。会议集体学习习近平总书记《关于〈中共中央关于党的百年奋斗重大成就和历史经验的决议〉的说明》,审议通过区委党的建设工作领导小组及其办公室成员调整建议名单,听取石景山区推进新兴领域党建有关工作、开展教育集团化党建工作、党支部书记学院建设情况的汇报。会议强调要深入学习宣传贯彻党的十九届六中全会精神,总结好、巩固好、拓展好党史学习教育,分领域统筹推进基层党组织规范化建设,进一步提升党建引领基层治理能力水平，落实全面从严治党主体责任。区领导李金克、王晓东、张利军、迟志禹、宁慧娟、石显富、葛强和区委党建工作领导小组成员参加会议，各街道党工委负责人列席会议。

（吴　彬　宗赫男）

【疫情风险人员排查管控】 年内，区委组织部组建区、街道、社区三级数据专班，实行24小时轮班制，全时全景全方位监控新冠肺炎疫情。做好平战结合，疫情窗口期完善专班运行机制，做好摸排管控能力建设，查漏补缺；疫情突发期迅速实现平战转换，火速集结人员力量，做到接单即办，立即响应。落实首接负责制，采取专人全程闭环管理，以快制快、火速出击，第一时间查明风险人员动向，摸清风险人员活动轨迹，分类登记、一人一账。针对无法联系和不配合人员，建立属地与公安联动机制，确保不出现"脱管漏管"。按照"一户不落、一人不差、一人一策、快速处置"原则，全年累计核查市派涉疫风险人员2979批87659人，核实落位本区48735人，全部第一时间落实管控，确保疫情防控无遗漏。

（左泽东　贠立艳　于文华　梁新昊）

【疫情防控保障】 年内，根据疫情防控形势和市、区工作要求，区委组织部协调区商务局和各街道做好疫情防控物资保障工作。全年向9个街道发放15批防疫物资，其中包括智能门铃2291只、测温枪1318只、智能佩戴式测温设备397台、各类口罩158450只（其中N95、KF94等高防护级别口罩133450只）、84消毒液9.26吨、各类手消20900瓶、一次性隔离面屏10000只、一次性手套90000副、一次性防护鞋套33500副。下拨专项党费给20个工委、区委直属党委用于支持疫情防控工作，区级专项党费用于支持疫情防控工作共计180万元。

（张　羽　高世君）

【开展党内表彰】 年内，区委组织部完成全国"两优一先"评选表彰推荐工作，制发《关于做好七一勋章提名和全国"两优一先"推荐提名工作的通知》，经过基层推荐、联合审查、考察公示、会议研究等程序，八角街道八角中里社区党委被评为全国先进基层党组织。完成北京市"三优一先"评选表彰推荐工作。张俊山等19人和石景山医院党委等6个基层党组织经基层推荐、联合审查、考察公示、会议研究等程序，分别被评为北京市优秀共产党员、优秀党务工作者、优秀基层党组织书记和先进基层党组织。开展石景山区"两优一先"评选表彰。在建党100周年之际，为表彰先进、弘扬正气，激励全区各级党组织和广大党员不忘初心、牢记使命，区委决定授予张建利等100名共产党员"石景山区优秀共产党员"称号，授予吴继红等50名党务工作者石景山区"优秀党务工作者"称号，授予区环卫中心党委等50个基层党组织"石景山区先进基层党组织"称号。指导基层党组织开展党内表彰。按照《中国共产党党内功勋表彰条例》《北京市党内表彰实施办法》等文件要求，对各工委、区委直属党委开展表彰情况进行把关，指导基层党组织严格按照规定的项目、条件、程序、要求开展表彰工作。

（张　羽　高世君）

【基层党建"品牌创建"工程】 年内，区委组织部庆祝中国共产党成立100周年，培育提升基层党建创新项目，总结提炼典型案例，经过区委研究，在全区各系统各领域广泛征集，评选出10个"十佳基层党建创新项目"：八角街道工委"联动式"街区共治、八宝山街道工委"精神沁园"红色文化阵地、金顶街街道工委"党员分类管理路线图"、鲁谷街道工委"三个一"红色物管会、老山街道老山东里北社区党委"社区党校"、苹果园街道下庄社区党委"老街坊"热线工作站、广宁街道高井路社区党委"冬奥让社区更美好"、区法院机关党委"五联五进"党建法治共建、区委教育工委"书记校长工作室"、园区党工委"共建双规范"党建提质行动；评选出20个"优秀基层党建创新项目"：八宝山街道工委八宝"同心"、广宁街道工委党建引领"同心圆"、老山街道非公企业和社会组织党委"两新"组织党员分类管理、八角街道景阳东街第二社区党委党建引领"四进"楼门、古城街道南路西社区党委"夕阳红志愿先锋"、金顶街街道金三区社区党委"红霞湾·连心坊"、五里坨街道黑石头社区党总支"山区服务行"、区委统战部石聚"同心"、区委宣传部"百姓宣讲团"、区委老干部局"家门口的老干部工作"、区委党校机关党委"红色党课宣讲"新模式、区政府办党支部"三严四紧"党建业务融合、区政务服务管理局机关党支部"石政先锋"、区统计局党总支"阳光统计"、区气象局机关党支部"一月一考核、一季一评星、一年一评议"党员管理、北京市公安局石景山分局鲁谷派出所"一二三四"党建模式、石景山区第二幼儿园党支部"十分钟微党建"、石景山区疾控中心党支部"四个及时有度"、北京盛景嘉和物业管理有限公司党委"红色党建联盟工作室"、环山新视野（北京）文化传播有限公司党支部"红聚环山"。

（代旌航）

【"我为群众办实事"实践活动】 年内，石景山区严格按照中央精神和市委要求，紧扣"学党史、悟思想、办实事、开新局"主题，有效引领全区各单位切实把党史学习同总结经验、观照现实、推动工作结合起来，把工作实际同解决好群众操心事烦心事揪心事结合起来，瞄准群众利益、解决突出问题，扎实推动全区"我为群众办实事"实践活动取得成效，自党史学习教育启动以来，全区115项区级重点民生项目、206项街道重点民生项目、315项其他处级单位实事项目全部完成。

（代旌航）

【"一把手进社区"活动】 年内，区委组织部实现"我为群众办实事"实践活动不断走向深入，在常卫示范带动下，全区深入开展"一把手进社区"活动，全体区领导和处级单位"一把手"深入社区察民情、听民意、解民忧，有力提升群众的幸福感、获得感、安全感。常卫带头做示范，亲自谋划推动，深入八宝山街道电子情报所社区，实地察看社区工作开展情况，并主持召开座谈会，与社区居民代表、社区干部代表、物业企业负责人就群众关心的热点、难点问题进行深入交流,牵头推进解决小区安装充电设备、加装单元门禁、社区供暖供水等群众诉求。全体区领导和处级单位"一把手"深入开展走进群众中间问需、走进特殊群体问难、走进社区组织问效的"三进三问"活动,通过入户走访,座谈交流,参与社区协商议事,与基层干部群众共同开展志愿服务,走进社区困难家庭、先进模范人物、老党员家中,直接了解群众所想所思、所忧所盼,确保真正把民意摸上来、把问题兜上来,活动开展以来,圆满解决337件民生实事。

(代旌航)

【"两新"组织"两个覆盖"】 年内,区委组织部对全区446个"两新"组织党组织开展为期一个月的党支部标准化规范化突出问题集中整改,切实发挥党支部战斗堡垒作用。狠抓党组织组建,按照年度党统数据,石景山区非公有制经济组织党组织覆盖率达到87%、社会组织党组织覆盖率达到61.8%,规模以上"两新"组织党组织动态全覆盖。加大"两新"组织党员发展力度,全年共有60名企业高管发展为党员,比例较上年增加7.1%。

(左泽东)

【"两新"组织教育培训】 年内,区委组织部制定《关于在全区"两新"组织开展党史学习教育的实施方案》和《新时代"两新"组织党组织负责人主题培训实施方案》,增强党的政治领导力和思想引领力。牢固树立"两新"组织党建主责主业意识,以"坚定不移跟党走、建功立业新时代"为主题,广泛开展建党百年"七个一"系列庆祝活动和"党旗在基层一线高高飘扬"教育实践活动,增强"两新"组织党员使命感、荣誉感和归属感。培育工作典型,经层层选拔推荐,2家党建工作基础较好、具有较大影响力的"两新"组织党建品牌获评全市"两新"组织"党建强、发展强"党建品牌项目,示范带动全区"两新"组织党建水平整体提升。

(左泽东 于文华)

【新业态、新就业群体党建】 年内,区委组织部以"规范助力新业态发展、尊重关爱新时代基层奋斗者"为主题,启动"聚蜂行动",组建"聚蜂联盟",开展"觅蜂""暖蜂"系列活动,全面推动新就业群体融入党建引领基层治理格局。组建区级专项工作组,召开9次区级工作调度和研讨会,建立23个成员单位周报送、月总结工作机制,全力推进试点工作取得实效。通过站点建、楼宇建、区域建、平台建四种形式,组建4个新就业群体党支部,实现流动党员党组织全覆盖。选拔52名党建工作指导员和楼宇工作者定点联系指导全区91个快递、外卖、网约车合作企业,实现党的工作全覆盖。常态化开展"党旗在召唤"行动,培育新就业群体骨干50余人提交入党申请书。组建"快递小哥党员先锋队",构建完善"流动党员—流动党支部—'两新'组织综合党委"诉求表达和反馈机制,解决新就业群体诉求60余件。建设112个"暖蜂驿站",制定《暖蜂驿站服务指南》,梳理32类93项资源清单,统一标识、对外开放,累计开展关心关爱活动100余场次,服务新就业群体1600余人。以党团员为骨干组建15支新就业群体志愿服务队,吸纳成员315人,在冬奥服务保障、社区疫情防控、文明城区创建等重点任务中开展志愿服务项目80余次,参与人员达1700余人次。

(左泽东 贠立艳)

【党群服务中心建设】 年内,区委组织部按照"区域统筹、资源整合、统一管理、多方使用"工作理念,有机整合党建、政务等各种服务资源,建成"1+9"党群服务中心和"13+28"商务楼宇工作站。建立192家党群服务中心(站点)信息库,全面掌握党建阵地运管水平和运营效果。精准对接需求,开展政策咨询、党建活动、疫情防控等各项服务累计1.2万余次。探索通过党费补贴、企业支持、志愿捐赠等方式,加大党群服务中心运营经费保障力度。

(左泽东)

【各领域党建】 年内,区委组织部聚焦重点任务,围绕庆祝建党百年和党史学习教育,深化机关党组织服务项目化管理;开展国企党建工作"回头看",建立《国企党建重点任务清单》;实施中小学"铸魂、强基、领航、育才、廉洁"5大工程;贯彻执行医院党委领导下的院长负责制,修订4家公立医院党委会和院长办公会议事规则,制定公立医院党委集体研究事项清单及程序示范文本。

(左泽东)

【党支部标准化规范化建设】 年内,区委组织部在全区1821个党支部开展1个月的党支部标准化规范化建设突出问题集中整改,坚持将督导检查贯穿集中整改全时段、全领域、全层级,聚焦5方面突出问题,确保全覆盖无死角不遗漏。围绕重点问题,开展4期"党支部云课堂",不断提升基层党组织凝聚力和战斗力。开展优秀党支部工作法评选申报活动,注重各领域统筹兼顾,选取20家基层党支部进行试点培育和联系指导。

(贠立艳 于文华)

【党组织完成换届】 年内,区委组织部以落实巡视整改要求和筹备区第十三次党代会为契机和抓手,指导区委直属党委完成换届工作。对区环卫中心党委、区军休党委、石景山医院党委三个区委直属党委换届工作各个流程进行指导和审核把关并完成相应批复工作,确保环节符合党内法规规定、党员正确行使民主权利;完善全区基层党组织按期换届台账。对台账进行动态更新,掌握基层党组织性质类别、换届时间、党组织委员数等基础信息,结合信息化手段,根据离换届不同时间段进行显示,对存在即将任期届满党组织的工委和区委直属党委进行提示,加强工作针对性和有效性;加强规范基层党组织换届工作制度建设。根据《中国共产党章程》等党内法规条例规定,结合地区工作实际,制定《石景山区基层党组织按期换届提醒督促制度》并印发全区各级党组织,对基层党组织任期、到期换届程序、工作机制、组织领导和责任落实等方面进行规范。

(张羽 高世君)

【基层党员教育培训】 年内,区委组织部按照全年培训计划办好各类培训班次。为进一步贯彻落实中央《2019—2023年全国党员教育培训工作规划》有关要求，结合石景山区2021年组织工作要点和疫情防控工作的实际情况，打造党支部书记学院创新载体，依托区委党校设立区级党支部书记学院，发挥区委党校在党员教育培训中的主渠道、主阵地作用；各工委、区委直属党委和社区党组织依托社区党校、党群服务中心、远程教育站点、新时代文明实践中心等场地，设立党支部书记学院分院，以"六有"为标准、以"三化"为目标、以"双结合"为特点，形成"分层组织、分类施教、全面覆盖、全员轮训"的培训体系。深化"党员教育云课堂"品牌建设，丰富教育培训内容，结合党史学习教育，开设"党史云课堂"，拍摄制作五期石景山区党史云课堂系列课程，在"一呼百应""石景山组工"等平台定期进行培训，引导全区基层党组织和广大党员树立正确党史观，把握历史主旋律，开创工作新局面，累计培训11000余人次。依托党支部书记学院，以视频连线的形式，先后邀请金一南、杨禹、马善祥等国内知名专家学者和先进模范人物，重点就学习贯彻习近平新时代中国特色社会主义思想、理论教育和党性教育进行定期授课，帮助基层党组织书记和广大党员开阔视野、提高站位，目前已开展5期，累计覆盖12000余人次。

（张　羽　郑杰尹）

【发展党员工作】 年内，区委组织部建立入党积极分子摸底台账。针对全区发展党员指标数翻倍的情况，在年初对各工委、区委直属党委入党积极分子培养考察情况进行摸底，针对2021年"七一"前、年底前等重要时间节点，分级分类建立入党积极分子实名制台账，为完成全年的发展党员工作打下坚实基础。科学合理调控全年发展党员指标。根据前期入党积极分子台账，整体谋划、合理分配，提前对拟发展对象进行遴选和酝酿，对发展指标进行有针对性的分配，按月对全区发展党员工作进行调度，全年发展党员751人（含市级调配指标1人）。进一步严格发展党员联审机制。将发展党员工作纳入联审机制，由区委组织部牵头协调各部门，依托联审机制，对发展对象进行联审，稳步推进全区发展党员工作。上半年对全区973名发展对象进行联审。

（张　羽　高世君）

【党内帮扶工作】 年内，区委组织部根据中央、市委和区委要求，按照党内帮扶工作计划，制发《关于做好2021年元旦春节期间党内帮扶慰问工作的通知》《关于做好2021年"七一"期间党内帮扶慰问工作的通知》，区四套班子主要领导、区委常委、党员副区长和各处级班子成员全年共走访慰问党员1979人，划拨资金552.99万元，做到"走访一户，温暖一片"，让困难党员和群众充分感受党组织的关怀和温暖。

（张　羽　郑杰尹）

【颁发"光荣在党50年"纪念章】 年内，区委组织部根据中央、市委要求，制定《关于做好"光荣在党50年"纪念章颁发工作的方案》并印发全区，明确拟颁发对象的资格条件；协调区纪委监委机关、公安分局、法院、检察院、信访办等职能部门对全区符合党龄要求的拟颁发纪念章对象进行联审；指导各单位开展档案核查工作，重点核实老党员入党时间、转正时间以及有无负面信息等情况，对于区管干部统一由区委组织部协调核查档案，确保人选符合中央、市委要求。"七一"前夕，区委举办仪式，区领导向老党员代表颁发纪念章，各级党组织负责人也采取上门看望等形式，向老党员颁发纪念章。"七一"前夕，各级党组织共颁发纪念章6309枚。

（张　羽　郑杰尹）

【开展专项工作】 年内，区委组织部严肃认真开展组织生活会和民主评议党员。研究制定《关于召开2020年度基层党组织组织生活会和开展民主评议党员工作的通知》（京石组发〔2021〕5号）和《关于开好党史学习教育专题组织生活会的通知》（京石教组发〔2021〕8号）及相关政策说明并印发全区，明确开展组织生活会的主题、步骤、标准以及时间要求，加强工作针对性和有效性；抓住党员领导干部这一"关键少数"，各级党员领导干部认真落实双重组织生活制度，带头以普通党员身份参加所在党支部的组织生活会，带头开展批评和自我批评，带头开展民主评议党员工作，全区处级以上党员领导干部参加所在党支部、党小组组织生活会和民主评议党员600余人次。全体区领导以普通党员身份参加所在党支部的组织生活会和民主评议党员环节，起到示范带动作用；进一步扩大对基层党组织的直接指导范围，结合部机关"四进四问"工作，加强对基层党组织的督导力度，结合工作实际，直奔基层、直插现场，列席21个基层党支部组织生活会，对各工委、区委直属党委做到全覆盖，推动全面从严治党不断向基层延伸。强化党费收缴使用和管理业务指导，以落实党费管理"五双"机制为抓手，坚持问题导向，对党费收缴、使用情况进行全面检查和重点指导；结合部机关"四进四问"活动，利用督导基层组织生活会、调研等机会，对各工委、区委直属党委党费收缴使用管理进行全面检查，同时，针对巡视反馈的问题和日常工作中发现的苗头性倾向，按季度、有计划地对相关党（工）委进行重点指导；加强业务培训力度。针对发展党员、党组织设置和党费收缴使用管理三项业务工作举办组工业务培训班，覆盖全区基层党组织书记、党务工作者和组工干部1200余人，对打牢基层党建地基，抓好基础性工作提供助力。做好党员党组织信息库使用培训和党内统计专报工作，根据市委组织部要求，制作新版党员E先锋系统使用培训手册和系统答疑操作问答等书面培训材料并下发全区，指导基层党组织做好新老系统切换；组织召开全区党内统计专报工作部署培训会，以加密视频会的形式进行工作部署和业务指导，覆盖各工委、区委直属党委和街道社区、教育、医疗卫生、国有企业系统党统干部270余人。

（张　羽　高世君　郑杰尹）

【强化理论武装】 年内，区委组织部持续深化习近平新时代中国特色社会主义思想教育，坚持把学习贯彻习近平新时代中国特色社会主义思想摆在干部教育培训最突出的位置,作为区委党校培训首课、主课,作为干部学习的中心内容。坚持重大政治理论轮训机制,全力抓好党的十九届五中全会精神学习贯彻,分期分批开展两期处级领导干部学习贯彻党的十九届五中全会精神专题研讨班,实现全区处级干部全覆盖。扎实开展领导干部理论读书班,组织领导干部结合自身工作职责、专业领域、兴趣爱好等选择阅读书目,撰写心得体会,营造浓厚学习氛围。聚焦理论研炼,举办年轻干部周末大讲堂,开展以年轻处、科级干部和选调生为培训对象的"贯通式"培训,重点突出政治理论学习,打牢年轻干部理论功底,不断提高运用科学理论指导实践的能力。

(仲建维　刘　瑜)

【锤炼党性修养】 年内,区委组织部紧密结合庆祝中国共产党建党100周年,将党史学习教育作为干部教育培训重点任务,作为党性教育必修课,加大党史、新中国史、改革开放史、社会主义发展史学习力度,在处级班、中青班、新任职科级班等主体班次中引入党史学习课程,坚定广大干部理想信念。开展党史学习专题培训,依托中国人民大学"汇贤学堂"公众号,专门开设"石景山频道",扎实开展"弘扬时代理论迎接建党百年——党史学习专题研修班",教育引导广大党员干部进一步坚定理想信念、传承红色基因,站稳政治立场、做到"两个维护"。积极利用好首都丰富红色资源,加大现场教学力度,组织主体班学员到锦绣潇湘红色教育基地、李大钊烈士陵园、八宝山革命公墓等地开展现场教学,不断提升党员干部的政治判断力、政治领悟力、政治执行力。

(仲建维　刘　瑜)

【推进精准施训】 年内,区委组织部立足中心城区功能定位,围绕牢牢把握"两大机遇"、突出抓好"两个关键"和加快推进"三区"建设战略任务,聚焦经济发展、科技创新、城市管理、生态文明等重点领域,科学制定培训计划,精准开展培训,提升干部队伍治理能力和专业化水平。充分挖掘培训资源,依托部门专业优势和高校学科优势,举办"两区"建设、数字经济建设发展、新一轮"疏解整治促提升"专项行动、领导干部依法行政、生态文明建设等专题培训,全方位提高干部的专业化能力。坚决扛起政治责任,为进一步巩固拓展脱贫攻坚成果,助力乡村振兴,依托中国人民大学优质教育资源和平台,以"汇贤学堂"公众号为载体,开展支援协作地区干部能力素质提升培训班,进一步提升协作地区领导干部推动高质量发展的能力。

(仲建维　刘　瑜)

【做精做细教育培训】 年内,区委组织部健全工作体系,结合干部队伍实际,紧扣新任务新要求,制定出台《关于进一步改进和提升干部教育培训工作的意见》,充分发挥干部教育培训工作的先导性、基础性、战略性作用,以构建"四体系八能力"培训工作格局为出发点,聚焦健全运行体系、内容体系、平台体系、保障体系全面发力,进一步提升全区教育培训工作的质量效果。坚持按需施教,综合采取文献研究、问卷调查等方式开展基层干部教育培训专题调研,全面分析培训工作现状,梳理经验做法,找准问题差距,进一步提升基层干部教育培训质量。加强统筹协调,广泛听取征集培训需求,认真研究分析干部队伍能力素质的整体状况,找准干部能力素质与事业发展需要不适应不符合的问题,科学设置年度培训计划。

(仲建维　刘　瑜)

【加强换届风气监督】 年内,区委组织部全面落实中央和市委关于严肃换届纪律加强换届风气监督工作精神,坚持提前谋划,提早行动,将换届纪律要求有计划融入干部日常管理教育工作。制定石景山区《严肃换届纪律 加强换届风气监督工作方案》,印发《关于严肃换届纪律 加强换届风气监督的通知》,细化"九个到位"工作举措,制定《严肃换届纪律落实"六必谈""四必看""四必训"要求实施方案》《进一步做好换届风气监督工作的方案》,逐步细化工作举措和流程。严格落实"十严禁""四个不准"纪律要求,扎实推进"六必看""四必训""四必谈"等各项任务。开展风险研判,梳理五大类14个风险点,有针对性地制定防范措施。制定石景山区《联合审查工作机制实施办法》,整合监督资源,加强对"两代表一委员"人选审核把关。联合区纪委监委印发《关于建立换届信访举报联查联办和快查快结工作机制的方案》,畅通举报渠道,优化调查处理机制。开展换届风气专项巡回督查,督促各党(工)委增强政治意识,扛起主体责任。换届选举大会期间,积极配合市督导组进行现场督导,始终以"零容忍"的态度正风肃纪,营造风清气正的换届环境和政治生态,最终确保换届工作平稳、健康、有序开展。

(冯　瑞　苏宇明)

【领导干部个人有关事项报告】 年内,区委组织部坚持从服务保障换届工作顺利进行的角度,扎实做好常态化疫情防控形势下的领导干部个人有关事项填报工作。区委常委会审议研究工作方案,区委主要领导亲自部署填报安排。在集中填报阶段,采取加密视频会议形式对全体填报人员、组织人事干部开展全覆盖培训,指派业务干部到基层一线进行填报指导。高标准对"两代表一委员"人选、拟提拔人员等开展重点查核,扎实做好随机抽查、查核验证工作。

(冯　瑞　苏宇明)

【干部选拔任用"一报告两评议"】 年内,区委组织部对93家区属单位开展"一报告两评议"工作,其中区直机关58家,街道9个,法检系统2家,事业单位12家,国有企业12家。累计组织3041人开展选人用人工作民主评议,对其中69家单位的333名科级干部开展新提拔干部民主评议。选人用人工作总体评价、从严管理监督干部情况的全区平均好评率分别为92.65%和94.03%,较上年度分别提升1.67和0.52个百分点。新提拔干部选拔任用认同率在80%以上的人数占比达到95.49%,较上年度提升11.32个百分点。

(冯　瑞　苏宇明)

【选人用人工作专项检查】 年内，区委组织部结合区委巡察工作，对13家区属单位开展选人用人专项检查，实现专项检查对区属单位的全覆盖。梳理总结过去五年巡察中发现的选人用人问题，汇总共性问题，形成《关于选人用人工作专项检查情况的通报》，加强选人用人工作的业务指导和要求，提升区属单位选人用人工作科学化、规范化水平。

（冯 瑞 苏宇明）

【开展审计监督】 年内，区委组织部严格执行《关于印发石景山区领导干部经济责任审计和自然资源资产离任（任中）审计全覆盖分类管理办法（试行）的通知》，协同区审计局开展经济责任审计工作，2021年共对5家单位6名处级干部开展经济责任审计，加强审计监督。按照《石景山区处级领导干部离任经济事项交接工作制度》规定，将离任交接工作要求作为与领导干部离任谈话时的一项重要内容，督促离任领导干部按规定时间和要求办理交接手续。

（冯 瑞 苏宇明）

【干部日常监督管理】 年内，区委组织部组织区属各单位开展“裸官”管理情况自查，通过全面梳理排查、稳妥交流调整、加强动态管理等方式加强“裸官”管理工作成效；开展出国（境）管理自查，进一步加强证件管理工作，完善审批流程，健全证件台账，形成管理闭环；开展“一人多证”专项清理，对办理、持有、使用虚假证件的情况进行自查自纠，确保不漏报、不瞒报；严格落实《中共中央组织部关于领导干部及时报告个人有关事项的通知》，加强对领导干部的管理与监督；扎实做好信访工作，积极化解矛盾纠纷、解决突出问题、疏解群众情绪，充分发挥监督干部、保护干部的作用，努力为组织工作整体的健康发展营造良好外部环境。

（冯 瑞 苏宇明）

【印发人才发展规划】 年内，区委组织部编制印发《石景山区“十四五”时期人才发展规划》，围绕改进人才规模和结构、提升人才投入和效能、优化工作机制和人才发展生态三大工作目标，聚焦加快集聚高层次人才、大力引育急需紧缺人才和统筹推进各类人才队伍建设三大主要任务，明确涵盖人才引育用留四方面在内的十项重点举措，系统谋划各项主要任务和工作分工，压实主体责任，推进规划有效落实。

（沈 娟 刘 远）

【加大人才支持力度】 年内，区委组织部制定《“景贤人才”和“引才伯乐奖”评选认定实施细则（试行）》，明确相关申报条件、认定评选程序和资金奖励标准，增强政策的实操性和可行性，助推“景贤计划”落地见效。推动《北京市支持科幻产业人才引进若干措施》等人才相关政策的出台，进一步完善“1+1+N”人才政策体系，全方位提升人才支持力度。举办“景贤人才”认定仪式，对经认定的第一批50名“景贤人才”给予个人专项奖励。为120名“景贤人才”提供专项服务保障资金，用于医疗健康、培训交流、休假疗养、交通出行等方面。

（沈 娟 刘 远 孙晓霞）

【景贤杯创新创业大赛】 年内，区委组织部举办首届“北京·景贤杯”创新创业大赛，共吸引全球1026个项目参赛，其中国内项目835个，主要涉及北京、天津、上海、广东、浙江等省份，境外项目191个，涉及港澳台地区及英国、加拿大、马来西亚、新加坡等国家。通过项目路演、项目与产业对接、演讲培训等多种形式，经过评审打分、相关行业部门征求意见等环节，共有160个项目入围复赛，20个项目晋级决赛。30个参赛项目深入对接并拟落地石景山区，为区域储备一批优质项目和海内外优秀人才。同时《人民日报》《中国组织人事报》《北京日报》《首都人才》《北京头条》等都对景贤杯进行报道。

（李 季 张文轩）

【走进高校引才计划】 年内，区委组织部实施走进高校引才计划，举办“景贤礼士 WE梦相聚”主题高校线上空中宣讲会活动，辐射清华大学、北京大学、人民大学等27所重点目标高校。三天线上直播总流量6.3万，为驻区61家企业收集应聘简历4000余份，有效拓宽人才引进的渠道，进一步增强景贤计划的品牌传播力和影响力。

（李 季 张文轩）

【健全人才服务体系】 年内，区委组织部为驻区企业申报人才引进需求271人，办理引进落户140人，及时解决人才创业、安居等方面的后顾之忧。开展2021年政工职评工作，评选认定2名中级政工师，1名助理政工师。累计送出“景贤”特色生日蛋糕102份，购买健康保险124人，提供健康体检60人次，快速就医服务24人次，疫苗接种绿色通道162人次，免费办理光大银行信用卡25人，协调区内共有产权住房、集租房20人次，协调办理子女入学入园4人，及时解决人才各方面的后顾之忧。

（曾 磊 王嘉祺 张鸣源）

【加强人才工作宣传力度】 年内，区委组织部运营“石景山人才”微信公众号、视频号、“景贤计划”抖音号，积极推进石景山人才网等信息化平台建设。公众号全年共发布531条图文、视频信息，总阅读量达到4.2万人次，阅读人数达到2.7万人，截至年底总订阅人数1836人。专题策划“景贤杯创想无止境”赛况宣传、“景贤之光”颁奖盛典、“景贤心声”谈两会，部分推送点击量超过2000余次；“景贤计划”抖音号由李扬薇、马丁录制的“景贤杯”大赛宣传视频播放量累计达到23万次，由人才办工作人员录制的宣传视频播放量达到21万次。

（王嘉祺）

【完善党建工作责任制】 年内，区委组织部制定区委抓党建、区委书记抓党建和区委班子其它成员抓分管领域党建工作责任清单（简称“三个责任清单”），督促指导区委党的建设工作领导小组成员单位和各街道党工委开展“三个责任清单”制定工作，进一步压紧压实层层抓党建的责任链条。

（吴 彬 宗赫男）

【开发远程教育精品资源】 年内，区委组织部组织全区开发精品教学资源32部89集，获得市级制片补贴77.71万元。22部作品入选中组部远程教学资源库，在全国展播。精选10部15集优秀党员教育片参与全市党员教育片观摩交流活动,《他乡亦故乡》等2部作品获得全市二等奖、三等奖。与市委组织部联合拍摄微纪录片1部,微视频3集。

(马　廷　梁新昊)

【开展远教平台督学促学】 年内,区委组织部重点指导各街道社区远教站点开展督学促学,全区月均学时达到13小时以上,较去年同期提升8倍以上,月均学时全市排名第一,取得历年最好成绩。申请成为全市"党建AI助手"应用示范区,先行先试指导推动系统测试、问卷调研和经验总结,为系统在全市范围内应用推广贡献石景山智慧。

(马　廷　梁新昊)

【"一呼百应"整合并入"城市大脑"】 年内,区委组织部着重对"一呼百应"系统的重要功能、模块研发志愿服务流程重塑,与区"街道平台"初步融入对接。创新探索"党务+政务"应用实践路径。

(马　廷　梁新昊)

【日常运行维护和数据资源管理】 年内,区委组织部做好"党员E先锋"、北京党员教育网和"一呼百应"三个系统的区级运行管理,解决基层反映问题201个。支撑保障做好全区门户网站四套班子领导信息的政务公开和北京组工网上部机关干部的信息维护工作,更新维护信息494条。

(马　廷　梁新昊)

宣传工作

【概况】 2021年,中共北京市石景山区委宣传部(简称区委宣传部)坚持以习近平新时代中国特色社会主义思想为指导,全面贯彻党的十九大和十九届历次全会精神,深入贯彻习近平总书记对北京重要讲话精神,突出庆祝中国共产党成立100周年、服务保障北京2022年冬奥会和冬残奥会筹办"两件大事",把牢"守正创新、追求卓越、培育品牌"工作目标,切实担负起主体责任,真正把中央和市委关于宣传工作的决策部署落到实处,为高水平建设好首都城市西大门提供有力的思想保证和强大的精神力量。石景山区获评2021年全国"扫黄打非"工作先进集体荣誉。王新立获"全国政研会工作优秀个人"称号。

(王文静　程默涵)

【组建百姓宣讲团全区巡讲】 5月,区委宣传部围绕"一个开局""两件大事""三项任务"工作主线,坚持高质量开展好党史学习教育,以优异成绩庆祝中国共产党成立100周年为工作重点,结合推进新时代文明实践中心建设,组建"永远跟党走"百姓宣讲团,宣讲团从基层遴选10名优秀宣讲员。自5月底始,走进新时代文明实践中心、站、所、基地,生动讲述广大党员干部带领人民群众拼搏奋斗、追梦圆梦的故事,引导人们以实际行动践行道德基本规范,树立起讲正气、树新风、促和谐的文明风尚。年内,区委宣传部共组建"永远跟党走""致敬先进模范""两优一先"3支百姓宣讲团,走进新时代文明实践所、站,讲好石景山故事、唱响石景山声音、展示石景山风采,传递身边感动,大力培育和践行社会主义核心价值观,全区巡讲109场,直接受众1.3万人。

(游京蓉)

【冬奥倒计时100天线上活动】 10月27日,区委宣传部开展冬奥倒计时100天"全力迎冬奥 一起向未来"石景山区特别线上主题互动,首日参与人数12.3万;制作国内首部冬奥项目宣传普及动画片,共10集,进行全媒体推送。

(游京蓉)

【冬奥倒计时50天线上活动】 12月15日冬奥倒计时50天,区委宣传部推出"我为冬奥点赞"原创诗歌和手语作品视频展播活动,40个原创MV作品全网推送。

(游京蓉)

【区委理论学习中心组学习】 年内,区委宣传部坚持把学习贯彻习近平新时代中国特色社会主义思想作为首要政治任务,突出政治思想学习、加强理论武装,持续推动党的创新理论在石景山区走深走实。精心研究制定并印发《石景山区2021年区处两级理论学习中心组学习计划》,充分发挥机关部门和行业系统作用,及时高效组织实施,合力推动落实。区委理论学习中心组坚持率先垂范、先学一步,全年参加市级扩大学习24次,组织区级学习19次,其中专题报告11次、专题党课和宣讲3次、集中交流研讨5次。积极探索学习方式,创新开展"推动高质量发展"专题学习,围绕冬奥及产业培育、城市复兴及新地标打造、老旧小区有机更新等重点工作筹划开展专题学习,推动领导干部把学习成果向构建新发展格局、推动石景山区高质量发展的工作实践转变。及时购买配发《习近平〈论中国共产党的历史〉》《习近平新时代中国特色社会主义思想学习问答》《习近平法治思想学习纲要》等专著和理论书籍,收集整理习近平总书记重要论述及相关社论文章印制《学习资料》9期,丰富理论学习教材。

(王新立)

【党的十九届六中全会精神学习】 年内,区委宣传部坚持精心谋划,高位有效推动。及时制定印发《关于做好党的十九届六中全会精神学习宣传的通知》(京石办字〔2021〕17号)、《关于印发〈石景山区学习贯彻党的十九届六中全会精神宣讲工作方案〉的通知》(京石办字〔2021〕18号),把学习全会精神作为党的理论武装工作的一项重大政治任务,全方位推动落实落地。强化教育引导,深入学习领会。区委理论学习中心组成员带头,500多名处级以上领导干部以理论学习中心组学习形式讨论84次,认真学习领会"两个确立"的重大意义,学习十九届六中全会《决议》及辅导读本等。精心开展宣讲,实现全面覆盖。组建"石景山区学习贯彻党的十九届六中全会精神宣讲团",深入学校、企业、机关、社区等,面向各群体宣讲350场次,覆盖6万余人次,做到各系统全覆盖。通过学习,全区党员干部群众把思想和行动进一步统一到全会精神上来,推动全会精神在石景山区落地生根、开花结果。

(王新立)

【意识形态建设和管理】 年内,区委宣传部提高政治站位,将意识形态工作纳入党建工作要点,列入区委年度议题计划,摆在突出位置,形成鲜明政治导向,不断强化各级做好意识形态工作的责任担当。坚持把专项巡视整改作为推动意识形态工作规范落实的有利契机,严格对照市委巡视反馈意见,研究制定《专项检查石景山区委落实意识形态工作责任制情况反馈意见的整改方案》,围绕4个方面问题有针对性地研究提出32条整改措施,先后召开部务会5次、协调会2次,累计出台《石景山区加强和改进党的新闻舆论工作的实施方案》《石景山区党委(党组)网络意识形态工作责任制实施细则》等相关文件19份。要求立行立改的4项、限期完成的28项整改措施均按时高质量完成,整改工作取得扎实成效。常态组织开展全区意识形态工作会商联席会议,围绕庆祝建党100周年系列活动、冬奥会冬残奥会筹办举办、党的十九届六中全会召开等重大活动,及时研究分析意识形态领域安全风险,防范化解意识形态领域风险挑战。加强对各类意识形态阵地的管理,不断强化城市公共空间艺术品的管理,积极推动各类意识形态阵地安全。

(王新立)

【党史学习教育】 年内,区委坚持首善标准突出抓好党史学习教育,认真贯彻落实中央、市委有关工作要求,成立区委书记任组长的党史学习教育领导小组,切实加强组织领导。区委宣传部积极发挥牵头抓总作用,联合区委组织部共同担负统筹组织和协调全区党史学习教育职责,设置领导小组办公室及7个相关工作组。及时制定印发《关于在全区开展党史学习教育的实施方案》,3月9日召开全区党史学习教育动员部署会,周密部署全区党史学习教育开展,推动全区党史学习教育高站位、高标准、高质量开展。成立11个区委指导组,高效率督导全区各单位扎实启动、分步推进、重点把握、全面评估,持续掀起党史学习教育热潮。全区上下紧紧围绕学史明理、学史增信、学史崇德、学史力行,准确把握党的历史发展主题主线、主流本质,聚焦聚力党史学习教育目标任务和重点措施,进一步领悟"两个确立"、强化理论武装、坚定信仰信念、践行初心使命、推动转型发展,达到学党史、悟思想、办实事、开新局的目的。

(王新立)

【新闻宣传】 年内,区委宣传部围绕服贸会、科幻大会、西山永定河文化节、冬奥公园建成开园、人大换届选举、冬奥服务保障和深入学习党的十九届六中全会精神等做好宣传工作。服贸会宣传在《人民日报》、中央电视台等主流媒体刊发原创稿件164篇,《北京日报》刊发专版1.5个。区融媒体中心电视、报纸、新媒体等平台发布服贸会相关新闻、消息262条。网信办统筹指导政务新媒体矩阵开展线上宣传,共发布、转发各类新闻信息100余篇,浏览器21300余次。科幻大会宣传制定《科幻大会宣传工作方案》,组织召开新闻发布会。西山永定河文化节和冬奥公园建成开园,聚焦"五景七院三十铺"和服务保障冬奥,展示活动亮点和石景山区风貌。做好冬奥服务保障工作宣传,协调推动中央电视台《新闻联播》对区委书记常卫进行专访,开展冬奥大道建成、冬奥交通场站投入运营、冬奥大道夜景照明工程完工等一系列"百日会战"成果宣传,推出《一起向未来》MV。深入开展学习党的十九届六中全会精神宣传,《北京日报》、北京电视台第一时间刊发播出常卫学习领会全会精神情况,在《北京日报》专题栏目刊登"满怀信心 接续奋斗 高水平建设好首都城市西大门"主题专访文章,在《北京日报》《北京青年报》《新京报》刊发专版6个。

(程默涵)

【新时代文明实践所、站、基地试点】 年内,区委宣传部以五里坨街道新时代文明实践所、站,老山东里北社区新时代文明实践站,园区新时代文明实践基地为试点单位,开展新时代文明实践建设活动162场,大胆探索实践、先行先试、破解难题,摸索出一些好的做法经验,中央电视台、人民日报、学习强国进行报道。拍摄完成20分钟试点总结纪录片——泉眼无声惜细流,发行优秀案例采编一册。

(游京蓉)

【软件正版化成果】 年内,区委宣传部巩固软件正版化取得的工作成果,不断完善工作机制,加强组织协调,强化监督检查,持续推进规范化、制度化、常态化和信息化建设。广泛开展宣传指导,在疫情常态化防控条件下,利用互联网平台,进行便捷而有效的沟通,指导全区单位开展软件正版化工作。组织开展交流学习,各单位互相借鉴,取长补短,积极完善台账,做到账实相符,账账相符。不断扩大辖区软件正版化覆盖范围,有序推进12家教育直属事业单位和38家区属国有企业软件正版化工作,在石景山区行业领域中营造"拒绝盗版、使用正版"的良好社会氛围。

(程默涵)

【"扫黄打非"成果】 年内,石景山区"扫黄打非"工作以五大专项行动为抓手,将"扫黄打非"工作纳入意识形态责任制和平安石景山建设考核。全年出动执法人员1317余人次,执法车辆352余台次,检查各类经营主体483余家次,开展联合执法30余次,收缴各类非法出版物、宣传品8307册(张)。取缔利用封建迷信从事非法活动团伙3个,关停非法点播影院1家。同时开展"护苗2021·开学季行动"主题宣传活动,向居民发放宣传材料和宣传品3000余份。在9个街道的25个社区开展"扫黄打非"巡展活动。因工作成效明显,石景山区"扫黄打非"工作领导小组办公室由市扫黄办推荐,获评2021年全国"扫黄打非"工作先进集体荣誉。

(程默涵)

【新闻出版审批】 区委宣传部全年依法受理各类公共服务事项315件。其中出版物零售单位设立44件、注销6件、变更32件;分支机构备案3件;参加出版物年度核验205件,通过年度核验205件;印刷企业年度报告23件;出版物再次年度核验2件。全部依法办结。

(程默涵)

精神文明建设

【概况】 2021年,石景山区精神文明

建设工作以习近平新时代中国特色社会主义思想为指导,按照“全域动员、层层举荐、弘扬正气、示范引领”的思路,结合纪念建党100周年、服务保障冬奥会冬残奥会筹办和新冠肺炎疫情防控等重点工作深入挖掘各行业各领域榜样模范,持续加大道德模范、中国好人、北京榜样等先进典型人物的选树举荐和宣传学习力度。积极宣传贯彻《北京市文明行为促进条例》《北京市志愿服务促进条例》,利用各类精神文明建设宣传阵地载体进行发布推广。印发《关于在全区持续深化精神文明教育大力倡导文明健康绿色环保生活方式的通知》,做出统一部署。修订印发《石景山区深入推进志愿服务制度化实施办法》,理顺体系建设。举办学雷锋志愿服务系列主题宣传活动,打造“石小志”等石景山区志愿服务活动品牌。

(王文静　刘　彪)

【深化公民思想道德建设】 年内,区委宣传部深入贯彻落实《新时代公民道德建设实施纲要》《新时代爱国主义教育实施纲要》,制定印发《石景山区新时代公民道德建设实施方案》《石景山区新时代爱国主义教育实施方案》,并将贯彻落实两个《纲要》纳入石景山区“十四五”时期精神文明建设规划。

(刘　彪)

【榜样模范选树宣传】 年内,区委宣传部按照“全域动员、层层举荐、弘扬正气、示范引领”的思路,结合纪念建党100周年、服务保障冬奥会筹办和新冠肺炎疫情防控等重点工作深入挖掘各行业各领域榜样模范,持续加大道德模范、中国好人、北京榜样等先进典型人物的选树举荐和宣传学习力度,2021年推荐第八届全国道德模范、中国好人和北京榜样候选人总计72名,共6人登榜获评荣誉称号,941路公交车乘务员李斌荣获第八届全国道德模范提名奖荣誉称号。积极组织开展“学榜样我行动”活动,张贴北京榜样宣传海报15000张,发放事迹宣传册4000本,推动形成学习榜样、礼遇榜样、争当先进的浓厚氛围。贯彻落实《石景山区道德模范礼遇帮扶实施办法》,对生活困难的模范榜样进行关爱帮扶,帮扶措施和资金逐年增加,树立德者受尊、好人好报的鲜明导向。

(刘　彪)

【深化学雷锋志愿服务】 年内,区委宣传部修订印发《石景山区深入推进志愿服务制度化实施办法》,理顺志愿服务领导体系、组织体系、培训体系和管理体系。开展《北京市志愿服务促进条例》宣传普及工作,举办学雷锋志愿服务系列主题宣传活动,打造“石小志”活动品牌。“冬奥志愿服务队”“小喇叭文明宣传队”“金色年华志愿服务队”等90余个志愿服务组织广泛开展服务冬奥保障、线上支教、应急安全、文明交通宣传、垃圾分类、助力创城等志愿服务项目300余个。评选推荐12个志愿服务项目参与“首都志愿服务项目大赛”。首都学雷锋志愿服务“五个100”评选活动硕果累累,3名志愿者获评首都最美志愿者,2个志愿服务队获评首都最佳志愿服务组织,3个项目获评首都最佳志愿服务项目,4个社区获评首都最美志愿服务社区,6个家庭获评首都最美志愿家庭。

(刘　彪)

【深化未成年人思想道德建设】 年内,区委宣传部围绕立德树人根本任务,积极发挥八宝山革命公墓、首钢陶楼等爱国主义教育基地和红色资源优势,组织2000余名青少年开展实地参观、观影观览、绘画书法等活动。清明节期间,举办“学党史、强信念、跟党走”系列主题团日活动,组织105名青少年向革命烈士敬献花篮。强化网络管理,开设青少年网络安全“微课堂”,引导未成年人绿色阅读、文明上网。组织开展184场“我向党旗敬个礼”“唱支红歌给党听”等童心向党系列教育实践活动,参与青少年达3万名。

(刘　彪)

【推动文明行为促进条例贯彻落实】 年内,区委宣传部宣传贯彻《北京市文明行为促进条例》,利用各类精神文明建设宣传阵地载体进行发布推广。将《北京市文明行为促进条例》的宣传贯彻纳入精神文明创建活动,作为文明单位年度考评的重要指标。分众化组织党员干部、网络大V、未成年人、医护人物、社区居民、宾馆饭店负责人、商场超市负责人等400余人,围绕冬奥观赏礼仪、观赛礼仪、文明用语、不文明行为劝阻等内容,开展42场文明礼仪主题教育活动。

(刘　彪)

【倡导健康文明的生活方式】 年内,区委宣传部贯彻落实中央文明办大力倡导文明健康绿色环保生活方式工作要求,印发《关于在全区持续深化精神文明教育大力倡导文明健康绿色环保生活方式的通知》,做出统一部署。161个新时代文明实践中心、所、站广泛开展“绿色家园齐守护”“共建家园、同护健康”等新时代文明实践主题活动700余场。不断深化“制止餐饮浪费 践行光盘行动”专项宣传引导工作,开展“光盘行动”专项检查11424次。深化爱国卫生运动,以“文明健康 绿色环保 人人行动 守护家园”为主题组织开展第33个爱国卫生月活动,区四套班子带头践行,带领全区干部职工、志愿者和群众5480余人参加活动,清理卫生死角1200处,清理垃圾57吨,发放宣传品26000余份。

(刘　彪)

【拓展公共文明引导行动】 年内,区委宣传部以公共文明引导行动开展20周年为契机,在全面巩固公交地铁站台引导服务的基础上,将覆盖面不断延伸,17个重点路口由星级文明引导员上岗,统一录制14条文明引导用语滚动播放,定制带有点赞图标的“礼让斑马线,文明过马路”指挥旗500多面,上岗期间统一使用。积极做好共享单车治理工作,在4个重点公交站台,即长安街沿线八角游乐园地铁站、金安桥地铁站、苹果园地铁站、八宝山地铁站,3条重点街道,即苹果园街道、老山街道、八角街道,1个重点保障区域,即首钢医院,持续开展共享单车治理宣传活动。

(刘　彪)

【深化文明城区创建】 年内,石景山区常态化推进全国文明城区创建工作。健全工作机制,完善创城指挥部和创城办架构，制定三年行动计划和常态化实施意见，以“擦亮城市西大门，文明祥和迎冬奥”五大专项行动为抓手，常态化推进各项创建工作落地见效。凝聚创建合力，将创城作为推动全区各项事业发展的重要牵引，与中心工作深度融合，深化区级领导、党政机关企事业单位、文明委成员单位、党建协调委员会成员单位参与机制，实现创建工作横向到边、纵向到底。

（刘　彪）

【深化文明单位创建】　年内，全区党政机关围绕开展理想信念教育、社会主义核心价值观、诚信建设、窗口单位文明优质服务等主题，积极开展文明单位特色创建活动。山姆会员店、恩泽社会工作事务所、红十字蓝天救援队等40余家企事业单位、非公经济组织、社会组织先后开展“学习《北京市文明行为促进条例》”“宣传《北京市志愿服务促进条例》”“文明礼仪教育引导”等文明单位创建活动。各街道社区以提升社区人居环境、提高市民文明素质为目标，将文明单位创建与全国文明城区创建紧密结合，9个街道151个社区均成立创建工作专班，分别以“社区环境大扫除”“道德模范宣传学习”“垃圾减量分类”“不文明行为治理”“冬奥宣传展示”等主题开展创建活动1000余场。

（刘　彪）

【深化文明家庭创建】　年内，区委宣传部印发《关于进一步加强石景山区家庭家教家风建设的工作意见》，按照“注重家庭、注重家教、注重家风”要求，扎实开展“倡导文明健康绿色环保生活方式”“爱国卫生运动”等一系列文明家庭创建工作。发挥文明家庭示范引领作用，北京石景山APP、文明石景山微信公众号、石景山文明网常态化宣传报道24户文明家庭事迹。区委宣传部（文明办）、市公安局石景山分局等5部门联合开展文明家庭年度审查工作，对家庭主要成员是否存在违法犯罪、非法信访、参与邪教等行为进行联合审查。

（刘　彪）

统一战线

【概况】　中共石景山区委统一战线工作部（简称区委统战部）在区委领导下，坚持以习近平新时代中国特色社会主义思想为指导，以学习贯彻习近平总书记关于加强和改进统一战线工作的重要思想和对北京重要讲话精神为主线，以学习宣传贯彻《中国共产党统一战线工作条例》为重点，全面落实党中央决策部署和市委区委要求，围绕紧紧抓住“两大机遇”、加快推进“三区建设”的中心任务，推动统战工作取得新发展，为高水平建设好首都城市西大门凝心聚力。

（安丹阳）

【庆祝大会服务保障】　年内，区委统战部承担全区建党百年庆祝大会人员归口组织工作。会同相关部门成立工作专班，全区18家党（工）委、81家人员派出单位分别成立以党委（党组）书记为第一责任人的工作专班，确定主管领导和联络员，建立完整的指挥联络体系。从4月19日至7月1日，区专班以最高的标准、最大的热情、最好的成效，高质量完成好庆祝活动服务保障工作的要求，圆满完成两次演练和七一当天1456名参会人员集结疏散工作。

（杜建权）

【“不忘百年初衷·共筑百年梦想”活动】　年内，区委统战部落实首都统一战线党史学习教育活动要求，在全区统战各领域深入开展“不忘百年初衷·共筑百年梦想”——全区统一战线党史学习教育暨庆祝建党100周年主题教育实践活动。召开统一战线党史学习教育暨庆祝建党100周年主题教育实践活动动员部署会，围绕“同庆·百年”“壮美·百年”“同舟·百年”“笃行·百年”“梦想·百年”五个篇章，开展统一战线庆祝中国共产党成立100周年座谈会、统一战线庆祝中国共产党成立100周年文艺汇演、统一战线工作展、共植“同心林”等20项特色活动，支持各界统战成员开展“礼赞光辉百年”、“果香寄情敬老”、义诊送健康等特色主题活动30余项。持续引导广大统战成员增强“听党话、跟党走”的政治自觉、坚定走中国特色社会主义道路的信心决心。

（安丹阳）

【全面从严治党主体责任】　年内，区委统战部制定主体责任清单、第一责任人清单和“一岗双责”清单，日常加强廉政教育、谈心谈话、监督检查。严格执行“三重一大”集体决策制度，召开部务会22次，研究审议87项议题，专题研究大额资金使用等重要议题。积极推动全面从严治党（党建）工作检

7月23日，石景山区统一战线领域庆祝中国共产党成立100周年文艺汇演

（区委统战部供图）

查考核整改落实,全面分析梳理反馈问题,制定并落实16项整改措施,修订20项内部管理制度,形成包含议事规则、政务运行、财务管理等9方面60部制度较为完备的《区委统战部内部管理制度汇编》。

(杜建权)

【为统战对象办实事】 年内,区委统战部深入推进"我为群众办实事"实践活动。在落实"一把手"进社区、"一把手"走流程要求的基础上,稳步推进为民主党派加强工作力量、改善伊斯兰教活动场所周边环境等7项实事项目,坚持周交谈、月访谈、季论谈、年座谈工作方法,走访党外代表人士100余人次。重要节日期间走访老主委10余人次,慰问生病及生活困难的党外代表人士5次、困侨2人次,进一步密切与统战各界人士的联系。

(安丹阳)

【巩固共同思想政治基础】 年内,区委统战部以庆祝建党100周年为主线,以"不忘百年初衷·共筑百年梦想"为主题,深入开展"学习中国共产党史,讲好多党合作故事""同心向党·同舟共济"主题教育活动,引导各民主党派、无党派人士参与统一战线庆祝建党100周年文艺演出、短视频录制、主题征文、同心植百树等系列庆祝活动,组织召开全区统一战线庆祝建党100周年座谈会暨各民主党派新任领导班子见面会,为建党100周年营造良好氛围。通过召开党外人士新春谈心会、情况通报会、与区政协联合举办季度培训活动等,及时传达学习党的十九届六中全会、市委统战工作领导小组会议、区委十二届十二次全会等会议精神,支持各民主党派、无党派人士深入开展系统学习,筑牢同心奋斗的共同思想政治基础。

(秦 岭)

【服务地区高质量发展】 年内,区委统战部紧扣全区中心工作,发挥党外人士优势作用,积极为高水平建设首都城市西大门贡献智慧和力量。扎实开展政党协商,广泛征集各党派、工商联和无党派人士协商议题建议,协助区委制定实施《石景山区2021年政党协商计划》,引导党外人士围绕城市更新行动计划推进、服务保障冬奥筹办等重点工作协商议政。在全区统一战线开展"我为'十四五'良好开局献一策"主题建言活动,累计收到各类建言信息450余篇,采编报送近40篇,多篇获各级采用及领导批示,为相关工作科学有序开展提供重要参考。引导民主党派围绕全区重点任务,深入开展调研监督工作,形成37篇高质量的调研报告,多项调研成果实现向政协大会发言、党派政协提案、协商会发言等转化。擦亮社会服务品牌,支持民主党派深入基层一线开展文化讲堂、医疗帮扶、法律援助、扶贫助学等系列社会服务活动,获得社会各界好评和赞誉。助力疫情防控工作,协调党派成员所在单位向地区捐赠一次性医用口罩100万只、手术服4.9万件。

(王 佳)

【完成各民主党派换届】 年内,按照市委统战部《关于协助民主党派做好区级组织换届工作的意见》精神,在区委领导和市委统战部指导下,完成民主党派区级组织换届工作。区委统战部以协助民主党派做好政治交接、切实加强参政党建设为目标,以增进政治共识、优化班子结构、推进队伍建设为重点,落实民主党派区级组织换届工作规定的各项程序,从年龄结构、知识结构、任职届期、党派特色以及与地区经济社会发展所需人才的匹配程度上,整体把握各党派换届人选的安排,协助各民主党派市委产生结构更加合理、队伍更加健全、能力更加突出的新一届党派区工委领导集体。闫金定、毛轩、汪礼俊、林乐光、李鸿泓、曹巍、刘铁军分别被任命为民革、民盟、民建、民进、农工党、致公党、九三学社石景山区工委主委。

(秦 岭)

【完成区政协换届】 年内,区委统战部圆满完成区政协换届各项任务。深刻领会换届文件精神,准确把握政策要求,抓好贯彻落实,周密安排部署、精心组织实施,在高标准、高质量做好组织推荐、考察审查、协商提名、审议决定等各阶段工作的基础上,于12月5日至9日召开政协北京市石景山区第十一届委员会第一次会议,完成区政协换届各项任务。在大会选举中,田利跃当选主席,岳林华、宋世媛、葛强、毛轩、汪礼俊、刘铁军当选副主席,程伯静当选秘书长,于程水等31人当选常务委员。十一届区政协设置21个界别,委员210名,从结构比例看,继任委员61名,占比29%;党外人士134名,占比63.8%;民营经济人士和新的社会阶层人士合计52名,占比24.8%;少数民族人士20名,占比9.5%;女性75名,占比35.7%,以上比例全部符合市委相关要求。与十届政协整体结构相比,中央和市属单位、民主党派成员、女性委员等所占比例提高,体现广泛性、代表性和石景山区民主政治建设的成果。

(秦 岭)

【加强参政党建设】 年内,区委统战部按照区委《贯彻落实〈中共中央关于加强中国特色社会主义参政党建设的意见〉及〈市委若干措施〉的实施方案》部署要求,以"四新三好"工程为统领,持续推进参政党"五大建设",不断提升"五种能力"。以民主党派区工委换届调整为契机,通过举办老主委讲坛、探索骨干成员培养导师制等形式,支持各民主党派在领导班子新老交替基础上,实现思想交接和政治交接。严把新成员组织发展入口关,平稳推进各民主党派基层支部换届工作。积极为民主党派开展调查研究提供支持,畅通民主党派与职能部门沟通联系渠道。

(吕 凯)

【党外代表人士队伍建设】 年内,区委统战部深入落实区委《关于加强新时代党外代表人士队伍建设的实施意见》精神,健全完善工作机制,调整完善区级中共党员领导干部与党外代表人士联谊交友列名制度,落实与区委组织部党外干部联系会议制度、与区政协联席会议机制,定期沟通党外干部、政协委员履职情况。做好各领域党外代表人士梳理分析,完成党外干部配备情况统计,完善基础数据台账。增进与党外代表人士沟通联系,及时了解掌握有关情况，协调解决民主党派工作力量不足、党派楼停车等事宜。加强党外知识分子政治引领吸纳、知联会平台载体建设和无党派代表人士队伍建设。深入贯彻全国社院工作会议精神，充分发挥"三校合一"办学优势，加强与区委党校工作协作，完成年度培训和理论研究任务，商定机构改革社院办公室工作职责等事宜。

（王　佳）

【完善大统战工作格局】 年内，石景山区全面加强党对统战工作的集中统一领导。逐步完善大统战工作格局"四梁八柱"，健全区委统战工作领导小组工作机制，全年共召开统战工作领导小组会、专题会各1次，召开各领域联席会5次，审议议题15项，以领导小组和小组办公室名义印发重要文件3份，统战工作领导小组作用得以充分发挥。压实各级党委统战工作主体责任，全区9个街道和成员单位均成立统战工作机构，主要负责人认真履行好第一责任人职责。

（杨海锋）

【宣传调研工作】 年内，区委统战部在全区统一战线开展"不忘百年初衷·共筑百年梦想"党史学习教育暨庆祝建党百年主题教育实践活动，举办统一战线共植同心林等系列特色活动。"同心·拾景"微信公众号发布信息400多条。加强调研工作，统战部机关干部完成重点调研课题2篇，组织各民主党派、无党派人士完成调研课题37篇。与区社会主义学院建立联合调研机制，共同选题《新时代新的社会阶层人士组织化路径创新研究——以北京市石景山区为例》，获得北京社会主义学院年度招标课题立项。

（杨海锋）

【侨海外统战工作】 年内，区委统战部以庆祝中国共产党成立100周年为契机，开展"侨心向党 同心筑梦"主题党史学习教育活动，坚定侨界人士"永远跟党走"的政治信念。邀请侨界代表人士以艺术形式献礼建党百年，展示侨海外儿女共庆百年华诞的美好祝福。接待致公党中央海外侨胞、港澳台同胞国庆邀访团参访石景山区，增进海外侨胞对祖(籍)国的了解，增强民族自豪感。举办2021年侨法宣传暨迎冬奥、助创城志愿服务活动，增强侨务法治观念；利用"互联网+普法"模式开展侨法宣传，扩大宣传范围。始终关注侨界民生，走访慰问困难归侨侨眷，解答困侨来信诉求，做好精准帮扶工作。配合市委统战部开展"健康梦想——关爱首都困侨健康行动"，为区内符合条件的困难归侨侨眷购买"北京普惠健康保"。提高为侨服务水平，依法开具外籍华人学生借读批准书、华侨在京子女上学证明信等9份，为群众解答侨务政策、侨务知识、办理相关手续流程等咨询30余件。

（张　会）

【侨梦苑北京论坛】 在中国国际服务贸易交易会期间，石景山区举办"侨聚京华 开放共赢"2021侨梦苑北京论坛，为"两区"建设聚集侨智侨资侨创资源，为助力区域高质量发展搭建平台，为汇聚海内外人才资源链接纽带。本届论坛坚持守正创新，一是政策创新，发布"侨十四条"普惠政策，支持北京侨梦苑更好地发挥联系海外高端侨务资源的作用；二是服务创新，成立侨事侨创服务中心，整合商事综合服务、人才专项服务、工作生活软服务3个大项，20个分项，169个细分项服务，打造企业发展和人才创业全周期的综合服务平台；三是平台创新，与5家市级部门签订《共建北京侨梦苑战略合作框架协议》，拓宽高质量建设北京侨梦苑的思路。市侨联、团市委、市黄埔军校同学会等部门积极发挥资源优势，到区开展项目洽谈对接，推动合作框架协议落实落细。促进重大项目签约，共签约重点项目12项约77亿元，凝聚高质量建设北京侨梦苑的高精尖力量。

（张　会）

【民营经济领域统战】 年内，区委统战部深入推进民营企业产权保护社会化服务体系建设，率先在全市建立"一所联一会"全覆盖工作模式。精心打造"企业服务季""企业服务联盟"等服务品牌，引导全区民营企业投身脱贫攻坚，致力社会公益，投入资金累计超过2亿元。截至年底，全区有7家独角兽企业，16家民营企业入选北京民营企业百强"1+4"榜单。

（杨　雯）

【新阶层人士统战】 年内，区委统战部推动新阶层人士统战工作纳入全区党建工作领导小组议事日程。创建新首钢园等10家新阶层统战工作实践创新基地，建立新联会轮值会长制度。以西山永定河文化带为纽带，与丰台等兄弟区新联会签署合作备忘录，搭建"新梦想荟"交流平台。开展"红色百年·文润新声""同心领读者""送法进社区"等主题活动，把新的社会阶层人士组织起来，广泛汇聚团结奋斗的正能量。

（杨　雯）

台港澳事务

【概况】 中共北京市石景山区委台湾工作办公室、北京市石景山区人民政府台湾事务办公室(简称区台办)是区委区政府主管对台工作的职能部门，与区委统战部合署办公，机构改革后承担全区涉台港澳工作的组织、指导、管理、协调职能。年内，在区委区政府领导和市台办指导下，学习党的十九届五中全会精神和新时代习近平中国特色社会主义思想，贯彻中央对台工作决策部署，落实市委对台工作要求，以服务中央对台工作大局、服务区域社会发展为目标，最大限度地做好对台工作。

（丁兰芬）

【春节走访慰问】 春节期间，区台办以走访座谈、线上线下慰问和送福字送爱心包等多种形式向台胞送上新春美好祝愿。陈婷婷带队到北京加安电子科技有限公司走访慰问，对台商台企为石景山区经济社会发展作出的积极贡献表示感谢，同时向台商台企宣传石景山区"两区"建设相关情况，要求区台办要当好台胞台商台企的贴心人，助力大家实现更好发展。

（丁兰芬）

【"京港一家亲，共赏元宵灯"活动】 2月26日，区委统战部会同八宝山街道沁山水南社区，首次与香港粉岭地区港人开启“京港一家亲，共赏元宵灯”连线活动，让两地居民通过视频连线隔空“见面”，共享团圆。活动以京港社区元宵文化为桥梁，厚植“京港一家亲”感情，展现中国传统文化和京港居民丰富多彩的文化生活，让更多香港民众了解北京、了解国家的繁荣昌盛。

(丁兰芬)

【冬奥主题交流】 4月24日，区台办举办“绽放青春 同心筑梦”——2021年两岸青年冬奥主题体验交流活动。通过组织京台青年实地体验冰雪项目、参观冬奥场馆设施、开展冰球友谊赛，进一步诠释冰雪文化、感受冰雪魅力、弘扬奥运精神，加强两岸青年交流，增进互信，融合感情，共同为2022年北京冬奥会加油助力。

(丁兰芬)

【涉台疫情防控】 年内，区台办为驻区台胞台企寄发防疫物资，助力做好疫情防控工作。根据国务院联防联控机制和北京市统一部署，按照知情、自愿、平等的原则，切实做好在区台湾同胞新冠病毒疫苗接种工作。主动对接区疫情防控小组协调疫苗接种各项流程和细节，第一时间在微信公众号“同心拾景”上发布台胞预约接种新冠疫苗的通告和详细指引，通过集中预约的方式，有序组织30余名有接种意愿的台胞免费接种。

(丁兰芬)

【节庆品牌活动】 年内，区台办以“明月耀中秋·同心系中华”为主题，组织驻区台胞台属走进区文化中心，赏文物、叙乡情，体验传统文化，共度中秋佳节。联合市戏曲评论学会、区文联、区外办、区文促会举办“端阳雅集”港澳台人士活动。举办“七夕共叙家国情”京港台青年线上交流活动，为200余名京港台青年搭建交心交流的互动平台，凝聚京港台青年爱小家爱大家爱国家的情感共识。

(丁兰芬)

【“百年复兴·共享荣光”活动】 年内，区台办组织开展“百年复兴·共享荣光”——红色印记爱国主义教育活动，喜迎中国共产党百年华诞。组织驻区港澳台同胞及其亲属赴中国人民抗日战争纪念馆参观学习，重温抗日先烈艰苦卓绝、浴血奋战的奋斗历程，深入了解抗战期间，港澳台同胞以各种方式支援和参加祖国的抗战，与祖国同呼吸、共命运。

(丁兰芬)

【京台教学交流】 年内，区台办参与第七届京台基础教育校长峰会，以《富春山居图》合璧十周年为契机，举办“山水合璧 金瓯无缺”京台学校同课异构云端共赏《富春山居图》教学交流活动。北京市京源学校与台北市私立静心学校同上一堂课，共同交流、学习、创作，感悟中华文脉延绵不断的凝聚力量。

(丁兰芬)

【落实惠台措施】 年内，区台办落实中央“31条”“26条”及北京市“55条”“26条”系列惠台措施，做好台企发展政策性指导和服务。结合“我为群众办实事”活动，开展走访问需送政策活动，完善投资服务、座谈联系、走访慰问机制，全年协调解答和办理就业、投资等实事6件。落实《台湾同胞投资保护法》，维护和保障台商台企的合法权益，做好涉台矛盾纠纷和突发事件处理，年内妥善处理涉台来信来访2件。

(丁兰芬)

【加强涉台宣传】 全年，区台办在微信公众号上登载动态信息15条；开展反分裂国家法宣传，向社区群众发放《反分裂国家法》《涉侨法规政策宣传手册》等安全教育宣传资料300余册、宣传品100余件。全年在中央电视台CCTV4、北京电视台、《人民日报海外版》、中国台湾网、台海网、人民网等媒体报道石景山区涉台新闻80余篇。

(丁兰芬)

全面深化改革

【概况】 2021年，在市委全面深化改革委员会和区委领导下，区委全面深化改革委员会(简称区委深改委)坚持以习近平新时代中国特色社会主义思想为指导，深入贯彻中央和市委深改委会议精神，坚持以首都发展为统领，聚焦全市“一个开局”“两件大事”“三项任务”工作要求，把握服务保障冬奥筹办和打造新时代首都城市复兴新地标两大机遇，突出抓好城市更新和产业转型两个关键，全年召开深改委会议4次，审议议题18项，通过改革方案和文件15个，年度31项重点改革任务圆满完成。

(白　洋)

【深化城市更新改革】 年内，区委深改委编制实施城市更新行动五年计划，统筹谋划、分步实施城市更新改造项目。总结推广“老山模式”“鲁谷模式”，深入实施老旧小区改造。推进平房区改造提升，加快实施西黄村、北辛安、衙门口等棚改项目。以新首钢为重点实施老旧厂房创新性改造和保护性利用，完善工业建构筑物改造利用审批流程，研究编制京西八大厂老旧厂房更新改造研究报告和巴威—北锅、北重西厂更新改造项目规划综合实施方案，有序推进世纪盛达园等11个低效园区、楼宇改造升级，首钢工业遗址公园—科幻产业集聚区项目纳入市级腾退空间和低效楼宇改造试点。制定实施西部地区发展建设三年行动计划，与中交集团签订《战略合作协议》《西部地区城市更新项目合作协议》，与门头沟区签订《合作发展框架协议》。建成北京冬季奥林匹克公园，开街运营模式口历史文化街区，实施八大处公园综合提升工程。编制“十四五”时期“智慧石景山”建设发展规划，出台大数据三年行动计划。持续开展“微治理”“我为群众办实事”系列整治工作，持续提升城市精细化管理水平。

(白　洋)

【深化产业转型改革】 年内，区委深改委按照市委“五子”联动要求持续推动政策机制创新。制定新一轮高精尖行动计划，出台《石景山区落实〈北京市人民政府关于加快科技创新构建高精尖经济结构用地政策的意见(试行)〉的试点实施方案》，发布《石景山区工业互联网三年行动计划(2021年—2023年)》《石景山区数字经济发展规划(2021—2025年)》《石景山区促进中关村工业互联网产业园高质量发展暂行办法》。高质量推进“两区”建设，出台《石景山区推动“两区”建设促进开放发展的若干措施（试行）》，积极构建服务业扩大开放体系。成立国际消费中心城市培育建设领导小组，实施《石景山区加快推进北京国际消费中心城市培育建设实施方案》。深化营商环境改革，出台实施《石景山区进一步优化营商环境更好服务市场主体实施方案》《关于完善石景山区“服务包”制度精准服务企业发展工作方案》。推动政务服务改革试点，推出20个部门302项“证照分离”改革事项，与门头沟区809个政务服务事项率先试行“跨区通办”。出台《石景山区关于加强新时代民营经济统战工作的方案》，印发企业家参与涉企政策制定机制实施方案，积极构建亲清政商关系。制定实施《石景山区深化国资国企改革三年行动实施方案（2020—2022年）》《石景山区农工商总公司产权制度改革股权量化方案》，完成农工商总公司改制工作。

（白　洋）

【深化基层治理改革】 年内，区委深改委深化“吹哨报到”改革，完善党建引领基层治理“1＋N”制度体系，推动建立联组运行体系和调度督办机制，制定街道工作和“吹哨报到”改革36项年度重点任务。落实接诉即办工作条例，健全完善接诉即办工作体系和运行机制，全面推行“双派双考”制度，建设“热线＋网格”数字化平台和城市管理监督数据分析平台，有效推动未诉先办。落实生活垃圾管理条例，初步构建生活垃圾全流程管理体系。深入落实物业管理条例，着力提高物业“三率”实效。推进“品质社区”建设，实施“老街坊”社会治理五大工程，推动街巷长、小巷管家、网格员、协管员、志愿者等基层力量整合融合，扩大全国社区治理和服务创新实验区创建成果。

（白　洋）

【深化养老服务体制改革】 年内，区委深改委深入实施养老服务三年行动计划，启动养老家庭照护床位建设试点项目，优先为具有石景山区户籍且在石景山区居家养老、已纳入长期护理保险保障范围的60周岁以上老年人，提供居家照护环境适老化改造以及专业的家庭照护管理与照护支持等服务，帮助老年人及家庭解决居家照护难题。累计完成家庭照护床位环境改造600户，建设照护床位312张。深化推进长期护理保险制度试点工作，建立跨区服务联动机制，探索长护险试点“邻里互助”服务模式，全区42.2万人参保，累计享受人数3103人。

（白　洋）

【深化医药卫生体制改革】 年内，区委深改委创新医疗服务模式，推广“信用＋医疗”创新应用项目，采取保险授信方式，重塑就诊流程，实现“先诊疗、后付费”“一次就诊一次缴费”。推进公立医院薪酬制度改革，出台公立医院薪酬制度改革试点工作实施细则及绩效考核方案。深化医联体建设，巩固“基层首诊、双向转诊、急慢分治、上下联动”的分级诊疗服务模式。完善多层级突发公共卫生事件应急体系，建立覆盖全区的传染病监测预警网络，开展“互联网＋护理服务”试点工作，推进公共卫生绩效工资改革。

（白　洋）

【深化教育综合改革】 年内，区委深改委编制实施《石景山区“十四五”时期教育改革和发展规划》《石景山区“十四五”时期东中西部平衡教育资源行动方案》，优化全区基础教育设施布局和教育资源配置，深入推进集团化办学改革。启动“北京市一体化德育实践研究示范区”建设，推进“双减”工作，加强校外培训机构日常监管，义务教育阶段学校课后服务全覆盖。推进干部教师综合管理改革，深化校长职级制，开展中小学校党组织领导的校长负责制试点，探索实行中小学教师“区管校聘”，建设高素质干部教师队伍。

（白　洋）

【深化公共文化服务改革】 年内，区委深改委深入实施西山永定河文化带保护发展规划和五年行动计划，制定印发《石景山区西山永定河文化带发展专项资金管理办法（试行）》和《石景山区西山永定河文化带发展专项资金管理办法实施细则》，成功举办首届北京西山永定河文化节。制定《石景山区基层公共文化设施社会化运营街道管理手册》和石景山区社会化运营效能大数据考核指标体系，开展基层公共文化设施管理情况自查，成功创建第四批国家公共文化服务体系示范区。

（白　洋）

【深化政法领域改革】 年内，区委深改委深入实施市域社会治理现代化试点建设“十大工程”。开展预付费专项整治，搭建预付式消费信用监管和服务平台，建立全行业保证金制度，入选第七次新时代政法工作创新交流会典型案例。出台行政复议体制改革实施方案，加快形成职权法定、分工明确、运行高效的行政复议工作体系。积极开展新时代“枫桥经验”北京实践，全力整合各类纠纷化解资源，打造“石时解纷”信访服务平台。扎实推进民事诉讼程序繁简分流改革试点，科学设置民事诉讼程序繁简分流改革试点考核指标，构建矛盾纠纷分层递进化解体系。石景山区获得“平安中国建设示范区”称号和平安中国建设最高奖“长安杯”。

（白　洋）

【深化党建领域改革】 年内，区委深改委强化思想武装，制定巩固深化“不忘初心、牢记使命”主题教育成果工作措施，修订完善党委（党组）意识形态工作责任制实施细则。落实建设高素质专业化公务员队伍三年行动计划，出台加强和改进处级领导班子和领导干部考核工作的若干措施，建立领导班子定期综合分析研判机制，完善激励担当作为制度体系。开展首批“景贤人才”认定表彰，成立“高校京西发展联盟”。加强基层党组织建设，完善党建工作协调委员会“项目化＋协议式”模式，健全“双报到”长效常态机制，开展新就业群体“聚蜂行动”，深化全国城市基层党建示范区建设。推进事业单位改革，精简事业单位39家。完善预决算审查监督机制，在全市率先实现预算监督联网。加强民主法治建设，进一步加强和改进区人大常委会监督工作，实行备案审查办公室与常委会工作机构“双审”制，完善代表建议督办机制，修订区人大代表建议、批评和意见办理办法。

（白　洋）

决策研究

【概况】　中共北京市石景山区委、石景山区人民政府研究室（简称区委区政府研究室）是负责全区综合性政策研究、为区委区政府科学决策服务的区委工作部门。年内，研究室聚焦区委区政府中心任务，统筹推进全区调查研究工作，完成党代会报告、区委全会报告、政府工作报告等区委区政府重要会议文稿。全区共完成调研报告409篇，其中北京市重点关注调研课题2篇，区领导牵头的重点协作课题20篇，处级党政正职领导完成调研报告86篇，编印2020年度《石景山区优秀调研报告文集》，编发《决策参考》30期。

（王珅珅）

【区重点协作调研课题】　年内，区委区政府研究室制定《石景山区2021年调研工作要点》，协调推进20个重点协作调研课题。分别是：石景山区城市更新问题研究、关于加快推进石景山区产业转型升级的研究、关于我区加强应用场景建设促进高质量发展情况的调研报告、关于结合产业转型发展推动我区城市更新的调研报告、关于石景山区全国文明城区建设状况的调研报告、关于以服务思维打造市域社会治理智能化最优拼图的研究、关于加强两新组织中新的社会阶层人士统战工作的实践与思考、关于推进京西八大厂整体复兴的研究与思考、关于用好西山永定河文化节打造西山永定河文化宣传平台的调研与思考、关于石景山深化“两区”建设路径和举措研究、关于深化区管企业纪检监察体制改革的研究、关于石景山区加强非公有制经济组织和社会组织党建工作有效性的研究报告、关于区人大常委会开展预算审查监督五年实践探索及其思考、关于人大代表作用发挥的实践与思考、关于加强区人大常委会规范性文件备案审查工作的调研、关于石景山区进一步推动《北京市物业管理条例》实施的思考、关于创新“冬奥警务”理念打造“冬奥警务”品牌推动石景山公安工作走前列开新局的探索与实践、关于加强石景山区社区养老服务驿站建设的调研报告、关于在京门铁路（石景山段）建设休闲绿廊的调研报告、关于进一步推动石景山区社区教育高质量发展的调研报告。

（王珅珅）

【石景山区城市更新问题研究】　常卫主持的《石景山区城市更新问题研究》课题是北京市重点关注调研课题，由区委区政府研究室牵头实施，形成近2万字的研究成果。该课题通过总结国内外城市更新经验，深刻认识城市更新重要意义，分析提出推动城市更新需要重点关注和解决的问题，研究探索石景山区城市更新具体实施路径。课题提出坚持规划引领，统筹抓好城市更新行动；以新首钢地区为重点，带动石景山城区整体复兴；以“京西八大厂”为主体，加快推动老厂区调整改造；以民生需求为出发点，深入推进老旧小区改造；以弥补城市功能短板为目标，一体推进棚户区、城中村、边角地整治提升；以产业转型升级需求为导向，大力推动老旧楼宇、低效园区提质升级、赋能增效；以有机更新为遵循，开展模式口文保区修缮改造；以解决历史欠账为牵引，持续推动城市基础设施建设提档升级；以群众获得感为落脚点，大力提升城市精细化管理水平；以“品质社区”建设为抓手，全面建设“品质之城”等具体举措，并转化为石景山区城市更新行动的生动实践。

（王珅珅）

【关于加快推进石景山区产业转型升级的研究】　李新主持的《关于加快推进石景山区产业转型升级的研究》课题是北京市重点关注调研课题，由区委区政府研究室牵头实施，形成近3万字的研究成果。该课题从新一轮科技革命和产业变革加速演进、我国深入实施创新驱动战略、北京市部署“五子”联动发展要求、区域高端要素竞争加剧、提升京西地区价值、新兴产业发展前景广阔六个方面，分析石景山区推动产业转型升级的背景和意义。阐述石景山区推进产业转型的基础和不足，即：有经济基础，规模优势不足；有产业特色，集群优势不足；有创新资源，创新能力不足；有产业空间，统筹优化不足；有发展环境，高端品质不足。在此基础上，从明确产业转型升级新方向、构建协调发展的产业格局、建立高效活力的创新生态、提升资本赋能的广度深度、构建“一站式”服务体系五个方面，提出加快推进产业转型升级的具体任务和实施路径，旨在通过构建高精尖产业生态体系，稳步构建“一轴四园”产业载体空间体系，塑造“三链融合”支撑体系，全面强化产业发展新保障，实现石景山区高精尖产业提档升级。

（王珅珅）

【优秀调研文集】　年内，区委区政府研究室完成2020年度《石景山区优秀调研报告文集》编辑、印发工作。《石景山区优秀调研报告文集》收录部分区委区政府重要文件、区领导主持的区重点协作调研课题22篇以及优秀调研报告59篇。

（王珅珅）

【决策参考】　全年共刊发30期《决策参考》，向区领导提供国内经济与社会发展方面最新动态、典型经验做法以及区内各单位完成的具有探索性和有一定参考价值的调研成果，为区领导决策提供前瞻服务。

（王珅珅）

机构编制管理

【概况】　中共北京市石景山区委机构编制委员会办公室（简称区委编办）为中共北京市石景山区委机构编制委员会（简称区委编委）的常设办事机构，承担区委编委日常协调服务工作，列入区委工作机关序列，归口区委组织部管理。2021年，区委编办坚持以习近平新时代中国特色社会主义思想为指导，全面贯彻党的十九大和十九届二中、三中、四中、五中、六中全会精神，深入贯彻习近平总书记对北京重要讲话精神和关于机构编制工作重要指示批示精神,全面落实市委决策部署和区委工作要求,聚焦保障和改善民生,不断优化机构职能体系,积极探索体制机制创新,统筹配置机构编制资源,深化事业单位改革,加快推进机构编制法定化,为石景山区高水平建设好首都城市西大门,确保“十四五”开好局、起好步,提供坚实的机构编制服务保障。

(靳献乐)

【事业单位改革试点】 3月24日,第一次区委编委召开年度第一会议,审议通过涉及调整优化的157个涉改事业单位改革调整意见。按照北京市改革政策口径,全区纳入改革试点范围的事业单位共194个。改革中,着眼于满足市民群众公益服务需求,进一步理顺职责关系,理清职责边界,重新核定或优化调整128个事业单位的职责。本次事业单位改革试点,圆满完成涉改事业单位精简20%以上、处级事业单位精简10%的任务目标,并按照“严控总量、统筹使用、有减有增、动态平衡、保证重点、服务发展”的要求,收回涉改事业单位空编,空编回收率达63%,高于北京市指标要求。此外,因地制宜设立相关事业单位,进一步增强“两区”建设、冬奥服务保障、创建文明城区、森林消防应急救援等工作力量。

(靳献乐)

【完善事业单位治理体系】 年内,区委编办抓好“三项制度”改革试点。坚持以点带面、逐步铺开,选取教育、卫生、文化等领域开展“三项制度”改革试点,其中包括11个事业单位制定机构职能编制规定;教育、卫生、文化、公园管理等领域的7个事业单位制定政事权限清单;教育、卫生、文化等领域的5个事业单位制定章程,为区域公益事业高质量发展注入新动力。

(靳献乐)

【完善党政机构职能体系】 年内,区委编办贯彻落实北京市实施方案精神,规范开发区管理机构设置,将原3个开发区管理机构整合为2个,重新制定开发区管理机构的“三定”规定,同时调整所属事业单位机构设置和职责事项。在严控编制总量的前提下,统筹调配全区有限的机构编制资源,聚焦加强城市治理、民生保障等重点领域,重点围绕推进“接诉即办”、落实“双减”政策、老旧小区综合整治、推进扶贫支援协作、充实财源建设等方面精准发力,重新调整相关机构和职责,科学充实编制资源。同时,充实“两新”组织工委、医疗保障、文物保护、青少年服务指导、职工服务等相关机构人员力量;调整宣传、教育、金融、退役军人等领域的相关机构编制设置,完成区政府港澳事务办、区文物局牌子的加挂工作。发挥“三定”规定基础作用,规范行政执法队机构设置,制定4支执法队伍及区城管执法局的“三定”规定。参照机构改革有关标准,对4个不涉改的党政机构重新修订“三定”规定。同时,完成3个群团机关内设机构设置规范设置工作。根据《北京市市、区政府部门权力清单动态管理办法》相关要求,梳理调整涉及本区30个相关部门的1049项权力清单事项,并及时对外公布。

(靳献乐)

【事业单位法人登记管理】 年内,区委编办按照“一事一议”原则,制定清理解决方案,精准施策、依法依规扎实稳妥推进事业单位法人清理规范工作。截至年底,注销123家事业单位,完成率达92%,位列全市编办系统前列。结合“放、管、服”改革,进一步优化流程、强化服务,为23家区属单位顺利办理统一社会信用代码赋码及换证工作。完成10个事业单位法人设立登记,121个变更登记,注销登记123个。完成275家事业单位登记事项“双公示”工作,做好全区260家事业单位2021年度报告公示工作,年度报告合格率100%。为187家事业单位办理电子证照。

(靳献乐)

【街道体制改革评估】 年内,区委编办通过实地查看、现场座谈、调阅资料等形式,对区属9个街道进行评估,同时向37个区级部门、2700名居民发放问卷,全面检查街道行政管理体制改革的贯彻落实情况及“三定”规定的执行情况,认真查找不足,积极研究解决对策,提出整改建议。

(靳献乐)

【第二次机构编制核查】 区委编办按照北京市统一部署,自2021年9月起,对区属党政群机关、各街道党工委办事处及其直属和所属事业单位共计77个部门310余家单位的机构编制和实际配备情况等开展全面核查。

(靳献乐)

老干部管理

【概况】 中共北京市石景山区委老干部局(简称区委老干部局)是区委区政府服务管理离休和处级以上退休干部的工作部门,由区委组织部归口管理。截至2021年底,归属老干部局服务管理的离退休干部共888人,其中离休干部78人(含易地安置离休干部3人),平均年龄91.3岁;退休干部777人,平均年龄71.2岁;代管退休干部33人,平均年龄67.3岁。按离休干部参加革命时期划分(不包含易地安置离休干部):抗日战争时期16人、解放战争时期62人。按离退休干部所在单位性质划分(不包含代管退休干部):党政机关761人、事业单位90人、企业单位37人。全年去世离退休干部30人。

(汪国成　郭　维)

【走访慰问】 元旦、春节期间,区四套班子领导对51名区职离退休干部和6名14级以上离休干部进行走访慰问,同时各单位对898名离退休干部进行走访,实现全覆盖。在七一前夕开展“庆祝建党100周年走访慰问活动”,对全区离休干部、80岁以上高龄退休干部、老干部大学优秀学员共297人进行走访慰问。12月,老干部局党总支开展走访慰问活动,共走访老干部51名;全年送别30位离退休干部并慰问家属。

(蒋　航)

【老干部自管组织建设】 春节前夕,老干部局与老干部大学西校区、区老年书画研究会共同开展送福送春联活动,老同志们居家书写,共完成春联和福字作品4000余副,并将作品赠送给广大离退休干部、老干部大学社区课堂学员以及社区为老服务工作者。1月26日,区老年书画研究会创作的5幅书画作品参加区文联举办的“以心为笔 情系冬奥”冰雪画派主题书画展。区老年书画研究会挑选8幅作品参与市委老干部局举办的“永远跟党走”庆建党100周年书画艺术作品展。春节期间,开展“线上”新春团拜活动,主题为“庆百年华诞 迎金牛新春”,在微信公众号以历年团拜会精彩节目和新春祝福视频的形式推送。9天9集,总时长超过100分钟,视频点击量连创新高。4月14日,由区委老干部局、区老年书画研究会共同举办“石景山区老干部局百名老党员写百福庆建党百年华诞”活动,离退休干部代表、原北京军区老将军代表、区老年书画研究会会员、区老党员先锋队代表等100位老党员共同书写一百个福字,充分表达老同志对党的无限热爱和深深祝福。5月4日,老干部门球队参加市门协组织的北京市第二十八届“中青年”门球锦标赛,老同志团结一心、努力拼搏取得优异成绩。同月20日,欣苑合唱团参加“石榴花开石景山”第六届民族歌曲大家唱比赛,并获得第一名的好成绩。七一前夕,欣苑合唱团、模特队、舞蹈队先后参加“永远跟党走”群众性主题文艺汇演“古城之春”艺术节活动,其中欣苑模特队获得第一名。6月7至8日,与区委组织部、区直机关工委、区文旅局、区人力社保局、石景山区老干部大学八大处军营分校等部门联合举办石景山区老干部庆祝建党100周年主题活动《唱支山歌给党听》和《长征组歌》,以宣讲、歌舞、模特、朗诵、书法等表演形式表达离退休干部对党、对祖国、对人民的无限热爱。同月26日,区委老干部局、区老年书画研究会、区老干部大学军营分校共同举办“不忘初心跟党走 老有担当创辉煌”主题书画展,老同志以书法、绘画、篆刻等艺术表现形式弘扬传统文化、讴歌伟大时代,庆祝党的百年华诞,此次书画展共展出331幅作品。7月29日,离退休干部开展“我是一个兵 永远跟党走”庆建军节主题活动,区委老干部欣苑艺术团、区老干部大学军营分校和有过军旅生涯的离退休代表参与其中。10月,老干部局举办离退休干部“感党恩 迎冬奥 度重阳”敬老月“九个一”系列活动,开展“步步登高走向冬奥”“十佳健康”老人座谈会、观看红色主旋律电影、“银色年华 线上秀场”活动、“智慧助老”行动、征集家训、线上普法宣传等活动,进一步营造亲老敬老爱老的良好社会氛围。11月22日,区老年书画研究会、老干部摄影协会共同举办“一起向未来”石景山区离退休干部喜迎北京冬奥会和冬残奥会书画摄影展,共展出书画作品114幅,摄影作品48幅。

(杜 群)

【组织领导】 3月12日,石景山区召开老干部工作领导小组会,区老干部工作领导小组组长田利跃出席会议并讲话。会议研究通过2021年老干部工作要点和区委、区政府为离退休干部办实事项目。同月17日下午,常卫主持召开区委常委会会议,传达学习全国老干部局长会议和北京市老干部工作会议精神。常卫指出,2020年全区老干部工作坚持以习近平新时代中国特色社会主义思想为指导,坚持围绕中心、服务大局,多措并举加强思想政治建设,引导发挥独特优势,全力协助打赢新冠肺炎疫情防控阻击战,各项工作更加深入细致,取得新进展、新成效。同月25日,以视频会议的形式召开老干部工作会,田利跃就做好新时代老干部工作,全面推动全区老干部工作高质量发展提出具体要求。9月15日,常卫主持召开区新老四套班子座谈暨情况通报会,李新通报区委十二届十三次全会精神及全区经济社会发展情况和下一阶段主要工作安排,区领导李文起、吴克瑞、唐行安、齐春利、李金克与区职退休老领导一同座谈。广泛征求离退休干部在城市精细化管理、养老服务体系构建、体育文化发展、历史资源挖掘、“十四五”城市更新与产业改造等方面的意见建议。12月27日,第十届全国人大常委会副委员长、中国关心下一代工作委员会主任顾秀莲到区调研关心下一代工作,实地调研考察石景山区关心下一代法治教育基地和区关工委办公、活动场所,对老干部工作和关心下一代工作给予充分肯定。

(郭 维)

【区老干部活动中心新址启用】 6月29日上午,区老干部活动中心新址启用暨老干部庆祝建党百年华诞书画展开幕,区委书记常卫、区政协原主席张俊山、中国老年书画研究会常务副会长王吉出席活动并致辞。在启动仪式上,常卫与张俊山共同按下虚拟门环,标志着区老干部活动中心新址正式启用,成为全区800多名离退休干部的活动阵地。老干部们演出精彩的文艺节目。区领导李新、李文起、田利跃、唐行安、齐春利、李先侠、刘建国,原北京军区老首长郑传福、苗爱民,石景山区老领导王建国、臧中凯、刘国泰、赵玉民、岳德顺等参加活动。

(杜 群)

【政治建设】 年内,区委老干部局及时传达党中央决策部署和市委、区委有关工作要求,组织全区离退休干部认真学习习近平总书记七一讲话精神,并持续学习贯彻十九届六中全会精神。老干部老党员聚焦新要求,带头讲政治顾大局,通过向群众宣传党的政策、积极接种疫苗等实际行动积极拥护和执行中央各项决策,围绕庆祝中国共产党100周年、助力冬奥,强化政治担当,“四个意识”不断增强,“四个自信”更加坚定,始终做到“两个维护”。

(刘馨雨)

【思想建设】 年内,区委老干部局落实好政治待遇,组织老干部代表参加区委常委民主生活会征求意见座谈会,为全区离退休干部订阅《石景山报》《见证石景山》《特别文摘·健康》。抓好理论学习,通过北京老干部APP、局微信公众号、老干部微信群等多形式,引导老同志采取线上、线下相结合的方式进行政治理论学习,组织两批共150余人次参加市委老干部局线上理论学习班,线上组织离退休干部学习全国离退休干部网上专题报告会3场。组织1200余人次观看《青春之骏》《永远是少年》等主旋律电影6场次。各社区党校课堂结合重点组织老干部、老党员学习，通过多种方式完善离退休干部理论学习机制。通过召开专项会议、制定专项方案组织离退休干部开展党史学习教育，发放致全区离退休干部一封信，以"红色书包"、送学上门等形式发放必读、参考学习书籍千余册，在老干部公众号开辟学习宣传专栏，组织线上、线下党史学习教育宣讲会，开展主题特色活动，引导离退休干部做党史学习的参与者、做优良传统的传承者、做学思结合的践行者。全区离退休干部、老党员以极高的政治热情参与党史学习教育，通过撰写学习心得、参加全市老干部党史教育培训班等各种方式深化学习效果，离退休干部思想建设更加深入。

（刘馨雨）

【党组织建设】 年内，区委老干部局进一步加强离退休干部党支部建设。各离退休干部党支部结合实际认真组织日常学习、召开组织生活会、民主评议党员、整改落实等工作。严格执行退休干部党员组织关系转接，党费交纳，返还党费，为离退休干部支部书记、委员发放补贴，发展党员等制度。以支部联合、主题座谈等多种形式开展主题党日活动，区委老干部局党总支开展"学党史、颂党恩、跟党走""追忆改革点滴烙印，共话石景山新发展"等主题党日活动。庆祝中国共产党成立100周年及党史学习教育活动中，走访慰问离退休干部党员及发挥作用突出的老党员60余人次，举行石景山区离退休干部"光荣在党50年"纪念章颁发仪式，对行动不便的老党员上门颁发"光荣在党50年"纪念章，组织在党50年离退休干部党员召开离退休干部庆祝中国共产党成立100周年座谈会；组织党总支离退休干部党员参观北辛安记忆陈列馆和中关村石景山园，追忆北辛安光辉历史，观摩新兴科技园区发展，传承发扬石景山精神。离退休干部党员先锋模范作用进一步彰显，张俊山被评为北京市优秀党员，事迹收录于《北京市在党50年党员访谈录》，付生柱被评为石景山区优秀党务工作者，5名退休干部党支部书记参加北京市百名书记谈党建活动，5名退休干部党员录制讲党史专题党课，列入全市离退休干部党课展播。

（丁　玲　刘馨雨）

【阵地建设】 年内，区委老干部局满足老同志精神文化生活，为老同志老有所学、老有所乐、老有所为创造条件。不断加强老干部大学中心校建设，开设舞蹈班、葫芦丝班、太极拳班等课程；持续推进社区课堂建设，不断拓宽学习内容，确保学有载体、行有平台。6月29日，区老干部活动中心（鲁谷）新址建成并投入使用，新址增设荣誉展厅、书画室、摄影室、冬奥之家、保健室、台球室、茶艺文创室等活动空间，进一步满足老同志文化活动需求，为老干部打造"温馨之家"，搭建起发挥作用的新平台。

（杜　群）

【党建引领老干部工作向基层延伸】 年内，区委老干部局坚持党建引领，工作下沉延伸，突出精准服务、融合共建，调动离退休干部发挥优势作用，做好"家门口"老干部工作。在总结八角街道和金顶街道试点工作经验基础上，全区九个街道全面铺开党建引领老干部工作向基层延伸工作。印发《石景山区党建引领老干部工作向基层延伸试点工作实施方案》，强化党建在老干部工作中的核心地位，将离退休干部党的建设纳入各街道、各单位党建工作总体布局。向全区九个街道社区拨付党建引领老干部工作向基层延伸专项资金，制定《石景山区党建引领老干部工作向基层延伸专项资金使用管理指导意见》。编制《石景山区党建引领老干部工作向基层延伸工作手册》，指导街道社区稳步推进工作。建立区级—街道级—社区级三级党建引领老干部工作基层延伸街道辖区内离退休干部数据详细台账。"家门口"的老干部工作党建项目获得"石景山区优秀党建创新项目奖"。

（丁　玲）

【增添正能量活动】 年内，区委老干部局坚持以党的建设为统领，不断深化拓展党史学习教育成果，围绕全区工作大局，在助力宣传党的政策理论精神、服务保障冬奥会冬残奥会筹办、参与生活垃圾分类和物业管理、疫情防控、关心教育下一代等工作中主动对接、深度融入。纪录片《百年风雨路我与党同行》被纳入全市党员干部教育资源库，并作为优秀电教片推荐至中组部；纪录片《接力—勋章对勋章》播放量突破64.2万次。区老干部宣讲团成员受聘加入党史学习教育区委宣讲团、学习贯彻习近平总书记"七一"重要讲话精神区委宣讲团和学习贯彻党的十九届六中全会精神区委宣讲团，全年累计宣讲182次，覆盖28000余人。初心讲堂累计开展94次，受众6443人。老党员先锋队建设不断深化，新增67支队伍，实现社区全覆盖。老同志围绕中心，积极建言献策30余条。老同志累计参与文明城区创建、垃圾分类等主题活动35596人次，参与治安巡逻、冬奥志愿服务活动6842人次。其中，付生柱、徐淑兰、贺启公三位退休干部参与北京卫视《冬奥有我》节目的录制，区老干部欣苑艺术团创排的音乐旗袍时装秀《雪姑娘》，在全区范围内唱响，以广宁街道许连锁为代表的老党员先锋队成员参与社区治理，在冬奥社区的改造建设中贡献"银发"力量，被中央人民广播电台、《中国老年报》报道。疫情期间，离退休干部积极接种新冠疫苗，全区离退休干部接种疫苗人数达628人，其中孙克刚、孙喜清、田宗豪三位耄耋高龄的离休干部率先垂范、带头接种新冠疫苗。组织50名退休干部成立全市首支老干部听证员队伍，参与检察听证会15次。

（张丰泽）

【落实政策办实事】 年内，区委老干部局按照北京市要求，落实发放离休干部养老服务津贴。完善离休干部"一对一"精准服务机制，完善解困帮扶机制，全年帮扶老干部62人次，补助金额318005元。为离休干部发放健康疗养补助费和小帮手服务费，金额为82800元。为部分企业处级退休干部发放生活困难补助金106800元。日常看望慰问住院老干部200余人次,为全区离退休干部以每人1500元标准进行健康体检,参检人数680余人。继续以每人400元标准落实“四就近”经费保障。

(蒋　航)

区直机关党建

【概况】 中共北京市石景山区委区直属机关工作委员会(简称区直机关工委),是区委的工作部门。编制数12人,实有10人。负责领导和管理区直属党、政、群机关基层党组织。截至年底,辖有65个区直机关基层党组织,其中党委13个,党总支11个,党支部41个,党员3630人;区直机关工会工委辖机关工会65个,会员6143人;区机关团工委辖19个团组织,团员258人。2021年,区直机关工委坚持以习近平新时代中国特色社会主义思想为指导,全面贯彻党的十九大和十九届历次全会精神,深入贯彻习近平总书记对北京一系列重要讲话精神,认真落实市委区委有关工作要求,深刻把握新时代党的建设总要求,贯彻落实新时代党的组织路线,机关党建工作取得新进展、新提升。

(王　涛)

【政治建设】 年内,区直机关党组织和党员干部围绕中心服务大局,把各项任务落实落细,做好本系统庆祝中国共产党成立100周年系列活动服务保障工作。精心谋划组织,以“十个一”为主要内容开展建党百年宣传教育;按照中央部署和市委区委有关工作要求,做好系统375名参加庆祝大会人员、“伟大征程”文艺演出观演人员的推荐、政审、健康监测、12批1500余人次核酸检测等组织保障工作。

(王　涛)

【助力创城】 年内,区直机关工委积极参与创建文明城区志愿服务,召开创城部署推进会4次。全系统承担14个主要交通路口、38条主次干路、27条背街小巷共计79个点位的志愿服务任务。统筹推动区直机关系统广大党员干部积极参与“擦亮城市西大门、文明祥和迎冬奥”专项行动,严格落实包片包点工作责任制,持续开展常态化文明创建。

(王　涛)

【疫情防控】 年内,区直机关工委落实区委要求,对全区88家党政机关开展多批次涉疫排查统计,坚持零报告制度。对涉全国50余个中高风险地区和返京工作人员及共同居住者390余人,全部及时落实居家观察措施,摸排含机关在职及老干部滞留京外人员505人,督促各单位落实好“四方责任”。持续组织协调督促68家单位1.6万人次相继完成疫苗及加强针接种工作,疫苗接种率达90%以上。下拨党费20.66万元,用于专项支持新冠肺炎疫情防控工作。

(王　涛)

【党史学习教育】 年内,区直机关工委持续运用各种形式和载体扎实开展好党史学习教育。组织系统基层党组织在主题党课、专项培训、评先评优、党日活动、党员承诺、选树品牌等“六个一”方面体现机关党建特色。与区委宣传部、老干部局等部门联合举办丁荫楠红色电影艺术展、“勿忘来时路”集邮展、《长征组歌》主题演出和宣讲活动,组织新党员集中宣誓及重温入党誓词活动;利用“八大处红色电波”主题展组织区直机关系统联学联研党建活动。与区法院一道推动普法及民法典宣传教育进社区、与区住建委共同为联系社区解决路面不平、破损路灯更换等问题,全系统基层党组织完成办实事项目307项。

(王　涛)

【学习活动】 年内,区直机关工委持续推进机关党员干部精神家园建设。组织学习贯彻习近平总书记“七一”重要讲话精神,举办区直机关党的十九大和十九届历次全会精神辅导培训班、“中国共产党百年兴盛的历史逻辑”等专题党课并开展专题研讨,组织迎五一、十一主题升国旗仪式;通过专题党课、支部学习、主题宣讲等多种形式,组织党员干部学深悟透、融会贯通、指导实践、推动工作。全年开展4次以“领会新精神 谋划新发展”为主题的读书活动,开展学习交流,撰写心得体会,进一步凝聚机关干部思想共识,提高干部为地区各项事业做贡献的行动自觉。

(王　涛)

【双报到工作】 年内,区直机关工委积极参与基层治理,推动“双报到”工作不断引向深入。开展“双聚”专项行动,党员干部在服务冬奥、接诉即办、两个“关键小事”等工作中承诺践诺。依托“共建双承诺”“归巢公益之星”活动平台,结合“我为群众办实事”活动,积极参加属地共商、共治、共建。全年区直机关系统党组织和党员干部参加双报到集中活动12次,64个基层党组织累计开展活动328批(次),近万人次参加,投入资金23万元,捐赠物品38件,走访慰问帮扶对象200余人次。

(王　涛)

【夯实组织基础】 年内,区直机关工委抓好系统63个基层党组织年度党建述职考评工作,结合党建述职报告、日常绩效考评及互评打分等考核指标对各基层党组织落实党建工作责任制作出综合评价意见,督促其针对问题制定整改措施及完成时限,真正将党建工作明责、履责、督责、考责落到实处。持续做好全年共计680人次的党组织关系转接、指导督促15个基层党组织完成设置调整,27个党组织书记任免、委员补选审批,16个党组织完成换届选举,完成60名预备党员转正审批和65名新党员接收、12期5200余人次党员教育培训等常规工作。4人和1个党组织获得市“三优一先”称号,38人和13个党组织获得区“两优一先”表彰。督促各基层党组织坚持“三会一课”、党日活动、谈心谈话等组织生活制度。

(王　涛)

【党代表选举】 年内,区直机关工委严肃换届纪律,严格规范流程,制发工作方案,严格履行代表选举工作程序,认真组织好推荐、提名、考察、公示、选举等各环节工作,按照区委相关工作要求,召开党员代表会议,以无记名投票直接差额选举的方式,选举产生石景山区直机关出席中共石景山区第十三次代表大会代表94名。高标准高质量完成好区直机关党代表选举和区委换届服务保障工作，全面提升机关党组织建设水平。

（王　涛）

【帮扶慰问】 年内，区直机关工委在元旦春节期间，慰问服务困难党员34人，合计慰问金额15.7万元；其中市级困难1人，区级困难27人，区级一般困难6人。做好“七一”困难党员帮扶慰问工作，党内帮扶款共计19.1万元，3人申请市级帮扶款、29人申请区级困难帮扶款、8人申请区级一般帮扶款。

（王　涛）

【打造党建品牌】 年内，区直机关工委探索联学联研工作机制，挖掘系统内的红色教育资源，指导打造党建品牌。形成区纪委监委机关“读书荐书评书”、区检察院“云党建＋”等55个党建特色品牌。八大处“红色电波”等5个教学点申报北京市党建示范教学点，法院“五联五进”党建法治共建项目被评为“石景山区十佳基层党建创新项目”，统战部“石聚同心”等8个党建项目被评为“石景山区优秀基层党建创新项目”。

（王　涛）

【纪律作风建设】 年内，区直机关工委召开警示教育会议，组织全体人员观看警示教育专题片，及时传达市、区警示教育大会精神，认真反思区警示教育大会对区直机关工委反馈的问题，主动认领、研究制定整改措施、召开“以案为鉴、以案促改”专题民主生活会，切实抓好整改落实；开展党风廉政教育月活动，召开“区直机关系统作风建设工作会”，从建设文明机关、规范着装、垃圾分类、光盘行动等8个方面提出具体要求。开展纪检业务培训，进一步加强纪检委员队伍建设。在元旦、春节等重要时间节点召开节前廉政安全教育会，引导党员干部以身作则，推进落实中央八项规定及其实施细则精神，确保机关干部纪律作风建设走在前、做表率。

（王　涛）

【群团工作】 年内，区直机关工委坚持以党建带群建，指导、支持工青妇组织独立自主开展丰富多彩的活动，着力解决工青妇组织建设中的突出问题。用好工会会费，为干部职工办实事办好事。开展“忆百年辉煌、建文明城区、助冬奥盛会”徒步、重阳登山等主题工会活动；机关妇工委与妇联、工会共同组织“博爱石景山”等捐款捐物活动。区直机关团工委持续开展“青年大学习”，开展好“学习党的历史 传承五四精神”等主题团日活动。

（王　涛）

党校教育

【概况】 中共北京市石景山区委党校（石景山区行政学院）［简称区委党校（行政学院）］是区委领导的培养党的领导干部的学校，是区委的重要部门，是培训全区各级领导干部的主渠道，是石景山区党的思想理论建设的重要阵地，是石景山区哲学社会科学研究机构和重要智库。年内，采用线上、线下双结合的方式，完成各类培训88期，培训学员19749人次。其中，线上培训15078人次，累计时长266.5天，主体班培训学时占全年培训总学时的68.7%。成立石景山区党支部书记学院、团支部书记学院，对全区基层党组织书记、团支部书记进行轮训。完成事业单位改革试点工作，重新核定、规范设置职能编制，增加4个高级职称岗位，引进2名高端人才充实师资力量，1名教师通过高级职称评审。

（李嘉鹏）

【区党支部书记学院成立】 3月2日，石景山区党支部书记学院成立。田利跃等为石景山区党支部书记学院揭牌。田利跃对学院建设提出三点要求：一是努力把党支部书记学院打造成为锤炼党性的政治熔炉；二是努力把党支部书记学院打造成为激活支部的动力引擎；三是努力把党支部书记学院打造成为践行初心使命的红色阵地。

（李嘉鹏）

【市首家团支部书记学院成立】 6月23日，北京市首家团支部书记学院在石景山区委党校成立。孙学伟等为石景山区团支部书记学院揭牌。石景山区团支部书记学院依托区委党校设立，将与区党支部书记学院协同，以党建带团建，充分发挥区委党校渠道优势、阵地优势、管理优势，集聚“高校京西发展联盟”成员单位相关资源，重点面向基层团支部书记、团支部委员开展系统培训。

（李嘉鹏）

【举办28期主体班】 年内，区委党校（行政学院）完成各类主体班培训28期，培训学员15833人次。其中，线上培训学员14078人次（见下表）。

表5　　区委党校（行政学院）主体班一览表

序号	培训主题	日期	人数	线上人数	主办单位
1	基层党组织书记培训班（共三期）	1月8日、15日、22日	360	2460	区委组织部　区委党校
2	石景山区社区党组织书记任职培训班（共两期）	3月2日－5日	157		区委组织部　区民政局 区委党校
3	入党积极分子培训班	3月17日－19日	39	847	区委组织部　区委党校
4	石景山区“两区”建设专题培训班	3月23日－25日	126		区委组织部　区商务局 区委党校
5	挂职干部专题培训班	3月29日－4月1日	12		区委组织部　区委党校
6	云课堂“大师讲党课”（第一讲）	4月7日	80	2420	区委组织部　区委党校

续表

序号	培训主题	日期	人数	线上人数	主办单位
7	十九届五中全会轮训专题班	4月15日－17日	129		区委组织部　区委党校
8	云课堂“大师讲党课”(第二讲)	4月28日	100	2400	区委组织部　区委党校
9	十九届五中全会轮训专题班(线上)	4月28－30日		501	区委组织部　区委党校
10	第一期处级干部进修班	5月17日－6月11日	41		区委组织部　区委党校
11	第26期中青年干部培训班	5月23日－7月16日	29		区委组织部　区委党校
12	党史专题研修班	6月2日－7月1日		800	区委组织部　区委党校
13	石景山区年轻干部周末大讲堂	5月29日－12月25日	66		区委组织部　区委党校
14	基层党务干部业务培训班	6月11日	38	1300	区委组织部　区委党校
15	云课堂“大师讲党课”(第三讲)	6月16日	70		区委组织部　区委党校
16	云课堂“大师讲党课”(第四讲)	6月21日	36	900	区委组织部　区委党校
17	2021年石景山区新党员入党第一课	6月23日	50		区委组织部　区委党校
18	石景山2021年全区组工干部培训班(第一期)	7月7日－9日	95		区委组织部　区委党校
19	“石景山区数字经济建设发展”专题培训班	7月12日－16日	77		区委组织部　区委党校
20	石景山2021年全区组工干部培训班(第二期)	9月6日－7日	207		区委组织部　区委党校
21	第二期处级干部进修班	10月11日－11月5日	34		区委组织部　区委党校
22	新任职科级干部培训班	10月18日－11月5日	44		区委组织部　区委党校
23	石景山区新一轮“疏整促”专项行动专题培训班	10月19日－20日	40		区委组织部　区发改委　区委党校
24	云课堂“大师讲党课”(第五讲)	11月25日	75	2400	区委组织部　区委党校
25	石景山区2021年生态文明专题培训班	12月16日－17日		50	区委组织部　区委党校
26	公务员初任培训班	2021年12月20日－2022年1月7日	90		区委组织部　区委党校

(李嘉鹏)

【科研工作】 年内,区委党校(行政学院)申报各级课题40项。其中,校级课题26项立项,区级课题6项立项,市级课题6项立项,均顺利结项;申报国家级课题2项:联合区委统战部首次申报中央社会主义学院统一战线高端智库课题1项(《新时代北京“侨梦苑”发展现状与对策研究》),并申报中央统战部组织的2021年全国统战理论政策研究和工作实践创新成果。各级课题共获得8个奖项。其中,市级奖励1项,区级奖励7项,分别是:北京市党建研究会2020年立项课题三等奖1项(《北京市石景山区“老街坊”品牌建设研究》),区级2020年优秀调研成果一等奖2项、二等奖1项、三等奖1项,区党建研究会2020年课题成果一等奖2项、二等奖1项。向区委区政府研究室推荐优秀调研报告13篇,向区党建研究会推荐优秀调研报告7篇。

(李嘉鹏)

党史编研

【概况】 年内,区委党史研究室、区地方志办公室(简称区史志办)围绕庆祝建党100周年活动,聚焦主责主业,编纂石景山区党史基本著作、石景山区党史故事、建党百年《见证石景山》专刊等史志书刊读物。在编研系列书刊基础上,推动成果展示转化应用,与相关单位联合开展以举办党史主题展览、讲好系列红色故事、推进党史“七进”为重点的史志宣传月活动。党史“七进”活动以党史基本著作、编研成果、党史故事等为依托,开展党史知识进机关、进校园、进社区、进企业、进军营、进网络、进爱国主义教育基地活动。

(宋正鑫)

【“红色回响·石景山”主题展览】 6月28日,区史志办联合区委宣传部在鲁谷街道党群活动中心举办的“红色回响·石景山”庆祝中国共产党成立100周年主题展正式对外开放。主题展立足地区党史基本著作,以时间为主轴,按照新民主主义革命时期、社会主义革命和建设时期、改革开放和社会主义现代化建设时期、中国特色社会主义新时代四个篇章分期,以图片展示、图文讲解、影像视频播放等多种形式,通过展出200多张珍贵的历史图片,讲解28个重要历史主题与事件,播放解放石景山的战斗、八宝山革命公墓的烈士事迹、八大处的红色电波、石景山区老革命的采访回忆录等历史影像视频资料,生动再现石景山区人民在党的领导下走过的革命、建设、改革和奋进新时代的光辉历程。截至12月,全区累计72家单位近2000名机关干部参观展览。

（宋正鑫）

【区党史基本著作出版】 6月，区史志办编辑的《中国共产党北京市石景山区历史（1938—2012）》由中共党史出版社出版发行，是石景山区第一部全面记述地方党史的基本著作。区党史基本著作全面、系统、客观记述自1938年6月石景山区第一个党支部成立至2012年10月党的十八大召开的74年间，石景山区人民在党的领导下进行新民主主义革命、社会主义革命和建设、改革开放和社会主义现代化建设的伟大实践。向全区机关企事业单位累计发放2000余册，为全区广大党员干部群众开展党史学习教育提供一部生动教材。

（宋正鑫）

【编印《石景山·红色记忆》】 6月，区史志办编辑的《石景山·红色记忆》印刷发行，该书是转化区党史基本著作成果之一，为全区提供一本配套的通俗读物。该书以红色文化为基调主线，由七个部分组成，分别为红色觉醒、红色先驱、红色烽火、红色脊梁、红色地标、红色情怀、红色岁月。全书共收录50篇文章，详细讲述在石景山地区党的历史上的重大事件、重要人物、重要活动。向全区机关企事业单位累计发放800余册。

（宋正鑫）

【刊发《见证石景山》】 年内，区史志办发挥杂志党史宣教阵地作用，刊发《见证石景山》杂志4期。其中第2期为建党百年专刊，以庆祝建党百年和党史学习教育为主题，刊发相关党史研究论文、区党史、区情等文章。《见证石景山》4期累计编辑30余个栏目，刊发文章50余篇，向全区机关企事业单位累计发放7000余册。

（宋正鑫）

中共北京市石景山区第十三届委员会

书　　记　常　卫

副 书 记　李　新　刘海涛

常　　委　陈婷婷（女，藏族）　齐春利　李金克　王晓东　张利军　王运洪　李先侠　迟志禹

委　　员　（按姓氏笔画为序排列）

丁仁猛　马　斌　王运洪　王其志　王国利　王晓东　王晓华　王智勇（满族）　申　键　田利跃　朱春涛（满族）　刘　锋　刘吉新　刘海涛　齐春利　苏文颖　李　新　李文化（女）　李文起　李先侠　李金克　杨贵宝　吴　燕（女）　迟志禹　张　帆（女）　张　伟　张利军　张京文　张洪江　陈婷婷（女，藏族）　郝显军（蒙古族）　贾　曦　夏鹏程　高春玲（女）　曹世辉（满族）　曹俊房　龚志彪　常　卫　崔　乐　梁学刚　韩孟荣

候补委员　（按得票多少为序排列）

李美红（女）　吴智鹏　冯雅男　金跃文　吕松涛　王亚迅　高　竹（女）　唐　铭（女）

石景山区委工作机构主要负责人

区委办主任	迟志禹
区委组织部部长	唐行安（9月免）
	张利军（9月任）
区委宣传部部长	李金克（6月任）
分管日常工作的副部长	丁仁猛
区委统战部部长	陈婷婷（女，藏族）
分管日常工作的副部长	苏文颖（7月免）
	高　竹（女，10月任）
区委政法委书记	刘海涛
分管日常工作的副书记	夏鹏程
区委区政府研究室主任	迟志禹
区委全面深化改革委员会办公室主任	田利跃（兼，12月免）
	迟志禹（兼，12月任）
分管日常工作的副主任	迟志禹（兼，12月免）
区委网信办（区网信办）主任	侯世玺
区委编办主任	徐亚玲（女，7月免）
	吴　燕（女，7月任）
区直属机关工委书记	杨文钢
区委巡察办主任	高　竹（女，10月免）
	于学君（女，10月任）
区委老干部局局长	王宏芬（女）
区委党校（行政学院）校（院）长	田利跃（兼，12月免）
	刘海涛（兼，12月任）
分管日常工作的副校（院）长	侯宝华（副区级，10月免）
	龚志彪（10月任）
区社会主义学院院长	陈婷婷（女，藏族，兼）
区委党史研究室、区地方志办主任	李月萍（女，10月免）
	吴　琨（10月任）
区档案馆馆长	张相明（10月免）
	张玉起（10月任）

区委教工委书记	石显富	区委园区工委书记	李文化(兼)
区委社会工委书记	刘吉新(10月免)	分管日常工作的副书记	唐 铭(女)
	吴智鹏(10月任)		

石景山区政府工作机构党组织书记

区政府办党组书记	吴 燕(女,7月免)	区政务服务局党组书记	孙栓柱(副区级)
	张 伟(7月任)	区机关服务中心党组书记	张建刚(4月免)
区发改委党组书记	李文化(女)		万晓健(4月任)
区科委党组书记	郝显军(蒙古族,10月免)	区人防办党组书记	任连田
区经济和信息化局党组书记	田 纬(副区级)	区集体资产监管办党组书记	蔡利全
区财政局党组书记	杨贵宝	区信访办党组书记	徐伟超
区人力社保局党组书记	齐 兵(10月免)	区医保局党组书记	王 鑫
	韩孟荣(10月任)	区城管执法局党组书记	张玉起(10月免)
市规自委石景山分局党组书记	蔡 晶		机构调整
区生态环境局党组书记	王瑞超	区西山永定河文化带管委会党组书记	
区住房和城市建设委党组书记	杨旭东(4月免)		刘云清(10月免)机构调整
	曹世辉(满族,4月任)	区西建办党组书记	顾京生(副区级,10月免)
区城市管理委党组书记	颛孙永麒(10月免)	区西建办(区西山永定河文化带建设管理委员会)党组书记	
	齐 兵(10月任)		顾京生(10月任)
区商务局党组书记	董湘水	区投促中心党组书记	段京涛
区文化和旅游局党组书记	王亚迅	区环卫中心党委书记	陈 鹏(4月免)
区卫生健康委党委书记	葛 强		齐 忠(4月任)
区退役军人事务局党组书记	孙厚义(7月免)	区城管监督指挥中心党组书记	冯雅男(7月免)
	明 强(女,7月任)	区城管指挥中心党组书记	冯雅男(7月任) 机构更名
区应急管理局党委书记	张玉国	区公园管理中心党总支书记	王金兰(女)
区市场监督管理局党组书记	张 伟(7月免)	区房屋征收事务中心党组书记	唐 嵘
	金跃文(7月任)	八大处公园管理处党总支书记	王 浩
区审计局党组书记	王亚兰(女)	区融媒体中心党组书记	王国强(10月免)
区国资委党委书记	李路海(4月免)		王建强(10月任)
	王晓华(4月任)	石景山医院党委书记	刘 鹏(7月免)
区体育局党组书记	张瑞龙		王 惠(女,7月任)
区统计局党组书记	王彦明	区税务局党组书记	谢明江(1月免)
区园林绿化局党组书记	李元员(女)		濮 璐(1月任)
区金融办党组书记	杨京春(女)		

石景山区人民代表大会

综　　述

北京市石景山区人民代表大会常务委员会(简称区人大常委会)是本区人民代表大会的常设机关,由区人民代表大会选举产生,在区人民代表大会闭会期间,依法行使地方国家权力机关的职权,对区人民代表大会负责并报告工作。区第十六届人大常委会组成人员35人,其中主任1人、副主任5人、委员29人。区人大常委会机关内设办公室(信访办公室)、代表联络室(市人大代表联络处)、研究室、财政经济办公室、预算审查办公室、法制办公室(备案审查办公室、社会建设办公室)、教科文卫办公室、城建环保办公室等8个办事机构,行政编制38人。区第十七届人民代表大会设立法制委员会、财政经济委员会、教育科技文化卫生委员会、城市建设环境保护委员会、社会建设委员会。区第十七届人大常委会组成人员35人,其中主任1人、副主任5人、委员29人。区人大常委会机关内设办公室(信访办公室)、代表联络室(市人大代表联络处)、研究室、财政经济办公室、预算审查办公室、法制办公室(备案审查办公室、社会建设办公室)、教科文卫办公室、城建环保办公室等8个工作机构,行政编制38人。年内,在区委领导下,区人大常委会坚持以习近平新时代中国特色社会主义思想为指导,深入学习贯彻党的十九届历次全会精神,深入学习贯彻习近平总书记关于坚持和完善人民代表大会制度的重要思想,站在"两个大局"交织、"两个百年"交汇、"两个五年"交接的关键历史节点,紧紧围绕区委中心工作,服务全区经济社会发展大局,精心做好建党百年庆祝活动服务保障工作,扎实推动"十四五"开好局起好步,为推动全区高质量发展提供人大支持,贡献人大智慧。充分发扬民主、严格依法办事,成功选出222名新一届区人大代表,保证人民民主权利的实现。

(杨兴宇)

重要会议

【概况】 年初,石景山区召开区第十六届人民代表大会第七次会议,认真落实区委全会精神,听取和审议人大常委会和"一府两院"年度工作报告,谋划2021年工作,进一步统一思想,坚持忠诚、担当、主动、为民的工作理念,依法履职,锐意进取,高水平建设好首都城市西大门,为实现"十四五"良好开局提供坚强的民主法治保障。年内,召开人大常委会会议7次,审议53项议题,其中,听取和审议"一府一委两院"工作报告18项,作出决议、决定和审议意见书14项,开展执法检查2项、专题询问2项。召开人大常委会主任会议25次,研究处理人大常委会日常工作,指导和协调人大专门委员会和人大常委会工作机构开展工作。

(杨兴宇)

【区十六届人大七次会议】 1月6日至9日,在银保建国酒店举行。大会听取和审议石景山区人民政府工作报告;审议石景山区2020年国民经济和社会发展计划执行情况与2021年国民经济和社会发展计划草案的书面报告,审查和批准石景山区2020年国民经济和社会发展计划执行情况的报告与2021年国民经济和社会发展计划;审议石景山区2020年预算执行情况和2021年预算草案的书面报告,审查和批准石景山区2020年预算执行情况的报告和2021年预算;听取和审议石景山区人民代表大会常务委员会工作报告;听取和审议石景山区人民法院工作报告;听取和审议石景山区人民检察院工作报告;审查和批准石景山区国民经济和社会发展第十四个五年规划纲要。在大会议案截止时间内,共收到议案13件,其中代表团提出的8件,十人以上代表联名提出的5件。经审查:交区人民政府办理,由区人大常委会审议的4件,合并为3项议案。

(杨兴宇)

【区人大常委会第三十三次会议】 3月4日,在区人大常委会会议厅举行。会议组织学习习近平总书记在全国脱贫攻坚总结表彰大会上的讲话精神。会议审议并原则通过《石景山区人大常委会2021年工作要点》。拟安排6次常委会会议,初步确定41项议题,其中讨论决定重大事项5项,听取和审议工作报告17个。督办区十六届人大七次会议交付的3项代表议案109件代表建议,跟踪9件执法检查报告和审议意见书落实情况。会议听取和审议区人大法制办《关于石景山区人大常委会规范性文件备案审查工作情况的报告》。截至2021年2月底,共接收区政府报送备案的规范性文件16件,主要涉及经济教育环保城建等方面,其中石政发文件11件、石政通文件2件、石政办发文件3件,实现备案全覆盖。会议决定人事任免事项。会议以举手表决的方式,决定:接受左小兵辞去区人民政府副区长职务的请求,并报区人民代表大会备案。会议以无记名投票表决的方式,通过区长李新提请的人事任免事项。决定:任命李先侠为石景山区人民政府副区长。会议以无记名投票表决的方式,通过区人大常委会主任会议提请的人事任免事项。会议以无记名投票表决的方式,通过区法院院长高虹同志提请的人事任免事项。

(杨兴宇)

【区人大常委会第三十四次会议】 5月20日,在区人大常委会会议厅举行。会议组织学习习近平同志在中共中央政治局第二十九次集体学习时的讲话精神。会议听取和审议区医保局局长李凤芹代表区政府所作的关于"落实国家级政策性长期护理保险工作"议案办理情况的报告,听取区人大社会建设委员会主任委员张培莉代表专委会所作的对区人民政府关于"落实国家级政策性长期护理保险工作"议案办理情况报告的意见和建议。由区人大法制办在会议结束后整理,经主任会议研究确定后,形成审议意见书,由人大办公室交区政府研究处理。会议听取和审议区发改委主任李文化代表区政府所作的关于优化营商环境工作情况的报告,听取区人大财政经济委员会副主任委员范静岩代表专委会所作的对区政府关于优化营商环境工作情况报告的意见和建议。由人大财政经济办公室在会议结束后整理，经主任会议研究确定后，形成审议意见书，由人大办公室交区政府研究处理。会议听取和审议区生态环境局局长王瑞超代表区政府所作的关于2020年度环境状况和环境保护目标完成情况的报告。由人大城建环保办公室在会议结束后整理，经主任会议研究确定后，形成审议意见书，由人大办公室交区政府研究处理。会议以按键表决的方式通过《区人大常委会关于修改<北京市石景山区人民代表大会代表建议批评和意见办理办法>的决定》，自公布之日起施行。会议决定人事任免事项。会议以无记名投票表决的方式，通过区长李新提请的人事任免事项。决定：免去姜玉英区人民政府副区长职务。会议以无记名投票表决的方式，通过人大常委会主任会议提请的人事任免事项。会议以无记名投票表决的方式，通过区检察院王春风检察长提请的人事任免事项。

（杨兴宇）

【区人大常委会第三十五次会议】 7月22日，在区人大常委会会议厅举行。会议组织学习习近平同志在庆祝中国共产党成立100周年大会上的讲话精神。会议听取和审议区财政局局长杨贵宝受区政府委托所作的关于2020年决算草案情况的报告和2021年上半年预算执行情况的报告。会议听取和审议区审计局局长王亚兰受区政府委托所作的关于2020年度预算执行和其他财政收支的审计工作报告。会议听取区人大财政经济委员会主任委员田勇代表专委会所作的关于2020年决算草案的审查结果报告以及2021年上半年预算执行情况的初步审查意见。会议听取和审议区发改委主任李文化受区政府委托所作的关于2021年上半年国民经济和社会发展计划执行情况的报告。会议听取区人大财政经济委员会副主任委员范静岩代表专委会所作的关于石景山区2021年上半年国民经济和社会发展计划执行情况的初步审查意见。会议结合审议审计工作报告，对2020年决算草案和报告进行审查，同意区人大财政经济委员会提出的《关于石景山区2020年决算草案的审查结果报告》，决定批准2020年决算。会议对以上几个报告的审议意见，由区人大财经办预审办在会议结束后整理，经主任会议研究确定后，形成审议意见书，由人大办公室交区政府研究处理。会议听取和审议区财政局局长杨贵宝受区政府委托所作的关于石景山区2021年第一次预算调整方案的报告。会议听取区人大财政经济委员会主任委员田勇代表专委会所作的关于2021年第一次预算调整方案的审查结果报告，对预算调整方案进行审查。会议同意区人大财政经济委员会提出的《关于石景山区2021年第一次预算调整方案的审查结果报告》，决定批准石景山区2021年第一次预算调整方案。会议听取和审议了区财政局局长杨贵宝受区政府委托所作的关于2020年度国有资产管理情况的综合报告，听取区人大财政经济委员会主任委员田勇代表专委会所作的对区政府关于2020年度国有资产管理情况综合报告的意见和建议。会议对区政府关于2020年度国有资产管理情况综合报告的审议意见，由区人大财经办预审办在会议结束后整理，经主任会议研究确定后，形成审议意见书，由人大办公室交区政府研究处理。会议决定人事任免事项。会议以按键表决的方式，决定接受郭鹏辞去区监察委员会主任职务的请求；会议以无记名投票表决的方式，通过区人大常委会主任会议提请的人事任命名单：任命王晓东为区监察委员会副主任；会议以按键表决的方式，通过区人大常委会主任会议提请的人事事项，决定由王晓东代理区监察委员会主任职务；会议以无记名投票表决的方式，通过区长李新提请的人事任免事项；会议以无记名投票表决的方式，通过检察长王春风提请的人事免职事项。

（杨兴宇）

【区人大常委会第三十六次会议】 8月12日，在区人大常委会会议厅举行。会议组织学习市委和区委全会精神。会议听取和审议区科委主任郝显军受区政府委托所作的关于"加强应用场景建设促进区域高质量发展"议案办理情况的报告，听取区人大教科文卫委员会主任委员王颖玲代表专委会所作的对区政府关于"加强应用场景建设促进区域高质量发展"议案办理情况报告的意见和建议。会议开展专题询问，郝显军回答与会委员的提问，区经信局、城管委、发改委、国资委、园区管委会等政府部门主管领导列席该项议题。会议对《区人民政府关于"加强应用场景建设促进区域高质量发展"议案办理情况的报告》的审议意见，由人大教科文卫体办公室在会议结束后整理，经主任会议研究确定后，形成审议意见书，由人大办公室交区政府研究处理。会议听取和审议区住建委主任曹世辉受区政府委托所作的关于"加强我区《北京市物业管理条例》实施"议案办理情况的报告，听取区人大城建环保委员会主任委员李金柱代表专委会所作的对区政府关于"加强我区《北京市物业管理条例》实施"议案办理情况报告的意见和建议。会议对《区人民政府关于"加强我区<北京市物业管理条例>实施"议案办理情况的报告》的审议意见，由人大城建环保办公室在会议结束后整理，经主任会议研究确定后，形成审议意见书，由人大办公室交区政府研究处理。会议听取和审议区司法局局长倪斐远受区政府委托所作的关于"七五"普法决议贯彻落实情况的报告，表决通过关于开展第八个五年法治宣传教育的决议。会议以按键表决的方式，通过关于区人民代表大会换届选举的决定和区选举委员会组成人员名单。会议书面审议区人大社会建设委员会和区人大法制委员会分别提交的《关于检查<北京市突发公共卫生事件应急条例>实施情况的报告》和《关于检查<北京市医院安全秩序管理规定>实施情况的报告》。会议决定人事任免事项。会议以无记名投票表决的方式，通过区人大常委会主任会议提请的人事任职事项;会议以无记名投票表决的方式,通过区法院院长高虹提请的人事任免职事项。

(杨兴宇)

【区人大常委会第三十七次会议】 9月29日,在区人大常委会会议厅举行。会议决定人事任免事项。会议以按键表决的方式,决定:接受亢军辞去区人民政府副区长职务的请求,并报区人民代表大会备案。会议以按键表决的方式,决定:接受高虹辞去区人民法院院长职务的请求,并报区人民代表大会备案。会议以按键表决的方式,决定:接受王春风辞去区人民检察院检察长职务的请求,报区人民代表大会备案,并报经市检察院检察长提请北京市人民代表大会常务委员会批准。会议以无记名投票表决的方式,通过区长李新提请的人事任免事项,决定任命刘锋、王其志、申键、王智勇、尹圆为区人民政府副区长,免去孙学伟的区人民政府副区长职务。会议以无记名投票表决的方式,通过区人大常委会主任会议提请的人事任命名单:任命朱春涛为区人民法院副院长;任命张京文为区人民检察院副检察长。会议以按键表决的方式,通过区人大常委会主任会议提请的人事事项,决定由朱春涛代理区人民法院院长职务;由张京文代理区人民检察院检察长职务,按程序报市人民检察院和市人大常委会备案。

(杨兴宇)

【区人大常委会第三十八次会议】 10月21日,在区人大常委会会议厅举行。会议组织传达学习中央人大工作会议精神。会议听取和审议区人大代表联络室主任李成所作的关于区第十六届人大第七次会议代表建议批评和意见办理情况的报告和区政府办公室主任张伟代表区政府所作关于办理区第十六届人大第七次会议代表建议批评和意见工作情况的报告。会议听取和审议区监察委代理主任王晓东所作的关于整治群众反映强烈的问题工作情况的报告,听取区人大法制委员会主任委员张培莉代表专委会所作的对区监察委员会关于整治群众反映强烈的问题工作情况报告的意见和建议。会议对《区监察委员会关于整治群众反映强烈的问题工作情况的报告》的审议意见,由人大法制办公室在会议结束后整理,经主任会议研究确定后,形成审议意见书,由人大办公室交区监察委研究处理。会议以按键表决的方式,通过石景山区第十七届人民代表大会第一次会议召开时间的决定。会议书面审议关于视察石景山区冬奥场馆周边环境建设情况的报告。会议决定人事任免事项。会议以按键表决的方式,决定:接受周西松辞去区人民政府副区长职务的请求,并报区人民代表大会备案。会议以无记名投票表决的方式,通过区长李新、区人大常委会主任会议、区监察委代理主任王晓东、区检察院代理检察长张京文分别提请的人事任免职事项。

(杨兴宇)

【区人大常委会第三十九次会议】 11月18日,在区人大常委会会议厅举行。会议组织传达学习十九届六中全会精神。会议听取和审议区发改委主任李文化受区政府委托所作的2022年重要民生实事项目安排情况的报告。人大各专门委员会要将实事项目列入明年监督计划,常委会适时听取区政府关于项目进展情况的报告。会议听取和审议区财政局局长杨贵宝受区政府委托所作的关于石景山区2021年第二次预算调整方案的报告。会议听取区人大财政经济委员会副主任委员范静岩代表专委会所作的关于2021年第二次预算调整方案的审查结果报告,对预算调整方案进行审查。会议同意区人大财政经济委员会提出的《关于石景山区2021年第二次预算调整方案的审查结果报告》,决定批准石景山区2021年第二次预算调整方案。会议讨论区人大常委会向区第十七届人民代表大会第一次会议所作工作报告(讨论稿),决定提交人代会审议。会议审议《区第十七届人民代表大会第一次会议议程(草案)》,议程(草案)将交各代表联组讨论,在人代会预备会上交代表表决。会议审议《区第十七届人民代表大会第一次会议主席团和秘书长等名单(草案)》,名单(草案)将交各代表联组讨论,在人代会预备会上交代表表决。会议同意区第十七届人民代表大会第一次会议列席人员名单。会议决定,如有变动,由区人大常委会主任会议研究确定。会议听取区人大常委会代表资格审查委员会主任委员高洪雁作的关于代表资格的报告。会议以按键表决方式,通过这个报告。确认本次投票选举的222名区第十七届人民代表大会代表的资格有效。各分会在人代会前公布代表名单,代表资格审查情况将在大会预备会上向全体人大代表通报。区选举委员会向区人大常委会提交《石景山区第十七届人民代表大会代表选举工作总结》。区政府向区人大常委会提交《关于中小企业发展有关情况的报告》。区政府向区人大常委会提交《关于2020年度预算执行和其他财政收支审计查出问题整改情况的报告》。区政府向区人大常委会提交《关于2021年财政支出预算变动情况的报告》。区人大各专门委员会向区人大常委会提交本届工作报告。区人大常委会各街工委向区人大常委会提交本届工作报告。会议决定人事任免事项。会议以按键表决的方式,通过区人大常委会主任会议提请的人事免职事项。

(杨兴宇)

【区十七届人大一次会议】 12月13日至18日,在银保建国酒店举行。大会主要议程有:听取和审议石景山区人民政府工作报告;审议石景山区2021年国民经济和社会发展计划执行情况与2022年国民经济和社会发展计划草案的书面报告,审查和批准石景山区2021年国民经济和社会发展计划执行情况的报告与2022年国民经济和社会发展计划;审议石景山区2021年预算执行情况和2022年预算草案的书面报告,审查和批准石景山区2021年预算执行情况的报告和2022年预算;听取和审议石景山区人民代表大会常务委员会工作报告;听取和审议石景山区人民法院工作报告;听取和审议石景山区人民检察院工

1月6日，区十六届人民代表大会第七次会议开幕　　（区人大常委会供图）

作报告；选举石景山区第十七届人民代表大会常务委员会主任、副主任、委员，石景山区人民政府区长、副区长，石景山区监察委员会主任，石景山区人民法院院长，石景山区人民检察院检察长；决定石景山区第十七届人民代表大会专门委员会的设立及其组成人员的人选。在大会议案截止时间内，共收到议案15件，其中代表团提出的12件，十人以上代表联名提出的3件。经审查交区政府办理；由区人大常委会审议的10件，合并为4项议案。18日，进行大会选举。选出北京市石景山区第十七届人民代表大会常务委员会主任、副主任、委员共35人。主任：李文起，副主任：高洪雁（女）、宁慧娟（女）、张玉国、石显富、闫金定。大会选出北京市石景山区人民政府区长：李新，副区长：齐春利、李先侠、刘锋、王其志、申键、王智勇（满族）、尹圆（女）、李文化（女）。大会选出北京市石景山区监察委员会主任为王晓东。大会选出北京市石景山区人民法院院长为朱春涛。大会选出北京市石景山区人民检察院检察长为张京文，须报经北京市人民检察院检察长提请北京市人民代表大会常务委员会批准。大会以举手表决的方式通过关于石景山区人民政府工作报告的决议、通过关于石景山区2021年国民经济和社会发展计划执行情况与2022年国民经济和社会发展计划的决议、关于石景山区2021年预算执行情况和2022年预算的决议、关于石景山区人大常委会工作报告的决议、关于石景山区人民法院工作报告的决议、关于石景山区人民检察院工作报告的决议。新当选的区人大常委会组成人员、区政府、区监委、区法院领导同志进行宪法宣誓。区人民检察院检察长的宣誓仪式，经市人民检察院检察长提请市人大常委会批准后，由区人大常委会主任会议另行组织。

（杨兴宇）

【区十七届人大常委会第一次会议】 12月18日，在银保建国酒店举行。会议表决通过“关于接受田利跃辞去北京市第十五届人民代表大会代表职务请求的决定”，报市人大常委会备案。

（杨兴宇）

【人大常委会主任会议】 年内，区人大常委会共召开25次主任会议，研究处理人大常委会的重要日常工作，指导和协调人大常委会工作机构开展工作。研究确定7次人大常委会会议召开的时间和日程安排，提出各次会议议程草案；研究讨论人大常委会年度工作要点草案及主要工作安排；研究讨论召开区第十七届人民代表大会第一次会议筹备工作方案、议程及有关名单草案、人大工作报告讨论稿；研究讨论人事任免事项；研究讨论召开人大工作研讨会事宜。

（杨兴宇）

监督工作

【督办大会议案和代表建议】 年内，区十六届人大七次会议期间，代表共提出建议109件（含议案转建议5件），分别交区政府和区法院办理。疫情防控常态化下，为确保建议办理工作力度不减、质量不降，常委会及时调整办复期限，坚持重点督办、分类督办、跟踪督办，注重整体性、系统性、协同性，完善满意度“二次评价”机制，在推动难点问题解决上提高质量，在推动同类同质问题解决上取得实效，在推动跨年度问题解决上加快步伐。代表建议已经解决或部分解决的70件；已列入工作计划需逐年解决的13件；因政策、财力等原因暂不能解决，向代表说明解释的26件。建议办成率64.2%，略高于去年同期，人大代表对建议办理态度满意率为100%，对办理结果的满意和基本满意率为100%。

（杨兴宇）

【监督经济社会高质量发展】 年内，区人大常委会认真筹备并圆满召开区十六届人大第七次会议，审查批准《石景山区“十四五”时期国民经济和社会发展规划和二〇三五年远景目标纲要》与2021年经济社会发展目标任务，将区委的主张通过法定程序转化为全区人民的共同意志，动员全区人民在党的坚强领导下奋勇拼搏，开启石景山现代化建设新篇章。党组成员带队走访重点企业，协调解决企业发展中存在的困难问题。围绕“优化产业布局，加强财源建设”开展专题调研，提出加强工业互联网和虚拟现实产业引导和扶持力度，强化部门联动、通力合作的工作机制，制定更有针对性和竞争力的招优引强政策等建议。加强对优化营商环境工作的监督，围绕实施优化营商环境条例，重点就商事制度改革和放管服政策落实情况开展专题调研，视察区政务服务中心，听取审议政府关于优化营商环境工作情况的报告，提出进一步优化政府内部联合审批、数据共享等协同机制,加强窗口服务人员法规和政策培训,提高咨询和办理效率,提高惠企政策制定的精准性、宣传的广泛性、兑现的及时性等审议意见,推进辖区积极融入北京市“两区建设”。

(杨兴宇)

【监督城市治理和环境保护工作】 年内,区人大常委会持续推进两个“关键小事”深入实施深入落实。组织代表利用“家站”平台,对辖区贯彻实施《北京市物业管理条例》和《北京市生活垃圾管理条例》情况,广泛征求居民群众的意见,119 位代表参加调研,居民群众反馈问卷 2061 份,经整理归纳,提出进一步采取措施引导、规范居民自觉进行垃圾分类,以老旧小区有机更新为契机提高物业服务水平等意见和建议。督促政府进一步加强生态环境建设和大气污染防治。调研石景山区推进国家森林城市创建情况,听取审议政府关于 2020 年度环境状况和环境保护目标完成情况的报告,提出要始终保持生态环境保护的战略定力,有效发挥社会监督的力量,持续聚焦机动车、扬尘、挥发性有机物三大污染源治理等审议意见。

(杨兴宇)

【监督民生保障和文化发展】 年内,区人大常委会督办“落实国家级政策性长期护理保险工作”的议案。与市人大社会建设委员会联合调研,实地查看民族养老院失能人员护理情况和老山街道社保大厅对长护险政策的宣传情况,常委会听取审议政府关于议案办理情况的报告并组织了专题询问,提出进一步加强政策宣传,加强部门统筹协调,加强与市级部门沟通,更加精准地提供护理服务等审议意见。持续关注西山永定河文化带建设情况。组织代表视察区博物馆,观看石景山区历史文化展,了解文物保护和非遗传承情况,提出要加快模式口文保区和八大处 5A 级景区建设进程,立足红色资源优势、发挥博物馆在“四史”学习教育中的作用,抓好永定河生态环境建设等建议。关注医院安全秩序。市、区人大常委会联动开展《北京市医院安全秩序管理规定》《北京市突发公共卫生事件应急条例》执法检查,实地检查区疾控中心和石景山医院警务室,查阅医患纠纷登记台账、应急预案等材料,提出进一步加大“规定”宣传力度,强化风险防范、保障资金投入等建议。

(杨兴宇)

【监督监察和司法工作】 年内,区人大常委会围绕推进依法治区加强监督。调研辖区“七五”普法工作及“八五”普法规划情况。组织代表视察司法局公共法律服务中心、西山枫林社区法治文化长廊和社区学院法治宣传教育情况,审议 2020 年法治政府建设年度情况的书面报告,提出要用习近平法治思想统领法治宣传教育工作,加大对领导干部、青少年普法力度,大力开展民法典等重要法律法规宣传等意见和建议。依法开展备案审查工作。将“一府一委两院”规范性文件全部纳入备案审查范围,上半年收到规范性文件 5 件,完成备案 5 件。常委会听取区人大法制委员会关于规范性文件备案审查工作情况的报告,制定出台《石景山区人大常委会规范性文件备案审查工作规程》。跟踪监督区人大常委会对“区人民法院关于以审判为中心的刑事诉讼制度改革工作情况的报告”审议意见的落实情况,组织代表旁听区法院公开审理案件。

(杨兴宇)

【人大备案审查】 年内,区人大常委会推动中央决策部署贯彻落实,依照宪法和法律法规,密切关注政府印发的规范性文件,充分运用常委会工作机构联合审查机制,统一受理、分工负责、相互配合,依法对政府报备的 9 份文件进行审查,其中 8 件予以备案、1 件因不属于规范性文件范畴予以退回,政府作了纠正,积极发挥法治在提升治理能力和治理水平中的重要作用。

(杨兴宇)

【预算审查监督】 年内,区人大常委会加大监督工作力度,加强国有资产管理监督,听取审议政府关于 2020 年度国有资产管理情况的综合报告,对提升企业国有资产的运行效率和质量、完善行政事业性国有资产管理体制机制、构建国有自然资源资产价值量核算和管理体系等方面,提出审议意见。听取审议 2020 年决算草案情况的报告和审计工作报告,批准 2020 年决算。听取审议上半年国民经济和社会发展计划及预算执行情况的报告,批准区政府 2021 年第一次预算调整方案,推动石景山区经济社会平稳健康发展,努力实现“十四五”良好开局。

(杨兴宇)

国家工作人员任免和监督

【国家工作人员任免】 年内,区人大常委会坚持党管干部原则与人大常委会依法任免相统一,任免区国家工作人员 86 人次。严格执行颁发任命书和任职表态程序,严格执行宪法宣誓制度,增强干部依法履职和为民服务意识。

(杨兴宇)

【监督任命干部履职情况】 年内,区人大常委会经区委同意,对区发改委、科委、司法局、政务服务局、人防办、医保局等 6 家单位及其由人大常委会任命的国家机关工作人员李文化、郝显军、倪斐远、孙明磊、任连田、李凤芹进行履职监督。

(杨兴宇)

代表工作

【代表履职服务和管理】 年内,区人大常委会围绕贯彻党的十九届五中全会精神、落实好北京城市总规,组织代表履职培训。坚持邀请代表列席人大常委会会议,参加常委会组织的专题调研、执法检查和视察,保证代表知情知政。组织代表集中联系选民活动,听取群众意见、反映群众呼声,努力解决群众提出的房前屋后民生问题。总结本届以来代表履职优秀事迹,编写《代表风采》一书,讲好人大故事、代表故事、“家站”故事,宣传人民代表大会制度在辖区的生动实践。认真实施《关于加强人大代表之家和人大代表联络站标准化建设的意见》,准确把握

“家站”“两个平台一个纽带”的定位，持续推进代表“家站”标准化建设，依托“家站”平台，征求人民群众对《北京市接诉即办条例（草案）》《北京市物业管理条例》实施情况，以及对长护险试点、普法工作的意见建议，推动代表带着议题进“家站”，真正把“家站”用起来，不断增强“家站”活力，更好助力基层社会治理。

（杨兴宇）

【会前集中活动】 12月28日，北京市第十五届人民代表大会第五次会议石景山团开展会前集中活动。市人大代表李文起、高洪雁等参加活动。会议推选代表团团长、副团长，讨论大会议程草案，讨论大会主席团和秘书长等名单草案、选举办法草案等，讨论市政府工作报告以及其他各项报告征求意见稿，讨论《北京市种子条例（草案）》《北京市人民代表大会议事规则（修订草案）》，提出向市十五届人大五次会议提出的议案。会议还讨论大会其他准备事项。

（杨兴宇）

重要工作和活动

【换届选举】 年内，根据选举法、组织法、代表法和《北京市区、乡、民族乡、镇人民代表大会代表选举实施细则》的有关规定，在市选办的精心指导下，区人大常委会坚持党的领导、充分发扬民主和严格依法办事三项基本原则，加强领导，精心组织，统筹推进疫情防控和换届选举工作。从8月底开始，历时三个多月，经过准备工作阶段、选民登记阶段、推荐确定候选人阶段、投票选举阶段等，依法选举产生222名区第十七届人大代表。全区共设立10个选举分会，划分94个选区（不含部队选区），共登记选民267478人。全区共设置302个投票站、261个流动票箱，共有262849名选民于11月5日参加投票选举，参选率为98.27%。全区10个选举分会均一次投票选举成功，依法选举产生218名人大代表。根据《中国人民解放军选举全国人民代表大会和县级以上地方各级人民代表大会代表的办法》的规定，驻区部队依法选举产生4名人大代表。经区选举委员会确认，222名人大代表的选举产生符合法定程序，选举结果有效。新一届代表中，妇女代表84人，占比37.84%；中共党员163人，占比73.42%；少数民族15人，占比6.76%；大专以上学历220人，占比99.10%；连任代表70人，占比31.53%。圆满完成区第十七届人民代表大会代表的选举工作，进一步巩固党的执政基础，保证人民民主权利的实现，充分彰显人民代表大会制度的优越性，是石景山区民主政治建设的一次生动实践。

（杨兴宇）

【人大工作研讨会】 8月13日召开，会议以“总结、继承、完善、提高”为主题，聚焦进一步发挥好人大职能作用、推动区域高质量发展两个重点进行研讨，共征集文章38篇。常委会组成人员，市、区人大代表，北方工业大学文法学院法律系主任等9人进行大会发言。常卫出席会议，充分肯定区十六届人大常委会的工作，并指出，区人大及其常委会要深入贯彻落实习近平总书记关于坚持和完善人民代表大会制度的重要思想，毫不动摇坚持党的领导，持续围绕全区高质量发展的重大问题献计出力，担当起发展全过程人民民主的职责使命，以首善标准推动人大工作新发展。区领导李新、李文起、田利跃、刘亚泉、高洪雁、朱钢银、吕秀艳参加会议。

（杨兴宇）

【建党百年重大活动服务保障】 年内，区人大常委会组织市、区人大代表和机关干部参加庆祝中国共产党成立100周年大会，参观中国共产党历史展览馆，观看“伟大征程”大型情景史诗文艺演出。认真开展党史学习教育，组织党员干部集中封闭学习、交流心得体会、参观红色主题展，聆听主题党课，引导干部学史明理、学史增信、学史崇德、学史力行。积极推进“我为群众办实事”主题实践活动，承包13个社区，按照“三进三问三提升”的要求，开展“一把手进社区”为民办实事工作。将督办好人民代表大会确立的议案和代表提出的建议作为为群众办实事的重要抓手，使党史学习教育成果更多体现在增进人民福祉之中，以优异成绩向党的百年华诞献礼。

（杨兴宇）

【投入冬奥筹办“百日会战”】 年内，区人大常委会深入贯彻习近平总书记考察北京冬奥会和冬残奥会筹办工作重要讲话精神，落实蔡奇书记在北京市深入推进冬奥筹办决战决胜动员部署大会上的指示要求，围绕区委全面启动冬奥筹办“百日会战”攻坚行动安排，指导组积极发挥人大监督作用，推动服务保障冬奥筹办。一是落实“双

8月25日，区人大常委会视察冬奥社区　　（区人大常委会供图）

奥之区”责任定位，按照“一刻也不能停、一步也不能错、一天也误不起”的要求，投入冬奥筹办“百日会战”。紧盯“三个一百天”时间节点，抓重点、抓关键，开展重点工作监督。3月至10月，每月组织常委会委员、人大代表视察，对冬奥筹办“百日会战”任务中冬奥场馆周边环境建设情况开展一系列的监督工作。先后视察北京冬奥公园、苹果园交通枢纽、M11线轨道交通、八大处环境综合整治、广宁棚改收尾和环境提升、阜石路沿线重点区域夜景照明等20余处工程建设进展情况。积极发挥人大代表作用，服务冬奥、参与冬奥、借势冬奥，助力各项服务保障工作提质增效，助推实现“冬奥让城市更美好”。

（杨兴宇）

【做好疫情防控工作】 年内，区人大常委会充分认识疫情防控的反复性、长期性，克服麻痹思想、懈怠情绪，认真落实“四方责任”，坚持外防输入、内防反弹不放松。严格执行干部离京请示报告制度，及时排查中高风险地区返回人员，做好春节、清明、五一、端午等节日疫情防控教育，要求干部戴口罩、勤洗手、常通风、不聚集。大力推进疫苗接种工作，人大机关干部疫苗接种率率先达到100%，位列全区前十名。继续履行好社区疫情防控指导职责，采取“四不两直”方式深入街道社区，调研防疫措施落实情况，提出意见建议。

（杨兴宇）

【督导全国文明城区创建】 年内，区人大常委会深刻领会全区创城工作动员部署会精神，增强人大干部永不言弃、提振信心、鼓足干劲、瞄准2023年创建成功目标持续奋斗的信心和决心。党组成员承包金安桥等5个重点点位，深入实地研究解决问题，努力形成符合创城标准的长效工作机制。开展专项监督，结合“百日会战”督导，继续对部门和街道、社区落实创城指标情况进行调研和监督，开展创城拉练大检查，针对存在问题提出整改意见和建议。

（杨兴宇）

人大专门委员会工作

【概况】 石景山区人民代表大会设有5个专门委员会：即：法制委员会、财政经济委员会、教育科技文化卫生体育委员会、城市建设环境保护委员会、社会建设委员会。其职责是，根据大会主席团或者常委会主任会议的交付，研究、审议有关议案，提出审议结果报告或者审议意见；研究拟订有关议案，向本级人大或者常委会提出；对属于本级人大及其常委会职权范围内同本委员会有关的问题进行调查研究，向本级人大或者常委会提出建议。在大会闭会期间，受本级人大常委会领导。

（杨兴宇）

【人大法制委员会】 年内，召开法制委员会会议3次。协助常委会听取和审议区政府关于实施法治宣传教育“七五”规划和制定法治宣传教育“八五”规划工作情况的报告，就全区开展第八个五年法治宣传教育作出决议。对区法院落实以审判为中心的刑事诉讼制度改革工作情况报告的审议意见情况开展跟踪监督。首次向常委会报告本届以来的备案审查工作情况，制定《石景山区人大常委会规范性文件备案审查工作规程》，将“一委两院”的规范性文件纳入备案审查范围。2021年，对区政府报送的8份规范性文件进行审查，均予以备案。区“一委两院”暂无报送备案文件。组织代表参加远程视频旁听法院公开审理民事、刑事和行政案件。对区司法局班子及局长开展履职监督。对法制类代表建议开展督办。加强与北方工业大学文法学院的合作，积极吸收法治智库基地专家对规范性文件备案审查、调查研究、立法征求意见等相关工作的建议，探索人大监督工作理论与实践相结合的新途径新方法。

（杨兴宇）

【人大财政经济委员会】 年内，财经委按照同步发力，同频共振的工作思路，紧扣区委中心工作，围绕人大工作安排，持续关注经济运行和财源建设情况，督促区发改委、财政局加强调度，统筹推动财源建设工作。将财源建设系统接入到预算联网监督系统。连续开展优化营商环境情况调研，将政务服务改善和商事制度改革情况作为2021年优化营商环境监督重点，视察政务服务中心、企业开办大厅，督促政府进一步深化改革，全面提升政务服务的能力。同时对《北京市促进中小企业发展条例》实施情况开展监督，督促政府坚持问题导向，完善服务体系建设，进一步帮扶中小企业健康发展。积极落实《关于区人大常委会按照法律法规规定以及中央、全国人大精神应当听取和审议的报告》《全国人

5月13日，区人大常委会视察优化营商环境工作情况（区人大常委会供图）

民代表大会常务委员会关于加强中央预算审查监督的决定》等监督工作新要求。对接"十四五"规划指标调整工作。认真抓好财经类代表建议督办。在规定时限内解决优化营商环境、业态调整提升、便民商业网点等与群众日常生活密切相关的全部代表建议,建议督办工作取得实效。按照区人大常委会工作安排,分别对区发改委、政务服务局2个经济部门领导班子和主要领导干部履职情况进行综合考评,提交履职监督工作报告。

(杨兴宇)

【人大教科文卫体委员会】 年内,召开教科文卫委员会会议4次。协助常委会听取并审议专项工作报告1项,开展专题询问1次,初审报告5篇,组织调研、集中视察、执法检查、建议督办等各类监督活动13次,实现教科文卫领域监督工作全覆盖。扎实开展党史学习教育活动,集中学习习近平"七一"重要讲话精神。严格贯彻落实市委、区委关于换届选举的工作部署,有序推进人大换届选举工作。认真督办"加强应用场景建设、促进区域高质量发展",开展专题询问,有力推动区政府进一步加大建设国际科技创新中心的工作力度,为区域高质量发展提供强大的科技支撑,不断提升全区人民的科技获得感。连续第三年对西山永定河文化带建设情况进行监督,了解西山永定河文化带建设情况以及文物保护和非遗传承最新情况,并提出针对性意见建议。聚焦民生保障和百姓关切的问题,有效推动建议督办,深入推进跨年度跟踪督办。全力做好新冠肺炎疫情防控工作,深入苹果园街道等一线点位进行调研指导,积极参加社区的防控值守工作,为打赢疫情防控战贡献人大力量。助力创建全国文明城区工作,全力做好创城包片包点值守任务,确保值守点位环境整洁,充分展现辖区文明城区创建成效。

(杨兴宇)

【人大城建环保委员会】 年内,召开委员会会议5次,协助常委会听取和审议政府议案办理情况报告1项,听取政府专项工作报告1项,组织常委会调研和视察7次;督办城建环保类代表建议63件,协助人大常委会主任、副主任牵头重点代表建议督办1件,跟踪督办区第十六届六次会议代表建议7件。组织委员、代表开展城建环保领域各类调研和座谈活动17次,300余人次代表参加。围绕石景山区贯彻实施《北京市物业管理条例》情况开展深入调研,服务区人大常委会听取审议政府议案办理情况报告。调研2020年度环境状况和环境保护目标完成情况,协助常委会听取区政府专项工作报告。对生活垃圾分类及国家森林城市创建工作开展持续监督。结合全区冬奥筹办"百日会战",组织常委会委员及相关代表,围绕冬奥场馆周边环境建设及重大项目工程建设与管理情况开展一系列视察和调研,并创新开展夜间视察。

(杨兴宇)

【人大社会建设委员会】 年内,召开社会建设委员会会议3次。协助常委会听取和审议区政府关于"落实国家级政策性长期护理保险工作"议案办理情况报告并进行专题询问。协助常委会开展《北京市突发公共卫生事件应急条例》执法检查。对区民政局落实《北京市街道办事处条例》执法检查报告工作情况开展跟踪监督。对区医保局班子及局长开展履职监督。对社会建设类代表建议开展督办。加强与代表联系,组织开展以视察检查、调研献策为主要内容的代表活动,组织代表参加专题询问,组织专委会委员"带着议题进家站",深入了解长期护理保险制度试点工作情况,服务代表依法履职。组织开展立法征求意见工作。

(杨兴宇)

石景山区第十六届人民代表大会常务委员会

主　任　李文起

副主任　刘亚泉　高洪雁(女)　朱钢银　吕秀艳(女)　马丽萍(女,回族)

委　员　马振才　王泽群　王颖玲(女)　田　勇(女)　白宏宽　许保国　范静岩(女)　杨清霞(女)　李　成　李金柱　宋　平(女)　宋竞男(女)　杨学兵　陈文彰　张　艳(女)　张　杰(女)　徐春生　岳　峰　张培莉(女)　张　清(女)　梁宗平　梁建新　黄　丹(女)　刘　红(女)　龚志彪　梁正刚　刘云艳(女)　颜海波　由燕军

石景山区第十六届人民代表大会专门委员会

法制委员会主任委员　张培莉(女)
副主任委员　杨清霞(女)　魏志强

财政经济委员会主任委员　田　勇(女)
副主任委员　宋　平(女)　范静岩(女)

教科文卫体委员会主任委员　王颖玲(女)
副主任委员　徐春生

城建环保委员会主任委员　李金柱
副主任委员　张　艳(女)　由燕军

社会建设委员会主任委员　张培莉(女)
副主任委员　刘　红(女)　刘云艳(女)

石景山区第十六届人大常委会工作机构负责人

办公室主任 龚志彪
研究室主任 张　清
代表联络室(市人大代表联络处)主任 李　成
法制(备案审查、社会建设)办公室主任 张培莉
财政经济办公室主任 范静岩
预算审查办公室主任 田　勇
教科文卫办公室主任 王颖玲
城建环保办公室主任 李金柱

石景山区第十七届人民代表大会常务委员会

主　任 李文起
副主任 高洪雁(女) 宁慧娟(女) 张玉国 石显富 闫金定
委　员 王子霞(女) 卢红梅(女) 田小园(女) 田　勇(女) 由燕军 刘云艳(女) 刘云清 刘东晖(满族) 刘　红(女) 李月萍(女) 李　成 李海英(女) 杨旭东 杨清霞(女) 杨淑红(女) 邱　明 宋　平(女) 张丽丽(女) 张　艳(女) 张培莉(女) 张　清(女) 陈　勇 陈雅文(女) 范静岩(女) 周　斌 胡雄光 柏　群(回族) 康雅楠(女,回族) 梁建新

石景山区第十七届人民代表大会专门委员会

法制委员会主 任 委 员 张　清(女)
副主任委员 杨清霞(女) 张培莉(女)
财政经济委员会主 任 委 员 田　勇(女)
副主任委员 宋　平(女) 范静岩(女)
教科文卫体委员会主 任 委 员 王子霞(女)
副主任委员 刘云清 刘　彦(女)
城建环保委员会主 任 委 员 杨旭东
副主任委员 由燕军 张　艳(女)
社会建设委员会主 任 委 员 张　清(女)
副主任委员 卢红梅(女) 刘云艳(女)

石景山区第十七届人大常委会工作机构负责人

办公室主任 刘　红
研究室主任 李月萍
代表联络室(市人大代表联络处)主任 李　成
法制(备案审查、社会建设)办公室主任 张　清
财政经济办公室主任 田　勇
预算审查办公室主任 范静岩
教科文卫办公室主任 王子霞
城建环保办公室主任 杨旭东

石景山区人民政府

综述

北京市石景山区人民政府(简称区政府)是北京市石景山区人民代表大会的执行机关,是石景山区国家行政机关,对本级人民代表大会及其常务委员会和上一级国家行政机关负责并报告工作。设置政府工作部门31个。2021年,区政府借势冬奥让城市更美好,加快京西产业转型升级,推动区域经济提质增效,深入实施城市更新,持续改善民生福祉。年内,作为北京冬奥组委机关驻地和重要赛区,石景山区围绕“服务冬奥、参与冬奥、借势冬奥”这一主线,深入开展三个“百日会战”攻坚行动。首钢滑雪大跳台、主运行中心等冬奥“1+6+1”场馆建成投用,M11冬奥支线、北辛安路南段等冬奥配套工程完工运营,北京冬奥公园、冬奥景观大道、冬奥社区、冬奥广场等冬奥环境景观精彩呈现,冬奥场馆“双进入”工作体系高效运转。城市志愿者整装待发,各项工作按计划实施,全区冬奥氛围日益浓厚,从校园到社区全民参与冬奥主题活动热情高涨,群众性冰雪运动蓬勃开展。

石景山区把推动产业转型升级作为全区经济工作的战略支撑,紧抓京西产业转型升级示范区建设契机,加强“一轴四园”重点功能区建设。以长安金轴、北京银行保险产业园、中关村石景山园、新首钢园、文创园等重点功能区为载体,强化产业发展与空间布局整体协同,做优做强工业互联网产业园、虚拟现实产业园、人工智能创新应用产业园等特色园区,统筹推进“五子”联动落地,打造京西高质量发展新高地。长安金轴形成“三卡+消金”消费金融新格局;北京银行保险产业园规划建成率超过80%;中关村石景山园实现收入3438亿元,是2016年的1.8倍;首钢园获评北京市体育产业示范基地;首创郎园Park等文创园获评市级文化产业园,经济发展质量持续提升。2021年预计地区生产总值完成959.9亿元,同比增长9.2%;比2016年增长38.7%,年均增长6.8%。一般公共预算收入完成73.3亿元,同比增长11.6%;比2016年增长38.8%,年均增长6.8%。固定资产投资完成410.8亿元,同比增长17.0%,其中建安投资完成170.7亿元,同比增长41.7%;固定资产投资五年累计达到1595.9亿元,是前五年的1.74倍,年均增长14.8%。居民人均可支配收入84666元,同比增长7.6%;比2016年增长39.3%,年均增长8%。单位地区生产总值能耗降幅为3.5%,达到市级要求。全区二三产业占比从转型前的7:3反转为2:8,石景山实现从传统重工业区向绿色高端之城的蝶变。

石景山区在服务保障冬奥过程中,坚持“办赛事就是建城市”,促进新首钢地区成为首都城市复兴新地标,引领石景山发展深刻转型,推动城市品质大幅提升,树立首都城市西大门的崭新形象,人民群众享受到冬奥带来的红利。在新首钢复兴带动作用下,石景山区大力实施城市更新行动,以“京西八大厂”为主体,加快推动老旧厂房有机更新改造利用,带动石景山城区整体复兴。千年驼铃古道、百年历史老街模式口热闹开街,成为市民访古、怀旧、游憩的绝佳目的地。西山永定河文化带建设渐入佳境。以冬奥广场片区和首钢工业遗址公园为核心的北京冬奥公园正式开园,迅速成为市民新的网红打卡地。造林绿化持续推进,西长安街城市森林公园群越发郁郁葱葱,石景山区城市绿化覆盖率提高到52.42%。“一半山水一半城”的美丽姿态逐渐清晰。

为保护人民生命安全和身体健康,石景山区坚固筑牢新冠肺炎疫情防线,将安全便捷温暖的疫苗接种服务送到群众身边,全区上下携手筑起免疫长城。政府财力重点用于改善民生,实事项目相继实施,推动发展成果更多更公平地惠及广大群众。

(林迎午)

主要工作和重大活动

【概况】 2021年是中国共产党成立100周年,是“十四五”开局之年,也是冬奥筹办冲刺之年。石景山区作为首都中心城区,服务保障冬奥筹办和打造新时代首都城市复兴新地标两大历史机遇,叠加北京“两区”(即国家服务业扩大开放综合示范区、中国[北京]自由贸易试验区)建设机遇、城市更新和产业转型驱动,为石景山“三区建设”注入强劲动力和不竭力量。区政府坚持以习近平新时代中国特色社会主义思想为指导,深入贯彻习近平总书记对北京重要讲话精神,始终立足新发展阶段,全面贯彻新发展理念,积极融入新发展格局,牢牢把握“两大机遇”,统筹推进疫情防控和经济社会发展。抓紧制定实施一系列重要行动计划和工作方案,把服务保障冬奥筹办和打造新时代首都城市复兴新地标“两大机遇”和产业转型与城市更新“两个关键”转化为实实在在的产业项目、建设项目、民生项目,扎实推动工作落实,优化提升中心城区功能,提升城市综合承载力,高水平建设好首都城市西大门。推动“一轴四园”重点功能区、“1+3+1”高精尖产业和“五子”联动融合发展,擦亮“双奥之区”金名片。“十四五”实现良好开局,新首钢三年行动计划圆满收官。

区政府大力践行以人民为中心的发展思想,统筹做好就业、教育、医疗、住房、养老、文化、体育等与人民群众息息相关的民生事业,实施38项民生实事和67项济困工程,新增4家“养老服务驿站”、312张家庭照护床位,普惠性幼儿园覆盖率提高至87.1%,重点人群家庭医生签约服务覆盖率达到96.86%,3103名失能人员享受到优质护理服务,6898套回迁安置房、1736套共有产权住房交付使用,便民商业网点实现社区全覆盖,十一学校石景山学校、北大附中石景山学校、首钢医院新门诊医技大楼等项目让优质资源惠及更多群众,垃圾分类、物业管理、教育“双减”让居民生活发生巨大变化。全域深化文明城区创建,打造“品质社区”,荣获“长安杯”,办理群众诉求11万件,解决一大批群众的急难愁盼问题,首都城市西大门更有温度、更有质感。

(林迎午)

【政府常务会】 全年召开政府常务会46次(见下表)。

表 6 政府常务会一览表

时　间	名　称	议　　题
1月12日	第61次	关于我区烟花爆竹禁放宣传工作开展情况的汇报
		关于我区2020年污染防治攻坚战工作完成情况和2021年工作计划的汇报
		关于修订《石景山区民生家园建设专项资金管理办法》的请示
		关于我区2020年度地方政府隐性债务及其变动情况的汇报
		关于保险产业园公司向远洋集团控股企业颐璟润祥公司提供股权质押担保及流动性支持承诺函的请示
1月18日	第62次	关于报审《石景山区人民政府2021年折子工程》的请示
		关于报审《2021年区政府常务会议议题计划》的请示
		关于报审《关于我区2020年计划生育工作情况的报告》的请示
		关于申请编制01－03街区试点单元控制性详细规划中市政、交通等四项专项资金的请示
1月27日	第63次	关于2020年度我区“接诉即办”工作情况的汇报
		关于2021年春节期间“在京过节”服务保障有关工作的汇报
		关于我区2020年安全生产工作完成情况及2021年工作计划的汇报
		关于非居民用户液化石油气整治情况的汇报
		关于报审《北京市石景山区人民政府2020年法治政府建设年度情况报告》的请示
		关于报审《石景山区SS00－1610街区控制性详细规划编制工作实施方案》的请示
		关于申请“景贤计划”人才发展专项资金的请示
		关于申请半月园公园管理用房升级改造及设备经费的请示
		关于对机关事业单位部分工作人员发放一次性退休补贴的请示
		关于申报2020年度首都绿化美化先进集体、先进个人的请示
		人事任免有关事项
2月7日	第64次	关于报审《“十四五”时期石景山区深化推进“疏解整治促提升”专项行动工作方案》的请示
		关于以区政府名义与门头沟区政府签订合作发展框架协议的请示
		关于2020年我区固定资产投资完成情况的汇报
		关于报审《石景山区2021年春节期间留京务工人员关心关爱若干措施》的请示
		关于我区2021年春节期间安全保障和应急值守有关工作的汇报
		关于报审《石景山区2021年春节期间救助保障工作方案》的请示
		关于模式口文保区城市更新项目规划实施路径研究意见的汇报
		关于给予阿依瓦（北京）技术有限公司等14家企业“一事一议”政策支持的请示
		关于申请中国光大银行信用卡中心等5家企业和1名个人房租补贴资金的请示
		关于以区政府名义与北京建筑大学签署战略合作框架协议的请示
		关于我区2020年园林绿化工作完成情况和2021年工作计划的请示
		关于石国投公司出资设立北京国石智达科技产业优选基金的请示
		关于石景山文化品牌塑造与传播项目有关资金的请示
		关于申请2021年春节慰问政法单位专项经费的请示
		关于打造光芯片产业基地推进光芯片产业化和创新中心项目建设有关工作的请示
		人事任免有关事项
2月19日	第65次	关于报审石景山区2020年度北京市扶贫协作奖拟推荐对象有关事项的请示
		关于报审《石景山区与首开集团应急维修资金使用办法》《石景山区区属产权老旧小区应急维修资金使用办法》的请示
		关于申请审判执行办案经费的请示

续表

时　间	名　称	议　　　　题
2月19日	第65次	关于冬奥社区街区环境提升有关工作的请示
		人事任免有关事项
2月25日	第66次	人事任免有关事项
		关于疫苗接种组织协调工作组办公室通报我区疫苗接种工作情况
		关于报审《石景山区进一步优化营商环境更好服务市场主体实施方案》的请示
		关于2020年信访工作完成情况及2021年信访工作要点的请示
		关于石景山区深入打好污染防治攻坚战2021年行动计划及资金安排的请示
		关于石景山区2021年街巷环境整治提升工作方案及资金的请示
		关于报审《石景山区2021年创建全国文明城区交通秩序维护和文明交通劝导工作方案》的请示
3月5日	第67次	关于报审《石景山区2021年“疏解整治促提升”专项行动工作方案》的请示
		关于报审《石景山区“十四五”时期国民经济和社会发展规划和二〇三五年远景目标纲要主要目标与任务分工方案》的请示
		区疫苗接种组织协调工作组办公室通报我区疫苗接种工作情况
		关于12345市民服务热线“接诉即办”有关工作的汇报
		关于支持北京易华录信息技术股份有限公司为许蕾办理人才引进的请示
		关于支持北京星奥冰雪文化体育发展有限公司为赵楠楠办理人才引进的请示
		人事任免有关事项
3月25日	第68次	检察公益诉讼发展历程及石景山区检察院工作情况
		关于12345市民服务热线“接诉即办”有关工作的汇报
		关于2021年区政府领导领衔办理市、区人大建议、政协提案以及区政府与区人大、区政协开展民主协商工作安排的请示
		关于石国投公司对海特花园50号楼公建楼进行升级改造的请示
		关于以区政府名义与全联房地产商会城市更新分会签署战略合作框架协议的请示
		关于确定共有产权住房政府份额代持机构的请示
		关于申请2021年购买创建全国文明城区测评服务项目有关经费的请示
		关于报审《北京市石景山区全面实施预算绩效管理的实施方案》的请示
		关于太平国发禾和(北京)投资管理有限公司向北京市石景山区现代创新产业发展基金有限公司增资的请示
		人事任免有关事项
4月2日	第69次	关于2020年打击非法集资和防范化解金融风险工作完成情况及2021年工作方案的汇报
		关于“两区”建设推进情况及近期工作安排的汇报
		关于报审《关于贯彻落实〈加快新首钢高端产业综合服务区发展建设打造新时代首都城市复兴新地标行动计划(2019年—2021年)〉2021年工作方案》的请示
		关于申请五里坨建设组团定向安置房给水、中水系统改造工程资金补贴的请示
		关于我区博物馆开放及运行有关工作及资金的请示
		关于申请区科技馆布展项目资金的请示
		关于申请石景山区儿童福利院及救助站项目信息化工程资金的请示
		关于申请教育部门办幼儿园外聘人员工资补助的请示
		关于申请人大附中石景山学校合作办学有关经费的请示
4月8日	第70次	关于我区2021年第一季度“接诉即办”工作进展情况存在问题及工作建议的汇报
		关于我区2021年河长制有关工作及资金的请示

续表

时　间	名　称	议　　题
4月8日	第70次	关于报审《石景山区土地开发项目独立占地公共设施用地移交实施方案》的请示
		关于申请2021年全区春节及元宵节景观布置资金的请示
4月21日	第71次	关于2021年一季度市、区政府折子工程、民生实事等工作进展情况的汇报
		关于2020年度市政府绩效考评结果的通报
		关于2021年一季度石景山区"疏解整治促提升"专项行动工作进展有关情况的汇报
		关于2021年一季度石景山区经济社会发展形势分析的汇报
		关于2021年一季度石景山区固定资产投资及重大项目推进情况的汇报
		关于石景山区"十三五"时期扶贫支援工作完成情况和2021年支援协作工作要点有关情况的汇报
		关于石景山区支援协作资金和项目管理办法有关情况的汇报
		关于报审《石景山区落实"十四五"规划优化高精尖经济结构行动计划(2021年—2025年)》的请示
		关于12345市民服务热线"接诉即办"有关工作的汇报
		关于启动北辛安、五里坨、衙门口、苹果园配套社区卫生服务中心建设的请示
		关于区委维稳指挥信息化平台建设项目资金的请示
		关于石泰集团与融创地产合作建设衙门口棚改1615－708地块二类居住用地、1612－734地块基础教育用地的请示
4月30日	第72次	2020年行政案件司法审判年度报告
		"五一"期间及节后疫苗接种有关工作
		关于"五一"期间城市运行保障、文旅活动安排及安全保障、应急值守有关工作的汇报
		关于报审《石景山区2021年促消费活动方案》及配套政策和"五一"期间生活必需品市场供应保障有关工作的请示
		关于报审《石景山区关于强化知识产权保护的实施方案》的请示
		关于报审《石景山区2021年防汛工作方案》及有关工作的请示
		关于2021年老旧小区综合整治及有机更新有关工作的请示
		关于报审《"开展国家级政策性扩大长期护理保险制度试点"议案办理工作情况报告》的请示
		关于给予北京流金岁月传媒科技股份有限公司等4家企业"一事一议"政策支持的请示
		关于报审《石景山区贯彻落实国家统计局统计督察反馈意见整改方案》的请示
5月13日	第73次	习近平法治思想与法治政府建设
		关于报审《石景山区2021年政务公开工作要点》的请示
		关于12345市民服务热线"接诉即办"有关工作的汇报
		关于传达学习习近平总书记在中共中央政治局第二十九次集体学习时重要讲话精神及石景山区近期大气污染防治工作强化措施的汇报
		关于报审优化营商环境有关工作情况报告的请示
		关于报审《石景山区火灾事故调查实施办法(试行)》的请示
		关于申请发行2021年政府专项债券的请示
		关于北辛安棚户区改造A区项目1608－656地块产业定价的请示
		关于实兴集团申请抵押贷款的请示
		关于申请八角派出所租赁新址装修加固改造工程所需经费的请示
		人事任免有关事项
5月19日	第74次	关于我区生活垃圾分类工作情况的汇报
		关于申请北京冬奥公园及周边区域景观桥建设工程经费的请示
		关于鲁谷街道创建"无违建社区"遗留建筑垃圾清运有关资金的请示

续表

时间	名称	议题
5月19日	第74次	关于石景山路更换新型交通护栏方案及资金的请示 关于报审2020年决算草案情况报告的请示 关于报审《北京市石景山区国有企业违规经营投资责任追究暂行办法》的请示
5月31日	第75次	关于报审《石景山区全面推行林长制实施方案》的请示 关于报审北京市石景山区第七次全国人口普查工作情况及主要数据成果的请示 关于给予北京字节跳动网络技术有限公司等8家企业"一事一议"政策支持的请示 关于阜石路金安桥微中心一期过街天桥项目建设资金的请示 关于2021年区管城市道路重点任务计划及资金的请示 关于棚改项目安置房办理不动产登记相关工作的请示 关于清算2020年新首钢高端产业综合服务区经济贡献共享机制资金的请示 关于2021年第一次预算调整的请示 人事任免有关事项
6月4日	第76次	解读国务院《防范和处置非法集资条例》 关于报审《石景山区贯彻落实〈防范和处置非法集资条例〉工作方案》的请示 关于石景山区"十四五"时期人口发展规划有关情况的汇报 关于我区扬尘污染防治工作进展情况的汇报 关于报审《石景山区地下管线监督管理方案》的请示 关于报审《石景山区2021年交通综合治理行动计划》的请示 关于报审《石景山区集体土地征收"多元化补偿"标准实施办法》的请示 关于报审《石景山区城市更新行动计划(2021—2025年)》的请示 关于2021北京西山永定河文化节活动方案及相关资金的请示
6月10日	第77次	关于近期新冠肺炎疫情防控有关工作的汇报 关于我区2021年端午节暨服务保障建党百年庆祝活动期间安全保障和应急值守城市运行保障安排的汇报 关于我区扬尘污染防治工作进展情况的汇报 关于报审《石景山区"十四五"时期城市精细化管理规划》的请示 关于申请北京冬奥公园景观亮化及周边环境整治提升工程经费的请示 关于冬奥社区高井路优化提升改造工程计划及资金的请示 关于报审《石景山区"双减"工作区级专班工作方案》的请示 关于报审石景山区教育系统人才引进暂行办法和石景山区教育系统人才引进暂行办法实施细则的请示 关于报审《石景山区"十四五"时期人才发展规划》的请示 关于报审《石景山区"十四五"时期社会治理体系建设规划》的请示 关于兑现2020年度石景山区冰雪产业政策支持资金的请示 关于2021年中国科幻大会及北京特色活动初步策划方案和有关费用的请示
6月18日	第78次	关于传达学习党中央、国务院关于湖北十堰"6·13"燃气爆炸事故的指示批示精神全力维护辖区安全稳定有关工作的汇报 关于报审《北京市石景山区第一次全国自然灾害综合风险普查工作方案》及有关资金的请示 关于12345市民服务热线"接诉即办"有关工作的汇报 关于我区扬尘污染防治有关工作的汇报 关于报审《北京市石景山区建筑规模管控意见(试行)》的请示

续表

时间	名称	议题
6月18日	第78次	关于报审《石景山区"十四五"时期提升国际交往能力发展规划》的请示
		关于报审《石景山区"十四五"时期"智慧石景山"建设发展规划》的请示
		关于报审《石景山区"十四五"时期生态环境保护规划》的请示
		关于报审《石景山区"十四五"时期科技创新发展规划》的请示
		关于报审《石景山区"十四五"时期城市基础设施建设规划》的请示
		关于申请北京冬奥公园基础设施提升工程经费的请示
		关于兑现首批2020年度产业发展政策资金的请示
		关于石泰集团申请高井村环境整治项目有关资金的请示
6月25日	第79次	关于报审《石景山区实施法治宣传教育"七五"规划和制定法治宣传教育"八五"规划情况的报告》的请示
		关于传达学习全市大气污染防治和气象指挥部庆祝大会空气质量保障调度部署会议精神的汇报；关于我区扬尘污染防治有关工作的汇报
		关于报审《石景山区"十四五"时期老旧小区改造规划》的请示
		关于2020年度预算执行及其他财政收支审计工作情况的汇报
		关于我区2021年巩固"无煤化"建设成果有关工作及资金的请示
		关于模式口文保区修缮改造及环境整治规划建设"五结合"工作机制的请示
		关于兑现2020年度政策资金的请示
		关于广宁村棚改项目资金的请示
		关于申请衙门口城市森林公园五环外地块景观提升建设资金的请示
		关于环卫作业车辆报废更新购置工作及所需经费的请示
		关于以区政府名义与北京银保监局签订合作协议的请示
		关于推荐2017—2020年度全国群众体育先进单位和先进个人的请示
7月2日	第80次	传达学习习近平总书记关于安全生产和公共安全工作重要指示精神全面加强消防安全责任落实
		关于报审《关于加强住宅小区消防车通道和疏散通道管理的实施方案》的请示
		关于"两区"建设上半年有关工作情况的汇报
		关于报审《石景山区"接诉即办"快速处置资金使用办法(试行)》及第一批配套专项资金有关工作的请示
		关于给予北京网智德实科技股份有限公司等8家企业"一事一议"政策支持的请示
		关于申请我区SS00-1610街区控制性详细规划研究编制专项资金的请示
7月7日	第81次	区政府任命的国家工作人员宪法宣誓仪式
		关于2021年上半年市、区政府折子工程、民生实事任务进展情况的汇报
		关于石景山区2021年上半年国民经济和社会发展计划执行情况的汇报
		关于12345市民服务热线"接诉即办"情况的汇报
		关于污染防治攻坚战2020年成效考核结果的通报及我区扬尘污染防治工作进展情况的汇报
		关于报审《石景山区重大行政决策程序暂行规定(试行)》的请示
		关于报审《石景山区人民政府关于充分发挥外聘政府法律顾问作用进一步加强法治政府建设的实施意见》的请示
		关于对新冠肺炎疫情防控期间政府征用酒店相关费用进行结算的请示
		关于报审国有资产管理情况综合报告的请示
		关于报审2021年上半年预算执行情况报告的请示
		关于以区政府名义与国网电子商务有限公司签署《合作备忘录》有关事项的请示
		关于先行垫付2021年度公共租赁住房租金补贴经费的请示

续表

时间	名称	议题
7月15日	第82次	学习中共中央办公厅关于贯彻新发展理念专项督查调研的情况报告
		关于2021年上半年“疏解整治促提升”专项行动工作情况及下半年重点工作安排的汇报
		关于石景山区2021年上半年支援协作工作完成情况及下半年重点工作安排的汇报
		关于2021年上半年安全生产工作完成情况及下半年重点工作安排的汇报
		关于2021年“八一”双拥月活动有关工作及资金的请示
		关于垃圾分类日常考评情况的汇报
		关于模式口历史文化街区修缮改造与环境整治项目资金的请示
		关于报审《石景山区财源建设工作评估办法》的请示
		关于给予中国铁建电气化局集团有限公司等3家企业“一事一议”政策支持及兑现北京新七天电子商务技术股份有限公司政策支持资金的请示
		关于申请指挥中心改造项目所需资金的请示
		人事任免有关事项
7月22日	第83次	人事任免有关事项
7月22日	第84次	关于12345市民服务热线“接诉即办”情况的汇报
		关于2021年上半年固定资产投资工作情况及下半年工作计划的汇报
		关于2021年上半年信访工作情况及下半年重点工作安排和集中治理重复信访、化解信访积案专项工作情况的汇报
		关于报审《石景山区加快推进北京国际消费中心城市建设实施方案(2021年—2025年)》的请示
		关于2021年城市道路建设及大修计划与资金的请示
		关于金顶山路周边配套绿化工程方案及建设资金的请示
		关于申请北京冬奥公园雕塑布设经费的请示
		关于申请高井沟生态修复工程经费的请示
7月29日	第85次	习近平总书记7月21日对防汛救灾工作的重要批示精神及蔡奇书记有关批示精神
		关于12345市民服务热线“接诉即办”有关工作的汇报
		关于2021年上半年“稳就业保就业”工作进展情况及下半年重点工作安排的汇报
		关于报审《石景山区2021年政务服务领先行动实施方案》的请示
		关于2021年上半年污染防治攻坚战工作进展情况及下半年重点工作安排的汇报
		关于2021年上半年重大项目推进情况及下半年工作安排的汇报
		关于报审《石景山区人民政府关于“加强应用场景建设、促进区域高质量发展”议案办理情况的报告》的请示
		关于“5·9”暴力抗法事件善后处置经费的请示
		关于提前偿还石国投公司为石泰集团衙门口棚改项目融资资金的请示
		关于申请2022年冬奥会安保工作经费的请示
		关于申请厨余垃圾收集运输处理工作经费的请示
8月6日	第86次	关于我区2021年上半年重要民生实事工作情况及下半年重点工作安排的汇报
		关于报审《石景山区人民政府关于加强我区〈北京市物业管理条例〉实施的议案办理报告》的请示
		关于我区2021年第二批老旧小区综合整治项目的请示
		关于以区政府名义与中国建设银行北京市分行签署战略合作框架协议的请示
		关于兑现第二批2020年度产业发展政策资金的请示
		关于保险园公司向银行申请651地块项目贷款融资的请示
		关于龙盈智达(北京)科技有限公司入驻银保园有关工作的请示

续表

时　间	名　称	议　　题
8月12日	第87次	关于12345“接诉即办”8月份办理情况及上半年诉求情况分析和下半年重点工作安排的汇报
		关于国家森林城市创建工作进展情况的汇报
		关于2021年度老旧小区电力配网改造有关工作及资金的请示
		关于支持北京市喜隆多购物中心有限公司时尚奥莱分公司、斯威克斯科技有限公司、华夏银行信用卡中心人才引进有关工作的请示
		人事任免有关事项
8月20日	第88次	区政府任命的国家工作人员宪法宣誓仪式
		关于2021年上半年消防安全形势分析的汇报
		关于垃圾分类日常考评情况的汇报
		关于报审《石景山区广宁、五里坨等西部地区发展建设三年行动计划(2021年—2023年)》的请示
		关于报审《石景山区促进中关村工业互联网产业园高质量发展暂行办法》的请示
		关于实施京广、京石、京原铁路(丰沙线)周边环境整治提升项目的请示
		关于石景山区推动首钢园区公共设施移交工作有关情况的汇报
		关于五里坨新隆恩寺村居民周转有关工作及资金的请示
8月26日	第89次	关于开展国务院第八次大督查迎检准备工作的汇报
		关于《石景山区“十四五”时期国民经济和社会发展规划和二〇三五年远景目标纲要》2021年上半年监测评估情况的汇报
		关于报审《关于完善“服务包”制度精准服务企业发展工作方案》《2021年区领导联系走访企业工作方案》的请示
		关于报审《石景山区推动“两区”建设促进开放发展的若干措施》的请示
		关于报审《石景山区社区工作者管理实施细则》的请示
		关于我区推动国家公共文化服务体系示范区创新发展工作的汇报
		关于我区计划新建和迁建密闭式清洁站项目及资金的请示
		关于冬奥社区绿化及亮化提升工程资金的请示
		关于支持石景山区科幻产业人才引进的请示
9月2日	第90次	关于政务服务领域近期有关工作进展情况的汇报
		关于报审《石景山区街道统计工作管理办法(试行)》的请示
		关于落实北京市审计整改工作专题部署会议要求有关情况的汇报
		关于我区补缴医保基金(含生育基金)整改方案的请示
		关于报审《关于推动北京“侨梦苑”高质量发展的若干措施(试行)》的请示
		关于以区政府名义与中交资本控股有限公司签订战略合作协议的请示
9月9日	第91次	关于我区2021年1—8月法治政府建设重点工作任务完成情况的汇报
		关于报审《石景山区行政复议体制改革实施方案》的请示
		关于报审《石景山区关于开展法治政府建设情况的自查报告》的请示
		关于以区委区政府名义开展2021年安全生产督察工作的请示
		关于石景山区第一次全国自然灾害综合风险普查工作开展情况的汇报
		关于报审《石景山区老旧小区综合整治工作联席会议制度》的请示
		关于广宁村、衙门口棚户区改造房屋征收项目房屋征收补偿补助有关审计整改问题的请示
		关于兑现2021年“科创28条”第一批政策资金的请示
		关于申请广宁街道办事处、新立街社区居委会、东山社区居委会棚改拆迁搬移所需经费的请示
		关于推进融景城代征绿地配套管理服务用房项目决算工作的请示

续表

时间	名称	议题
9月15日	第92次	关于我区2021年中秋节期间安全生产和应急保障工作安排的汇报
		关于12345市民服务热线“接诉即办”有关工作的汇报
		关于报审《石景山区重大投资项目储备管理办法》的请示
		关于报审《石景山区1609街区控制性详细规划(2020年—2035年)》的请示
		关于国家体育总局老山汽车摩托车驾驶学校及北京老山驾校机动车驾驶培训有限公司关停有关工作的请示
9月23日	第93次	关于2021年至2023年创建全国文明城区宣传布设工作有关资金的请示
		关于石景山区政府与华为技术有限公司开展战略合作有关工作的请示
		关于给予北京聪明核桃教育科技有限公司等4家企业“一事一议”政策支持的请示
		关于与中电科资产经营有限公司签署《投资合作协议》有关事项的请示
		关于以区政府名义与中交投资公司签署投资建设协议的请示
		关于万商集团办理万商银河大厦不动产登记证有关工作的请示
		关于石景山区2021年服贸会工作总结及下一步工作计划的汇报
9月28日	第94次	人事任免有关事项
		关于我区2021年国庆节期间安全生产和应急管理工作安排的汇报
		关于加强电动自行车火灾防范有关工作的汇报、区住房城市建设委关于电动自行车充电设施安装有关工作的汇报、区市场监管局关于电动自行车销售领域产品质量监管情况的汇报
10月15日	第95次	关于寒潮、大风天气应对有关工作的汇报
		关于2021年三季度市、区政府折子工程、民生实事任务进展情况的汇报
		关于报审《石景山区人民政府关于办理区第十六届人大第七次会议代表建议、批评和意见工作情况的报告》的请示
		关于进一步加强常态化形势下新冠疫情防控工作的汇报
		关于12345市民服务热线“接诉即办”有关工作的汇报
		关于报审《北京市石景山区贯彻落实第二轮中央生态环境保护督察报告反馈意见整改方案》的请示
		关于我区2021年度防汛工作情况的汇报
		关于垃圾分类日常考评情况的汇报
		关于报审《加强石景山区集体土地租赁住房出租和运营管理工作的意见》的请示
10月19日	第96次	人事任免有关事项
10月27日	第97次	关于2021年1—3季度“疏解整治促提升”专项行动有关情况的汇报
		关于2021年1—3季度石景山区经济社会发展形势分析的汇报
		关于2021年1—3季度石景山区固定资产投资有关情况的汇报
		关于石景山区2022年拟办重要民生实事有关情况的汇报
		关于报审2020年度预算执行和其他财政收支审计查出问题整改情况报告的请示
		关于给予北理新征程教育科技(北京)有限公司工业互联网平台工程实训基地项目“一事一议”政策支持的请示
		关于古城街道十万平、南路东和南路西老旧小区综合整治项目增加强电改造资金的请示
		关于2021年第二次预算调整方案的汇报
		关于2021年财政支出预算变动情况的汇报
		关于城市道路、公共厕所移交清扫保洁作业有关工作及资金的请示
		关于电动环卫车辆运行管理有关工作及资金的请示
		关于石景山区残疾人职业康复中心(一期)购置基本设备、办公设备及内部装饰所需经费的请示
		人事任免有关事项

续表

时间	名称	议题
11月4日	第98次	关于报审《石景山区深化规划和自然资源领域问题整改的工作分工方案》的请示
		关于报审《石景山区阜石路1603-616(部分)地块R2二类居住用地(金安雅筑嘉苑)共有产权住房项目二次申购登记公告》的请示
		关于我区配售型保障房剩余房源收购转化为公租房使用管理有关工作的请示
		关于申请拨付疫情防控专项经费的请示
		关于租赁使用永定河休闲森林公园管理处场地的请示
		人事任免有关事项
11月11日	第99次	中央新时期法治政府建设实施纲要有关内容
		关于2021年三季度污染防治攻坚战工作进展及《石景山区2021—2022年秋冬季大气污染综合治理攻坚行动措施任务表》的请示
		关于报审《石景山区人才住房管理暂行办法(试行)》的请示
		关于报审《石景山区数字经济发展规划(2021—2025年)》的请示
		关于报审《石景山区工业互联网三年行动计划(2021—2023年)》的请示
		关于报审《石景山区人民政府关于中小企业发展有关情况的报告》的请示
		关于服务保障冬奥采购无氯融雪剂有关工作的请示
		关于追加新工资政策所需人员经费的请示
		关于申请建设第二办公区专项经费的请示
		关于报审《石景山区深化国资国企改革三年行动实施方案(2020—2022年)》的请示
11月19日	第100次	新冠疫苗接种有关工作
		关于报审《石景山区全面依法治区规划(2021—2025年)》的请示
		关于《政府工作报告》的汇报
		关于《北京市石景山区2021年国民经济和社会发展计划执行情况与2022年国民经济和社会发展计划(草案)报告》的汇报
		关于实施2022—2024年度促进就业优惠政策的请示
		关于报审《北京市石景山区关于2021年度河长制工作推进落实情况的报告》的请示
		关于报审《石景山区2021年食品安全工作报告》的请示
		关于体育中心改扩建工程等3个重大项目调整为前期推进项目的请示
		关于2021年全区未成年人思想道德建设有关工作的汇报
		关于冬奥赛场周边环境整治(广宁村)项目市级固定资产补助资金使用计划的请示
		关于《北京市石景山区2021年预算执行情况和2022年预算草案》的汇报
11月26日	第101次	关于2022年固定资产投资重点建设项目计划安排有关情况的汇报
		关于2021年重大项目完成情况及2022年工作安排的汇报
		关于报审《石景山区2021年区委区政府安全生产督察工作报告》的请示
		关于报审《北京市石景山区公用人民防空工程使用收费管理暂行办法》的请示
		关于传达学习习近平总书记在中央民族工作会议上重要讲话精神和我区2021年民族宗教侨务工作情况的汇报
		关于传达学习习近平总书记对知识产权工作重要讲话精神和我区2021年知识产权保护工作情况及下一步工作计划的汇报
		关于2021年济困工程实施情况及2022年工作安排的汇报
		关于12345市民服务热线“接诉即办”有关工作的汇报
		关于给予中国华建投资控股有限公司“一事一议”政策支持的请示

续表

时间	名称	议题
11月26日	第101次	关于五里坨规模学校建设工程项目有关资金的请示
		关于招聘50名政府专职消防员的请示
		关于石景山区结对帮扶密云区集体经济薄弱村增收工作方案及框架协议有关情况的汇报
12月2日	第102次	区党代会和区“两会”期间全区应急管理和安全生产工作
		关于2022年北京冬奥会、冬残奥会石景山区赛时城市景观布置有关工作资金的请示
		关于2022年北京冬奥会和冬残奥会石景山交通场站运维保障有关工作及资金的请示
		关于首钢东南区次干路料场路地界外建设主体及有关资金的请示
		关于西黄村绿荫停车场和晋元公园建设有关资金的请示
		关于区疾控中心职工住房补贴有关资金的请示
		人事任免有关事项
12月10日	第103次	新冠疫苗接种有关工作
		关于社区(小区)空中缆线整治资金的请示
		关于2020年和2021年第一批老旧小区综合整治项目引入第三方咨询服务(项目全过程管理)的请示
		关于金顶街金四区教工楼老旧小区综合整治有关资金的请示
		关于苹果园综合交通枢纽土地一级开发成本审核有关工作的请示
		关于2020年度公务员奖励性补贴基层倾斜有关工作的请示
12月18日	第1次	关于报审《北京市石景山区人民政府工作规则》的请示
12月24日	第2次	《住房和城乡建设部办公厅关于广州市大规模迁移砍伐城市树木有关问题的通报》及领导批示精神
		我区烟花爆竹禁放有关工作
		关于我区内部审计工作质量检查情况的通报
		关于报审《石景山区贯彻落实〈北京市法治政府建设实施意见(2021—2025年)〉工作方案》的请示
		关于报审《石景山区社区矫正委员会设立方案》的请示
		关于保险园公司转让持有北京保汇置业发展有限公司股权的请示
		关于调整部分2020年第二笔及2021年污染防治专项转移支付资金用途的请示
		关于申请拨付审判执行办案经费的请示
		人事任免有关事项
12月30日	第3次	2022年元旦春节期间安全生产、城市运行、疫情防控、保供稳价等工作
		关于报审《石景山区人民政府2022年折子工程》的请示
		关于报审《石景山区全民健身实施计划(2021—2025年)》的请示
		关于报审《石景山区2021年城乡规划实施和土地资源管理情况报告》的请示
		关于五里坨建设组团土地一级开发项目对接北辛安项目B区安置房的请示
		关于申请我区SS00-1606街区控制性详细规划研究编制专项资金的请示
		关于申请2022年春节慰问政法单位专项经费的请示
		关于2022年冬奥会、冬残奥会首钢园控制区、“5+1”酒店、冬奥会火炬传递活动安保工作经费及相关事项的请示

(林迎午)

【“两区”建设宣传推介会】 1月18日,“两区”建设宣传推介会在北京银行保险产业园银保建国酒店举办。来自金融、科技、体育等领域的15家机构现场签约,李新主持推介会并致辞。北京阳光消费金融股份有限公司、斯威克斯科技有限公司、中关村工业互联网产业园等8家企业与区政府签约,实现投资和项目落地;英特尔冬奥科技有限公司等7家企业与区政府、首钢集团在产业资源导入、专业化运营、国际交流、项目合作等方面签署多项战略合作。齐春利分别与15家企业现场签约,首钢集团副总经理梁捷等参加推介会。年内,石景山区借势“两区”建设,叠加多重政策利好:在国家层面,获得国务院落实有关重大政策措施真抓实干成效明显多项表彰,享受商事制度改革试点、企业债券申请“直通车”以及老工业基地振兴重大改革政策先行先试等激励措施；在市级层面，获得“两区”建设及中关村国家自主创新示范区支持，享受公司型创投企业所得税优惠政策试点、技术转让所得税优惠政策试点等多项高含金量财税支持政策；在区级层面，一是完善“2＋N”政策体系对产业支撑，加大财税专项支持；推出“30亿”规模的产业基金；在应用场景、新基建、科幻产业、数字创意等重点领域设立超亿元专项资金。二是推出“景贤计划”。全球招募高端人才，设立5000万元人才发展专项资金，率先实施人才个税15%奖励。三是优化营商环境。建立“服务管家”制度。启动“京西国际商事与人才综合服务港”建设，将打造集企业服务、人才服务、展览展示、国际交流空间等功能的企业和国际人才的综合性服务平台。

（林迎午）

【光功能材料与芯片项目专家论证会】 1月22日，光功能材料与芯片项目专家论证会在石景山区召开。专家组听取项目单位华夏芯智慧光子科技（北京）有限公司汇报项目建设内容及可行性研究报告，中国工程院院士邬贺铨从十个方面高度评价该项目：方向已看准，团队有积累，专利有支撑，产业有基础，基地已就绪，设备有保障，上下可延伸，启动具条件，宜早不宜迟，支撑大战略。经质询探讨，专家组认为，实施本项目符合国家战略需求，可有效解决当前光电子材料与芯片产业紧迫问题，推动长远良性发展，能够为石景山区发展数字创意、VR/AR和工业互联网等新一代信息技术产业提供技术支撑，并建议将光功能材料与芯片研究和技术攻关内容列入北京市重点科技攻关项目，争取国家、北京市、区政府进一步支持。李新表示，石景山区将认真贯彻新发展理念，落实会议的意见要求，推动区域产业转型升级，助力北京打造国际科技创新中心。希望项目团队按照专家组论证意见进一步完善方案内容，做好顶层设计，区内各相关部门要做好服务，推进项目顺利开展。

（林迎午）

【走访高新技术企业】 1月，李新带队分别来到中国科学院高能物理研究所、中电科资产经营有限公司、北京青牛技术股份有限公司进行走访。李新一行首先到中科院高能物理研究所，参观北京正负电子对撞区、同步辐射光源等。在随后召开的座谈会上，高能物理研究所所长王贻芳院士介绍高能所基本情况以及科研情况。李新感谢高能所在石景山区构建高精尖产业体系方面所做的贡献，希望高能所继续引领科技创新，提高科技成果转化效率，助力石景山区高质量发展。在中电科北京信息科技大厦，李新参观入驻大厦的司法大数据研究院、电科云科技和战略研究中心，表示服务企业是政府的应尽职责，将在教育、文化、医疗、体育等领域做好对企业的社会公共服务，助力企业发展。在北京青牛公司，李新表示，石景山区要进一步增强做好人才工作的责任感、紧迫感，深入实施“景贤计划”，广聚人才，为人才发展提供全面优质的服务保障，擦亮“石景山服务”品牌。周西松参加走访座谈。

（林迎午）

【区政府英文版门户网站正式上线】 1月，区政府启动英文版门户网站建设工作，并实现上线试运行。区政府英文版门户网站坚持从用户角度出发，设置信息发布、商业推介、综合服务等板块。同时，高标准推进网站页面设计、内容保障和功能建设。通过“探索石景山”“与冬奥同行”“投资石景山”“魅力石景山”等栏目展现石景山的现代城市形象，突显“双奥之区”的优势特色。同时，网站还集新闻发布、公共服务、投资信息、资讯交流于一体，旨在为外国人提供广覆盖、全周期的英文网上服务，助力打造石景山国际化形象。

（林迎午）

【西苑医院调研西部医院建设】 2月19日，中国中医科学院西苑医院调研石景山区西部医院建设座谈会召开。西苑医院党委书记张允岭、副院长徐凤芹、总会计师刘辉，区领导李新、孙学伟参加。区卫健委汇报项目情况。李新表示：西苑医院中医特色突出，诊疗优势明显，在国内国际具有较大影响力，真诚希望开展信任合作，共同研究国家和首都在新建医院建设、发展等方面的政策，发挥各自优势，探索最佳路径，明确功能定位，促进双方长期合作发展。西苑医院拟在五里坨街道隆恩寺路附近规划建造一个三级医院，目前处于前期调查阶段。11月17日，区政府与中国中医科学院西苑医院签订框架协议，市中医管理局局长屠志涛，中国中医科学院副院长王申和，区领导常卫、李新参加活动。该项目纳入十四五规划。

（林迎午）

【与金融街控股、中青旅座谈】 3月4日，区政府与金融街控股公司座谈。金融街控股股份有限公司董事长高靓、总经理吕洪斌，金石融景房地产有限公司董事长刘洋、总经理邓家林；区领导李新、周西松参加座谈。高靓介绍京西商务中心项目投资运营情况，期待能够深化与石景山区的合作，共同探索促进楼宇经济提质增效的发展路径，配合区域推进城市有机更新。李新表示：冬奥会和服贸会的举办给石景山区转型发展带来重大机遇，区政府将一如既往地支持金融街控股公司在区内的深耕发展，组建工作专班，与金融街控股公司深入对接、科学研究，寻找一条适合公司壮大发展的有效路径，加快发展现代服务新业态新模式，共同打造城市经济活跃区。同月19日，区政府与中青旅控股股份有限公司座谈。李新、周西松、李先侠与中青旅党委副书记、副董事长、总裁邱文鹤，总裁助理赵勇，中青旅遨游国际旅行社有限公司总经理郑蓬时，中视科华有限公司副总经理王森等参加会议。中青旅介绍前期接洽情况、合作基本思路及下一步工作安排。李新表示：石景山区作为首都中心城区积极融入首都新发展格局，以服务保障冬奥筹办和打造新时代首都城市复兴新地标为重点，积极推动实现高质量发展，呈现出良好的发展态势。下一步，区政府各部门将全面做好对接服务，希望双方在抓牢抓实现有合作的基础上,不断扩大合作领域,提升合作层次,持续开创互促共进的政企合作局面。邱文鹤期待双方能进一步密切沟通交流,共同搭建平台,谋求发展机遇,实现地区与企业的互利共赢。

(林迎午)

【国家体育总局到区调研】 4月7日,国家体育总局副局长李建明一行到石景山区调研"带动三亿人参与冰雪运动"示范区创建工作。冬季运动管理中心主任、党委书记倪会忠,体育总局群体司副司长、一级巡视员邱汝,冬奥组委秘书行政部副部长蔡兵,市体育局副局长孟强华,区领导李新、田利跃参加调研。调研组一行先后到市民冰雪体育中心、京源学校小学部、冬奥社区、电厂路小学、首钢园区高线公园,实地察看冰雪场地设施建设、冰雪知识进校园、冬奥社区建设、首钢北区总体建设等工作情况,并召开座谈会。会议由倪会忠主持,李新汇报石景山区"带动三亿人参与冰雪运动"示范区建设情况,丁东汇报全国"带动三亿人参与冰雪运动"示范推进工作会及相关配套活动情况,李建明肯定石景山区抢抓冬奥机遇、大力统筹推进冰雪运动体育事业发展的各项工作,指出:打造"带动三亿人参与冰雪运动"示范区是贯彻落实习近平总书记关于体育工作重要指示批示精神的重要举措,是坚持以人民为中心发展思想和贯彻新发展理念的重要体现。他表示要深入总结提炼石景山区在打造"带动三亿人参与冰雪运动"示范区方面的好经验好做法,在全国范围内进一步复制推广。通过冰雪运动促进人民身体健康、带动冰雪产业发展,为全国"带动三亿人参与冰雪运动"示范作出石景山贡献。首钢集团、市体育局领导梁捷、王宁参加调研。

(林迎午)

【赴航天云网公司调研】 4月16日,李新一行赴航天云网公司调研座谈。参观航天云网智能制造样板间和大数据平台展厅。航天云网董事长於亮从企业发展历程、央企融通平台、行业产业链监测等平台生态建设和科技创新能力提升、重点实施项目等方面进行介绍,并提出希望区政府给予其产业发展支持政策、共同实施国家级重大项目、共建工业互联网展示中心等方面发展需求。李新表示,石景山区将持续将工业互联网产业作为区域发展主导产业,联合航天云网共同申报、支持重大项目落地实施;整合双方资源协同发展,加速工业互联网产业园建设;加强"两区"建设在科技方面的合作,树立行业发展标杆旗帜,打造工业互联网产业发展高地。

(林迎午)

【对口支援协作】 5月7日,湖北省十堰市竹山县代表团到区调研对接对口协作工作。代表团一行参观新首钢园区,对老工业基地改造成效给予高度评价,随后召开对口协作联席会。竹山县委副书记、县长陈建平介绍近年来竹山县经济社会发展取得的成绩,希望两地不断扩大协作成果,增进情谊,实现携手互助、共赢发展。李新祝贺竹山县经济社会发展取得累累硕果,两地因水结缘,石景山区更要饮水思源。

(林迎午)

【与中国电科集团座谈】 5月10日,李新与中国电科集团党组成员、副总经理李立功座谈。中国电科资产公司总经理孙以林介绍拟在石景山区打造"中国电科(北京)智慧创新园"的项目方案,表达入驻需求。双方就项目落地、产业发展、政策支持等方面进行广泛交流。李立功表示,此次交流座谈是中国电科集团与石景山区进一步开展深度合作的开始,下一步将推动双方实现优势互补、合作共赢。李新介绍区情和高精尖产业发展情况,表示石景山区高度重视与中国电科集团的合作,成立工作专班做好服务和对接工作;对于未来的项目合作,双方要按照北京市总体要求,加强沟通,形成共识。

(林迎午)

【石景山区博物馆正式对外开放】 5月12日,石景山区博物馆开馆仪式在区文化中心举行,并免费对公众开放。市文物局党组成员、副局长、首都博物馆党委书记白杰,北京博物馆学会理事长刘超英,周西松,以及区各委办局、驻区高校、中小学校负责人出席开馆仪式。区博物馆结合社会热点,举办多场主题活动,如红色历史故事分享会、红色拓片体验主题活动、"咫尺匠心·古器新生"青铜器修复体验活动、冬奥会倒计时100天"我在博物馆修文物"系列活动,并依托丰富馆藏设计开发多种文创产品。

(林迎午)

【"两区"建设招商推介】 5月16日至18日,李新带队围绕工业互联网、虚拟现实、科幻等产业赴广东省深圳市开

5月16日至18日,李新一行赴深圳开展石景山区"两区"建设招商推介会

(区投促中心供图)

展专题招商活动。17日下午，石景山区“两区”建设招商推介会在深圳市鸿丰国际大酒店举行，70余家深圳企业参加。会上宣传推介石景山区产业发展、重点项目及政策支持情况，并分别与中青旅山水酒店集团股份有限公司、深圳市信息服务业区块链协会、深圳市虚拟现实产业联合会3家企业和协会签约。参加华为生态大会2021，与华为公司负责人就华为云项目落地进行深度交流，并与华为12家合作伙伴进行合作座谈会，推介石景山区重点项目，进行政策解读。走访调研中海公司、丝路视觉、裹动智驾、优必选科技、梦网科技等公司，深入了解企业发展现状，宣传石景山区“2＋N”政策，推动企业落户发展。参观深圳市当代艺术与城市规划馆，调研深圳市夜间经济、城市照明情况，学习借鉴城市规划、基础设施建设和配套服务经验。6月3日，“两区”建设招商推介走进石景山中外商协会及外资企业专场活动举行。周西松出席活动并致辞。来自中国人民对外友好协会、芬兰、瑞典、丹麦等多家商协会和花旗银行等多家企业代表20余人参加活动。企业代表一行参观新首钢高端产业综合服务区，随后开展座谈交流。在座谈会上，周西松讲述石景山的历史、发展转型历程和正在推进的城市更新、产业升级。区投促中心、区金融办、首建投公司分别围绕石景山区产业政策和空间载体及北京银行保险产业园、新首钢高端产业综合服务区等重点产业园区进行推介交流。与会商协会代表、企业嘉宾与区相关部门及企业进行深入对接。

（林迎午）

【北辛安消防站揭牌】 5月19日，北辛安消防救援站举行揭牌仪式。该站坐落于首都城市复兴新地标——首钢园区东侧，中间仅隔一条北辛安路。消防救援站承担冬奥会消防安保工作，距离冬奥组委直线距离不到1公里，3分钟之内就能到达，到首钢滑雪大跳台仅需5分钟，一旦发生险情，能够以最快速度到场处置。市消防救援总队总队长宋树欣，李新共同为“北辛安消防救援站”揭牌，亢军等出席仪式。宋树欣与区领导、首钢集团领导进行交流座谈，详细了解石景山区消防队站建设逐年推进和专款改造环卫车辆加装消防设备等情况，一同观摩首钢园区“消防＋环卫”实操演练。

（林迎午）

【市人大常委会到区调研】 5月24日，市人大常委会副主任杜飞进带队到区调研职业教育发展情况。市人大常委会副秘书长、教科文卫办公室主任刘玉芳，市人力社保局副局长荀连忠，李新、李文起、周西松参加调研。在首钢技师学院进行实地调研，通过座谈听取石景山区职业教育发展情况、相关参会单位办学情况，杜飞进指出：要提高对职业教育的认识，从基于民族复兴的战略出发提升职业教育水平、提高职业技能培训；要高度重视职业教育存在的问题，促进职业教育大发展、高质量发展；要增强忧患意识，提前做好师资、生源、办学场所等资源匹配工作；要围绕高端制造业、智造业、现代服务业发展需求，立足于满足城市发展和人民群众更好生活需要，解决顶层设计中定位、思路、目标不清晰的问题，协同相关部门，从合理设置课程、打通学历与职业教育之间的堵点等方面入手，从小学阶段注重社会教育引导，营造全社会尊重职业教育的氛围，为培育更多“大国工匠”提供优质环境。

（林迎午）

【赤塔市“城市日”庆典】 5月29日，俄罗斯赤塔市举办“城市日”庆典活动视频会议。石景山区、呼伦贝尔市、满洲里市、海拉尔区应邀参加，李新出席并致辞。他表示，今年是《中俄睦邻友好合作条约》签署20周年，衷心希望两区（市）以此为契机，以结好十周年为新的起点，传承好中俄世代友好的接力棒，共同谱写未来发展和友好合作的新篇章。赤塔市行政长官亚里洛夫及市长萨波日尼科夫分别发表致辞，感谢石景山区在疫情期间积极捐赠防疫物资，希望未来两区（市）继续并肩前行，扩大和深化双方更多领域务实合作，推动双方友好关系深入向前发展。

（林迎午）

【总责任规划师聘任】 6月3日，石景山区组织召开总责任规划师聘任会议。李新向总责任规划师团队及领衔总责任规划师石晓冬正式颁发聘书，李先侠介绍《石景山区总责任规划师工作办法》的制定背景、工作职责，明确工作内容。区政府为贯彻落实《北京城市总体规划（2016年—2035年）》《石景山分区规划（国土空间规划）（2017年—2035年）》，进一步增强规划决策科学性，提升城市规划设计水平和精细化治理能力，助力产业转型，城市更新，着力营造“高水平治理、高水平更新、高水平发展”的工作局面。结合石景山区实际，在现行责任规划师制度基础上，探索设立总责任规划师（团队）制度。选聘北京市城市规划设计研究院为石景山区总责任规划师团队，石晓冬院长为石景山区总责任规划师。聘任会议结束后，结合区委理论学习中心组安排，石晓冬围绕“精心规划一张蓝图、科学引领首都发展”主题，以电视电话（扩大）会议形式，为区级理论学习中心组成员和各单位理论学习中心组成员授课。石院长从“北京城市总体规划、北京城市副中心规划、首都功能核心区规划、石景山区分区规划的编制和实施”4个方面进行全方面、多层次的讲解和分析。全区各级领导干部进一步全面准确学习《北京城市总体规划》《石景山分区规划》，了解首都规划体系的“四梁八柱”。

（林迎午）

【“高校京西发展联盟”成立】 6月22日，石景山区与北京大学、清华大学、中国人民大学等17所高校共同发起成立“高校京西发展联盟”。常卫，市人才工作局副局长刘敏华，团市委副书记、市青联主席王洪涛等出席成立仪式暨合作论坛，田利跃主持仪式。常卫与17所高校领导共同启动“高校京西发展联盟”，标志着区校合作开启新篇章、创造新模式。唐行安向与会代表介绍联盟工作机制，王洪涛与齐春利一同为全市首个“港澳青少年交流基地”揭牌，孙学伟和与会高校领导为区校“冬奥城市志愿服务队”授旗。成立仪式上还发布“辉煌百年，红色京西”项目,并为高校“红色故事宣讲团”成员代表颁发聘书。联盟成立后,区校双方将在思想政治引领、就业创新创业、社会治理、青年发展、智力支撑等五大方面开展合作。

(林迎午)

【冬奥会文化广场授牌】 6月23日,北京2022年冬奥会和冬残奥会文化广场授牌仪式暨国际奥林匹克日活动,在广宁街道冬奥社区文化健身广场成功举办。北京冬奥组委文化活动部部长陈宁、市文旅局二级巡视员常林、河北省文旅厅二级巡视员梁扉、区领导孙学伟出席活动,陈宁宣读广场验收结果并授牌。该广场是全国首个冬奥城市文化广场,体现“绿色、共享、开放、廉洁”的办奥理念。广场占地总面积4000平方米,东侧设置舞台,与广场中部古亭风格呼应,顶部设置光伏发电设备,中央设置LED大屏幕,是冬奥会及冬残奥会的室外观赛场所之一,设有冬奥特许商品专卖、冬奥文化展示、冰雪运动体验、科技冬奥等特色功能区。活动当天,结合国际奥林匹克日主题,广场设置冰壶球、冰蹴球、VR体验、滑雪教学、科技冬奥等互动区域,群众体育文化活动与舞台表演同步进行,吸引市民驻足体验,让大家在娱乐中体验冬奥冰雪项目。文化广场24小时免费对公众开放,居民和游客随时可以进行休闲健身,此外,广场还可承办一些大型文艺演出、活动,丰富居民们的精神文化生活。

(林迎午)

【模式口文保区专家聘任】 6月29日,模式口文保区专家委员会聘任仪式暨第一次规划建设方案论证会举行。李新首先为模式口文保区专家委员会专家发放聘书。聘任仪式后,专家组前往模式口大街现场调研方案评审院落,听取《模式口历史文化保护区保护规划近期建设实施引导工作方案》等工作情况汇报。李新表示,模式口文保区是西山永定河文化带的重要节点,是北京建设全国文化中心的重点任务,也是北京2022年冬奥会展示石景山形象的重要窗口。要始终坚持“文物保护是核心,环境整治是前提,有机更新是遵循,民生改善是重点,业态提升是关键”的原则,积极稳妥、高效有序开展模式口文保区修缮改造及环境整治各项工作。他希望专家委员会能为模式口文保区项目规划建设提供专业、科学的指导,顺利推进模式口文保区修缮改造及环境整治工作,进一步提升西山永定河文化带石景山段的文化价值,提升模式口文保区品牌的知名度、美誉度和影响力。齐春利、李先侠,专家委员会成员邱跃、田崑生、边兰春、林楠、陈康、汤羽扬、岳升阳等参加仪式。

(林迎午)

【“带动三亿人参与冰雪运动”工作推进会】 7月8日,来自全国各省、自治区、直辖市体育部门的负责人和冰雪运动协会嘉宾150余人齐聚石景山区,参加由国家体育总局主办,国家体育总局冬季运动管理中心、北京市体育局、石景山区人民政府承办的“带动三亿人参与冰雪运动”工作推进会。9日下午,与会代表先后前往首钢园区国家冬训中心、北京市京源学校、高井路冬奥社区、电厂路小学、市民冰雪体育中心进行观摩,实地了解国家体育总局冬运中心备战冬奥的冰雪运动科学化训练内容和石景山区服务保障冬奥、冰雪运动进校园、群众冰雪运动开展、冬奥社区建设、冰雪产业发展以及后备人才培养等工作情况,亲身感受冰雪项目国家队最先进的训练方式和石景山区创建“带动三亿人参与冰雪运动”示范区的优秀成果。其中利用首钢老厂房改建的4个均具备专业级、赛事级、国际级、奥运级标准的场馆(花样滑冰、短道速滑、冰壶、冰球)相继竣工,并积极投入服务保障国家队备战2022年北京冬奥会的训练中。与会代表来到京源学校,了解石景山区冰雪运动进校园情况,观摩学校“画冬奥、滑冰雪、话健康”活动成果,观看校园冰雪社团冰壶球、越野滑轮展示,在校内仿真冰场观摩冰球队训练情况。京源学校小学部是石景山区打造的16所冰雪特色校之一,学校在石景山体校协助下组建速滑队和冰球队,并在市民冰雪体育中心投入训练。石景山区在带动校园冰雪运动方面,已经实现“三个100%”,即中小学学生100%上冰、体育舞蹈教师100%接受冰上培训、冬奥知识100%进校园。广宁街道高井路社区是北京市首个被冬奥组委授牌的“冬奥社区”并将冬奥社区建设作为地区全民参与的共同行动,评选出15户具备外语、冰雪运动、传统技艺等特长的“冬奥社区志愿家庭”,积极参与服务冬奥志愿活动。位于冬奥社区内的电厂路小学是北京市

7月8日至10日,冰雪项目科技助力成果展、中国冰雪运动发展高峰论坛暨产业博览会、首届中国数字冰雪运动会年度总决赛系列活动在首钢园区举办

(首钢集团供图)

奥林匹克教育示范学校，在学校 2020 年 11 月建成的真冰冰壶馆内，与会代表现场观摩学校冰壶队训练情况。目前学校各个班级都开设冰壶课，普及冰壶运动。学校冰雪运动校本课程内容形成“2+8+5”模式，让孩子们体验到奥林匹克文化的魅力。石景山区引进社会投资，2017 年建成当时国内最大的气膜式滑冰馆群——市民冰雪体育中心，发放冰雪消费券，推动场馆向群众优惠开放。建成以来，承办各类冰雪赛事和活动 1200 余场；每年到场流量 40 万人次，参与冰雪运动 20 万人次。与会代表在这里观看青少年冰球、冰壶训练展示和石景山区石榴花速滑队、青少年冰上课程训练展示，并通过参观展览，了解石景山区冰雪运动普及和冰雪产业发展情况。此次观摩活动为“带动三亿人参与冰雪运动”示范区在全国的推广，继而助力 2022 年北京冬奥会圆满筹办和“带动三亿人参与冰雪运动”战略目标早日实现起到良好示范带动作用，特别是在冰雪运动进校园、冰雪设施配建等方面提供一些石景山特有、可推广可复制的冰雪体育工作经验。

（林迎午）

【“带动三亿人参与冰雪运动”示范区建设】 7 月 9 日，在全国“带动三亿人参与冰雪运动”工作推进会上，国家体育总局局长、党组书记苟仲文向石景山区授予“带动三亿人参与冰雪运动”示范区牌匾，向电厂路小学授予“冰雪学校”牌匾，向广宁街道高井路社区授予“冰雪社区”牌匾。石景山区作为北京冬奥组委、冬奥会滑雪大跳台比赛场地、国家冬训中心的承载区，牢牢把握举办 2022 年冬奥会和冬残奥会、打造新时代首都城市复兴新地标两大机遇，以服务保障冬奥为全区工作的牵引，深入落实“带动三亿人参与冰雪运动”战略目标，对标示范区创建指标体系，加快冰雪运动设施建设，着力扩大冰雪产品服务供给，广泛开展群众冰雪健身活动。持续深入推进冬奥文化和冰雪运动进机关、进部队、进校园、进企业、进社区、进家庭。连续 7 年举办石景山区冰雪季、奔向 2022 健步走等群众冰雪品牌活动，打造冬奥家庭运动会等“一街一品”社区冰雪品牌，每年组织开展京西冰雪嘉年华等冰雪活动百余场，让冰雪运动贯穿四季，融入百姓生活。联合冰雪运动协会等组织，开展冰雪运动社会体育指导员培训，培训人数达到 1103 人。全区每年冰雪运动参与人数约 30 万，占全区人口的 52.6%。

（林迎午）

【冬奥会倒计时 200 天活动】 7 月 19 日，“北京 2022 年冬奥会倒计时 200 天——欢乐冬奥行系列群众文化活动”在区文化中心举办。市文旅局副局长、一级巡视员庞微，区领导周西松参加活动。启动仪式上，来自全市各区优秀文化志愿者代表分享参与冬奥、文化志愿的故事，共同发出弘扬冬奥文化的志愿者倡议，并为区文化馆和区文化中心颁发“北京 2022 年冬奥会和冬残奥会城市文化志愿服务站”标牌。当天，举办文艺演出、互动体验、知识冬奥、非遗冬奥、冬奥电影五大版块的欢乐冬奥行系列群众文化活动，近千名群众走进区文化中心，参与享受公共文化服务，学习冬奥知识，体验冬奥魅力，感受冬奥文化。

（林迎午）

【走访信息科学研究院】 7 月 19 日，李新带队走访中国电子科技集团公司信息科学研究院，与中国电科集团总经理吴曼青进行交流座谈。李新表示，感谢中国电科集团在石景山区布局发展，将全力以赴支持创新院先行入驻并做好服务工作。针对中国电科集团入驻的相关问题，逐一提出工作建议，双方达成共识。下一步，双方将共同加快推进《战略合作协议》的签订，推进创新院与银保园公司签订《房屋租赁协议》，争取年底前入驻；同时，将按照“先租后售”的原则，逐步推进中国电科项目入驻，以实现合作共赢。

（林迎午）

【与芬兰商会座谈交流】 9 月 8 日，李新与芬兰商会座谈交流。区商务局、投促中心和首建投公司等介绍石景山区“两区”政策、投资环境和首钢园区的基本情况。芬兰商会会长杜米宁、执行董事吴兰和芬兰国际文化体育联合促进会会长尼伟萨就下一步拟与石景山区开展合作的项目进行深入对接。李新表示，石景山区正在紧抓服务保障冬奥筹办和打造新时代首都城市复兴新地标“两大机遇”，以吸引和聚集国际投资为主线，持续扩大对外开放。芬兰是冰雪运动强国，石景山区将持续与芬兰商会保持密切联系，与芬兰开展冰雪运动与体育产业合作。欢迎更多芬兰企业走进石景山区进行商务考察，在更多领域开展务实交流与合作，进一步提升区域经济社会对外开放与发展水平，促进“两区”建设取得更加丰硕的成果。

（林迎午）

【冬奥会倒计时 100 天活动】 10 月 27 日，是北京冬奥会开幕式倒计时 100 天。石景山区中小学生在教室里、在舞台上、在运动场上开展多种多样的主题教育活动，通过滑起来、画起来、学起来、做起来、唱起来等多种方式为冬奥会加油助威，迎接冬奥会的到来。区文旅局统筹区文化中心、区文化馆、区图书馆、区非遗中心等区级公共文化设施开展“全力迎冬奥 一起向未来”北京 2022 年冬奥会倒计时 100 天系列线上群众文化活动，传播冬奥文化理念，引导市民群众关注冬奥、参与冬奥，感受奥林匹克精神和文化魅力。

（林迎午）

【中国虚拟现实产学研大会】 12 月 5 日，2021CVRVT 第七届中国虚拟现实产学研大会首次在石景山区以线上虚拟演播厅直播形式举行。大会以“虚拟现实让生活更美好”为主题，创新性利用 VR 演播厅、元宇宙 VR 展厅等形式，打破传统会议时间与空间的交流限制，可实现多人异地沉浸式协同、展商与观众虚拟空间内交流。中国工程院院士赵沁平、中国产学研合作促进会常务副会长陈小娅、市经信局副局长姜广智、区领导王智勇、韩国科学技术院文化技术大学院院长 Wo ontack 出席并致辞，中国科学院、清华大学、北京航空航天大学、纽约州立大学等顶尖专家学者，以数字孪生、人机交互、复杂局系统与虚拟现实技术发展为主题发布权威主旨报告，石景山区发布“十四五”时期虚拟现实产业发展规划，邀请华为河图、耐德佳、艾迪普科技、亮亮视野、利亚德集团等重点企业代表参加圆桌论坛，共同探讨产业新场景新应用。据数据统计，大会吸引在线观众突破万人、虚拟现实展厅参观者2000余人。

(林迎午)

【荣膺“平安中国建设示范区”称号】 12月15日，平安中国建设表彰大会在京召开，石景山区被平安中国建设协调小组命名表彰为2017至2020年度“平安中国建设示范区”，并被授予全国平安建设最高奖——“长安杯”。“长安杯”，取“长治久安”之意，是全国平安建设领域时间跨度最长、涵盖内容最多的一项综合考评和最高奖项，充分反映一个城市平安建设和市域社会治理水平，是地区美誉度、社会和谐度、群众满意度的重要“金字招牌”。由平安中国建设协调小组组织评选，每4年一次，必须连续3届12年被评为先进的县(市、区、旗)，才有资格授予“长安杯”。

(林迎午)

【第八届市民快乐冰雪季】 12月26日晚，第八届市民快乐冰雪季在石景山体育场启动。在距离北京冬奥会开幕40天之际，活动组织者为来自全区机关、企事业单位、街道、冰雪团队的近400名市民朋友展示灯光秀、冬奥歌曲演唱、特技滑雪、冰上芭蕾等多个精彩演出。在活动现场，还设置滑冰、滑雪、冰上碰碰车、冰上自行车、冰爬犁、雪地保龄球等几十种全新项目，启动仪式结束后，到场的市民朋友参与各种冰雪体验活动，参加雪上拔河、雪球大战等趣味比赛。

(林迎午)

【中国关工委调研考察】 12月27日，第十届全国人大常委会副委员长、中国关心下一代工作委员会主任顾秀莲一行到区调研关心下一代工作。最高人民检察院党组副书记、副检察长童建明，市检察院检察长朱雅频，市关工委主任梁伟，常务副主任李昭玲等相关领导参加调研，区领导李文起、刘海涛陪同调研。顾秀莲一行首先来到区未成年人互动体验式法治教育中心和首钢园，实地调研考察石景山区关心下一代法治教育基地建设情况和石景山区服务保障冬奥会冬残奥会筹办相关工作开展情况。在区老干部活动中心(鲁谷)，顾秀莲等领导实地调研考察区关工委办公、活动场所，现场观看石景山区青少年冬奥画展、老少书法笔会，与孩子们现场互动、亲切交谈，现场观看“情景再现:关心下一代大讲堂”“老少同台 传唱经典”等老少互动节目，并为石景山区“五老”志愿者形象大使颁发聘书。座谈会上，区关工委主任赵玉民作工作汇报。关工委主任梁伟就北京市关工委贯彻落实中央决策部署、中国关工委工作要求情况作汇报。顾秀莲对北京市以及石景山区关心下一代工作给予充分肯定，要求认真落实《中国关工委“十四五”发展规划和二〇三五年远景发展目标》等文件精神，把立足新发展阶段、贯彻新发展理念、构建新发展格局要求落实到关心下一代工作各领域、各环节，将智慧和力量凝聚到关心下一代的各项工作上。中国关工委、市关工委等相关负责人，区领导张利军、石显富陪同调研。

(林迎午)

【推进接诉即办】 年内，石景山区推进接诉即办，完善治理体系，构建基层治理新优势。区政府主要领导每周召开区政府常务会议，每月召开现场推进会，集中进行工作调度，实现组织体系高效通畅、指挥调度有的放矢。为进一步提高问题整改率和难点共性问题解决率，区接诉即办工作领导小组实行周调度机制，区级工作专班实行日调度机制，区领导实行包片包点责任制，推行每周末位汇报制度和“每月一题”集中解决制度，街道明确由专职副书记牵头、主管城市建设和城市管理的副主任配合，各单位明确专责部门和专人专岗，社区完善相应工作体系，实现接诉即办工作专人牵头、专人调度、专人落实，专人管、专人办。通过大数据研究诉求产生的规律，出台针对性措施，通过办好一个诉求，推动解决一类问题。针对预付费退费、房产证办理、物业管理、停车管理等高频难点问题，建立五大重点问题专班协调推进机制，结合市级“每月一题”建立重点问题台账，实行专题调度、集中解决。主管区领导坚持每日调度接诉即办工作，各职能部门积极推动难点问题解决。严格执行“30分钟受理、3天办结、5天催办、月度通报”工作流程，紧紧围绕“三率”不断提升接诉即办制度化、标准化、规范化水平。石景山区不断加大人力、物力、财力投入，以全市每月通报排名为依据，对获得全市单月排名前10名、累计3个月市排名前50名、累计3个月市排名前100名的街道，给予资金奖励，用于接诉即办体系机制建设和难点问题兜底解决。2020年对在市级考核排名中取得优异成绩的街道落实接诉即办奖励资金累计达730万元，2021年已落实奖励资金490万元。同时，为加大群众诉求快速处置力度，提升工作效能，石景山区制定《接诉即办快速处置资金使用办法(试行)》，设立1000万元快速处置专项资金，用于解决关系群众基本生活和公共安全类问题的快速处置，有效推动各单位及时解决群众的急难愁盼问题。建立线上智能预警系统。实时监测全区12345市民服务热线诉求办理情况，加强区级和各街道、重点部门数据支撑，增加“七有”“五性”模块，提高监测、分析、运用数据能力。拓展数据来源，依托“家园石景山”微信服务号，设立“工作动态”“网上诉求”“企业诉求”3个栏目、12个子项，并与“北京石景山”APP、领导信箱等网上诉求来源对接，构建包括9个街道、151个社区的微信矩阵，初步建成诉求渠道全覆盖、处置过程全留痕、数据全汇聚的区级网上12345诉求处置平台。在全区推广社区“一码通”系统，通过“一码通”，居民可以在微信群里反映诉求，楼门长和社区干部第一时间发现、响应并予以解决，将问题化解在基层和萌芽阶段，真正实现小事不出社区，从源头上减少诉求量。在诉求受理与网民互动上，实行点对点受理和个性化反馈；在诉求回访上，采取线上回访与线下回访相结合的方式，确保网络诉求回访率。此外，作为市级试点，石景山区研发12345市民服务热线诉求数据分析系统，即时分析当日或某一时段“三率”情况、每个类别“三率”情况、诉求高发的街道社区和诉求占比分布等，为各级领导、各部门决策提供支撑。

（林迎午）

【冬奥保障服务】 年内，石景山区作为“双奥之区”同时也是冬奥组委机关驻地和滑雪大跳台比赛场地，各项冬奥筹办任务进入全面冲刺、全面就绪、决战决胜的关键时期。3月以来，全区上下坚持“四个办奥”理念，牢牢把握“简约、安全、精彩”的办赛要求，始终保持“一刻也不能停、一步也不能错、一天也误不起”的状态，全力推进三个“百日”攻坚行动，确保“工程项目建设基本就绪、城市环境提升全部完成、冬奥服务保障工作全面到位”的目标按时高质量完成。滑雪大跳台、北京冬奥公园等涉奥工程全部完工，其中总面积约1142公顷的冬奥公园，是石景山区服务保障冬奥的重点项目之一，依托区域自然山水、历史文化、工业遗产等资源，开展生态修复和环境品质提升，形成水绿相生、城景渗透、亲民共享、冬奥元素突出的城市滨水开放空间，大大提升北京冬奥组委和首钢滑雪大跳台周边环境和服务保障能力，也为石景山区留下一片宝贵的奥运遗产。最大日供水能力20万立方米的石景山水厂11月正式并网通水，初期日供水量为3.6万立方米，该新水厂通水运行后，“南水”将逐步替换本地地下水源，区域自来水质量会逐步改善，为冬奥会供水安全增添保障。石龙匝道是进入石景山首钢园冬奥组委的必经之路，作为石景山区“冬奥大道”上的重要节点，总面积3万余平方米的景观工程建设完工。此外，锅炉厂南路等多条服务保障冬奥的城市道路抓紧收尾或加速建设，冬奥场馆周边及阜石路沿线等重点区域景观环境整治提升工程也如期完成。属地运行保障机制全面启动，服务冬奥已全面就位。

（林迎午）

【全民参与冬奥】 年内，石景山区深入贯彻落实习近平总书记关于北京冬奥会和冬残奥会筹办工作的重要指示精神，紧抓服务保障冬奥筹办机遇，多措并举深化“三亿人参与冰雪运动”示范区建设，以冰雪“六进”活动为抓手，广泛开展丰富多彩的冰雪类全民健身活动。特别是在北京冬奥会倒计时一周年、200天、100天、60天、50天、40天等重要时间节点，举办包括冰雪体验、冰雪展示、冬奥知识推广普及，以及自行车、徒步等各具特色的迎冬奥活动，助力全社会掀起迎冬奥氛围，推广普及冬奥元素。年内，石景山区组织各类活动20余场，线上线下参与人数达数万人，媒体报道40余次。随着全国首个“带动三亿人参与冰雪运动”示范区的成功创建，群众参与冰雪运动的热情日益高涨，“人人参与冬奥，人人助力冬奥”蔚然成风。冰雪要素在石景山加速聚集，国际雪联北京办事处、斯威克斯等重要冰雪组织和企业落户，借势冬奥取得丰硕成果。

（林迎午）

退役军人事务

【概况】 北京市石景山区退役军人事务局（简称区退役军人事务局）是负责石景山区退役军人事务工作的区政府工作部门。年内，认真贯彻落实区委区政府决策部署，立足新发展阶段，贯彻新发展理念，融入首都发展新格局，统筹推进疫情防控和经济社会发展各项工作，圆满完成全年各项目标任务。双拥共建、退役军人移交安置、就业创业、帮扶解困、权益保障等工作成效明显。创建全国“示范型”退役军人服务站28个，实现区、街道以及保障对象300人以上的服务站示范型创建率100%。全区9个街道服务站全部被北京市评选为“红色”退役军人服务站。精准落实军休干部“两个待遇”，把军休干部“三年移交”作为一号工程和重要政治任务，圆满完成年度接收任务。退役军人服务保障和双拥共建工作创新的“石兵十办”尊崇工作法、军民共建“八项”机制、国防教育“五进”工作法、“枫桥经验”创新做法、信息化“六进”活动等品牌和亮点工作，受到退役军人事务部和北京市的肯定。退役军人事务部选择石景山区作为全国唯一试点城区，对退役军人法律政策落实情况进行为期11天的蹲点式调研，退役军人事务部部长孙绍骋亲自参加调研，石景山区退役军人工作受到孙绍骋部长及调研组的肯定和好评。

（李亚楠）

【走访慰问和困难帮扶】 春节期间，区退役军人事务局组织对辖区内自主择业干部、困难退役军人、信访困难人员及常态化联系对象在内的65名退役军人进行帮扶慰问，发放慰问金及春联福字套装合计89000元。“八一”期间，对32名困难退役军人及家庭进行走访慰问，包括退役军人事务部“全国困难退役军人帮扶援助系统”内困难人员、市局提供的医疗费用连续3年超过20000元的低保和低收入困难退役军人、优抚对象、自主择业干部困难人员等，其中特别困难人员16人，一般困难人员16人，特别困难人员慰问金2000元/人，一般困难人员1000元/人，共计48000元。全年发放慰问金和各类慰问品合计139210元。坚持做好常态化帮扶援助工作，根据“全国困难退役军人帮扶援助服务系统”季度帮扶要求，统筹各街道，做好季度帮扶慰问工作，对系统内实有95名困难退役军人开展帮扶工作，实现系统内人员帮扶“全覆盖”，达到在账人员帮扶比例100%。

（李　东）

【服务保障体系建设】 年内，区退役军人事务局认真落实北京市退役军人事务局和市服务中心的部署要求，持续强化基层基础基本建设，着力建设退役军人之家，全力打通服务保障“最后一公里”。全面提升全区退役军人服务保障领域治理能力和服务保障水平，服务保障体系实现“五有”“全覆盖”。按照《全国示范型退役军人服务中心（站）验收标准》，完成18家300以上退役军人服务站示范验收工作，实现示范型创建率100%目标。组织石景山区“首都老兵”志愿服务队,充分发挥基层志愿服务效能,引领带动辖区退役军人参与志愿服务、社区治理,努力营造和谐平安的社会环境,累计开展各项志愿服务活动758场,参与志愿者11410人次。深入开展退役军人服务体系建设工作经验交流,积极发掘、培育和推广鲜活经验,进一步扎实做好试点建设,不断提升退役军人服务保障工作质量,总结形成区退役军人事务局“石兵十办”工作法、鲁谷街道“1+3+N”工作法和广宁街道“冬奥·和乐家园”服务法,并在全市退役军人服务体系建设会上进行经验交流。

(李　东)

【优抚工作】 年内,区退役军人事务局为660名伤残军人换发新版伤残证件,全年发放各类定期抚恤补助金22284133元。为部分优抚对象报销医药费703535.9元;为68户在乡和非在乡优抚对象发放集中供热采暖补助110939.2元;为40名病故军人遗属发放一次性抚恤金19165666.2元。春节、“八一”期间走访慰问优抚对象、军烈属等220余户,发放慰问金110余万元。

(赵松涛)

【褒扬纪念】 年内,区退役军人事务局为立功受奖现役军人家庭送喜报50人次。为坐落于八宝山革命公墓的烈士纪念设施建立电子档案,将烈士陵园576座烈士墓信息、1座无名烈士纪念碑录入电子系统。组织退役军人、优抚对象等在八宝山革命公墓参加清明红色祭扫和天安门广场9·30烈士公祭活动。

(赵松涛)

【转业军官安置】 年内,区退役军人事务局按照市局下达石景山区的安置计划,全年接收安置转业军官12人,其中行政团职3人,营连职及专业技术军官9人。行政团职军官由区委组织部根据军官级别、任职经历等情况确定安置岗位。行政营连职和专业技术军官由区退役军人局按照考试成绩与档案赋分相加的综合成绩排名。组织召开转业军官和接收单位双向选择会,通过面对面交谈,根据转业军官经历特长,按照岗位匹配度确定接收单位。12名转业军官安排到行政单位8人,安排到事业单位4人。

(郑东民)

【退役士兵安置】 年内,全区接收退役士兵138人,其中自主就业退役士兵130人,政府安排工作退役士兵8人。为自主就业退役士兵发放自主就业经济补助金1094.54万元,并完成全员适应性培训。8名符合政府安排工作条件的退役士兵采取量化打分,考试考核,座谈征求意见,参加中央企业、市属单位网上选签会等方式,1人安排到市属事业单位;4人安置到区属事业单位;3人安置到中央企业。事业单位安置率达到62%,并首次实现退役士兵安置由工勤岗拓宽到管理岗的突破。

(王　颖)

【自主择业军转干部服务管理】 年内,全区累计接收自主择业军转干部1153人,退休91人,去世12人,档案转出2人,停发退役金7人(2人判刑、3人无法取得联系、2人拘役),特招入伍1人。参加基本医疗保险904人,参加企业医疗保险136人,办理医疗退休15人。为871名符合住房补贴发放条件的自主择业军转干部发放住房补贴3546.65万元。为929人发放2019—2020年度冬季取暖费238.38万元。完成1033名自主择业军转干部的退役金结构调整工作,退役金发放准确率达100%。

(李　东)

【社会保险接续】 年内,区退役军人事务局按照市局统一部署,加紧做好部分退役士兵社会保险补缴未缴费人员攻坚工作。对全区未缴费人员进行再摸底、再联系,根据不同情况逐人建立台账。针对未明确放弃也未缴费人员一对一开展工作,加强政策宣传解读。除通过签字等形式明确放弃缴费外,其余人员均已完成缴费。截至年底,政策咨询2600余人,受理685人,为586人补缴保险1114.76万元。

(王　颖)

【退役军人就业创业】 年内,区退役军人事务局制定《石景山区退役军人教育培训、就业创业2021年计划安排》。组织开展退役军人就业创业专项行动,全面掌握全区退役军人就业创业情况,提供精准化就业创业和培训服务,推进就业创业服务精准对接。全面落实党中央、国务院“大众创业、万众创新”和《2021年度北京市促进退役军人创业带动就业工作计划》的决策部署,与中关村石景山园管委会、区人力社保局合作,在中关村科技园区、北京燕京八绝博物馆成立石景山区退役军人就业创业基地。联合区人力社保局组织“退役不褪色、扬帆再启航”为主题的退役军人及随军家属专场招聘活动,全年组织招聘会7场,123家企业参加,提供就业岗位3206个,50余人达成就业意向。组织符合条件的30名退役军人参加免费的政府补贴的职业技能提升培训,组织21名自主择业军转干部参加个性化培训。

(李　东)

【矛盾问题攻坚化解】 年内,区退役军人事务局学习推广新时代“枫桥经验”,落实“13712”工作法。成立退役军人矛盾问题排查工作领导小组,坚持“三到位”原则,做好矛盾化解工作。制定《石景山退役军人事务领域风险隐患分析及防控工作方案》,坚持处级领导干部每周信访接待日制度,通过“结对子”化解方式,推动矛盾问题及时就地解决。积极组建“三师一员”等专业队伍和老兵志愿者,开展思想政治引领、心理疏导、法制教育等工作。年内,共接待来访人员35批次37人,回复12397电话信访件37件,接听来电咨询1696次,接办退役军人信访案件14批次13人(其中,国家退役军人事务部转办件2批次2人,市局转办件5批次5人,信访办转办件7批次6人),受理信访件1件,出具不予受理告知书5份,出具信访答复意见书1份。实现了“四个不发生”的工作目标,退役军人群体总体稳定,重点人基本可控。

(徐念之)

【军休干部接收安置】 年内,石景山区新接收安置军休干部300人,完成三年集中移交安置攻坚年任务。历年累计接收军休干部3173人,现有2396

人，其中离休干部 85 人，退休干部 2311 人。

（任诗楠）

【无军籍职工管理】 历年石景山区累计接收无军籍职工 1917 人，现有 1561 人，其中离休职工 9 人，退休职工 1552 人，由 8 个街道负责管理。年内，组织 480 名无军籍职工到密云疗养，组织 170 余名无军籍职工到香山纪念馆开展党日活动。

（任诗楠）

【军休干部服务管理】 年内，区退役军人事务局完成军休服务管理机构调整，成立石景山区军休安置事务中心、军休服务管理所和军休九所。军休各部门举办文艺晚会、京剧演出、诗词沙龙、各类比赛、集体生日会、金婚钻石婚庆典、知识讲座、文体培训等 98 场。

（任诗楠）

【军休党委建设】 截至年底，军休党委有党员 2270 人，其中军休干部党员 2205 人，在职党员 65 人。年内，召开中国共产党石景山区军队离休退休干部第十次代表大会，选举产生中国共产党石景山区军队离休退休干部第十届委员会和中国共产党石景山区军队离休退休干部新一届纪律检查委员会；深入开展党史学习教育活动，军休各级党组织购置配发学习资料 2500 余本(套)，送学上门 1900 余人次，组织现场授课、网络培训、座谈交流、参观践学等活动 70 场，组织 1327 名党员群众参与“共产党员献爱心”活动，捐款 218154 元；组织开展“军休人永远跟党走”系列活动，欢庆建党百年；760 名军休干部党员获颁首批“光荣在党五十年纪念章”；组织军休党委“两优一先”评选表彰，表彰优秀党员 80 名、优秀党务工作者 10 名、先进基层党组织 10 个。

（任诗楠）

双拥工作

【概况】 年内，石景山区召开双拥工作领导小组会，及时调整双拥工作领导小组成员，制定《北京市石景山区常态化开展新一届全国双拥模范城创建活动实施方案》和《石景山区 2021 年双拥工作要点》，全面统筹和谋划石景山区双拥工作。围绕落实军地“双清单”，坚持常委议军、军政座谈、互办实事、常态对接、拥军支前、抢险救援、结对共建、联席共商“八项机制”，大力推进军地协同配合，营造“凝聚合力、军民一心”的良好氛围。

（孙振宇）

【军政齐心谋发展】 1 月，石景山区召开 2021 年新春军政座谈会，区四套班子领导与驻区部队首长共叙军民鱼水情深，共商区域发展大计，共创双拥工作新局面。春节前夕，区四套班子领导分四路到驻区部队走访慰问，向驻区官兵致以亲切的问候和节日的祝福，送上慰问品。对驻区部队在为地区经济建设、社会稳定等方面给予的大力支持和做出的突出贡献表示感谢。

（孙振宇）

【服务部队办实事】 “八一”前夕，石景山区组织开展第 39 次“区长进军营”现场办公活动，共投入 895 万元帮助部队解决战备训练设施完善配套、基础设施升级改造、遂行多样化军事任务服务保障中的实际问题 13 项，切实为驻区部队解决操心事、揪心事、烦心事。

（孙振宇）

【双拥月送关怀】 “八一”双拥月期间，石景山区积极组织形式多样、生动活泼的双拥宣传教育活动。通过“区长进军营”现场办公活动和“八一”双拥月各项活动，为驻区部队解决一批实际问题。健全常态化走访慰问优抚对象制度，落实军休干部两个待遇，营造尊崇军人、关心军属、热爱军队的良好风尚。开展“一街一品”“双拥在基层”等活动。7 月 26 日，中部战区政治工作部副主任张希元、陆军政治工作部副主任江前明、北京军区善后办主任韩良赋等部队领导，市局副局长贺军，区领导常卫、李新、李文起、田利跃参加“八一”慰问及军民联欢文艺演出活动。军地领导共同慰问优抚对象代表，参观“一朝戎装身，一生心向党”主题书画摄影展，区领导及市局领导还一同慰问驻区部队困难官兵代表及驻区部队代表。军地领导共同观看“军民同庆颂党恩 携手奋进再启程”军民联欢文艺演出。区领导唐行安、王运洪、孙学伟、刘建国及区双拥成员单位有关负责人参加活动。

（孙振宇）

【双拥宣传氛围浓厚】 年内，石景山区组织开展“老兵永远跟党走”系列活动，举办《一朝戎装身，一生心向党》——军队离休退休干部和退役军人庆祝建党 100 周年暨建军 94 周年主题书画摄影展，举办《百幅纸雕颂党辉，军地携手创未来》——深入学习贯彻习近平总书记在庆祝中国共产党成立 100 周年大会上的重要讲话精神暨百年党史成就宣传纸雕作品展。举办清明红色祭扫和 930 烈士纪念日活动，组织“崇尚英烈精神、强化国防意识”纪念“九一八”事变 90 周年暨全民国防教育日主题活动，增强成员单位国防意识和双拥工作的自觉性、主动性。充分发挥“台、报、网、微、端”融媒体报道优势，全方位宣传国防教育和双拥工作，强化国防教育进机关、进企业、进校园、进社区、进家庭工作，双拥工作氛围和国防意识得到增强。组织退役军人、优抚对象等在八宝山革命公墓开展清明红色祭扫，组织动员全区开展“讲英烈故事、唱英烈赞歌”“老干部讲党课”等红色纪念活动，营造致敬英烈、关爱烈属的浓厚氛围。

（孙振宇）

【解决“三后”问题】 年内，石景山区为驻区部队官兵保障“后路”，安置年度转业干部 12 人，接收退役士兵 130 人，安置士官 8 人。稳定“后院”，接收安置随军家属 66 人。管好“后代”，保障军人子女优待入园入学 178 人。组织 30 名退役军人参加职业技能培训。组织退役军人专场招聘会 5 场，提供岗位 2000 余个。推荐 8 家企业和团队参加 2021 年北京市退役军人创业创新大赛，在中关村科技园区和模式口“燕京八绝”成立石景山区退役军人就业创业基地，促进退役军人创业就业。

（孙振宇）

【深化政策宣传落实】 年内，石景山区以开展“法律政策落实年”活动为抓手，多层次、立体化、全方位开展《退役军人保障法》等法律政策的宣传活动。

强化帮扶关爱,常态化联系退役军人,累计走访服务对象1200人次。坚持走访慰问与解决实际问题相结合,全面开展“我为老兵办实事”活动,将送政策、送技能、送岗位、送帮扶贯穿走访全过程。

(孙振宇)

【基层双拥活动丰富】 年内,石景山区依托地区优质教育资源,免费为驻区部队官兵培训部队急需、急用、急缺的专业知识。围绕党的建设、社会治理、平安联创联建、美好家园建设等方面,利用重大节日、重点时段,广泛开展“军(警)民共建”和走访慰问活动,军地领导联合走访优抚对象代表,区领导慰问22支驻区基层部队,赠送慰问品价值320万元,街道社区层面走访慰问、文明共建、军队联欢等活动开展踊跃。

(孙振宇)

【创建双拥品牌】 年内,石景山区召开2021年度强军育才接力工程座谈会及签约仪式,为驻区部队练兵备战、强军打赢贡献力量。开展“情系边海防官兵”走访慰问活动,对边海防现役官兵家庭逐一走访慰问,发放慰问信和慰问金。建立常态化联系机制,对官兵子女教育优待、家属就业扶持、家庭困难照顾等需求建立台账。实施“强军爱兵暖心工程”,对驻区部队10名家庭困难官兵开展慈善救助,发放救助金10万元。实施“参军报国安心工程”,慰问2021年入伍新兵151人,发放慰问金15.1万元。

(孙振宇)

【新冠疫情联防联控】 年内,石景山区发扬军政军民团结的优良传统,军政军民戮力同心,精诚团结,群策群力,科学防控,细化措施,落实“四方责任”,完善共享互帮等制度,抓实防控环节,防控工作取得积极成效。军地对所有涉军单位和家属院实行分级分类管控,对力量薄弱的军营社区由地方增派保安加强防控力量;围绕医疗保障、疫情需要,调动区域优抚资源为部队提供及时、便捷的医疗卫生服务。驻区部队在做好自身疫情防控的同时,加强信息沟通,为军地抗“疫”打下扎实基础。

(孙振宇)

【全力助推重点工程】 年内,驻区部队积极支援城市建设发展,主动参与全国文明城区创建,持续组织开展学雷锋树新风、无偿献血、慈善捐献、普法宣传等共建共创活动。积极协助做好营区绿化美化、生态修复和环境治理。在永引渠南路西延、衙门口地区地块上市,八大处微循环路开通等重点工程和重大项目建设上,对涉及部队的违法建设、圈占场地等问题,积极配合、立即整改,为石景山区全面建设提供保障。

(孙振宇)

政务服务

【概况】 北京市石景山区政务服务管理局(简称“区政务服务局”),主要负责统筹推进全区简政放权、放管结合、优化服务改革和行政审批制度改革工作,承担全区行政审批制度改革办公室的日常工作;负责协调推进全区、街道、社区三级政务服务体系的建设、管理、指导、规范、监督和服务方式创新工作,推进政务服务标准化、集成化;负责全区“互联网+政务服务”工作,统筹做好政务服务“一张网”建设;负责全区政务服务中心建设、运行和管理;负责推进、指导、协调、监督全区政府信息公开和政务公开工作;组织推进政务公开制度化、信息化、标准化建设;负责推进、指导、监督本区政府网站内容信息管理工作;协调、指导、督促、检查相关部门简政放权、放管结合、优化服务改革和行政审批制度改革工作等。年内,区政务服务局坚持以习近平新时代中国特色社会主义思想为指导,深入学习贯彻党的十九大和十九届历次全会精神,全面贯彻落实区委区政府各项决策部署,牢牢把握稳中求进、争创一流工作总基调,加大力度推动“放管服”改革、加快推进政务服务体系建设,以落实“一网、一窗、一门、一次”政务服务改革为抓手,全力推动利企便民,优化石景山区营商环境,各项工作取得新进展新成效。

(刘　燕)

【机构沿革】 2019年区级机构改革中,在原石景山区政务服务管理办公室的基础上整合区编办承担的行政审批制度改革工作职责和区政府办公室承担的政务公开以及网站内容监管职责,组建北京市石景山区政务服务管理局,简称“区政务服务局”,为正处级区政府工作部门。局机关下设4个内设机构:办公室(主体责任办)、审改协调科、审批管理科、政务公开科,机关行政编制17名,其中局长1名,副局长3名,科级领导职数4正2副。区政务服务局所属事业单位石景山区政务服务管理局服务保障中心为正科级,公益一类,编制4名,科级领导职数1正1副。

(刘　燕)

【政务服务事项办理】 年内,石景山区政务服务系统共办理政务服务事项1170517件(其中现场办理755979件,不见面审批形式办理318195件,延时服务办理106104件),全年人流量84.44万人次,其中区级政务大厅中交通支队大厅、不动产登记中心、政务服务中心、社保中心和税务局办税大厅办理量和人流量较大。

(张　斌)

【政务服务体系建设】 年内,区政务服务局努力提升全区政务服务水平,推动涉企事项进驻区政务服务中心进驻率达到98.05%,委托受理率82.55%,授权审批率82.35%,“全程网办”率80.63%,48个社区完成政务服务规范化建设,政务建设各项指标均高于市政府考核标准。

(段　娜)

【营商环境优化】 年内,区政务服务局推动各类政务服务改革政策在区属各级政务大厅落地实施,开展优化营商环境4.0政策学习培训,在全市“千人千题”考试中成绩进步明显,顺利通过世界银行评价和国务院“放管服”改革优化营商环境督查,在简政放权、优化服务等方面成效突出。

(段　娜)

【“数字服务”建设】 年内,区政务服

务局全面升级统一行政审批平台，完善政务大数据平台建设，掌上政务服务与“北京石景山 APP”融合，打造功能完备的掌上服务；组建区“数字服务”工作专班，强化工作对接和落实；开展电子印章刻制工作，实现“应刻尽刻”；扩展电子证照应用场景建设，加快推进更多电子证照信息跨层级、跨地域、跨部门互认共享，身份证、户口本、驾驶证、行驶证、居住证、营业执照等 73 类常用电子证照全面应用于 1011 个企业和个人高频政务服务事项，实现“刷脸”验证，“免证”办事，累计减少 2387 份申报材料；电子档案归档完成率近 100%。

（张　斌）

【抗击新冠肺炎疫情】　年内，区政务服务局严格落实四方责任，从严从实抓好新冠肺炎疫情防控工作。统筹指导全区政务服务系统各办事大厅的疫情防控工作。广泛动员，不断提高疫苗接种率。区政务服务局管辖人员疫苗接种率超过 98%。倡导不见面审批。通过网上、掌上等渠道发布《致企业群众的倡议书》，鼓励企业群众通过预约办、网上办、延后办等不见面方式办事，积极宣传推广网上掌上办事渠道，减少人员聚集。开展监督检查。建立检查台账并及时提醒大厅负责同志按照区委区政府和政务服务防控要求，落实落细各项措施。推进区政府网站“疫情防控”专题上线。同时针对复工复产企业、返京返校市民等群体，及时发布相关复工复产政策措施和解读信息，公开石景山区新冠病毒核酸检测服务医疗卫生机构名单。

（张　斌）

【服务冬奥筹办】　年内，区政务服务局围绕冬奥服务保障工作目标，着力打造优质、高效、便捷的政务服务。全面完成无障碍建设，区政府门户网站无障碍建设全面就绪，提供放大镜、文字语音播报、“智能问答”等功能，满足残疾人网上办事需求；在区、街道各级政务大厅配置远程手语智能终端，实现与办事窗口工作人员、残疾人和手语翻译老师线上无障碍同步交流；政务大厅提供轮椅拐杖，改造无障碍通道、无障碍卫生间、低位服务台，一系列无障碍设施为残疾人提供暖心服务。主动为冬奥提供政务服务，在首钢园区冬奥组委驻地周边设立政务服务站点，配备政务服务自助机和办税自助机，为首钢园区相关企业和群众提供最近距离政务服务。在办税服务大厅设立冬奥绿色通道，受理涉奥类事项 53 次、涉奥咨询类业务 35 次，设立冬奥退税专区，建立 3 个办税专窗，为冬奥涉税企业提供税务支持。

（张　斌）

【大厅建设管理】　年内，区政务服务局深化宗旨意识，加强大厅建设和管理。升级惠民举措、提高服务温度，结合疫情防控需要，针对使用老人机或无手机、无法出示“健康码”的老年人，提供健康宝代查、家属代提交、在线核验健康信息、纸质登记等方式方便老年人进厅办事。开展帮办代办服务，老年人或残疾人到中心后，有专门的绿色通道和工作人员进行引导帮办，让每一名办事群众都能享受到全程贴心服务。运用先进技术，扩展服务内容，在 24 小时自助服务区增设口罩自助机，办事群众忘带口罩时，只需扫二维码即可免费领取口罩。为服务冬奥，在区中心配备多语种服务机，通过技术支撑可实现 97 个语种的办事服务。

（段　娜）

【“接诉即办”工作】　年内，区政务服务局深入推进“接诉即办”数字化转型，实现治理领先。聚焦高频难点民生问题，推动“主动治理、未诉先办”，完善“接诉即办”工作机制，全面推行“双派双考”“一年一评估”“一年一排行”。截至年底，共处理完成 12345 非紧急救助热线转办事项 34 件，响应率、解决率、群众满意率均为 100%，其中表扬类 9 件，投诉建议类 22 件，政策咨询类 3 件。

（殷　韬）

【政府信息和政务公开】　年内，区政务服务局全面贯彻落实《中华人民共和国政府信息公开条例》要求，持续推进政府信息公开各项工作深入有序开展。完成政府信息公开年报发布工作，严格对标国务院办公厅和北京市政府信息公开年报编制标准，组织全区 46 家单位做好政府信息公开年报编制工作。落实审核发布机制，对全区各单位编制的政府信息公开年报严把政治关、内容关、文字关，开展多轮检查、核验、修改，确保年报的科学性、准确性。优化区政府门户网站政府信息公开平台，在“政府信息公开年报”专栏集中发布石景山区 46 家单位信息公开年报。完成政府信息公开指南更新发布，组织 46 个信息公开主体单位完成 2021 年信息公开指南更新工作，畅通依申请公开渠道，切实保障群众、法人及社会组织获取政府信息的权益。

（王明明）

【区政府公报发行】　年内，区政务服务局根据《国务院办公厅关于做好政府公报工作的通知》《北京市人民政府办公厅关于做好政府公报工作的通知》等文件要求，区政府办公室主办、区政务服务局编辑的《北京市石景山区人民政府公报》正式发行，每半年编辑发布一期，采取赠阅发放方式，主要发放至区档案馆、区图书馆、区街道两级政务服务大厅、各专业大厅等政府信息公开查阅场所，便于群众、法人及其他社会组织获取权威政府信息。

（王明明）

【信息主动公开】　年内，区政务服务局加大政府信息主动公开力度，全年主动公开政府信息 82483 条。依法依规推进政府信息依申请公开义务落实，规范受理、登记、答复、归档等工作环节，全区共受理政府信息依申请公开申请 537 件，办结 549 件，其中，区政府本级 191 件，全部办结。区政府本级受理依申请公开行政诉讼 2 件，均胜诉。

（王明明）

【英文版门户网站】　年内，区政务服务局参照首都之窗国际版建设管理模式，引入政治可靠且同时具备专业翻译、外宣经验、互联网技术的顶尖资源，打造页面精美、功能完备的英文门户网站，通过“探索石景山”“投资石景山”“魅力石景山”等栏目展现石景山区现代城市形象。

（王明明）

【政府信息依申请平台】 年内,区政务服务局组织全区46家政府信息公开责任单位全部纳入网页依申请平台,便于群众、法人及其它社会组织更加便捷地获取政府信息,切实保障其知情权,并将网页依申请平台与“首都之窗”网页依申请系统建立双向连接,实现市、区、街道三级连通,依法保障群众获取政府信息的合法权益。以石景山区政府门户网站移动端为依托,运用移动互联技术,实现计算机端和移动端平台同步部署。

(王明明)

【政务公开新媒体平台】 年内,政务公开新媒体平台共公开信息8941条。区政务服务局对照政务公开重点内容设置机构职能、简政放权等8大模块,以及最新公开、意见征集等8个展示栏目,全面涵盖政府政务公开信息,便于公民、法人或者其他组织依法获取石景山区政府信息。

(王明明)

【惠企政策兑现栏目】 年内,区政务服务局与园区管委会、区经信局、区科委等部门建立工作机制,对全区惠企政策进行全面梳理,确定石景山区涉及惠企的政策文件4个,经拆解,共梳理形成30条惠企政策条款,并明确办理事项,包括办理方式、办理地址、办理流程和办理材料等,于10月底正式在区政府门户网站上线。同时加强移动端开发建设,11月底完成网站、新媒体同步上线,多途径推动惠企政策快速兑现。

(王明明)

【“会议公开”栏目改版】 年内,区政务服务局按照北京市“2021年政务服务领先行动计划”工作部署,结合石景山区工作实际,建立健全常态化会议公开机制,建立起区政府、政府工作部门、街道三级会议开放体系,对于各单位涉及企业发展、民生事业、重点工程的决策事项及时公开,针对性发布会议解读。

(王明明)

【政府网站内容监管】 年内,区政务服务局全面组织排查信息安全风险,督促各相关单位对政府门户网站所发布信息开展全面自查,避免出现政治性表述错误和容易引发负面舆情的错敏信息,并组织对全区网络及网站等重要信息系统进行安全隐患排查及加固。全年共检查关键网络设备、服务器2400余台,成功阻断针对政务外网发生的网络攻击19970次,阻断并封禁对政务外网网络攻击的境内外IP地址1972个。

(王明明)

【区级政策查询库】 年内,区政务服务局完成全区2020—2021年度所有政策文件分类梳理工作,以“个人政策”和“企业政策”2个主体,按生命周期和阶段特性建立18个一级分类、21个二级分类。其中个人政策设置11个一级分类、13个二级分类;企业政策设置7个一级分类、8个二级分类,实现政策智能组合查询服务。同时,按照市级“政策兑现”相关工作要求,将“个人政策”办事服务事项104项、“企业政策”办事服务事项120项,与政策查询结果进行智能匹配,实现“热点办事推荐”,让老百姓在查询政策的同时,获取相关办事服务的指引信息,通过现代信息技术,努力使“人找政策”变为“政策找人”,推动惠企政策应享尽享、快速兑现。

(王明明)

【政务新媒体突出问题排查整治】 年内,区政务服务局下发《关于做好石景山区政务新媒体突出问题排查整治工作的通知》,组织各政务新媒体责任单位对其主办的政务新媒体开展自查整改。聚焦政务新媒体“开而不管”、“不务正业”、“僵尸”账号等影响政府形象和公信力的突出问题,全面检查本区政务新媒体建设运营中的问题,共关停不合格新媒体账号7个。对排查中发现的问题,做到查明原因,同步督促整改,保留功能设置完备、信息发布和互动良好的政务新媒体,并做好全区政务新媒体向市政务服务局常规报备工作。组织专业力量,对全区政务新媒体开展每日抽查、每半月自查、组织实时整改,重点检查政务新媒体信息更新、48小时内互动回应等工作情况,一旦发现问题,及时以工单形式督促整改。全区70个政务新媒体全部纳入国办系统实现统一监管。

(王明明)

【政府对外联系电话自查整改】 年内,区政务服务局制订印发《石景山区对外联系电话管理办法》,从政府对外联系电话的设立、管理、接听、报备等多个方面,规范全区政府对外联系电话管理工作。同时,对电话回访、保密等工作进行约束和规范。按照《北京市政府对外联系电话管理办法》,对石景山区政府对外联系电话开展月度测评。通过模拟用户电话测评,全区各单位2021年一次接通率由1月份的94.79%提升至12月份的100%;三次接通率均保持100%。

(王明明)

外　事

【概况】 北京市石景山区人民政府外事办公室(简称区政府外办)是负责本区外事、港澳事务的区政府工作部门。10月13日,根据区委编办《关于北京市石景山区人民政府外事办公室加挂牌子的通知》(石编委〔2021〕82号)文件要求,区政府外办加挂“北京市石景山区人民政府港澳事务办公室”牌子。年内,区政府外办主动服务党和国家对外工作大局、首都对外工作全局,统筹推进常态化疫情防控和全区对外工作,围绕加快推进“三区建设”,以服务保障冬奥筹办为统领,以打造新时代首都城市复兴新地标为重点,深入落实北京国际交往中心功能建设和北京市“两区”建设任务,不断提升外事服务和管理水平,加快推进石景山区域国际化建设,推动对外工作更好服务经济社会高质量发展。在市对外友协、北京奥运城市发展促进会等单位共同主办的“祝福冬奥·圆梦冰雪”国际青少年绘画邀请展活动中,石景山区获优秀组织奖,选送作品中2幅获一等奖,3幅获三等奖。在市外办组织的“北京·国际范儿短视频大赛”活动中,石景山区选送作品《京西古道的留学生》获得优秀奖。刘仁宝被评为“石景山区优秀共产党员”。

(周　杰)

【拓展海外资源】 1月18日，区政府外办邀请华奥集团、澳中商会、国际在线等涉外企业、机构在华企业家代表及专家学者参加石景山区"两区"建设宣传推介会，拓展海外资源投资合作渠道。2月，区政府外办组建外办"两区"建设工作领导小组，统筹外事资源渠道，多措并举，推动"两区"建设开好局、起好步。6月3日，石景山区召开"两区"建设招商推介走进石景山中外商协会及外资企业专场活动，周西松出席活动并致辞。中国人民对外友好协会、芬兰、瑞典、丹麦等多家商协会和花旗银行等多家企业代表20余人参加活动。7月26日，区商务局联合区政府外办、区投促中心等部门接待芬兰商会杜米宁会长一行考察交流，首建投公司、北京首钢园运动中心运营管理有限公司相关负责人陪同调研。9月8日，区政府外办、区商务局、区投促中心、首建投公司与芬兰商会就其会员企业相关项目与石景山区开展合作及落地等事宜进行对接交流，李新参加座谈。同月，区政府外办邀请芬兰商会、欧美同学会等国际商协会、机构代表参加2021年服贸会石景山区"冬奥机遇 开放共享"主题峰会和"冬奥机遇带动城市复兴"招商推介会。10月21日，石景山区接待芬兰商会企业家代表团商务考察，并举办"两区"建设招商推介专场活动。齐春利出席活动并致辞。芬兰商会会长 Juha Tuominen、执行董事 Ulla Nurmenniemi、芬兰国际文化体育联合促进会会长 Vesa Niskanen 及商会企业代表参加活动。

（周　杰）

【外籍人员疫苗接种】 1月至3月，区政府外办研究制定外籍人员疫苗接种相关工作方案，召开专项部署会，有序推进疫苗接种。开发英文版疫苗接种登记小程序，制作《致新冠肺炎疫苗外籍受种者的一封信》《新冠肺炎疫苗接种流程》等中英双语宣传材料，印制、发放双语宣传海报2000份；开通双语咨询电话，累计提供政策咨询服务600余次。4月8日起，协同区卫健委、区疾控中心、区委组织部、区经信局、区公安分局出入境大队、团区委等多部门稳妥有序分批组织在区453名外籍人士及78名港澳同胞进行疫苗接种。6月4日，中央广播电视总台国际交流局外籍员工管理处处长王文芝代表中央广播电视总台专程给区委、区政府送来感谢信，就石景山区对中央广播电视总台鲁谷办公区外籍员工的疫情防控和疫苗接种工作给予的支持、指导和帮助表示感谢。7月20日，北京市十一学校为区政府外办送来锦旗，就疫苗接种工作给予的支持、指导和帮助表示感谢。

（周　杰）

【友好城市交往】 2月8日至19日，石景山区居民友好交流摄影展在东京都板桥区政府展示厅举办。3月，石景山区与俄罗斯后贝加尔边疆区围绕"女性改变世界"项目，以文字、照片、视频等形式分享交流妇联机构信息、优秀女性成功案例、社会实践成果经验等，持续开展线上交往。5月19日，石景山区与俄罗斯赤塔市共同举办庆祝建立友好关系10周年线上音乐会，李新及赤塔市行政长官亚里洛夫分别发表视频致辞。同月29日，俄罗斯赤塔市举办"城市日"庆典活动视频会议，石景山区、呼伦贝尔市、满洲里市、海拉尔区应邀参加，李新出席并致辞。6月15日，获悉日本东京都板桥区前区长石塚辉雄不幸去世，石景山区第一时间向板桥区发去唁电表示慰问。同月21日至25日，日报东京都板桥区政府在 instagram 上策划的"宅在家中的世界旅行"系列展示活动中专题介绍石景山区，向日本民众展示石景山区近年来转型发展的城市风貌、人文景观，着重推介北京八大处公园和拥有1200多年历史的佛家古刹灵光寺。同月30日，俄罗斯赤塔市向石景山区发来贺信，热烈祝贺中国共产党成立100周年。10月19日至25日，日本东京都墨田区政府举办友好交流城市介绍展，向居民介绍墨田区的海外友好交流城市。11月13日，英国苏格兰东邓巴顿郡市长艾伦·布朗去世，石景山区第一时间发唁电表达慰问。同月30日，"体育互联你我，音乐共融中芬"创意交响乐音乐快闪活动在首钢园举办，芬兰驻华大使孟蓝、新闻与文化参赞何天明，外交部欧洲司参赞陈文兵，北京冬奥组委对外联络部副部长万学军，市外办副主任于海永，区领导李新、齐春利，首钢集团党委常委、副总经理梁捷参加活动。12月22日，为纪念石景山区与首尔特别市麻浦区缔结友好交流城市关系25周年，迎接中韩建交30周年，"石景山区与麻浦区缔结友城25周年纪念展"在区文化中心开幕。韩国驻华大使馆参赞金相广，区领导宁慧娟、尹圆、葛强出席开幕式。12月，区领导以贺卡形式，向日本、韩国、俄罗斯、英国等国际友城、友好交流城市以及芬兰驻华大使馆、韩国驻华大使馆等机构送上新年慰问及祝福。

（周　杰）

【展示地区国际形象】 3月17日，俄罗斯、法国、德国、意大利、挪威、瑞士、荷兰、奥地利、日本、韩国、印尼、马来西亚等20余国驻华使节及高级外交官一行50人来到首钢园，参观首钢滑雪大跳台。外交部中国政府中东问题特使翟隽，北京冬奥组委专职副主席、秘书长韩子荣，外交部礼宾司司长洪磊、礼宾司副司长李安容，区领导周西松，首钢集团领导梁宗平参加。6月11日，由北京戏曲评论学会、区文联、区政府外办联合主办的京西雅集之"端阳雅集"在八大处公园柳溪山房文化剧场举办。中央广播电视总台亚洲非洲语言节目中心的20多位主播与50余名港澳台青年参加活动。同月18日，厄瓜多尔共和国驻华使馆文化专员 Luis Pijal 先生应邀来访北京市古城中学进行文化交流，区政府外办、区教委相关负责人出席。同月21日，"驻华使节走进交通"活动在北京举行，120余位驻华使馆外交官和国际组织驻华代表来到首钢园，体验共享无人车出行服务，感受中国道路基础设施智能化发展。

（周　杰）

【中芬创意交响乐音乐快闪活动】 11月30日，石景山区举办"体育互联你我，音乐共融中芬"创意交响乐音乐快闪活动，共迎北京2022年冬奥会和冬残奥会。芬兰驻华大使孟蓝、新闻与文化参赞何天明,外交部欧洲司参赞陈文兵,北京冬奥组委对外联络部副部长万学军,市政府外办副主任于海永,区领导李新、齐春利,首钢集团副总经理梁捷参加活动。领导一行来到首钢三高炉南广场,同芬兰家庭代表以及石景山区群众、首钢集团职工代表共同欣赏交响乐团和区学生合唱团演绎乐曲《我和你》《芬兰颂》,与中芬两国群众共同完成"雪花剪纸",表达对北京2022年冬奥会和冬残奥会成功举办的美好愿景。

(周 杰)

【与麻浦区缔结友城25周年纪念展】 12月22日,与韩国首尔麻浦区缔结友城25周年纪念展在区文化中心开幕。此次纪念展分为"一衣带水、源远流长""民心相通、情谊相连""山川异域、风雨共担"3个部分,并介绍石景山区及麻浦区的城市风貌和发展现状。展览通过实物和图片展出的方式,回顾石景山区与麻浦区自1996年正式缔结友城以来,双方携手前行25年,在经济、文化、体育、教育等多个领域取得的丰硕交流成果,尤其是连续15年开展两区间青少年足球的友好互访。首尔特别市麻浦区区厅长庾东均通过视频方式致辞,北京市京源学校学生李畅讲述他与麻浦区少年们以球会友的美好故事。大韩民国驻华大使馆参赞金相广,区领导宁慧娟、尹圆、葛强参加开幕式。

(周 杰)

【因公出国(境)管理】 年内,区政府外办规范管理线上外事活动和大型涉外活动。适应常态化疫情防控要求,严格控制大型涉外活动,鼓励以线上线下相结合方式开展对外交往活动,大力推广"云外事""云讲堂""云会展"等线上交往模式,通过视频、电话、信函等多种途径保持对外交往不断线。

(周 杰)

【涉外疫情防控】 年内,区政府外办按照"中外一致、一视同仁"原则,压实"四方责任",健全涉外疫情防控体系,分类做好入境外籍人士疫情防控,及时进行政策解读和宣传,强化对重点区域重点场所重点外籍人士摸排管控,做好日常管理和服务。全年累计走访调研、检查指导涉外单位、企业36家,检查发现并督促整改落实问题11处。

(周 杰)

【服务保障冬奥筹办】 年内,区政府外办深入实施"迎冬奥、促提升"国际语言环境建设专项行动,做好冬奥场馆周边和涉冬奥场所外语标识规范工作,对涉奥场所3178条不规范外语标识动态清零,确保新增的1700余条外语标识及15000余字英文翻译"零差错"。对冬奥组委区域、冬奥火炬传递路线、冬奥场馆及活动场所联络线、冬奥冰雪运动场所及周边、冬奥文化旅游场所及周边、冬奥配套服务场所及周边等区域的9723条外语标识规范工作情况进行联合检查,对前期联合检查及各设置主体单位自查过程中发现的574条不规范外语标识改正情况进行复审和督促整改。举办"学外语,促交往,迎冬奥"石景山区市民讲外语风采大赛初赛和总决赛,支持600余人次开展英语培训学习。3月11日,区政府外办联合区文旅局对万达嘉华酒店存量外语标识规范设置情况进行现场检查。同月26日,区政府外办联合区城管执法局及古城街道办事处对属地存量不规范外语标识整改情况进行现场检查。4月18日,由市政府外办主办,首钢集团协办的"外语标识全民纠错月"活动在新首钢园区启动。5月14日,区政府外办对古城街道属地泰康医院和物美超市存量不规范外语标识整改情况进行复审。同月27日,区政府外办对八大处公园、北京灵光寺外语标识规范设置情况进行现场检查调研。7月13日,冬奥社区讲解员志愿服务英语培训活动在冬奥社区展厅举行,10名来自冬奥社区的志愿者参加培训。同月22日,"迎冬奥、促提升"冬奥外事英语志愿服务培训活动在首钢园三高炉报告厅举行,来自首钢集团、中煤地质集团、中国光大银行信用卡中心以及驻区高校的60余名石景山区冬奥城市(储备)志愿者参加培训。8月25日,区政府外办会同首钢集团外办和首钢建设投资有限公司,对2021年服贸会首钢园区绿轴区域、三高炉区域和首钢香啤坊的外语标识进行现场检查。11月4日,区政府外办联合区文旅局、首钢集团外办,对即将开业的首钢园香格里拉酒店外语标识规范设置情况进行现场检查。

(周 杰)

【国际交往中心功能建设】 年内,区政府外办以"一核"(即新首钢高端产业综合服务区)"一轴"(即长安街西延线黄金发展轴)"一带"(即西山永定河文化带)"多版块"(即中关村石景山园、北京·银行保险产业园、文创园、苹果园综合交通枢纽综合商务区、银河综合商务区)为重点,谋划好重点项目,同步推进软硬件建设,形成具有石景山特色的国际交往发展格局。加快推进重大项目建设,新首钢国际人才社区项目南区全部完成土方及护坡桩施工。发布《石景山区促进中关村工业互联网产业园高质量发展暂行办法》,支持工业互联网产业发展;北大附中石景山学校(新址)建设工程已开工,正在进行土护降工程施工;北京冬奥公园正式开园。利用北京侨梦苑、海外院士专家北京工作站、新首钢国际人才社区、北京博士后成果转化基地等优势资源,吸引国际企业、国际组织、世界知名实验室等入区发展,国际雪联中国办事处落户石景山区。高标准建设、高质量运营好区政府英文版门户网站,及时发布外国人关注的各类信息。聚焦外籍人士停居留便利化,开通停居留证件的签发、换发和补发等业务,"冬奥退税专区"正式投入运行,不断提高国际化的高品质公共服务供给能力。

(周 杰)

【营商环境优化】 年内,区政府外办践行"外事为民"理念,做好驻区企业外籍员工复工复产服务保障工作。为外籍人员入境返区开辟"绿色通道",累计提供政策咨询310余次,共为16家企业60人次协助办理入境返京签证手续。大力推广APEC商务旅行卡,为企业人员提供"一次办理、多次有效”的便利化服务。

（周　杰）

信　访

【概况】 2021年，北京市石景山区信访办公室（简称区信访办）深入贯彻习近平总书记关于加强和改进人民信访工作的重要思想，完成建党100周年、十九届六中全会等重大活动信访服务保障工作。全年受理群众信访5730批15704人次，接待群众来访2414批7136人次，受理群众来信3316件8568人次，区级领导阅批群众来信116件，接收群众复查申请104件，办结104件。年内，信访各项工作成效突出，在北京市信访工作年度考核中再次位列全市第一，做好集中治理重复信访、化解信访积案专项工作，“石时解纷”矛盾纠纷多元化解平台开创信访工作新格局。信访工作成果受到各类媒体广泛报道，国家级媒体刊登9篇，市级媒体刊登33篇，区级媒体刊发17篇，北京电视台和区有线电视报道7次。

（齐璐雅）

【《信访风采》出版】 1月12日，由区信访联席会各成员单位踊跃投稿，区信访办汇编而成的《信访风采》正式出版。该书分为“民有所呼，我有所应”“委办局代理”“街道、社区代理”“战‘疫’有我”和“媒体报道纪实”5个篇章，记录石景山区信访干部们“为民解难、为党分忧”的风采。

（齐璐雅）

【市领导接访】 5月14日，时任市委常委、统战部部长孙梅君到石景山区开展接访下访活动。在苹果园街道西黄村叠翠庭院，孙梅君就“电动自行车充电设施建设信访问题”开展现场信访接待活动，耐心听取群众的困难及诉求。随后主持召开专题工作调度会，要求将居民关心的“急难愁盼”问题处理好，不断开创为民服务工作新局面。市信访办主任肖志刚、区领导常卫等参会，并对相关工作进行部署。

（齐璐雅）

【信访条例宣传月】 5月29日，石景山区信访系统以“我为群众办实事，信访为民解忧难”为主题，开展线上线下集中宣传活动。各委办局、街道积极参与，大力推广和宣传“石时解纷”矛盾纠纷多元化解平台的使用，得到群众广泛关注与好评。北京电视台、石景山电视台新闻频道进行报道。

（齐璐雅）

【区领导接访】 6月7日，常卫到八宝山街道永东北社区开展接访下访活动。听取永东北社区居民代表关于汛期小区排水不畅、积水严重的问题诉求。在实地察看信访问题点位情况后，常卫主持召开专题调度会，要求聚焦居民群众诉求，协调推进解决难题，用心用情解决好群众身边的操心事、烦心事、揪心事。李新到鲁谷街道开展接访下访活动，针对群众反映六场宿舍4号楼部分住户房顶漏水的情况，认真倾听并积极与群众互动交流。在接访后，李新要求街道要协同物业研究解决方案，尽快解决问题。结合老旧小区改造工作，统筹推进解决上下水管道、电梯安装、为老服务等问题，真正把老旧小区改造做成民生工程、民心工程。

（齐璐雅）

【中央政法委调研】 10月20日，中央政法委基层社会治理局局长龙敬儒一行到信访办调研“石时解纷”矛盾纠纷多元化解平台工作情况。在听取信访办相关汇报后，龙敬儒对“石时解纷”矛盾纠纷多元化解平台的创新模式给予高度肯定，并表示可以在全国进行推广。

（齐璐雅）

【新时代网上枫桥经验】 年内，“石时解纷”矛盾纠纷多元化解平台在全区范围内得到大力推广使用。在原有基础上，推进平台与“接诉即办”深度融合，进一步畅通信访“接诉”渠道，强化分类分级，提升办理质效，努力为群众解难事、办实事、做好事。平台全年累计访问量46万人次，用户注册量4.9万人次，受理案件总量3.6万件，调解成功率90%。

（齐璐雅）

【矛盾纠纷排查化解】 年内，区信访办组织2次全区大排查和7次专项排查。对排查出的41件重点矛盾纠纷和53名重点人，全部落实区领导包案，并逐件挂账督办。对市联席办交办的152件重复信访事项全部上报化解，审核化解率96%，位列全市第二。

（齐璐雅）

【复查复核】 年内，石景山区复查复核委员会办公室召开信访复查会议16次，合计处理信访复查复核事项133件，其中石景山区复查104件，北京市复核29件。

（齐璐雅）

石景山区人民政府区长、副区长

区　长　李　新

副区长　齐春利　　李先侠　　刘　锋　　王其志　　申　键　　王智勇（满族）　　尹　圆（女）　　李文化（女）

石景山区人民政府工作机构主要负责人

区政府办主任	吴　燕（女，7月免）	区政府教育督导室主任	李秀兰（女）
	张　伟（7月任）	区科委主任	郝显军（蒙古族，10月免）
区发改委主任	李文化（女）	区经济和信息化局局长	王晓华（5月免）
区教委主任	李秀兰（女）		张晓磊（7月任）

区大数据管理局局长 王晓华(5月免)
张晓磊(7月任)
区民政局局长 刘吉新(10月免)
吴智鹏(10月任)
区财政局局长 杨贵宝
区人力社保局局长 齐 兵(10月免)
韩孟荣(10月任)
市规自委石景山分局局长 蔡 晶
区生态环境局局长 王瑞超
区住房和城市建设委主任 杨旭东(5月免)
曹世辉(满族,5月任)
区房屋征收办公室主任 杨旭东(5月免)
曹世辉(满族,5月任)
区住房保障办公室主任 杨旭东(5月免)
曹世辉(满族,5月任)
区城市管理委主任 颛孙永麒(10月免)
齐 兵(10月任)
区城市环境建设管理委员会办公室主任
颛孙永麒(10月免)
齐 兵(10月任)
区水务局局长 颛孙永麒(10月免)
齐 兵(10月任)
区交通委主任 颛孙永麒(10月免)
齐 兵(10月任)
区商务局局长 吕松涛
区文化和旅游局局长 王亚迅
区卫生健康委主任 葛 强
区退役军人事务局局长 孙厚义(7月免)
明 强(女,7月任)
区应急管理局局长 张玉国
区突发事件应急委员会办公室主任
张玉国
区市场监督管理局局长 张 伟(7月免)
金跃文(7月任)
区食品药品安全委员会办公室主任
张 伟(7月免)
金跃文(7月任)
区知识产权局局长 张 伟(7月免)
金跃文(7月任)
区审计局局长 王亚兰(女)
区外事办主任 斯琴格日勒(女,蒙古族,7月免)
王传东(10月任)

区国资委主任 李路海(5月免)
王晓华(5月任)
区体育局局长 李劲挺
区统计局局长 王彦明
区园林绿化局局长 毛 轩
区绿化委员会办公室主任 毛 轩
区金融办主任 杨京春(女)
区政务服务局局长 孙明磊(10月免)
卢满钧(10月任)
区人防办主任 任连田
区集体资产监管办主任 蔡利全
区信访办主任 徐伟超
区医保局局长 李凤芹(女)
区台湾事务办公室主任、区民族宗教侨务办公室主任
苏文颖(7月免)
高 竹(女,10月任)
园区管委会主任 唐 铭(女)
区西山永定河文化带管委会主任
刘云清(10月免)
区西部建设办主任 齐春利(10月免)
区西部建设办公室(区西山永定河文化带建设管理委员会)主任 闫晓辉(女,10月任)
区城管执法局局长 梁锁生(10月免)
陈 鹤(10月任)
区地震局局长 毕晓梅(女,10月免)
薛舒栋(10月任)
区投促中心主任 段京涛
区机关服务中心主任 张建刚(5月免)
万晓健(5月任)
八大处公园管理处主任 王 浩
区环卫中心主任 陈 鹏(5月免)
齐 忠(5月任)
区城管监督指挥中心主任 冯雅男(7月免)
区城管指挥中心主任 冯雅男(7月任)
区融媒体中心主任 王国强(10月免)
王建强(10月任)
区公园管理中心主任 王金兰(女)
区房屋征收事务中心主任 唐 嵘
石景山医院院长 刘 鹏
区税务局局长 谢明江(1月免)
濮 璐(1月任)
区气象局局长 朱 立

政协石景山区委员会

综　述

中国人民政治协商会议北京市石景山区委员会(简称区政协),是中国人民政治协商会议北京市石景山区地方组织。区第十一届政协常委会组成人员39人,其中主席1人、副主席6人、秘书长1人、常委31人。下设办公室、研究室、专委会工作一室、专委会工作二室、专委会工作三室、专委会工作四室、专委会工作五室、专委会工作六室8个办事机构。2021年,在中共石景山区委领导和市政协指导下,在区人大、区政府和社会各界大力支持下,区政协常委会紧紧依靠和团结带领全体政协委员,坚持以习近平新时代中国特色社会主义思想为指导,深入贯彻党的十九大和十九届历次全会精神,深入贯彻中共中央、中共北京市委和中共石景山区委政协工作会议精神,牢牢把握团结和民主两大主题,紧紧围绕全区工作大局,认真履行政治协商、民主监督、参政议政职能,圆满完成全年各项任务,为促进石景山区经济社会改革发展作出积极贡献。

(樊　华)

重要会议

【概况】 区政协的重要会议包括:政协全体会议、常委会议、主席会议、专题协商会、各专门委员会会议等。年内,区政协召开十届五次会议和十一届一次会议,成功实现换届。区政协通过各种重要会议,广泛凝聚共识、把人民政协制度优势转化为社会治理效能取得丰硕成果,为推动地区各项事业高质量发展、高水平建设好首都城市西大门作出积极贡献。

(樊　华)

【区政协第十届委员会第五次会议】 1月5日至7日在京燕饭店举行,李新、李文起等区领导出席大会开幕式。吴克瑞作区政协第十届委员会常务委员会工作报告,刘建国作提案工作报告,高杰宣读2020年优秀提案、优秀调研报告、优秀社情民意、委员履职先进个人表彰决定。区委区政府各部门领导在分会场列席开幕式。同月6日,区政协委员以视频会议形式在分会场列席区十六届人大七次会议。7日上午,召开第二次全体会议,听取区各民主党派主委和部分委员的大会发言。7日下午,区政协十届五次会议在完成各项议程后闭幕。区政协提案委员会主任于惠兰作十届政协五次会议期间提案审查情况报告,会议通过中国人民政治协商会议北京市石景山区第十届委员会第五次会议政治决议。常卫代表区委对大会的圆满成功表示热烈祝贺并作重要讲话。

(樊　华)

【区政协第十一届委员会第一次会议】 12月13日至16日在万商花园酒店举行。13日,吴克瑞作区政协第十届委员会常务委员会工作报告。区领导常卫、李新、李文起、吴克瑞、田利跃等出席开幕式。委员们以书面形式审议政协北京市石景山区第十届委员会常务委员会提案工作报告。同月14日,区政协委员列席区十七届人大第一次会议。15日,召开第二次全体会议,听取区各民主党派主委和部分委员的发言。16日,召开第三次全体会议,进行大会选举。委员以无记名投票的方式,选举产生新一届区政协主席、副主席、秘书长、常务委员。田利跃当选政协北京市石景山区第十一届委员会主席。岳林华、宋世媛、葛强、毛轩、汪礼俊、刘铁军当选为区政协第十一届委员会副主席,程伯静当选为区政协第十一届委员会秘书长,于程水等31人当选为区政协第十一届委员会常务委员。新当选的主席、副主席、秘书长与大家见面,田利跃代表新一届区政协委员会作表态发言。会议听取区政协第十一届一次会议提案审查情况报告,通过政协北京市石景山区第十一届委员会第一次会议政治决议。常卫代表区委对大会的圆满成功表示热烈祝贺并作重要讲话。

(樊　华)

【常务委员会会议】 年内,共召开5次常务委员会会议。区政协十届十九次常委会于1月7日召开,会议审议政协石景山区第十届委员会常务委员会2021年工作要点(草案)。吴克瑞主持会议。区政协十届二十次常委会于5月18日召开。会前,区政协常委一行围绕冬奥会和冬残奥会服务保障工作前往北辛安路南段,视察道路建设和周边环境综合整治提升情况,百日会战重点任务开展情况,北京冬奥公园开发建设情况。在随后召开的常委会上,听取区城管委关于冬奥服务保障项目推进情况的汇报,与会常委就进一步做好冬奥服务保障工作提出意见建议。会议听取区纪委关于对石景山区2020年党风廉政建设情况的通报。会议传达学习《中国共产党统一战线工作条例》。吴克瑞主持会议。区政协十届二十一次常委会于7月20日召开,会议围绕习近平总书记“七一”重要讲话精神开展专题研讨交流,审议2021年区政协常委会调研报告和建议案。区政协十届二十二次常委会于11月26日召开,会议进行2021年区政协常委会建议案答复;审议关于十一届区政协委员建议人选等相关情况的汇报;审议政协北京市石景山区第十届委员会常务委员会工作报告;审议政协北京市石景山区第十届委员会常务委员会提案工作报告;审议政协北京市石景山区第十一届委员会第一次会议相关材料;审议人事事项。区政协十一届第一次常委会于12月16日召开,会议审议政协石景山区第十一届委员会常务委员会工作规则;审议政协石景山区第十一届委员会常务委员会2022年工作要点(草案);审议区政协十一届委员会专门委员会组成人员名单(草案);审议人事事项(任命相关委室主任、副主任)。田利跃主持会议。

(樊　华)

【主席会议】 年内,共召开8次主席会议。1月27日,区政协石景山第十届委员会召开第二十二次主席会议。会议传达学习政协北京市第十三届委员会第四次会议精神;审议区政协各专委会2021年工作计划。吴克瑞主持会议。3月23日,十届区政协召开第二十三次主席会议,审议区政协

2021年主席、副主席、秘书长督办的重点提案，吴克瑞主持会议。7月5日，十届区政协召开第二十四次主席会议，传达学习习近平总书记在庆祝中国共产党成立100周年大会上的重要讲话精神；审议区政协各专委会2021年调研报告和建议案；听取区政协五年工作情况的汇报。吴克瑞主持会议。10月22日，十届区政协召开第二十五次主席会议，进行2021年主席会建议案集中答复；审议2021年政协北京市石景山区委员会优秀提案、优秀调研报告、优秀社情民意和委员履职先进个人名单。吴克瑞主持会议。11月8日，十届区政协召开第二十六次主席会议，审议政协石景山区第十届委员会常务委员会工作报告；审议政协石景山区第十届委员会常务委员会提案工作报告；审议区政协十一届一次会议筹备工作方案；审议人事事项；审议其他事项。吴克瑞主持会议。同月25日，十届区政协召开第二十七次主席会议，审议政协石景山区第十一届委员会委员建议人选等相关情况的汇报；审议区政协十一届一次会议相关材料；审议政协石景山区第十一届委员会专门委员会组成人员名单；审议人事事项。吴克瑞主持会议。12月16日，十一届区政协第一次主席会议召开，会议审议政协石景山区第十一届委员会常务委员会工作规则；审议政协石景山区第十一届委员会常务委员会2022年工作要点(草案)；审议人事事项。田利跃主持会议。同月20日，十一届区政协第二次主席会议召开，会议学习常卫在区政协十一届一次会议闭幕会上的讲话精神；审议政协石景山区第十一届委员会主席、副主席、秘书长分工。田利跃主持会议。

(樊　华)

3月4日，石景山区首钢“政协委员会”工作站揭牌　　(区政协供图)

专门委员会

【概况】 根据政协章程规定和石景山区政协工作实际，十一届区政协共设有经济科技委员会、社会法制和民族宗教委员会、城建环保委员会、教文卫体委员会、提案委员会、学习与文史委员会6个专门委员会。专门委员会工作是政协工作的重要基础，是政协履行职能的重要方式。专门委员会根据中国人民政治协商会议章程的要求，从实际出发开展工作。组织委员认真学习、宣传国家的方针政策和法律；就辖区政治、经济、文化和社会生活中的重要问题，人民群众普遍关心的问题，选择其中具有综合性、全局性、前瞻性的课题，深入开展调查研究，提出意见、建议和提案；团结和联系委员及各族各界人士，积极反映社情民意；组织各种活动，积极为委员知情出力、履行职责创造条件。

(樊　华)

6月16日，区政协党组织开展主题党日活动　　(区政协部供图)

【经济科技委员会】 2021年，经济科技委员会开展以十九届五中全会精神为主要内容的学习和交流工作。开展“关于大力发展数字经济，建设大健康(大数据)产业园的调研”。与中关村科技园区石景山园联手，以政协委员和驻区重点企业为主体，打造中关村科技园区石景山园科技创新产业发展促进会。丰富委员工作站实践开展优化营商环境监督工作，提出改进和优化石景山区营商环境的建议。继续深入基层开展“走察建惠”主题活动。围绕推动辖区数字经济发展，组织经济、科技和工商联界别开展系列协商活动。以优化和提升石景山区载体建设质量和服务水平为主题，组织委员到相关部门和企业开展专项视察活动，提

7月20日，区政协召开专题协商议政会　（区政协供图）

出提升石景山区载体综合服务水平的建议。对区科委开展民主监督与评议工作。开展财政预算民主监督活动，提出有针对性和建设性的意见和建议。

（樊　华）

【社会法制与民族宗教委员会】 2021年，区政协社会法制与民族宗教委员会开展各类活动71次，委员出席952人次。其中政协及专委会组织学习41次、视察协商活动5次、委员工作站活动4次、界别活动2次、其它活动12次，政协专题活动7次。提交提案28件，走访委员3人次。加强政治理论学习，开展党史教育活动暨参观“八大处的红色电波”主题展；开展“共庆建党百年主题活动”和“党史学习教育讲座”等党建共建活动。举办“委员工作站社情民意信息征集”活动。开展《加强石景山区社区养老服务驿站建设》调研。围绕《散装食品卫生管理规范》落实情况开展食品安全对口协商；开展“无障碍环境整治、提升工作”专题协商；围绕《关于石景山区“韧性城市”建设的初步研究及建议》开展提案协商。视察北京水木九天科技有限公司；视察五里坨民俗陈列馆。对委员进行走访、慰问。组织委员参加区委、区政府、区检察院、区法院组织的会议。

（樊　华）

【城建环保委员会】 2021年，城建环保委员会抓好政治理论学习，聚焦建党100周年开展党支部活动。聚焦冬奥周边环境提升和城市更新进行视察，召开产业转型促进城市更新专题座谈会。围绕垃圾分类和物业管理这两个“关键小事”先后3次到景阳东街第二社区进行专题协商；围绕推进产业转型促进城市有机更新组织召开专题协商会；围绕重点调研课题《结合产业转型发展，推动我区城市更新》，开展调研协商。结合重点提案的督办工作，组织委员深入融景城小区、老山东里小区开展督办协商。组织委员到首钢、模式口历史文化街区、鲁谷街道六合园南社区、老山街道老山东里小区开展调研。城建环保委员会共参与提案111件，其中主提案37件，附议74件，立案率98%。组织委员参与各类政府会议、调研、督导等17人次，提交社情民意8篇。先后组织各类活动25次，共有委员103人次参加活动。

（樊　华）

【教文卫体委员会】 2021年，区政协教文卫体委员会组织委员开展和参加各种会议、学习、考察调研等活动20余次，委员参加100余人次。开展党史学习教育，参观“八大处的红色电波”主题展；开展以学党史为主题的读书活动；组织委员参加相关主题庆祝活动。以“进一步推进我区社区教育发展”为题到区社区学院开展调研。围绕冬奥会服务保障相关工作进行协商议政；到好未来集团以及好未来旗下教育综合体同学都荟·龙观荟调研；围绕“进一步推进我区学前教育发展”开展协商。对“在突发重大公共卫生事件中进一步发挥社区卫生作用的建议”进行重点提案督办。对疫情常态化下的社区卫生服务工作进行协商。协助开展冬奥服务保障工作百日会战专项调研。发挥委员工作站作用，推进“走察建惠”活动；与提案委联合完成对重点提案的督办协商，全年共提交提案48件，收集反映社情民意共计7篇。

（樊　华）

【提案委员会】 2021年，区政协提案委员会组织委员学习交流，加强专委会

6月15日，区政协举行第二季度委员培训班　（区政协供图）

党支部建设，积极参加市、区政协开展的学习交流活动。面向社会，做好政协会议公开征集提案线索工作；做好政协会议前的委员提案征集工作。推进重点提案督办，围绕经济发展、城市更新、社会治理、冬奥保障和百姓民生等方面开展主席、副主席、秘书长重点提案督办工作。对承办单位承诺解决而未落实的部分B类提案开展跟踪督办；围绕委员关注的物业管理、垃圾分类等热点提案开展集中答复和专题协商。召开提案办理工作征求意见座谈会；推进提案工作信息化工作；严格按照新修订的《提案工作条例》中的立案标准审查提案。做好优秀提案的推荐和表彰工作，编印本届《优秀提案汇编》。推进平时提案工作常态化；加强提案宣传，做好提案公开工作。围绕区域交通治理开展专题协商；开展民主监督与评议工作；分别在古城街道西路北社区和老山街道东里北社区继续深入开展委员工作站活动；继续开展委员履职评价工作。

（樊　华）

【学习与文史委员会】 2021年，学习与文史委员会不断加强学习，提高理论水平和履职能力，结合建党100周年党史学习，组织两场专题培训，线上为委员推送学习内容35期。就《京门铁路石景山段建设休闲绿廊》组织委员开展调研。编辑出版发行《石景山历代金石碑刻（选）》石景山文史资料第27辑。完成市政协交办的建党70周年书画征集工作；完成唱红歌微视频录制报送工作；完成文史资料征集工作经验交流材料等工作；召开《关于建设八宝山红色文化书院的建议》重点提案督办会；参与高井路冬奥社区庆祝中国共产党成立100周年红歌会活动。

（樊　华）

4月20日，区政协举行纪念“五一口号”发布73周年长走活动（区政协供图）

重要活动

【概况】 区政协在区委的领导下，牢牢把握团结民主两大主题，紧密团结各界委员，认真履行政治协商、民主监督、参政议政职能，围绕中心服务大局，勇于创新、求真务实，为推动经济社会发展作出新贡献。

（樊　华）

【学习培训活动】 3月10日，区政协、区委统战部联合举办2021年第一期学习培训活动，邀请市委党校社会学教研部主任尹德挺教授，就如何以首善标准开创“十四五”首都经济社会发展新局面，为政协委员、党派成员和机关干部进行授课。岳林华参加培训学习。6月15日，区政协、区委统战部联合举办2021年第二季度学习培训活动。邀请中央党校党史部教授陈述为区政协委员、党派成员和机关干部以“中国共产党的光辉历程与经验启示”为题作报告。陈婷婷、刘建国、岳林华等百余人参加培训学习。

（樊　华）

【纪念“五一口号”发布长走活动】 4月20日，区政协在首钢园开展“团结在光辉的旗帜下，政协委员永远跟党走”暨纪念“五一口号”发布73周年长走活动，来自各行各业的区政协委员和机关干部等100余人参加活动。区领导吴克瑞、陈婷婷、刘建国、岳林华、宋世媛，于秀云等，首钢集团党委常委、工会主席梁宗平参加活动。

（樊　华）

【与兄弟区（市）政协友好往来】 4月22日，通州区政协主席赵玉影率专题调研组到区学习考察文化建设相关工

4月22日，通州区政协到区考察文化建设相关工作　　（区政协供图）

作。吴克瑞陪同考察并主持座谈会。调研组一行实地察看首钢高线公园样板段、三号高炉和RE睿·国际创忆馆,详细了解首钢园区规划建设、现有山水景观以及工业遗存特色风貌等情况。在随后召开的座谈会上,区文旅局局长、西山永定河文化带管委会相关负责人分别就石景山区文化旅游发展情况及西山永定河文化带建设情况作汇报。首钢集团党委常委、董事、工会主席梁宗平,区政协领导岳林华、宋世媛等一同考察。5月8日,江苏省常州市天宁区政协副主席黄亚庆率队到区学习考察既有住宅加装电梯和老旧小区改造相关工作。刘建国陪同考察并参加座谈会。学习考察组一行实地察看鲁谷街道六合园南西小区综合整治情况,前往老山街道老山东里小区实地察看老楼加装电梯情况并进行体验,随后召开座谈会。区政协相关委室主任及工作人员一同考察。7月22日,新疆维吾尔自治区克拉玛依市政协副主席杨平一行到石景山区学习考察市域社会治理现代化工作。宋世媛一同考察并参加座谈会。

(樊　华)

【开展相关调研座谈】 4月28日,区政协围绕"推进石景山区产业转型促进城市有机更新"召开调研座谈会,吴克瑞参加座谈并讲话。会上,区发改委、住建委等8个相关部门,分别汇报关于产业转型推动城市更新方面的工作进展情况,并与政协委员开展协商议政,刘建国参加座谈会。6月4日,区政协冬奥服务保障工作指导组围绕冬奥场馆周边环境污染防治工作开展调研,刘建国、宋世媛参加调研。指导组一行实地察看首钢园区空气质量监测站、居民餐饮油烟治理试点项目,详细了解空气质量监控平台及试点项目运行情况。随后召开座谈会,听取区生态环境局局长汇报关于冬奥场馆周边环境污染防治工作开展情况。与会委员就水源保护利用、工地扬尘治理等方面建言献策。区政协相关委室主任及部分政协委员参加调研。8月11日,区政协冬奥服务保障工作指导组围绕提升文旅综合服务能力开展调研。宋世媛参加调研。指导组实地察看百日会战重点工程北辛安记忆建筑群和石景山区博物馆,并召开座谈会听取相关工作情况汇报。

(樊　华)

【"笔情墨趣"书画展开幕】 5月13日,区政协书画院为庆祝中国共产党成立100周年,在区文化中心举办"笔情墨趣"弘扬中华优秀传统文化书画展开幕式。展出119幅来自中国书法家协会、市书协及区书协会员作品,回顾建党百年光辉历程,共祝党的百年华诞。区领导常卫、吴克瑞、刘海涛、孙学伟、刘建国、岳林华、宋世媛,市书协副主席、秘书长郭孟祥,区各民主党派负责人,区政协委员出席。

(樊　华)

【政协工作理论研讨会】 7月20日,区政协召开第30次政协工作理论研讨会暨"深入实施城市更新行动,高水平建设首都城市西大门"专题协商议政会。常卫、李新出席会议,吴克瑞主持会议。会议组织区政协常委、各民主党派代表和部分委员围绕"深入实施城市更新行动,高水平建设首都城市西大门"这个题目,撰写调研报告30篇,岳林华等11位委员作重点发言和自由发言。有关区领导、相关部门和街道负责人参加会议。

(樊　华)

【市政协到区开展协商调研】 7月30日,市政协人资环建委主任周正宇带队围绕"加大政策引导支持力度,推进城市有机更新"到石景山区进行协商调研。岳林华一同考察并参加座谈会。调研组一行先后来到模式口历史文化街区、鲁谷街道六合园南社区,实地察看院落修缮改造情况和老旧小区综合整治情况。在随后召开的座谈会上,区住建委主任汇报石景山区城市有机更新相关工作情况。部分市政协委员和民主党派成员就老旧小区长效管理机制、政策支持等工作与区相关部门负责人进行交流。

(樊　华)

5月13日,区政协开展庆祝建党100周年书法笔会活动　(区政协供图)

主要职能

【概况】 政协北京市石景山区委员会的主要职能是政治协商和民主监督,组织参加政协的各党派、团体和各族各界人士参政议政。所谓政治协商,是对石景山区政治、经济、文化和社会生活中的重要问题在决策之前进行协商和就决策执行过程中的重要问题进行协商。从程序上讲,区政协可根据区委、区人大、区政府、民主党派、人民团体的提议,举行有各党派、团体的负责人和各族各界的代表参加的会议进行协商,也可建议上列单位将有关重要问题提交政协协商。所谓民主监督,是对国家宪法、法律和法规的实施,重大方针政策的贯彻执行,石景山区机关及其工作人员的工作,通过建议和批评进行监督。民主监督的主要形式有:政协的全体会议、常委会议或主席会议向区委、区政府提出建议案,各专门委员会提出建议或有关报告，委员视察，委员提案，或以其他形式提出建议。参政议政是1993年3月修订政协章程时新列入的一项主要职能，反映人民政协工作在新时期的新发展。参政议政是政治协商和民主监督的拓展和延伸。参政议政的内容与形式除政治协商和民主监督规定的内容和形式外，还包括选择人民群众关心、党政部门重视、政协有条件做的课题，组织调查和研究，积极主动地向党政领导机关提出建设性的意见；通过多种方式，广开言路，广开才路，充分发挥委员专长和作用。

（樊　华）

【组织协商议政】 年内，区政协充分发挥国家治理体系重要组成部分的作用，聚焦全区中心工作，选择多项涉及全区经济社会发展大局的重大课题，深入开展调查研究，积极建言资政，提出一系列具有创造性、建设性、前瞻性的意见建议，推动经济社会又好又快发展。先后围绕民生家园建设、疏解整治促提升工作、高端绿色崛起先行区建设、"十四五"期间助推辖区高质量发展、深入实施城市更新行动、高水平建设首都城市西大门等重要课题召开政协理论研讨会暨专题协商议政会。政协常委和部分委员与区委区政府主要领导围绕议题进行深入协商，深入北辛安和衙门口棚户区、京西商务中心、北京银行保险产业园、区城市管理监督指挥中心及各街道重点点位就城市精细化管理、产业转型促提升、冬奥筹办服务保障、国庆70周年安保、庆祝中国共产党成立100周年服务保障等工作认真调研座谈，提出意见建议。修订并落实《政协北京市石景山区委员会提案工作条例》，出台《政协石景山区委员会关于提高提案质量的意见（试行）》，提升提案工作制度化、规范化、程序化水平，充分发挥提案对协商议政的支撑作用。

（樊　华）

【开展民主监督】 年内，区政协充分发挥人民政协民主监督职能作用，有序推进协商式监督，进一步完善民主监督与评议工作的形式和内容，尝试开展以项目监督为主要内容的监督评议改革实践，联合各党派成员共同参与评议，提升民主监督工作实效。将推进西山永定河文化带建设、提升"接诉即办"水平、大气污染防治攻坚、垃圾分类等作为专项性监督内容，组织常委会、主席会会议成员集体视察督导，助推各项工作取得新成效。区委主要领导参加政协民主监督与评议工作会议，并对民主监督与评议工作提出具体要求。《人民政协报》进行专访并作报道，多家媒体进行转载，扩大了石景山区民主监督品牌的社会影响力。充分发挥社情民意作用反映民生问题。充分发挥社情民意信息"短平快"、"直通车"作用，进一步完善社情民意的反映、上报、批示、落实、反馈工作机制，对群众关注的发展与民生问题及时反映、及时办理，区委、区政府、区政协领导分别批示，有关部门认真研究解决，各专委会组织委员开展专项视察，促进社情民意得到落实。

（樊　华）

【参政议政】 年内，区政协围绕"七有"要求和"五性"需求，把促进民生改善作为工作的重要着力点，协商于民，推动惠民举措落地生根。扎实开展视察调研促进民生改善。围绕教育、养老、医疗卫生、社会保障等民生内容积极开展视察调研，就辖区中医健康社区试点工作、拆除农贸市场后群众买菜难问题、义务教育优质均衡发展、医药卫生体制改革、老旧小区改造、抓好两个"关键小事"等民生关切问题，组织委员深入街道社区走访调研，主动问政于民、问需于民、问计于民。就推进治乱疏解建高端、疏解整治促提升，棚户区改造、推进小区有机更新和综合整治、提升基层治理水平等民生领域内容，持续开展调查研究，形成重点调研报告和建议案，分别以常委会和主席会建议案形式报送区委、区政府，相关政府部门对建议案进行集中答复，推动惠民工作不断提高。

（樊　华）

中国人民政治协商会议北京市石景山区第十届委员会

主　　席	吴克瑞		
常务副主席	刘建国		
副 主 席	岳林华	宋世媛（女）	赵继新
	高　杰	于秀云（女）	
秘 书 长	刘福利		
副秘书长	程伯静（女）	苏文颖	李凤芹（女）
	毛　轩	李鸿泓	刘东晖
常务委员	王亚迅	毛　轩	白德骏
	仲达文	刘　嵘（女）	刘东晖
	刘吉新	苏文颖	李凤芹（女）
	李鸿泓	李智勇	李路海
	吴　琨（女）	吴　涛	何云飞
	汪礼俊	张　钢	陈有忠
	赵建平	秦玉山	彭　飞
	蒋志谋	释常藏	焦彦生
	戴　兵（女）		

石景山区政协专门委员会负责人

经济科技委员会主任	刘卫东	教文卫体委员会主任	杨玉玲（女）
社会法制与民族宗教委员会主任	韩　冰（女）	提案委员会主任	于惠兰（女）
城建环保委员会主任	李元涛	学习与文史委员会主任	蒙树红（女）

石景山区政协工作机构负责人

区政协党组成员、秘书长　刘福利
区政协党组成员、办公室主任　程伯静(女)
区政协研究室主任　刘　威
区政协专委会工作一室主任　刘卫东
区政协专委会工作二室主任　韩　冰(女)
区政协专委会工作三室主任　李元涛
区政协专委会工作四室主任　杨玉玲(女)
区政协专委会工作五室主任　于惠兰(女)
区政协专委会工作六室主任　蒙树红(女)

中国人民政治协商会议北京市石景山区第十一届委员会

主　　席　田利跃
常务副主席　岳林华
副 主 席　宋世媛(女)　葛　强　毛　轩　汪礼俊　刘铁军
秘 书 长　程伯静(女)
副秘书长　王国强　高　竹(女)　李鸿泓　林乐光　张绪东　赵　宇(满族)
常务委员　于程水　王迎伟　王艳蕊(女)　王淳华(女)　白德骏(回族)　仲达文　刘　嵘(女)　纪雪洪　李　平　李　琳(女)　李剑锋　李鸿泓　杨　光　吴　峥　吴　涛　张　杰(女)　张立辉　张春景　张结实　张绪东　林乐光　郑　一　赵　平(女)　赵　宇(满族)　姚　郑　高　竹(女)　黄爱萍(女)　斯琴格日勒(女,蒙古族)　傅　凡　释常藏　戴　兵(女)

石景山区政协专门委员会负责人

经济科技委员会主任　孙明磊
社会法制与民族宗教委员会主任　梁锁生
城建环保委员会主任　柏　静(女)
教文卫体委员会主任　于秀云(女)
提案委员会主任　蒙树红(女)
学习与文史委员会主任　彭玉春

石景山区政协工作机构负责人

区政协党组成员、秘书长　程伯静(女)
区政协党组成员、办公室主任　王国强
区政协研究室主任　刘　威
区政协专委会工作一室主任　孙明磊
区政协专委会工作二室主任　梁锁生
区政协专委会工作三室主任　柏　静(女)
区政协专委会工作四室主任　于秀云(女)
区政协专委会工作五室主任　蒙树红(女)
区政协专委会工作六室主任　彭玉春

纪检　监察

综　述

【概况】 2021年,中国共产党北京市石景山区纪律检查委员会、北京市石景山区监察委员会(简称区纪委区监委)由16个内设机构、机关党委、11个派驻机构、10个派出机构、1个直属事业单位、10个区管企业纪检监察机构组成,另有设在机构区委巡察办和5个巡察组。年内,石景山区各级纪检监察组织坚定不移正风肃纪反腐,围绕中心大局发挥监督保障执行、促进完善发展作用,推动纪检监察工作高质量发展。

(李蕊君)

【区纪委十二届九次全体会议】 2月8日召开。会议以习近平新时代中国特色社会主义思想为指导,贯彻党的十九大和十九届二中、三中、四中、五中全会精神,学习十九届中央纪委五次全会精神,贯彻落实市纪委十二届六次全会和区委十二届十二次全会工作部署。常卫通报2020年全面从严治党工作情况,对深入推进全面从严治党和纪检监察工作高质量发展进行部署。郭鹏代表区纪委常委会向大会作工作报告,总结2020年纪检监察工作,部署2021年工作任务。

(李蕊君)

【区纪委十三届一次全体会议】 12月8日召开。会议选举石景山区第十三届纪律检查委员会常务委员会委员和书记、副书记。王晓东当选为中共北京市石景山区第十三届纪律检查委员会书记。

(李蕊君)

监督工作

【概况】 年内,区纪委区监委聚焦监督首要职责,围绕党中央关于全面从严治党、党风廉政建设和反腐败斗争新论断新部署新要求,做深做实政治监督。紧跟区域发展大局,发挥监督保障执行、促进完善发展作用,推动重大决策部署落实落地。

(李蕊君)

【北京冬奥会、冬残奥会专项监督】 1月,区纪委区监委印发《2021年石景山区服务保障“北京2022年冬奥会和冬残奥会”监督工作方案》,梳理百日会战重点监督任务51项,风险点75个,制定风险防控措施90项。围绕市、区重点任务,开展三个百日会战阶段工程建设、环境提升、服务保障专项监督。对滑雪大跳台中心等三个涉奥工程开展现场监督37次,发现工程质量等问题115个,全部督促协调解决。

(史双霞)

【以案为鉴、以案促改】 4月,石景山区召开政法队伍教育整顿警示教育大会暨纪委书记廉政教育报告会。11月,石景山区召开“以案为鉴、以案促改”警示教育大会,通报石景山区查处的违纪违法情况,以案明纪、以案释法。年内,发挥典型案例警醒作用,在石景山区开展两轮次酒驾醉驾专题警示教育。修订完善“以案为鉴、以案促改”警示教育10项措施及其分工。强化专项监督,督促召开处分决定宣布会、专题民主生活会(组织生活会)、专题警示教育会169场,推动整改问题205个,提升“三不”一体综合治理成效。

(陈庆尧)

【粮食购销领域腐败问题专项整治】 9月,区纪委区监委印发《石景山区粮食购销领域腐败问题专项整治工作方案》,成立专项整治工作协调小组。围绕粮食购销领域政策是否落地见效,业务主管监管部门监管责任是否严格落实,国有粮食企业特别是基层粮库在收购、销售和储存环节是否存在问题等重点,调动各成员单位力量,发挥“室组地企”联动监督作用,深入重点点位开展联合检查,共发现问题11个,下发3份专项检查问题整改通知书,推动专项整治工作走深走实。

(谢　啸)

【开发区领域腐败问题专项监督】 11月,区纪委区监委按照《市纪委市监委关于开发区领域腐败问题专项整治的工作方案》要求,在石景山区开展开发区领域腐败问题专项整治。抓住问题易发多发的重点领域和关键环节,挖掘中关村科技园区石景山园的问题根源、经营管理隐患和体制机制漏洞,推动责任单位以自查自纠、实地检查和座谈等方式完善制度规定,强化制度约束。

(钱枳存)

【新冠肺炎疫情防控监督】 年内,区纪委区监委抓好疫情防控监督,因时因势调整监督重点,紧盯院感防控、冷链冷库食品监管、疫苗接种、核酸检测等关键环节靠前监督,压实疫情防控主体责任,助力提升精准防疫水平。全年共开展监督检查6637次,发现问题454个,下发督办单9份。

(符　腾)

【全面从严治党工作考核】 年内,区纪委区监委通过日常监督和评估、动态抽查和专题检查、自查自评、区领导带队现场督查及民意调查的方式,围绕强化党的政治建设、巡视整改和成果运用、管党治党制度执行三方面重点,对石景山区78家单位开展检查,共发现问题466个。协调有关单位对石景山区政治生态情况进行分析研判。

(李　娟　薛　枫)

【落实中央八项规定精神】 年内,区纪委区监委紧盯重要时间节点,对各单位关键岗位1500余人次进行约谈提醒。建立“节假日必查、工作日抽查、分事项督查”机制,运用明察暗访、随机抽查、专项检查等方式开展监督检查,围绕违规发放津补贴或福利、违规收送名贵特产和礼品礼金、违规吃喝、违规使用公务用车、公务接待中“吃公函”、窗口单位公职人员勾结中介牟利、停车收费等开展专项整治,提升监督效能。全年共查处违反中央八项规定精神问题5件,给予党纪处分5人,全部通报曝光。

(薛　枫)

【纠治形式主义、官僚主义】 年内,区纪委区监委加强对会议文件、督查检查等基层减负情况的常态化监督,将4个街道、社区“四风”基层观测点调整为石景山区整体观测。开展党务外包集中治理,整治党建工作中存在的不当外包、过度外包等问题。综合运用教育、监督、惩处等手段,整治形式主义、官僚主义突出问题，对内控制度照抄照搬、党建外包等问题严肃问责，树立求真务实、真抓实干的导向。

（薛 枫）

【巡视整改】 年内，区纪委区监委协助区委抓好市委巡视整改任务，发挥服务保障、统筹协调、督查督办作用，紧盯重难点问题，压实主体责任。全年共制发整改进展情况清单21份、提醒函6份。针对巡视移交问题线索，立案5件，给予党纪处分5人，给予诫勉、通报7人。

（雷雨晨）

【扫黑除恶专项斗争监督执纪问责】 年内，区纪委区监委发挥区反腐败协调领导小组优势，参与重点案件督办会，强化与政法机关的协同配合。衔接政法队伍教育整顿监督执纪问责与扫黑除恶工作，开展涉黑涉恶案件（线索）倒查，确保案件线索查深查透。将扫黑除恶专项斗争工作纳入巡察及全面从严治党（党建）工作考核内容，督促压实政治责任。

（李 娟）

【换届监督】 年内，区纪委区监委对标市委、区委有关社区两委“换届”工作要求，成立正风肃纪工作组，制定《关于严肃换届纪律、加强社区“两委”换届监督工作的实施方案》。督促落实主体责任和监督责任，抓好社区候选人提名、投票选举等关键环节的监督工作。共开展监督检查364次，发现问题9个，全部督促整改。

（刘畅达）

【小微权力腐败问题监督】 年内，区纪委区监委运用清单化监督方式，重点监督社区“两委一站”的党员及行使公权力的公职人员纪律作风、廉洁自律情况，着力发现不作为、乱作为等问题。结合各街道及社区特点，制定6个方面18个项目的监督任务清单，列明监督的内容、要求、频次等，深化监督向基层延伸，着力提高基层监督治理效能。

（赵 亮）

【创建文明城区监督】 年内，区纪委区监委按照《石景山区关于深入推进全国文明城区创建三年行动计划（2021—2023年）》，针对石景山区存在的突出问题和薄弱环节，通过参加会议、现场督导、查看资料等方式督促相关部门“两个责任”落实，坚决纠正形式主义，确保“擦亮首都西大门，文明和谐迎冬奥”专项行动的决策部署落到实处。共开展监督检查321次，开展谈话17次，发现问题370余个，全部督促整改。

（赵 亮 王 敏）

【12345市民服务热线“接诉即办”监督】 年内，区纪委区监委落实市纪委市监委《关于进一步深化“接诉即办”专项监督的工作方案》要求，发挥“监督检查室＋派驻（出）机构”协同联动作用，加强与区城管监督指挥中心的沟通协调、信息对接，强化责任落实。全年共办理市纪委转办工单28件，自主筛单3438件，核查属实3336件，督促整改3352件，下发监察建议、提醒函10份，谈话提醒109人次，以监督推动“接诉即办”工作。

（胡 林）

【廉政宣传教育】 年内，区纪委区监委开展《中华人民共和国监察法实施条例》普法宣传教育活动，将其纳入理论学习中心组学习安排，向全区配发《条例》，开设专栏发布权威解读。纪检监察干部担任宣讲员深入基层开展宣讲。开展石景山区2021年处级领导干部集体廉政谈话，组织75名处级干部进行任职前廉政法规知识测试。利用宣传矩阵，在《人民日报》《中国纪检监察报》、中央纪委国家监委网站上稿6篇，以专题Vlog形式在中央纪委国家监委网站展示工作成效。市级媒体刊发区纪委区监委稿件75篇，播出专题节目9期；区级媒体刊发45篇，“方圆石景山”微信公众号推送80期200余篇，提升廉洁教育影响力。

（陈庆尧）

审查调查

【概况】 年内，区纪委区监委保持惩治腐败高压态势，坚持无禁区、全覆盖、零容忍，坚持重遏制、强高压、长震慑，在减存量、遏增量上积极作为。坚持系统观念和标本兼治，一体推进不敢腐、不能腐、不想腐。

（李蕊君）

【信访举报】 全年，区纪委区监委受理信访举报877件（含重复件468件），同比上升30.9%。建立信访工作约谈机制，开展重复举报化解工作。推进信访举报处理中形式主义官僚主义问题专项整治，重点筛选群众反映强烈、侵害群众利益的检举控告跟踪督办，强化过程监督。建立一信转办双向告知机制，对业务范围外的信访件向群众详细解释的同时告知转办部门，做好沟通协调，确保件件有回应。

（胡国栋）

【监督执纪“四种形态”】 全年，区纪委区监委运用监督执纪“四种形态”处理225人次，其中第一种形态（经常开展批评和自我批评、约谈函询，让“红红脸、出出汗”成为常态）165人次，占73.3%；第二种形态（党纪轻处分、组织调整成为违纪处理的大多数）37人次，占16.4%；第三种形态（党纪重处分、重大职务调整的成为少数）6人次，占2.7%；第四种形态（严重违纪涉嫌违法立案审查的成为极少数）17人次，占7.6%。

（赵 颖）

【案件处置】 全年，区纪委区监委共处置问题线索232件次，初核144件，新立案66件（其中处级13件，科级17件），同比上升3.1%。审理结案62件，同比上升17%。给予党纪处分46人，给予政务处分7人，涉嫌职务犯罪移送审查起诉13人，移交其他单位处分2人。从党纪处分情况看，党内警告19人、党内严重警告17人、留党察看处分1人、开除党籍9人。从政务处分情况看，记过1人、撤职1人、开除公职5人。

（赵 颖 王怡辰）

【信息技术保障】 年内，区纪委区监委同步推进终端替换及软件适配工作，完成信息化系统迁移任务。建设问题线索管理系统，促进案件监督规范化管理。升级“石景山e监督”平台，强化多层级基层监督体系。使用同步录音录像工作台对执纪审查过程进行记录,促进业务工作规范。使用取证航母进行手机取证。运用公共信息核查系统,以大数据支撑审查调查业务。加强办案区安全制度推行,加大日常巡检力度,提升办案区规范化管理水平。

(刘兴港　许　辰　廖　慧)

巡察工作

【概况】 年内,区委巡察机构坚持政治巡察定位,落实政治巡视巡察要求,实现巡察全覆盖,推动巡察整改落实规范化,提升巡察工作质效。

(李蕊君)

【政治巡察】 年内,区委巡察机构完成第十轮、第十一轮对25个单位党组织、42个社区党组织的常规巡察,开展一轮对8个单位党组织、40个社区党组织的巡察"回头看"及涉粮问题专项巡察,共发现问题1024个,问题线索5个。年内,实现十二届区委巡察全覆盖,开展十二轮巡察,完成对石景山区87个单位党组织、150个社区党组织的巡察工作,共发现问题2347个,移交问题线索53个,立案11件,移送司法3人。

(梁　元)

【巡察"后半篇文章"】 年内,区委巡察机构落实《关于加强巡视整改和成果运用的意见》要求,发挥纪检监察机关、组织部门、巡察机构在整改中的职能作用,细化完善整改落实、整改监督、成果运用、统筹督促、实施保障等工作机制,推动巡察监督、整改、治理贯通。建立巡察成果综合运用机制,分析、归纳巡察发现的普遍性、倾向性问题,向区委、区政府及相关职能部门提出针对性建议,为深化改革、完善体制机制提供参考,推动形成整改长效机制。

(梁　元)

【制度化规范化建设】 年内,区委巡察办落实《关于建立健全区委巡察机构与区纪委区监委有关部门协作配合机制构建闭环监督体系的意见》,加强巡察与纪检、监察、派驻监督的协作配合。制定《区级党员领导干部带头落实巡察整改工作若干措施》《石景山区巡察整改日常监督实施办法》,完善落实整改责任体系。制定《关于建立中共北京市石景山区委巡察专业人才库及选调干部管理办法(试行)》,扩大选人视野,提高干部综合素质。

(梁　元)

中共北京市石景山区第十三届纪律检查委员会

书　记　王晓东
副书记　高维华　田成立　王庆亮
常　委　于学君(女)　李月根　牛秋娟(女)　李永祥　方　蕊(女)
委　员　丁　勇　丁志鹏　王亚兰(女)　王学红　王起顺　龙慎山　刘小红(女)　刘铁飞(女,满族)　李永丰　吴展标(苗族)　张　英(女)　陈　速　陈　鹏　陈洛湘　金志刚(满族)　庞晨潮　夏大周　徐伟超　詹文杰　薛　文

北京市石景山区监察委员会

主　任　王晓东(7月为副主任、代理主任,12月换届选举为主任)
　　　　郭　鹏(7月免)
副主任　高维华(10月任)　田成立　王庆亮(10月任)　韩孟荣(10月免)　仲长军(女,10月免)
委　员　李月根　牛秋娟(女)　郭淑丽(女)　张　莉(女,10月免)

民 主 党 派

综　　述

石景山区有中国国民党革命委员会北京市委员会石景山区工作委员会(简称民革石景山区工委)、中国民主同盟北京市委员会石景山区工作委员会(简称民盟石景山区工委)、中国民主建国会北京市委员会石景山区工作委员会(简称民建石景山区工委)、中国民主促进会北京市委员会石景山区工作委员会(简称民进石景山区工委)、中国农工民主党北京市委员会石景山区工作委员会(简称农工党石景山区工委)、中国致公党北京市委员会石景山区工作委员会(简称致公党石景山区工委)、九三学社北京市委员会石景山区工作委员会(简称九三学社石景山区工委)。7个民主党派区工委有支部46个,成员1634人,同比增长1.81%。年内,石景山区各民主党派把握中国特色社会主义参政党这一政治定位,以庆祝中国共产党成立100周年为主线,紧抓民主党派区级组织换届契机,贯彻落实中央、市委、区委关于加强中国特色社会主义参政党建设的系列文件精神,按照参政党建设“四新三好”目标要求,推进“五大建设”,提升“五种能力”,团结带领各自成员,发挥特色优势,履行参政议政、民主监督、参加中国共产党领导的政治协商基本职能。以思想建设为核心,围绕庆祝中国共产党成立100周年,开展“不忘百年初衷·共筑百年梦想”主题教育实践活动,广大成员共同团结奋斗的思想政治基础持续巩固。以参政议政为重点,围绕城市更新行动计划推进、服务保障冬奥筹办、城市精细化治理、新冠肺炎疫情防控等重点工作,开展调查研究,形成系列议政建言成果,为区委区政府科学决策提供智力支持。以组织建设为根本,探索加强组织建设的新思路、新举措、新方法,加强新一届领导机构建设,为骨干成员成长锻炼搭台子、竖梯子、铺路子,组织工作机制更加健全,活动形式内容更加丰富,党派界别特色愈发凸显,组织凝聚力和向心力持续增强。以社会服务为依托,调动和激发广大成员参与热情,整合优势资源,深入基层一线开展文化讲堂、医疗帮扶、法律援助、扶贫助学等系列公益活动,擦亮社会服务品牌,展现中国特色社会主义参政党的使命和担当。

(秦　岭)

民革石景山区工委

【概况】 2021年,民革石景山区工委共有7个支部,4个专委会,党员185人。党员中有市人大代表1人,市政协委员3人,区人大常委会副主任1人,区人大常委2人,区政协常委2人,区政协委员9人。

(吴伟兴)

【思想建设】 年内,民革区工委按照“四新”“三好”要求,聚焦“五大建设”,先后组织石景山民革党员参加民革市委党史学习教育暨庆祝中国共产党成立100周年主题教育实践活动部署会、台海形势报告会、台胞台属中秋参观考察活动、新一届区级组织和部分直属组织领导机构成员任职培训班、区统战系统第一第二期学习培训班、“共植同心林——百人百树庆百年”植树活动、民革中央“百年中国梦、风雨同舟情”网络知识竞赛等会议活动,共同庆祝中国共产党成立100周年。组织民革石景山区工委委员及支部主委集中专题学习习近平总书记“七一”重要讲话精神、中共十九届六中全会精神和《中共中央关于党的百年奋斗重大成就和历史经验的决议》等有关文件,并撰写学习心得体会。

(吴伟兴)

【参政议政】 年内,民革区工委完成《“五子”战略带动京西老工业地区转型复兴研究》等9篇调研报告,其中2篇被民革北京市委评为参政议政优秀成果,2篇被石景山区政协评为优秀调研报告,1篇被区政协评为优秀提案,4篇被区委统战部评为优秀调研报告。理论文章《岛内统派组织发展前景分析及壮大“反独”促统力量的思考》被市委统战部评为理论研究成果一等奖,该报告转化形成的信息被评为北京市统战系统优秀信息,被市委统战部作为理论创新成果上报中央统战部,在中央统战部刊物《调查参考》上刊载。《关于大力推进新能源与农业融合发展,助力北京市实现碳中和的提案》《关于推动“三山五园”地区整体保护的提案》《落好“五子”,助力京西老工业区复兴》等材料被民革市委选中并提交市政协大会。闫金定被民革中央评为“2021年度为民革中央全国政协会议发言工作作出贡献的个人”和“2021年度为民革中央提案工作作出贡献的个人”,闫金定、傅凡、孙陶然、苏劲松被民革北京市委评为“参政议政先进个人”。年内,共组织党员采集报送84条社情民意信息,其中64条信息得到民革中央、市政协、区委统战部等有关部门采用。

(吴伟兴)

【组织工作】 年内,民革区工委按换届程序组织召开系列会议和换届大会,闫金定任民革石景山区工委第七届工作委员会主委,杨淑红、张旭东、陈光、傅凡任副主委。相继成立“学习与祖统”“科技与经济”“教科文卫”“社会法治”4个专委会。完成民革党员中新一届区人大代表和政协委员推荐工作,在2021年召开的石景山区“两会”上,闫金定作为区工委主委当选为第十七届区人大常委会副主任,副主委杨淑红、委员田小园当选为区人大常委会委员,副主委张绪东、傅凡当选为第十一届区政协常委,张绪东兼任区政协副秘书长,另有9人当选为区政协委员。按民革市委要求完成民革示范支部和优秀民革党员之家推荐评选工作,其中第六、第七2个支部被民革北京市委评为示范支部,石景山民革党员之家被民革中央授予“全国优秀民革党员之家”荣誉称号。李凤芹被民革中央授予“民革全国组织工作先进个人”。年内向民革北京市委推荐21名入党积极分子。

(吴伟兴)

【社会服务】 年内,民革区工委组织党员参与社会服务,动员党员捐款资助八宝山街道5名残疾儿童及1名民革党内困难人士1.2万元,改善因残致贫家庭状况。动员民革区工委委员捐款1.13万元,资助八宝山街道困难家庭。河南郑州遭受暴雨造成重大财产损失后,动员50余名党员捐款5万余元支持灾区建设。张绪东副主委携手中国红十字会博爱基金、爱心企业向中国红十字会总会事业发展中心捐赠自动体外除颤仪(AED)150套,用于服务保障北京冬奥会和冬残奥会应急救护工作。张绪东、孙陶然被民革中央授予“民革全国助力脱贫攻坚工作先进个人”,李强、李红、王潇被民革北京市委授予“抗击新冠疫情先进个人”。

(吴伟兴)

民盟石景山区工委

【概况】 2021年,民盟石景山区工委有9个支部,盟员425人,其中女盟员190人。在职盟员333人,占78.35%。平均年龄50.28岁。高级职称(正高和副高)149人,占35.06%;中级职称106人,占24.94%。盟员中有现任石景山区政协副主席1人,区政协常委1人,区政协委员7人,区人大代表4人。2021年是中国民主同盟成立80周年、北京市民盟组织成立75周年,民盟石景山区工委完成换届工作。年内,民盟石景山区工委副主委兼秘书长祝智军获民盟中央“民盟脱贫攻坚先进个人”称号,工委委员王朋飞获民盟中央“思想政治建设和宣传工作先进个人”称号。祝智军、胡燕、徐励、吴述、鲜赟、侯建鹏六位盟员获民盟北京市委“优秀盟员”称号。

(刘　芳)

【思想宣传】 年内,民盟石景山区工委完成“学习中国共产党史·讲好多党合作故事”政治共识专题教育。举办“百年华诞 同心同行”庆祝中国共产党成立100周年文艺演出等一系列活动,以实际行动向建党100周年献礼。区盟员代表在天安门广场参加庆祝中国共产党成立100周年大会,赴中国共产党历史展览馆参观学习。工业支部与综合支部联合参观北京市档案馆“播火——李大钊革命活动档案史料展”“破晓——中国共产党北平党组织活动展”。经济支部盟员赴重庆参观中国民主党派历史陈列馆,在活动中盟员们接受精神洗礼,凝聚前进力量。开展“学盟史 学盟章 做合格盟员”“关爱老盟员”暖心行动等一系列活动。选派盟员参加“中国民主同盟成立80周年纪念大会”文艺演出、民盟北京市委的民盟先贤肖像作品讲解比赛。科技支部盟员提交的微视频《一百年风雨兼程》被推荐参加中共市委统战部联合新华网开展的首都统一战线“永远跟党走”微视频展播活动,展现石景山区盟员的良好精神风貌。“周一学盟史”专题栏目继续传递好声音,提供学习盟史的语音素材315条,记录民盟成立以来功勋卓著代表人士的风采。据统计,《周一学盟史》播放量1.4万,《学盟史1》播放次数2380次。换届后,民盟石景山区工委制定分工方案,主委与分管副主委和委员及统战理论研究骨干盟员召开2021年统战理论课题研讨会,全年共提交9篇理论研究文章,推动民盟石景山区工委理论研究工作深入发展。

(刘　芳)

【组织建设】 年内,民盟区工委完成所属支部及工委领导机构的组织换届工作,工委委员中70%都是新任委员。民盟石景山区工委以中共党史学习教育为主题召开工委会议6次。换届后,工委制定由各位副主委带领委员分管负责各项工作的分工负责制,推动整体工作提升。全年,民盟石景山区工委委员参加各级组织的各类培训班10余次。共发展盟员20人,完成年度组织发展工作计划。其中,大学以上人员占比100%,硕士以上7人,占比35%,代表性人士1人,重点界别13人,占比65%,在组织发展工作中实现新突破。由分管副主委、工委委员以及有申请人的支部组织委员定期召开入盟积极分子座谈会。北方工业大学支部赵继新获得“北京学联我心目中的大先生”荣誉;陈强华主持国家自然科学基金面上项目1项;胡燕指导学生获得“上海城市设计挑战赛”优秀奖;宋钰主持北京市侨联项目1项,获得北京市参政议政三等奖;李昊文指导学生竞赛获得国家级奖项1项、省部级奖项15项,获评北方工业大学“优秀班导师”。教育支部胡文生延长在内蒙古呼伦贝尔市莫旗的支教帮扶工作的年限,继续投身支教帮扶工作。委员王洋被聘为石景山区教育系统“冰雪专员”,进行区中小学奥林匹克教育进校园推广。王洋和袁凯两位盟员分别担任新成立的民盟市委体育发展委员会副主任和秘书长。民盟区工委所属的9个支部整体活力继续提升,实现“四个一规范支部”达标率88.9%。9个支部共开展50余次活动,如北方工大支部组织盟员参观北方工业大学和首都师范大学共同举办的“红色·记忆·传承——双校庆祝建

6月20日,民盟区工委举办“百年华诞”文艺演出 (民盟石景山区工委供图)

党百年作品联展"和京西山区中共第一党支部纪念馆。综合支部举办公益大讲堂系列活动,并联合教育支部面向石景山区盟员举办建党100周年迎冬奥书画、摄影大赛。民盟区工委提升"盟员之家"的管理运行方式和水平。民盟区工委获民盟北京市委"先进集体"称号,北方工业大学支部获民盟市委"优秀支部"称号,综合支部获民盟市委"活力支部"称号,工业支部获民盟市委"暖心支部"称号。民盟区工委根据年内各支部工作开展情况以及盟员履职情况确定对先进集体及先进个人进行表彰,分别为两个"组织建设"先进集体,两个"参政议政"先进集体,两个"活力支部"先进集体。27名优秀盟员,29名思想宣传之星,31名参政议政之星,32名社会服务之星,共119人。

(刘　芳)

【参政议政】 年内,民盟区工委就中共石景山区委全会工作报告、政府工作报告等区中心工作提出意见建议。在区政协十一届一次会议上,民盟区工委提交2件党派提案,16件个人提案。毛轩主委代表民盟区工委,以"关于将石景山区打造成为元宇宙产业高地的建议"为题作党派发言,契合石景山区"1+3+1"(现代金融为战略主导,以科技服务、数字创意和新一代信息技术为特色培育,以高端商务服务为配套支撑)高精尖产业布局提出措施建议。全年,谷雪彦、祝智军被评为区政协委员履职先进个人,民盟石景山区工委1篇提案被评为优秀提案,1篇报告被评为优秀调研报告。民盟区工委围绕地区产业升级转型、区域经济发展以及夯实基层治理基础等中共石景山区委、石景山区政府的中心工作,将调查研究做深、做细、做实。完成《石景山区内高校服务石景山经济社会发展情况调研报告》。围绕完善首钢地区产业复兴、特钢产业转型、养老医疗护理服务等各方面问题调查研究,形成多篇调研报告。民盟区工委拟定10个大类50余个小类的课题方向,组织课题研讨会5次。与民盟朝阳区委横向联动,赴朝阳区城市管理指挥中心考察调研。全年向中共区委提交高质量调研报告5篇;参与民盟中央科技论坛;承接民盟市委调研课题5项,其中主委课题1项;承接民盟市委调研3次,沙龙论坛1次。经济支部王锦雷代表民盟市委以《关于完善北京冬奥会智慧防疫体系的建议》为题,在市政协和市委统战部联合召开的北京市冬奥专题议政会上发言。民盟区工委建立参政议政案例及信息共享交流机制,全年提交118篇社情民意信息,被市区两级有关部门采用70余篇。

(刘　芳)

【社会服务】 年内,民盟区工委以传递爱心、正能量作为社会服务的重点和核心,打造有追求、有作为、有温度的党派组织。7月河南省遭遇极端强降雨天气,科技支部发起线上线下联合捐助行动。综合支部盟员常年支持关注心智障碍和孤独症儿童的康复事业,捐款捐物助力石景山区对口支援帮教工作。科技支部和北京一夫唐人爱心社在李大钊的故里乐亭县姜各庄镇王庄子小学共同捐建民盟公益书屋。各个支部长年坚持慰问老盟员和有困难盟员。

(刘　芳)

民建石景山区工委

【概况】 2021年,民建石景山区工委有基层支部7个,分别是工商支部、经法支部、科教支部、综合支部、退休支部、直属支部、家访支部。其中直属支部是新会员支部。截至年底,有会员295人。会员平均年龄53岁,其中男性会员179人,女性会员116人;大学本科学历159人,硕士研究生55人,博士研究生11人;中高级职称119人。民建北京市委主委1人,常委1人,委员1人;全国政协委员1人,市政协常委1人,市政协委员1人;区人大代表3人,其中常委1人;区政协委员14人,其中副秘书长1人,常委2人。

(黄　玥)

【理论学习宣传】 年内,民建区工委以开展中共党史学习教育和庆祝中国共产党成立100周年主题教育实践活动为工作重点,及时跟进中共十九届六中全会精神、区第十三次党代会精神学习。民建区工委开展各支部《中国共产党从这里走来》主题讲座、"学习中国共产党史,讲好民建合作故事"集中学习、《"学党史、强信念、跟党走"直属支部百日党史学习活动》与"综合支部微信群小课堂"系列活动。文化委员会邀请社区居民共同参与"读百年党史 承红色基因——世界读书日承恩书话"主题活动。企业委员会举办"党旗引领成长 红色点亮青春——中共党史知识定向打卡"活动。科技支部举办"庆祝中国共产党成立100周年书法进社区"系列活动。工委举办"迎国庆 庆华诞——庆祝中国共产党成立100周年暨喜迎国庆文艺演出"。工委理论委员会牵头完成的理论课题《中国新型政党制度的五大特点》被民建北京市委采用推荐给民建中央。

(黄　玥)

【组织发展】 2021年是民建区工委的换届之年。年内,民建石景山区工委完成换届调整工作,形成新一届领导班子——民建区工委主委汪礼俊,副主委柏群、杨光、郑志宇、张春景,委员12名。各专门委员会和专项工作组相继召开成立大会,形成"四委一室一组一班"的工作队伍。新成立文化委员会和文化支部。全年发展12名新会员,平均年龄33岁,其中民营企业家2名。直属支部承担对新会员的培养和对会友的引导工作,全年向各支部输送会员9名。"会员培养导师制"负责培养有潜力的人才,现有9名导师,对30名会员进行针对性指导,全年10名学员完成任务毕业。专委会负责凝聚骨干会员开展专项工作。在石景山区政协十一届一次全会上,民建区工委主委汪礼俊当选为区政协副主席,工委副主委杨光、张春景,工委委员刘嵘当选为区政协常委,共18名民建会员成为石景山区政协委员。

(黄　玥)

【参政议政】 年内,民建区工委形成多项参政议政工作机制。一是重大社情民意信息选题定向约稿机制，以工委特设研究室作为快速反应小分队，牵头完成重要约稿；二是社情民意信息编发情况月总结机制；三是“参政议政基金”季度奖励机制；四是“北京西山永定河发展论坛”智库机制。2021第三届北京西山永定河发展论坛前期筹备工作完成。年内，民建区工委结合民建市委重点协商议题、石景山区“我为‘十四五’良好开局献一策”主题建言活动开展参政议政工作。全年报送144篇社情民意信息，其中3篇被全国政协采用，8篇被民建中央采用，13篇被北京市政协采用，35篇被民建市委采用，87篇被区委统战部采用，采用率高达66%，再创新高。年初，区政协会上，工委提交的3篇党派提案分别被列为一、二、三号提案，是历年最好成绩。其中，《关于优化营商环境精准支持企业发展的建议》被评为优秀提案。

（黄　玥）

【社服联络】　年内，民建区工委开展社会服务和联络，以做好“一老一小”工作为出发点，围绕“助学助残”“助力乡村振兴”等各方面持续发力。“一老”工作以“关怀”为主题，以“果香寄情敬老活动”和“不忘初心薪火相传”两个品牌为依托，全年组织会内、会外老人慰问活动19期，129人次参与，送去水果等慰问品价值1.5余万元。“一小”工作以“助力”为重心，与“助学助残”“助力乡村振兴”相结合，以“爱心照亮希望”和“暖心书香”两个品牌为基础，关注青少年健康成长，共捐款2.2万元，捐赠桌椅、AI心理咨询机器人等物资总价值55万元。会员企业在河北丰宁拿出价值388万元的工艺精品建立燕京八绝首座校园展厅。工商、经法、科技、综合四个支部继续落实民建市委“8+1”行动门头沟房良村“名誉户主”工作，坚持不懈关怀慰问。科技支部承担区委统战“8+9”对接老山街道的工作，全年组织10余场惠民活动。工委组织企业家会员赴天津和平区参加“通、石、津民建助力区域经济发展座谈会”，共同为天津市和平区经济发展出谋划策。

（黄　玥）

【宣传工作】　年内，民建区工委以微信公众号“MJ石景山”为窗口，以民建北京市网站为主要平台，强化宣传工作。年内，民建区工委成立宣传专班作为专门的宣传工作队伍，对“MJ石景山”微信公众号进行梳理，改版，创新内容、形式和方法。拓展宣传形式，对重大活动均进行全程直播，扩大参与度。全年，民建市委网站采用工委各类文章157篇，其中53篇被民建中央网站采用，在全市各区级组织中排名第二，获民建市委“网站工作先进集体”。工委微信公众号共推送文章177篇，其中11篇被市委统战部“北京党派e点通”公众号采用，5篇被“北京民建”公众号采用，13篇被区委统战部“同心拾景”公众号采用。

（黄　玥）

民进石景山区工委

【概况】　截至年底，民进石景山区工委有会员226人，支部8个，分别是北京九中支部、教育分院支部、金苹支部、古东支部、古西支部、经济支部、退休支部和北方之星青年支部。工作委员会由主委1名、副主委4名，委员12名组成。会员中有民进市委常委1名、市政协委员1名、区人大代表3名（其中常委1名），区政协委员13名（其中常委3名），第五届区青联委员2名。年内，民进区工委教育分院支部作品《游红色遗迹 寻先贤足迹 守合作初心》在“永远跟党走——首都统一战线微视频展播”活动获奖。民进区工委获得2021年民进市委社会服务工作先进集体称号。会员张炎、董颖获得2021年民进市委社会服务工作先进个人称号。

（杨朝红）

【社会服务】　春节前，民进区工委响应民进中央、民进市委“春联万家·奋进新征程”活动，连续六年组织书法家走进苹果园街道为居民送福字和春联。7月，民进区工委发出通知号召各支部会员向河南省受灾地区捐款。民进区工委在林乐光主委带领下，84位会员完成捐款共13310元。9月18日，由民进区工委副主委莘赞梅带队一行7人，到苹果园街道中关村高科技园区参与专项行动，会员们提倡居民群众进行垃圾分类、爱护公共设施、维护公共卫生环境，对区域楼前楼后及过道、绿化带等公共区域进行卫生清理，整理共享单车及电动车，对公共设施等进行全面打扫，为石景山区创建全国文明城区贡献力量。

（杨朝红）

【组织建设】　6月15日，民进区工委召开2021年换届大会。于秀云主委代表第七届区工委作五年工作报告。工委第八届主委林乐光代表新班子成员发言。大会完成各项议程，产生新一届领导班子：主委林乐光，副主委陈勇、商红梅、莘赞梅、李园园及12位工委委员。民进区工委完成区第十一届政协委员及区第十七届人大代表的推荐工作。为庆祝建党100周年，各支部带领会员开展纪念活动。教育分院联合支部组织会员在李大钊烈士陵园和北京植物园开展“缅怀先烈 寻先贤足迹 守合作初心”庆祝中国共产党成立100周年会史教育和团建活动。古东、古西支部联合组织会员到门头沟区妙峰山镇涧沟村的平西情报交通联络站纪念馆参观学习。金苹支部赴香山革命纪念地开展中共党史学习教育活动。经济支部到中影集团怀柔基地开展爱国主义教育实践活动。退休支部组织会员到团城“循先贤足迹”活动。年内，民进区工委按时完成民进北京市委会发展会员10人的指标任务。

（杨朝红）

【思想建设】　7月2日，民进区工委组织召开学习习近平在庆祝建党100周年大会上讲话座谈会，组织集体观看庆祝大会，聆听习近平总书记重要讲话，发言畅谈个人体会。民进石景山区工委班子成员、区工委委员以及各支部主委20余人参加会议。8月30日，民进区工委组织召开学习蔡奇在政党协商专题座谈会上讲话精神座谈会，就政党协商专题座谈会精神、区工委五年工作规划等内容发言领会座谈会精神，并在制定民进区工委五年工作规划中加以落实。会员撰写“中国共产党百年党建经验对中国特色社会主义参政党建设的启示”主题理论征文活动的文章。11月19日,民进区工委召开学习中共十九届六中全会精神座谈会。民进区工委主委林乐光等领导班子成员及工委委员参加会议,学习《中共中央关于党的百年奋斗重大成就和历史经验的决议》等重要文件,并畅谈个人体会。

(杨朝红)

【参政议政】 年内,民进区工委及会员围绕创建全国文明城区、城市更新行动、减轻学生作业负担等开展调查研究。《关于加快模式口文保区建设的建议》在政协大会上受到区政协领导好评。根据民进中央反映社情民意信息主题年工作部署,民进区工委贯彻落实反映社情民意信息工作。于秀云主委报送《关于提升首都市民创建文明城市参与度和市民文明素养的建议》《关于恢复教科研、教育学、德育学科教师参评北京市骨干教师的建议》。林乐光主委报送《关于加快数字人民币应用场景建设的建议》。工委参加“春之约——民进北京市委社情民意信息工作培训会”“区统战部、区政协关于信息工作报告会”。参会会员在支部传达培训会精神并指导会员撰写社情民意信息。全年有31位会员反映71篇社情民意信息。有30篇被石景山区统战部采用,6篇被民进市委会、市政协、民进中央采用。民进区工委获得民进中央2021年参政议政年全国社情民意信息先进集体称号。

(杨朝红)

农工党石景山区工委

【概况】 2021年,农工党石景山区工委有基层支部5个,党员总数184人。70%的党员来自医药卫生界。其中男68人,女116人。在职人员131人,退休人员53人。平均年龄57岁。硕士研究生以上学历49人,占党员总数26%;大学学历(含大专)130人,占71%;中专以下学历7人,占3%。高级职称的75人,占41%;区人大代表3人,其中区人大常委1人;北京市政协委员1人,区政协委员9人,区政协常委2人;担任农工党市委常委1人,担任农工党市委专委会成员9人。在中国农工民主党成立90周年之际,农工党区工委被农工党中央授予全国先进集体称号。新冠疫情期间,部分党员参与到抗疫工作中,在抗疫斗争中履职尽责。1名党员获北京市抗击新冠疫情先进个人。2名党员被农工党中央授予“农工党抗击新冠肺炎疫情先进个人”称号。农工党区工委、古城地区支部委员会被农工党北京市委授予“农工党北京市抗击新冠肺炎疫情先进集体”称号,23名党员被评为先进个人。2021年度农工党区工委、古城地区支部被农工党北京市委评为先进集体,15名党员评为优秀党员。

(高春菊)

【社会服务】 6月,农工党区工委组织“2021年环境与健康宣传周”活动,在广宁街道开展义诊活动,发放健康宣传册200余份,受益群众80余人。7月,农工党区工委在“我为群众办实事”实践活动中,组织党员到怀柔区渤海镇庄户村开展义诊送健康活动,共诊疗237人次,测血糖42人次、心电图36人次、测血压45人次、用药咨询40余人次,发放宣传资料100余份。年内,农工党区工委开展社区中医药健康驿站公益活动100余场次,受益人数5余万人次。

(高春菊)

【思想建设】 年内,农工党区工委通过自学与集中学习相结合、座谈会与专题讨论相结合、线上交流与线下交流相结合等多种形式开展学习培训。全年组织参加各级各类线上、线下学习培训实践活动170余人次。农工党区工委以中国共产党成立100周年和农工党北京市委成立70周年为契机,组织学习建党100周年习近平总书记重要讲话精神,在思想上、政治上、行动上与中共中央保持高度一致。

(高春菊)

【组织建设】 年内,农工党区工委完成区第七届农工党石景山区工委换届工作。为庆祝中国共产党建党100周年和纪念农工党北京市委成立70周年,农工党区工委组织落实北京市、石景山区各种相关活动及学习培训500余人次。全年,11人被市委批准为新党员,7人列为入党积极分子。年内,农工党区工委建立“农工党石景山党员之家”,完成筹备选址申报,党史图片、农工党区工委历届主委简介等宣传资料的布展,配置益智棋类、图书资料等相关文具,为党员提供活动阵地。

(高春菊)

【参政议政】 年内,农工党区工委在农工党市委和中共区委立项的调研课题累计7个。其中康雅楠副主委执笔的《关于“进一步完善我市口腔健康服务”的调研报告》和董兆霞执笔的《关于创新医养结合服务模式,提升北京社区养老服务驿站能力的建议》被农工党市委列为重点课题。张紫波副主委撰写的调研报告《关于进一步加强石景山区养老驿站建设的几点建议》、谭丽玲主任撰写的《关于推进互联网医疗在居家养老中的作用的调研报告》被评为区政协2021年优秀调研报告。农工党区工委的《关于在突发重大公共卫生事件中进一步发挥社区卫生作用的建议》和《关于石景山区“韧性城市”建设的初步研究及建议》被评为石景山区政协2021年优秀提案。张杰副主委就其撰写的《夯实基层公共卫生基础全面提升社区卫生应急体系科学化建设水平》,在人大常委会上作主题发言。

(高春菊)

【社情民意】 年内,农工党区工委上报区委统战部信息13篇,报送北京市委15篇,其中市委网站登载8篇。农工党区工委被农工市委评为优秀基层组织。

(高春菊)

【民主监督】 年内,农工党区工委骨干党员以政协委员、人大代表、区委特约监察员、区政府特约监督员等身份,参与石景山区属党政部门和社区服务中心的民主监督评议工作,发挥民主党派政治协商和民主监督的作用。

(高春菊)

致公党石景山区工委

【概况】 2021年，致公党石景山区工委有3个支部，党员96人。其中男党员52人，女党员44人；少数民族4人；归侨、侨属、侨眷、留学归国人员69人。其中全国政协委员1人、石景山区人大常委1人、区政协委员9人、区青联委员2人。年内，致公党区工委完成换届调整工作和区政协换届工作。召开入党积极分子理论学习会，做好代表人士推荐工作。1名党员获致公党中央脱贫攻坚先进个人荣誉称号，6名党员获致公党北京市委社会服务暨专项民主监督工作优秀个人，多名党员获致公党市委“抗疫工作突出个人”荣誉称号。

（刘　可）

【理论学习】 年内，致公党区工委开展“学习中国共产党史，讲好多党合作故事”政治共识专题教育和“发扬光荣传统，争取更大贡献”主题教育活动。现场参加中国共产党成立100周年大会。组织学习十九届六中全会精神。在爱国主义教育基地举办主题活动。召开学习习近平总书记重要讲话精神座谈会。发表“区工委委员祝福中国共产党百年华诞”信息专辑。在中国致公党展馆、“八大处的红色电波”展室等地组织参观学习。参与致公党北京市委“京致阅读”活动，设立图书角。相继参加致公党市委学习会议及四个区级组织座谈会，参加区统战系统“共植同心林——百人百树庆百年”植树活动、建党百年座谈会和主题文艺汇演等各项活动。

（刘　可）

【参政议政】 全年，致公党区工委撰写《关于加快推进以抗体药物为代表的生物医药产业创新发展》《加强社区居家养老服务能力建设》《关于后冬奥场馆设施再利用，打造首钢文化旅游新地标的调研报告》《关于打造“新场景”建设项目，抢占新经济发展制高点的调研报告》等多篇调研报告。在年底召开的石景山区“两会”上，人大代表和政协委员们提交多篇建议案和提案，致公党区工委在政协大会作《关于持续办好西山永定河文化节》发言。

（刘　可）

【服务社会】 年内，致公党区工委向门头沟区红十字会捐赠价值126.08万元的医用外科口罩20万只和医用手术服20020套；向贵州省毕节捐赠价值25万元的医用外科口罩10万只；向区红十字会捐赠价值363.86万元的医用外科口罩70万只和医用手术服4.97万套；向区慈善协会捐赠价值75万元的医用外科口罩30万只。再次向区红十字会捐赠价值76.08万元的医用手术服20020套。举办以“关爱患病群体”为主题的系列义诊活动。组织力量建成老年体智能综合训练平台，发放《石景山区居民就医情况调查问卷》。开展脊柱畸形筛查调研并在辖区三个小学开展义诊工作，为社区百姓多次授课。参加北京市“社区邻里节”活动。携手致公党西城区委赴冬奥组委开展医学专家义诊活动。响应“擦亮城市西大门 文明祥和迎冬奥”志愿服务专项行动的号召，组建党员志愿团队，赴街道社区开展志愿活动。

（刘　可）

【海外联络】 年内，致公党区工委发挥致公党“侨·海”特色，协办致公党市委“国庆系列接待活动”。筹办各级单位赴北京冬奥组委、侨梦苑等地的考察活动。通过联系“北欧致公协会”，对接瑞典瑞青中文学校与北京市一所中学，举办“送福字，迎奥运”主题活动。石景山区多名党员在致公党市委侨海工作委员会任职。

（刘　可）

九三学社石景山区工委

【概况】 截至年底，九三学社石景山区工委有6个支社，社员215人。其中男性105人，女性110人；高级职称130人，占60.5%。有北京市政协委员1人，区政协委员12人，其中副主席1人、常委2人，区人大代表3人，常委1人。年内，1名社员获社中央“五史”知识竞赛优胜个人一等奖，区工委被九三学社中央评为“2018—2020年参政议政先进集体”。

（赵军民）

【组织建设】 6月6日，九三学社区工委召开换届调整大会。换届后，区工委领导机构由19人组成，比上一届增加6人。年内，综合支社、石景山医院支社、科技园区支社、医卫支社相继完成换届调整工作。九三学社区工委配合相关部门，按程序和要求完成区政协和人大换届的相关工作。换届后，区十一届政协中九三界别的政协委员有12人，其中副主席1人，常委2人；区十七届人大代表3人，其中常委1人，层级较上一届有大幅度提高。九三学社区工委全年发展社员9人，平均年龄38岁。其中，女社员3人，占33.3%；硕士及以上学历7人，占77.8%；高级职称4人，占44.4%。社员的年龄、学历结构进一步优化，增强了组织活力。全年转入社员4人，转出2人。

（赵军民）

【思想建设】 年内，九三学社区工委以庆祝中国共产党成立100周年为契机，组织110人次开展参观红色教育基地、座谈交流、观看爱国主义题材影片等6次主题教育学习活动。组织班子成员先后5次参加区委统战部党史学习教育活动，为“不忘百年初衷·共筑百年梦想”——石景山区统一战线庆祝中国共产党成立100周年成果展提供历史照片10余幅，书画作品6幅及相关文字材料。组织社员参加九三学社北京市委和区委统战部开展的党史学习教育征文活动，提交8篇征文。在疫情防控总体要求下，利用公众号、微信群和工作简报等形式，加强对“五史”、九三先贤事迹和业界精英、履职成果和各级通知精神的宣传教育，确保政治引领不因疫情而断线。

（赵军民）

【活动开展】 年内，九三学社区工委在遵守疫情防控总体要求情况下，组织14次参观调研和党史学习教育活动。老龄委利用微信群组织4次线上培训教学活动。青年委“11联盟”结合迎冬奥和庆祝社北京市委成立七十周年主题活动，面向北京市社员，组织1

4月11日,九三学社区工委组织社员赴北京冬奥会冬残奥会展示中心参观调研 （九三学社石景山区工委供图）

次主题户外徒步活动。为宣传冬奥、走近冬奥,科技园区支社、综合支社、北方工大支社联合组织赴北京冬奥会冬残奥会展示中心及首钢滑雪大跳台参观。科技园区支社举办“共创文明城 添彩冬奥会”宣讲活动。为学习和弘扬中国传统文化,北方工大支社组织社员赴故宫参观敦煌特展。九三学社区工委组织向河南灾区捐款活动,61名社员捐款33000元,其中王玉涛、张小艳各捐款1万元。在九三学社北京市委成立70周年表彰中,2个支社被评为先进基层组织,17名社员被评为先进个人。在社北京市委抗击新冠肺炎疫情表彰活动中,九三学社区工委和首钢支社被评为先进集体,3人被评为抗疫一线优秀社员,12名社员被评为抗击疫情先进个人。年内,九三学社区工委组织6名老社员参加社北京市委组织的“北京九三王选基金会送健康行动免费体检”活动。春节前夕,走访慰问19名老社员和生病社员,为他们送去组织的温暖。

（赵军民）

【参政议政】 年内,九三学社区工委在区政协召开的第30次政协工作理论研讨会暨“深入实施城市更新行动,高水平建设首都城市西大门”专题协商议政会上,提交发言材料4件。吴瑕代表九三学社区工委就深化老旧小区改造、加快城市更新和推动高质量发展等内容进行交流发言。组织政协委员参加重点提案督办会,推动石景山区创建“带动三亿人参与冰雪运动”示范区工作。九三学社区工委班子组织学习讨论《政府工作报告》《第十三次党代会工作报告》征求意见稿,从加强民生工程提高人民群众获得感、创新产业布局、冬奥遗产可持续利用、网络安全等方面提出意见建议。参加区委区政府、区政协组织的政党协商会,在经济社会建设形势分析、政协委员人大代表补选和人事任免等重大问题上进行政治协商和民主监督。先后深入新首钢园区、冬奥场馆、冬奥公园、模式口文保区、小区改造现场等处进行实地调研。收集各方意见建议,老旧掌握第一手资料,汇智献策,使年度调研工作落到实处。经过中期评估和结题论证,形成6项调研成果上报区政协和区委统战部。在区政协十一届一次会议上,有2项调研成果转化为大会发言和党派提案,还有2项转化为个人提案。组织社员参加区政协组织的各类培训会、研讨会、重点提案督办会、协商座谈会、议政会等50余人次。党派提案《关于加快推动石景山区创建“带动三亿人参与冰雪运动”示范区的建议》,吴瑕、钱世崇的个人提案被评为优秀提案;《关于深化老旧小区改造加快城市更新推动高质量发展的调研报告》《关于在京门铁路(石景山段)建设休闲绿廊的调研报告》被评为优秀调研报告;胡卓群的1件信息被评为优秀社情民意;钱世崇、何云飞被评为委员履职先进个人。在区政协十一届一次会议上,刘铁军代表九三学社石景山区工委作《关于借势冬奥持续推进石景山区高质量发展的建议》的党派发言。会上,九三学社石景山区工委共提交23件提案,其中党派提案2件,个人提案21件。

（赵军民）

【社情民意】 年内,九三学社区工委响应石景山区委统战部关于在石景山区统一战线中开展的“我为‘十四五’良好开局献一策”主题建言活动,利用各种交流平台及时向社员发布信息征集要点。全年,九三学社区工委共采编上报各类社情民意信息75篇,人均上报率在社北京市委19个二级组织中名列第二,4篇信息被九三学社中央,市政协、市委统战部采用,24篇被社北京市委采用。九三学社区工委被社中央评为“2018—2020年参政议政先进集体”。

（赵军民）

石景山区各民主党派负责人

民革石景山区工委	闫金定
民盟石景山区工委	毛　轩
民建石景山区工委	汪礼俊
民进石景山区工委	林乐光
农工党石景山区工委	李鸿泓
致公党石景山区工委	曹　巍
九三学社石景山区工委	刘铁军

人民团体

综述

【概况】 石景山区人民团体主要有石景山区总工会(简称区总工会)、共产主义青年团石景山区委员会(简称团区委)、石景山区妇女联合会(简称区妇联)、石景山区科学技术协会(简称区科协)、石景山区工商业联合会(简称区工商联)、石最山区残疾人联合会(简称区残联,详见社会建设编)、石景山区归国华侨联合会(简称区侨联)、石景山区文学艺术界联合会(简称区文联,详见文化编)等。年内,这些团体结合自身特点和专长优势,团结带领石景山区广大职工群众,团员青年,各界妇女,科学技术人员,工商界人士,残疾人,侨界和文艺界人士等,以庆祝中国共产党成立100周年为契机,围绕中心、服务大局,聚焦重大活动服务保障、冬奥筹办、疫情防控、文明创城、社会治理、脱贫攻坚等重点领域,以主人翁的姿态积极投身全区各项建设,在各条战线拼搏进取,在各个领域尽展才华,建设“双奥之区”,开展对口支援协作,全力打造新时代首都城市复兴新地标,奋力谱写首都城市西大门建设新篇章。

(王　丽)

【向阳花保护计划】 3月22日,为落实最高检“一号检察建议”、加强防性侵宣传教育,团区委与区检察院、区教委、区妇联联合开展“向阳花保护计划”,并在石景山区实验中学举行首场宣讲活动。

(王　雪)

【支援协作】 4月27日起至年底,区工商联领导带队,带领部分会员企业多次奔赴内蒙古宁城、莫旗等帮扶地开展支援协作工作,现场调研帮扶项目的建设实施及相关扶贫产品开展情况。其中,一肯中乡大窝铺村扶贫产业园历经四年,带动全村实现持续稳定增收。区工商联组织会员企业分别与西瓦尔图镇兴隆村等帮扶村镇签署结对帮扶协议,向贫困学生捐赠生活、学习用品,向爱心帮扶困难家庭捐款,捐赠养殖设备、购买扶贫产品共15余万元。5月14日,区妇联、团区委联合举办“帮扶助困献爱心公益行”活动。各有关单位、各街道妇联、各单位妇委会、各区域化团建单位、女性团体、社会组织、青联委员、巾帼志愿者及社会各界爱心人士代表进行捐赠,筹得爱心捐款24万余元,秋冬季衣物9017件,书籍3939本。活动所募得善款和物资全部用于支援青海省玉树州称多县。7月,区妇联党组成员、副主席邓国花一行4人赴内蒙古赤峰市宁城县对口支援协作。区妇联一行先后到支援建设的两所“巾帼车间”进行实地调研,了解生产、经营、管理及带动增收就业情况。同时,深入地区患病妇女及低保家庭中,为贫困妇女送去关怀和慰问品。7月31日至8月4日,由团区委副书记于勇带队,组织青联委员代表赴青海省玉树州称多县,开展支援协作调研工作。

(张　振　李　剑　王　雪)

【冬奥城市志愿站点试运行】 12月4日,在第36个国际志愿者日来临之际,团区委、首钢集团团委、区总工会在首钢园举办冬奥城市志愿站点试运行启动仪式。场馆和基础设施、赛会服务保障、疫情防控等各项准备工作就绪。通过组织化招募和社会化招募的2200余名城市志愿者走上服务岗位。当日,团区委正式启动冬奥城市志愿站点试运行工作,首批上岗试运行的65名冬奥城市志愿者在北京冬奥公园、冬奥组委西门、首钢园三高炉、喜隆多新国际购物中心四个站点为来往行人提供信息咨询、语言服务、文明宣传、应急救助、文化传播、环境保障、共建平安、助残服务等各项志愿服务。

(罗一飞)

【职业技能大赛】 年内,区总工会与区园林绿化局组织“职工技协杯”第三届城镇园林植物“金剪子”大赛。比赛共43名专业园艺修剪师参加。以喜迎建党一百周年为契机,区总工会、人力社保局、文旅局、市场监管局、区工商联、区食药联盟等多部门联合开展石景山区第二届职业技能大赛中式烹饪、中药师两个工种的竞赛活动。全区13家医疗机构的19名选手参加中药师比赛,50余家企业的140多名选手参加中式烹饪比赛。区总工会、消防救援支队、应急管理局、人力社保局、团区委共同举办2021年石景山区消防行业职业技能竞赛,进行灭火战斗员、应急救援员、消防装备维护员、消防通信员、消防设施操作员的选拔竞赛。年内,区总工会指导协助北京爱依养老科技发展股份有限公司开展养老护理员职业技能竞赛1场,开展技能培训14场,涉及培训人数500人。

(王　薇)

石景山区总工会

【概况】 2021年,区总工会坚持党建为引领,以增强工会组织的政治性、先进性、群众性为着力点,做到“围绕一条主线,聚焦三个群体,抓好五个方面工作”,即:围绕学习宣传贯彻党的十九届六中全会精神、党的二十大精神这条主线,聚焦“劳模工匠、产业工人、新就业形态劳动者”三个群体,重点抓好“思想引领、建功立业、组织建设、维权服务、自身建设”五个方面工作,推动工会工作再上新台阶,取得新成效。区总工会现有内设机构:办公室、经费保障部、组宣部、权益维护部、资产监管部、劳模联络服务部、职工帮扶(服务)中心。2021年工会机关公务员编制16人,全额拨款事业编制14人,在编人员9人。

(王　薇)

【会员管理京卡服务】 1月至11月,区总工会会员系统内合格会员90220名,持卡会员75153人;截至9月底,新发展会员4213名。全年会籍累计变动(变动包含:转入、转出、保留会籍、恢复会籍、退会)57792人次,12351接单并结案190件,主要涉及会员入会、困难帮扶及法律维权,满意率100%。

(王　薇)

【工资集体协商】 年内,区总工会定期对石景山区开展集体协商情况进行核实、更新,做好工作台账和数据库管理,巩固集体协商建制率。指导基层工会通过灵活协商妥善安排外来务工人员的工作、休假、工资等内容,维护区域劳动关系和谐稳定。在百人以上建制企业范围内开展集体协商质效评估工作，规范集体协商程序，增强集体协商的针对性和实效性。组织开展区级集体协商竞赛活动，选派优秀选手代表石景山区参加北京市集体协商竞赛，获得竞赛第二名，区总工会获得优秀组织奖。年内，共开展培训、观赛活动15场次，组织参与比赛4场。

（王　薇）

【厂务公开民主管理】　截至年底，石景山区公有制企事业单位职代会建制率和实行厂务公开率动态保持率97%；非公有制企业职代会建制率动态保持为86%，实行厂务公开率动态保持为88%；建立区域性职代会130个。公司制企业职工董事、职工监事制度建制率达到42%以上。区总工会落实新修订《厂务公开民主管理工作指导手册》和《职代会操作实务手册》工作要求，深入基层单位就职代会流程规范等问题进行业务宣传和指导10余次，开展日常民主管理工作指导80余次。根据北京市总工会《关于做好第十一次全国企业民主管理工作调研检查有关迎检工作的通知》要求，区总工会进行专题部署，开展自查自检工作形成自查报告。开展“聚合力 促发展”优秀职工代表提案征集工作，对基层工会职工代表提案撰写进行专项指导，整理优秀职工代表提案进行上报。全年石景山区3件职工代表提案被评为北京市优秀职工代表提案。

（王　薇）

【劳动争议调解】　年内，区劳动争议调解中心全年共受理劳动争议案件1068件，调解成功252件，其中集体案件30起（97人），涉及金额1132.92余万元。审批法律援助案件446件，涉及金额2815.24万元，结案229件，挽回损失700余万元，其中新业态、新就业群体法律援助108件，调解14件。妥善处理12351热线派单41件，接待来电来访咨询900余人次。根据全国总工会及市总工会要求，完成企业样本点的数据报送工作，监测和分析研判工会劳动关系发展态势。

（王　薇）

【安全生产】　年内，区总工会开展2021年度“安康杯”竞赛活动，石景山区1.5万余名职工参加，共发放“安康杯”职工安全应急技能知识竞赛答题试卷3000份。年末，区总工会推荐评选市“安康杯”优秀组织奖。全年配合石景山区应急管理局等有关部门，共参与7次区域内涉及职工的重大伤亡事故和严重职业危害的调查处理工作，维护职工合法权益。

（王　薇）

【安全维稳】　年内，区总工会立足工会组织现状和工作实际，实行扁平化管理，一案一建档一销账。全年处理劳动关系风险监测平台派单5件（其中包括新业态群体极致宝妈300余人次，双减政策后的利优教育情况）。会同区人保局（劳动监察大队）、区医保局等单位共同开展延时加班集中排查化解工作、农民工根治欠薪工作、女职工权益维护排查工作，共参与排查企业37家。

（王　薇）

【工会普法】　全年，区总工会围绕“八五”普法工作主旨，把新业态组织劳动者作为普法重点人群，将普法与工会服务相结合，创新普法宣传形式，尝试采用视频、漫画等形式开展线上宣传工作。利用微信公众号开展普法宣传30余次。利用“宪法宣传周”“三八妇女节”“六一儿童节”等重大活动节点，组织开展公益法律服务活动12场，发放材料1000余份，让《民法典》、劳动法律法规、工会法等法律知识走进职工群众身边，走进职工群众心里，增强职工依法维权的观念。组建“法治体检”专业服务团队，结合“送法进企业”活动，根据企业需求为5家企业提供普法讲座、法律政策咨询等形式的普法宣传服务。帮助企业排查风险隐患30余项，出具法律意见50余条，完善规章制度46项。

（王　薇）

【农民工专项工作】　全年，区总工会将农民工的权益保护工作作为权益维护的重点内容。开展“尊法守法携手筑梦”农民工公益法律服务活动。全年组织律师开展现场宣传讲座10余场次，发放材料1100余份。重点围绕《保障农民工工资支付条例》《民法典》以及对常遇到的劳动用工权益保障等问题解疑释惑，提高农民工依法维权、理性表达利益诉求的能力。配合区根治拖欠农民工工资协调小组工作，发挥劳动争议调解联动机制作用，做好年度重大节点期间根治欠薪工作。做好接访调解工作，引导农民工依法理性维权，确保石景山区劳动关系和谐稳定。

（王　薇）

【推进工会建会】　年内，区总工会建立机关干部包片联系制度，召开街道、园区工会主席和副站长的专题会议。建立新业态、新就业群体专项工作群，随时跟进工作动态。建立日报制度，每日汇总建会、入会情况。截至12月底，共开展沟通会622场，其中，企业沟通会94场，职工沟通会528场。新建独立工会20家，联合工会新增覆盖单位72家，共发展新就业群体会员7526人，其中保安员、护工护理员超额完成北京市总工会下达的任务目标。审核41家基层工会刻章申请，出具相关介绍信，刻制工会公章114枚。

（王　薇）

【基层工会组织建设】　年内，区总工会完成楼宇工会组织摸底和情况梳理。全区建立楼宇联合工会9家，工会联合会6家，覆盖楼宇114个。召开社区联合工会换届工作专题会议，在组织程序、工作要求和完成时限等方面提出明确要求，到各街道实地指导。截至年底，社区联合工会换届工作全部完成。核实联合工会台账，为全区137个社区联合工会、14个楼宇市场联合工会发放运行经费45.3万元。

（王　薇）

【女职工工作】　年内，区总工会结合“我为群众办实事”实践活动，指导基层女职工组织结合各单位特点和女职工需求，开展“庆三八”活动。摸排石景山区困难单亲女职工情况，发放节日慰问金。转发北京市总工会女职工委员会《关于加快推进“母婴关爱室”建设的通知》，指导有需求但未建立的单位尽快建立，为石景山区建立的24

家母婴关爱室配备纸巾、乳垫等物资。

(王　薇)

【工会经费税务代收】　年内,区总工会本着"先沟通协调、再宣传政策、后协同催缴"的原则,对未在收缴期进行申报缴费的单位、未足额申报缴纳工会经费的单位、不符合零申报条件的单位、申报未缴纳工会经费的单位进行催报催缴,督促并协助企业申报缴费,全年共补缴工会经费172万元。截至12月31日,共收缴工会经费6749万元,同比增长613万元,增长率为9%。缴费单位平均申报率82.5%,零申报率4.7%,缴款户率98.6%。

(王　薇)

【劳模管理和服务】　年内,区总工会搭建社会公益活动平台,参加重大节日、重要会议活动,组织劳模志愿服务队参与公益事业,定期开展文明礼仪、安全教育、文明交通、科技普及、法律援助、医疗卫生、环境整治、生态保护、植树造林等方面的志愿服务活动。通过开展劳模大讲堂、组织劳模进社区开展专业咨询等活动,发挥劳模先进在各自专业领域的特长,为广大职工群众提供专业咨询与建议。组织劳模按照新冠疫情防控各项要求进行健康体检。"两节"期间为劳模申请和发放市、区两级春节慰问金和荣誉津贴。为符合困难条件的劳模申请和发放生活低收入补助和特殊困难补助。"两节"期间累计发放金额80.83余万元,对劳模群体实行全覆盖帮扶。根据全总及市总工会相关要求,开展全国五一劳动奖和全国工人先锋号以及首都劳动奖状、奖章和北京市工人先锋号推荐评选工作,最终选树出"全国五一劳动奖状"1个,"全国五一劳动奖章"1个,"首都劳动奖状"1个,"北京市工人先锋号"1个,"首都劳动奖章"6个。

(王　薇)

【创新工作室】　年内,区总工会面向区级职工创新工作室开展创新项目助推及"名师带徒"评选工作。制定和完善《石景山区级职工创新工作室管理办法》《石景山区级职工创新工作室与创新项目助推评定实施办法》。经各工作室申报、实地调研、现场答辩、专家评审等环节,评选出创新工作室助推项目,授予"名师带徒"称号,并给予经费资助,加大对职工创新工作室项目开发、成果转化等方面的支持和指导力度。

(王　薇)

【送温暖精准帮扶】　年内,区总工会"两节"期间送温暖、暑期送清凉,为新就业形态劳动者购买慰问品。职工服务阵地向新就业形态劳动者开放。将对外开放的暖心驿站印制成暖心服务卡,送到快递小哥们手中。组织新就业形态劳动者免费体检,满足快递小哥的需求协调体检医院和各快递点,分6次送检上门。为新业态、新就业群体服务,为石景山区112个暖蜂驿站配备应急医药箱112个。

(王　薇)

【困难职工精准脱贫】　区总工会全年慰问疫苗接种点、核酸检测人员、留京过节的外来务工人员、农民工、教师、户外劳动者、志愿者等各类人员共16000余人,投入资金80余万元。帮扶困难职工,落实《北京市总工会关于进一步做好送温暖工作的意见》,加大对临时生活困难职工的送温暖力度。发挥职工互助保障和温暖基金作用,及时缓解职工的临时困难。扩大《在职职工医疗互助保障计划》《区级温暖基金》等项目的受众群体覆盖面。全年区级温暖基金帮扶患病职工22人,发放慰问金17.1万元;职工互助保障为1680人理赔266万元。

(王　薇)

【职工互助保险】　全年,石景山区230个单位共有24708人参保职工互助保险,累计保费4488836元。共有1680人出险获得理赔,理赔金额共266万余元。为基层工会两家高新技术企业申请小额贷款业务,2家企业成功收到贷款金额100万元。78名互助保险会员获得石景山区代办处慰问金73160元。新增教委综合事务管理中心、振威保安服务公司、永定河文化带管理委员会3家参保单位。加强宣传职工互助保险,为各街道工会服务站发放宣传折页600余份,为京石建业、园林、快递、环卫中心、银建、各街道(园区)工会服务站发放扇子等宣传品7400余份。6月初,开展职工互助保障业务培训会,共130余名基层工会主席及经办人员参加。

(王　薇)

【志愿者服务活动】　年内,区总工会领导前往北京冬奥组委调研志愿者工作。职工志愿者参与慰问一线职工。参与创城——环境卫生清理志愿服务活动。参加市总工会"我为冬奥出把力"之"追梦冰雪 相约未来"主题展示活动,推荐石景山区作品视频3件。组织各志愿者中队参加《北京市志愿服务促进条例》和"学习党史工运史"线上授课学习。在九中和京源学校考点开展2021年"暖心伴考"志愿服务活动,为高考保驾护航。石景山区各级工会职工志愿者开展活动58次,参加活动职工志愿者1060人次。

(王　薇)

【职工之家暖心驿站建设】　年内,区总工会建立共享暖心驿站,确定257家硬件条件好、管理维护好的站点为"共享暖心驿站"。为新业态、新就业群体服务,将暖心驿站印制成暖心服务卡。经前期调研后建设大跳台运行中心暖心驿站,为保障冬奥会的职工们提供服务。环卫中心一队等6家单位申报国家级最美工会户外劳动者服务站点,老山东里北社区等7家单位为北京市最美工会户外劳动者服务站点。全年申报全国总工会职工书屋示范点建设1家,北京市工会职工书屋示范点2家,劳模书架配书2家。

(王　薇)

【文体活动】　年内,区总工会"送文化"和职工"要文化"相结合,在全区职工中开展"颂歌献给党"百万职工经典歌曲传唱作品征集展示活动和"阅读经典好书,争当时代工匠"职工主题阅读活动。组织举办"永远跟党走"职工书法、绘画、摄影作品展,石景山区42个单位参与,报送作品217件,评选出30件优秀书法、绘画、摄影作品。成立首支职工合唱队。合唱队在石景山区五一表彰大会演唱《咱们工人有力量》《新时代号子》《没有共产党就没有新中国》等时代歌曲;参加"古城之春群众合唱比赛”“古城艺术节合唱展演”“永远跟党走文艺汇演”等群众性主题文艺汇演活动。元宵节当天组织部分工会会员开展猜灯谜、贴鼻子、托球跑、夹球等文体活动。与体育局共同举办2021年石景山区“全民迎冬奥”国家体育锻炼标准测试赛。组织石景山区1500人参赛，工会系统200余名队员报名参加测试。为职工送上各类健康知识，邀请医疗专家讲授预防花粉过敏、预防心血管疾病、骨骼健康知识以及急救知识。

（王　薇）

【工会经费审查】 年内，区总工会按照《北京市工会经费预算三审制度暂行办法》的要求和2021年经审工作要点的安排，开展工会财务及预算执行情况检查工作。委托北京永信公平会计师事务所有限公司对石景山区56家直属基层工会进行工会经费审计，重点采取集中审计的方式，审计内容为2021年上半年预算执行情况、2020年度财务收支情况及离任基层工会主席任期。根据检查中存在的问题，要求存在问题的单位逐条进行整改落实，并形成书面整改报告。

（王　薇）

共青团石景山区委员会

【概况】 截至2021年底，石景山区有基层团组织811个。其中，团区委派出机构团工委14个，团区委直属二级团组织29个，包括团委6个，团总支7个，团支部2个。有1481名团干部，其中专职团干部52人；兼职团干部1429人。有5384名团员，全年推优入党团青数82人（含征求团组织意见）。年内，石景山区各级团组织共筑免疫屏障、服务冬奥筹办、聚力人才发展、强化区域联动，承接全国县域共青团基层组织改革试点任务，落实国家《中长期青年发展规划》市级实施试点任务。

（徐宁岳）

【冬奥主题活动】 1月27日上午，团区委联合广宁街道举办“点燃青春 筑梦冰雪”冬奥主题活动。此次活动依托社区青年汇在石景山冬奥社区冰雪运动基地开展，以传播冬奥文化为内容，带动留京青年和青年职工家庭参与冰雪运动。7月19日北京2022冬奥会倒计时200天之际，由团市委主办，清华大学团委、团区委和国家体育场运行团队志愿者业务领域联合承办的“燃动冰雪，情系冬奥”冬奥冰雪文化体验营活动于区冬奥文化广场启动。来自清华大学、中国人民大学、北京师范大学、北京理工大学、北京体育大学、对外经济贸易大学、中国政法大学、中国戏曲学院、中央美术学院、中国科学院大学、北京科技大学等高校的冬奥储备志愿者代表，与来自石景山区的街坊邻里、奥运志愿家庭、快递小哥等新兴青年群体共同参与启动仪式。启动仪式结束后，志愿者们面向石景山区社区居民，组织开展丰富多彩的体验项目，包括陆地冰壶、冰球拨球、冰球射门、冰球对抗等竞技类项目和知识竞答、拼图游戏、套圈游戏、拍照体验区等趣味类项目。活动吸引众多社区居民前来体验，以趣味形式对冰雪文化知识进行普及，引导大众深入体验冬奥项目，学习冬奥知识，弘扬奥运精神。在活动结束之后，冬奥储备志愿者还参观冬奥展厅和首钢滑雪大跳台。

（吕佳奇　罗一飞）

【留京过大年系列活动】 2月1日，团区委联合石景山区文联、石景山消防支队、首钢集团团委，在首钢园开展“‘石’分想念，见字如面”主题活动。此次活动由社区青年汇承办，并按照疫情防控要求，分批次、分时段开展。同月4日，京原路7号·社区青年汇组织开展“团聚新兴青年 留京一起过年”主题活动，来自不同公司的快递小哥团聚在此。活动主要依托社区青年汇，通过线上线下相结合的方式召开。

（吕佳奇）

【“两节”送温暖】 2月3日上午，团区委班子成员、区青联、青商会一行到苹果园街道苹四社区，与苹四社区退休党员代表、困境青少年家庭进行慰问交流。为迎接建党100周年，团区委联合区青联、青商会募集慰问物资，进一步链接志愿公益、助老服务等方面的社会力量，为社区老党员送上春节祝福，共筑社区和谐发展。

（王　雪）

【学雷锋日主题活动】 3月5日上午，团区委联合园区管委会在中关村石景山园党群服务中心开展“建党百年学雷锋 文明祥和迎冬奥”学雷锋日主题活动。现场举行石景山区冬奥城市志愿者首个培训基地揭牌仪式，设置“红色基因、惠民服务、文明宣讲、喜迎冬奥”四个志愿服务互动交流体验区。区检察院、法援中心、市场监管局以及眼科医院、红十字蓝天救援队、社区青年汇、园区高科技企业等20余家单位及社会组织参加活动并提供志愿服务。

（王　雪）

【党史学习教育活动】 3月23日，建党100周年倒计时100天之际，团区委联合八宝山革命公墓组织开展“学党史、强信念、跟党走”学习教育之“红色基因·革命薪火·代代传承”活动，少先队员、基层团组织团员青年、区域化团建单位青年代表、西部片区高校青年代表等45名党团队员代表参加活动。

（吕佳奇）

【困境青少年普法教育】 3月24日，为进一步关心关爱区域内困境青少年家庭，增强困境青少年法治观念，提升遵纪守法的责任和意识，石景山区阳光地带社区青年汇邀请北京市青少年法律与心理咨询服务中心特聘专家、北京市东城区人民法院未成年人审判庭岳玲法官，走进京原路7号社区青年汇，为20余名困境青少年开展“法治在我心中，法律伴我成长”普法教育宣传活动。

（王　雪）

【未成年人保护委员会全体会议】 4月1日，石景山区召开未成年人保护委员会2021年全体会议。区未保委31家单位副主任委员、委员及联络员40余人参加会议。会上，团区委书记、区未保委副主任委员贾曦传达北京市未保委全体会议精神，汇报2020年石景山区未保委工作情况，部署下一阶段重点任务。

（王　雪）

【青年交友】 4月22日，团区委联合八角街道团工委在更读书社开展"'石'里春风,为你而来"大型交友联谊活动,来自区税务局、区卫健委、中国电科电子科学研究院、中煤地质、中储粮油脂有限公司、首钢财务公司、首钢工学院、北京建工装饰集团等共10余家单位60名青年参加活动。

(吕佳奇)

【"两红两优"表彰座谈会】 4月30日,在建党百年、五四运动102周年来临之际,团区委召开2020年度北京市"两红两优"表彰座谈会,贾曦出席会议并讲话。获奖集体代表及个人共10余人参与现场座谈,石景山区各基层团组织通过视频会议形式收看直播。

(吕佳奇)

【青少年事业发展规划调研】 5月14日,石景山共青团"十四五"时期青少年事业发展规划调研座谈会在京原路·7号社区青年汇举行。贾曦出席并讲话,于勇主持会议,清华大学公共管理学院杨竺松教授,以及基层一线团青团干、社工、教师、大中学生、"两新"组织、驻区企事业单位等代表共18人参与座谈。

(吕佳奇)

【"00后"红色故事宣讲团】 5月14日,团区委和区委宣传部联合中科院高能物理所、北方工业大学、北京工业职业技术学院、首钢工学院等驻区高校,在八宝山革命公墓成立石景山区"00后"红色故事宣讲团。加强对青少年的爱国主义教育和革命传统教育,用好区内红色教育资源,发挥红色历史、红色资源在思想道德教育中的作用,推动"学党史、强信念、跟党走"学习教育走向深入。

(吕佳奇)

【社区团支部选举】 5月18日,石景山区9个街道、151个社区(150个社区团支部)完成换届选举工作,选举成功率达100%,同步完成所有社区团支部"空壳化"整治。换届后,新一届团支部班子中,团支部书记35岁以下占比42%,社区"两委"班子成员兼任社区团支部书记占比94.67%,居全市前列。

(吕佳奇)

【"快递员暖蜂驿站"揭牌】 5月21日上午,"快递员暖蜂驿站"揭牌仪式在金象大药房古城店举行。此次揭牌的"快递员暖蜂驿站"覆盖金象大药房古城分店和阜石路分店,活动为11家快递公司代表授发金象大药房会员卡。"快递员暖蜂驿站"将免费为快递小哥提供休憩饮水、其他救助,外伤急救药品,慢病健康检测,享受购药优惠等服务。

(吕佳奇)

【"高校京西发展联盟"成立】 6月22日,"高校京西发展联盟"成立仪式暨合作论坛在石景山区举行。常卫,市人才局副局长刘敏华,团市委副书记、市青联主席王洪涛,17所成员高校领导和上百名师生参加仪式。该联盟由团区委主动对接北大、清华、人大、北师大等17所部属、市属高校,共同发起成立。联盟成立是落实共青团基层组织改革的重要路径,是石景山发展史上的一座重要里程碑,也是首都高校支持京西地区建设的一次重要探索和实践。区校双方在思想政治引领、就业创新创业、社会治理、青年发展、智力支撑五大方面开展合作。其中在就业创新创业方面,以"景贤计划"等人才强区系列政策为牵引,推动成立"景贤未来人才"青训基地。6月28日至8月8日,来自清华大学金融学院、建筑学院、美术学院、社科学院、人文学院等院系的29位同学,选择在"景贤未来人才"实践基地进行为期6周的实践。截至年底,共组织清华大学、北京师范大学、中央民族大学91名学生到区实践。

(罗一飞)

【服务数字冰雪运动会】 7月8日至10日,全国"带动三亿人参与冰雪运动"工作推进会、首届中国冰雪运动发展高峰论坛暨产业博览会、首届中国数字冰雪运动会年度总决赛在石景山区拉开帷幕。为保障会议有序开展,团区委组织西部片区高校成员单位北京电子科技学院的23名青年志愿者参与大会服务保障工作。

(罗一飞)

【团代表联络站、政协委员工作站揭牌仪式】 8月20日,石景山团代表联络站、政协委员工作站揭牌仪式在京原路7号·社区青年汇举行。区领导岳林华、团区委副书记于勇为政协委员工作站揭牌;团市委、团区委相关负责人共同为团代表联络站揭牌。区人大代表、政协委员,区各级团代表、团的委员会委员,区青联委员代表,快递外卖行业从业青年代表共20余人参加此次揭牌仪式。仪式后,还开展"HUI聚青年之声,'站'在你身边"新业态新就业群体青年面对面座谈活动,围绕"如何联系、服务、引领新业态新就业群体青年,助力石景山区高质量发展和基层社会治理创新"交流座谈。

(吕佳奇)

【服务中国国际服务贸易交易会】 9

6月22日,"高校京西发展联盟"成立 (团区委供图)

月2日至7日，2021年中国国际服务贸易交易会在北京举办。大会采取“双会场”设置，除国家会议中心外，石景山首钢园也将首次作为会场之一，举办8大专题展与相关的高峰论坛及配套活动。石景山区200余名志愿者在首钢园周边沿线、停车场、地铁站等7个服务站点，提供信息咨询、停车指引、应急救助等服务。

（罗一飞）

【港澳台新生参访石景山】 10月14日，北京师范大学38名2021级港澳台新生参访石景山区。团区委、区青联会同区委统战部和港澳青年北京汇，共同设计出一条集冬奥科技、文化体验、红色基因于一体的参观路线，让港澳台学生感受百年工业历史积淀，体验冬奥文化。

（罗一飞）

【冬奥志愿者骨干培训】 10月15日，团区委在金安中海财富中心组织开展北京2022冬奥会石景山区城市志愿者骨干培训会。来自高校京西发展联盟成员单位、新兴青年群体、区域化团建单位等100名志愿者骨干参加培训。培训邀请花样滑冰世界冠军张昊、区疾控中心安欣华、区青联委员牛勇及其助教 Ivan Van Wyk 分别围绕冬奥项目基础知识、冬奥会疫情防控、志愿者服务常用英语等主题为志愿者授课。当日，团区委组织召开石景山共青团服务保障冬奥筹办转段提升推进会，动员石景山区广大青年投身冬奥，为服务保障冬奥筹办贡献力量。来自区域化团建单位、重点社区的建党百年城市志愿者代表，高校京西发展联盟成员单位的服贸会志愿者代表，2021—2022年度石景山区青年文明号、青年突击队创建集体代表等共30人参加会议。同月21日，团区委联合首钢集团团委在首钢侨梦苑组织开展北京2022冬奥会石景山区城市志愿者第二期骨干培训。来自高校京西发展联盟成员单位、新兴青年群体、区域化团建单位、冬奥志愿家庭、重点社区等100名志愿者骨干参加培训。培训邀请滑雪大跳台场馆志愿者经理马晓宁、市应急志愿服务总队宣讲支队讲师陈冬迪、区文旅局郭果以及多项国际赛事优秀志愿者代表林海禄分别围绕首钢大跳台场馆运营知识、应急处置及急救知识、石景山区“吃住行游购娱”城市文旅、国际赛事志愿服务等主题为志愿者们授课。

（罗一飞）

【城市志愿服务活动】 10月26日，北京2022年冬奥会倒计时100天，团区委依托区域化团建工作平台、区青年联合会、区青年企业家商会发起石景山区城市志愿服务“伙伴计划”，紧抓冬奥契机，动员高校、企业等社会各界力量助力城市志愿服务基础建设、培训赋能、科技支持。11月2日至7日，团区委组织20余名冬奥城市志愿者在石景山体育馆为来往接种疫苗的居民提供志愿服务。

（罗一飞）

【法治副校长培训】 12月1日，在国家宪法日来临之际，为强化法治副校长队伍建设，团区委开展石景山区2021年法治副校长线上培训，来自市第一中级人民法院、市人民检察院第一分院，公安分局、石景山交通支队、区检察院、区法院、区司法局、区法律援助中心的百余位法治副校长、法治副园长参加。

（王　雪）

石景山区妇女联合会

【概况】 2021年，区妇联下设办公室（主体责任办）、妇女事务部、区妇女儿童工作委员会办公室。石景山区有街道妇女联合会9个，社区妇联151个，机关企事业妇委会16个。年内，区妇联以庆祝中国共产党成立100周年为主线，以“巾帼心向党·奋斗新征程”为主题，开展系列群众性宣传教育活动，凝聚石景山区广大妇女群众的智慧和力量，推动新时代妇女工作再上新台阶。

（李　剑）

【八届六次执委会议】 1月20日召开。区妇联党组书记、主席张帆向执委宣讲党的十九届五中全会精神，传达市委十二届十五次全会和区委十二届十二次全会精神。会议总结2020年工作，从六个方面部署2021年重点工作任务。会议替补孙静、陈坤为石景山区妇联第八届执委会委员，选举孙静为区妇联副主席。

（李　剑）

【主题演讲比赛】 1月，区妇联以“创时代辉煌、展巾帼最美”为主题举办演讲比赛，围绕“岗位建功我先行、疫情防控我行动、文明创建我参与、最美家庭我打造、扶贫攻坚我奉献”五个方面，挖掘石景山区优秀女性和女性集体事迹，共收集到29家单位48个推荐作品，采取评委在线观看演讲视频并打分的方式评选出一、二、三等奖20个。部分优秀作品陆续在《石景山新闻》、“石景山女性”微信公众平台进行宣传展示。

（李　剑）

【建党百年群众宣传教育】 3月，区妇联开展“巾帼心向党·奋斗新征程”庆祝建党100周年群众性宣传教育活动，面向妇女群众开展“四史”宣传教育。组织“最美家庭”代表参观“八大处的红色电波”主题展。5月，开展“讲述红色故事·迎接建党百年——巾帼话党史”“巾帼心向党·家书铸信仰——红色家书诵读”党史宣讲活动。6月，举办“颂党恩 传家风”家风家教主题宣传日活动，征集“清风北京·廉洁齐家”家风作品34件。面向少年儿童开展“在党的阳光下茁壮成长”“陪伴·我们在一起”宣传教育活动76场。7月，组织观众到天安门广场参加庆祝中国共产党成立100周年庆祝大会。

（李　剑）

【社区妇联换届选举】 4月，区妇联完成145个社区妇联换届选举工作。共选举产生社区妇联执委2177名，其中妇联主席145名、专兼职副主席290名、委员1742名。145名妇联主席中，中共党员124名，占85.82%；年龄35岁及以下15名，占10.34%；36至45岁78名，占53.79%；46岁及以上52名，占35.86%；大专学历29人，占20%；大学及以上学历115人，占79.31%。社区妇联主席100%进入社区“两委”班子。

（李　剑）

【八届七次执委会议】 5月召开。会议审议通过石景山区第九次妇女代表大会安排,对石景山区"十四五"时期妇女儿童发展规划主要目标征求意见,执委们结合各自工作实际,围绕"十四五"时期涉及妇女儿童发展领域相关问题提出意见建议。

(李 剑)

【家庭手抄报大赛】 6月,区妇联启动"美好生活·民法典相伴"家庭手抄报大赛。经过为期3个月的宣传发动和各街道、社区妇联的初评初选,共收集优秀作品143份。活动邀请来自区委政法委、区司法局等部门的专家组成评审团,从内容、插图、排版、创意四个方面对作品进行评审,共选定60组家庭作品获大赛一、二、三等奖。

(李 剑)

【街道妇联换届选举】 6月底,区妇联完成石景山区9个街道妇联换届选举工作。共选举产生街道妇联执委272人,平均年龄43.6岁,大学及以上学历共206人。街道妇联主席均由同级党政领导班子中的女性领导兼任,各街道均配备正科实职专职妇联副主席。其中街道妇联主席9人、专职副主席9人、兼职副主席26人。街道妇联班子平均年龄45.4岁,其中少数民族1人,非中共人士8人。

(李 剑)

【儿童之家提质增效】 6月至8月,区妇联发挥社区儿童之家阵地作用,组织开展"童心童行·茁壮成长"社区儿童之家提质增效系列活动。共开展活动18场,内容包含家庭教育常见问题、常见病疾病预防、婴幼儿早期智力开发、非遗文化手工制作等。

(李 剑)

【关爱新就业群体女性】 9月,中秋节前,区妇联主席一行走访两家物流公司,慰问"驿姐",看望"驿家",送去党和妇联组织的祝福。9月至年底,开展"'驿'路有爱,温暖'驿'家——关心关爱新就业群体行动",聚焦关心关爱"驿姐"和"驿家",实施"寻找、织网、春风、领跑"四大行动,通过组织覆盖增强新就业群体归属感,通过关心服务增强新就业群体幸福感,通过思想引领增强新就业群体认同感,通过选树激励增强新就业群体的荣誉感,通过发挥作用增强新就业群体自豪感,探索形成石景山区妇联组织上下联动,关心关爱新就业群体的机制。

(李 剑)

【冬奥专项志愿服务】 9月,区妇联启动"巾帼助力 冬奥有我"冬奥专项志愿活动,发布巾帼志愿者召集令,邀请热心公益活动的女性加入,倡导广大巾帼志愿者宣传冬奥相关知识,养成绿色生活方式,参与美丽庭院、靓丽阳台建设,践行"垃圾分类""光盘行动"。并以社区志愿服务为主战场,组织巾帼志愿者开展新时代文明实践志愿服务活动,为冬奥会举办创造人文环境和社会环境。

(李 剑)

【第九次妇女代表大会】 12月23日召开。市妇联党组书记、主席张雅君,区领导常卫出席开幕式并致辞讲话。来自各街道、各系统、各领域的180名妇女代表参加大会。曹俊房代表人民团体向大会致贺词。大会听取张帆代表区妇联第八届执委会所作《团结引领石景山区妇女为高水平建设好首都城市西大门贡献半边天力量》的工作报告,审议通过《石景山区妇女联合会第八届执行委员会工作报告的决议》;选举产生石景山区妇女联合会第九届执行委员会及第九届执行委员会主席、副主席、常务委员。张帆当选为新一届区妇联主席,并代表区妇联新一届领导班子作表态发言。区领导李文起、田利跃、王其志出席会议。

(李 剑)

【妇女儿童发展规划颁布】 年内,区妇联完成《石景山区"十四五"时期妇女儿童发展规划》编制发布及备案工作,于10月19日正式颁布实施。区妇联牵头"十四五"妇女儿童规划任务分解,细化分工、落实任务,推动完成规划指标。规划共六部分,聚焦健康、教育、家庭建设等15个领域,提出108项目标和117项策略措施。

(李 剑)

【走访慰问特殊困难群体】 年内,区妇联聚焦困难妇女和家庭,实施真情援助单亲贫困母亲项目,帮扶单亲贫困母亲43人,送去慰问金共15万元。实施"两癌"人道关爱项目,为53名新增两癌妇女送去慰问金共5.3万元。聚焦困难儿童,推进"春蕾计划—梦想未来""帮扶助困献爱心公益行"行动,筹得捐款45万余元,助力女童全面发展实现梦想。

(李 剑)

【选树最美家庭】 年内,区妇联通过"月寻、季推、年选"的方式,常态化寻找"最美家庭"。围绕疫情防控、助力冬奥、绿色环保、科学育儿等方面,推荐全国文明家庭1户、全国最美家庭1

12月23日,石景山区第九次妇女代表大会召开 (区妇联供图)

户，揭晓“首都最美家庭”8户。揭晓2021年度石景山区“最美家庭”100户。

（李　剑）

石景山区科学技术协会

【概况】 截至2021年底，石景山区有区属学（协）会5个、街道科协9个，民非社会组织2个。年内，区科协围绕四类重点人群，全力做好全民科学素质提升工作。组织开展全国科技工作者日活动，组织社会组织及科普志愿者进社区、进学校开展科技周、科普之夏、科普日等大型科普益民服务活动，组织青少年科技创新大赛、机器人大赛等活动，获全国科普日活动优秀奖、北京市公民科学素质大赛组织奖等荣誉。

（黄　亮）

【主题科普活动】 3月25日，区科协与中国水利学会、北京水利学会、北京地质学会、北京生态修复学会、北京地勘院学习实践班，在八角街道景阳一社区联合举办“中国水周”主题科普活动，开展水与健康、地热水开发与利用两场科普讲座。围绕居民“喝健康水、用安全水”和“地下水科学普及与健康饮水”等问题，由健康饮水咨询专家进行答疑解惑。北京地勘院现场向社区捐赠科普视频、科普材料等，并以“河湖保护、水资源与健康饮水、地热水资源开发与利用”为内容制作科普展板。

（黄　亮）

【全国科技工作者日】 5月28日，在中关村石景山园党群服务中心，由区科协主办，园区管委会、区科委协办2021年石景山区科技工作者日主场活动。活动以“众心向党，自立自强”为主题，联合多资源平台，发挥新媒体优势，线上线下结合，通过短视频纪实记录方式，走进中科院高能物理所，通过科普大咖陈征老师“步伐探秘高能所”的黑科技，多视角、多平台、全方位展现科技工作者工作状态。活动现场设计冰壶比赛、VR滑雪项目和红色VR学习场景体验、科技展览展示、参加科技企业等项目。

（黄　亮）

【全国科普日】 9月15日，区科协在苹果园街道综合文化中心（金苹果文化小院）举办2021年石景山区全国科普日主场活动暨“科技助力冬奥 激情相约冰雪”冬奥知识线上竞赛活动。活动借助视频、音频、直播、VR等媒体形式，开展科学云课堂、冬奥主题云展览、线上有奖竞答、冬奥创意作品展示、冬奥VR体验等特色居民科普活动，让群众足不出户参与科普活动，号召群众参与冬奥、迎接冬奥，直播活动获得3万余人次参与。

（黄　亮）

【我为群众办实事】 年内，区科协开展“我为群众办实事”实践活动，深入社区，通过“三进三问”，收集社区及百姓需求，建立问题清单，推动解决落实。针对社区百姓普遍关注的健康饮水问题，举办“中国水周”主题科普活动。根据社区未成年人教育及亲子沟通教育需求，为社区青少年及家长开展禁毒知识亲子讲座活动。年内，在各街道社区开展科普活动50余场，受益3000余人次。

（黄　亮）

【新冠疫苗接种】 年内，区科协响应区委区政府号召，下社区、进一线，做好新冠疫苗接种发动工作，宣传疫苗接种重要意义和预防知识，动员周边重点人群和广大市民参与疫苗接种，提高石景山区接种率，助力全民防疫。

（黄　亮）

【全民科学素质提升】 年内，区科协完成石景山区全民科学素质工作考核评价工作和石景山区“十三五”时期全面实施全民科学素质纲要工作总结。4月22日，与区科委联合召开石景山区科普工作会，总结2020年石景山区全民科学素质工作，部署2021年工作要点。制作发放《石景山区提升全民科学素质普及读本》第19—22期4万册。组织专家完成《石景山区科素“十四五”规划（2021—2035）》编制工作。组织石景山区公民科学素质大赛网上答题活动，推荐代表队进入市赛决赛。

（黄　亮）

【青少年科技教育】 年内，区科协组织开展第四届北京青少年创客国际交流展示活动，共获得学生组二等奖2个，三等奖5个；教师组一等奖1个，二等奖1个，三等奖3个；其中学生组一等奖项获得迭代选拔资格，教师组一等奖项获得说课资格。组织开展第21期北京青少年科学探索专项资金申报工作，共推荐8个项目。组队参加第21届北京青少年机器人竞赛暨第六届北京青少年创意编程与智能设计大赛，获得一等奖1项、二等奖3项、三等奖3项。组织开展“畅想中国梦，书写新时代”主题征文活动，5名学生获奖；开展第十二届全国青少年科学影像节活动，获得一等奖2个；开展科学“小拍客”青少年科学影像原创短视频征集展示活动。

（黄　亮）

【冬奥主题科普】 年内，区科协组织推荐京西志愿者服务中心、北京市水文地质工程地质大队相关单位参加北京市新时代文明实践基层科普行动项目申报评审工作。对申报的6个项目进行评审，向市科协推荐申报基层科普品牌活动支持计划1个，该项目在7个街道30余个社区开展以“激情冰雪 冬奥有我”“放飞科技梦想 点亮智慧生活”等为主题的科普活动50场，其中未成年人专场41场，参与人数达3200余人次。借助区级科普项目，分别在苹果园街道综合文化中心和冰川馆等地围绕科技冬奥等主题开展科学集市、科普研学和“科普嘉年华欢乐场”三大板块活动，通过线上线下相结合的方式针对青少年设计科学实验、绘画比赛、云课堂等分项内容，举办一系列青少年科普活动。4月至5月，在“激情冰雪 冬奥有我”主题科普系列活动期间，先后举办冬奥知识科普讲座、竞赛与展览、健身科普知识讲座及小视频征集、“科技冬奥 筑梦未来”未成年人冬奥科技主题编程活动、残疾人冬奥创意手工、“激情冰雪 相约冬奥”帆布包主题画创作活动、冬奥小记者播报站系列活动。通过线上答题、线下参与的方式，普及冬奥科普知识。5月12日，围绕前沿科技、冰雪冬奥主题，区科协在冰川馆举办科学嘉年华活动，设计VR滑雪、脑控无人机、机械手臂、冰壶大赛等项目，通过互动体验、展览展示、竞技比赛等形式,让孩子们了解体验科技知识、冬奥知识以及比赛项目。开设冰川地质研学项目,通过对冰川馆参观学习、科普视频、科学实验等活动形式,让孩子们对冰川知识有全新认识。

(黄 亮)

【服务科技工作者】 年内,区科协在所联系企业中开展留学人员引进需求申报工作。开展第二十四届茅以升科学技术奖—北京青年科技奖候选人推荐工作和2021年“北京优秀青年工程师创新工作室”申报工作,推荐北京易华录信息技术股份有限公司吕晓鹏牵头项目《数字视网膜算法仓研发》作为石景山区申报项目。完成2021年企业科协信息采集工作和2020年社会组织年检工作。指导企业科协开展工作,组织申报2021年北京市科协金桥工程种子资金项目,推荐首都医科大学附属北京康复医院、北京猎户星空科技有限公司参与申报。开展“僵尸型”社会组织专项整治行动,指导园林学会注销工作。

(黄 亮)

石景山区归国华侨联合会

【概况】 截至2021年底,区侨联有专职侨联干部4人(其中党组书记1人,党组成员1人)。石景山区第四届侨联委员会委员共21人,其中常委9人,主席1人,副主席2人,秘书长1人。街道基层侨联组织9个。

(蔡 琳)

【区侨联换届】 年内,区侨联按照《石景山区归国华侨联合会换届工作方案》,在完成委员联审、班子人选归侨侨眷身份证明、大会准备等环节后,于9月2日召开石景山区第四次归侨侨眷代表大会。大会听取并审议区侨联第三届委员会工作报告,选举产生21名委员组成的石景山区侨联第四届委员会,周斌当选为区侨联第四届委员会主席,佟亚功、罗家明当选为副主席,罗家明兼任秘书长。

(蔡 琳)

【文化交流活动】 年内,区侨联以庆祝中国共产党成立100周年为主线,开展侨界文化活动。6月,区侨联举办“侨心向党—唱支山歌给党听”合唱演出,来自石景山区9个街道侨联的侨界合唱团参加比赛。组织侨界群众参与北京市侨联举办的第十届首都新侨乡文化节合唱、舞蹈、乒乓球、冰壶等比赛,获得合唱比赛一等奖、文化节最佳组织奖。推动北京燕京八绝博物馆获批“北京市华侨文化交流基地”“中国华侨国际文化交流基地”;京西五里坨民俗陈列馆获批“北京市华侨文化交流基地”。

(蔡 琳)

【基层组织建设】 年内,区侨联组织基层侨联继续申报北京市“示范侨之家”。9月,五里坨街道天翠苑侨之家申报成功,被北京市侨联授予“示范侨之家”称号。

(蔡 琳)

【依法维护侨益】 年内,区侨联开展“送温暖”活动。元旦、春节和中秋、国庆“两节”走访,共惠及归侨侨眷40户、100余人次,为他们送去慰问品,并通过他们转达党和政府对海外亲人的惦念。10月,区侨联举办“侨法宣传暨迎冬奥、助创城志愿服务”活动,发放侨法宣传、文明行为手册等资料,组织侨联志愿者参与疫情防控、冬奥保障、创建文明城区等活动。为保障归侨侨眷合法权益,与区法院协商提出关于加强归国华侨矛盾纠纷多元化调解工作的意见。

(蔡 琳)

【参政议政】 年内,区侨联与区人大、政协及相关部门沟通协商,开展人大代表、政协委员人选考察工作,通过调查摸底、物色人选,推荐4名侨界人士到区人大和政协,最终确定1名区人大代表和2名区政协委员,为打造一支高素质的侨界人大代表、政协委员队伍做好保障。

(蔡 琳)

石景山区工商业联合会

【概况】 截至2021年底,区工商联第十届执行委员会有主席(商会会长)1人,副主席13人,商会副会长18人,秘书长(兼)1人。年内,区工商联以庆祝中国共产党成立100周年、2022年北京冬季奥运会为契机,在基层商会、会员企业中开展宣传教育活动。全年为企业提供金融、人才、法律、政策等50余场专场服务,开展各类培训专场20余场,为130余家企业融资3亿余元。携手街道工委在鲁谷街道商会、五里坨街道商会成立党支部。召开九届三次常委会、区工商联第十次代表大会。获2020—2021年度全国“五好工商联”称号、2018—2020年度“首都文明单位”称号。

(张 振)

【民营经济统战工作】 4月8日,为加强党对民营经济统战工作的领导,推动石景山区民营经济统战工作创新发展,区委统战部、区工商联组织召开石景山区民营经济统战工作协调专题会,会议由陈婷婷主持,30个相关职能部门主管领导参加会议。区工商联主席马丽萍通报《石景山区关于加强新时代民营经济统战工作的方案》起草说明和《方案》重点任务清单,部署2021年民营经济统战工作,各参会部门围绕重点任务清单进行讨论。陈婷婷就进一步做好石景山区民营经济统战工作提出工作要求。专题会后,征求听取有关职能部门意见建议,充实完善文件内容,经区委深改委会议审议通过后,《方案》于2021年6月正式印发实施。制定《中共石景山区委统一战线工作领导小组民营经济统战工作联席会工作规则》,通过明确工作职责、运行方式,确保政企沟通长效机制提质增效。

(张 振)

【优秀会员企业】 4月12日,2020年度“景贤人才”认定仪式在银保产业园建国酒店举行,多名来自石景山区工商联会员企业的人才入选“景贤人才”榜。李新宣布2020年度“景贤人才”名单,市、区领导为新入选的51位“景贤人才”颁发“景贤卡”。4月下旬,市委统战部、市工商联通过视频会议系统召开工商联系统党史学习教育暨所属商会改革和发展工作推进会,区食药联盟荣获2019—2020年度全国"四好"商会称号。9月,市商务局正式发布北京第二批"深夜食堂"特色餐饮街区名单,区工商联会员企业喜隆多新国际购物中心餐饮街区作为石景山区商业项目上榜。10月11日,司法部授予北京市130家律师事务所"全国优秀律师事务所"称号、289名律师"全国优秀律师"称号。其中,区工商联执委企业、八角商会法律工作站负责人合达律师事务所余尘律师上榜。同月22日,区工商联VR企业:虚拟动点、红色地标等企业登榜。2021中国VR50强企业榜单连续第三次发布,遴选出50家最具行业代表性企业。11月11日,区工商联会员企业北京枭龙科技有限公司董事长史晓刚,作为北京市推荐的唯一一名入选人员,入选成为全国20名2021年"最美基层高校毕业生"候选人之一。

（张　振）

【非公经济人士教育活动】 6月25日,区工商联举办"庆百年 学党史 知党情 促发展"党史知识竞赛活动,来自10个基层商会的20支代表队共40名选手参加比赛。7月1日,区工商联组织全体机关干部、支部党员、各基层商会会员企业收听收看庆祝中国共产党成立100周年大会。同月23日,区工商联组织全体机关干部及民营企业代表参加"不忘百年初衷·共筑百年梦想"——石景山区统一战线领域庆祝中国共产党成立100周年文艺汇演活动。同月27日,工商联党支部、石景山区青年企业家商会代表一起到香山革命纪念馆开展党史学习教育联学联建活动,参观《为新中国奠基——中共中央在香山》主题展览。8月30日,区工商联组织领导干部、基层商会、会员企业通过中心组学习、集中座谈、支部自学等线上、线下多种方式学习市委书记蔡奇在政党协商专题座谈会讲话精神。10月26日,区工商联组织全体机关干部及部分基层商会青年企业家代表参加党史学习教育专题党课。陈婷婷以《初心筑伟业 同心向远行》为主题进行宣讲。11月12日起,区工商联开展学习贯彻十九届六中全会精神活动,通过微信群等自媒体转发十九届六中全会公报,组织领导班子、支部党员、机关干部、基层商会等开展学习讨论。

（张　振）

【光彩公益】 年内,区工商联号召商会、会员企业发挥企业优势,投身公益事业。春节前夕,组织会员企业走进社区慰问军烈属、孤寡老人、贫困户家庭。3月24日,八角商会会长、秘书长及会员企业,慰问八角街道疫苗接种办公室工作人员,并向科室人员捐赠慰问品。4月1日,八角商会会员北京壶林庆丰包子铺有限公司副总经理王萌向八角街道商务楼宇爱心捐赠总价值10万元的餐饮代金券。同月22日,八宝山街道商会开展"留给孩子一个干净的地球"慈善活动,沿活动地区主干道捡拾路面及隔离带中的常见垃圾。同月25日,五里坨商会向五里坨社区志愿者捐赠2.6万元物资,助力辖区疫情防控和疫苗接种。5月7日,区工商联金顶街商会会长、副会长、理事、秘书长等一行到金顶街街道办事处,慰问奋斗在疫苗接种一线的街道干部,并进行座谈交流。6月1日,区工商联牵头组织7名市联小微企业工作委员会石景山区委员,组成慰问团一行20余人到石景山区社会福利院,开展"有爱破冰 共同成长"六一关爱儿童活动。

（张　振）

【冬奥筹备】 年内,区工商联推出多项措施号召引领基层商会、会员企业参与石景山区冬奥筹备工作。3月28日,区工商联食药联盟依据区工商联、区市场监管局重点工作部署,在区业余大学八大处校区百草珍馐饮食文化中心举行"创建文明城区、弘扬冬奥精神、当好东道主"社区书记及骨干培训班,为来自奥组委周边6个街道社区的50余名社区书记及骨干进行文明礼仪和英语口语培训。4月3日,组织商会会员参与"添绿冬奥 低碳有我"主题植树活动,工商联八宝山街道商会会员与广大市民群众、志愿者代表等100余人参加,共栽下树木143株。同月27日,组织青年企业家商会参加北京冬奥青年出征大会,并参加5.4公里党史知识打卡跑活动。年内,区工商联动员各个基层商会会员参与"擦亮城市西大门,文明祥和迎冬奥"专项行动,掀起全民参与冬奥筹备工作的热潮。

（张　振）

【商会工作】 年内,区工商联按照"四好"商会建设标准,加强对街道商会、行业商会指导,完成2家商会届中调整。推荐石景山区食药联盟特色商会参加2019—2020年度全国"四好"商会评选,并荣获全国"四好"商会称号。协调区发改委、区民政局,探索基层商会登记注册工作。4月下旬,组织12家商会负责人参加市工商联系统党史学习教育暨所属商会改革和发展工作推进会。

（张　振）

【民营企业产权保护服务】 年内,区工商联实现民营企业产权保护社会化服务体系"一所联一会"在基层商会的全覆盖。6月11日,区检察院在工商联建立检察院工作室,每月开展一对一法律咨询。全年开展主题法律培训及讲座活动22场,服务商会会员企业200余家。在3家基层商会开展法治体检,推送法律常识、经典案例分析等内容110余条。开展法律咨询50余次,涉及劳动人事、遗产继承、股权纠纷等实际问题。调解知识产权及合同纠纷6件,成功3件。

（张　振）

【区工商联(商会)换届】 年内,区工商联按照市委、区委关于换届工作部署,完成换届推荐提名、综合评价、考察公示、审查审批等各项工作,选优配强新一届工商联(商会)领导班子。8月18日,召开全体会贯彻落实《关于严肃换届纪律加强换届风气监督的通知》文件精神,开展谈心谈话工作,区工商联党组书记斯琴格日勒对各部门、全体党员干部提出工作要求,马丽萍提出工作建议。11月5日,区工商联(商会)召开九届三次常委会,传达市委统战部关于《市、区工商联(商会)换届工作的实施意见》的文件精神,通报区工商联换届筹备工作情况,会上表决通过"关于召开石景山区工商联第十次代表大会的决议”。12月29日,区工商业联合会(商会)第十次代表大会在万商酒店召开。市工商联秘书长李振坤,区领导及区工商联企业代表参加会议。大会听取并审议区工商联第九届执行委员会工作报告,选举产生石景山区工商联第十届执行委员会委员,通过工商联(商会)第十次代表大会决议。李振坤、常卫讲话并提出工作要求。同日,区工商联召开第十届一次执委会,选举产生新一届领导班子。尹圆当选为区工商联第十届执行委员会主席、区商会会长并在会上作表态发言。斯琴格日勒向全体参会人员传达区第十三次党代会会议精神。会后,新当选的主席(商会会长)与新一届领导班子成员进行座谈交流,对今后5年工作进行总体谋划。

(张　振)

【民营企业调研及百强申报】 年内,区工商联持续引导区域民营企业参与“北京民营企业百强调研与发布”工作。9月16日,在2021年北京民营企业百强发布会上,石景山区16家民营企业登上北京民营企业百强、科技创新百强、文化产业百强、社会责任百强和北京民营企业中小百强榜单。

(张　振)

【抗击疫情】 年内,区工商联在单位、基层商会组织、会员企业中部署贯彻落实疫情防控工作。定期召开全体会向全体党员干部通报市区疫情防控工作领导小组会议精神,要求全体机关干部做好常态化防控措施,严格落实出京报告制度。动员符合条件的重点人群到社区及相关部门预约接种第三针疫苗,组织动员200余家会员企业完成疫苗接种工作。成立疫情防控市场巡查工作组,对辖区内八宝山、八角街道农贸市场、菜站、餐饮店、食堂等数百家经营主体开展实地巡查指导,宣传引导企业做好常态化防控。

(张　振)

【第十届企业服务季】 年内,区工商联以企业实际需求为导向,联系金融机构支持服务民营经济发展。4月上旬,与建行等金融机构签订战略合作协议,组织开展“有道”线下金融服务日活动,专业金融服务团队为企业一揽子解决金融贷款问题。通过金融机构为商会会员提供一对一精准金融服务。借助北京银行创业担保贷款服务企业解决融贷需求。全年,122家企业共获得2.87亿元的金融机构贷款支持。区工商联组织会员企业参与石景山区“景贤计划”人才项目立项申报工作,5名企业家纳入“景贤人才”库。提供103个实习岗位援企。组织会员企业参加石景山区第二届职业技能大赛。贯彻《北京市优化营商环境条例》,开展“政策公开课”。围绕“两区”通关政策、跨境人民币结算等,向企业提供面对面政策宣讲和咨询解答服务。参与《北京市工商联关于征集2021年企业标准“领跑者”重点领域》申报、“慧眼行动”申报。推荐7家会员企业参加市联小微企业工作委员会。线上借助“小山云课堂”“社保大讲堂”开展“云辅导”,线下对8个税务所、60家税务代理、185户缴费企业进行分层级辅导。对内部平台、“天眼查”及人社、医保、工商等外部数据交叉比对,确认缴费人信息2667户次。抓准征期关键节点,向企业推送提醒短信28243条,对未缴费企业逐一电话辅导,辅导比例达96%。派驻相关业务骨干驻守社保大厅,对接人社、医保等部门,定期分类整理12366、12345高频咨询问题,研究解决“痛、难、堵”点20余项。

(张　振)

石景山区人民团体、群众团体负责人

总工会主席	高洪雁(兼)
分管日常工作的副主席	曹俊房
党组书记	曹俊房
团区委书记	贾　曦
区妇联主席	张　帆(女)
党组书记	张　帆(女)
区科协主席	宋菁慧(女)
区侨联党组书记	安宝喜
区工商联主席	马丽萍(女,回族,12月免)
	尹　圆(女,12月任)
党组书记	赵世英(7月免)
	斯琴格日勒(女,蒙古族,7月任)
区文联主席	董聪慧(女)
区残联理事长	栾伟宏(女)
党组书记	栾伟宏(女)
区红十字会会长	左小兵(兼,3月免)
党组书记	柏　静(女,10月免)
	朱　梅(女,满族,10月任)
分管日常工作副会长	柏　静(女,10月免)

法　治

政法委与综治

【概况】 2021年,中共北京市石景山区委政法委员会(简称区委政法委)在市委和区委区政府领导下,坚持以习近平新时代中国特色社会主义思想为指导,以确保建党100周年庆祝活动及服贸会、科幻大会等一系列活动安全顺利举办为工作主线,以投入服务保障冬奥筹办为工作重点,创新市域社会治理现代化试点工作,教育整顿政法队伍,保障区域经济社会发展,为促进社会发展、维护社会稳定提供有力保障。

(郝 山 聂晓松)

【维护国家政治安全】 年内,区委政法委把"防风险、护安全"贯穿全年,推动开展国家安全风险评估工作,强化国家安全宣传工作,严打严控邪教组织和邪教人员。谋划推进反恐怖工作,严打网上政治谣言,严查网上违法线索,严控网络有害信息,有效净化网络空间。

(郝 山 聂晓松)

【各项安保维稳任务】 年内,区委政法委成立安全保卫和社会治安指挥部,依托平安石景山建设体系机制,统筹各种安保力量,强化情报搜集会商研判、风险隐患摸排、社会面管控、督导检查等工作,推动落实各项安保维稳措施。先后完成中国共产党成立100周年、新中国成立70周年、党的十九大、一带一路峰会、亚洲文明对话大会、服贸会、科幻大会及全国"两会"、清明节等一系列重要节点、重大活动安保维稳工作。

(郝 山 聂晓松)

【冬奥安保基础建设】 年内,区委政法委健全冬奥安保工作联勤指挥架构,推进安保任务账单式常态化管理,建立首钢滑雪大跳台场馆安保团队,实现场馆内外部安保运行无缝对接。围绕比赛场馆、重点部位周边500米范围内的基础要素,开展涉奥专项风险隐患排查整治工作。深化安保制度体系、赛时运行机制建设,强化安保实战练兵,磨合安保队伍。对接市级冬奥指挥部门,明确总体设计安排,改造整合首钢园区群明湖周边道路公共区域视频监控64路,完成新首钢大桥12处监控点位支臂安装和后端机房存储扩容工作,冬奥组委、比赛场馆及周边安保科技标准化建设基本完成。

(郝 山 聂晓松)

【"平安石景山"建设】 年内,区委政法委在优化"1+10"(1个平安办+10个工作组)协调推进工作机制的基础上,推进市域社会治理现代化试点工作。统筹推进智能化平台建设,完成区维稳指挥中心信息化平台前期硬件安装工作,同步推进"雪亮工程""智慧平安小区"和疫情防控技防设施建设工作,全市率先完成304个智慧平安小区建设任务,建成全市首个智慧监所。整合多方力量,开发建设出全市首个"预付式消费信用监管和服务平台",探索出从预付式消费"小切口"解决社会治理"大问题"的预付监管服务石景山模式。开展社会面治安整治工作,围绕市级挂账鲁谷地区的非接触涉网犯罪和黄赌警情高发等问题,充分发挥"街道吹哨,部门报到"作用,加大对挂账重点地区集中整治。将"消隐促建"专项行动与冬奥公园、"疏整促"、"留白增绿"、"揭网见绿"等重点工作一体统筹、一体研判,推动丰沙线入地口等多个重点地区综合整治,强化铁路沿线及周边安全隐患排查,石景山区33处存在隐患点位全部整改完毕。常态化开展扫黑除恶斗争,对线索紧抓核查进度,确保动态清零。围绕信息网络、自然资源、交通运输、工程建设四大重点行业领域牵头开展专项整治,保持对黑恶势力违法犯罪打击的高压态势。

(郝 山 聂晓松)

【常态化疫情防控】 年内,区委政法委关注常态化疫情防控动态,运用"大数据+网格化"等手段,做好涉疫重点人员"大数据"信息补全、人员落地等工作。区委政法委统筹公安、属地街道持续强化对核酸检测集中采样点、集中隔离点、医疗卫生机构、人流密集场所等重点部位内外部安全监管和安保防范。打击涉疫情违法犯罪活动,依法查处涉疫命案案件28起32人。

(郝 山 聂晓松)

【保障区域经济社会发展】 年内,区委政法委完善区全面依法治区领导体系和工作机制,围绕市、区中心工作强化司法保障,先后处置原金顶北路项目被拆迁居民上访、"双减"政策落地引发的群诉、鲁谷北重供热厂改扩建项目居民投诉、信访、舆情等问题的化解工作。推进征收拆迁收尾专班,实现西黄村、北辛安棚改地块房屋征收全部清零的工作目标。

(郝 山 聂晓松)

【教育整顿政法队伍】 年内,区委政法委定期组织政法委员会(扩大)会议,强化对政法单位工作统筹指导。开展"我为群众办实事"实践活动,教育引导广大政法干警解决群众"急难愁盼"的具体问题。强化政法宣传工作,弘扬政法队伍正能量。创新"教、学、练、战"一体化教育培训机制,提升政法队伍业务专业化水平。

(郝 山 聂晓松)

公 安

【概况】 2021年,北京市公安局石景山分局(简称公安分局)围绕"防事故、保稳定、保安全"的总目标,完成建党100周年、服贸会、党的十九届六中全会等一系列安保任务,确保石景山区社会治安大局持续平稳,为石景山区荣膺全国平安建设最高奖——"长安杯"贡献公安力量。年内,完成各项警卫勤务,确保中央领导在区绝对安全。紧扣冬奥安保这一主线,确保冬奥安保工作开展。年内破获刑事案件1193起,刑事拘留685人,行政拘留1544人,同比分别上升18.1%和3.9%,其中电信网络诈骗犯罪破案、抓人同比分别上升2倍和3.2倍,反诈中心拦截30万起,直接止损7.32亿元,同比分别上升15.6倍和5倍,遏制案件高发态势。查处治安案件19657件,同比上升13.7%。推动"两区"建设、"创城"工作,攻坚整治"文明交通""文明窗口""文明养犬"等,落实户籍派出所窗口设立临时身份证受理点等各项便民利民举措，收置无主犬2581只、没收有主犬74只，涉犬行政处罚360起、罚款7.79万元，查处电动三四轮车违法5209起、违法停车10.3万余起、不礼让斑马线652起。对接主流媒体，建立央属、市属、区属三级沟通联系机制，实现新闻素材精细化"投放"。新媒体平台持续发力，全年累计发布民警风采类、打击破案类、服务群众类警务微博2692条、公众号文章225篇、今日头条号文章1802篇。围绕庆贺建党百年、冬奥倒计时100天，《报党恩忠心如铁 北京石景山公安永远跟党走》等短视频在"学习强国"等新媒体展播转发。推树市级以上优秀党(团)员2人，区级、市局级优秀党(团)员、优秀党务工作者21人，先进党支部、五四红旗团支部5个，对93个集体和722名个人进行表彰。

（申小荣）

【"110"主题宣传】 1月10日是首个"中国人民警察节"，也是全国第35个"110宣传日"。当日，公安分局在五里坨北京军休干部隆恩寺活动中心组织开展"一心为民110，砥砺奋进新征程"为主题的宣传活动。区委、区政府、分局领导、驻区部队、街道工委、分局相关职能部门、五里坨派出所领导，部分辖区群众和官兵代表参加活动。活动期间，播放分局反诈宣传片，观摩反特巡支队反恐演练，展示警用装备和器材，发放110报警、反恐防恐、防火防盗、预防煤气中毒、防电信诈骗、禁毒等内容的宣传材料。

（申小荣）

【知识竞赛、警务练兵】 5月11日，公安分局举办冬奥安保知识竞赛决赛活动。邀请市公安局冬奥办一级高级警长马朝晖、市局政治部相关负责人出席活动。分局党委班子成员、局属各单位主要领导和民警代表60余人参加活动。同月26日，公安分局在首钢冬奥园区滑雪大跳台广场举行"冬奥警务"大练兵成果展演活动。市局副局长华列兵及分局党委其他班子成员出席活动。局属各单位主要领导、民警辅警代表130余人参加活动。

（申小荣）

【反恐禁毒宣传】 6月9日，区反恐办在首钢冬奥园区滑雪大跳台广场组织开展"2021健步走"反恐宣传活动。局属职能部门和派出所主要领导、民警代表以及区反恐成员单位干部员工400余人参加活动。同月23日，区禁毒办在松林公园组织开展"重温红色记忆，凝聚禁毒战斗力"大型主题禁毒宣传活动。区禁毒委各成员单位和各街道相关领导参加活动。

（申小荣）

【冬奥倒计时100天】 10月26日，公安分局在北京冬奥会倒计时100天之际，在指挥大厅举行"决胜冬奥立新功 守护平安我先行"冬奥倒计时100天主题活动。指挥处、政治处、分局冬奥办、交通支队领导和冬奥安保重点执勤岗位民警代表参加活动。

（申小荣）

【反恐防恐、涉访维稳】 年内，公安分局推进"六住"措施落实，区内重点关注群体全部纳入视线，反恐重点目标和行业场所全部常态管控；奖励群众举报涉恐线索14件，核查落位涉恐情报线索7件7人，拘留涉嫌传播暴恐音视频人员2名。坚持"八控"机制，紧盯各类涉访重点人员和重点精神病人，重大安保战时提前落实分级分类管控措施；配合区政府接访251批1177人次、最高检举报中心接访15810人次，处置突发涉稳事件58批次1815人次，依法拘留挑头扰序人员5名，守住绝不能发生暴恐活动与规模聚集的底线。

（申小荣）

【打击破案】 年内，公安分局命案、重大敏感案件破案率100%，中央督导组下发涉黑线索100%结办，涉枪涉爆线索100%查证、案件100%侦破、枪支100%收缴。累计破获刑事案件1193起，作拘留以上违法犯罪嫌疑人685人，同比分别上升17.3%和47%，其中电信网络诈骗犯罪破案、抓人同比分别上升2倍和3.2倍，反诈中心拦截30万起，直接止损7.32亿元。

（申小荣）

【治安整治】 年内，公安分局查处治安案件19657件，同比上升13.7%，结案率43.4%，持续位列市局前列；抓获涉黄、涉赌、盗非三类违法犯罪嫌疑人，同比分别上升48%、3%和19%；开展黑车黑摩的联合执法行动55次，警告、处罚非法运营黑车、黑摩的104起，移交扣押车辆68辆，非法电动三四轮车打击"双拘双罚"8人，110及12345市民热线涉黑车类实现"零接报""零投诉"。

（申小荣）

【涉疫警情】 年内，公安分局按照常态化疫情防控要求，坚持防疫安保一体化，固化"1办11组"组织架构，保持社会面高等级防控，处置涉疫警情1554件，依法查处涉疫敏感案件28起32人，为石景山区夺取疫情防控和经济社会发展"两个胜利"贡献公安力量、公安智慧。

（申小荣）

【社会面防控】 年内，公安分局依托公安武警联勤、地上地下一体化等机制，查处群租房239户、日租房258户，处罚违法出租房主462人，罚款1.02万元，出租房屋自主申报率达到100%；摸排电动三四轮车2755辆、使用人关联率100%；开展反诈宣传"六进"活动，召开防范宣传会930场，入户走访13.5万户，发放《致全区居民一封信》20万份，营造"全民反诈"氛围。石景山区110治安、秩序类警情同比分别下降13%和24%。

（申小荣）

【公共安全监管】 年内，公安分局坚持防疫安保一体化，确保清明节群众祭扫、"带动三亿人参与冰雪运动"系列活动等19项84场次大型活动安全顺利；中小幼学校全部落实高峰勤务和"四个100%"。收缴枪支18支、子弹3600发、伪劣烟花76箱；交通安全品质不断提升，现场处罚交通违法10.6万余起，同比提升30.5%，交通执法效能名列市局前茅。

（申小荣）

【冬奥警务】 年内，公安分局冬奥安保分指挥部"一办18组"高效联动。开展涉奥专项摸排整治，推动奥组委周边石门路"潮汐车道"道路试通行，指导四家冬奥赛时定点医院完成技防安防系统升级改造；围绕冬奥组委周边，新增、复划交通标线1.1万平方米、增设各类交通标志223套、柔性隔离桩113根，排查整改各类问题标志、设施等63处，为冬奥会召开奠定坚实保障基础。年内，公安分局分批次开展政治安全、视频巡控、消防安全等专业能力常态练兵培训，在首钢冬奥园区滑雪大跳台广场举行“冬奥警务”大练兵成果展演活动，得到市局副局长华列兵充分肯定。在自行组织开展冬奥安保指挥系统全流程演练测试基础上，利用国际雪联赴首钢滑雪大跳台考察契机，组织多部门开展大跳台指挥通讯、突发事件应急处置、警卫路线视频巡控等部分要素演练以及全要素演练，检验安保措施落实成效。

（申小荣）

【冬奥安保】 年内，公安分局先后组织召开局长办公会、专题会12次，动态调整、统筹推进安保工作，健全“两纵三横”协调联动的冬奥安保组织体系，构建以面保点的冬奥安保总体格局。举行冬奥开幕倒计时100天主题活动，完善涉奥场馆内外沟通会商机制，组织冬奥会和冬残奥会火炬接力石景山区段传递和晚间庆祝活动，启动冬奥制服和制证中心，完成安保场馆封闭区、缓冲区、交通管控区的三区规划，设置滑雪大跳台场馆周界2.7公里封闭线，完成6轮次场馆安保警力测算，确保赛时安保正常运转。安保指挥体系按期完成场馆级、闭环内、区级3个规定等级指挥体系建设，自主规划建设完成控制区、交通场站指挥体系，累计931路视频整合、240路监控补点，实现区政府与分局指挥体系横线通联功能，满足警务通讯、视频指挥、系统应用等实战需求，达到市公安局指挥部冬奥安保通信系统标准。配合市局完成涉奥场所治安处理点和安检大棚的综合布线工作，增设科技设备，发挥科技保障赋能作用。

（申小荣）

检　察

【概况】 2021年，北京市石景山区人民检察院(简称区检察院)贯彻落实“十一检会”工作部署，办理市级指导组移送和区检察院受理线索9条，确定“6+1+1”顽瘴痼疾整治内容，出台制度规范21个，以督导检查、专项核查、制度引领等形式，确保检察权规范运行。开展检察为民办实事活动，出台服务保障石景山区创城等5项活动方案，党组成员深入2个街道、7个社区，围绕“三进三问三提升”解决群众“急难愁盼”问题10余项。受理各类刑事案件1915件，受理审查逮捕案件377件505人，受理一审公诉案件511件634人，审结公诉案件462件542人。严惩一批涉枪涉爆、涉毒、金融经济领域犯罪。起诉涉恶案件1件，追加犯罪事实至170余起，犯罪数额总计80余万。严惩职务犯罪，办理的王某某贪污受贿案件获评全国检察机关职务犯罪精品案例，并在2021年度“京检实务论坛”中作经验发言。贯彻未检案件集中办理新要求，贯彻少捕慎诉的司法理念，对33件45人作无逮捕必要不批准逮捕，对62件69人作相对不起诉处理。深化认罪认罚从宽制度，认罪认罚率保持在85%以上，保障律师参与率为100%，确定刑量刑提出率保持在90%以上。对认罪认罚后反悔上诉案件依法提出抗诉1件1人。狠抓办案质效，刑事检察“案－件比”达到1∶1.12，“四大检察”结构比为91.22∶4.02∶1.1∶3.66，保持合理状态。年内，区检察院受理行政诉讼监督案件15件，主动履职的行政诉讼监督案件14件，占全年受案总数的93.3%。发出检察建议3份，均回函落实整改。

（侍玉铭）

【看守所在押人员死亡案件】 1月18日，区检察院成立由主管检察长牵头的专案组，对石景山区看守所一名在押人员突然死亡事件进行调查，依法查明被监管人死因，妥善处理死者家属矛盾化解工作，抓好矛盾风险源头预防。

（侍玉铭）

【公益诉讼检察】 1月19日，区检察院针对石景山区部分建设工程项目未缴纳扬尘环境保护税问题，通过诉前检察建议督促区税务局积极履行环境保护税征收监管职责，补缴税款及滞纳金93.27万元。该案是区检察院首件涉国有财产保护领域行政公益诉讼案件。9月26日，区检察院提起公诉的戴某等8人盗掘古墓葬案获区法院有罪判决。该案系北京市首例文物和文化遗产保护领域刑事附带民事公益诉讼案件。区检察院提出的犯罪指控和民事诉讼请求获法院全部支持，戴某等8人在承担刑事责任同时，对古墓葬进行修复和公开赔礼道歉的民事责任。年内，区检察院受理公益诉讼案件线索50件，立案45件，其中行政公益诉讼案件立案17件，民事公益诉讼立案12件，刑事附带民事公益诉讼

10月9日，公安分局开展冬奥防控处突演练活动　　（公安分局供图）

立案16件；办理诉前磋商案件5件，诉前检察建议10件。依法通过诉前检察建议督促区税务局追缴税款193.27余万元，保障税收政策落实。

（侍玉铭）

【职务犯罪案件座谈会】 4月8日，区检察院与石景山区监委召开加强职务犯罪案件办理协作座谈会，双方会签《关于办理职务犯罪案件若干问题的会议纪要》，明确建立职务犯罪案件办理的线索双向移送反馈机制、信息共享联络等机制，在办理案件中互相支持和配合。

（侍玉铭）

【刑事检察监督】 4月28日，区检察院党组副书记、副检察长陈速带队赴区律师协会就刑事诉讼监督工作征求意见。会上，与会人员就查阅电子卷宗规范、老年人犯罪、刑事政策、取证工作、立案监督等实务问题展开讨论。12月16日，区检察院对鲁谷派出所、古城派出所列管的剥夺政治权利罪犯开展实地监督工作，重点针对执行环节中是否建立剥夺政治权利罪犯档案、是否依法告知权利等方面进行检查。年内，区检察院向公安机关制发纠正违法通知书5份，检察建议9份，侦查活动监督通知书54份。监督公安机关撤销或终止侦查案件98件。对法院作出的364份刑事判决、22份刑事裁定、1份强制医疗决定书开展同步审查。

（侍玉铭）

【保障民营企业发展】 5月21日，区检察院出台《服务保障“六稳”“六保”护航民营企业发展工作办法》。办法结合最高人民检察院《关于充分发挥检察职能服务保障“六稳”“六保”的意见》，北京市检察院、市工商联《关于建立北京民营企业产权保护社会化服务体系的战略合作协议》及石景山区保护民营经济的各项工作要求，根据区检察院工作实际，对服务保障民营经济高质量发展的措施进行细化。6月11日，区检察院服务民营经济“云检察室”小程序正式上线。小程序提供检察机关护航民企发展职能和相关法律知识，线上回复驻区企业法律问题等服务。

（侍玉铭）

【区属行刑衔接】 5月21日，区检察院联合区司法局就区属行刑衔接工作召开部署会，区属九个街道办事处、下放职权涉及的区城管执法局、区生态环境局、区水务局及区公安分局法制支队参加会议。会上下发由区检察院与区司法局行政执法协调监督科制作的《街道办事处行刑衔接指引手册》。

（侍玉铭）

【普法宣传】 5月28日，区检察院发布微电影《“典”亮江湖》，以民法典化身武林秘籍展开剧情，区检察院干警倾力出演，通过老百姓耳熟能详的小故事向群众普及民法典知识，该片获评全国检察微电影作品展播活动十佳。10月13日，区检察院根据高检院、市法院相关工作部署，在2021年“国家网络安全宣传周”走进北方工业大学开展“反诈进校园”普法宣传活动。向在校学生发放区检察院制作的“反诈同心，你我同行”主题宣传手册。

（侍玉铭）

【诉前建议与磋商】 6月14日，区检察院借助区残联专业支持，通过诉前检察建议的方式，督促区城管委对七条区属道路盲道、缘石坡道等无障碍设施问题进行整改，并从重点区域推向街道社区，扩大无障碍设施整改工作覆盖面。同月28日，区检察院以圆桌会议方式与区文旅局、八宝山革命公墓进行磋商，助力提升八宝山革命公墓的保护、管理、利用工作的法治化、正规化水平，并以磋商意见书的方式向区文旅局提出履职建议。

（侍玉铭）

【检察听证】 8月6日，区检察院出台《石景山区人民检察院听证员工作办法》，细化听证员聘任、听证员邀请、管理和保障等要求，进一步规范区检察院检察听证相关工作。12月9日，区检察院在疫情防控大背景下首次对一起民事申请监督案件尝试“云听证”。由于疫情影响，双方当事人均在外地，区检察院采取检察官办案组、听证员、双方当事人全员全程线上视频方式进行听证会。

（侍玉铭）

【移送问题线索】 8月19日，区检察院收到内设机构转来问题线索1件，严格按照《关于人民检察院向纪检监察机关移送问题线索工作的实施意见》，统一登记、编号、密封、盖章，加强与石景山区纪委监察委案件管理监督室的协调沟通，建立移送问题线索的专项通道，确保线索移送畅通、高效。

（侍玉铭）

【未成年人检察工作】 10月14日，石景山团区委副书记于勇带队到区检察院座谈交流，第一检察部全体人员参会。第一检察部主任介绍近年来区检察院未成年人权益保护相关工作。会上，双方就加强未成年人权益保护工作，深化共青团与检察机关合作共赢达成共识，并就未成年人权益保护品牌化建设深入交流。12月1日，区检察院向阳花未成年人案件检察工作办公室组织2021年度法治副校长视频培训会。会后，区检察院未检干警与石景山区优秀法治副校长进行视频交流发言。同月4日，区检察院与中央广播电视总台央视社会与法频道《热线12》栏目共同开展法治教育节目直播活动。区检察院检察官在石景山区未成年人互动体验式法治教育中心，带领观众云逛“法治游乐场”。节目在央视频、微博、今日头条、京检在线、北京政法、石景山检察院官方账号等平台同步直播。同月27日，中国关心下一代工作委员会主任顾秀莲一行到石景山区未成年人互动体验式法治教育中心，调研石景山区未成年人法治教育工作。最高人民检察院党组副书记、常务副检察长童建明，市人民检察院党组书记、检察长朱雅频等领导参加调研。

（侍玉铭）

【检察建议回头看】 10月15日，区检察院与区商务局联合开展检察建议回头看工作。第一检察部主任带队前往石景山区多家超市，调研商超企业防盗管理工作，就检察建议整改情况督促落实。

（侍玉铭）

【转办案件督察】 10月16日,区检察院收到全市第一批政法队伍教育整顿第三指导组转办的案件线索2件,严格按照《人民检察院检务督察工作条例》的规定,启动调查程序,对该案出具督察报告,妥善查办教育整顿期间线索。

(侍玉铭)

【司法救助】 11月2日,区检察院受理院内办案部门移送的司法救助线索,并与军事检察院、河北省邯郸市邯山区检察院开展合作,依法为受到伤害的退役军人于某某进行司法救助。

(侍玉铭)

【服务冬奥会战】 11月24日,区检察院联合知识产权检察办公室、区公安分局环食药旅中队、区文化旅游局文化市场综合执法大队等部门,与北京冬奥组委市场开发部合同管理和品牌保护处、特许经营管理处召开在线视频座谈会。会上,各方就拟查处的行刑衔接案件线索交换意见,并就涉及的专业问题展开交流。年内,区检察院成立保障冬奥专项行动领导小组,出台"聚焦隆重庆祝建党百年聚力服务冬奥会战百天"方案,督促执法单位对侵犯涉奥知识产权犯罪、污染环境、食品药品安全犯罪依法移送、监督立案,受理支持涉冬奥农民工起诉讨薪案件5件,开展"走进冬奥"主题活动;召开服务"冬奥"知识产权保护座谈会,前往区奥运签约酒店实地查看无障碍环境和改造情况。

(侍玉铭)

【"12·4"宪法宣传周系列活动】 12月4日,区检察院党组成员、全体中层干部和新任检委会委员26人,在党组书记的领誓下重温宪法誓词。以宪法学习和迎接冬奥为主动,在机关内营造学习宪法氛围,相关院领导及检察官走进古城南里、模式口中里等社区,走进校园,前往北京广播电视台做客,宣传检察机关宪法定位和公益诉讼等职能。在联合普法活动中,区检察院与区残联组团赴首钢园区开展宣传,依托未检法治教育中心,联合市检一分院、团区委、区教委共同制作法治"真人秀"节目,发挥区域法治资源品牌特色。

(侍玉铭)

【精品案件与优秀文书】 12月16日,区检察院曹丽薇检察官办理的张某某交通肇事案经过区检察院自评、分院初评、市院评审和现场评审4个环节,获评北京市检察机关"守初心、护民心"刑事精品案件。同月22日,区检察院通过视频连线方式参加市检院召开的认罪认罚案件优秀法律文书评审会暨专题培训会。于韦华检察官办理的赵某某盗窃案经过组织推荐、书面评审和视频汇报等环节,获评北京市检察机关认罪认罚案件优秀起诉书。

(侍玉铭)

【结对共建】 12月30日,区检察院与房山区人民检察院召开结对共建座谈会并签署结对共建协议。区检察院党组贯彻全国基层检察院建设工作会议精神,落实第十一次北京市检察工作会议要求,根据《北京市检察机关基层院结对共建工作实施方案》,开展基层院结对共建,共同推动检察工作高质量发展。

(侍玉铭)

【民事检察监督】 年内,区检察院拓展民事检察监督,受理民事诉讼监督案件71件,加大依职权监督力度,持续开展虚假诉讼、非诉执行、公告送达等专项监督活动,依职权发现受理67件,占全年受案总数的94.37%,制发检察建议26份。

(侍玉铭)

法　院

【概况】 2021年,北京市石景山区人民法院(简称区法院)设立案庭(诉讼服务中心)、刑事审判庭、民事审判第一庭、民事审判第二庭、行政审判庭(知识产权审判庭)、综合审判庭、五里坨人民法庭、执行局(下设四个执行事务团队)、审判管理办公室(研究室)、政治部(机关党委、机关纪委)、综合办公室、司法警察大队、综合事务中心13个内设机构。全院有政法编干警202人;事业编制13人;聘用制书记员44人、聘用制审判辅助人员28人、聘用制法警21人、安检员23人、保安7人、电子扫描及归档人员36人。法官员额58人。在编干警(政法编和事业编)整体平均年龄37岁。博士研究生学历3人,占1.49%,硕士研究生学历139人,占68.81%,人员结构呈现"年轻化、高学历"的特点。2021年,石景山法院新收各类案件34976件,结案32219件,结收比92.12%,结案率86.65%,法官人均结案596.65件。石景山法院深化特色审判机制,优化法治营商环境,服务保障冬奥筹办,健全诉源治理和多元解纷机制,创新"我为群众办实事"机制,持续发力破解执行难题。坚持以人民为中心,精准普法回应群众诉求,司法护航未成年人成长。

(刘　叶)

【服务保障冬奥筹办】 年内,区法院打造"四坚持四发力"(坚持制度先行,在高标准统筹策划上发力;坚持职能延伸,在风险矛盾源头化解上发力;坚持完善机制,在高水平服务保障上发力;坚持立足审执,在高质量办理涉冬奥案件上发力)司法服务保障冬奥筹办工作机制,开展"百日会战"攻坚行动,在首钢冬奥园区设立"法官e站",贯通"调立审执访"全流程组建10个涉冬奥办案团队、3个保障工作组,开辟涉冬奥案件"三通道",开展案件办理及应急处突实战演练,诉前稳妥化解3起以冬奥园区、冬奥组委为被告的民事、行政纠纷,组织实施的冬奥会相关法律风险前瞻调研课题获最高人民法院"数助决策"专题研究示范应用特等奖,受到冬奥组委回函肯定。组织干警80余人次参与助力"擦亮城市西大门,文明祥和迎冬奥"专项活动。

(刘　叶)

【优化法治营商环境】 年内,区法院制定《优化营商环境2021年重点工作任务》,加强商事审判专业化建设,优化立审执流程。与区工商联建立民营企业产权保护社会化服务体系,优化民营企业产权保护调解室运行机制,该项工作机制入选"人民法院助推民营经济高质量发展典型民商事案例",

被最高人民法院宣传推介。深入企业开展“定制化”司法服务18次，精准服务企业司法需求，调整涉疫案件审判执行思路，助力企业复工复产。依托“法治1+N”党建品牌，与区市场监督管理局等行政机关内设机构党支部签订近30份党建法治共建协议，常态化开展丰富多样党日联办活动，加强优化营商环境府院联动。坚持“智护石景山”特色审判机制，召开线上通报会向56家企业通报2020年知识产权审判情况，落实落细知识产权保护体系建设。

（刘　叶）

【一站式多元解纷机制】　年内，区法院与区司法局建立诉前调解工作常态化联络机制，扩大人民调解员队伍，充实多元调解力量。优化民事案件繁简分流滤案机制，深化民事诉讼程序繁简分流改革试点，将要素式审理机制扩展到14类案件。参与“石时解纷”平台建设推动矛盾纠纷诉前化解，市高级法院召开“石景山法院参与‘石时解纷’平台开展诉源治理工作新闻发布会”，以法治宣传推动“石时解纷”平台进一步推广适用，从源头上减少纠纷成讼。加强与中国司法大数据研究院合作，调研侵害中小股东权益、知识产权犯罪等案件特征及成讼原因，依托“法治1+N”工作机制与行政机关开展法治共建活动16次，提示行政执法法律风险，提升类案诉源治理精准性。结合区域产业特点，与华夏银行、邮储银行信用卡中心建立信用卡纠纷预防工作机制，加大源头治理力度。

（刘　叶）

【我为群众办实事】　年内，区法院建立“一核双线全景”我为群众办实事工作机制，围绕审判执行提升工作质效，打造“线上线下”普法宣传联动模式，聚焦服务保障区域发展，提供全方位司法保障。在35个社区设立“法官e站”，主动下沉司法资源，延伸司法触角进社区进企业。打造“三维度三融合”工作机制发挥12368热线联系法官主渠道作用及诉源治理功能，坚持24小时内办结工单，联系法官到位率和反映事项办结率均达100%。升级“一点三线三融合”迁安巡回审判工作机制，在“一站式审理”基础上延伸开展线上诉讼服务，在线发布《疫情防控期间立案、诉服工作指南》《疫情防控期间执行工作指南》，远程指导线上开庭、在线调解等，实现巡回审判“云”对接，丰富迁安巡回审判内涵。

（刘　叶）

【破解执行难题】　年内，区法院执结案件13755件，发放案款8085笔，总额6.5亿元，发还周期17天。开展涉民生案款集中发还日活动，以设立“集约化”管理机制、建立“周会商”研讨机制、创新“循环式”监督机制、制定“长效化”运转机制为主要内容，规范案款流转程序。案款清理专项行动期间清理不明案款99笔，共5799万元，不明执行案款、超期未发案款、超期未认领案款全部清零。建立综合治理执行难工作格局，完善联合惩戒体系。贯彻“绿水青山就是金山银山”环境保护理念，强制执行涉板凳沟村西土地1353亩山林，南马场水库库区及库区内地上建筑物270亩。用足用好强制措施，罚款、拘留被执行人4人次，限制高消费11012人次、限制出境45人次，将1313名自然人和814家企业纳入失信名单，严厉打击规避执行、抗拒执行行为，推动社会诚信体系建设。司法拍卖财产1606件，司法处置变现款2.27亿元。案拍比例6.77%，位列北京市基层法院第三名。

（刘　叶）

【精准普法】　年内，区法院依托“五联五进”“法官e站”党建法治共建机制，主动对接辖区街道、驻区企业开展纠纷预防、普法宣传、专题调研79次。召开“建筑物和物件损害责任”“离婚财产分割中涉妇女权益保护相关问题”“打造‘接诉即答’‘接单即办’机制升级版”“迁安巡回审判三十周年”等新闻通报会6次。加强“两微多端”自媒体平台建设，常态化发布普法文章、短视频、微动漫2834条，线上线下举行“京法巡回讲堂”103次，普法受众达81.94万人。

（刘　叶）

【未成年人司法保护】　年内，少年法庭工作办公室组织法治副校长走进辖区中小学，面向未成年学生开展暑期普法及安全教育活动4次，开展“开学第一课”的法治教育讲座10次，在北京九中分校设立“护苗”工作站，推动“一站一室一基地一中心”未成年人司法保护石景山模式不断完善。

（刘　叶）

【民法典首判】　年内，区法院审理民事诉讼“跌入粪池”案。该案事发于2018年3月，杨女士之子李甲等待女友使用案涉厕所时，因紧邻厕所入口

9月22日，石景山区法院在北京九中分校建立“护苗”工作站启动“护苗”行动

（区法院供图）

处的化粪池水泥盖板断裂，而跌落化粪池溺亡。北京市石景山区人民法院判决北京均某公司赔偿杨女士损失1240241.85元。案件系北京市石景山区人民法院在《中华人民共和国民法典》正式实施后适用民法典宣判的首案。

（刘　叶）

【大合议庭模式判案】 年内，区法院审理盗掘古墓葬罪案。2021年1月至2月间，被告人在位于石景山区的清代古墓群处挖掘盗洞。经北京市古代建筑研究所鉴定，盗洞位于"饶余敏亲王家族墓"园寝内，对园寝已造成一定破坏。经合议庭评议后，案件当庭宣判，以盗掘古墓葬罪，判处戴某某等八名被告人有期徒刑一年至八个月不等刑期，并处相应罚金；同时责令八名被告人连带承担环境修复费用人民币12558元，并在省级以上媒体上公开向社会公众赔礼道歉。案件由区法院副院长担任审判长，与两名法官、四名陪审员组成七人合议庭进行审理，经过法庭审理及合议庭合议当庭宣判。该案系对"3+4"(3名审判员+4名人民陪审员)大合议庭模式审理重大社会影响的刑事附带民事公益诉讼案件的再探索。

（刘　叶）

【首次腾退山区林地执行案】 年内，区法院审理腾退大面积山区林地案。金石腾飞中心诉西山天泰公司拖欠租金多年且占用板凳沟村西的土地、南马场水库库区两处场地，区法院判决双方租赁合同解除，西山天泰公司需腾退返还相应场地设施，并支付违约金及租金。板凳沟村西的土地，涉及面积1353亩(约90万平方米)；南马场水库库区及库区内地上建筑物，涉及面积270亩(约18万平方米)。这是区法院承办的涉面积最大腾退案件，也是区法院首次腾退大面积山区林地和水域的执行案件。腾退公告的限定时间期满后，由区法院副院长、执行法官带领助理、法警到达两处涉案场地，通过现场破锁等方式进行强制腾退，并与申请人完成现场交接。区法院执行局通过强制执行，还首都市民一池碧水，一片青山。

（刘　叶）

司法行政

【概况】 2021年，石景山区司法局(简称区司法局)设办公室、政工科(主体责任办)、行政执法协调监督科、规范性文件审查科、行政复议应诉科、普法和依法治理科、基层工作科、安置帮教科(加挂"石景山区人民政府社区矫正工作办公室"牌子)、公证和律师工作科9个职能科室和1个社区矫正管理支队，同时承担区委全面依法治区委员会办公室日常工作，1个直属司法所，1个参照公务员法管理事业单位(法律援助中心)，1个纳入规范管理事业单位(阳光中途之家)，1个自收自支事业单位(北京市燕京公证处)。区司法局政法专项编制36人。年内，区司法局荣获"北京市妇女儿童工作先进集体"称号、荣获北京市"七五"普法先进单位称号、连续两届荣获"首都文明单位标兵"称号。

（王　蕊　马　欣）

【律师管理】 3月31日，区律师协会举行石景山区律师行业发展论坛，就行业发展、业务扩展、规范管理等问题进行研讨。6月30日，区司法局完成新一轮村居法律顾问招募、签约工作，25家律师事务所84名律师为152个社区提供公益法律服务。7月5日，区司法局副局长、区律师协会副会长等一行4人赴拉萨慰问援藏律师朱延忠。同月6日，刘海涛一行到区律师协会调研指导行业工作，区律师协会会长余尘做党史教育及行业整顿汇报。年内，区司法局完成律师、公证、司法鉴定行业突出问题专项治理，专项治理与政法队伍教育整顿紧密结合，各行业专项治理工作成绩显著。石景山区律师事务所54家，律师总数368人，其中社会律师323人，公职律师45人，办理各类案件3864件，业务收费13636.87万元。全年办理司法行政许可事项272项，比上年增加83%。全年办理公证7987件，其中涉外3858件，内民4129件。做好司法鉴定分级管理，截至12月31日，石景山区有司法鉴定机构3家。

（王　蕊　马　欣）

【普法宣传】 4月27日，区司法局与区人大法制委员会联合召开"七五"普法实施情况调研座谈会，到西山枫林一社区、区公共法律服务中心及区社区学院参观，了解法律进社区、法律进学校、法治文化建设以及全民学法等工作情况，汇报石景山区"七五"普法工作情况、存在问题及下一步工作计划，与人大代表围绕"七五"普法开展情况进行交流和探讨。8月22日，区司法局发布实施《区委宣传部、区司法局关于在石景山区开展法治宣传教育的第八个五年规划(2021—2025年)》(京石发〔2021〕12号)，明确七大重点工作。年内，区司法局成立国家安全法治副校长队伍，开展系列"国家安全进校园"主题普法宣传活动，累计400余名师生参加。制发《美好生活·民法典相伴——2021年石景山区民法典主题宣传活动方案》，成立石景山区"八五"普法讲师团。和区委宣传部联合组织区委理论中心组学习《习近平法治思想学习纲要》辅导报告会。建设4个青少年法治宣传教育基地建设及1个法治公园；开展"流动的法治宣传专线"活动；在100个楼宇和社区电梯里投放宪法宣传公益广告。组织开展"12·4"国家宪法日暨宪法宣传周系列活动，活动期间发放海报400余份、发放宪法书籍5000余本，受教育人群6万余人。依托线上媒体和线下阵地，开展进机关、进学校、进拆迁现场、进社区、进企业、进单位、进交通枢纽、进景区、进商务楼宇、进军营"十进"活动，受众2万余人次。全年，利用"石景山普法"微信、微博公众号，推送各类普法信息2694条，法律知识竞答12期，制发普法短视频3个。

（王　蕊　马　欣）

【助企惠民】 5月14日，区司法局在八角北里社区设立的"石司解忧"党建共建法治基地正式揭牌。司法局根据社区居民的需求，安排机关干部、党员、法律服务人员，于每月15日固定到八角北里社区组织开展讲座、咨询、答疑等综合性法律服务活动，建立“你下单—我服务”送法进社区长效机制。该基地是落实队伍教育整顿回应群众呼声的惠民举措，相关做法被法治日报、搜狐网、网易新闻等多家媒体转载报道。同月31日，区司法局召开民营企业产权保护社会化服务体系工作推进会，为品臻、合川、有间、诚桥和旗文5家律师事务所，与青年企业家商会、财智谷商会、海外学人商会、女企业家联谊会、区食药联盟牵手成立的特色商会法律服务站进行授牌。年内，区司法局开展优化营商环境法治宣传；加大对涉企规范性文件的合法性审查和公平竞争审查力度，优化营商环境相关领域的规范性文件清理。深化司法行政“放管服”改革，优化申请审批事项工作程序和手续，打造一流法治营商环境。

（王 蕊 马 欣）

【人民调解】 7月15日，区司法局与区妇联联合发文《关于转发〈关于进一步加强婚姻家庭纠纷人民调解工作的通知〉的通知》，成立行专性婚姻家庭纠纷调解组织，实现区、街婚姻家庭纠纷调解组织建设全覆盖。8月3日，区司法局与区法院召开诉调对接工作座谈会。研讨面向社会公开选任诉前特邀人民调解员工作，研究街道级人民调解委员会与法院及派出法庭的诉调对接试点工作，推选3名诉前人民调解员。12月30日，区司法局组织全区1300余名人民调解员召开视频会议培训。由西城区法院赵海法官进行授课，提高人民调解员调解技能。年内，区司法局建立局领导包所工作机制和基层工作科联系工作机制。编印《石景山区街道办事处行政执法监督工作手册》，对行政执法监督工作进行解读。完成区人民调解员等级评定工作，全区1298名调解员评为一至四级人民调解员。八宝山街道司法所所长徐长禄获得司法部评选的全国司法所模范个人称号；五里坨街道司法所报送案例被评选为市“十大案例”；古城街道司法所报送案例被评选为市“二十个优秀案例”。全年石景山区基层人民调解委员会共调解案件2428件，成功1721件，涉及金额38512.9万元。开展矛盾纠纷排查12155次，排查发现矛盾纠纷334件，预防纠纷1054件。全年街乡镇行政调解案件总数159件，成功调解153件，涉案金额8.48万元。区委办局共调解行政案件8023件，成功2857件，涉案金额122.36万余元。

（王 蕊 马 欣）

【“法考”考点服务保障】 10月13日，石景山区召开2021年国家统一法律职业资格考试北京考区石景山考点服务保障工作协调会，区领导王其志参会并作讲话。会议强调，把上级关于法律职业资格考试各项决策部署落到实处。切实落实疫情防控各项措施，确保考试安全进行。同月16日，区领导刘锋前往国家统一法律职业资格考试考点进行检查巡视。听取各考点总监考关于考务情况的汇报，询问考场布置、外围保障、交通安全、电力设施和防疫措施等情况，并对考务工作人员和外围服务保障人员表示慰问，确保做好北京考区石景山考点国家统一法律职业资格考试服务保障工作。

（王 蕊 马 欣）

【社区矫正和安置帮教】 12月30日，石景山区社区矫正委员会召开第一次全体会议。区领导刘锋，市政府社区矫正工作办公室副主任、市司法局社区矫正管理处副处长出席会议并讲话。会议宣布石景山区社区矫正委员会成立和委员会成员名单，审议通过《北京市石景山区社区矫正委员会工作规则》，对区社区矫正工作进行总结部署。年内，区司法局开展疫情防控、党史学习、遵纪守法、警示教育等专题系列教育活动16场次，累计受教育社区矫正对象1000余人次，完成两会、建党100周年、冬奥安保、十九届六中全会等重大事件安保维稳期间社区矫正对象教育任务。

（王 蕊 马 欣）

【棚改征收】 年内，区司法局抽调专人参与重大项目征收拆迁收尾、高井规划一路、广宁棚改项目环境整治等重点工作推进，参加各类涉法事务协调、研讨、工作部署会议30余次，就重要、疑难法律问题研提法律意见，防控法律风险。组织公证人员对重大项目范围内违法建筑依法实施强拆前相关物品进行清点、造册的过程提供公证法律服务，保障石景山区重点专项工作顺利推进。

（王 蕊 马 欣）

【法律援助】 年内，区司法局推行法律援助案件当日受理当日审批当日指派“三当日”的工作制度。全年，受理审批援助案件332件，其中民事案件245件，刑事案件87件；提供法律帮助760人次。

（王 蕊 马 欣）

法治政府建设

【概况】 2021年，区司法局对石景山区26个部门及9个街道的执法公示栏目进行督查及通报。组织开展2021年度石景山区行政处罚案卷评查和质量抽验工作，抽取24个部门104卷一般处罚案卷进行抽验。组织石景山区26个部门104人次完成行政执法资格考试。组织区政府常务会学习关于中央新时期法治政府建设实施纲要。举办2021年处级干部依法行政专题研讨班，石景山区40余位领导干部参加。开展《行政处罚法》专题培训，提高领导干部依法行政意识和能力。

（王 蕊 马 欣）

【处级干部依法行政研讨班】 5月31日至6月2日，区司法局联合区委组织部在北方工业大学法学院举办2021年石景山区处级依法行政专题研讨班。围绕贯彻落实习近平法治思想、推进依法行政、重大行政决策实务要点解析、矛盾纠纷多元化解机制、新修订行政处罚法的理解适用、行政执法与综合监管等具体问题进行解读。各行政执法部门、各街道法制工作主管领导40余人参加培训。

（王 蕊 马 欣）

【街道执法业务培训】 6月24日至25日，区司法局、区生态环境局、区水务局、区卫生健康委等单位联合举办《行政处罚法》（2021修订）暨街道执法业务专题培训班。石景山区50余人参加培训。此次培训为各部门、各街道进一步开展执法工作奠定基础，推动各项执法任务的落实。

(王　蕊　马　欣)

【行政处罚案卷抽验】 10月19日至21日，区司法局组织开展2021年度行政处罚案卷评查工作。把落实执法全过程记录、重大执法决定法制审核制度情况作为案卷评查过程中重点关注问题。评查抽取2021年度各行政执法部门、各街道7月31日前已自行完成案卷评查的行政处罚案卷104卷。同时邀请石景山区5个行政执法部门的8名法制工作人员共同参与，通过分组评查、问题研讨、交流互动、查漏补缺，完成部门案卷评查评分工作。

(王　蕊　马　欣)

【依法治区】 年内，区司法局召开区委全面依法治区委员会第三次(扩大)会议，审议通过《关于贯彻落实中央全面依法治国工作会议和北京市全面依法治市工作会议精神的实施方案》《区委全面依法治区委员会2021年工作要点》；研究起草并发布《石景山区全面依法治区规划(2021—2025年)》，作出"深入推进严格执法、公正司法、全民守法""建设严密的法治监督体系""建设有力的法治保障体系"等一系列工作安排。

(王　蕊　马　欣)

【法治政府示范创建】 年内，区司法局组织开展年度法治政府建设示范项目创建活动，石景山区44个单位申报示范创建项目44个。区政法委项目被推荐代表北京市参加全国示范项目评审。

(王　蕊　马　欣)

【行政复议与行政应诉】 年内，区司法局畅通行政复议渠道，化解行政争议。全年收到行政复议申请111件，审结105件；办理行政应诉案件107件，办结76件。接听复议应诉电话咨询200余次，接待来访当事人100余人次。区委全面深化改革委员会会议审议通过《石景山区行政复议体制改革实施方案》，推进石景山区行政复议体制改革实施进展。

(王　蕊　马　欣)

【规范性文件审查】 年内，区司法局规范重大行政决策程序，对石景山区重大行政决策的议题进行"清单式"管理。研究起草《石景山区重大行政决策程序暂行规定(试行)》(石政发〔2021〕11号)。发挥外聘政府法律顾问的"智库"作用，研究起草《石景山区人民政府关于充分发挥外聘政府法律顾问作用 进一步加强法治政府建设的实施意见》(石依法行政发〔2021〕2号)。组织开展石景山区行政规范性文件清理工作，牵头各有关单位，按照"谁起草、谁清理"的原则，对辖区2021年10月31日之前制定的行政规范性文件进行全面清理。加大行政规范性文件合法性审查力度，全年完成规范性文件合法性审查20件，文件合法性审查145件，完成市级有关法律法规及区内单位发文征求意见62件。

(王　蕊　马　欣)

石景山区政法部门负责人

北京市公安局石景山分局局长	刘　锋
政委	(空缺)
人民检察院党组书记、检察长	王春风(9月免)
	张京文(9月为书记、代理检察长，12月换届选举为检察长)
人民法院党组书记、院长	高　虹(女，9月免)
	朱春涛(满族，9月为书记、代理院长，12月换届选举为院长)
区司法局党组书记	高维华(10月免)
	倪斐远(10月任)
局长	倪斐远

军　事

人民武装

【概况】 2021年,中国人民解放军北京市石景山区人民武装部(简称区武装部)下辖17个基层武装部,有专兼职武装干部40余人。区武装部内设军事科、政治工作科、保障科。年内,区武装部以习近平强军思想为指导,贯彻党管武装根本原则,按照“五部”职能定位,落实习主席视察卫戍区重要讲话精神,着眼庆祝建党100周年特殊政治要求,统筹抓好庆祝活动和全年工作任务。

(高建南 张 茗 王文俊)

【党管武装工作】 年内,区武装部把党管武装工作摆在突出位置,将武装工作与中心工作同研究、同部署、同推进。把军事法规和有关文件纳入区委理论中心组学习,定期召开议军会研究国防后备力量建设相关问题,落实“军事日”体验军营生活,开展述职接受人民监督,增强党管武装的权威性和约束力。推动民兵整组、民兵训练、兵员征集等作为石景山区年终考核各部门、街道工作绩效的重要内容,形成书记负总责、党政军部门合力抓的工作格局。召开石景山区党管武装工作会议,总结上年度党管武装工作,部署年度党管武装工作,并对上年度武装工作先进单位和个人进行表彰。常卫等区领导和各街道党工委书记、办事处主任,驻区企业和高校主管领导,相关委办局、区国防动员委员会办公室成员,全体专武干部和民兵代表参加。

(高建南)

【国防教育宣传】 年内,区武装部推动全民国防教育普及,把国防理论和国防知识作为领导干部培训、专武干部集训的重要内容,邀请国防大学教授作形势报告,利用八宝山革命公墓等爱国主义场所组织传统教育,结合“征兵宣传月”开展国防教育进校园、进企业、进社区,跟进结合民兵应急连轮训、北大附属小学新入职教师培训等大项活动,组织3次国防教育授课。开展征兵系列活动,通过播放征兵宣传片、刊登征兵简讯、网上开通征兵专栏等形式,开展征兵政策宣传,提升国防教育观念和应征青年参军热情。

(高建南)

【民兵政治教育】 年内,区武装部将民兵纳入深化“传承红色基因、担当强军重任”主题教育暨党史学习教育、“弘扬优良传统、整顿作风纪律”学习教育活动,先后3次召开议教会分析教育形势,结合民兵整组集训、战备勤务等时机,开展职能使命、牺牲奉献、优良传统教育,坚定广大民兵理想信念。《讲好百年党史故事,激发练兵备战动力》等3篇反映民兵教育稿件在《陆军报》和陆军强军网刊发。

(高建南)

【战备执勤】 年内,区武装部着眼巩固和提升国防动员保障打赢能力,按照“整体筹划、分层抓建、逐项规范、一体推进”的思路方法,构建随时能战的战备秩序、利于实战的训练秩序、权责清晰的工作秩序和正规舒心的生活秩序。修订完善部本级3类16种战备方案,落实每半年军情研究、节日战备值班培训,按照卫戍区规范化标准推进“三室两库”和战备物资器材库建设的设计招标工作,补充配齐1000余件应急专业物资器材。完成春节“两会”“七一”国庆等重大节日活动战备工作,挑选民兵参加建党百年庆祝活动,提升遂行任务能力。

(张 茗)

【民兵组织整顿】 年内,区武装部落实民兵整组工作,提升组织建设质量。在去年民兵整组的基础上落实编兵单位,预建党组织,改进编组方式,规范编兵秩序,解决编组不合理、人员不固定、训练不落实等问题。

(张 茗)

【民兵训练】 年内,区武装部按照“基地化训练、连队式管理”的思路方法,组织民兵应急连教练员集训和民兵应急连轮训,完成8个课目10项内容的强化训练任务。开展民兵应急连训练,组建民兵应急队伍,聘请射击专家,围绕轻武器操作理论和实弹射击动作要领2项训练内容授课,消耗弹药6000发。组织民兵应急连和基层武装部长参加卫戍区培训,被评为先进管理单位,6个参训单位(苹果园、鲁谷、古城、八宝山、老山街道,首钢集团)被评为训练先进单位,27名参训民兵被评为先进个人。

(张 茗)

【国防动员】 年内,区武装部围绕提升实战化动员保障能力,组织成员单位召开部署会,落实集中办公等8项制度,推动16个国防动员委员会成员单位密切配合、完成任务。依托《国防动员潜力信息系统》准确统计区、街道两级动员潜力数据千余条,其中党政机关潜力调查统计共85家,行业潜力调查统计共20类,其他单位潜力调查统计共650家,企业潜力调查统计共927家,人员潜力调查统计共238人,预征预储装备潜力统计共171辆(台),总体完成情况比去年同比增加30%,并完成市国动委实力数据会审工作。

(张 茗)

【征兵工作】 年内,区武装部适应“两征两退”新模式,推行“精准征兵试点”经验,在持续稳定大学生征集规模基础上,扩大各街道征集力度,科学筹划、合理部署,先后召开4次征兵工作部署会,组织预征青年进行为期7天的役前集中培训,确保“准新兵”向军营生活过渡,提高入伍训练起点。完成北京市赋予的征集任务,18周岁适龄青年登记率达到100%,大学生新兵占比96%以上,无责任退兵,无投诉举报,工作完成时效、标准及兵役登记率等核心指标全面提升,被北京市评为“征兵工作先进单位”。

(张 茗 王文俊)

【双拥共建】 年内,区武装部发挥双拥工作领导小组作用,协调定期召开军政联席会,强化合署办公、重大工作和难点问题定期沟通制度,开展“区长进军营”现场办公,落实军地互办实事制度,推动实施“强军育才接力工程”“强军爱兵救助暖心工程”和“军营社区共建共治”活动,累计投入890余万元支持驻区部队加强基础建设维护、优化整治环境,开展“一街一品”双拥品牌创建活动,推进双拥工作向基层延伸、在基层落实。落实拥军优属各项政策，解决军人“三后”难题，做好优抚对象生活、住房、医疗保障等工作，保障军休干部“两个待遇”落实，做好军嫂“专岗接收、专场招聘”工作，协调安置随军家属66人、军人子女优待入学入托178人。

（高建南）

【军民融合】 年内，区武装部统筹推进经济社会发展、国防动员和后备力量建设，聚焦争创全国双拥模范城“九连冠”，探索军民融合、寓军于民的新途径、新方法、新机制。推动军民融合发展列为区委“一把手”工程，对照《石景山区与驻军积极推进军民融合发展国家战略实施意见》，协调建立军地定期沟通协调、需求研判、实施清单、任务落实、环境保障等长效机制，助力驻区优秀企业开展科技拥军、智力拥军和社会化拥军活动，与成员单位共同推进一批军转民、民参军示范项目，让军民资源实现共建共享共赢。

（张　茗）

人民防空

【概况】 2021年，石景山区人民防空办公室（简称区人防办）内设综合科（主体责任办公室）、指挥通信宣传科（应急管理科）、工程建设管理科（安全生产监管科），下属事业单位2个，即区防空防灾指挥中心、区人防工程管理中心。年内，区人防办落实“长期准备，重点建设，平战结合”的方针，履行“战时防空、平时服务、应急支援”职能使命，人防组织指挥、目标防护、人员防护、专业力量和支撑保障五大体系建设取得新成绩。

（崔建国）

【防空警报试鸣】 9月18日，石景山区完成五环外38台防空警报器试鸣、指挥所开设等任务，警报鸣响率100%，音响覆盖率100%。

（崔建国）

【疫情防控】 年内，区人防办建立健全“及时发现、快速处置、精准管控”的常态化防控机制。根据疫情发展变化，及时调整防控策略和应对措施，落实“四方责任”，加强对人防工程的监管，及时向人防工程使用单位传达疫情防控要求，定期进行通风、消杀，对进出人员、车辆做好登记、测温；对存在隐患的工程进行关闭，筑牢严密防线，确保人防工程不发生疫情。

（崔建国）

【人防工程维护维修】 年内，区人防办为确保辖区人防工程始终处于良好战备状态，对人防工程设备设施进行维护维修。2月，组织第三方公司对人防工程进行实地测量，开展维护维修工作。施工期间共组织检查50余人次，下发施工检查监督单15张。对6处人防工程口部房门窗及屋顶进行修缮。

（崔建国）

【应急保障】 年内，区人防办按照预检预修计划，定期对815D指挥车、卫星地面站、短波通信、人防视频会议、文电、IP电话专网等设备进行维护保养和升级改造，确保设备保持良好状态。按照北京市应急委要求，代表石景山区应急办完成7次815D应急卫星通信车的联调联训任务。按照京津冀一体化训练计划完成短波电台、卫星通信系统等训练任务。完成首钢设计研究院楼顶人防专用高点监控安装爬梯和指挥所百家姓掩体门维护维修等工程。完成元旦、春节、“两会”“五一”、“七一”、国庆等庆祝活动期间应急保障工作。

（崔建国）

【行政审批】 年内，区人防办围绕服务保障冬奥会，配合推进服务保障冬奥项目落地，运用“多规合一”平台，主动上门服务，加快审批效率，办理首钢工业遗址公园3号高炉改造、冬奥广场（五一剧场、制粉车间改造）、国家体育总局冬季训练中心及配套设施等项目修建人防工程审批工作，确保冬奥配套基础设施依法审批工作提前完成。协调区住建委、区规自分局、区园林局等部门加快审批进度，完成衙门口棚户区改造土地开发、石景山区中关村科技园区保险产业园等重点工程项目人防工程建设审批工作，打造良好营商环境。

（崔建国）

【指挥通信建设】 年内，区人防办推动石景山区人防指挥信息系统分级保护建设，确定分级保护系统建设规划，推动制定相关建设方案。组织防空警报管理员进行法规普及和技能培训，建立“石景山警报”微信群，增强管理员业务能力。强化警报器管理责任，确定由生产厂家每年对警报设施进行不少于两次维护保养，确保设备性能稳定。6月，参加市人防办组织的京津冀3+2朱日和训练基地的联合演练，通过通信对抗演练、空情接收、伪装与防护等训练，提高实战化训练能力，保障军地之间、区域之间、上下级之间的联络畅通。

（崔建国）

【人防进社区】 年内，区人防办优化社区人防软硬件配套建设，细化民生实事项目，通过开展实地调研、召开社区人防规范化建设工作会等形式，对社区人防设施建设相关事项进行政策解读和需求征集，推动社区居委会与浩天救援队建立起常态化沟通联络机制。为16个社区安装220块疏散指示牌，为22个社区安装30台人防应急亭。在“国际民防日”“全国防灾减灾日”等重要节点，组织开展防空防灾应急知识讲座和技能培训，在部分社区组织应急疏散演练，开展培训讲座15场，疏散演练2次，提升居民应急能力。浩天、蓝天两支应急志愿者队伍进行技能培训，每月组织1次志愿者培训，提高志愿者队伍应急能力水平。

（崔建国）

【竣工验收】 年内，区人防办对衙门口棚户区改造1612－730、731地块，西黄村棚户区改造地块1606－644、645地块，北辛安棚户区改造1608－678、679等地块及时进行人防工程竣工验收备案，办理新建人防工程竣工验收备案，通过收集归档竣工资料，完成人防工程建设闭环管理。

（崔建国）

【专项消防与反恐】 年内，区人防办开展冬春火灾防控行动和元旦、春节、“两会”期间社会面火灾防控等专项消防行动。制定专项工作方案，组织开展防火普查，召开人防工程管理单位安全部署会，下发电动自行车禁止充电停放人防工程展板,确保人防工程安全。做好重要节日、重大活动期间的维稳和反恐怖工作,完善防恐应急预案,抓好元旦、春节、全国两会等重点时期的巡查检查。完成4月15日全民国家安全教育反恐怖宣传工作,组织50余家单位160余人参加"北京反恐"公众号答题活动。

(崔建国)

【人防工程防汛】 年内,区人防办召开会议部署防汛工作,开展防汛普查工作,规范防汛物资购置和储备,强化防汛抢险队伍建设和救援演练组织实施,对老旧和低洼地段的人防工程进行渗漏水治理。修订完善《石景山区人防工程防汛应急预案》,对成员单位领导及联络员进行重新审定。组建1支防汛应急抢险队,24小时电话保持通讯畅通。购置50台小型潜水泵以及沙袋、雨伞、雨鞋、强光手电等防汛物资,做好应对汛期极端天气的物资保障。专人负责防汛800兆手台的呼叫和管理,提高应急抢险反应处置能力。执行防汛值守制度,接到雨情预警后由处级领导在岗带班,科级以上干部值班,应急抢险人员在岗在位,确保应急处置迅速启动。与区防汛指挥部、区气象局建立雨情沟通制度,利用短信群发系统,向人防工程管理单位发布雨前预警,全区人防工程未出现雨水倒灌安全事故。

(崔建国)

【接诉即办】 年内,区人防办共受理信访18件(次),其中"接诉即办平台"转办单3件(次),来电15件(次)。全年共参加街道"吹哨报到"2次,协助八角街道、鲁谷街道解决涉及人防工作问题。参加区长现场调度会2次,对西黄村叠翠庭苑人防工程使用、北辛安丁香苑小区停车难等重点事项,主动与市人防办质监站沟通,加快人防工程使用许可审批进度,回应群众关切问题。按市人防办要求,新增对"接诉平台"工单进行初筛工作,共协助市人防办核实"接诉平台"涉及地下空间工单149单,经现场核查,其中4件涉及人防工程,其余工单均不涉及人防工程。在处理信访问题时,始终坚持首问责任制,做到热情接待、认真核查、依法处理、及时反馈,信访响应率、解决率、满意率达到100%。涉及人防工程问题全部得到解决,无群体上访事件的发生。

(崔建国)

【人防工程再利用】 年内,区人防办立足石景山区城市更新、产业转型和织补城市功能实际,将人防工程再利用作为提升城市功能的重要抓手。坚持公益优先原则,调动社会资源开展公益性、志愿性、便民性社会服务,促进公共资源向基层延伸,满足群众多层次、多样化需求。人防工程完成年度任务203.8%。

(崔建国)

【服务保障冬奥】 年内,区人防办围绕服务保障北京2022年冬奥会和冬残奥会需求,对冬奥组委首钢园区周边高点视频监控情况进行梳理,与相关单位沟通对接,在首钢园区建设3处高点监控项目,实现对首钢园区特别是滑雪大跳台赛场区域的视频全覆盖,保障冬奥会期间人防工程的安全使用及战时需求。

(崔建国)

【行政许可】 年内,区人防办共办理人防工程使用行政许可86卷,其中新办许可12卷、延期行政许可事项办理74卷,签订人防工程使用协议书35份。

(崔建国)

【人防工程完好率评估】 年内,区人防办按照《北京市人民防空办公室关于开展人防工程完好率验收工作的通知》要求,组织第三方机构人防工程及防护单元进行评估。经评估,石景山区防护单元完好率为93.17%,符合全市人防工程完好率最低要求。

(崔建国)

应 急 管 理

综　述

【概况】 2021年,石景山区应急管理局(简称区应急局)推进应急管理、防灾减灾、安全生产等工作,为推动石景山区复工达产,促进经济平稳运行营造良好安全环境。全年,区应急局宣传发布应急管理、安全生产和防灾减灾救灾信息416篇,被市、区两级共13个宣传平台累计报送4600余条次。年内,共指导5655余家企业完成风险评估工作,上报风险源10298条,录入安全风险空间分布电子管控地图,实现安全风险实时监控。深化安全生产专项整治"三年行动",全区各行业部门和各街道办事处共检查生产经营单位7165家次,排查整治安全隐患10158项,重大问题9项,挂账隐患1208项,销账1208项,销账率100%。开展安全管理、应急管理、防灾减灾先进典型人物选树活动,推荐9个团队和27人参加"应急先锋号"先进典型和"应急先锋"个人选树活动,上报先进典型事迹材料36份。保障全国文明城区创建,将创城与重点工作任务有机融合,统筹推进。全年,区应急局办理市民热线等共23件,解决率100%,满意率100%。

(邹良兵)

【"十四五"应急体系专项规划】 年内,区应急局依托北方工业大学新兴风险研究院,围绕"十四五"时期应急体系发展的总体思路、重大任务、重大政策、重大改革举措、重大项目建设等方面进行统筹性、系统性规划,与市应急局、区发改委等相关部门对接沟通,加强与市级规划、区级纲要和其他领域专项规划的衔接,完成《石景山区"十四五"时期应急管理体系建设发展规划》编制工作。

(邹良兵)

综合管理

【概况】 2021年,区应急局建立健全由区政府主要领导主持的公共安全形势分析机制,预测分析季度公共安全形势并部署重点工作任务。推进石景山区总体应急预案修订工作,依据公共安全风险分析结果和国家有关规定开展修订各级各类应急预案。完成传统节假日及重大活动的服务保障。创建区级信息刊物,以《应急周报》的形式向区领导报送每周综合情况,以《应急专报》的形式及时报送突发事件信息和重点工作,全年共印发周报37期、专报16期,区领导作出批示30余条,建立领导批示督办台账。

(邹良兵)

【节假日安保和应急部署】 2月7日,李新主持召开第64次区政府常务会,专题研究部署"春节"期间安全保障和应急值守工作,分析研究春节期间的安全保障工作面临的新形势、新特点,并对春节期间重点领域安全监管、非居民用户液化石油气专项检查和烟花爆竹禁放等工作进行再安排再部署。会上,区应急局汇报石景山区2021年"春节"期间安全保障和应急值守工作安排。6月10日,李新主持召开第77次区政府常务会,专题研究部署"端午节"暨服务保障建党百年庆祝活动期间安全保障和应急值守工作。会议听取区应急局关于2021年"端午节"暨"建党百年"安全保障和应急值守工作安排汇报。李新对做好"端午节"和重大活动安全保障和应急值守工作提出要求。

(邹良兵)

【安全生产责任保险推进会】 4月9日,区安委会办公室组织召开2021年安责险部署推进会。会上通报石景山区2020年以来安责险制度市场化运营情况,并同参会的各行业部门、各街道办事处、各保险公司和隐患排查机构的负责人围绕安责险工作开展情况、存在的问题以及下一步工作计划进行交流讨论。区安委会相关成员单位、各街道办事处安责险工作科室负责人、5家保险服务机构负责人、隐患排查机构负责人及相关工作人员参加会议。8月10日,区安委会办公室组织召开2021年安责险专题推进会。会上,对石景山区2021年以来安责险工作开展情况进行通报分析。区应急局主管领导、5家保险服务机构负责人、隐患排查机构负责人及相关工作人员参加会议。年内,石景山区按照"政策引导、政府推动、市场化运营"的模式,推进安全生产责任保险工作。建筑施工、交通运输、危险化学品和餐饮企业基本实现投保全覆盖。全年新增投保企业2293家,完成年度任务(1500家)的152.9%。年度投保金额281.5万元,累计责任限额214.3亿元。

(邹良兵)

【安全生产月咨询日活动】 6月16日,石景山区以"落实安全责任 推动安全发展"为主题,在八角街道文化广

6月25日,石景山区召开2021年第三季度公共安全形势分析会

(区应急局供图)

6月16日，石景山区开展以“落实安全责任 推动安全发展”为主题的安全生产月咨询日活动　（《石景山报》供图）

场主会场和6个分会场分别开展第20个全国安全生产月咨询日活动。全区共出动宣传工作人员260余人，张贴安全生产宣传海报550余幅，摆放宣传展板100余块，发放各类宣传资料8000余份，受教育职工和群众近万人次。

（邹良兵）

【安全生产大检查部署会】 8月13日，李新主持召开2021年安全生产大检查工作部署会。会议通报2021年安全生产事故情况，专项部署安全生产大检查工作。通过“服贸会”保障、“国庆节”保障、巩固提高、“冬奥”保障及分析总结五个阶段，开展专项检查、联合检查、领导带队检查，消除各类安全隐患。

（邹良兵）

【自然灾害综合风险普查部署】 9月9日，石景山区召开第一次全国自然灾害综合风险普查部署工作会。会议由李新主持召开。会上，区普查办汇报石景山区开展第一次全国自然灾害综合风险普查工作情况，并明确各单位承担的普查任务。各普查任务单位就本单位普查工作中的问题和下一步工作情况进行发言。石景山区相关区领导及区应急局、城管委、住建委、规自分局、气象局、地震局、园林局、财政局、各街道办事处主要领导参加会议。

（邹良兵）

【安全生产督察部署汇报】 9月27日，齐春利组织召开石景山区2021年安全生产督察动员部署会。会议通报2021年以区委区政府名义开展安全生产督察的总体安排和督察组人员构成，此次安全生产督察以严格安全生产责任制落实为主线，以推进区委、区政府安全生产决策部署的落实为目的，在区委区政府领导下组建3个督察组，对全区6个主要行业部门和9个街道开展安全生产督察工作，通过督任务、督进度、督成效，察认识、察责任、察作风，解决安全生产领域存在的问题，提高安全生产工作水平。11月26日，李新主持召开石景山区第101次区政府常务会，专题听取关于石景山区2021年区委区政府安全生产督察工作的汇报，安排督察工作中发现问题的整改落实，部署岁末年初的安全生产工作。

（邹良兵）

【国家宪法日暨宪法宣传周活动】 12月3日，在石景山区首钢工学院实训中心举办“12·4”国家宪法日暨宪法宣传周宣传活动。活动播放“法律十进”宣讲视频主题宣传片，市应急局相关负责人向区应急局和首钢工学院赠予“法律十进”宣传资料。活动现场张贴宪法宣传海报、设置易拉宝宣传展板20余张（块），与会领导和宣教人员向参加活动的群众发放宣传资料，宣讲宪法知识。现场设置宣传咨询台，普法志愿者结合海报和宣传资料向师生进行专题宣讲，就师生关心的法律问题现场进行咨询解答。活动现场发放《宪法》《突发事件应对法》《安全生产法》《北京市生产经营单位安全生产主体责任规定》等宣传资料和宣传品共500余份。市、区应急局相关人员和北京睦邻法律服务中心普法宣传志愿者及首钢工学院在校师生共120余人参加活动。

（邹良兵）

【安全生产专项整治“三年行动”】 年

12月3日，石景山区首钢工学院实训中心举办“12·4”国家宪法日暨宪法宣传周宣传活动　（区应急局供图）

内,石景山区深化安全生产专项整治“三年行动”,围绕隐患治理、集中攻坚,及时动态更新“两个清单”,结合年度重要节日、“冬奥”等重大活动安全保障专项检查,通过督察、通报、下发督查单和召开专题推进会等形式,加大专项整治攻坚力度,推进安全隐患专项整治常态化各项措施落实。全年共检查生产经营单位7165家次,排查整治安全隐患10158项,重大问题9项,挂账隐患1208项,销账1208项,销账率100%,年度140项目标任务全部完成,核查验收合格率达到100%。实现“两个清单”和核查核验“三个100%”,2021年排查挂账隐患是2020年17倍。

(邹良兵)

【安全生产标准化建设】 年内,石景山区贯彻落实《生产经营单位主体责任规范》,推进企业安全生产标准化建设。全区204家企业完成安全生产标准化达标创建工作,完成年度任务(200家)的102%,石景山区共有6243家企业完成标准化创建工作,其中三级达标231家,小微企业达标6012家。

(邹良兵)

【信息宣传引导】 年内,区应急局利用各类新闻媒体刊物、微信公众号等途径,弘扬主旋律、传播正能量。全年,撰写报送信息416篇,按照信息的内容、分类、性质和受众群体,通过13个途径分别进行报送,累计报送4600余条次,被各类平台刊登1265条次。其中,被区委、区政府采用89条次,被市局采用18条次。完成区有线电视台新闻专题报道32条,制作《今日视点》专题报道4期,相关工作信息被“北京石景山”新媒体平台报道64次。运用“石景山应急”微信公众号平台,对外发布各类工作动态信息550余条。

(邹良兵)

【生产安全事故调查处理】 年内,石景山区共发生一般生产安全事故6起,亡7人。区应急局开展事故调查处理工作,事故调查期间,调查询问生产经营单位18家,制作询问笔录60份,依法处理相关责任单位8家、责任人员1人,行政处罚共216.5万元。调查处理9起举报工人受伤事故和1起施工破坏管线事故,调查询问生产经营单位19家,制作询问笔录30余份,依法处理相关责任单位8家、责任人员6人,行政处罚共20.92万元。

(邹良兵)

【城市安全风险评估】 年内,区应急局按照区《城市安全风险评估三年工作方案(2019—2021)》工作要求,统筹组织相关行业部门在建筑施工、市政、交通、商务、文化、旅游、体育、园林绿化等重点行业(领域)实现安全风险评估全覆盖。期间,共指导5655家企业完成风险评估工作,上报风险源10298条,其中重大风险1个,较大风险103个,一般风险4115个,低风险6079个,录入安全风险空间分布电子管控地图,实现安全风险实时监控。对重大安全风险源重新开展应急能力评估,编制风险评估报告、应急能力和资源评估报告,制定部门控制措施和应急预案。

(邹良兵)

应急救援

【概况】 2021年,区应急局指挥中心共接报各类突发事件、突出情况261起,即时赶赴事件现场协调处置的各类突出情况40余次。完成汛期降雨应对等各项工作。推进石景山区智慧应急平台建设。完成应急视频会议系统升级改造。VDC级联和应急单兵系统联通完成测试并投入使用。健全冬奥组委机关驻地及冬奥场馆周边城市突发公共事件应急管理体系。

(邹良兵)

【森林防灭火联合应急演练】 3月29日,区森林防火指挥部办公室组织公安、园林、国有林场等部门开展森林防灭火联合应急演练。演练模拟五里坨林区发生森林火灾后开展应急扑救,采取实兵、实装、实战的方式,重点演练快速投送、先期处置、常规灭火、以水灭火4个内容,以火情报告、应急拉动、科学扑救三个科目开展进行,出动森林消防员、半专业扑救力量100余人,各类灭火装备120余套、出动消防车辆15台。

(邹良兵)

【安全应急宣传进校园】 5月24日,由区应急局、教委、消防救援支队、地震局主办,黄庄职业高中承办的“石景山区安全应急宣传进校园活动”暨“安全生产月”启动仪式在黄庄职业高中举办。活动现场模拟学生在上课过程中突发危急情况,组织学生进行应急疏散演练。各活动主办单位的专业人员向教职员工和学生们讲解安全应急、火灾、雷电、地震等灾害的基本知

5月24日,石景山区安全应急宣传进校园活动 (《石景山报》供图)

识和防范应对措施，发放安全应急宣传资料2000余份。区应急局联合市应急管理学会，将安全应急宣传车开进校园，通过体验式宣教活动给学生上安全应急教育课。区应急局、教委、消防救援支队主管领导出席活动，地震局相关人员、黄庄职业高中师生参加活动。

（邹良兵）

【防汛应急综合演练】 9月6日，区防汛指挥部进行2021年浅山区防汛应急综合演练。演练以五里坨街道浅山区持续出现强降雨，部分山地出现泥石流险情，山上有部分居民被困需要紧急救援转移为背景。模拟区防汛指挥部启动Ⅳ级防汛应急响应，各防汛单位按照预案做好突发事件应急抢险处置，采取封闭进山道路、排除积水、转移部分居民等措施。区应急局、城管委、气象局、规自分局、五里坨街道、北排四分公司、森防大队及黑石头社区等单位参加演练。

（邹良兵）

【冬奥会安全应急管理保障】 年内，区应急局委托第三方公司中安质环，与首钢集团相关公司等多家单位通力合作，重点对首钢工业园区冬奥会比赛场馆、路线、驻地周边500米范围内的有关设施等进行安全风险评估、隐患排查及应急预案的编制等工作。完成《石景山区冬奥会安全应急提升项目冬奥会场馆周边外围风险评估及查勘报告》《在建工程风险评估报告》《2022年石景山区涉奥重点场所周边区域应急预案（综合）》以及《2022年石景山区涉奥重点场所周边区域应急预案（专项预案）》。在此基础上，新增城市公共安全风险管理工作。通过协调各委办局、走访北京市科学院以及与市局加强沟通，完成《城市公共安全风险管理工作风险汇总表》、“风险点及坐标信息”的标注以及《城市公共安全风险管理报告》，并上报市应急局。49次向区冬奥办、第二派驻纪检监察组等相关单位上报工作进展情况，摸清石景山区风险底数。

（邹良兵）

【突发事件应对】 年内，区应急局突出AI智能赋能，建设智慧应急平台，重点建设应急指挥一张图、应急专项行动、随行指挥、可视化决策支持等功能模块，完善数字化预案、动态资源管理的应急保障及值班值守功能，实现应急信息全面汇聚、快速展现、提高上传下达、协同会商、综合研判、指挥调度、辅助决策及现场信息采集。全年，区应急指挥中心共接报突出情况287起，共亡29人、共伤49人、社会安全100起（经济安全6起、群体性事件71起、坠落1起、自杀8起、自然死亡3起、刑事案件1起、其它10起），事故灾难110起（火灾14起、公共设施和设备事故74起、交通事故12起、建设安全生产事故6起、其他4起），自然灾害64起（树木43起、地质灾害4起、路面积水17起）。公共卫生13起（乙型肝炎1起、医疗纠纷3起、诺如病毒2起、黑热病1起、急性胃肠炎1起、疫苗引发咳嗽1起、其他4起）。

（邹良兵）

【应对汛期降雨】 年内，区应急局应对“7·11”“7·18”“7·27”“8·9”和“8·16”强降雨天气。主汛期内严密部署，加强协调，提前组织布控，加强应急值守，做好对易积水点平房区、道路和地质灾害点检查巡查，汛期内启动Ⅱ级防汛应急响应1次、Ⅲ级防汛应急响应6次、Ⅳ级防汛应急响应17次，组织预警传播、抢险救援、居民自救互救、群众避险转移等演练28场次，汛期石景山区准备防汛抢险队伍总人数4503人，各类物资2.8万件。

（邹良兵）

【疫情防控保障】 年内，区应急局研究部署疫情防控工作，制定防控工作方案，建立应急值守、物资调拨、执法保障、联防联控、信息报送等应急机制。抽调局内党员干部4人，支援共建“双承诺”单位开展疫情联防联控工作，针对常态化疫情防控特点，协调区商务局，调拨救灾物资6批，其中棉帐篷17顶，单帐篷17顶，做好疫情防控物资保障工作。

（邹良兵）

【建设应急避难场所】 年内，区应急局做好应急避难场所规划建设相关工作。统计石景山区各类应急避难场所，自查和规范24个地震应急避难场所外语标识，新增八角街道八角文化广场等9处广场、公园为紧急避险场所，提升辖区防灾避险能力。

（邹良兵）

防灾减灾救灾

【概况】 2021年，区应急局推进石景山区自然灾害综合风险普查工作，合力找准自然灾害风险。完成防汛动员

12月31日，在首钢园区开展保障冬奥森林火灾扑救实战演练

（区应急局供图）

等各项工作。开展防灾减灾宣传活动。落实森林防灭火工作职责,实现连续19个防火期未发生重特大森林火灾的工作目标。

(邹良兵)

【重点林区喷淋洒水降湿】 2月23日,区森林消防大队协同有林单位对田村山内林区开展喷淋洒水降湿作业,此次作业共出动人员40人次、车辆8台次、组合水泵6套次,作业防火公路4公里,面积2.8万平方米,降低森林火灾风险。

(邹良兵)

【防汛设备维护及使用培训】 4月22日至23日,区防汛办委托技术单位在永定河管理所对石景山区各防汛单位储备的燃油泵、发电机进行维护保养,同时对各单位抢险人员使用水泵、发电机情况进行现场培训,累计维护保养、维修防汛设备50台,培训防汛抢险人员110余人。

(邹良兵)

【5·12防灾减灾宣传】 5月12日,区应急局联合区城管委、区气象局、八大处公园、区森林消防救援队等单位在八大处公园南门广场开展防灾减灾宣传活动。活动现场,区应急局通过悬挂条幅、装备展示、观看展板、宣传讲解、发放宣传资料等方式,向社会公众普及防洪涝灾害、防城市内涝、防火救火、防震救灾等防灾减灾知识,共发放宣传海报、宣传折页宣传材料10000余份。

(邹良兵)

【防汛动员部署会】 5月28日,石景山区召开区2021年防汛动员部署会。会上,观看2020年防汛工作总结纪实片,区气象局分析年内汛期气候趋势,区防汛指挥部副指挥、应急局局长部署石景山区2021年防汛工作。区委宣传部、公安分局、武装部、区政府办、应急局、城管委、教委、住建委、园林局、文旅局、规自分局、气象局、交通支队、消防支队、城管监督指挥中心、环卫中心,首钢集团有限公司,武警执勤六支队,排水集团第四管网运营分公司,各街道领导参加会议。

(邹良兵)

【开展全国自然灾害综合风险普查】 年内,石景山区开展第一次全国自然灾害风险普查。1月27日,成立由区长担任组长,常务副区长和主管副区长担任副组长,29个单位为成员的普查领导小组,具体负责石景山区自然灾害综合风险普查的组织领导和实施工作。区普查领导小组先后组织召开4次石景山区普查工作推进会,召开统筹协调会12次。区普查办印发区普查工作方案和实施细则等文件33份。参加国务院普查工作视频会议8次,市级普查办视频会议16次。区级组织召开协调部署会8次,普查宣传工作会3次,开展宣传活动4次,发放宣传材料14000余份,上报市普查办周报24期。实地检查普查工作2次,修改完善质检核查数据3次,迎接市普查办检查2次,组建369人的"两员"队伍,并先后组织培训会5次。年内,共完成35类1315个调查对象的调查、核查和质检工作,质检通过率100%。

(邹良兵)

【森林火灾防治】 年内,石景山区森林防火指挥部办公室组织区森防指挥成员单位、区有林单位召开森林防灭火工作部署会议4次,保持24小时全员到岗在位,坚持部署靠前驻防力量。全年开展野外火源管控专项宣传活动20余次,各街道设置宣传点80余个。设置检查哨卡20个。各重点日有林单位派出护林员400人累计200余次,巡护里程达9000余公里。有林单位对石景山区内散坟数量统计共2万余座、对坟主登记282次。防火期内,全区共组成巡管队伍62支,巡管人员400余人,开展巡护1万余次。区森林消防综合救援队伍累计出动消防员5000余人次、出动各类消防车辆900余台次、携行装备5000余套次。林区覆盖率95%的热成像视频监控系统24小时全方位、无死角巡检。

(邹良兵)

【发布气象灾害预警】 年内,区气象灾害预警中心发布灾害性天气预警信号共195期,其中大风预警73期(黄15、蓝58),雷电48期(黄21期、蓝27期),暴雨预警28期(橙3、黄6、蓝19),大雾20期(黄),沙尘7期(黄2、蓝5),冰雹6期(黄),道路结冰5期(黄),高温3期(蓝),寒潮3期(黄1、蓝2),持续低温1期(黄),暴雪1期(黄)。全年向区政府及公众发送气象预报预警短信140万条,发布微博、微信、电子显示屏、微信公众号等预报、预警信息各560期。

(霍东晴)

9月28日,石景山区在八大处公园组织开展自然灾害综合风险普查宣传活动 (区应急局供图)

安全监管

【概况】 2021年,区应急局以区委区政府名义组建安全生产督察组,对9

个街道办事处和6个重点行业监管部门开展安全生产综合督察督导。强化安全生产监督检查。全年共检查生产经营单位8145家,年度人均检查量为510.88件,在全市同系统排名第一。行政处罚245家,罚款229.06万元,人均处罚15.31件,位居全市第三。全区9个街道安全生产检查队共检查生产经营单位43968家次,人均检查量299家次,检查覆盖率99.3%,超额完成市局下达年度任务。在全市应急管理系统执法评议考核中,区应急局总成绩位居全市第三。

(邹良兵)

【企业安全管理和疫情防控检查】 1月12日,区应急局开展危险化学品经营企业安全管理和疫情防控执法检查。执法检查人员检查石京源、中润北方、丰辰、新颖新等加油站疫情防控工作开展情况和安全防范措施落实情况,现场查阅经营企业消毒记录表、体温记录表、排队一米线、日常巡查检查、消防设施设备维护、疫情防控宣传和内部工作人员每日查验健康宝情况公示等资料。在加强安全管理和疫情防控工作方面与服务对象进行面对面指导交流。

(邹良兵)

【瓶装液化气安全隐患排查】 1月22日至23日,石景山区由各街道办事处主要领导、分管城市管理和安全生产的副主任带队,区城管委、消防救援支队、城管执法局、市场监管局和应急局调配执法力量配合,对石景山区在册在账的非居民液化气使用单位进行全面摸排检查。同月23日,李新主持召开专题会议,研究部署瓶装液化石油气安全隐患排查工作。会议通报“1·22”燃气爆燃事故情况,部署开展瓶装液化石油气安全隐患排查工作。同日,李新带队对“田老师红烧肉”八角店、古城石油液化气站和福华肥牛古城店的瓶装液化石油气安全管理情况进行检查。

(邹良兵)

【五一期间疫情防控和安全生产检查】 4月28日,李新带队检查“五一”期间疫情防控和安全生产工作。在西黄村1606-641地块R2二类居住用地项目施工现场,李新听取项目负责人的工作汇报,查看施工现场、消防设施和安全防护,对疫情防控、安全管理和消防安全等措施落实情况进行检查。在石景山游乐园,李新了解“五一”期间游乐园的安全管理、应急疏散、疫情防控和流量控制等工作,检查“火车”餐厅后厨安全管理、食品安全保障措施等。在喜隆多新国际购物中心,李新检查商场疫情防控、人流控制、安全管理和消防安全等工作,了解保利国际影城相关保障工作。

(邹良兵)

【高考考场周边企业安全检查】 6月,区应急局结合行业监管及属地设置考场实际情况,开展北京市第九中学、北京市京源学校等高考考场周边生产经营企业安全隐患排查与检查。高考前夕,提前摸清考场周边200米范围内生产经营单位底数,建立高考期间检查重点企业台账并制定督查检查计划。以行业和属地监管为重点,以危险化学品企业、有限空间作业、应急预案及演练为主要内容,重点排查建账企业安全隐患,考试期间落实动态巡查,及时发现消除隐患。同月7日至10日,考场所在街道及相关职能部门共出动有关领导及检查人员94人次,检查考场周边200米范围内生产经营企业182家次,下达检查文书89份,发现并整改隐患29个,为石景山区高考顺利保驾护航。

(邹良兵)

【区领导检查强降雨应对准备工作】 7月26日,区政府成立两个防汛检查组,分别带队对辖区防汛重点部位强降雨应对准备工作进行检查。第一组由李新、孙学伟带队,对水泥厂社区、北辛安路南口(广东门)、金安桥地区的强降雨应对准备工作进行检查。李新在检查中要求各防汛单位要进一步落实责任,做好应对降雨的各项准备,建立健全联动机制,落实避险转移措施。第二组由区委常委、常务副区长带队对梁公庵村、西黄村桥、刘娘府北街的强降雨应对准备工作进行检查。齐春利要求各防汛单位要高度关注每次降雨、重点部位和舆情。区政府办、应急局、城管委、住建委,古城街道、老山街道、金顶街街道主要领导及北排四分公司、快轨公司、石泰公司相关负责人参加检查。

(邹良兵)

【有限空间作业夜查专项行动】 8月3日,区应急局开展有限空间作业夜查专项行动,专项整治有限空间违法作业行为。重点检查防护装备配备、人员教育培训、应急预案制定和演练、有限空间作业审批、现场监护人员持证上岗、安全设备设施配备、劳动防护用品配备、作业现场安全管理等方面的现实情况,出动执法车辆4台次,执法人员15人次,检查有限空间作业单位8家,下达责令限期改正通知书2份,询问约谈3家安全隐患问题企业。

(邹良兵)

【建设工程安全生产及疫情防控检查】 8月14日,常卫带队到苹果园交通枢纽(北区)、首钢人才社区和地铁M11号线首钢站施工现场,检查建设工程安全生产及疫情防控工作。在苹果园交通枢纽(北区)施工现场,常卫实地查看项目建设进展情况并听取现场负责人汇报。孙学伟、李先侠一同检查。同日,李新带队前往锅炉厂南路西延(西五环路—西六环路)市政工程3#标段、北辛安棚户区改造A区项目安置1608-698地块、金顶街小学建设工程和北辛安路(长安街西延—莲石西路)道路工程1#标段项目,对施工现场安全、消防、扬尘治理、疫情防控工作进行监督检查。

(邹良兵)

【“服贸会”安全生产专项执法检查】 8月24日,区应急局联合市局执法总队,邀请专家对“服贸会”展区和周边在建施工项目开展安全生产专项执法检查。执法检查人员及安全专家在人才社区和织补广场施工现场,对安全管理情况和安全生产资料进行现场检查,重点检查设备设施用电、深基坑作业、风险告知、特种作业持证、防护用品配置等情况。在“服贸会”展区现场,执法人员重点检查广告牌安装、高空作业、临建设施搭建、动火作业等方面的现场安全管理情况,对存在的不规范操作行为进行现场责令改正,并对相关负责人和现场管理人员进行安全指导。

(邹良兵)

【实验室危险化学品安全检查】 9月6日起,区应急局在全区范围内开展为期1个月的实验室安全生产专项检查。重点检查存在高温、高压、高速、高电压、易燃、易爆、有毒等危险因素的试验场所。主要对实验室安全责任体系、安全规章制度、安全操作规程、安全教育培训、科研设施与装置、实验场所安全设施、应急救援设备、劳动防护用品以及危险化学品、危险废物、机械、电气、特种设备、粉尘、仪器设备、用电、用气等方面进行安全检查。

(邹良兵)

【"冰雪嘉年华"活动现场临建安全检查】 12月16日,区应急局对2021年第二届"冰雪嘉年华"活动现场临建开展安全生产执法检查。重点检查活动现场临建设施、临时用电、应急预案、搭建过程中从业人员安全防护等情况,对部分临建设施需进行斜拉稳定等问题提出整改意见,要求承建单位对主舞台等临建请安全评价机构进行安全评估,在活动期间安排专人巡视检查设备设施的安全状况,及时消除安全隐患,确保活动安全有序进行。

(邹良兵)

【冬奥会建设工程安全生产督查检查】 年内,区应急局对首钢滑雪大跳台中心及其附属施工项目开展安全生产专项检查。通过督促首钢总包部和监理等参建单位,落实《北京市生产经营单位安全生产主体责任规定》,排查整改消除赛区施工现场以及员工宿舍区生产生活用气、用电、用火安全隐患,提升防火和安全生产管理水平。对发现的安全隐患进行汇总分类,涉及人员教育培训、高空作业防护、特种作业管理、起重机械使用等内容。对违法事实清楚、安全管理不到位、隐患问题突出的依法进行行政处罚。

(邹良兵)

【首钢园区全覆盖执法检查】 年内,首钢园区各项工程项目交工运营后,区应急局开展首钢院区全覆盖执法检查,组织力量对园区内入驻企业进行细致摸排,健全完善首钢园区冬奥场馆周边500米生产经营单位台账。组织执法人员对台账内54家生产经营单位进行4轮次全覆盖检查。共检查企业180家次。排查整改特种作业管理、安全培训、配电室管理等方面问题隐患60余项,对5家单位进行行政处罚。年内,区应急局以服贸会、科幻大会等重要活动保障为重点,抽派执法人员组成7个检查组,以每日驻会巡查的形式,会同市局执法总队、属地街道对活动临建设施搭建、使用、拆除等环节进行全覆盖安全检查,确保大型活动期间安全稳定。共检查展会单位50家次,排查整改隐患30项。

(邹良兵)

【安全生产综合专题督察】 年内,石景山区以区委区政府名义组建3个督察组,以"三督三察"为重点,通过听取汇报、查阅资料、明察暗访、延伸督察等形式,对9个街道和6个重点行业部门开展综合督察督导,重点督察2019年以来各单位安全生产决策部署落实情况、安全生产责任制落实情况、安全生产综合治理情况、完善安全生产监管体制情况、安全生产基层基础建设情况等。期间,累计与被督察单位相关人员谈话74人次、查阅各类资料24927份、延伸督察单位82家、发现被督察单位存在问题98项、发现延伸督察单位存在各类安全隐患273项。4类共性和4类个性问题和主体单位存在98个问题及企业存在的273项问题隐患全部制定整改方案,明确整改措施、时限和责任人,组织行业部门和属地街道逐项进行对照查摆,问题整改率100%。

(邹良兵)

【工业、涉危和有限空间作业监管】 年内,区应急局加强工业、涉危和有限空间作业安全生产监管。对辖区工业企业、涉粉尘企业和涉危企业进行全面排查,建立风险管控台账35项,聘请第三方机构对安全风险点和问题隐患开展治理"回头看",验收合格率达到100%。结合夏季和汛期有限空间安全监管重点,通过持续夜查、点位排查,整治有限空间违法违规作业16起,行政处罚5起。

(邹良兵)

新首钢高端产业综合服务区与首钢集团

综 述

新首钢高端产业综合服务区(简称首钢园区)紧临永定河,背靠石景山,是北京市城六区唯一集中连片的开发区域,是长安街金轴的西部起点,是西山永定河文化带的重要组成部分,也是新版北京城市总规重要的区域功能节点。在地理区位、空间资源、历史文化、生态环境上,首钢园区具有独特优势,是落实首都功能定位的重要支撑。2021年,首钢园区落实三年行动计划,按照北京城市总体规划和市委市政府提出的新首钢地区"打造新时代首都城市复兴新地标"的总体要求,建成石景山文化景观区、冬奥广场、工业遗址公园三个片区,长安街西延景观提升等特色景观基本完成改造并交付运营,山—水—工业遗存特色景观体系初步形成。在招商运营方面,举办北京2022年冬奥会和冬残奥会赛会志愿者全球招募启动仪式、冬奥会吉祥物发布会、2021和2022北京新年倒计时、2021首钢园环境舞蹈展演、2021北京时装周、中国科幻大会、奥林匹克博览会等80多场重要活动。

(马 晓)

服务保障北京冬奥冬残奥

【概况】 首钢冬奥服务保障全力推进,首钢滑雪大跳台进入赛时运行状态,"两站一区间"满足地铁出行条件,冬奥主运行中心、技术中心、电力中心交付使用,冬奥合作酒店—电厂酒店正式营业。完成深入推进冬奥筹办决战决胜动员部署大会等重要会议服务保障。为短道速滑等国家集训队提供全面保障,得到体育总局赞赏,获全国体育事业突出贡献奖。

(马 晓)

【获全国体育事业突出贡献奖】 2月,国家体育总局发布《关于表彰2020年全国体育事业突出贡献集体和个人的决定》,授予92个集体、187名个人"2020年全国体育事业突出贡献奖"荣誉,首钢园区国家冬季运动训练中心获集体奖。首钢园区国家冬季运动训练中心贯彻落实"防疫情、保备战",认真制定疫情防控方案,加强训练基地管理,开展形式多样的全民健身活动和线上线下体育赛事,保障疫情期间国家队安全有序训练,助力北京冬奥会备战工作。首钢园区运动中心主要运营运动产业,包括冰上运动、滑雪大跳台等。利用首钢园区内老工业厂房改造建成的冰球、冰壶、花样滑冰、短道速滑四个场馆,均具备专业级、赛事级、国际级、奥运级标准,服务保障国家队备战2022年冬奥会训练。

(马 晓)

【首钢吉泰安助力绿色冬奥】 3月,北京首钢吉泰安新材料有限公司自主研发的铁铬铝合金电热丝,成功应用在冬奥会张家口山地新闻中心及周边清洁供热设施中,以首钢"钢花"牌高质量电热蓄能材料助力"绿色冬奥"。该大型固体电热蓄能炉不同于一般家用立式、长方形的取暖设备,其体型有数层居民楼大,根据需要甚至可以更大。其外立面是一层平铺的蓄热体——砖红色的耐热砖,里面则是平立相间、层层铺排的耐热砖,耐热砖平立相间铺排所形成的蜂窝状空间,是弹簧状电热丝的"家"。耐热砖和电热丝的有序、均匀分布,使热量传导到每一个角落,实现充分蓄能。

(马 晓)

【冬奥青年出征大会】 4月27日,以"百年风华正青春,决胜冬奥共成长"为主题的冬奥青年出征大会在首钢滑雪大跳台举行。大会由北京团市委指导,首钢集团团委联合北京冬奥组委机关团委、石景山团区委共同主办。200余人参加活动。此次出征大会旨在号召更多青年参与冬奥、服务冬奥。同时,大会还启动了"建党百年悟初心,青春聚力共奋进"100公里跑线上打卡活动,并在现场组织开展全程5.4公里的党史知识打卡跑活动。

(马 晓)

【三项冰雪运动活动举行】 7月8日至10日,"冰雪项目科技助力成果展""中国冰雪运动发展高峰论坛暨产业博览会""首届中国数字冰雪运动会年度总决赛"在首钢园举行。8日,由国家体育总局冬季运动管理中心主办的"冰雪项目科技助力成果展"在首钢园冬训中心开展。9日,由国家体育总局冬季运动管理中心、石景山区人民政府、中国冰雪大会组委会主办的"首届中国冰雪运动发展高峰论坛"在首钢园三高炉开幕。同日,由国家体育总局冬季运动管理中心、中国冰雪大会组委会主办的"首届中国数字冰雪运动会总决赛"在首钢冰球馆举行。活动致力于为冰雪运动爱好者搭建"人人可参与,时时能体验"的赛事参与平台,营造全民参与冰雪运动的浓厚氛围,助力"带动3亿人参与冰雪运动"目标的实现,为2022年北京冬奥会助力。

(马 晓)

【冬奥电力保障服务中心启用】 10月26日,在北京冬奥会倒计时100天来临之际,国家电网公司冬奥电力保障服务中心在首钢园启用。冬奥电力保障服务中心由国家电网公司统筹研发,国网北京电力具体实施的北京冬奥电力运行保障指挥平台同步上线运行,实现奥运史上首次电力业务领域数字化、智能化全景监视,全面支撑冬奥测试赛及正式比赛供电保障工作。冬奥电力保障服务中心是国家电网公司冬奥保电指挥的重要枢纽,其中自主研发"智慧大脑"北京冬奥电力运行保障指挥平台,可以实现冬奥赛事期间北京、张家口两地三赛区25座场馆电力运行实时监测与统一调控,指导场馆电力团队开展巡视值守和应急处置,确保冬奥场馆供电保障工作顺利开展。

(马 晓)

【北京冬季奥林匹克公园揭牌】 10月26日,北京冬奥会遗产项目——北京冬季奥林匹克公园在首钢园区揭牌。国际奥委会主席巴赫通过视频表示祝贺。北京冬季奥林匹克公园位于新首钢高端产业综合服务区北区,其范围覆盖冬奥广场片区和工业遗址公园片区,总占地面积171.2公顷。北京冬季奥林匹克公园内建有北京冬奥会正式比赛场地——首钢滑雪大跳台,北京冬奥组委会总部,北京冬奥会主运行中心等多个赛事运行中心，首钢园国家冬季运动训练中心场馆群，金安桥数字智能产业集聚区，服贸会场馆群等建筑。北京冬季奥林匹克公园是北京冬奥会赛前形成的重要遗产成果。

（马　晓）

【冬奥制服装备发布】　10月27日，北京冬奥会和冬残奥会制服装备在首钢园区三高炉发布。发布会现场不仅回顾了北京冬奥组委两年多来制服工作的历程，还推出制服宣传片，体现工作人员、技术官员和志愿者的工作风采和奉献精神以及参与冬奥的荣誉感和使命感。

（马　晓）

【M11冬奥支线新首钢站开通】　12月25日，M11号线西段（冬奥支线）竣工验收并正式开通运营，全力服务保障2022冬奥会。2019年11月，M11号线西段（冬奥支线）开工。该工程线路长约4.2千米，平均站间距0.97千米，全部为地下线。设新首钢站、北辛安站、金安桥站、模式口站4座车站，其中换乘站2座，分别于金安桥站与北京地铁6号线、北京中低速磁悬浮示范线S1线换乘；于新首钢站与规划R1线换乘。M11号线西段（冬奥支线）连接首钢北区的五大功能区，对于支持首钢北区建设及解决交通出行问题具有重要意义。

（马　晓）

【冬奥城市志愿者上岗服务】　12月，首钢冬奥城市志愿者上岗服务，为首钢园承载的“一赛场、一总部、四中心、三队伍”等综合运行保障重点任务提供支持。首钢园三高炉冬奥城市志愿服务站，是北京市首批冬奥城市志愿者服务启动的试运行站点，有8名来自首钢集团各单位的城市志愿者在此提供服务，主要为前来参观、游玩的客人们提供信息咨询等。按照《北京2022年冬奥会和冬残奥会城市志愿者（北京市）工作方案》等文件精神，根据冬奥组委志愿者部与各场馆运行团队确定的“最后一公里”相关要求，冬奥城市志愿者将践行“奉献、友爱、互助、进步”的志愿服务精神，为北京2022年冬奥会和冬残奥会服务。

（马　晓）

【推动冬奥服务保障】　年内，首钢全力推进北京冬奥服务保障工作。首钢滑雪大跳台进入赛时运行状态，“两站一区间”满足地铁出行条件，冬奥主运行中心、技术中心、电力中心交付使用，冬奥合作酒店—电厂酒店正式营业。完成深入推进冬奥筹办决战决胜动员部署大会等重要会议服务保障。为短道速滑等国家集训队提供全面保障，得到体育总局赞赏，获全国体育事业突出贡献奖。北京冬季奥林匹克公园揭幕，冬奥火种在园区成功展示。国际奥委会主席巴赫再次肯定首钢老工业区城市更新的成功实践，称赞首钢园区的转型呈现了最佳范例和基准，将成为冬奥会最伟大遗产之一。

（马　晓）

10月26日，北京冬奥会遗产项目——北京冬季奥林匹克公园在首钢园区揭牌　（首钢集团供图）

新首钢高端产业综合服务区

【概况】　截至年底，首钢园区与40余家企业、高校、科研机构共同组建全国首个“科幻产业联合体”，与中关村联合打造科幻产业创新中心，与石景山区共同设立全国首支科幻基金。引入中国联通等优质客户，累计入驻企业116家、在首钢园区工商注册70家。在产业规划方面，遵循市委市政府对首钢园区“传统工业绿色转型升级示范区、京西高端产业创新高地、后工业文化体育创意基地”的定位，营造“三产三态一社区”体系，即：建设体育+、数字智能、文化创意三个主导产业，打造消费升级、智慧场景、绿色金融服务三个产业生态，形成首钢国际人才社区。遵循城市“新总规”，依托“长安金轴”，集区位优势、空间资源、创新要素于一身，实施三年行动计划，大力推进文化复兴、生态复兴、产业复兴和活力复兴，努力打造新时代首都城市复兴新地标。

（马　晓）

【2021北京迎新年活动】　1月，由北京市文化和旅游局、北京冬奥组委文化活动部共同主办的“同心梦圆　京彩新篇”2021北京新年倒计时活动在首钢园滑雪大跳台举办。文艺庆典分《同心》《梦圆》《新篇》三个篇章，情景式展现首都人民众志成城、砥砺奋进、共创未来的精神风貌。来自新西兰惠灵顿、韩国首尔、日本札幌、塞浦路斯尼科西亚、秘鲁马丘比丘、爱沙尼亚塔林的六位世界旅游城市联合会会员城市市长，通过视频为北京送来新年祝福。随着时间临近0点，北京文化和旅游行业榜样、基层抗疫工作者代表、扶贫干部代表与冰球小运动员共同启动激动人心的新年倒计时60秒。60秒原创光影秀《足迹》在滑雪大跳台和三座首钢晾水塔上演，呈现首都北京的

1月1日，北京新年倒计时活动在首钢园区举行　　（首钢集团供图）

新风貌。当时钟指针指向0点时，全场一片欢腾，所有现场人员欢呼雀跃喜迎2021年的到来。

（马　晓）

【首钢园区成为体育产业示范基地】　1月，首钢园区被授予"国家体育总局体育服务综合体典型案例"和"北京市体育产业示范基地"荣誉。首钢园区形成初具规模的体育场馆群，初步形成国际化视野的潮流运动中心和"体育+产业"融合创新中心。首钢园有短道、花样、冰壶、冰球四个冰上场馆，四个场馆均可举办国际级赛事以及开展高端体育培训。首钢极限公园场地规模在国内居前三位，是北京市最大的户外滑板、攀岩场。滑雪大跳台作为北京冬奥会市区内唯一的雪上项目比赛场地，不仅是一座体育比赛场馆，也成为地标景点和网红打卡地。这些场馆以及空中步道、三高炉等设施，可举办冰上项目、单板及自由式滑雪、篮球、滑板、轮滑、小轮车、跑酷、攀岩、电子竞技等赛事。首钢园区先后引入腾讯体育、当红齐天等体育文化明星企业，冰球馆360度全景观赛项目上线，腾讯体育演播间项目正式运营。

（马　晓）

【首钢政协委员工作站成立】　3月4日，石景山区首钢"政协委员工作站"在首钢老干部活动中心揭牌。政协委员工作站是政协工作向基层延伸的有效途径，对于服务助推区企经济发展、深化团结联谊和工作交流、密切委员与基层群众联系、广泛收集和反映社情民意具有十分重要的意义。首钢人事服务中心负责人介绍首钢委员工作站筹备情况与工作设想；部分首钢区政协委员代表发言。首钢有14名石景山区政协委员，分别来自总部机关、科研、工程技术、市场投资、园区开发、教育、医院等多个单位，涉及九三学社、民盟、民进、民建等四个党派。

（马　晓）

【坦克300定向挑战赛】　4月11日，由北京首钢体育文化有限公司和长城汽车联合主办的"定向寻踪，无路闯路"——坦克300首钢定向挑战赛在首钢园区举行，用创意赛事活动打造全民健身新场景。定向运动在国际体坛有"国际象棋+越野跑"之称，与单纯跑步不同的是，参赛者需要手拿地图，在比赛区域内一边奔跑，一边寻找点标，自主选择路线。这项活动既是一项争分夺秒的竞技运动，也是一种新潮的户外休闲和时尚娱乐活动。参赛选手共500名，年龄结构从5岁到60岁，选手需要手持指北针和地图完成一次次打卡，不仅要拼体能、也要拼智力。中国男篮国家队成员、北京首钢男篮队长翟晓川作为特邀选手参加活动。

（马　晓）

【2021北京消费季启动】　4月28日晚，第三届全国双品网购节暨2021北京消费季启动活动在首钢园举行。活动以"品牌品质、惠享生活"为主题，全面展示数字经济发展背景下的消费新场景、新趋势、新体验。双品网购节是商务领域一年一度开展的重要网络消费促进活动，全国20多个地区将举办各具特色的配套活动。北京消费季持续到年底，聚焦购物消费、时尚消费、数字消费、文化消费、旅游消费、体育消费、美食消费和智能消费8大领域，陆续推出千余项促消费活动，全面推动消费提质升级，助力北京国际消费中心城市建设。活动通过"一主多辅、多点开花"的形式，在全市共同启动百亿企业消费券面向在京消费者发放。

（马　晓）

【发布"五一口号"73周年活动】　4月30日，是中共中央发布"五一口号"73周年。石景山区政协在首钢园开展"团结在光辉的旗帜下，政协委员永远跟党走暨纪念'五一口号'"发布73周年长走活动。石景山区委、石景山区政协、首钢集团等相关领导以及区政协委员等100余人参加。活动沿首钢群明湖、园区空中步道、三高炉进行长走，并沿途参观学习三高炉、秀池改造建设运营及周边工业遗存保护利用情况。1948年4月30日，中共中央发布纪念"五一"劳动节口号，得到各民主党派、无党派民主人士的热烈响应，是中国统一战线和多党合作发展史上一件具有里程碑意义的事件，标志着中国民主政治建设和政党制度建设揭开新的一页。

（马　晓）

【意大利品牌冠名首钢极限公园】　8月14日，意大利时尚运动品牌Kappa与首钢极限公园战略合作签约仪式在首钢园举行。Kappa正式冠名首钢极限公园，成为首席战略赞助伙伴。Kappa首钢极限公园位于首钢园北区东北部，总占地面积1.79万平方米，毗邻冬奥组委办公区和石景山北辛安交通枢纽，交通便利。公园滑板场在原用于火车卸料的"翻车机"基座平台基础上改造、修缮而成，既保留了老工业遗址的硬核工业风质感，又赋予园区新的活力与时尚。Kappa首钢极限公园是中国轮滑协会、中国登山协会与首钢合作，在首钢园区建设的第一个以极限运动为主题的户外体育场地，也是北京市最大的户外滑板场，可以举办国际级专业比赛。

（马　晓）

【服贸会首钢园会场】 9月2日至7日，2021年中国国际服务贸易交易会（以下简称“服贸会”）举办，并在国家会议中心和首钢园设置“双会场”，这在服贸会历史上是第一次，也是首钢第一次承接大规模国际性展会。首钢集团各相关单位以“首钢速度”高标准完成展馆建设，运营保障团队承接落实服贸会执委会各项工作要求，做好服贸会首钢园会场综合服务保障工作，对应执委会组织架构，成立综合服务保障指挥部，下设11个工作组，承担服贸会期间现场资源调配、系统服务保障、统一指挥调度突发事件应急处理等工作，协调各相关单位专业力量，确保服贸会安全顺利举办。服贸会首钢园会场设置8个专题展及配套论坛会议及活动70余场，展示各领域在数字化、网络化、智能化发展的新技术、新模式、新成果。首钢集团全力以赴做好能源、场馆、餐饮、会务等各方面服务保障工作，自9月5日向公众开放以来，每日网上预约的观众3万人以上，会展期间接待观众19余万人次。

（马　晓）

【北京时装周潮流在首钢园发布】 9月15日至26日，2021北京时装周以“筑梦”为主题，在首钢园区、张家湾设计小镇北京未来设计园区、隆福文化中心等首都时尚文化地标，举办线上线下近百场官方活动，构建“东西南北中”的城市时尚平台生态概念。9月16日，作为线下会场之一的首钢园三高炉开启2021北京时装周潮流发布，归本GUIBEN、雪莲、PURETOUCH、JEFEN、GRACECHEN、HUANGXU1983、孙海涛、CHANGSHENG等品牌与设计师在4天举行12场潮流发布，呈现品牌风采，打造品牌发声舞台，布局城市潮流接力，燃动京城时尚烽火，打造钢铁元素与现代时尚碰撞交融。

（马　晓）

【西山永定河文化节开幕】 9月23日，首届北京西山永定河文化节在首钢园三高炉开幕。文化节以“百年风华 山河永定”为主题，联合西山永定河文化带北京区域涉及的所有行政区联合开展。大型原创音诗画交响音乐会《山河永定》采用跨界艺术交融方式，对西山永定河文化带进行全方位艺术化的梳理与展现，以国际规格、专业品质、艺术魅力和创新手法，展现独具人文气息的光影之魅和音乐之美，带领观众穿越历史，跨越时空，回看西山永定河千年风韵。

（马　晓）

9月3日，在中国国际服务贸易交易会上，首钢展现服务保障冬奥、培育冰雪体育产业、集聚优质冰雪体育资源　（首钢集团供图）

【2021中国科幻大会】 9月28日，以“科学梦想 创造未来”为主题的2021中国科幻大会在首钢园开幕。“北京科幻电影周”板块首次被引进。为期8天的科幻大会举办专题论坛、科幻产业新技术新产品展、北京科幻嘉年华等系列活动。大会以三高炉户外科幻建筑光影秀作为开场，通过科幻之美、科幻之迹、科幻之心三大篇章，展现科技的探索和科幻的发展。科幻产业新技术新产品展聚集秀池，利用环形特殊结构打造科幻新技术新产品展，突出“科幻·共同体”的展览主题，营造基于未来科技场景的“太空探险”。北京科幻产业基金、科幻产业联合体、中关村科幻产业创新中心一并发布，建立由多名院士作为顾问专家的科幻电影科学顾问库、成立首批45家单位加盟并面向全球征集科幻大奖名称，发布《2021中国科幻产业报告》。首钢作为主要承办单位之一，负责场地保障、会场服务、餐宿承接等服务保障，成立领导小组，下设活动协调组、场地技术组、安保交通组、后勤服务组、新闻宣传组、招商推介组、志愿者服务组。

（马　晓）

【环境舞蹈展演】 10月17日，由中国舞蹈家协会、首钢集团有限公司主办，中国文联舞蹈艺术中心、首钢园区承办的“2021年环境舞蹈展演”在首钢园启幕。展演以创新为目的，以普及为引领的舞蹈活动，旨在通过不同环境的特点，激活编导的想象力和创造力，拓宽舞蹈创作的视野、题材、意境、体裁、方法和范畴。该次展演包容性与开放性更强，有古典舞与现代舞的呼应，有民间舞与街舞的碰撞，也有东方美学与未来科技的交融。“闲舞人舞蹈工作室”的《身体的颂歌》用经典的《黄河》音乐诉说着劳动人民艰苦奋斗的品质。首都师范大学的《祝融》以“火”的意象贯穿整个舞蹈。古典舞作品《侠骨伞影》《醉春风》将男子的侠骨豪情和女子的温润婉约,与工业现代化的环境相结合。《合》《愿》在创作中融入环境舞蹈理念,呈现与剧场不同的观赏效果。《雨形》《暮歌》等民族民间舞蹈和活力四射的街舞作品《一起跳舞吧》,让观众置身首钢园中体验穿越不同舞蹈风格。

(马　晓)

【园区建设三年行动】 年内,首钢园区三年行动计划全面收官。建成石景山文化景观区、冬奥广场、工业遗址公园三个片区,形成54万平方米空间载体。制氧厂、六工汇、金安桥整体完工。北辛安路南延、锅炉厂南路西延开通。签订园区道路、公园绿地、文物等公共设施移交手续。利用国际人才社区036地块打通园区土地通过股权交易实现集团补偿的实施路径。制氧厂3号楼取得园区第一张商品房预售许可证,打通直接销售方式实施路径。东南区两个地块成交,落实政府专项债80亿元,实现土地收益返还44亿元。

(马　晓)

【首钢园科幻产业集聚区】 年内,首钢园科幻产业集聚区建设稳步推进,中国科幻研究中心、腾讯、当红齐天等10余家科幻企业入驻。与清华大学合作的沉浸式数字圆明园、音乐机器人等项目实现营业。中国科协与北京市政府签署《促进北京科幻产业发展战略合作协议》,明确科幻国际交流中心、科幻技术赋能中心、科幻消费体验中心、科幻公共服务平台(三中心、一平台)的功能定位,建设占地71.7公顷的科幻之城。科幻产业发展载体加快建设,以高炉等工业遗存再利用及服贸会特色活动场地为主要载体推进科幻国际交流中心建设;以金安桥片区7.7万平方米空间作为科幻技术赋能中心、科幻公共服务平台主要承接区,其中,办公面积5.8万平方米,吸引龙头企业、科幻孵化器、科幻公共服务平台等机构入驻,商业及其它配套面积1.9万平方米,强化园区科幻商业配套体验;依托周边区域特色工业建筑推进科幻消费体验、制作中心建设。

(马　晓)

首钢集团

【概况】 首钢集团有限公司(简称首钢),总部在北京,隶属于北京市国资委。百年首钢积淀了丰厚的历史文化底蕴,是中国冶金工业发展的缩影、工业企业改革的一面旗帜、中国第一个由中心城市搬迁调整向沿海发展的钢铁企业、京津冀协同发展的先锋队。首钢是跨行业、跨地区、跨所有制、跨国经营的综合性企业集团,全资、控股、参股企业600余家,总资产5000多亿元,职工近9万人。首钢自2011年以来十次跻身美国《财富》杂志公布的世界500强企业。2021年,首钢紧扣打牢高质量发展基础工作主线,坚持疫情防控和生产经营建设"两手抓、两不误",戮力同心,奋力拼搏,实现营业收入2715亿元,利润234亿元,处理历史遗留问题后报表利润95亿元,均创历史最好水平,实现"十四五"良好开局。全员劳动生产率50万元/人·年,同比增长70%。钢铁业实物劳产率1005吨钢/人·年,同比增长6%。非钢单位主动退出非核心业务,劳动生产率144万元/人·年,同比增长20%。

(马　晓)

【首钢基金获奖】 1月,在中国证券报主办的"中国智造的未来——2020湾区发展大会暨金牛股权投资论坛"上揭晓的第四届中国股权投资金牛奖榜单,共计22个奖项、100多个获奖机构和个人。首钢基金获金牛私募股权投资年度优胜机构,投资的理想汽车项目获金牛最佳IPO(IPO全称Initial public offering指某公司首次向社会公众公开招股的发行方式)案例奖。"金牛奖"系列奖项是中国资本市场最具权威性和影响力的顶级奖项之一。首钢基金在专注的赛道领域,坚持"大额度、低频率、不赋能不投资"的原则,继续聚焦大健康、新能源汽车及智能制造等核心领域投资布局,投资的八亿时空、奇虎360、药明康德、车好多(瓜子二手车)、百词斩等明星项目获得可观回报。

(马　晓)

【2人获全国脱贫攻坚先进个人】 2月25日,全国脱贫攻坚总结表彰大会在北京人民大会堂隆重举行。大会对在打赢脱贫攻坚战中作出突出贡献的先进个人和先进集体进行了表彰。首钢职工张家相、秦俊彪获全国脱贫攻坚先进个人。张家相是首钢水钢公司制造部中心理化室主管师,2016年4月,被贵州省国资委选派到六盘水市水城区保华乡海螺村任驻村第一书记,他认真履行职责,把自己当作一名"海螺人",团结带领村支两委和驻村工作组,情系群众、激情干事,秉持企业服务社会精神,实施精准扶贫战略,全情投入驻村扶贫工作。秦俊彪是首钢新闻中心专题室副主任,他践行使命担当,坚决落实北京市国资委党委决策部署,2020年重点协调推进系统产业扶贫项目7个,投资14.8亿元,带动建档立卡贫困人口脱贫1095人。他讲好国企扶贫故事,深入扶贫一线调研,总结出一批可推广可复制的北京国企特色经验做法,撰写典型经验20多篇,在央媒、市媒发表扶贫报道30多篇。

(马　晓)

【国家级高技能培训基地】 3月31日,首钢技师学院承担的"2020年深入开展国家级高技能人才培训基地"建设项目启动。首钢技师学院第三次获批国家级高技能人才培训基地,为北京市区域经济发展以及首钢转型发展提供人才支撑。根据北京市人社局《关于申报2020年深入开展国家级高技能人才培训基地建设项目的通知》要求,首钢技师学院经专家评审,入选建设项目单位,通过两年建设期,形成"规范、显形、质量、效益"的国家高技能人才培养品牌。该次批复的重点建设专业分别为机械设备装配与自动控制专业建设项目、幼儿教育专业建设项目和信息化建设项目。

(马　晓)

【获中国钢铁清洁生产环境友好企业】 4月,中国钢铁工业协会发布《关于授予首钢股份公司迁安钢铁公司等五家企业2020年度中国钢铁工业清洁生产环境友好企业荣誉称号的决定》,

北京首钢股份有限公司迁安钢铁公司、首钢京唐钢铁联合有限责任公司获此称号。首钢股份迁钢公司贯彻政府工作报告提出的“全面推进钢铁超低排放”的要求，投入20多亿元，实施70余项深度治理工程，实施超低排放和无组织综合管控治理，成为国内首家实现全工序超低排放的钢铁企业。首钢京唐公司按照循环经济理念，走绿色低碳、循环发展之路，被评为国家级“绿色工厂”，获国家“中华宝钢环境优秀奖”、工信部钢铁行业“水效领跑者”、“全国绿化模范单位”等称号，成为河北省超低排放环保绩效A级企业。

（马　晓）

【入选国企改革“双百企业”】 5月，国务院国资委网站公布最新“双百企业”名单，首钢榜上有名，这是继2018—2020年实施国企改革“双百行动”后，再次入选“双百企业”。国企改革“双百行动”，是国务院国有企业改革领导小组组织开展的国企改革专项行动之一，选取百余户中央企业子企业和百余户地方国有骨干企业，全面落实“1+N”系列文件要求，推进综合性改革，在改革重点领域和关键环节率先取得突破，充分发挥示范突破带动作用。首钢推进“双百行动”计划和改革综合试点工作，贯彻国企改革三年行动方案，聚焦重点难点，企业改革取得新成效。

（马　晓）

【第十次跻身世界500强】 8月2日，财富PlusAPP（《财富》杂志）全球同步发布最新的《财富》世界500强排行榜。首钢以300.54亿美元的营业收入列第411位，排名比上年提高18位。这是首钢自2011年首次进入世界500强榜单以来第十次上榜。2021年，首钢紧扣打牢高质量发展基础工作主线，强化效率效益导向，坚持高效生产经营，切实提升盈利能力和竞争力，经营收入、实现利润同比大幅增长。

（马　晓）

【13项成果获冶金科学技术奖】 9月，2021年中国钢铁工业协会、中国金属学会冶金科学技术奖评审结果揭晓。其中，首钢集团牵头的5项成果、参与的8项成果共13项成果获冶金科学技术奖，1项成果获特等奖，4项成果获一等奖，5项成果获二等奖，3项成果获三等奖。由首钢参与的《二氧化碳绿色洁净炼钢技术及应用》获特等奖。首钢牵头的《京唐低碳清洁高效炼铁工艺和技术集成》、首钢参与的《秘铁高纯铁精矿选矿技术及伴生铜铅锌综合利用》《1780毫米冷连轧机组交直交传动系统的研发和应用》《钢铁烟气多功能高效低耗超低排放关键技术集成与应用》获一等奖。首钢牵头的《基于大型化装备的炼钢全流程高效生产工艺技术开发与应用》《高牌号无取向硅钢超低同板差控制技术》、首钢参与的《基于腐蚀大数据的低合金耐蚀钢研发关键技术创新及工程应用》《熔融钢渣高效罐式有压热闷处理技术及装备》《墨龙HIsmelt熔融还原技术的研发与应用》获二等奖。首钢牵头的《超薄镀锡板高效绿色制造技术与应用》《钢厂智能化多功能钢卷运输系统核心装备的研究与应用》以及首钢参与的《钢铁工业园区有机类污染土壤微波修复技术及装备》获三等奖。冶金科学技术奖是中国冶金行业最高科学技术奖，每年组织评审、奖励。该次评选出冶金科学技术特等奖3个、一等奖21个、二等奖32个、三等奖57个。

（马　晓）

【首钢基金助力北京智慧城市发展】 11月，北京首钢基金有限公司等3家市属国资企业共同投资设立的北京智慧城市网络有限公司（简称京智网公司）取得营业执照，落户北京市经济技术开发区。京智网公司将按照政府指导、平台承接、市场运作的原则，致力于成为全国领先的智慧城市基础建设运营商与生态构建者，助力北京市智慧城市发展。新设立的京智网公司注册资本将达到10亿元，其中首钢基金公司出资2亿元，占比20%。首钢基金作为京智网公司的重要股东，前期发挥自身优势协助进行北京市专网建设运营的商业落地分析，为城市运行的信息安全、数据安全、网络安全提供可靠的基础保障。

（马　晓）

【首钢再获A+极强评级】 12月，在2022中国和全球钢铁需求预测暨2021中国钢铁企业竞争力（暨发展质量）评级研究成果发布会上，中国冶金工业规划研究院发布2021中国钢铁企业竞争力（暨发展质量）评级，首钢再次评级为A+（极强），达到世界一流水平。2021年，面对疫情、环保、限电、压产等多重挑战，首钢抢抓市场机遇，坚持对标找差，推进深化改革，提高运营质量和管控能力，铁、钢、材及高端领先、战略产品产量，营业收入、利润总额和经营现金流、偿还带息负债、降低负债率等指标均创历史新高。该次评级采用的标准指标体系，分为基础竞争力、发展竞争力和绩效竞争力3个板块，生产规模等13项要素，粗钢产量等23个指标，以此作为依据产生评级结果。参与评估的122家钢企合计粗钢产量占全国总产量的比重达到90.2%，评级为A+的钢企数量占总数的比重为14.8%，合计粗钢产量占全国总产量的49.3%。评级为A+（极强）的还有中国宝武钢铁集团、中信泰富特钢集团、江苏沙钢集团等18家。

（马　晓）

【首钢基金获卓越社会责任奖】 12月，全球PE论坛在首钢园区举行，颁布2020—2021年度中国PE/VC（私募股权投资、创业投资）行业榜单。北京首钢基金有限公司获评中国股权投资行业卓越社会责任奖，并入选中国私募股权投资机构二十强。全球PE论坛自2014年起联合各地方协会举办“中国PE/VC行业评选”，2016年，携手财新智库，联合打造业内最专业最盛大的行业评选，为行业打造权威性的榜单。在全球PE论坛上，首钢基金公司与厚朴投资、弘毅投资、CPE源峰、中美绿色基金等作为首批成员机构联合发起倡议，倡议投资机构践行“未来可持续投资”，在获得增长与发展的同时，承担起目标明确的社会责任。2021年5月31日，首钢基金公司主导的境内首个固废处理类资产公募REITs试点项目首钢绿能REITs项目上市，项目采用“绿色、环保、创新”设计理念，是集垃圾无害化、减量化处理及可再生能源发电于一体的环保工程。

(马　晓)

【钢铁制造业创新高】 年内,首钢钢铁业制造高端领先、战略和EVI产品(EVI表示材料制造商介入下游用户的早期研发阶段,充分了解用户对原材料性能的要求,更高性能的材料和个性化的服务)产量分别完成1156万吨、563万吨和282万吨,均创历史新高。汽车板铝硅板、DH高强板(DH表示增强成形性双相钢)、日系车板、锌铝镁板、免中涂板产品分别增长314%、130%、100%、93%和78%。电工钢无取向高牌号产品同比增长27%,其中新能源汽车用钢同比增长173%;取向超薄规格产品同比增长58%,连续四年国内市场占有率第一,首次应用于“白鹤滩—江苏特高压直流工程”,实现交、直流变压器用钢全覆盖。镀锡镀铬板薄规格产品占比73%,DI材(高端板材产品中技术难度最高的一种)批量供货。集装箱板国内市场占有率跃居首位。汽车用冷轧高强度钢板及钢带获国家级“绿色设计产品”,热轧高强车轮钢获“中国钢铁工业产品开发市场开拓奖”。首钢获工信部电工钢制造单项冠军企业、长城汽车“真心伙伴奖”、中集和东风本田“优秀供应商”等奖项,首钢产品竞争力和市场影响力不断提升。

(马　晓)

【科技创新】 年内,首钢推进原始创新,双相钢高强外板等6项新产品全国首发,成功试制极薄规格“蝉翼钢”,自主研发的国内首条复合卷撕分抛光线在首钢京唐钢铁联合有限责任公司投产。加大重大工艺攻关,北京首钢股份有限公司2号高炉、首钢京唐公司3号高炉获全国节能降耗对标竞赛“冠军炉”称号。深化联合研发平台合作,成功研发极低温用高锰钢,“新能源汽车用高性能电工钢开发及产业化”科技成果达到国际领先水平。制订修订国家、行业、团体标准40项,“钢铁行业绿色生产管理评价”8项团体标准填补国内空白。获国家专利授权1044件,其中发明专利409件。获省部级以上科学技术奖17项,“首钢京唐钢铁联合有限责任公司低碳清洁高效炼铁工艺和技术集成”获全国冶金行业一等奖。

(马　晓)

【产融结合】 年内,首钢发挥多层次资本市场作用,实现外部权益融资89亿元。北京首钢股份有限公司发行股份购买资产,实现首钢京唐钢铁联合有限责任公司85%控股权,并成功募集配套资金。首钢股份公司智新电磁二期项目引入增资17亿元。“首钢绿能”成功上市,成为全国首批基础设施公募房地产投资信托基金。北京首钢朗泽新能源科技有限公司完成C+轮融资,启动首次公开募股筹备工作。首钢控股(香港)有限公司持续提升运营能力,五家上市公司整体效益再创新高。各单位加大化解外部有息负债力度,首钢年融资综合成本降低至4%以下。创新“直贴+转贴”模式,盘活票据150亿元。获得授信同业机构总数达到30家,首钢财票市场认可度不断提升。设立首钢园区基金8.4亿元,撬动外部资本4.2亿元。设立Pre-REITs(房地产投资信托基金)绿色环保基金,撬动外部资本30亿元。盘活证券资产,回流资金42.7亿元。获中国股权投资行业卓越社会责任奖,入选中国私募股权投资机构二十强。

(马　晓)

【城市服务新产业】 年内,首钢城市服务新产业经营质量稳步提高。首钢环境产业有限公司鲁家山项目处置生活垃圾110万吨、发电量4.3亿度,山西长治生活垃圾处理项目实现扭亏为盈。北京首钢朗泽新能源科技有限公司在全球首次实现一氧化碳生物合成蛋白质规模化生产,获国家农业农村部首张饲料原料新产品证书。北京首钢矿业有限公司资源综合利用产品产量超1200万吨。北京首钢首程控股有限公司新签车位3.5万个、累计18万个。北京首钢房地产开发有限公司在北京、成都等开发的项目实现签约115亿元,开发周期进一步缩短。京冀曹妃甸协同发展示范区建设投资有限公司完成蓝海嘉苑房产清盘和商业综合体项目股权引入。首钢首秦园区卡丁世界室内赛道和商贸综合体试营业。北京北冶功能材料有限公司多型号特种带材助力“长征五号”成功发射。北京首钢吉泰安新材料有限公司自主研发的铁铬铝合金电热丝成功应用于冬奥清洁供热设施。

(马　晓)

经 济 管 理

综合调控

【概况】 石景山区发展和改革委员会(简称区发展改革委)是负责辖区国民经济和社会发展统筹协调、经济体制改革综合协调的区政府组成部门。年内,区发展改革委落实区委、区政府决策部署,实施城市更新和产业转型发展战略,统筹推进疫情防控和经济社会发展,发挥参谋助手作用,保障经济社会平稳运行。全年经济保持稳定恢复态势,地区生产总值完成959.9亿元,同比增长9.2%,增速连续4个季度位列中心城区第一;一般公共预算收入完成73.3亿元,同比增长11.6%,增速位列中心城区第二;固定资产投资完成410.8亿元,同比增长17%,增速位列中心城区第一;建安投资完成170.7亿元,同比增长41.7%,增速位列全市第一,全年4个月位列全市第一、5个月位列全市第二;社会消费品零售额完成439.9亿元,同比增长10.1%,增速位列中心城区第二;市场总消费同比增长11.3%;工业总产值完成306.4亿元,同比增长16%,增速位列中心城区第三;居民人均可支配收入实现84666元,同比增长7.6%,增速位列中心城区第四;登记失业率为2.17%。各项指标均符合市级要求。

(周 彪)

【京西产业转型示范区获通报表扬】 6月21日,国家发展改革委等四部门公布产业转型升级示范区建设2020年度评估结果,北京京西产业转型示范区获得2020年度评估"优秀"通报表扬,中关村石景山园获得"真抓实干成效明显"通报表扬。北京京西产业转型示范区等20个产业转型升级示范区纳入"十四五"时期产业转型升级示范区支持政策范围。

(邓 磊)

【重大项目建设】 年内,石景山区安排产业培育、市政基础设施、能源和生态环境、社会公益、民生保障、土地入市6大类113项重点建设项目。广宁村棚户区改造、北大附中石景山学校(新址)建设工程、首钢园区东南区1612-829地块、衙门口配套道路等一批重点项目取得立项批复;中关村工业互联网产业园1606-034地块等一批重点项目开工建设。争取市政府固定资产投资资金13.9亿元,用于支持永定河左岸公共空间提升工程、高井规划一路、北京市十一学校石景山学校新建等23个项目建设。通过重大项目支撑带动,投资保持高速增长,全年全区完成建安投资170.7亿元,同比增长41.7%,增速全市排名第一;完成固定资产投资410.8亿元,同比增长17%,增速中心城区排名第一,全市排名第三。

(苏永强)

【"十四五"规划纲要印发实施】 年内,区发展改革委统筹推动《石景山区"十四五"时期国民经济和社会发展规划和二〇三五年远景目标纲要》(以下简称《纲要》)及47项专项规划编制,开展规划宣传解读,抓好规划落地实施。坚持问计于民,经石景山区第十六届人民代表大会第七次会议审查批准,向社会公开《纲要》;强化专项规划衔接,统筹47项专项规划发布实施。印发《石景山区"十四五"时期国民经济和社会发展规划和二〇三五年远景目标纲要主要目标与任务分工方案》,将172项主要目标和任务分解至各有关单位,按季度开展监测评估,推动发展蓝图变成石景山现实。开展《纲要》宣传解读,推出"十四五"宣传片、5期MG动画、11期微信图文等系列宣传内容,多角度、形象化展示"十四五"发展蓝图。

(尚绪平)

【疫情防控与复工复产】 年内,区发展改革委健全完善工作日报、执法对接、督查督办、大数据派单落位、风险人员排查等工作机制,确保复工复产疫情防控高效运行。严格落实市大数据组派单落位机制、第一时间开展排查、核实人员信息、督促其向社区报到等防控要求,与区社区防控组对接,做好相关风险人员后续管控,确保防控工作不留死角。强化中高风险地区人员排查,根据疫情形势变化,针对商务楼宇、工地、工业企业等重点场所,排查中高风险地区进京或有旅居史等相关风险人员,按照要求落实好后续防控工作。编制《石景山区复工复产组工作简报》156期。健全完善中小微企业数据分析平台,为中小微企业提供精准服务,推动企业有序复工复产。

(邓 磊)

【营商环境优化】 年内,石景山区出台区级优化营商环境4.0版措施,提出探索智慧监管新模式、提供定制化司法服务等11项创新举措,推进区域营商环境持续改善。区发展改革委制定实施《石景山区2021年世界银行营商环境评价迎评工作方案》,加强统筹协调,开展自查自纠,全面抓好整改,完成世界银行营商环境评价迎评工作。编制营商环境工作简报12期。加强宣传培训,做好政策宣贯,组织全区各相关单位采用远程视频、在线学习、平台推送、现场培训、实地核验等方式参与宣传培训活动1300余场,覆盖企业4.3万家。

(邓 磊)

【高精尖经济结构构建】 年内,石景山区制定出台《落实"十四五"规划优化高精尖经济结构行动计划(2021年—2025年)》,不断优化"一轴四园"(一轴即长安金轴,四园即北京银行保险产业园、中关村石景山园、新首钢综合服务区、文创园)空间布局,统筹推进"1+3+1"(即以现代金融为主导,科技服务、数字创意、新一代信息技术为特色,商务服务业为支撑)高精尖产业发展,初步形成银行保险、工业互联网、虚拟现实等特色产业集群,谋划布局科幻、元宇宙等未来新兴产业,高精尖产业对区域经济贡献显著提高。全年高精尖产业实现收入2573.8亿元,同比增长19.5%。

(邓 磊)

【公共服务领域重点项目建设】 年内,区发展改革委加大统筹协调力度,加快推进前期手续办理,推动公共服务领域重点项目建设。北京市十一学校石景山学校新建工程、北大附中石景山学校(新址)建设工程取得项目建议书(代可行性研究报告)批复,实现开工建设;石景山区政务服务中心和档案馆项目取得资金申请报告批复;

石景山区金顶街小学建设工程、石景山区儿童福利院及救助站建设工程取得初步设计概算批复;石景山区公共安全视频监控建设联网应用项目完成决算审批。

(郭 茜)

【15项便民工程完成】 年内,区发展改革委坚持"严格审核把关、强化资金保障、加强统筹调度"原则,完成便民工程项目实施方案审批,安排建设资金5358万元,督促各街道办事处加快推进工程进度,15项便民工程全部提前完工。

(郭 茜)

【谋划重要民生实事】 年内,区发展改革委紧扣"七有"(即幼有所育、学有所教、劳有所得、病有所医、老有所养、住有所居、弱有所扶)目标和"五性"(即便利性、宜居性、多样性、公正性、安全性)需求,按照"论证要充分、资金有保障、承诺能兑现"标准,统筹谋划石景山区2022年重要民生实事40项。

(郭 茜)

【"疏解整治促提升"专项行动】 年内,区发展改革委贯彻落实北京市人民政府《关于"十四五"时期深化推进"疏解整治促提升"专项行动的实施意见》(京政发〔2021〕1号),启动新一轮"疏解整治促提升"专项行动,发布实施《石景山区"十四五"时期"疏解整治促提升"专项行动规划》和《石景山区"十四五"时期深化推进"疏解整治促提升"专项行动工作方案》,制定印发《石景山区2021年"疏整促"专项行动工作方案》,强化组织领导,加强统筹调度,持续在深化疏解、强化整治、优化提升上下功夫,完成年度各项任务目标,新一轮"疏整促"专项行动实现良好开局。完成24项市级任务和25项区级任务,其中建设提升便民服务网点、棚户区改造征收签约、"留白增绿"等9项任务超额完成年度计划,违法建设治理、"揭网见绿"等任务提前完成年度目标,冬奥赛场周边和阜石路沿线、北京冬季奥林匹克公园、八大处门区及周边、模式口历史文化保护区、永引渠水系景观提升(二期)等重点区域和重点河道环境品质得到提升。聚焦城市开发建设遗留问题,坚持系统施策、精细化治理,清理整治桥下空间38处,调整搬迁公交场站2处,移交住宅小区配套设施1处,拆除施工围挡74处,规范治理临时建筑15处,代征道路用地移交5条。将"疏整促"专项行动与基层治理、接诉即办等重点工作融合,录制《向前一步》节目3期。

(马 岩)

【脱贫攻坚乡村振兴有效衔接】 年内,石景山区投入区级财政资金4350.34万元,统筹市级财政资金8374万元,带动社会帮扶资金2274.74万元,实施市、区两级项目92项,助力宁城县、莫力达瓦达斡尔族自治旗、称多县巩固拓展脱贫攻坚成果同乡村振兴有效衔接。

(李双全)

【依法行政】 年内,区发展改革委研究制定《北京市石景山区发展和改革委员会2021年依法行政工作方案》,按照《北京市发展改革系统2021年行政执法工作计划》要求,实施行政执法检查311起,人均执法检查量77.75件。发挥法律顾问作用,完成协议、合同审核69件,规范性文件合法性审查26件,公平竞争审查18件,政府信息公开相关审核17件,法律咨询75人次,组织召开业务科室疑难法律问题协调会6次,行政诉讼案件2件,一审二审均驳回原告诉讼请求。

(张 青)

【经济领域改革】 年内,区发展改革委组织经济领域专项小组各相关单位,完成2021年重点改革事项梳理工作,确定重点改革任务7项,涉及改革成果24项;定期梳理汇总各成员单位改革任务进展情况,按照要求完成月度报告12次;完成新首钢等专项改革材料梳理上报2次。

(张 青)

【依法办理政府信息公开】 年内,区发展改革委办理公民、法人依申请公开事项15件,其中区发展改革委主办8件,市发展改革委协办3件,区政务服务局协办4件;主动公开政府信息213条。

(张 青)

【公共资源交易】 年内,区发展改革委组织全区各采购单位和招标代理机构开展线上政策宣传和进场业务培训,推进《北京市公共资源交易目录(2020年本)》内各类公共资源进场交易。全年区公共资源交易平台完成交易756个,交易金额29.99亿元。

(张 青)

【提议案办理】 年内,区发展改革委承办市人大、区人大、政协提案建议30件,其中市人大建议会办件1件,区人大建议会办件10件,区政协提案19件(主办7件,会办12件)。全部提前办结,均为A类,委员、代表满意率100%。

(张 青)

【价格监测预警】 年内,区发展改革委围绕全区中心工作,应对疫情冲击,聚焦保供稳价。启动疫情价格监测预警机制,增加监测频次和范围,建立日报制度。狠抓价格监测工作质量,将行政执法与价格监测考核相结合,规范数据报送行为。关注居民生活必需品价格变动情况,研判上报信息,上报各类价格监测信息194条,其中市级平台《价格早报》刊出31条,区级信息刊出56条。发挥价格调控工作联席会议作用,加强部门协调联动,强化稳价安民属地责任。在全区范围甄选定点酒店和餐饮店铺40家,举办价格监测平台业务培训4次,参训200余人次。制定印发《石景山区冬奥会、冬残奥会期间住宿餐饮价格监测与调控工作方案》,开展价格调查和市场巡视。增加和扩大监测频次和范围,建立价格监测报送制度,及时上报市场动态。平台监测3440家次,实地调研140余次。全区价格监测工作在全国和北京市年度评比中,荣获"全国价格监测先进单位""北京市价格监测先进单位"称号。

(张晓寒)

【价格调控】 年内,区发展改革委按照市发展改革委保供稳价总体部署和市、区疫情防控要求,多措并举做好疫情期间保供稳价工作。完善应急保障制度,会同区商务局等部门,组织召开重点流通企业工作对接会,落实"点对点"监测补货保障机制,督促商家拓展供货渠道,维持区域主要生活物资、重要商品和防疫物资价格总体运行平稳。联合区市场监管局,持续开展价格执法行动,保障货品量足价稳、优质安全。加强规范管理,强化日常价格调控工作,及时与商务部门和流通企业了解产供销情况。

(张晓寒)

【价格管理】 年内,区发展改革委落实市发展改革委《关于开展清理规范城镇供水供电供气供暖行业收费有关工作的通知》《北京市市场监督管理局等八部门关于进一步做好规范转供电环节收费工作的通知》要求,会同区城管委等部门专项部署清理整顿工作,3月1日起全面取消不合理收费项目,坚决纠正强制性收费。会同区城管委、区住房城市建设委、区国资委、区市场监管局等部门,成立转供电清理领导小组,开展转供电主体专项排查行动,确保转供电环节降费取得实质性进展。

(张晓寒)

【接诉即办】 年内,区发展改革委办理12345市民服务热线22件。其中停车收费政策咨询类问题19件,占比86.36%;其他政策咨询类问题3件,占比13.64%。处理响应率、满意率、解决率均为100%。

(黄　柯)

经济和信息化

【概况】 石景山区经济和信息化局(简称区经信局),加挂石景山区大数据管理局(简称区大数据局)牌子。区经信局是负责指导辖区工业、软件和信息服务业发展,统筹协调信息化工作,促进中小企业发展的政府工作部门,同时,履行区信息化工作领导小组办公室、通信保障和信息安全应急指挥部办公室的职能。年内,区经信局贯彻落实区委区政府各项决策部署,全力构建"高精尖"产业结构,致力打造智能化城市大脑,统筹推进社会信用体系建设,落实创建文明城区工作任务,坚持高标准防范抵御各类风险隐患,完成全年各项既定目标任务。

(张　帆)

【拓宽财源建设路】 4月23日,中国瑞达战略新兴产业协同创新中心启动仪式在石景山区瑞达大厦举行。中心由中国瑞达投资发展集团和杭州永盛集团合作成立,中电智慧基金和沈阳新松机器人产业集团为技术指导单位,工信部赛迪研究院中小企业研究所和区经信局为政策支持单位。中心的成立契合北京市发展科技创新中心定位,将促进央企、民企、资本等社会资源的汇集,以项目孵化、技术支持、专业化服务、科技学习建设,打造信创服务产业技术支撑平台,探索在网信产业等高新技术领域科技孵化的运营模式与发展思路。

(金云龙)

【大数据工作推进小组会议】 7月16日,区经信局组织召开全区大数据工作推进小组第一次会议。听取区大数据工作推进小组成员调整情况汇报、2020年大数据工作总结和2021年重点任务,部署2021年政务数据资源目录编制工作。会议决定继续加强数据归集,形成长效数据更新机制;进一步加强信息化项目统筹工作,高度集成信息系统平台建设;各业务部门要引领大数据应用,领导干部要形成大数据思维,聚焦如何使用大数据成果。

(邱　君)

【应检尽检纳入"信用+医疗"】 12月10日,核酸检测(社会应检尽检)纳入"信用+医疗"服务范畴。"信用+医疗"便利化水平提升,宣传推广力度加大。

(巨冉冉)

【区通管办揭牌成立】 12月29日上午,北京市石景山区通信建设管理办公室(简称区通管办)揭牌仪式在区科技馆举行。市通信管理局副局长黄平,区领导王智勇,区经信局、中国铁塔北京市分公司、区规自分局、区住建委、区城管委、区园林局、区城管指挥中心及各基础电信运营企业区分公司相关领导参加揭牌仪式。区通管办由北京信息通信业主管部门牵头成立,旨在加强区级信息通信行业管理力量,提升市民关于"提速降费"的获得感,更好地为房屋建设工程和市政基础设施工程建设单位提供服务,为推动北京数字化转型、优化营商环境贡献行业力量。区通管办主要职责是负责宣传、贯彻落实通信工程相关国家强制性标准和通信建设管理政策;履行通信行业管理部门部分职责,推动通信业政策落地、行业属地化管理,支撑区委、区政府做好关于通信规划、建设相关政策实施;配合北京市通信管理局开展房屋建筑和市政基础设施工程的通信验收备案及竣工联合验收工作;协助推进北京市通信管理局通信工程质量监督机构交办的通信工程质量监督工作;协助区政府及相关委办局处理属地内通信行业相关投诉。

(王宇寰)

【发布建设发展规划】 年内,《石景山区"十四五"时期"智慧石景山"建设发展规划》正式发布。发展规划聚焦统筹信息网络升级,强化城市大脑体系基础支撑;加快数据汇聚共享,优化大数据共性基础能力;提升城市大脑效能,推进智慧石景山创新服务;培育数字经济业态,构建融合创新高端产业群落;筑牢安全防护体系,增强信息安全统一管理能力。

(王宇寰)

【电子政务网络和安全改造】 年内,区经信局完成区电子政务网络和安全改造工作。根据三级等保要求完成网络架构规划调整,部署防火墙、态势感知、APT等安全设备,提高政务核心网络的安全性。完成185个居委会及社区服务中心政务网络改造。改造后社区居委会政务网带宽从10兆提升至100兆,为智慧社区建设提供基础网络保障。

(许致远)

【5G基站】 年内,石景山区新开通5G基站73座,累计建设5G基站470座,实现主要道路、旅游景区、交通枢纽、冬奥场馆、园区等重要场所连续覆盖。

(王宇寰)

【政务云平台】 年内,区经信局牵头建设石景山区政务云平台。7月,完成政务云平台建设并正式投入使用,截至12月,政务云平台上共计73个业务系统,435台业务虚机。政务云各业务系统已实现信息整合、交换、共享和政务协同。

（陈　伟）

【视频共享服务平台】　年内,区视频共享服务平台接入民防局高点视频8路、南马场水库视频43路、服贸会首钢园会场视频453路、疫苗接种点位视频265路,平台全年共有视频8230路。为运营指挥中心、街道综合平台、维稳指挥中心提供全量视频调用接口服务,为28个部门提供视频调看服务。为各委办局重点信息化项目、辖区内公共安全管理及重大活动期间的应急响应提供视频信息辅助决策,提高公共安全事件发生时的应急处置能力。

（张　媛）

【协同办公一体化平台】　年内,区经信局继续推进区协同办公平台建设,梳理各部门业务需求,全年统筹建设接诉即办审批、印章申请、立项申请、合同申请、重点任务、预警企业审批、离京备案、单位通知、短信发送、个人文件、系统更新日志共11个模块、16类信息模块系统。全年各级平台共处理各类办公数据30万余件。开展3次全区培训,为行政机关10个部门开展独立培训,截至12月,全区37个部门启用部门平台,全年培训1300余人次。协同办公平台的建设有效提高了工作效率,避免重复建设,节约资金,确保全区信息化建设健康有序发展。

（张　媛）

【街道综合平台】　年内,区经信局开展石景山区街道综合平台建设工作。街道综合平台依托区大数据平台,汇聚全区人口资源、空间资源、视频资源等基础数据资源16类,380万余条;开发6大功能模块,已在4个街道的5个社区开展应用试点工作。

（陈　伟）

【经济运行平台初步建成】　年内,区经信局以各部门需求为牵引,上线楼宇经济分析模块,支持对全区商务楼宇进行基础数据采集并形成经济分析结果;上线新九条中小微企业分析模块,实现每月自动对全区新九条中小微企业进行分析;上线政策兑现平台,支持多类型事项在线兑现,具备政策发布、兑现事项信息标准化拆解、兑现事项征集、企业在线申报、各部门联合审核、企业确认拟兑现结果等功能,运用大数据技术,提升申报便捷度、审核准确度,提高兑现业务整体工作效率;上线企业诉求模块,支持企业在线提交诉求并自动流转至区接诉即办平台办理;推出“景贤人才”申报及认定模块,支持石景山区“景贤人才”在线申报及审核认定工作;建设招商引资管理模块,支持全区招商成果认定及工作考核。

（王继广）

【城市地下管线管理与监测】　年内,区城市地下管线管理与监测系统上线运行。系统实现掘路工程申报、审批、交底、查询、巡查等功能,形成责任明确、层次清晰、分工合理、执行顺畅、巡查到位、监督有力的管理机制。该系统的建设,形成地下管线产权单位、街道等部门间的有效联动,达到降低管线类案件挖断发生率、提高挖掘工程管线应急事件处置效率的目标,提升了掘路施工工程全流程监管力度。

（王宇寰）

【疫苗接种点位信息化建设】　年内,区经信局完成30个疫苗接种点的信息化基础建设工作。建成北京市首个区级疫苗接种5G+视频云平台,并与市级视频平台完成对接。完成首钢园区、青少年活动中心等疫苗接种点建设工作,为冬奥组委、3至12岁儿童疫苗接种提供保障。为各疫苗接种点位部署监控245路、红外测温设备28台、冰箱冷链温度监控22个,开通宽带21条,为全区疫苗接种工作提供有力支持。

（许致远）

【疫苗接种数据统计】　年内,区经信局编制《街道18岁以上人群疫苗接种排名表》《街道及行业主管部门加强免疫接种情况排名表》《财政供养人员加强免疫接种排名及60岁以上老年人促接任务完成情况表》《加强疫苗接种组织情况排名表》《60岁及以上老年人接种情况表》《每日各接种点组织单位第三剂接种情况表》等各类报表36类5165份。配合各行业主管部门各街道核对接种人员信息1550次。全年累计汇聚数据21000万条,治理数据42000万条。为石景山区疫苗接种提供数据支持。

（文云峰）

【疫苗摸排小程序紧急上线】　年内,区经信局紧急上线疫苗摸排小程序助力全区大规模人群接种工作。小程序分为居民入口和企业人员两类入口,居民可通过社区公众号或二维码扫描登记,员工可通过Ai石景山、中关村石景山园公众号完成接种摸排登记。数据提交后各行业主管部门、行政机关均可查看管辖范围内人员登记情况,辅助疫苗接种工作组快速查看摸排全区情况。统筹接种安排,助力全区大规模人群接种工作。

（邱　君）

【公共数据开放工作】　年内,区经信局按照北京市2020年度公共数据开放工作部署,牵头编制石景山区2020年度公共数据开放计划,计划围绕公共设施、社会服务、中小学教育、经济建设、诚信建设等领域,并完成市级、区级大数据平台数据汇聚。在北京市政务数据资源网向社会开放40余项高价值数据,在全市区级政府公共数据开放评估中被评为A级。

（邱　君）

【门户网站适老化和无障碍改造】　年内,区政府门户网站完成新一轮适老化和无障碍改造。新增“快捷方式”和“读屏专用”功能。快捷方式功能,可提供下载适老化服务模式的快捷通道,方便老年人直接访问无障碍版门户网站。读屏专用功能,可实现语音描述和介绍当前页面的网页功能,帮助老年用户理解,引导其操作,方便获取信息。

（王继广）

【年度信息化项目前置评审】　年内,区经信局受理48个信息化项目前置技术评审申请,投资预算总额2.49亿元。截至年底,审结项目43个,审减不合理建设、重复建设费用1234.05万元,审减率6.6%。

（王继广）

【信息化培训会】　年内,区经信局组

织召开线上石景山区信息化培训，全区75个单位110余人参加培训。培训重点介绍石景山区城市大脑建设内容、大数据建设项目征集的要求，以及区协同办公平台、非加密视频会议系统功能和注意事项。此次培训增强了各单位对区城市大脑的理解，使各单位了解开展大数据建设项目的基本流程，掌握通用平台的使用方法。

（王宇寰）

【疏解整治促提升】 年内，区经信局落实《北京市新增产业的禁止和限制目录》，确保不符合首都城市战略定位的工业企业按期退出。按照《石景山区2021年“疏解整治促提升”专项行动工作方案》，以及与市级部门的对接，2021年全区对退出一般制造业没有硬性任务，主要目标是协助市级部门及区西部建设办公室，对巴威、北重的退出做好配合工作，同时对已退出企业实现“动态清零”，保成果、防反弹，随时发现随时疏解。对2016年至2020年退出的26家企业进行“回头看”检查，未发现有退出企业反弹。

（代　蓉）

【安全生产管理保障】 年内，区经信局配合市区两级做好全年安全生产工作。强化疫情防控常态化条件下工业企业的安全监管，指导监督企业严格落实“四方责任”，贯彻各级各项疫情防控措施要求。深化安全生产专项整治三年行动，指导督促本行业（领域）内的生产经营单位进行安全生产隐患和消防安全隐患全面排查，明确企业工作负责人，确保各项排查任务推进落实，督促企业自查自纠对发现的安全隐患及时整改，全年实地指导企业安全生产和消防工作108家次。不断强化对工业企业的安全生产宣传培训力度，以“安全生产月”“应急宣传进万家”“宪法宣传周”等活动为契机，加大安全宣传教育进企业频次和力度，扩大宣传面，全年进企业实地宣传百余次，网络微信宣传转发文件71次。

（代　蓉）

【疫情防控和疫苗接种】 年内，区经信局针对企业基本情况及疫情防控形势变化，开展多项举措推进疫苗接种工作。开展疫苗接种检查工作，对区内规上工业企业及包含生产环节工业企业，持续开展疫苗接种检查工作；对其中基数较大、接种率较低企业由局主要领导亲自带队重点检查，督促企业、行业员工接种疫苗。重点做好市属国企、央企分支单位接种工作，配合市国资委等单位自上而下推进企业开展疫苗接种工作，推进疫苗接种工作进程。组织首钢河北通勤人员接种疫苗，根据国内外疫情防控形势变化，主动作为，扩大疫苗接种范围，开展首钢系统通勤人员接种工作，完成395名通勤人员接种保障工作。设立首钢园临时接种点位，经过前期充分调研，将首钢园内现有建筑改造为临时接种点位，4天内为6501人完成加强免疫。

（金明东）

【配合工业企业开展环保工作】 年内，区经信局为做好空气重污染应急应对工作，落实《北京市空气重污染应急预案》要求，在空气重污染期间对区内相关工业企业停限产应急措施落实情况进行监督检查，并督促企业做好工业源“一厂一策”更新备案。严格执行新增产业的禁止和限制目录要求，实现高污染企业零准入。向企业相关负责人宣传国家鼓励的有毒有害原料（产品）替代品目录，引导企业持续开发、使用低毒低害和无毒无害原料，减少产品中有毒有害物质含量，从源头削减或避免污染物产生。对区内企业内部非道路移动机械使用情况进行摸排并建立台账，督促企业做好网上备案登记，严格使用符合排放标准的非道路移动机械，确保达标排放。做好2021年石景山区涉VOCs排放制造业企业排查统计工作。

（李奕僖）

【新一代信息技术产业发展】 年内，石景山区信息传输、软件和信息技术服务业累计实现收入863.1亿元，同比增长15%；利润总额165.9亿元，同比增长155.5%；占第三产业比重为19.3%，较去年增长1.4个百分点。其中规模以上新一代信息技术企业累计实现收入658.4亿元，同比增长2.4%；利润总额85.5亿元，同比增长632.6%。年内，区经信局强化顶层设计，打造一流数字生态环境，对外发布《石景山区数字经济发展规划（2021—2025年）》和《石景山区工业互联网三年行动计划（2021—2023年）》。推进重点项目落地，提供数字经济支撑，建设中关村工业互联网产业园、虚拟现实产业园、人工智能创新应用产业园，集聚航天云网、中航信、虚拟动点等龙头企业；与中国电科集团签署战略合作框架协议及投资协议，中国电科（北京）智能科技产业园项目进展顺利；光功能材料及芯片项目和工业互联网平台工程实训基地项目落地实施。启动《石景山区加快“新基建”促进新一代信息技术产业发展暂行办法》政策兑现工作，通过惠企资金支持促进企业健康发展、做大做强。

（王　闪）

【严重违法失信行为专项治理】 年内，区经信局通过印发实施方案、部门约谈、签订信用承诺、印发监管提示函、信用修复等方式，指导30家企业退出严重违法失信行为专项治理台账。

（于　欢）

【创新信用领跑行动】 年内，区经信局在全区组织22家企业和1家园区参与“2021年北京市企业创新信用领跑行动”。经过材料审核、综合评价、全面复审、社会公示等流程后，北京环球国广媒体科技有限公司被评为“2021年北京市企业创新信用领跑企业”，中关村石景山园区管委会被评为“2021年北京市企业创新信用领跑园区”。

（于　欢）

【街道政务诚信建设】 年内，区经信局组织开展街道政务诚信建设工作。进行政务诚信承诺，各街道按照《石景山区街道办事处政务诚信承诺书》进行公开承诺，并在区政府网站公开公示；强化基层公务员诚信教育，组织公务员诚信、守法和道德培训；开展政务失信治理，各街道应不断提高政务诚信意识，避免因政务失信行为被司法部门列入政务失信治理对象；加强诚信宣传，各街道开展以“知信、守信、用信”为主题的宣传活动，普及信用承诺、信用修复、信用医疗等惠民便企知识,弘扬诚信典型,强化警示教育。

(赵文慧)

【“信用+医疗”试点考察调研】 年内,新华社经济参考报社、新华社北京分社记者团赴石景山区考察调研“信用+医疗”试点工作。就“信用+医疗”试点推进情况进行专题座谈并与区内相关单位进行专题讨论。会后,记者团赴石景山医院、广宁社区卫生服务中心实地调研并现场体验信用医疗带来的便捷服务。全区统一思想,从三个维度出发推进“信用+医疗”试点工作:一是实现多方共赢,压缩就医环节,缩短在院时间,增加群众获得感;加强信用基础,增强群众对信用体系的认识;缓解医院逃欠费问题,降低医院运行成本,减少人员密集接触;增加金融保险机构业务范围。二是突破传统思维模式,提升科技创新与机制体制创新双轮驱动效能,以信用就医为突破点,用科技改变感受,用信用改善生活。三是政府推动,社会广泛参与,引入第三方专业机构力量,探索实现可持续运行模式。

(巨冉冉)

【信用医疗网络化发展】 年内,石景山区推进信用医疗网络化发展,在区内三类医院运行“信用+医疗”系统。先后在三级医院(首钢医院)、二级医院(石景山医院)、社区卫生服务中心(广宁社区卫生服务中心)上线运行,为患者提供“先诊疗、后付费”“一次就诊一次缴费”服务,避免重复排队。推动“信用+医疗”系统在社区医疗机构落地,优化信用家庭服务机制,提高便利性。数据显示信用就医可节省患者60%的院内滞留时间,减少交叉感染风险。

(巨冉冉)

【服务中小企业】 年内,区经信局为进一步提高中小企业发展质量和效益,促进中小企业健康发展,主动靠前,走访重点企业,对重点中小企业实行动态管理,了解企业经营发展状况,针对性开展监测、扶持和服务。整合资源,优化协同服务,加强社会力量参与企业服务,壮大各类专业服务机构,扩大区域合作与对外开放。加强服务,解决企业困难,通过走访、座谈、组织培训等方式,了解企业需求,对接专业服务机构。拓宽渠道,驱动创业提速,举办石景山区创新创业大赛,挖掘培育优秀的创业人才、项目、创意,从而构建高精尖产业结构,推动中小企业双创升级。

(李雅娜)

【城镇集体企业疫情防控宣传】 年内,区经信局通过多种线上宣传途径,为城镇集体企业转发疫情防控指引,提升科学化、精准化疫情防控水平。动员职工开展疫苗接种工作,加大督导力度,开展走访检查,落实常态化疫情防控,督促企业职工做到非必要不出京、不去中高风险地区。

(李雅娜)

年内,石景山区在区内三类医院运行“信用+医疗”系统(《石景山报》供图)

【“专精特新”中小企业认定】 年内,石景山区蓝威技术、航天云路、鼎创环保等31家企业获得北京市2021年“专精特新”中小企业认定。

(金云龙)

【推进规范双公示】 年内,区经信局完善区公共信用信息服务平台,修正数据模板对接信用北京。规范流程,压实“合规率”,降低“迟报率”,履行信用修复区级初审职能,撤销区信用网站的信息公示,保障市场主体合法权益,优化营商环境。

(陈　璐)

【创新创业大赛】 年内,第六届“创客中国”北京市中小企业创新创业大赛暨“创客北京2021”创新创业大赛落幕。石景山区向“创客北京2021”北京赛推荐的科锐博润、微焓科技、大生清风等7家企业脱颖而出,入围“创客北京2021”TOP150,项目涵盖轨道交通制动能量节能回收、航天机热一体化设计平台、风电机组核心零部件再生制造等高精尖制造领域。

(陈　璐)

【企业获北交所首批上市资格】 年内,石景山区“专精特新”企业流金岁月获准北交所首批上市企业,该企业成立于2011年7月,是一家电视频道综合运营服务商,主要提供卫星电视直播信号落地入网覆盖服务,处于视听行业,属于电视+互联网领域。

(陈　璐)

【助力“专精特新”企业发展】 年内,区经信局多措并举助力企业发展。建立“专精特新”企业数据库,动态更新“专精特新”企业数据库,运用大数据技术为企业精准“画像”,清楚展现“专精特新”企业特点,为产业决策提供参考。搭建政企交流平台,引导形成企业与政府、企业与企业之间紧密互动的“朋友圈”;搭建信息沟通渠道,创造更多合作机会,驱动企业抱团发展。组织金融服务对接,邀请金融机构开展线上线下金融服务对接活动,加大北京市30亿元支小再贷款额度政策宣传,为“专精特新”企业精准匹配优质金融服务,助力企业解忧纾困。开展上市培育辅导,借助“北交所”开市契机,摸查“专精特新”中小企业上市意愿,开展企业合规风控、法律实务解读、重点知识产权风险管控等上市辅导培训,帮助企业精准确定上市目标,科学设计“上市路线图”,推动企业早上市、快上市。

(陈　璐)

【助力乡村振兴】 年内,区经信局赴宁城县开展支援协作工作。对标对表国家和市级考核标准,实地走访2020年项目。落实“三个保持”“四个不摘”要求,确保支援协作地脱真贫、真脱贫、不返贫。开展座谈会,挖掘乡村特色产业发展,与支援协作地干部共同研讨巩固拓展脱贫攻坚成果同乡村振兴有效衔接的新举措。挖掘特色亮点,加强媒体网络宣传,精准定位产业布局,致力于帮助支援协作地打造出种、产、销一条龙的产业服务链条。结合宁城县实际情况,谋划民营企业、社会组织和爱心人士与支援协作地开展产业、就业、消费和公益帮扶,加强消费帮扶和结对帮扶有机统一。

(金云龙)

财　政

【概况】 石景山区财政局(简称区财政局)是主管全区财政收支、财税政策、会计管理和财政、财务监督管理工作的区政府职能部门。全局设办公室(主体责任办)、人事教育科、预算科、国库科、行政政法科、教科文科、社会保障科、城建科、综合计划科、会计科、政府采购管理科、法制监督科、绩效评价科、行政科、财源建设科15个行政科室;下属石景山区财政局预算编审中心(挂石景山区财源建设服务中心牌子)、石景山区财政局国库收付中心、石景山区财政局绩效考评中心、石景山区财政监督检查所4个事业单位。年内,区财政局贯彻落实中央和市委市政府、区委各项决策部署,做好“六稳”(即稳就业、稳金融、稳外贸、稳外资、稳投资、稳预期)工作,落实“六保”(即保居民就业、保基本民生、保市场主体、保粮食能源安全、保产业链供应链稳定、保基层运转)任务,为石景山区经济社会高质量发展提供有力保障。经中央精神文明建设指导委员会复查合格,年度区财政局继续保留“全国文明单位”荣誉称号。

(田　雨)

【财政收支平衡】 年内,一般公共预算收入完成733297万元,增长11.6%,完成调整预算101.5%;加上一般性转移支付387704万元,专项转移支付159121万元,上年结余31357万元,调入预算稳定调节资金10394万元,调入资金450万元,一般公共预算总收入1322323万元。一般公共预算支出完成1254977万元,增长10.2%,完成调整预算109%;加上解支出31353万元,安排预算稳定调节基金10797万元,一般公共预算总支出1297127万元,年终结余25196万元。政府性基金预算收入完成1136898万元,完成调整预算78%;加市下达专项转移支付119343万元,上年结余15396万元,专项债券转贷收入895000万元,调入资金33720万元,政府性基金预算总收入2200357万元。政府性基金预算支出完成1281808万元,加专项债券付息及手续费上解等专项上解支出33721万元,专项债券还本支出870000万元,政府性基金预算总支出2185529万元,本年结余14828万元。国有资本经营预算收入完成3479万元,完成年初预算的231.9%,加上市下达转移支付300万元,国有资本经营预算总收入3779万元。国有资本经营预算支出完成1800万元,加调入一般公共预算资金450万元,国有资本经营预算总支出2250万元,年终结余1979万元。

(田　雨)

【重点投入】 年内,石景山区投入新冠肺炎疫情防控资金23312万元,做好常态化疫情防控经费保障。投入重点项目建设资金266918万元,保障北京冬奥组委和冬奥场馆周边环境整治、“创城”“创森”“疏整促”等工作。投入支持经济发展资金95804万元,推进“一轴四园”重点功能区建设、“1+3+1”高精尖产业项目发展落地。投入生态环境建设资金91840万元,推进垃圾分类,抓好大气污染防治“一微克”行动,提前完成新一轮百万亩造林任务,推进污染地块治理。投入教育资金221667万元,引进优质教育资源,推进学前教育三年行动计划,支持教育系统综合改造项目、平安校园等项目。投入文化、体育资金33771万元,保障国家公共文化服务体系示范区创建,保障西山永定河文化节活动举办,推动冰雪体育“六进”(即进机关、进部队、进校园、进企业、进社区、进家庭)活动。投入社会保障资金318429万元,保障对民生家园、为民办实事和济困工程的资金投入,落实养老服务三年行动计划。

(田　雨)

【财源建设】 年内,区财政局成立财源建设工作专班,构建数据汇集共享预警、精准化招商引资等9项工作机制,加强与企业需求对接,做好走访服务、走访核查等重点工作,扩容“服务包”企业至297家,累计完成市区级派单536次,成功挽留拟外迁的12家重点企业。加大支持经济发展资金的投入力度,支持主导产业发展以及高端人才引进等。推动中电科财务公司等电科系4家企业、邮储银行信用卡中心、中交资本控股有限公司、中国诚通资产管理有限公司、平安财险北京市石景山支公司等重点企业成功落地。

(田　雨)

【预算编制与执行】 年内,区财政局编制2021年部门预算,按照规定的人员工资政策、预算定额标准和人员编制及有关资源占用情况进行编制,调整不符合厉行节约相关规定的预算,细化预算项目,确保部门预算的真实性和完整性。2021年部门预算安排825000万元,统筹保障“六稳”“六保”任务,兜牢兜实基本民生底线。落实过紧日子要求,压减一般性支出,严控“三公”经费。推进预算编制与预算执行、结转结余资金管理和部门决算有机结合,提高预算管理的科学性。

(田 雨)

【国库集中收付】 年内,财政授权额度和授权支付电子化业务上线,预算单位足不出户即可完成资金支付,全年113家预算单位使用电子化支付13406笔,涉及金额26.19亿元。推进非税收入收缴电子化改革,城管系统等12家单位首批上线。完善公务卡制度改革,截至年底,系统注册公务卡3653张,消费26902笔,报销金额3793万元,进一步提高支出透明度,方便预算单位用款。

(田 雨)

【预算绩效管理】 年内,区财政局深化预算绩效管理改革,印发《北京市石景山区全面实施预算绩效管理的实施方案》,选取疫情防控、城市更新、"疏整促"等重点项目开展财政绩效评价,提高财政资金使用效益。推进财政投资评审工作,出台《石景山区财政投资评审管理办法(试行)》,全年完成财政投资评审项目343个,项目报审总额34.8亿元,审定额30.42亿元,节约财政资金4.38亿元,审减率12.59%。

(田 雨)

【国有资产管理】 年内,区财政局强化行政事业单位资产统一管理,贯彻实施《行政事业性国有资产管理条例》,建立健全工作协调机制,做好全区资产月报工作,依法依规编制《石景山区国有资产综合报告》,进一步摸清行政事业单位国有资产家底。

(田 雨)

【政府采购】 年内,区财政局推进政府采购意向公开工作,推进石景山区政采纳入北京政采一体化信息平台,推动实现"预算—采购—支付"的闭环管理模式。落实预留采购份额、价格评审优惠、优先采购等措施,保障各类市场主体平等参与政府采购活动。全年授予中小企业项目金额241554.98万元,占采购总金额的86.12%。

(田 雨)

【财政监督管理】 年内,区财政局对15家行政事业单位开展2021年度会计监督检查,重点检查收入纳入预算、支出预算政策落实、非税收入管理、固定资产管理等内容,累计发现会计基础不规范、内控建设不健全等15项违规问题,督促相关单位及时整改落实;同时加强日常监督,累计下户百余次,推动行政事业单位规范财政管理,完善内控体系建设。

(田 雨)

税 务

【概况】 国家税务总局北京市石景山区税务局(简称区税务局)隶属国家税务总局北京市税务局(简称市税务局),设有征收管理科等18个科室、2个事业单位、11个税务所。干部职工516人,科级以上领导80人,党员395人、团员49人,本科以上456人,占总人数的90.31%,有注册会计师、注册税务师、律师证书49人。主要负责增值税、企业所得税、个人所得税、契税、印花税、土地增值税、城市维护建设税、耕地占用税、环保税、资源税、车船税、房产税、城镇土地使用税、文化事业建设费、残疾人就业保障金等税费征收及国家电影事业发展专项资金和工会经费等非税收入代征工作。有税源登记46673户。其中正常状态42446户,非正常状态4147户,清算状态80户;内资企业38884户,个体经营6531户,非企业单位378户(其中国家机关35户、事业单位343户),港、澳、台商投资企业227户,外商投资企业202户,其他55户;增值税纳税人40858户,其中增值税一般纳税人11323户、小规模纳税人29535户;消费税纳税人130户。年内,区税务局应对新冠肺炎疫情不利影响,立足区域特色,强化税收经济分析,推进智慧税务建设,完善税费征管体系,落实各项减税降费政策,优化营商环境。全年完成各项税费收入399.52亿元,同比增加148.87亿元,增长59.4%。完成税收收入261.96亿元,同比增加42.82亿元,增长19.5%,增速列全市第五位、城六区第一位。其中完成中央级税收收入128.60亿元,同比增加23.95亿元,增长22.9%;完成地方级税收收入133.36亿元,同比增加18.87亿元,增长16.5%。完成地方一般公共预算收入139.78亿元,同比增加18.97亿元,增长15.7%,占全区收入97.1%,增速列全市第六位、城六区第二位。完成区级收入71.26亿元,同比增加8.83亿元,增长14.1%,占全区收入97.2%,增速列全市第八位、城六区第三位。

(杜志刚)

【税收收入特点】 年内,石景山区三大税种累计完成226.07亿元,同比增加37.69亿元,增长20.0%,占税收收入86.3%,同比增加0.3%。其中企业所得税累计完成86.67亿元,同比增加32.99亿元,增长61.5%;个人所得税平稳增长,完成41.36亿元,同比增加5.75亿元,增长16.2%;增值税完成98.04亿元,同比减少1.06亿元,下降1.1%,剔除上年底2亿元的免抵调库影响,同比增加0.95亿元,增长1.0%;契税完成6.24亿元,同比增加2.22亿元,增长55.1%。金融业、信息传输业、房地产三大主体行业收入规模占比显著提升,完成税收收入172.30亿元,增长47.8%,占总收入65.8%,同比增长12.6%。其中金融业完成税收收入66.06亿元,同比增加5.97亿元,增长9.9%;信息传输业完成59.85亿元,增加36.03亿元,增长151.3%;房地产业完成46.39亿元,同比增加13.70亿元,增长41.9%。

(杜志刚)

【增值税管理】 年内,区税务局坚持依法组收,落实税收优惠政策,加强税收预测和统计分析。推进专票电子化试点工作和"一户式"管理机制,按照"1+1+5"岗责要求(即以"一户式"信息归集和网格化服务管理为依托,梳理出一套业务流程及岗责体系,形成一套工作规范,制定内控、督导、绩效、特派办及纪律监督等5个专项方案),完成岗位配置52个,新增岗位14个。完成全市应推未推清理工作,完成率100%。940户纳税人接收电子专票8856份,价税合计5.26亿元;529户纳税人核定电子专票,122户纳税人开具电子专票1741份,价税合计0.57亿元,开具比列全市第三名。抓好源头防控,一体化推进专普票风险防控,以票种核定信息为着力点,聚焦登记状态、风险地址、敏感行业、进销不符、用量突变等切入点,筛查企业信息5645户次,风险识别1279户次,认定风险纳税人519户次,有问题率41%。制定车辆购置税征收方案和任务清单,完善窗口设置、人员配备,宣传电子税务局网上申报,推行4S店自助终端8户,落实巡查制度,确保6月21日车辆购置税顺利开征。全年征收车辆购置税0.74亿元。落实税收优惠政策,利用数据信息实现政策辅导广覆盖。完成加计抵减政策辅导5099户次,享受增值税免税政策销售额755.79亿元;享受3%减按1%征收实际抵减税额0.88亿元;完成即征即退1256户次,金额1.03亿元;多缴误收退税1508户次,金额1.30亿元;留抵退税140户次,金额12.81亿元。推行增值税、消费税与附加税费整合申报,强化税源管理,规范风险纳税人处理流程,实时关注风险触发情况,确保增值税发票全链条管理有效运行。清缴一般纳税人增值税本年新欠579户次,税款3.79亿元。做好《机动车发票使用办法》实施工作,根据"一车一票"原则核定机动车销售统一发票最高开票限额,完成机动车企业维护,归类授权经销商43户、其他经销商43户,开展机动车开票软件未升级核实和风险核实7户次。加强第三方税控服务单位管理和检查,确保免收税控系统技术服务费政策落实到位。

(杜志刚)

【出口退税管理】 年内,区税务局以出口退税审核新系统上线为契机,对76户企业开展"无接触"式纳税辅导,落实取消预申报、零申报、报送增值税申报表等减负措施,引入"容缺"机制,大力推行无纸化申报。严格岗位设置,合理调配人力资源,严控业务风险。全年审核出口退税112户次,出口退税额0.78亿元,免抵额0.90亿元。做好函调管理,保质保量完成报送。接收核实函39封,复函26封;向上游企业发函36封,延期复函13封。

(杜志刚)

【所得税管理】 年内,区税务局完成2020年度企业所得税汇算清缴工作。全区应参加企业所得税汇算清缴企业33188户,同比增加659户,增长2%;实际参加汇算清缴企业户数32156户,同比增加264户,增长0.8%。参加汇算清缴企业实际应纳所得税额65.28亿元,同比增加17亿元,增长35.2%。落实研发费用加计扣除新政,预缴享受研发费加计扣除企业904户,享受金额合计51.22亿元。其中制造业享受新政户数85户,加计扣除金额3.32亿元,均享受制造业按照100%加计扣除政策。落实小微企业税收优惠政策,企业所得税纳税申报户数33222户,小型微利企业31451户,占比94.67%。其中盈利企业2844户,盈利面9.04%,减免所得税额1.84亿元,户均减免税额6.48万元。以日常监控管理为基础,结合北京市税务局下发疑点清册,依托减税降费情况表、小型微利企业所得税优惠管理监控系统、企业所得税预缴申报差错系统等平台加强后续管理。申报数据核查1380户次,研发费加计扣除优惠政策核实疑点数据77户次,分支机构违规享受小微优惠政策核实疑点数据26户次。

(杜志刚)

【个人所得税管理】 年内,区税务局采取点对点政策辅导,加强部门协作,畅通退税流程,做好2020年个人所得税汇算清缴工作,汇算清缴退税率达到100%。汇算清缴退税申请9.1万人,全部办理完毕,退税办结率达100%,列全市第一。制定方案,摸清底数,建立联络机制,推进行政事业单位补贴奖金个人所得税扣缴专项工作,完成371户行政事业单位政策辅导。开展2020年个人所得税综合所得汇算清缴事后抽查,实现个人所得税汇算清缴闭环管理。健全机制,拟定方案,对接区市场监督管理局,优化窗口设置,推进个人股权转让"先税后证"工作。

(杜志刚)

【国际税收管理】 年内,区税务局加强区内企业管理,完成专项情报发起的案源搜集,通过对区内"走出去"企业对外支付备案的信息及对区内企业存在国际税收风险的案件梳理,锁定1户存在特别纳税调整风险的企业,涉案未分配利润3.53亿元,并完成其专项情报交换前期准备及相关资料上报。科所联动,加强审核要点培训,完成31户企业同期资料审核。

(杜志刚)

【社会保险和非税收入管理】 年内,区税务局以缴费人为中心,提升服务质效。社会保险费管理方面:"接诉即办"回应缴费人诉求3千余人次,开展特色辅导,向7.93万户次企业发送"定制"短信16.91万条,重点企业电话辅导6000余户次。10月,城乡居民和灵活就业人员社保缴费协议签订工作划转税务机关,多措并举推动全区6万余名自然人社保缴费"无感过渡"。实地走访辖区社保所,整理7家主流签约银行缴费协议样式和填表要求,研究登记缴费一体化方案,确保业务流程畅通;联合区人社局、医保局、残联等部门,摸清老年人、残疾人等特殊群体诉求,协调相关银行推出视频签约、APP签约,服务行动障碍群体"无障碍"缴费;建立"社保—税务—银行"三方协作机制,对社保缴费疑难杂症实行"一方受理、专线沟通、就地化解";区分不同险种、参保人群,发放自制三版缴费服务指南、《致参保学生家长的一封信》5.6万份,短信提醒打通自然人社保缴费"最后一公里"。12月征期企业社会保险费征缴率为99.42%,同比增长5.2%。非税收入管理方面:做好新划转的水土保持补偿费及防空地下室易地建设费征收工作。对接区财政局、区城管委及区人防办,通过石景山区政府邮箱系统达成信息互联互通;科所联动,优化缴费流程;做好费源统计和登记造册,加强减免情况监控。推行国家电影事业发展专项资金收缴电子化管理。1月,完善划转的水土保持补偿费及防空地下室易地建设费征收模式及工作机制;7月,对接区规自分局、区城管委,摸清费源底数,建立机制和征管衔接流程,做好新划转的土地闲置费、城镇垃圾处理费承接工作。全年征收社会保险费130.87亿元,同比增长425.1%;征收职业年金3.53亿元，同比增长23%。征收非税收入9.64亿元，同比增长5.0%。

（杜志刚）

【财产和行为税管理】 年内，区税务局加强与区相关部门协调，解决辖区不动产登记历史遗留问题，办理西黄村和北辛安2个回迁安置房项目契税减免手续，打通2个项目"通道"，13804户居民办理房产登记。解决泰禾房地产公司和万商集团无偿还建项目过户问题，助力区招商引资，受到区领导肯定性批示。落实普惠性减税降费政策，完成小微企业普惠性税收减免政策"应享未享"退税57户次，退税金额9.55万元。引入第三方服务机构，成立清算专业小组，制定《石景山区税务局土地增值税清算审核管理办法》，对3个土地增值税项目开展清算审核，其中完成清算审核项目2个，入库税收2.61亿元。推进土地增值税管理模块试点工作测试，完成60个土地增值税项目台账梳理。加强土地增值税项目清算后销售管理，通过与增值税不动产销售数据比对，有效强化土地增值税尾盘申报数据监控。尾盘销售入库土地增值税2254.04万元，同比增加2184.35万元，增长3134.15%。开展已享受增值税小微企业减免但未享受"一税两费"（即城市维护建设税、教育费附加、地方教育附加费）减免、已享受增值税出口货物免抵税同时未按规定申报对应"一税两费"风险核查。涉及疑点数据163户次，需修改申报户数143户次，问题率达87.73%，完成城建税退税4896.39元，城建税补税3016.73元。科所配合核查房产税、城镇土地使用税税源，补缴往期房产税65.97万元，滞纳金7.07万元；补缴城镇土地税8433.69元，滞纳金621.93元。制作"金税三期系统"和电子税务局环保税申报操作指引，实现环保税合并申报有序进行。持续做好开发企业代收契税清理，涉及代收契税企业8户、代收契税房产1175套、代收契税未入库7662.58万元。分批为纳税人办理契税缴纳手续，清理完毕企业2户，办理1024套，契税入库4960.14万元。全年组织税收34.36亿元，同比增加4.41亿元，增长14.73%。其中土地增值税10.05亿元，同比增加1.08亿元，增长12.03%；城市维护建设税7.74亿元，同比增加4331.69万元，增长5.93%；契税6.24亿元，同比增加2.22亿元，增长55.09%；房产税5.53亿元，同比增加4305.61万元，增长8.44%；印花税2.81亿元，同比减少389万元，降低1.37%；资源税8354万元，同比增加1141万元，增长15.8%；城镇土地使用税6277万元，同比增加687万元，增长12.29%；环保税3203万元，同比增加532万元，增长19.9%；车船税1943.74万元，同比增加736.74万元，增长61.04%；耕地占用税62万元，同比减少446万元，降低87.8%。

（杜志刚）

【冬奥服务】 年内，区税务局配合冬奥组委自2月起，派驻冬奥组委干部2名，编写《北京2022年冬奥会和冬残奥会税收指南》，开设冬奥服务税收专厅，提升涉税办理时效。与车管所、保险机构协作，理顺冬奥组委2500余辆临时用车免税、投保、登记流程，首批1002辆冬奥组委用车投入使用。落实冬奥减免税政策，减免增值税3.44亿元。成立"蓝色蒲公英"青年志愿者服务队，赴冬奥首钢园区宣传涉奥优惠政策，拍摄冬奥推广《一起向未来》手势舞。

（杜志刚）

【减税降费】 年内，区税务局做好减税降费及缓税工作。落实煤电保供和制造业中小微企业四季度缓缴税费专项工作，180余户企业实际享受缓缴税费1.3亿元，为企业纾困解难。

（杜志刚）

【信息化建设】 年内，区税务局发挥第三方技术服务潜力，做好全局信息化软硬件运行。完成电子公文系统上线，组织109人人海压力测试，完成515台设备公文软件安装，解决系统问题300余次。做好发票网络化专窗工作，调整软硬件和岗位设置1558次。加强业务系统账号管理，对金税三期、发票税控2.0、互联网税务局等30余个系统开展权限定期检查和权限配置，共3560人次、4584个岗位。细化《防范违规外联工作要求》和《数据需求申请和系统权限申请》等工作流程，确保网络和数据安全。协助第五稽查局办公区十二楼网络改造工作；完成三、四税务所不动产办公区域搬迁，调试设备84台次。为各部门提供数据需求581份、数据832万条。做好资产管理，完成80台设备更新，做好3076块税控盘、一证通管理。

（杜志刚）

4月23日，区税务局开展"精彩冬奥，志愿有我"主题活动，成立"蓝色蒲公英"青年税收志愿服务队，扎实推进便民办税春风行动（区税务局供图）

金　融

【概况】　石景山区金融服务办公室（简称区金融办）是区政府下属的正处级职能部门，主要职责是贯彻落实党中央关于金融工作的方针政策、决策部署和市委、区委有关工作要求，在履行职责过程中坚持和加强党对金融工作的集中统一领导。区金融办内设综合科（主体责任办公室）、金融发展科、金融服务科、金融稳定科4个科室。年内，现代金融产业突破市级主导产业收入“千亿元”大关，保持区域经济结构中占比最高、对经济增长拉动最大、财政增收贡献最明显的第一大产业地位；金融服务实体经济成效显著、“两区”金融创新扎实推进，现代金融迈上新台阶、展现新气象，全年金融业实现收入突破1200亿元。

（高　博）

【建行获金融系统创城示范点位】　8月25日，中国建设银行石景山支行接待区内指导组开展金融系统创城示范点位验收工作。区创城办、区金融办、各相关银行网点创城工作负责人对照《银行网点打分验收表》共同参与打分、评价，第三方专业检查机构结合创城指标，对支行实地点位进行专项培训，并逐项讲解易发问题。经整体评议，建行石景山支行符合获评条件，并于现场接受授牌。石景山支行将“5G＋智能银行”作为科技赋能的突破“利器”，以全新业务体验为区内金融服务增添活力，引金融活水润泽区域发展需要，为首都“西大门”建设送上建行支持。

（罗元宇）

【“新金融”亮相服贸会】　9月3日至7日服贸会期间，石景山展台以“国家金融产业示范区”为推广主题，光大银行信用卡中心、华夏银行信用卡中心、邮储银行信用卡中心“三卡”集中亮相金融专题展，由三家银行信用卡分别组成的“新金融”三个字，体现出石景山区作为全国唯一齐聚三家大型银行信用卡中心地区的独特产业风貌。专题展中的数字人民币自助咖啡机，通过现场扫码开通数字人民币账户，吸引1000余名观众畅享数字人民币咖啡，享受支付技术进步带来的实惠。通过数字人民币咖啡、“鹰瞳”检测等众多互动体验设备，石景山专题展台化身金融展“打卡”地，吸引参观者现场体验、拍照留念，自开展以来1万余人次来到展台进行体验互动。

（高　博）

【中国国际金融年度论坛】　9月4日，在2021年服贸会举办期间，第十七届中国国际金融年度论坛作为服贸会金融展主论坛在首钢园隆重召开。论坛以“绿色北京 开放金融”为主题，由中国人民银行、中国银行保险监督管理委员会、中国证券监督管理委员会、国家外汇管理局、北京市人民政府指导，北京市地方金融监督管理局、北京市石景山区人民政府、北京市西城区人民政府主办。120余位行业专家、学者、金融机构共商金融开放、国家管理中心建设问题，扩大了银保园的行业影响力。

（高　博）

【与中交资本战略合作签约】　9月30日，石景山区政府与中交资本控股有限公司在京举行战略合作签约仪式。中交集团党委书记、董事长王彤宙，中交集团总经理王海怀，区领导常卫、李新参加签约仪式。双方基于央企改革战略机遇，紧抓石景山区服务保障冬奥筹办和打造首都城市复兴新地标“两大机遇”，聚焦城市更新和产业转型“两个关键”，建立和完善双方战略合作机制，推动双方长期战略合作和交流。此次战略合作协议的签署，标志着石景山区与中交集团进入合作全面升级新阶段，产业对接取得新成果，共同推进北京京西产业转型升级示范区和国家级金融产业示范区建设，通过央地携手打造首都中心城区高质量发展典范。北京市地方金融监管局二级巡视员邹世斌，中交集团领导彭碧宏，区领导齐春利、李先侠参加活动并共同见证协议签署。

（高　博）

【筑牢金融防疫屏障】　年内，区金融办统筹推进新冠肺炎疫情防控和经济社会发展，发挥“金融业防疫工作专班”作用，按照“接单即办”工作要求，严格按照时间节点开展市派大数据人员排查工作，逐项细致摸排相关情况。健全驻区金融机构疫苗接种工作体系，按照机构类别，明确专人，做好人员摸排、组织动员、问题答疑、数据统计等工作，发挥大数据系统作用，精准对接驻区金融机构符合加强针接种条件人员，组织驻区金融机构接种新冠疫苗，行业加强免疫接种率达到115.79%，办内干部疫苗接种率、60岁以上老人促接任务完成率均为100%。

（高　博）

【现代金融产业高质量发展】　年内，区金融办引入邮储银行信用卡中心，形成长安金轴“三卡＋消金”（三卡即光大银行信用卡中心、华夏银行信用卡中心、邮储银行信用卡中心；消金即北京阳光消费金融股份有限公司）消费金融新格局，累计信用卡发卡量占全国五分之一；与中交集团建立战略合作，设立百亿级中交资本控股公司；全年引进现代金融机构32家，完成内外资招商引资任务目标。银保园建设树起京西金融新地标，规划建成率超过80%，推动中电科财务公司等机构入驻。培育全国首家中外合资铁矿石现货交易中心，与大商所合作推动铁矿石非标仓单交易首单业务落地，完成国务院赋予的“两区”建设试点任务。成立中共北京市石景山区现代金融商会委员会，覆盖重点金融机构60余家，举办石景山区现代金融商会大讲堂，以党建引领凝聚现代金融产业高质量发展合力。

（高　博）

【银保园创新发展】　年内，北京银行保险产业园区636地块实现竣工，651地块实现开工建设。与8家意向入园机构开展实质性商谈，推动中电科集团、龙盈智达等机构明确入驻银保园办公，租售面积29万平方米，已建成地上载体入驻率达到70%；银保园服务中心正式启动运行，为园区企业提供申请材料预审查、办事过程全跑腿、审批问题协调等高效全程无偿代办服务。协调区政务服务局布设多功能无障碍自助机，100余项高频政务事项实现园内自助办理；园区全年新引进机构14家，注册资本金111.9亿元，累计引进机构49家。

（高　博）

【金融服务保障冬奥】　年内，区金融办全力服务保障冬奥，举办“点亮智慧冬奥 共创数字北京”活动，在全国范围内首次在冬奥会红线内外进行数字人民币支付场景测试，推动数字人民币支付在餐饮、住宿、购物等7大场景应用，在服贸会现场邀请4000余人体验数币消费，累计拓展商户300余家，其中推动香格里拉酒店周边10公里范围内具备支付条件的重点商户达到180余家。同时，引导驻区银行机构优化冬奥签约酒店外卡支付服务、开通本外币兑换功能，提升网点外语服务、无障碍服务建设水平，打造冬奥便捷金融支付环境。

（高　博）

【金融服务实体经济体系】　年内，区金融办制定《石景山区关于财政支持民营和小微企业金融服务综合改革试点专项资金管理办法》，针对企业“融资”需求，累计引导金融机构为100余家区内企业贷款45.5亿元，同比增长30%。开展驻区重点企业融资对接会5场，参会企业200余家次。落实财源工作部署，服务企业发展需求，做好重点机构挽留。优化产业综合分析，持续跟踪重点机构运营情况，为机构服务夯实基础。主动对接区、处级“服务包”企业，协调解决工商、社保、税务、人才等企业需求90余件。启动运行银保园服务中心，打通政务服务“一站式”通道。

（高　博）

【金融营商环境优化】　年内，区金融办制定区企业上市三年行动计划，联合北京上市综合服务平台打造“交易所走进石景山”系列活动，推荐重点拟上市企业纳入北京市“钻石工程”，全年新增上市企业4家，完成市级下达任务的200%，任务完成率排名全市第二，上市企业总数达到18家，企业上市数量开创历年新高。帮助区内上市公司协调4亿元信贷，开展1.6亿元定增股票融资，缓解被美国纳入实体清单对企业造成的断崖式影响；针对企业上市过程各节点需要出具的各类函件，实现“即申即办”，累计为拟上市企业快速出具协调函13件次，推动企业上市工作顺利开展。优化营商环境，成功开展全市首个上市公司破产重整案例，49天完成北京地区首例上市公司破产重整，成为北京优化营商环境5.0版的新标杆，打造市场主体救治的“石景山范本”。

（高　博）

【金融活水推动实体经济发展】　年内，区金融办上线石景山区小微企业金融综合服务平台，实现企业贷款即报即审、审毕即贷。以民营和小微企业金融服务综合改革试点为牵引，制定并发布《北京市石景山区小微企业融资风险代偿补偿资金管理办法》，设立1000万元“石景山区小微企业融资风险代偿补偿资金”，建立1500万元“石景山区民营和小微企业贴息专项资金”，推动19家驻区银行和4家担保公司与托管机构签订合作协议。建立“一对一”企业上市服务管家，针对“卡脖子”问题，协调出具各类函件，打通痛点堵点，推动辖区企业“试水”多层次资本市场。

（高　博）

【金融风险防范化解】　年内，区金融办贯彻落实国务院《防范和处置非法集资条例》及《北京市贯彻落实〈防范和处置非法集资条例〉实施办法》精神，制定印发辖区实施方案，进一步健全防范处置非法集资相关工作机制，做好应急维稳工作，开展金融安全宣传教育，推动地方金融组织健康发展。持续压降P2P网贷风险，推动公安机关立案打击机构2家，良性退出机构11家，机构数量、借贷余额、出借人数、借款人数较年初分别下降71%、79%、79%、92%。联合专班现场排查处置涉嫌非法集资风险企业10家。摸排区内私募基金机构27家，推进24家机构分类整治工作。排查8家涉嫌虚拟货币业务企业风险，推动注销2家，下架相关网站1家。

（高　博）

【金融安全宣传】　年内，区金融办组织开展100余场金融安全宣传活动，实现全区151个社区全覆盖。召开贯彻落实《北京市接诉即办工作条例》专题会，将“接诉即办”工作纳入干部日常考核，全年接待现场信访29批次、88人次，办理12345转办件1006件，答复举报投诉电话1903次。

（高　博）

【金融助力乡村振兴】　年内，区金融办组织驻区金融机构赴内蒙古宁城县开展实地调研2次，与宁城县建立工作对接机制，推动产业帮扶项目大双庙镇农药残留检测中心完成厂房主体项目建设和验收工作，动员百融云创、方正期货等4家驻区金融机构捐赠100万元，作为社会筹集资金支持乡村振兴，完成“一对一”精准结对帮扶，提升帮扶地“造血”能力。

（高　博）

【“流金岁月”首批登陆北交所】　年内，北京流金岁月传媒科技股份有限公司(834021.NQ)首批登陆北交所，成为北京地区11家代表企业之一。“流金岁月”作为石景山区本土培育的企业，是石景山区唯一一家经历新三板基础层、创新层和精选层的“全流程”上市企业，是北交所为数不多具有“文创”基因的上市企业，对于辖区中小企业上市做出积极示范和引领。“流金岁月”是石景山区2021年以来的第4家新晋上市企业，标志着石景山区达成年度上市目标任务量的200%，也将石景山区单一年度上市数量推至历史新高，累计上市队伍壮大至18家，累计市值超过1000亿元。

（高　博）

【零售金融】　年内，中国邮政储蓄银行股份有限公司信用卡中心在石景山区完成工商登记注册，标志着石景山区零售金融版图正式形成。邮储银行信用卡中心是六大国有银行之中国邮储银行设立全国性质的专营机构，于2020年12月获批筹建，4月28日获得北京银保监局开业批准，成为继光大银行信用卡中心、华夏银行信用卡中心后，第三家落户“长安金轴”的总部级现代金融机构，为区域经济高质量发展增添新动力。上年，邮储银行信用卡新增发卡780.94万张,同比增速达18%,连续两年居行业首位,发展势头迅猛。

(高 博)

【文明城区创建】 年内,区金融办围绕新一轮全国文明城区创建工作要求,制定并落实银行系统创城实施方案,引导驻区银行机构高质量开展创建文明城区,助力高水平建设首都城市西大门。建立常态化银行网点巡护机制,聘请第三方定期巡检,确保问题及时发现、立行立改。优化提升宣传布设,对39处创城点位的宣传品统一进行更新及上门配送,确保各类宣传品、学雷锋志愿服务标识"举足即观、抬眼可见"。落实包片包点责任,持续巡护39处创城点位和上庄大街环境卫生,完成测评服务保障工作。

(高 博)

【农行保障服务冬奥会】 年内,中国农业银行石景山支行第一时间建立冬奥金融服务领导小组,制定《石景山支行关于做好2022年冬奥会运营保障支持、冬奥支付环境暨数字人民币场景建设保障工作的方案》。细化工作方案,组织专项检查,开展实战演练,强化宣传教育,对涉奥网点古城支行调配具有英语专业八级水平的员工,保证网点英语服务能力。做好本外币备付工作,对外币兑换、数字人民币、优化企业营商环境等方面进行宣导培训及监督检查。优化网点服务环境,提升人性化服务水平,聚焦客户需求,通过细心、暖心的服务细节,提供客户超预期服务体验。制定《石景山支行自助设备突发事件处理流程》,建立设备突发事件响应机制,明确酒店及农行石景山支行分管职责。做好各项准备工作,为闭环保驾护航,建立长峰假日酒店设备监测群,明确闭环期间设备监测分工,做到每日监测上报。冬奥期间,时刻做好闭环酒店服务工作。

(陈 晨)

【农行服务实体经济】 年内,中国农业银行石景山支行定期召开普惠业务督导会,促进全行普惠业务发展。年末,支行银保监会口径普惠贷款余额7.98亿元,较年初净增3.07亿元;有贷客户593户,较年初净增271户,实现首户e贷、分行首笔账户e贷和纳税e贷的投放,为实体经济贡献金融力量。紧跟总分行绿色信贷工作部署,加大与中煤、中铁、中建等高能耗央企沟通,营销推广支行的绿色信贷产品。截至年末,支行实现绿色信贷日均9.5亿元,日均增量6.5亿元。拓展国际业务客户基础,累计开通网银结售汇渠道客户19户,满足客户多元化融资需求。

(陈 晨)

【中行获市级荣誉】 年内,中国银行北京冬奥支行以优异成绩荣获2021年北京市"工人先锋号"荣誉称号。支行于2018年12月19日正式入驻北京2022年冬奥会和冬残奥会组织委员会办公园区,是最早进入园区的单位之一。入驻以来竭诚为北京冬奥事业提供周到及时的金融服务,得到组委会、国际友人、赞助商及社会各方广泛认可。网点现有员工10人,其中党员4人,平均年龄30岁。

(崔 超)

【工行服务保障冬奥会筹办】 年内,中国工商银行北京石景山支行为首钢园北区国家体育总局冬训中心"四块冰"(即冰壶馆、花样滑冰馆、短道速滑馆、冰球馆)项目审批贷款12亿元,助力冬奥训练场馆及配套设施建设,服务11支国家队45个小项的备战工作。为保障项目按期投入使用,支行与上级审批单位持续沟通,在保障业务合规的同时,为项目提供资金支持。

(郭诗行)

审 计

【概况】 石景山区审计局(简称区审计局)是对全区财政收支和法律法规规定属于审计监督范围的财务收支的真实、合法和效益进行审计监督,维护财政经济秩序,提高财政资金使用效益,促进廉政建设,保障石景山区经济社会健康发展的区政府职能部门。现有公务员编制40名,事业人员编制12名,工勤编制1名。在编公务员38名,事业人员11名,工勤人员1名。设有办公室(主体责任办)、综合法规审理科(审计委员会办公室秘书科)、电子数据审计科、财政审计科、固定资产投资审计科、经济责任审计科、行政事业审计科、企业审计科、内部审计指导监督科。下设经济责任审计中心、内部审计指导中心2个事业单位。年内,区审计局深入贯彻全国及全市审计工作会精神,围绕"七有""五性"促进保障和改善民生,推进绿色发展和生态文明建设,为冬奥服务保障工作提供审计监督服务,依法全面履行审计监督职责。

(夏山丹 吉香伊)

【区委审计委员会会议】 3月4日,区委审计委员会召开第五次会议,会议

7月6日,区委审计委员会召开第六次会议 (区审计局供图)

审议通过《2020年审计工作情况及2021年审计项目计划安排》和关于经济责任审计全覆盖、离任经济事项交接工作2项制度。7月6日，区委审计委员会召开第六次会议，会议审议通过《石景山区2020年区级预算执行和其他财政支出情况审计报告》。

（夏山丹　吉香伊）

【审计成果】　年内，区审计局完成审计项目37个，其中审计项目30个、专项审计调查7个。查出主要问题金额443566.73万元，其中违规金额16840.61万元、管理不规范金额426726.11万元；非金额计量问题491个；损益（收支）不实862.85万元；出具审计报告和审计调查报告98篇，被批示41篇次。审计处理处罚金额18379.91万元，其中应上缴财政款16556.28万元、应归还原渠道资金7.41万元、应调账处理金额1816.21万元。审计后挽回（避免）损失0.97万元。审计提出建议274条，被采纳审计建议274条；推动被审计单位制定整改措施111项；促进被审计单位建立、健全规章制度144项；提交审计信息150篇；被各级媒体采用审计宣传稿件269篇次；向社会公告审计结果9篇。《石景山区养老和救助等重点民生保障资金绩效情况审计》获市局优秀审计项目三等奖。

（夏山丹　吉香伊）

【政策审计】　年内，区审计局根据审计署和市局相关要求，重点关注中央直达资金的分配管理使用情况，重点检查减税降费、优化营商环境、贯彻落实过"紧日子"要求等政策执行情况，按季度上报审计结果。

（夏山丹　吉香伊）

【财政审计】　年内，区审计局对57个一级预算单位预算执行和决算草案情况进行大数据全覆盖审计，对教育系统5个单位进行现场审计，促进区教委切实发挥监管职能，收回下属单位沉淀资金3802.63万元上缴财政，提升财政资金使用效率。区审计局代政府向区人大常委会汇报《2020年度预算执行和其他财政收支审计工作报告》，针对预算执行审计发现的普遍性或者个别苗头性、倾向性问题开展警示通报，下发《关于2020年度部门预算执行和决算草案审计发现问题的情况通报》。

（夏山丹　吉香伊）

【领导经济责任审计】　年内，区审计局对区卫生健康委、五里坨街道办事处等6家单位8位主要领导开展经济责任审计，其中2家单位为党政同审。重点关注领导干部贯彻执行有关方针政策和决策部署情况、重大经济事项决策及执行、财政财务管理等情况，推动权力规范运行和领导干部廉洁从政。

（夏山丹　吉香伊）

【政府投资审计】　年内，区审计局完成对道路大修、老旧小区改造、园林绿化美化等26个工程的监督任务，并向区委区政府进行汇报；对石景山区冬奥赛场周边及阜石路沿线整治提升、冬奥社区建设等4个工程开展审计，对发现的问题要求相关单位及时整改到位，服务保障冬奥筹办。

（夏山丹　吉香伊）

【企业审计】　年内，区审计局对石国投公司和盛景嘉和公司开展企业财务收支情况审计，重点审计企业内控制度建立及执行、财务管理、对外投资、合作经营及购买第三方服务等情况，促进企业调整管理经营模式，补齐短板，提升运营能力和水平。

（夏山丹　吉香伊）

【专项审计调查】　年内，区审计局对区"河长制"政策落实及专项资金、静态交通建设及运营资金、公共文化服务体系建设资金、公共卫生资金以及2020年度应对疫情支持企业发展资金的管理使用情况开展专项审计调查。促使各相关主管部门加强管理，完善规章制度，提高财政资金使用绩效，维护好人民群众的切身利益，确保各项惠民利民政策落到实处。

（夏山丹　吉香伊）

【内部审计】　年内，区审计局印发《2021年内审工作指导意见》，在全区开展内部审计质量检查，重点抽查单位10家，向区委区政府报送《关于我区内部审计工作质量检查情况的报告》。

（夏山丹　吉香伊）

【审计查出问题整改】　年内，区审计局建立"线上预警＋线下督办"审计整改机制，在区协同办公系统研发嵌入"审计预警"模块，实现部门联动、实时督办、主动预警。向社会公开预算执行和其他财政收支审计查出问题整改情况。

（夏山丹　吉香伊）

【审计理论研究】　年内，1名审计干部的论文在全市审计青年论坛征文中获二等奖，《部门预算执行审计中开展数据分析工作的探索》等5篇研究性成果被中国审计报、人民网、审计观察等媒体采用。

（夏山丹　吉香伊）

统　计

【概况】　石景山区统计局、石景山区经济社会调查队（简称区统计局、调查队）是区政府负责综合统计和国民经济核算的职能部门，受区政府和北京市统计局双重领导。局队机关设办公室、综合科、人事教育法规科（主体责任办）、数据中心、宣传科、执法队、工业城建和能源统计科、服务业统计科、商贸统计科、人口就业统计科、社会科技统计科、价格和住户调查科、专项调查科、普查中心、产业调查科。年内，区统计局、调查队将党的政治建设摆在首位，扎实开展党史学习教育，加强统计干部队伍建设，推进"整改"落地见效。始终把服务全区经济稳定恢复、稳中加固、稳中向好摆在突出位置。注重需求导向，提升调研分析水平和统计产品质量，加强数据解读力度，深化宣传平台建设。打造统计调查"石景山样板"，加强人口监测，优化"七有五性"监测评价，开展住户收支、价格等调查，服务保障全区民生改善。推进政府统计系统机构改革，加强统计数据质量管控，强化统计法治保障。开展普法宣传，筑牢防惩统计造假的思想防线。在北京市政府统计系统综合考评中获得优秀等次，获评"第七次全国人口普查先进集体"；在建党百年之际，党建工作获北京市城乡社区共建先进集体、石景山区先进基层党组织、石景山区优秀基层党建创新项目等表彰。积极撰写统计分析,报送统计专报72篇,简明统计资料47篇,获领导批示58篇次。着力开展课题研究,1篇调研分析获得市局“2021年度优秀统计分析报告评比”三等奖。

(李岱丽　范春丽)

【第七次全国人口普查】 年内,石景山区第七次全国人口普查领导小组办公室正式发布《北京市石景山区第七次全国人口普查公报》。第七次全国人口普查数据显示,石景山区人口发展呈现六个方面特点:一是从人口总量上看,常住人口总体减少。2020年石景山区常住人口56.8万人,比2010年减少4.8万人,年均减少0.8%。二是从人口素质来看,文化程度整体提升。石景山区常住人口中,拥有大学(指大专及以上)文化程度的人口为26.8万人,占比47.3%,比2010年提高12.7个百分点。每10万人中具有大学文化程度的人口为4.7万人,高于北京市平均水平12.6%。高学历人口明显增加。三是从性别结构看,性别比有所下降。石景山区常住人口性别比为98.5,即每100个女性对应将近99个男性,与2010年的105.5相比有所降低。四是从年龄结构看,老龄化程度加深。石景山区常住人口中60岁及以上老年人口13.8万人,占比24.3%,比2010年提高10.8个百分点,已达到中度老年化程度。其中65岁及以上人口9.3万人,占比16.4%。五是从家庭结构看,家庭户规模缩小。石景山区家庭户平均户规模2.35人,与2010年的2.49人相比家庭户规模逐渐缩小。六是从人口分布来看,人口向中西部聚集。东部地区即八宝山、老山和鲁谷地区常住人口为168028人,占29.6%;中部地区即八角、古城和苹果园地区常住人口为276157人,占48.6%;西部地区即金顶街、广宁和五里坨地区常住人口为123666人,占21.8%。与2010年相比,东部地区、中部地区和西部地区占比分别减少2.7个百分点、增加1.7个百分点和增加1.0个百分点。

(郭　涛)

【年度人口抽样】 年内,石景山区按照全市统一部署开展年度人口抽样调查工作,分国家样本和北京样本,涉及9个街道、133个社区、245个样本块、10740个住房单元;其中国家样本涉及6个街道、8个社区、8个样本块、912个住房单元。住房核查阶段核查建筑物5319个,住房单元102526个,其中国家样本点建筑物124个,住房单元3783个;入户调查阶段登记住户11178户,登记人口28317人,其中国家样本登记住户386户,登记人口900人。国家和北京样本选聘指导员和调查员408人,全部采用调查员手持电子终端设备PAD入户登记方式进行调查。调查从9月底实施至12月,历经样本核查、住房核查、登记复查三大阶段。北京市年度人口抽样调查工作联席会议办公室反馈数据显示:石景山区2021年年末常住人口为56.6万人,常住外来人口为16.3万人,男性人口为28.0万人,女性人口为28.6万人;常住人口中0—14岁人口6.5万人,15—64岁人口40.5万人,65岁及以上人口9.6万人,60岁及以上人口14.2万人;出生人口3570人,出生率为6.3‰;死亡人口3562人,死亡率为6.28‰。

(郭　涛)

【季度人口抽样】 年内,石景山区按照全市统一部署从6月起开展季度人口抽样调查工作。2季度标准时点为6月15日零时,3季度标准时点为9月15日零时。4季度调查与年度人口抽样调查合并。2、3季度调查均为北京样本,由北京市局抽取,分别涉及全区9个街道、10个居委会、10个调查小区,2季度登记户数1020户,登记人口2544人;3季度登记户数1036户,登记人口2648人。2、3季度抽样调查分别选聘指导员和调查员20人,全部采用调查员手持电子终端设备PAD入户登记方式进行调查。季度调查包括准备、登记、数据汇总评估、推算分析等阶段。北京市年度人口抽样调查工作联席会议办公室反馈数据显示:石景山区2021年2、3季度季末常住人口均为56.5万人。

(郭　涛)

【统计基层基础】 年内,区统计局制定《石景山区街道统计工作管理办法(试行)》《石景山区街道统计工作评价体系(试行)》和《石景山区街道统计巡查工作办法(试行)》,将统计工作纳入区政府对街道的考核体系并形成长效机制,促进统计基层基础工作标准化、规范化建设。

(张晓巍)

【统计宣传】 年内,区统计局、调查队发挥各级各类新闻媒体作用,多角度、多层次开展宣传工作,多项措施奠定宣传基础。完善《石景山区统计局调查队信息宣传工作管理办法》,制订《2021年石景山局队信息工作计划》。强化信息员业务培训,做好区委信息部门以干代训工作。利用市区学习平台和学习渠道,依托局队信息员交流微信工作群及时发布市区稿件需求、采稿情况,建立实时学习研讨共享平台,编印《石景山区统计调研分析信息宣传汇编》。落实好年度考核奖励机制,激发干部信息写作积极性。及时准确报送各类统计信息宣传稿件。全年市统计局信息采用302篇,区“两办”报送平台采用119篇,局队在《中国信息报》刊登稿件10篇,《石景山报》刊登稿件13篇,《北京日报》刊登稿件1篇。微信平台宣传成果显著,从统计工作展示、数据解读等方面,积极制作投放宣传内容。全年累计发送154期、169条内容,总阅读人数48827人,总分享量6131人次,总在看数1971人。注重提高平台的服务性和互动性功能,不断优化改版提升阅读体验。做好人口抽调查宣传工作。采用线上线下相结合、多媒体联动开展宣传。利用石景山统计微信平台推送人口抽样调查图解和小视频,联动区融媒体中心,对八角街道八角北路特钢社区的调查员入户登记过程进行跟拍记录,组织微信有奖竞答活动,让社会大众在参与互动的过程中更好地了解统计工作。以“建党百年 共话统计”为主题举办2021年石景山区政府统计开放日。组织“统计进社区”专场活动,解读民生统计指标,回应群众关切需求,引导居民走进统计,认识统计。联合驻区部队开展“送统计知识进军

9月15日，区统计局、调查队开展统计开放日“统计进社区”专场活动
（区统计局、调查队供图）

营”和“迎军史教育进局队”活动，延伸党史学习教育内涵。通过“石景山统计”微信公众号连载区域百年经济社会发展成就报告，全面反映石景山区经济社会发展情况。

（范一帆）

【信息化建设】 年内，区统计局、调查队完成2020年年报和2021年定报采集平台维护工作，包括建立区级工作组、所级工作组，分配报表、汇总表；负责两级业务人员管辖表的调整；两级业务人员的添加、删除；为企业重置密码；对业务人员操作进行指导；设置两级汇总表权限；对平台出现的问题及时向市局反馈。

（冯　涛）

【统计执法】 年内，区统计局完成执法任务421家，其中常规执法检查85家、101表专项查询检查245家（含市场监管部门联合执法检查50家）、专项查询检查83家、迟报催报检查8家，无违法违纪和举报案件发生；全年立案处罚52家，其中简易程序处罚33家、普通程序处罚19家。全年处罚金额5.5万元，均为普通程序处罚。

（张雪萌）

【专项调查】 年内，区统计局、调查队组织完成北京市统计局、国家统计局北京调查总队部署和部门委托及自主进行的《北京市城乡居民垃圾分类意识及现状调查》《2021年北京市中小微企业生产经营情况调查》《北京市2022年重要民生事实项目线索调查》《北京市小微企业减税政策落实情况专题调研》《条例执行效果显现 营商环境满意度高——优化营商环境调研》《2021年中央企业全面从严治党民意调查》《北京市2021年社会心态调查》《服务零售结构调查》《石景山区政府2020年度绩效管理公众满意度调查》和《石景山区老旧小区综合整治工作居民满意度调查》10项各类调查调研，调查结果成为有关部门进行决策的依据。

（罗　凯）

【统计调研】 年内，区统计局、调查队围绕人口与经济协调发展、规模以上企业发展动态研究、中关村园发展等方面开展课题研究。完成8项区级课题。其中《关于石景山区人口趋势与经济协调发展研究》获2021年度北京市优秀统计分析报告评比三等奖、石景山区优秀调研报告评比一等奖，《关于石景山区规模以上企业动态发展研究》《关于“十四五”时期中关村石景山园发展预测研究》获石景山区优秀调研报告二等奖；《关于石景山区人口就业现状分析及“十四五”初期发展趋势预测研究》获石景山区优秀调研报告三等奖。《科技赋能产业 创新驱动发展——十四五时期中关村石景山园发展预测研究》《透析企业成长动态 助力区域高质量发展——石景山区规模以上企业动态发展研究》等5篇调研分析刊发在区内参《决策参考》上，均获领导批示。

（范春丽）

【折子工程】 年内，区统计局、调查队承担区政府折子工程中涉及地区生产总值、固定资产投资、建安投资、社会消费品零售额、常住人口、城镇居民人均可支配收入和万元地区生产总值能耗下降率等主要经济指标7项统计工作。全部按时限完成，为辖区经济社会发展提供统计支撑。

（范春丽）

【统计服务】 年内，区统计局、调查队推动第七次全国人口普查取得重要成果。全面查清全区人口数量、结构、分布等情况，准确反映石景山区人口变化的趋势性特征，正式发布《北京市石景山区第七次全国人口普查公报》。挖掘人普数据资源，组建课题研究组，开展人口与经济高质量发展、人口与空间布局专题研究工作，将“七人普”数据资料与大数据监测相结合，研究开发“七人普”数据信息展示平台，服务全区中长期发展及人口政策制定开展全区自然资源资产负债表编制工作，围绕全市“五子”联动布局，创新、动态开展数字经济、国际消费中心城市建设统计监测分析，完善“高精尖”产业统计监测；聚焦“两大机遇”，做好高质量发展综合绩效评价，与首钢集团合作持续推进新首钢地区评价指标体系研究，助力打造新时代首都城市复兴新地标。持续开展“1+3+1”高精尖产业、民营经济和中小微企业监测，助推营商环境不断优化。立足区域发展目标，贯彻新发展理念。探索建立人口与经济协调发展、规模以上企业动态发展、中关村石景山园等统计监测体系，强化成果转化，形成调研报告，得到区领导和部门一致认可。加强人口监测，开发人口动态监测大数据手机APP系统，构建调查数据、通信数据与部门数据“三位一体”的人口监测模式。对“七有”“五性”监测结果进行深度解读，开展住户收支调查、价格监测和妇女儿童发展统计监测,服务保障全区民生。构建"日常调查与专项监测"互补的统计调查体系,主动跟进全区重大决策部署,发挥专项调查"轻骑兵"优势,全年完成中小微企业生产经营情况、优化营商环境条例执行效果、垃圾分类情况等11项快速调查,补充常规统计调查,构架起政府与百姓之间的桥梁,更好服务政府治理体系和治理能力提升。编印《石景山区统计调研分析信息宣传汇编(2020年度)》,提供《石景山区经济发展统计月报》手册、《统计年鉴》等详实统计数据资料。数据服务笔数呈每年递增状态,提供数据服务52万余笔。

(范春丽)

【统计年报】 年内,区统计局、调查队完成当年年报及下年定期统计培训、布置和统计工作。根据市委市政府和区委区政府关于疫情防控的工作要求,通过线上培训完成2020年统计年报和2021年统计定报,涉及人员3000余人次。

(范春丽)

【名录库管理维护】 年内,区统计局、调查队扩大准规模调查范围,严格执行"四上"(即规模以上工业企业、资质等级建筑业企业、限额以上批零住餐企业、规模以上服务业企业等规模以上企业的统称)单位审批工作相关规定,全年核查准规模单位1343家;新纳入定期统计单位120家,退出98家。

(隗京华)

【居民生活状况】 年内,石景山区在疫情防控常态化背景下,市场经济有序恢复,政府及时推进"2+N"(即2项指导性政策和N项促进产业发展具体政策的组合)政策体系落地实施,打出一套贯彻新发展理念、释放政策红利、加快构建"高精尖"、持续优化营商环境的"组合拳",在实施援企稳岗、抓好重点群体就业、保障企业用工等方面集中发力,有效保障居民收入稳步增长,并为居民消费恢复注入新活力。2021年全区居民人均可支配收入84666元,同比增长7.6%;人均消费支出44790元,同比增长11.7%。

(王 娟)

【居民收入】 全年居民人均可支配收入84666元,同比增长7.6%。四项收入呈现"两升两降"特点。其中工资性收入比重最大,占比63.0%;增速最高,同比增长17.6%。

表7 2021年石景山区居民人均可支配收入情况表

收入项目	金额(元)	同比(%)	构成(%)
可支配收入	84666	7.6	100
工资性收入	53358	17.6	63.0
经营净收入	31	-96.2	0.1
财产净收入	8628	3.8	10.2
转移净收入	22650	-6.2	26.7

(王 娟)

【消费支出】 全年居民人均消费支出44790元,同比增长11.7%,其中八大类消费支出呈现"五增三降"态势。

表8 2021年石景山区居民消费支出增长及构成

消费项目	金额(元)	同比(%)	构成(%)
消费支出	44790	11.7	100
食品烟酒	10269	12.9	22.9
衣着	2634	23.1	5.9
居住	16949	30.0	37.8
生活用品及服务	2444	-7.6	5.5
交通和通信	4353	-3.8	9.7
教育、文化和娱乐	3321	9.8	7.4
医疗保健	3794	-18.2	8.5
其他用品及服务	1026	3.3	2.3

(王 娟)

【百户耐用消费品拥有量】 年内,全区居民家庭每百户耐用消费品拥有量最高为移动电话,拥有量为222.1部;最低为洗碗机,拥有量为2.5台。

表9 2021年每百户耐用消费品拥有量

项目	单位	数量
家用汽车	辆	56.7
摩托车	辆	2.5
助力车	台	6.7
洗衣机	台	100.3
电冰箱(柜)	台	102.3
微波炉	台	83.6
彩色电视机	台	114.9
空调	台	195.5
热水器	台	100.7
洗碗机	台	2.5
排油烟机	台	100.0
固定电话	线	27.2
移动电话	部	222.1
其中:接入互联网	部	220.2
计算机	台	92.2
其中:接入互联网	台	88.9
照相机	台	30.2
中高档乐器	架	12.4
健身器材	台	6.6
空气净化器(含新风系统)	台	39.0
吸尘器	台	35.3

(王 娟)

市场监管

【概况】 石景山区市场监督管理局(简称区市场监管局)是辖区市场综合监督管理的工作部门,负责辖区市场主体统一登记注册、组织和指导市场监管综合执法、监督管理、市场秩序以及产品质量安全、特种设备安全、食品药品安全监督管理和宏观质量管理、计量、标准化、检验检测、知识产权管理、价格监督检查等工作。设有22个内设科室、9个街道所、8个事业单位,1个市场监管综合执法大队(包含12个内设机构)。年内,区市场监管局统筹推进冬奥筹办服务保障、新冠肺炎疫情防控各项任务落实,形成疫情防控稳中向好、复工复产推进有力、营商环境不断优化、安全形势平稳有序、竞争秩序持续规范、质量提升高位推进、监管机制更加健全的良好局面。截至年末,石景山区实有市场主体48525户,同比增长7.15%;食品药品监管主体7424家,其中食品生产企业3家,食品流通企业3235家,餐饮服务有效主体1643家;药品使用主体203家,药品经营主体103家,医疗器械经营主体1206家,一类医疗器械生产主体4家;特殊食品经营主体788家,化妆品经营企业973家。在用特种设备9578台,其中锅炉140台,压力容器1439台,压力管道69条,电梯6927台,起重机械919台,场内机动车120辆,大型游乐设施32台,客运索道1条。

(李金科)

【新冠肺炎疫情防控】 年内,区市场监管局开展常态化核酸监测工作,对餐饮、冷链食品等重点行业从业人员、经营环境每周开展核酸检测,全年监测人物环境38.3万件次,检测结果均为阴性。组织全区重点市场领域从业人员开展全员核酸检测1次,有效防范疫情潜在传播风险。推进疫苗接种,市场领域21类从业人员全员接种疫苗,实现"应接尽接、应快尽快",全年累计完成接种33785人。加强执法监管力度,抓好药品零售企业疫情防控措施落实,完成"五类"(即商务楼宇、商场、餐馆、工业企业和建筑工程参建单位)以外主体监管6.49万户次,检查11.14万户次,发现问题364户,已全部落实整改,疫情常态化防控体系进一步完善。

(李金科)

【冬奥筹办服务保障】 年内,区市场监管局高质量推进冬奥服务保障工作。发挥冬奥赛事综合保障工作组办公室职责,制定印发《2022年冬奥会和冬残奥会北京市石景山区赛事综合保障组工作方案》,细化工作流程,统筹推进冬奥赛事综合保障。强化冬奥组委机关驻地及周边餐饮单位的食品安全监管,组织开展奥运"百日会战"行动,对签约酒店进行食品安全风险监测。开展"涉奥场所"特种设备监督检验和定期检验工作,排查和督促整改安全隐患。牵头制定《石景山区2022年冬奥会和冬残奥会市场经营秩序专项治理工作方案》,开展冬奥会市场环境秩序整治工作。完成服贸会等大型活动服务保障。服贸会期间,累计保障逾13.1万人次安全就餐,涉及72个食品点位、157个食品经营主体;完成129台特种设备检验检测工作,顺利完成服务保障工作。同时,在"带动三亿人参与冰雪运动"工作推进会、科幻大会等重大活动的服务保障期间,不断完善服务保障指挥体系建设,细化落实各项监管措施,实现食品、特种设备安全工作"零事故"、疫情防控工作"零感染"、服务保障工作"零差错",受到区委区政府领导、企业等各方肯定。

(李金科)

【文明城区创建】 年内,区市场监管局对照《石景山区网上申报指标任务分解(2021年)》,梳理、分解、量化指标任务,围绕《石景山区关于进一步深化"擦亮首都城市西大门,文明祥和迎冬奥"专项行动的工作方案》,制定《2021年创建全国文明城区示范农贸市场建设工作方案》和《石景山区市场监管局测评服务保障工作方案》,细化职责,责任到人。全年完成五轮次网申材料的申报、修改工作。重点抓好农贸市场及周边环境秩序专项整治,对全域全指标测评点位中发现的问题进行整改,累计整改问题点位89处。对校园周边125家烟酒销售点位开展多轮次执法检查,坚决取缔不符合规范的经营场所和经营项目,为未成年人营造健康的成长环境。配合交通支队建立外卖骑手文明交通闭环管理机制。对1529处规模以下餐饮单位、6个农贸市场、125所校园周边等重要点位开展测评服务保障工作,高标准打造3个农贸市场示范点位。

(李金科)

【12345"接诉即办"】 年内,区市场监管局以"接诉即办"工单数据分析为问题导向,聚焦电商平台、在线民办培训机构、预付卡消费等重点行业,发挥机制优势,精准靶向治理,有效降低重点问题的投诉举报率。将尚德教育、环球聚鲨、小猪短租、多点等投诉量较大企业加入北京市接诉即办绿色通道,由市12345直接向企业分派工单,调动企业主观能动性,调高工单解决率。全年接收接诉即办工单35576件,"接诉即办"系统响应率98.13%,解决率87.12%,满意率93.3%,综合成绩91.79,高于区平均成绩2.56分。

(李金科)

【登记注册便利化改革】 年内,区市场监管局推进市场主体告知承诺制度,加强前端指导,优化审批流程,强化事中事后监管,完善"信用承诺、即时审批、精准监管"的闭环式工作模式,建立限时核准工作制度,确保承诺覆盖率和有效性,23197户企业在设立、变更、注销等业务时享受政策便利,告知承诺制率达到100%。落实"证照分离"改革事项,全区98%涉企事项实现"一窗"办理,办事便利度和事项集中度提升;设置"跨省通办"窗口。推进注销便利化,解决企业"退出难"问题。区域营商环境持续优化,全年新设立市场主体4788户,增长率54.75%,增幅全市排名第一。

(李金科)

【法制建设】 年内,区市场监管局落实《重大执法决定法制审核制度》《行政执法公示制度》《执法全过程记录制度》三项制度,在局官网设立执法公示栏目,向社会公示行政执法相关基础信息。在行政执法案件评查中,案件评查合格率100%,其中区级案件自评30件,市局案件自评70件,区司法局抽查评查案件5件。全局办理行政处罚案件598件,罚没款1702万元。实施行政执法检查21629件,人均执法量186件。触发职权1972项,职权履职率95.57%。全年办理复议诉讼案件76件,其中涉诉案件13件,复议案件63件。

(李金科)

【登管衔接和信用监管】 年内,区市场监管局建立"三管一惩戒"(即通过"双随机、一公开"提高抽查比例,实行日常监管;接受公民、法人和其他组织的举报,实行核查监管;强化部门协同,形成合力,实行综合监管)监管机制,实现闭环衔接和精准监管。开展内部双随机抽查36批次,完成1174户市场主体检查。牵头全区市场监管领域部门联合双随机工作,组织参与38次部门联合双随机抽查任务,检查市场主体1187户。夯实企业信用监管基础,2020年度企业年报公示率95.27%,高出全市平均年报率(92.99%)2.28%。

(李金科)

【餐饮品质提升】 年内,区市场监管局申报的50家品质餐饮示范店及1

条阳光餐饮示范街区全部通过市级验收。截至年末,石景山区有536家餐饮单位获得北京市品质餐饮示范店,7条街区获得北京市“阳光餐饮示范街区”。组织开展“随机查餐厅”活动,以群众关注度高、覆盖面广、风险较高的餐饮服务单位为检查对象,截至年末,共开展行动40次,检查餐饮单位455家次,邀请27位社会各界人士参与活动。组织开展餐饮单位全覆盖风险等级评定,对评定等级结果公示标识及记录进行更新。启动食品安全智慧监管项目试点工作,为实现智能化风险预警和应急处置、营造安全放心市场环境打下坚实基础。

(李金科)

【药品使用监管】 年内,区市场监管局加强日常特殊药品监管,确保毒麻精放药品使用安全。对近年出现违法违规行为的医疗机构进行动态挂账,定期复查旧问题、排查新隐患,开展飞行检查。查处非法渠道购销药品、使用假药劣药等违法行为,检查医疗机构96家次。加强日常特药监管,确保特殊药品使用安全,对使用麻醉药品、一类精神药品、美沙酮的医疗机构开展现场检查。对全区新冠肺炎疫苗大规模接种点的疫苗质量开展监督检查。开展中药饮片专项整治工作,加强中药饮片来源、质量、贮存条件监管力度。年内,区市场监管局加强药品使用环节监管,特别是加强中药饮片验收养护工作,对辖区医院、社区卫生服务站等医疗机构开展现场检查。加强药品生产环节指导,确保医用物资供应保障有序。对高风险环节疫苗接种单位进行监督检查,重点检查疫苗购进、储存和冷链管理情况。

(李金科)

【药械市场监管】 年内,区市场监管局加强药品流通环节监管。开展中药饮片强化监管、药品流通环节、药品网络销售违法违规行为专项整治、新冠诊断试剂、医疗美容、冠脉支架集采专项和医疗器械风险隐患排查等专项整治工作。全年,药品流通环节开展日常监督检查325家次,出动执法人员650人次;医疗器械流通环节开展日常监督检查653家次,出动执法人员1306人次。在行政许可工作方面,全年完成药品流通环节行政审批68件,医疗器械流通环节行政审批254件。

(李金科)

【特种设备安全保障】 年内,区市场监管局以全国“两会”代表驻地、冬奥组委驻地、密集场所等为监管重点,加强大型游乐设施、客运索道等社会面特种设备安全隐患排查和治理。开通涉奥特种设备开工告知、检验、使用登记绿色通道,实现涉奥特种设备使用登记当天受理、当天办结,建立“涉奥场所”特种设备基础信息台账并开展全面监督检查,做好冬奥服务保障工作。完成2021年中国国际服务贸易交易会特种设备安全保障工作。开展高风险电梯安全隐患专项治理工作,及时消除安全隐患;确定全区100台电梯评估点位,配合市局开展老旧住宅电梯风险评估和预警。实现超期未检动态清零,无特种设备安全事件和特种设备安全事故。

(李金科)

【产品质量安全监管】 年内,区市场监管局严格履行产品质量安全市场监管职能,结合辖区生产经营主体实际情况,突出重点行业、重点企业产品质量安全监管。制定《石景山区2021年重点工业产品质量监督目录》,加强对涉及人身财产健康安全产品生产经营主体监管,强化市场主体产品质量安全责任意识。对区内34家电动自行车经营主体开展专项检查,从严查处销售未在目录之内的产品及违法从事经营性拼装、改装电动自行车行为。全年开展商品抽检146组、专项执法检查117家次,产品主要涉及车用汽柴油、液化石油气、电动自行车、食品相关产品等,对27组不合格商品进行立案查处,对30家经营主体进行行政处罚,有效发现和防范产品质量安全风险隐患。落实污染防治攻坚战和北京市及石景山区生态环境污染防治相关工作任务,对辖区内成品油使用企业(单位)进行细致摸排检查,完成辖区内3家非经营性加油站、15家经营性加油站全覆盖执法检查。制定贯彻落实北京市生活垃圾分类工作实施方案,开展垃圾分类宣传活动。开展生产、销售、使用超薄塑料袋,免费提供塑料购物袋或不标明价格、不按标示价格销售塑料购物袋等违法行为专项执法检查,累计检查15家次,抽检塑料购物袋产品4组,立案查处2起。

(李金科)

【广告监管】 年内,区市场监管局强化广告导向监管,完善广告监测机制,聚焦药品、医疗、保健食品、教育培训等重点领域,加大广告案件查办力度,推进互联网广告整治。开展违法违规营销宣传专项整治工作,约谈区

5月,区市场监管局开展电动自行车专项检查　　(区市场监管局供图)

内传统媒体、互联网平台企业，提升企业依法经营意识，加强导向监管违法行为查处，立案2件、结案2件，罚款15万元。持续开展电视购物频道广告整治，夯实电视购物频道运营主体责任，立案7起，结案7起，罚款93.54万元。加大对教育培训机构广告检查，开展专项行动，累计查处教育培训类广告案件9件，罚没款152.59万元。做好广告违法线索和投诉举报处理工作，处理广告违法线索415条、信访件8件；立案82件，结案68件，罚没款343.46万元。

（李金科）

【网络市场监管】 年内，区市场监管局加强网络交易主体规范化建设，严格审查各类网络交易主体亮照亮标亮证情况，督促电子商务平台履行主体责任，指导督促辖区电子商务平台企业开展自查整改。发挥网络市场监管部门联席会议作用，开展网络市场监管专项行动（网剑行动），打击虚假宣传、虚假广告、野生动物违规交易、违规使用“建党一百周年”标识等违法行为，开展校外培训机构专项整治，全年开展涉网案件监管56起，营造辖区良好的网络市场环境。

（李金科）

【价格监管】 年内，区市场监管局强化价格执法，营造公平市场环境。加大对肉蛋奶粮油蔬菜等民生领域价格的执法力度。对房地产经纪机构、防疫物资、涉企减负等重点行业、重点领域，对水、电、气、运等价格领域实施严格价格监管。开展重大节日、重大活动市场价格平稳稳定保障工作。联合区委教育委员会开展教育收费检查专项整治，检查区内20所学校。加大粮食行业日常监管，维护粮食行业价格平稳有序。聚焦重点领域和重点行业，严厉查处哄抬价格、囤积居奇、搭车收费、擅自设立服务项目等违法行为，维护价格平稳有序，确保市场公平发展。列入企业经营异常名录199户，列入严重违法企业571户。

（李金科）

【民生计量监管】 年内，区市场监管局落实计量器具首检负责制，有序开展民生计量日常监管，全年完成压力表、血压计、多参数监护仪、天平、秤、加油机等计量器具强制检定15873台套。完成9项双随机检查、5家建标单位专项检查，开展国家标准物质专项监督检查、测温仪器普查工作，配合市市场监管局完成石景山区能效标识抽检工作，营造诚信放心的计量消费环境。

（李金科）

【知识产权公共服务】 年内，区市场监管局优化促进知识产权发展政策体系，强化全区知识产权保护机制，制定和知识产权发展相适应的促进政策，牵头制定《石景山区关于强化知识产权保护的实施意见》。突出规划编制谋划长远发展，制定并发布《石景山区“十四五”知识产权事业发展规划》。创新推出营业执照变更与商标注册变更“证照联办”服务。成立区级知识产权服务专区，搭建“一区、两库、三窗”（一区即石景山区企业开办大厅知识产权服务专区；两库即中国商标数据库和国内外专利文献数据库；三窗即商标服务窗口、专利服务窗口、“惠微通”金融服务窗口）服务模式。建立知识产权质押融资“三评一补”（三评即专业机构价值评估、市场监管信用评估、金融机构风险评估；一补即石景山区小微企业融资风险代偿补偿金）工作机制，破解小微企业知识产权质押融资难题。推进知识产权保险试点工作。全力做好北京2022年冬奥会和冬残奥会知识产权保护，加大违法行为打击力度，立案2件，结案2件。完成2021年服贸会首钢园知识产权保护工作。全年石景山区专利授权量4682件，同比增长21.9%；发明专利拥有量7121件，同比增长30.7%，每万人发明专利拥有量125件，全市排名第五位；PCT国际专利申请量639件，全市排名第四位。全年有效商标注册量9666件，同比增长26.1%，全区商标有效注册量累计70909件。

（李金科）

【公平竞争审查制度】 年内，区市场监管局在健全全区公平竞争审查工作联席会议制度的基础上，推动对审查对象全覆盖，督促全区各行政机关和法律、法规授权的具有管理公共事务职能的组织严格执行规范性文件及政策措施的公平竞争审查工作，做到应审必审，从源头上打破行政性垄断。健全公平竞争审查制度，指导石景山区公平竞争审查工作联席会议成员单位结合本单位实际建立内部公平竞争审查制度，规范审查程序，落实审查责任。通过第三方评估机制的建设来提升全区公平竞争审查工作实施成效。

（李金科）

【标准创制】 年内，区市场监管局引领企业在高精尖产业、社会管理、服务业等领域开展标准攻关，推进应急处置、公共服务、产业链配套设备、城市管理等领域的标准制修订。完成2020年8家企业、10家养老机构192.5万元标准化补助资金的发放。指导区属企业制定国际标准6项、国家标准17项、行业标准13项、地方标准1项、团体标准33项。依托第三方标准化机构，与中关村石景山园区管委会合作建立驻园区标准化和质量管理工作站，对园区企业开展标准化与质量管理知识培训4期。八宝山殡仪馆殡仪服务标准化试点项目入围国家级服务业标准化试点项目。

（李金科）

【私营个体经济服务】 年内，区市场监管局下属事业单位石景山区私营个体经济协会（指导中心）召开私个协分会（分中心）成立大会，在全区范围内成立9个私个协分会。组织开展“光彩服务日”重阳节关爱老人送温暖，质量法、消费者权益保护法等法律法规宣传及会员座谈等活动。根据《关于组织开展个体工商户私营企业“增加一个就业岗位”活动的通知》要求，组织开展为期3个月的个体工商户私营企业“增加一个就业岗位”活动，动员并支持个体工商户私营企业扩大就业。

（李金科）

【食品安全示范区创建】 年内，区市场监管局按照“四个最严”（即最严谨的标准、最严格的监管、最严厉的处罚、最严厉的问责）要求，落实“四有两责”（四有即有责、有岗、有人、有手段；两责即切实履行监管职责和检验职责），强化食品药品安全监管,筑牢食品药品安全底线,推进“国家食品安全示范城市”创建工作。组织开展学校食堂及校园周边、夏季食品安全及节假日食品等专项整治工作,全区年内未发生重大食品药品安全事故。组织落实食品检验任务及不合格食品、问题食品的核查处置工作,全年重点食品安全监测抽检合格率98.85%、药品100%。

(李金科)

【“疏整促”专项行动】 年内,区市场监管局牵头制定《石景山区2021年无证无照经营和“开墙打洞”专项整治行动工作方案》及《北京市石景山区市场监管局无证无照经营专项整治行动实施方案》,建立联席会议制度,组织全区各街道及相关职能部门开展无证无照经营和“开墙打洞”专项整治行动工作。在“无证无照”方面,加强防反弹核验力度,加强源头管控,强化综合治理,严防反弹新生,对无证无照经营滋生聚集和反弹高发地区加强核查,保持动态清零。在“开墙打洞”方面,坚持封堵与美化、整治与便民并重,落实好防反弹工作责任制,立查速办,严防“开墙打洞”反弹回潮,保持动态清零。牵头制定《石景山区2022年冬奥会和冬残奥会市场经营秩序专项治理工作方案》,结合冬奥会和冬残奥会“百日整治”行动,做好北京2022年冬奥会和冬残奥会市场环境秩序整治工作。

(李金科)

【规范直销打击传销】 年内,区市场监管局对直销企业、分支机构、服务网点、经销商等主体进行全面摸排,建立直销企业台账,加强监管。对5家直销企业北京地区负责人进行行政约谈,督促直销企业对经销商的经营行为进行指导和约束。利用社区宣传、培训教育和网络媒体等多种形式,多层面广泛开展打击传销宣传,提高全区无传销覆盖面。开展“无传销社区”“无传销网络平台”创建工作。截至年末,创建无传销社区123个、无传销街道5个。对宾馆、快捷酒店、餐饮、出租房屋等业主及服务人员加大宣传教育力度,向房屋产权单位、使用人发放宣传材料,引导各单位拒绝传销、抵制传销、举报传销。全年开展打击传销进社区宣传活动151次,进校园2次。

(李金科)

【年度荣誉】 年内,国家知识产权局商标业务石景山窗口获国家知识产权局表彰;国家市场监管总局授予耿卫华全国市场监管系统“‘小个专’(即小微企业、个体工商户、专业市场)党建工作表现突出个人”;国家知识产权局授予李勇“全国知识产权系统先进个人”荣誉称号;北京市委授予白娟“北京市优秀党务工作者”;共青团北京市委授予郭林萌“北京市优秀共青团员”;北京市扫黑除恶专项斗争领导小组授予陈蹭“北京市扫黑除恶专项斗争先进个人”荣誉称号;北京市市场监管局授予区市场监管局消费者权益保护科“北京市市场监督管理工作先进集体”荣誉称号;北京市市场监管局授予刘元华“北京市市场监督管理工作先进个人”荣誉称号;北京市市场监管局授予唐华茂“北京市市场监督管理工作先进个人”荣誉称号。

(李金科)

【市场主体发展情况】 截至年末,石景山区实有市场主体48525户,同比增长7.15%。其中实有企业41154户,同比增长8.42%;实有个体工商户7371户,同比增长0.61%。注册资本5000万元以上企业2302户,同比增长7.52%,占全区实有企业总量5.6%。新设立市场主体4788户,同比增长54.75%。其中新设立企业4375户,同比增长57.54%;新设立企业注册资本总额1137.7亿元,同比增长137%。新设立个体工商户413户,同比增长30.28%。

(李金科)

招商引资

【概况】 石景山区投资促进服务中心(简称区投促中心)是区政府直属负责组织、管理、协调、指导全区招商引资工作的职能部门,属公益一类事业单位,机构规格为正处级。下设六部一室(投资信息部、投资公关部、投资服务部、投资项目部、市场运营部、投资发展部和办公室)。年内,区投促中心深入贯彻落实区委区政府各项决策部署,立足新发展阶段,践行新发展理念,以央企、国企战略布局调整为契机,依托服贸会等平台,聚焦精准招商、以商招商、产业链招商,落实“服务包”制度,优化区域营商环境,推动辖区招商引资工作取得新成效。年内,成功引进中国电科(北京)智慧创新园项目落户银保园,全年新引进诚通资产、人民围棋、中铁十四局海外公司等高精尖企业128家。

(郭　强)

【走访企业】 1月11日,常卫走访华夏银行信用卡中心和阳光消费金融公司。参观企业运行情况,与企业座谈交流。李新走访中国科学院高能物理

1月11日,区领导走访阳光消费金融公司　(区投促中心供图)

研究所、北京青牛技术股份有限公司和中电科资产经营有限公司。参观企业前沿技术展示，与企业座谈交流。

（郭 强）

【主题活动】 1月15日，石景山区与清华五道口EMBA13期共同举办"聚焦石景山，共话新发展"主题活动，周西松陪同路通集团、方正证券、特来电等20位企业领导参观考察北京银行保险产业园、法海寺、新首钢，并进行座谈交流。

（郭 强）

【京外招商引资活动】 5月，李新一行围绕工业互联网、虚拟现实、科幻等产业赴深圳开展"两区"建设专题招商活动。举办石景山区"两区"建设招商推介会，针对石景山区产业发展、重点项目及政策支持情况进行宣传推介，70余家深圳企业参会。石景山区分别与中青旅山水酒店集团股份有限公司、深圳市信息服务业区块链协会、深圳市虚拟现实产业联合会3家企业和协会签约。参加华为生态大会2021，与华为公司领导就华为云项目落地进行深度交流，并与华为12家合作伙伴进行合作座谈会，推介区重点项目，进行政策解读。走访调研中海公司、丝路视觉、裹动智驾、优必选科技、梦网科技等公司，了解企业发展现状，宣传石景山区"2+N"政策，推动企业落户发展。参观深圳市当代艺术与城市规划馆，调研深圳市夜间经济、城市照明情况，学习借鉴城市规划、基础设施建设和配套服务经验。

（郭 强）

【项目推介投洽会】 9月4日，石景山区举办以"冬奥机遇 开放共享"为主题的"两区"建设项目推介投洽会。常卫出席活动并致辞，李新主持，李文起参加活动，齐春利、宋世媛及80位国际组织、国际协会以及意向投资企业代表参加活动。周西松介绍石景山重点项目和产业政策，北京首钢建设投资有限公司副总经理王达明介绍新首钢园区重点项目，北京东土科技股份有限公司总裁李平介绍企业发展情况以及在石景山区感受到的优质营商环境。

（郭 强）

【暸仓科幻科技展示应用论坛】 12月23日，齐春利参加首钢园暸仓科幻科技展示应用论坛。国务院参事室社会调查中心副理事长兼秘书长郗杰英、中国青少年研究中心常务副主任刘俊彦、北京大学国家现代公共文化研究中心主任李国新等来自政府部门、学术界和企业界的专家代表参加活动。会上，齐春利就区情概况、产业发展、支持政策和营商环境等内容进行主题推介，诚挚邀请各位企业家到石景山区创业发展。暸仓沉浸式艺术馆位于首钢园金安科幻广场片区，依托科幻科技应用、数字光影和主题文化，打造科幻沉浸式体验场景。

（郭 强）

【完善工作机制】 年内，区投促中心强化招商引资顶层设计。编制《石景山区"十四五"时期招商引资发展规划》，科学谋划未来五年招商引资工作发展思路和任务目标。统筹实施《石景山区招商引资工作三年行动计划》，科学分解招商引资指标任务，构建19个部门协同联动工作机制，建立健全考核奖励制度。完善招商引资工作机制。调整完善招商引资工作领导小组，推动招商引资工作再上新台阶。推动财源建设工作，联合区财政局印发《石景山区财源建设工作评估办法》，对标市财源建设考核指标，坚持"稳存量、扩增量、提质量"，为财源建设工作提供有力支持。

（郭 强）

【培育新动能】 年内，区投促中心引进诚通资产、人民围棋、中铁十四局海外公司等高精尖企业128家，其中平安财险、普祥医院、蓝威技术等重点企业9家，新引进企业当年实现区级综合经济贡献1050万元。

（郭 强）

【储备目标企业】 年内，区投促中心依托服贸会、京港洽谈会、科幻大会等平台，开展项目推介和招商引资工作，服贸会期间签约25个重点项目，协议投资金额392亿元。紧盯中铁建、光大等企业资源，引导高精尖产业项目及上下游企业在辖区集聚。

（郭 强）

【推进"两区"建设】 年内，区投促中心联合区商务局制定《石景山区推动"两区"建设，促进开放发展的若干措施（试行）》，加大外资企业招商力度，引进尚高生命科学研究、斯堪维亚、鹰腾京西等外资企业。

（郭 强）

【深化"服务包"制度】 年内，区投促中心坚持问题导向，完善"服务包"制度，优化工作方案，明确工作目标，构建"1+14+9+N"（1即"服务包"总管家；14即14个服务管家；9即9个属地管家；N即其他相关责任单位）服务体系，"服务包"企业扩容至297家。提升服务实效，运用服务包"双平台"，督促指导各"服务管家"、责任部门及时解决好企业诉求。各"服务管家"全年召开调度会174次，政策培训会81场，办理工作居住证2790人，协调服务包企业高管子女入学入托26人，为139家企业送出服务包，制定服务措施365项，办结率100%。

（郭 强）

【举办京外招商活动】 年内，区投促中心赴成都、深圳、南京等地开展"走出去"招商活动，与深圳信息服务业区块链协会、深圳虚拟现实产业联合会签订合作协议，成功引进天津同达利等企业落户。

（郭 强）

【组织考察推介活动】 年内，区投促中心邀请中外驻京商协会、芬兰商会、北京市青年企业家协会、清华大学EMBA班等走进石景山，与企业代表深入交流，提升区域影响力。

（郭 强）

【开展线上宣传】 年内，区投促中心依托"Ai石景山"产经平台，更新发布区域形象宣传片，策划宣传文案300余篇、短视频80余期，各平台累计订阅用户10万余人，参与《双奥之城 城市之光》宣传片拍摄。

（郭 强）

国有资产监管

【概况】 石景山区人民政府国有资产监督管理委员会（简称区国资委）落实

区委区政府工作部署,统筹疫情防控和国资国企改革发展,攻坚克难,全力以赴,激发企业发展活力,为区域转型升级贡献国资国企力量。全区各级次国有企业70家,其中一级企业11家,二级及以下企业59家。截至年末,从业人员数2690人,营业收入累计实现75.86亿元,实现利润总额0.76亿元,上缴税费3.26亿元。年末,资产总计627.31亿元,同比减少3.30%;净资产217.45亿元,同比增长2.86%。

(魏 然 裴 培)

【支援协作】 2月,区国资委改革发展科荣获全国脱贫攻坚先进集体。为实现脱贫攻坚和乡村振兴有效衔接,区国资委继续对口支援内蒙古自治区呼伦贝尔市莫力达瓦达斡尔族自治旗和赤峰市宁城县。制定印发《石景山区国资委2021年支援协作工作方案》。统筹实施莫旗城投公司气调库项目等8个帮扶项目。组织开展结对帮扶,区国资委与莫旗尼尔基镇签订2021年支援协作框架协议,系统企业继续结对莫旗5个村、宁城4个村。组织系统企业筹集社会帮扶资金1290万元,采购消费帮扶产品15.19万元。

(张 智)

【国资国企发展规划】 年内,区国资委落实《北京市国企改革三年行动实施方案(2020—2022年)》,出台《石景山区深化国资国企改革三年行动实施方案(2020—2022年)》(京石办发〔2021〕24号),以区委、区政府名义印发。按照市国资委统一部署,结合《"十四五"时期石景山区国民经济和社会发展规划和二〇三五年远景目标纲要》的发展要求,研究起草《北京市石景山区"十四五"时期国资国企发展规划》。

(张 智)

【国企改革发展】 年内,区国资委持续推进国企改革。牵头完成石景山区40家全民所有制企业公司制改革工作,其中区国资委系统35家,非国资委系统5家;工商注销24家,整体改制16家。燕金源公司管理层级调整,经区政府批准后,将燕金源公司由区国资委监管的一级企业调整为石国投公司的控股公司管理。5月31日,向国资委系统企业下发《关于北京燕金源置业有限公司不再作为区国资委监管的一级企业的通知》。推进房管中心事转企后续工作,石房公司变更法定代表人,完成工商变更登记。区国资委与石房投公司继续签订《直管公房综合管理服务项目协议书》。石国投公司出资设立北京国石智达科技产业优选基金。引入太平国发禾和公司为现代创新产业基金新股东暨受托管理方。实兴集团与江苏华友能源科技有限公司成立合资公司,主要开展梯次锂电池租赁、电池材料回收、根据客户需求定制电池等业务。宏润公司将所持有的北京宏润圣德物业管理有限责任公司22%股权通过北京产权交易所公开挂牌转让。石泰集团将所属京石投资公司所持的京石发展公司21.01%股权无偿划转给保险园公司。石国投公司将所持有的北京中联信保险销售服务有限公司10%股权通过北京产权交易所公开挂牌转让。保险园公司以非公开协议转让方式将持有的保汇公司100%股权转让给中电科资产公司。通过股权交易,实现中国电子科技集团入驻北京银行保险产业园的目标。

(张 智)

【国有资产管理】 年内,区国资委推动国有资产提质增效,围绕石景山区发展定位,按照构建"1+3+1"高精尖产业体系要求,推进银保园、模式口文保区、古城南路步行街、北辛安返还资产等重要资产的招商运营,引进邮储银行信用卡中心、中电科、中铁建发展、龙盈智达、中影南方等企业。严格企业重要资产管理,规范国有企业资产处置行为和程序,完成2020年度资产损失核销备案工作;按照中央和市属国有企业公务用车制度改革实施意见,以及北京市党政机关公务用车管理办法等,严格审批企业公车购置。严防国有资产流失,严把国有资产价值门槛,组织对区属国企涉及的改革改制、股权转让等资产评估项目进行评审,主要完成现代创新产业发展基金增资扩股、中联信股权转让、圣德物业股权转让、石泰公司资产处置、保汇置业股权转让等项目,推动国有产权有序规范流转。

(原 晶 贾艳丽)

【产权管理】 年内,区国资委结合区属国有企业实际情况,贯彻落实北京市划转部分国有资本充实社保基金工作要求,推动完成2020年度石景山区国有资本划转充实社保基金收益分配上缴工作。按照2020年度财务决算数据,纳入划转范围且有上交国有资本收益行为的国有企业向市财政局分配划入国有股权收益383.99万元。组织完成2020年度国有产权登记汇总分析、国有金融资本、有限合伙企业国有权益登记等,持续明晰产权分布。

(贾艳丽)

【疏解整治促提升】 年内,区国资委持续开展国资委系统"疏整促"工作。按照《"十四五"时期石景山区深化推进"疏解整治促提升"专项行动工作方案》和《石景山区2021年"疏解整治促提升"专项行动工作方案》工作要求,推进永乐小区36号楼危房改建、海特花园50号楼改造提升、八大处路拓宽改造、集体土地委托管理续租及新增地块核准等工作。为尽快完成金顶北路占路房屋腾退,保障道路通行安全,完成苹果园道路工程金顶北路占路房屋征拆并通车,彻底消除安全隐患。推动解决原开发公司居民不动产登记历史遗留问题,截至年底已解决千余套,面积7万余平方米,为千余户居民解决办证难问题。

(原 晶)

【国有资本经营预算】 年内,区国资委根据《石景山区国有资本经营预算管理暂行办法》《石景山区国有资本收益收缴管理暂行办法》和石景山财政局关于编报国有资本经营预算的通知要求,开展国有资本经营预算收益收缴各项工作。全年辖区国有资本经营预算收入为1500万元,执行收缴实际完成收益收缴3863.17万元,上缴市财政383.99万元(纳入划转充实社保基金)、区级国有资本预算收入执行数3479.18万元,超收1979.18万元。其中超收1979.18万元纳入2022年区级国有资本经营预算支出基数。全年辖区国有资本经营预算支出安排1050万元，上缴一般公共财政预算450万元，年度国有资本经营预算支出用于国企改革与转型发展专项资金和国有经济布局和结构调整的股权投资、国有企业政策性补贴、安全维稳、解决历史遗留问题、改革改制、监管、内控、宣传、咨询、审计等。

（裴 培）

【服务改善民生】 年内，区国资委持之以恒抓好“接诉即办”工作，强化日常统筹调度，坚持见面办理、主动服务等措施，全年办理3832件。统筹抓好垃圾分类和物业管理两个“关键小事”，推动区属物业企业通过资金投入、设备购置、人员部署等方式提高物业服务管理水平。国企履行社会责任，实兴集团垫资1600余万元完成天翠阳光小区上水管线系统改造，解决高层居民用水难问题；盛景嘉和公司投入600万元进行小区屋面防水、管线疏通、飞线整治等，解决居民房前屋后问题。

（魏 然）

【服务保障冬奥】 年内，银保建国、万商花园美居、万商如一等区属酒店承担冬奥会闭环服务保障、隔离任务；京石园景公司完成北京冬奥会技术运行中心及附属通信枢纽项目景观工程项目；万商集团、游乐园开办运营3家冬奥官方特许商品零售店；游乐园改造提升冰雪幻境等项目，举办冬奥冰雪系列主题活动，加强运营管控，营造冬奥氛围，保障节日文化供给。

（魏 然）

【重点项目建设】 年内，石泰集团深挖模式口历史文化街区民俗特色。“五景七院三十铺”同步亮相，形成多元复合业态，街区成功入选2021年十大“北京最美街巷”。宏润公司高质量推动古城南路商业街品牌建设，街区品牌连锁化率由27%升至70%以上，逐步向中高端业态调整，被评为2021年石景山区最美网红打卡街区。实兴集团完成今鼎时代广场商圈升级改造工程，打造城市更新传统商圈升级典范。

（魏 然）

国有资产经营

【概况】 石景山区国有资本投资有限公司（简称石国投公司）有出资企业22家，其中全资子公司8家，控股子公司6家，参股子公司8家。公司下设资本运营部、基金管理部、资产管理部、资产经营部（安全生产部）、财务部、人力资源部、审计部、办公室、党委办公室、纪检监察办公室10个职能部门。公司主要职能定位以国有资本投资、产业促进、融资服务为主。年内，按照区委区政府及区国资委要求，石国投公司攻坚克难，锐意创新，在新冠肺炎疫情防控战、脱贫攻坚战、创建全国文明城区等重点工作中为石景山区做出重要贡献，助推区域经济社会健康发展。全年实现资产总额139.12亿元，负债总额40.22亿元，所有者权益98.90亿元，收入总额8777.23万元，利润总额2171.56万元。

（高广昊）

【布局战略性新兴产业】 2月，北京石景山产业发展有限公司（简称石发展公司）为解决关键核心技术“卡脖子”问题，实现自主可控的高端光芯片产业化，助推国家级创新中心在石景山区建设发展，根据区委区政府要求，设立北京石科创芯科技发展有限责任公司，出资1亿元联合华夏芯智慧公司打造光芯片产业基地。为紧跟前沿科技发展趋势，抢占未来科技产业发展高地，石发展公司高效完成北京元宇宙中心科技发展有限公司的注册工作，这是全市唯一一家以“元宇宙”命名的科技发展公司，为石景山区虚拟现实、科幻等特色产业的建设发展注入新活力。

（高广昊）

【支援协作取得阶段性成果】 2月，中共赤峰市委员会、赤峰市人民政府授予石国投公司“2019—2020年度全市脱贫攻坚先进集体”荣誉称号。年内，石国投公司筹集360万元社会帮扶资金，巩固内蒙古脱贫攻坚成果，支援协作地壮大集体经济。对接莫旗尼尔基镇完成保温钢板库项目立案工作，已如期建成1400平方米保温钢板库。与宁城县右北平镇大黑石村签订《结对帮扶协议》，双方就党建融合和乡村振兴两个方面达成共识，为实现巩固拓展脱贫攻坚成果同乡村振兴有效衔接奠定基础。

（高广昊）

【助推重点项目建设】 年内，石国投公司在依托原政府融资平台的基础上，履行区域融资服务企业化平台职能，为区域重大项目建设和主导产业培育提供资金支持。完成为石泰集团7亿元融资的降息工作，年利率从5.9%降低至5.6%，并实现提前还款，为石景山区衙门口棚改项目建设提供支持。为保险产业园提供融资担保，并协助完成PPN信息披露工作。同时，加大与金融机构及其他企业的合作力度，创新融资方式，全面提供高水平融资服务。

（高广昊）

【功能园区建设】 年内，北京国实置业有限公司围绕项目上市前期手续办理及解决历史遗留问题，开展双创园项目各项工作，研讨双创园项目规划实施路径和资金平衡方案，寻找可行的最优方案。北京石景山产业发展有限公司参与投资的中关村工业互联网产业园举行奠基仪式，破土动工，核心园一期获批“建设工程规划许可证”，标志着中关村工业互联网产业园核心区正式步入实质性开发建设阶段。

（高广昊）

【全国文明城区创建】 年内，石国投公司贯彻落实区委区政府关于创城工作的总体要求，组建工作专班，明确测评标准和任务分工。“一把手”亲自带队，对门前三包、垃圾分类、建筑工地、公益广告宣传等重点点位进行现场督察调研，层层压实责任。推进服务保障冬奥筹办“百日会战”攻坚行动，北京银河嘉业商务管理有限公司完成莲石湖公园生态补水、春季防火及夏季防汛工作，协助完成京原漫水桥和北京冬奥公园百日会战重点施工协调、配合、保障工作，确保莲石湖公园闭园期间安全稳定，保障北京冬奥公园顺利开园。“12345市民热线”接诉即办工作的响应率、解决率、满意率均达到100%。

(高广昊)

【常态化疫情防控】 年内,石国投公司落实“四方责任”(即属地、部门、单位和个人的责任),确保疫情防控不出纰漏。落实“应接尽接”要求,动员公司职工、家属及离退休人员,抓好一、二针疫苗及加强针的接种工作,石国投公司整体疫苗接种率已达到90%以上,免疫加强针累计接种146剂,60岁以上人员接种15人,完成疫苗接种任务。全体党员捐款3550元,用行动凝聚起众志成城抗击疫情的磅礴力量。

(高广昊)

【支持国有企业改革攻坚】 年内,石国投公司以“依法合规、深化改革、平稳过渡、加强党建”为原则,组织制定燕金源公司管理方案,将燕金源公司纳入二级子公司进行管理。按照公司制改革工作部署,主动承担,完成北京市石景山旅游总公司注销,作为区国资系统首家国有企业完成公司制改革工作任务。配合石开公司的股权划转工作,为保险产业园与中电科资产公司完成股权交易提供帮助。

(高广昊)

【中关村科技园区石景山园】 年内,石国投公司与中关村科技园区石景山园管理委员会紧密配合,服务园区建设。北京石景山产业发展有限公司承接中铁建电气化局、京西热电等政府战略合作企业的服务落地工作。为落户公司资产内的国家级科技企业孵化器——创业公社、北京市众创空间及中小企业服务平台创造良好经营环境。年内,2家平台公司培育企业709家,在石景山区贡献税收9000余万元,产生1.3万个就业岗位,为区域经济社会发展做出积极贡献。

(高广昊)

集体经济

【概况】 石景山区人民政府集体资产监督管理办公室(简称区政府集体资产监管办)是负责统筹协调辖区集体经济发展的区政府工作部门。内设党建办公室、行政办公室、改革发展科(信访办公室)、集体资产监管科、财务审计科、人事权益科、综合管理科7个科室。年内,区政府集体资产监管办工作重点主要为冬奥服务保障、疫情防控、接诉即办、精准扶贫、石景山区农工商总公司改制、集体租赁房项目建设、集体经济产业转型发展、集体资产监督管理、综治维稳和依法行政等方面,保障集体经济系统平稳健康发展。全年系统总收入17.82亿元,同比增长9.8%;应上缴税金1.3亿元,同比下降24.9%;利润总额1.73亿元,同比减少11.3%。

(初晶晶)

【新冠肺炎疫情防控】 年内,区政府集体资产监管办上下压紧压实疫情防控“四方责任”,全年开展疫情防控检查,形成机关、楼宇、物业、工地全方位防护。持续动态开展人员摸排,做到底数清、台账明。推进疫苗接种,做好宣传动员,采用超常规手段提高疫苗接种率,组织股东、职工、商户、60岁以上老人等群体进行疫苗接种,集体资产监管办机关接种率达92.1%,系统接种1万余人。

(初晶晶)

【农工商总公司改制】 年内,区政府集体资产监管办坚持公平、公正、公开的原则,按照总公司改制回村、资产处置和股权量化“三步走”的工作计划,开启股权量化阶段工作,研究制订《股权量化方案》《公司章程》等文件草案。11月,组织召开北京市石景山区农工商总公司产权制度改革成员代表大会第四次全体会议,表决通过《股权量化方案》,组建仅包含法人股东的乡级新型集体经济组织,开启乡级产权制度改革发展新征程。

(初晶晶)

【集体土地利用】 年内,区政府集体资产监管办与区有关部门沟通协调,开展集体经济系统资源性资产登记造册工作,摸清底数,建立台账。推进集体土地委托管理工作,保护集体经济组织收入和权益。推进集体土地委托管理前三批土地续租及第四批签约工作,协调石泰公司实地查看各地块情况并形成测绘成果,前四批土地委托管理工作已整理汇总向区领导汇报。

(初晶晶)

【集体租赁房项目建设】 年内,区政府集体资产监管办推进集体土地租赁住房项目建设。古城项目完成室内装修,八宝山及五里坨项目完成主体结构施工。

(初晶晶)

【集体经济特色产业项目】 年内,区政府集体资产监管办打造新晋京西网

5月,区政府集体资产监管办进行黑石头“半山花海”项目调研

(区政府集体资产监管办供图)

红打卡地“半山花海”项目、五里坨便民服务中心项目，协调推进正大创想广场打造虚拟现实产业园。按照区招商引资三年行动计划要求，落实招商引资工作。全系统全年招商引资企业76家，超额完成招商引资任务。

（初晶晶）

【疏整促成果】 年内，区政府集体资产监管办按照区政府及专班工作要求，积极协同相关单位制定整改方案、整改措施及具体职责，推动郎园Park、金石腾飞农机修理厂、兴盛恒泰公司办公楼、黑石头石料加工厂、南马场水库二楼、五里坨加油站、苹果园养老中心、八大处周转房、八大处办公楼、警犬基地等督查点位的整改工作。完成黑石头石料加工厂清理、八大处办公楼腾退工作，制定《郎园Park长效监管工作方案》。

（初晶晶）

【综治维稳】 年内，区政府集体资产监管办接待群众来访121批、396人次，其中集体访9批、193人次，发出受理告知书29份，答复意见书28份，不予、不再受理告知书42份；参加复查复核会12件次；办理网上信访件95件次，纪外件15件。做好重点矛盾纠纷、重点人员排查工作。抓好“接诉即办”工作，建立完善“接诉即办”工作方案，建强专班队伍。坚持主要领导负主责、主管领导亲自抓，日调度、周会商，聚焦难点重点问题，针对工单涉及的改制、社保、就业等历史遗留问题和物业管理、社区治理等社会管理问题，协调推动解决乐活酒店复产复工、八角中里8号楼住房产权证办理等历史遗留问题，以“啃骨头、拔钉子”精神办好每一单。

（初晶晶）

【就业安置和专项补贴】 年内，区政府集体资产监管办更新人员信息台账，完成人员和经费核减。规范调整及时完成农转居“老人老办法”人员及未办理超转人员等5大项共计1107余万元经费的统计核算发放工作。

（初晶晶）

【精准扶贫】 年内，区政府集体资产监管办完成称多县产业项目生产设备采购工作和相关验收工作，投资189万元，益农带农人口468户1632人，解决就业劳动力25人。协调推进密云“脱薄”工作，制定工作方案，成立领导小组，组织集体经济组织实地调研，摸清底数建立台账，为2022年具体工作开展打好基础。

（初晶晶）

【冬奥服务保障工作】 年内，区政府集体资产监管办推进涉奥项目建设。完成八宝山冬奥临时交通场站的腾退与移交工作，在规定时限内签订协议；协调解决高井沟入河口冬奥公园用地事宜；推进国际雪联中国办事处正式挂牌。

（初晶晶）

烟草专卖

【概况】 石景山区烟草专卖局（公司）（简称区烟草专卖局〈公司〉）实行“统一领导、垂直管理、专卖专营”的经营管理体制，承担全区烟草经营业务，净化卷烟市场，规范烟草经营秩序，对辖区烟草专卖品经营企业实施全面监管职责。内设8个科室，有职工56名，其中处级干部6名，高级政工师1名，科级干部15名，党员30名（含1名预备党员）。年内，区烟草专卖局（公司）被授予2020年度纳税信用A级企业和2021年度诚信统计示范单位称号。学术论文《探索构建“1344”诚信互助小组运维管理新模式》获北京烟草学会2021年度学术论文二等奖；《如何发挥财务分析在财务管理中的作用——以杜邦分析法为例》获北京烟草2021年度优秀学术论文三等奖；《推进基层烟草企业管理诊断工作的若干思考》《探讨烟草企业内部控制存在的问题及对策方案》《以内部控制审计助力企业高质量发展》获北京烟草学会2021年度学术论文优秀奖。党建论文《构建“34333”思政工作体系推动企业高质量发展》获北京烟草2021年党建课题研究评比结果三等奖；《党建+业务融合推进“我为群众办实事”实践活动研究》《浅议提升企业文化软实力》获2021年党建课题研究评比结果优秀奖。

（王 伟）

【“3·15”普法宣传】 3月，区烟草专卖局（公司）开展“3·15”普法宣传活动，通过法律宣传与市场走访相结合、线上宣传与线下宣传相结合的方式向零售户、消费者及单位职工讲解消费者权益保护的重要意义与有效方法，扩大相关法律知识宣传的覆盖面及知晓率。

（王 伟）

【政务大厅设立“首席代表”】 4月，区烟草专卖局（公司）指定专人进驻区政务服务大厅作为“首席代表”，并与区政务服务局签订《北京市政务服务事项委托受理协议》，实现受理、审批、办结一站式服务。

（王 伟）

【“守护成长”专项行动】 6月至9月，根据市局统一部署，区烟草专卖局（公司）开展“守护成长”专项行动，出动执法人员122人次、执法车辆41车次，查办无证经营卷烟案件3起，查获违法卷烟8.1万支，涉案金额5.5万余元。

（王 伟）

【创城集中整治】 8月至9月，区烟草专卖局（公司）参与配合全国文明城区创建工作，2次参与区创城办组织开展的中小学校周边“五无”（即无互联网上网服务营业场所〈经营性网吧〉；无酒吧、歌厅、舞厅、卡拉OK厅、电子游戏厅、游艺厅、台球厅等营业性娱乐场；无非法行医或以人流、性病治疗业务为主的诊所；无从事非法经营活动的游商和无证摊点；无烟、酒、彩票销售网点，无“三无食品”，无恐怖、迷信、低俗、色情的玩具、文具、饰品和出版物销售）集中清理整治行动，出动执法人员68人次，加强与区教委、创城办、市场监管局等部门的沟通联系，加大不向未成年人售烟的宣传力度，做好“一户一档”动态监管，及时收集反馈问题，做好与区教委、创城办及各责任单位的信息传递，确保创城工作取得实效。

（王 伟）

【助力“创城”工作】 9月，区烟草专卖

8月10日,区烟草专卖局(公司)联合区市场监管局对校园周边烟草零售户进行创城宣传检查 (区烟草专卖局〈公司〉供图)

局(公司)参与区委区政府"擦亮城市西大门,文明祥和迎冬奥"专项行动,区烟草专卖局(公司)48名干部职工参加此次志愿活动,开展清理主次干路两侧垃圾、小广告,摆放自行车、电动车等工作,完成7天8小时的志愿服务工作,共同营造干净、卫生、整洁、有序的生活环境,推进城市文明建设持续提升,为高水平建设好首都城市西大门再添新彩。

(王　伟)

【文明吸烟环境建设验收】 11月,区烟草专卖局(公司)对辖区4个企事业单位及9个街道办事处,以公益形式提供吸烟设施50个,共同打造社会共享的文明吸烟环境。

(王　伟)

【通过档案等级评定】 12月14日,市档案局专家、市局(公司)档案管理人员对区烟草专卖局(公司)档案管理进行检查评定。检查组通过实地走访档案室,查阅档案目录等材料,通过综合评定,区烟草专卖局(公司)档案等级被评分为97.5分,被评定为优秀等级。

(王　伟)

【"宪法宣传周"学习教育】 12月,区烟草专卖局(公司)开展"宪法宣传周"学习教育活动,弘扬宪法精神,维护宪法权威,通过OA"普法课堂"专题版块及微信、QQ等网络平台发布宪法学习相关内容,便于广大员工随时学习,增强宪法宣传的吸引力和感染力。同时将普法宣传工作融入到日常专卖执法、生产经营管理的工作实践中,确保普法成效落地生根。

(王　伟)

【经济运行情况】 年内,区烟草专卖局(公司)卷烟零售客户数量692户,同比增长95户,卷烟销售同比增长1.72%,税利同比增长5.14%,单箱销售额同比增长3.60%,经济运行情况良好,保持平稳增长。

(王　伟)

【新冠肺炎疫情防控】 年内,区烟草专卖局(公司)召开疫情防控领导小组会议,部署疫情防控工作,强化疫情防控力度,常态化做好办公楼消杀工作。推进疫苗接种,组织57人进行新冠疫苗接种,接种率达到80%,构筑群体免疫屏障。

(王　伟)

【扶贫采购】 年内,区烟草专卖局(公司)工会、食堂购买湖北、宁夏等扶贫地区农产品6.3万元,为打赢脱贫攻坚战贡献力量。

(王　伟)

商　务

综 述

【概况】 2021年,石景山区研究制定《"十四五"时期商业服务业发展规划》,提出"1+3"的商业发展定位,"1"是总体定位,即建设首都西部商业新中心,"3"是指三个功能定位,即特色商业体验目的地、商业服务创新引领区、品质便民商业示范区,通过"十四五"时期努力发展,全区商业服务业国际化、规模化、品质化、特色化水平全面提升。印发《石景山区加快推进北京国际消费中心城市培育建设实施方案(2021—2025年)》,方案聚焦打造新时代首都城市复兴新地标一条主线,用好"冬奥会"和"服贸会"两大国际开放平台,彰显"活力+""场景+""品质+"三大特色,突出健康消费、数字消费、文旅消费、商品消费四个主题。吸引优质品牌首店落地,以新首钢为核心,利用高炉、文馆、冰球场等各色载体,打造后工业特色的新品发布中心,举办冬季奥林匹克博览会启动仪式、Intel至强新品发布会等大型首发活动10余场。牵头主办"北京石景山第十一届京西消费节",以服务服贸会为核心,开展"爱尚(I SHOP)石景山"主题消费节活动,组织五大板块系列促消费活动。市委主要领导在《昨日市情》中批示"石景山区借势服贸会,主动融入国际消费中心城市建设,这种做法值得肯定和坚持"。全年市场总消费实现836.1亿元,同比增长11.3%,增速位列中心城区第二、全市第四。完善"两区"建设政策支撑,制定《石景山区推动"两区"建设促进开放发展的若干措施(试行)》。累计入库"两区"重点项目71个。全年实际利用外资4.3亿美元;实现外贸进出口额86.2亿元人民币,同比增长73.5%,排名全市第三。

(马 宁)

【总部经济】 年内,石景山区共有市级认定总部企业110家,涉及房地产业22家,信息传输、软件和信息技术服务业26家,金融业15家,批发和零售业17家,建筑业5家,租赁和商务服务业5家,制造业6家,科学研究和技术服务业3家,电力、热力、燃气及水生产和供应业3家,采矿业1家,教育1家,文化、体育和娱乐业1家,工业1家。其中,经济贡献重点总部企业102家(其中1家同时为跨国公司地区总部,北京新唐思创教育科技有限公司),行业示范企业总部8家。

(李 璨)

【行业安全生产监管】 年内,区商务局制定并下发《2021年石景山区商务行业安全生产、消防及公共安全工作要点》,对安全工作实行"一把手"亲自抓,定期组织召开党组会、局长办公会研究行业安全生产、消防安全、反恐防暴、扫黑除恶等各项工作,加强对行业安全工作的督促指导。在"全国两会""建党百年""十九届六中全会"及冬奥会等重大活动期间,结合安保重点有针对性地制定工作方案。落实"防风险、除隐患、保平安"消防安全隐患集中排查、燃气安全专项整治行动、安全生产三年专项整治、电动自行车、有限空间等专项整治任务。全年累计出动检查人员1042人次,检查督导商务行业企业517家次,约谈企业11家次,排查治理各类安全隐患325处。

(刘 颖)

【行业创城】 年内,区商务局坚持"创建为民,创建惠民"的原则,让居民有更多的获得感、幸福感和安全感为目的。发挥行业引领作用,营造文明宣传氛围,协调各企业落实创城社会面宣传布设要求,构建多维度、立体式、全覆盖的"大宣传"格局,全面推动文明宣传,突出区域特色,打造商务行业文明形象,累计规范设置海报、台卡、嵌入广告等宣传品万余份。推动万达广场整体修缮,完成东西广场地砖更新,增设宣传布设,提升万达商圈整体环境。

(刘 颖)

【疫情防控】 年内,区商务局全面抓好行业疫情防控基础工作。建立动态情况报告机制,排查企业返京人员情况,建立台账。摸排涉及中高风险地区重点人员342人。落实外卖、快递、家政、市场从业人员定期开展核酸检测工作。组织规模以上商业零售和餐饮、快递、家政从业人员接种新冠疫苗14242人,接种率94.3%。加强督导检查力度,累计检查行业经营场所517家次,督促企业落实扫码登记、体温检测、佩戴口罩、一米线、日常清洁消杀、个人防护和健康监测等疫情防控措施。

(刘 颖)

商务服务业

【概况】 石景山区商务局(简称区商务局)是负责辖区内外贸易和对外经济合作的区政府主管部门。2021年,区商务局坚持和加强党对商务工作的全面领导,贯彻落实区委、区政府决策部署,服务全市全区发展大局贯穿工作全过程,统筹推进疫情防控和经济社会发展,聚焦"两区"建设和国际消费中心城市培育建设,高标准完成服贸会属地保障任务,全力做好服务冬奥、一促两稳、民生保障、疫情防控等各项工作,实现"十四五"商务发展良好开局。

(马 宁)

【入选全国首批便民生活圈】 10月8日,石景山区入选全国首批30个城市一刻钟便民生活圈试点地区。按照《北京市石景山区一刻钟便民生活圈建设试点方案》,推动玉泉西里便民生活圈、沁山水便民生活圈、古城南路便民生活圈、七星东街便民生活圈、刘娘府便民生活圈等"5个圈"作为第一批试点建设。刘娘府社区商业街获批"北京市生活性服务业示范街区"。

(张 然 滕小宇)

【国际消费中心城市培育建设】 年内,区商务局印发《石景山区加快推进北京国际消费中心城市培育建设实施方案(2021—2025)》及相关配套文件,成立由区政府主要领导为组长的领导小组,下设"一办九组",确立"一核三圈多点"("一核"即以首钢园为核心的国际活力消费中心商圈,"三圈"即以万达广场为核心的鲁谷路综合体验商圈、以京西大悦城为核心的苹果园交通枢纽商圈、以五里坨为核心的西部浅山文商旅融合商圈,多点即模式口历史文化街、郎园Park、古城南路步行

1月，石景山区各大商超积极调配蔬菜保供应　（《石景山报》供图）

街等特色主题街区）的国际消费空间布局，细化119项具体任务，梳理形成24个商业载体清单、10项支持政策、30家重点服务企业，明确石景山区加快推进国际消费中心城市培育建设的时间表、路线图、任务书。

（刘　斌　康烁辰）

【消费市场】 年内，区商务局依托商旅文体资源，累计开展百余场“北京消费季—爱尚石景山”主题促消费活动，筹办第十一届京西消费节，编制消费指南、制作电子地图，提高辖区商业、餐饮影响力。加快推动重点项目建设，完成今鼎时代广场商圈和当代商城升级改造，加快推进京西大悦城、首钢六工汇、金安环宇荟等重点项目建设。出台《石景山区2021年促进消费提质升级支持办法》，对首店、夜经济、促消费活动等方面给与支持奖励。1至12月，全区总消费同比增长11.3%；社会消费品零售额累计实现439.9亿元，同比增长10.1%，增速比全市高1.7个百分点，位于城六区第二，全市第四。

（刘　斌　康烁辰）

【消费扶贫】 年内，区商务局加大消费帮扶力度，发挥重点超市连锁规模及供应链优势，开展农产品产销对接，提升消费扶贫成效。创新销售模式，推动消费帮扶分中心、专区专柜与电商、电视购物等平台开展合作，拓展帮扶产品线上销售渠道。加大对消费帮扶运营专区的资金支持力度，支持莫旗专区、竹山专区场地租赁费补贴。组织企业捐资，向区内商业企业印发倡议书，鼓励动员企业发挥社会责任，区内重点商业企业捐助资金总额100万元。

（刘　斌　康烁辰）

【粮食安全】 年内，石景山区保持650吨区级粮食储备规模，其中小麦粉450吨、粳米200吨。出台《北京市石景山区储备成品粮动用工作方案（试行）》《北京市石景山区储备成品粮管理办法（试行）》，指导代储企业建立完善各项制度，严格档案资料管理，开展专项监督检查。新增粮食纳统企业1家，即北京市秀峰通飞商贸有限公司，累计共有纳统企业6家。

（张　然　滕小宇）

【救灾物资管理】 年内，按照区应急局调用指令，全年调拨救灾物资9批次，其中12平方米棉帐篷17顶、12平方米单帐篷7顶、36平方米棉帐篷10顶，完成年度救灾物资补库和晾晒。依托国家级“应急物资管理平台”系统，实现信息化管理。印发《石景山区疫情期间非医用物资应急保障工作方案》，全年调拨民用防控应急物资66批。购买、接收调拨民用防控应急物资14批次。

（张　然　滕小宇）

对外经贸

【概况】 2021年，石景山区外经贸高标准推进“两区”建设，构建区域开放发展新格局。制定“两区”建设实施方案，完善“两区”建设政策支撑，优化“稳外资”“稳外贸”工作举措，综合运用外经贸发展政策助力企业开拓国际市场，推动实际利用外资、外贸出口稳定增长。全区实际利用外资2.3亿美元；全区外贸进出口额实现86.2亿元人民币，同比增长73.5%，高于北京市平均水平63个百分点，排名全市第三。

（王凯蒂　杨　睿）

【参加服贸会】 9月2日至7日，中国

9月1日，石景山区举办京西消费节启动仪式　（区商务局供图）

国际服务贸易交易会(简称服贸会)首次采取“双会场”模式,在首钢园区举办专题展及与专题展配套的论坛会议活动。石景山作为“双会场”所在地之一,成立下设“一办12组”的属地筹备工作领导小组全面落实属地筹办各项工作。围绕“冬奥机遇带动城市复兴”“绿色北京 开放金融”等五大主题,策划组织“一主四辅”五主题论坛,多场景推介石景山区。聚焦特色产业参与文旅、体育、金融专题展览展示,搭建石景山区线上云展台,组织143家企业线上线下参展。策划5条商务考察线路,组织近百名展商走进银保园、法海寺等产业园区和景区,深入推动交流合作。组织“两区”主题投洽会,推动形成展会成果,服贸会期间发布石景山区推进“两区”建设配套政策、“北京侨梦苑·侨事侨创服务中心”等多项政策及成果,与近百家企业合作签约,涉及金额600余亿元。

(王凯蒂 杨 睿)

【参加进博会】 11月5日至10日,区商务局组建石景山区交易分团参与第四届进口博览会,48家企事业单位172名专业观众注册参团。展会期间,物美集团与VICI GROUP、THE LAND和乌克兰基辅索菲亚实业有限公司签订合作协议,采购牛奶、葵花籽油等产品,采购金额400万美元。

(王凯蒂 杨 睿)

【外商投资】 年内,全区新设外商投资企业31家,同比增长3.3%,新设企业合同外资9264.9万美元,同比下降19.8%;增资企业15家次,增资合同外资5.8亿美元,同比增长150.8%。实际利用外资2.3亿美元。

(王凯蒂 邹佳男)

【外资来源】 年内,全区外商投资主要来源于全球29个国家和地区。其中企业数量最多的为中国香港,共设立外资(含港澳台)企业155家,合同外资额为37.5亿美元;英国(含维尔京群岛和开曼群岛),共设立企业22家,合同外资额为1.2亿美元;台湾地区位列第三,共设立企业18家,合同外资额为4765万美元;三个国家和地区的投资企业数分别占全区外资企业总数的54.2%、7.7%和6.3%。

(王凯蒂 邹佳男)

【“两区”建设】 年内,区商务局全面推进“两区”建设工作。制定《石景山区落实北京市建设国家服务业扩大开放综合示范区和中国(北京)自由贸易试验区实施方案》,明确“1+4+N”(“1”是以吸引和聚集国际投资为主线,“4”是推动“产业开放+园区开放+要素供给+制度保障”四个方面重点任务,“N”是滚动推进落实一批示范项目)的推进思路及年度任务清单,按月督办,90项任务全面落实。完善工作机制,书记、区长双组长高位高频调度,“一办12组”有效运转,成立“两区”建设工作促进中心。组建高精尖产业专家智库,30余位学者、企业家入库。聚焦外资引入和产业开放,印发《石景山区推动“两区”建设 促进开放发展的若干措施(试行)》。强化招商推介,组织京外招商、国际商协会走进石景山等活动20余场次,中央和市属主流媒体刊发相关新闻600余篇次。“两区”建设启动实施以来,累计入库项目84个,落地项目39个,其中外资项目26个;在推项目45个,其中外资项目13个。

(王凯蒂 杨 睿)

【服务贸易】 年内,全区服务贸易统计监测系统累计登记注册企业67家。16家企业登记合同执行额20738万美元,其中15家企业上报出口合同执行额307项,服务贸易出口额15527.4万美元;5家企业上报进口合同执行额178项,服务贸易进口额5210.6万美元。

(王凯蒂 杨 睿)

【外贸进出口】 截至年末,全区实现外贸进出口额86.2亿元人民币,同比增长73.5%,占全市比重的0.3%;出口额35.5亿元人民币,同比增长19.2%,占全市比重的0.6%,进口额50.7亿元人民币,同比增长154.8%,占全市比重的0.2%。

(王凯蒂 杨 睿)

旅　游

综 述

【概况】 2021年,石景山区旅游行业一手抓服务保障冬奥筹办,一手抓文旅品牌形象打造。做好服务保障冬奥筹办工作,保障首钢香格里拉酒店建设如期完工运营,对多个景区(点)旅游配套设施进行升级完善,提升旅游接待能力。完成“十四五”文旅发展规划,开展高质量发展课题研究,制定国际消费中心城市建设文旅配套工作方案,策划开展节庆文旅市场调研,为文旅发展提供政策支撑。建立旅游目的地形象,加大旅游宣传营销。推出“山水融城秀京西”旅游目的地营销品牌及“秀·石景山”系列子品牌;拍摄文旅宣传片,编制旅游手册、地图等宣传物品;梳理地区特色,打造主题线路;参加服贸会、旅博会,召开文旅推介会;推进招商引资及文旅项目投融资;策划开展“冬奥这 Young玩 畅游石景山”系列活动。推动实体书店发展,帮助实体书店申报市级专项资金项目,开展石景山区实体书店扶持资金项目,不断推进文化和旅游高质量发展。

(郭 果)

【“十四五”文旅发展规划】 1月,区文旅局启动规划起草工作,9月形成征求意见稿。规划围绕“建设城市休闲旅游目的地,高标准建设西山永定河文化带,打造公共文化服务示范区和文化创意产业发展引领区”为目标,实施高质量发展、全域旅游发展、文旅消费提振三大战略,推进服务保障冬奥等六大任务,并施以系列保障措施,结合十四五规划,制定发展目标及各单位任务分工方案。期间,组织召开专家研讨会1次、征求相关单位意见2次,并经主管区领导审核后,正式对外发布。

(郭 果)

旅游活动

【品牌发力引领新消费】 春节期间,区文旅局围绕服务保障冬奥筹办,以“冰雪文旅欢乐游”为主题,在国家体育总局全民健身基地(老山)、首钢极限公园等开展冰雪嘉年华活动。与同程旅行等知名品牌合作,策划开展“冬奥这 Young玩 畅游石景山”冬奥文旅盲盒快闪、石景山区文旅创意推广宣传等活动,提升石景山区文旅知名度。石景山游乐园、八大处公园、首钢园三大景区,在重要节庆假日节点,开展国际动漫游戏嘉年华、狂欢之夏、中国园林茶文化节、重阳游山会、中国科幻大会等形式多样品牌文旅活动,丰富文旅消费场景,有效拉动辖区假日文旅消费。

(郭 果)

【特色主题线路打造】 5月起,区文旅局推出“领略西山美,一览母亲河”亲水游、“聆听红色故事,感受冬奥文化,体验祖国的飞速发展之路”红色旅游线路。开发“博物京西”“百变今钢”“妙趣潮玩”“石景红旅”四大主题旅游线路,统筹自媒体完成旅游目的地风景及游玩攻略视频。四条线路作为石景山区官方推荐线路,被游侠客等旅行商采购落地,并融入个性化、定制化的文旅消费互动项目,将书店、餐饮、商铺等资源串联进线路内,推动旅游产业发展。在服贸会期间,四大主题线路通过发放线路宣传册、现场讲解、专题推介等方式进行宣传。相约群明湖,三高炉下品‘网红星巴克’”入选北京市“漫步北京”亲河湖享自然主题游线路。首钢园入选冰雪京城双奥之旅线路。“首钢园—新首钢大桥—北京冬奥公园”入选北京市“叶落的季节——漫步北京赏银杏品文化主题线路”。“冰雪奇缘,唱响冰火相融激情之歌:北京冬奥公园—首钢园—模式口历史文化街区—市民冰雪体育中心”入选西山永定河文化带主题旅游线路。

(郭 果)

【实体书店扶持项目】 5月27日,区文旅局按照《石景山区扶持实体书店发展暂行办法》,完成2020年区级实体书店扶持资金发放工作。经前期评审,21家书店获得资金支持275万元。统筹区内实体书店申报2021年市级扶持资金项目,经过实地踏勘、专家审核,全民畅读郎园店等4家书店获市级实体书店房租补贴、悦闻书院等3家书店获市级示范书店奖励、中版书房少儿馆等4家书店共计33场活动获阅读及相关文化活动奖励178万元。

(郭 果)

【提升文旅知名度】 8月,石景山区报送的首钢园金属冰箱帖、首钢金色记忆杯以及中艺韵泓的龙凤呈祥、兽首银壶、毛主席语录、燕京八景产品在2021“北京礼物”旅游商品及文创产品大赛中获奖。首钢工业文化旅游区入选2021北京市体育旅游十佳精品景区、入围2021全国十佳文化遗产旅游案例工业遗产主题旅游项目,首钢极限公园、首钢园冬奥文化工业遗存深

9月28日,首钢园区全民畅读艺术书店夜景 (区文旅局供图)

度体验线路入选2021北京体育旅游精品项目。郎园Park入选北京市旅游休闲街区。全民畅读郎园店入选2021北京国际设计周100新消费榜。区博物馆、中国第四纪冰川遗迹陈列馆入选北京市文化和旅游行业科普体验资源点。区文化中心入选北京文化和旅游体验基地，并与石景山游乐园、京西五里坨民俗陈列馆一同入选2021北京网红打卡地推荐榜单，北京冬奥公园、首钢园、模式口历史文化街区等11家单位入选网红打卡地提名推荐目的地。

（郭　果）

【完善配套设施】 8月，区文旅局完成石景山游乐园等7家旅游景区（点）中英文标识标牌、果皮箱等旅游基础设施600余件的完善工作。面向北京冬奥公园、首钢园、模式口、文物点位等重点单位，征集旅游配套设施需求，石景山游乐园纳入2022年市级专项资金支持。

（郭　果）

【国际消费中心文旅方案制定】 8月至9月，区文旅局结合《北京国际消费中心城市建设实施方案》《石景山区加快北京国际消费中心城市建设实施方案》，牵头制定《石景山区国际消费中心城市建设文旅消费潜力释放工作组配套实施方案》，进一步释放地区文旅消费潜力，推动地区文旅消费提质扩容。

（郭　果）

【参展服贸会】 9月，区文旅局推出“漫游石景山”主题文旅推介展，组织服贸会展商“走进石景山”商务考察活动。面向文旅服务展商开展专场推介会，对辖区文旅资源及招商引资政策进行宣传，拉动投资落地。参与2021年服贸会文旅服务专题展，设置金漆镶嵌、京式旗袍制作、和香制作、非遗拓片体验等互动活动，搭建文创产品展销平台，吸引游客消费及体验。整合景区（点）、酒店、书店等在服贸会期间推出35余项文旅促消费券。在服贸会展区、酒店、商务考察活动、主题峰会、投资洽谈会等发放中英文版2021年旅游手册、地图、游玩线路等宣传资料5000余份，发放文旅消费券1.5万张。

（郭　果）

【参加国际旅游商品博览会】 10月15至17日，区文旅局围绕服务保障冬奥筹办，参加第九届国际旅游商品及旅游装备博览会并获“优秀组织奖”。展会期间，现场设置冬奥文创商品展示区、迎冬奥非遗手工制作体验区、旅游商品售卖区、扭蛋机互动等，发放中英文版石景山区旅游手册、地图、折页、对口协作地内蒙古宁城旅游资源等宣传资料2200余份。

（郭　果）

【体系化营销塑造新形象】 年内，区文旅局与中青旅携手，策划推出“山水融城秀京西”旅游目的地营销品牌及“秀·石景山”系列子品牌，分别从山水风景、人文民俗、网红打卡、舒适住宿、冬奥竞技、红色旅游六方面梳理文旅资源。以“秀”字为统领，彰显石景山区的“山清水秀”“隽永清秀”与“一枝独秀”，提出“长安街西、永定河畔、石景山下，一半山水一半城、山水融城秀京西”的品牌口号和“这里有离城最近的山、这里是离山最近的城”广告宣传语；升级石景山文旅形象标识及公众号，增设“微·旅游”板块。

（郭　果）

【旅游宣传资料编制】 年内，区文旅局拍摄“近悦远来”“春夏秋冬”“石景山等你来”等6部石景山主题宣传片；模式口大街、石景山游乐园、郎园Park文创园区、新首钢大桥4部游玩攻略小视频；区文化中心、市民冰雪体育中心、喜隆多购物中心、首钢园科幻主题游、郎园Park文创园区Vroom沉浸空间5部“打卡石景山”系列小视频。中英文版品牌系列海报6张、冬奥创意人物海报9张及节庆海报5张。编辑制作年度旅游手册3000册，旅游地图3000册，九大“不得不”旅游宣传折页3000套，“秀石景山”文化旅游宣传折页2000份，四大主题旅游线路折页4000份，文旅T恤、文创布袋子等旅游宣传纪念品，在服贸会和旅博会上对市民进行发放。

（郭　果）

【实体书店建设和发展】 年内，区文旅局启动2021区级实体书店扶持资金项目，共有25家书店申报，完成申报材料审核及实地踏勘工作。发挥实体书店专项资金管理办法的杠杆作用，助推石景山区实体书店建设。新增全民畅读记忆书店、T·A Club茶书吧、日光书房、真读等实体书店。联合执法队对实体书店疫情防控、出版物经营情况定期开展检查，加大对书店规范经营日常培训，要求落实创建全国文明城区各项要求，不断提高书店服务质量。统筹书店开展形式多样的文化活动，丰富市民及游客文化生活，助力“书香京城”建设。春节期间，组织部分实体书店开展“红色百年 福佑中华”实体书店春节送福公益文化活动。

（郭　果）

9月29日，北京冬奥公园“莲花逐水”景观　（区文旅局供图）

【扩大合作"朋友圈"】 年内,区文旅局推进招商引资及文旅项目投融资。引进酒店、书店、沉浸式复合文化空间等多业态项目入驻辖区。石景山区模式口历史文化街区、首钢园六工汇文化创意产业园区以及石景山游乐园体验区升级项目入选2022北京文旅重点项目。与携程、同程、游侠客、美团、Timeout北京等知名平台沟通对接,探索开展合作。

(郭 果)

行业管理

【概述】 2021年,石景山区旅游行业全面落实新冠疫情防控政策措施,推动旅游行业复工复产,做好政务服务审批、旅游投诉处理、冬奥会服务保障、全国"两会"服务保障、创建文明城区工作;做好旅游行业安全隐患风险防控,夯实旅游行业安全生产基础,全区旅游行业总体稳定,有力保障石景山区旅游市场安全平稳、健康有序发展。

(张术瑞)

【元旦旅游市场】 元旦期间,区文旅局出动检查人员40人次,车辆14车次。检查石景山区游乐园、体育总局老山全民健身基地、第七届全国大众冰雪季——市民冰雪嘉年华冰雪乐园以及酒店19家、公共文化设施场馆2家、网吧5家、娱乐场所13家,督导做好疫情防控和安全管理工作。假日期间,八大处公园接待游人1.13万人次,综合收入8万元;石景山游乐园接待游人0.34万人次,综合收入20.17万元;北京国际雕塑公园接待游人1.63万人次,综合收入0.49万元。万商花园酒店、景园假日酒店、万达嘉华酒店、锦江之星酒店古城北路店、七天连锁酒店古城店5家纳入监测统计的住宿单位在店980人,综合收入34.39万元。假日期间,石景山区公共文化场馆共举办各类线上文化活动39项,点击量1.2万余次。其中包括:区文化中心"光影创客团作品展映",区文化馆"文·艺"云课堂、线上基本乐理学习,区图书馆小小书虫俱乐部"亲子故事会""英文绘本阅读",区非遗中心"喜迎冬奥"雪花主题手工作品展、"非遗声音故事展播",以及全区各个街道综合文化中心社会化运营团队组织开展的线上新年联欢会、贺卡制作、诵读沙龙、疫情防控知识宣传、养生食疗讲座、送祝福微视频征集活动等。

(张术瑞)

【集中隔离观察酒店检查】 1月27日,区文旅局联合区卫健委、城管委、住建委、应急管理局、市场监管局、生态环境局、治安支队、消防救援支队等部门对3家备用集中隔离观察酒店进行联合检查。检查组对照《集中隔离观察点的设置标准及管理技术指引》重点查看酒店消防、安全、物资保障、垃圾处理、功能区区分等各项保障工作和应急预案等情况,要求备用集中隔离观察酒店落实主体责任,严格落实各项防控措施,做好人员健康监测工作,同时做好各项准备工作,确保响应及时、即开即用、运转顺畅。

(张术瑞)

【专家组检查文旅行业安全】 1月27日,区文旅局联合市文旅局专家组检查辖区文旅行业液化石油气安全管理工作。检查八大处公园、中科院高能物理所招待所和红楼迎宾馆,重点对各单位的燃气安全主体责任落实情况、用气场所安全状况、气瓶使用情况、安全操作规范、消防器材配套等情况进行检查,未发现安全隐患。

(张术瑞)

【检查"两会"驻地服务保障】 2月4日,区文旅局联合区卫健委、应急局、市场监管局、治安支队、消防支队等部门检查辖区"两会"驻地酒店,重点检查酒店疫情防控、会议接待、客房服务、餐饮服务、安全与应急等工作情况。检查组就酒店存在的问题和不足提出参照《新冠肺炎流行期间北京市星级饭店防控指引》,做好入住政策、防控措施、人员排查等疫情防控工作;按照大会接待服务标准和《北京市住宿业服务质量标准与评定》,做好住宿、会议、餐饮等服务保障工作;落实安全保障和服务接待主体责任,确保服务设施设备处于完好有效状态,制定接待服务、安全保卫工作方案和应急预案,并适时开展演练活动;主动与市、区有关部门进行工作对接,并按照有关部门的工作意见研究制定措施,立即整改。遇有突发事件,稳妥处置,并报区文旅局和其他有关部门。会后,驻地酒店立即整改问题,落实上述工作意见,高质量完成"两会"服务保障工作。

(张术瑞)

【隔离酒店春节期间服务保障】 春节期间,区文旅局联合区卫健委、市场监管局,组织集中隔离酒店、供餐公司负责人召开协调会,就春节期间供餐服务进行协调部署。对供餐标准、食品安全、菜品质量、营养搭配、样品留存以及春节期间特色配餐等事项提出具体要求。做好集中隔离酒店派驻人员调整,根据疫情防控实际,调整入住隔离酒店工作人员,完成驻店交接手续,持续加大现场协调力度,确保保障到位。营造春节喜庆氛围,由区文旅局领导带队,看望隔离酒店工作人员并发放慰问品;为隔离酒店提供福字等新年装饰,为隔离人员提供福袋、饺子等节日食品。为隔离酒店人员提供丰富线上文化活动,通过"石景山公共文化"公众号及"石景山文E"APP,向酒店隔离人员推送"线上七天乐,新年'新七项'"等线上文化活动信息,通过"猜灯谜""看大戏""享新意""话非遗"等栏目设置,满足隔离人员节日文化需求。五是人文关怀工作,配合驻店工作组,为隔离人员做好心理疏导和政策讲解,最大限度消除负压影响;督促酒店主动了解在店隔离人员服务需求,优化接待流程,提高酒店服务接待水平。

(张术瑞)

【"五一"假日旅游市场】 "五一"假日期间,石景山游乐园北京国际动漫游戏嘉年华、八大处公园中国园林茶文化节、首钢园发现者乐园创意生活嘉年华、郎园Park文创市集、慈善寺非遗主题文化宣传展示周等开展了185项活动,游客约15.6万人次。纳入统计的八大处公园、石景山游乐园、国际雕塑公园等三大景区共接待游客20.51万

5月3日,第二十届八大处中国园林茶文化节开幕　(八大处公园供图)

人次,比2020年同期增长5.4倍,按可比口径计算比2019年同期增长45.7%;综合收入621.6万元,比2020年同期增长25倍,按可比口径计算与2019年持平。纳入统计的5家住宿经营单位,共接待住宿人员5686人次,同比增长350.91%,比2019年同期增长14.2%;综合收入200.06万元,同比增长364.82%,恢复到2019年同期的90.3%。全区共出动执法人员1250人次,重点对文化和旅游场所安全与应急及其周边环境秩序情况进行盯守和巡查,旅游环境安全有序,无重大旅游投诉,无旅游突发事件。

(张术瑞)

【服务保障高考】　高考前夕,区文旅局采取四项措施:一是筛选距离考场较近的2家酒店供考生和家长选择,以减少由于往返通勤带来的疫情和交通拥堵风险;二是督促酒店严格落实疫情防控措施,备足防疫物资,做好体温检测、消毒通风、环境清洁等工作;三是要求酒店合理安排好楼层和房间,为考生和家长提供干净、安静、便捷的客房;四是加强酒店内部管理,全面做好服务和安全保障工作。此外,部分酒店在高考期间为考生和家长提供不同程度优惠活动。

(张术瑞)

【"端午"假日综合整治行动】　端午前夕,区文旅局印发《关于做好2021年端午节假日期间石景山区文化和旅游行业安全服务保障工作的通知》,并会同区公安、卫健、应急、市场、消防、文化执法等假日办成员单位对石景山游乐园、全季酒店和腾旭网吧等单位进行联合执法检查,对各单位假日旅游安保方案、安全隐患排查和应急预案及演练等工作情况进行现场检查,对旅游景区周边游商小贩、卖艺乞讨、黑车黑导、停车管理和交通秩序等问题进行重点巡查,共出动检查人员13人,整改安全和秩序相关问题6起。

(张术瑞)

【安全生产月咨询日】　6月16日,区文旅局联合区反恐办、气象局和A级旅游景区等单位在八大处公园组织开展"2021年石景山区文化和旅游行业'安全生产月咨询日'活动"。活动以"落实安全责任,推动安全发展"为主题,现场摆放《全民反恐共创平安》《恐怖袭击的特点》《消防安全"四个能力"建设》《消火栓的使用方法》《灭火器的使用方法》等宣传展板,发放《旅游法》《反恐怖主义法》《食品安全法》《北京市旅游条例》《气象灾害预警信号与防御指南》《旅游安全便民手册》《科学玩转旅游季》《新冠疫苗接种知识手册》《人人接种疫苗A4宣传页》《创城宣传贴纸》《文明旅游折页》等各类宣传材料8000余份,结合安全生产隐患整治三年行动和文明城区创建工作,向广大市民和游客宣传生产安全、旅游安全、食品安全、消防安全、反恐防暴和气象灾害防范等知识。

(张术瑞)

【冬奥服务保障】　6月17日,区政府与北京第二外国语学院、北京冬奥组委运动会服务部,在冬奥签约酒店石景山富力万达嘉华酒店签署《北京2022年冬奥会和冬残奥会组织委员会运动会服务部冬奥服务保障合作框架协议》,区领导李新、周西松,北京二外院长计金标,冬奥组委运动会服务部住宿服务处处长王洪声参加签约仪式。李新与计金标共同为二外旅游科学学院学生实践基地、区文旅局冬奥培训基地揭牌。会后,由二外旅游科学学院肖洋教授就服务保障冬奥作专题讲座,来自区有关部门和文旅经营单位120余人参加。

(张术瑞)

【消防安全急救培训】　6月25日,区文旅局在万商花园美居酒店举办行业消防安全暨应急救护知识培训会。全区110家文旅单位、120人次参加培训。培训讲师通过"课件+现场提问+互动实操"的方式,就如何开展好消防安全宣传、提高防火意识、清除火灾隐患以及发生火灾时该如何正确引导客人疏散逃生、如何扑救初起火灾等内容进行详细讲解,让参会人员通过学习和实际操作,进一步增强消防安全"四个能力"(检查消除火灾隐患能力;扑救初期火灾能力;组织人员疏散逃生能力;消防宣传教育培训能力)及从业人员应急救护技能。

(张术瑞)

【有限空间作业安全监督检查】　7月,区文旅局对辖区内涉及有限空间作业的企事业单位开展为期一周的安全生产检查工作。检查人员通过现场查看、检查台账、询问一线作业人员等方式,对各单位关于有限空间的制度建设、教育培训和安全防范措施等安全生产管理工作进行检查。同时要求各单位增强员工的安全教育工作,提升员工危险处置的能力,加强员工的安全意识,坚决防范有限空间作业事故发生,全力维护文化和旅游行业安全稳定形势。出动检查人员 12 人次，检查单位 26 家次，督促整改问题 3 起。

（张术瑞）

【服贸会服务保障】 8 月，区文旅局为服务保障服贸会工作，筛选住宿服务保障酒店。通过对场馆分布、交通情况、酒店环境、接待水平等情况综合考量，筛选出辖区内 7 家酒店，推荐作为服贸会住宿服务保障酒店。督促辖区内文旅行业各单位按照最新疫情防控指引，严格执行预约限流、测温验码、佩戴口罩、通风换气、消毒清洁、保持安全距离等措施。通过日常检查、联合检查等形式，加强对服贸会周边文旅经营场所疫情防控与安全应急等工作的检查。期间，对周边宾馆酒店进行检查 56 家次，出动 49 人次，督促整改问题 10 余起。加强环境秩序整治工作。联合公安、卫健、市场等相关部门对重点旅游景区、宾馆饭店和服贸会周边沿街的文旅经营场所开展安全风险管控、隐患排查治理及其周边旅游市场秩序情况进行现场执法检查行动。其中联合检查 2 次，检查文旅经营场所 6 个，督促整改问题 6 起。

（张术瑞）

【冬奥签约酒店无障碍设施验收】 9 月 14 日，区文旅局会同区残联第三方专家及 2 名残障人士对 2 家冬奥签约酒店提升改造后的无障碍设施进行现场体验式检查验收，并对 1 家在建酒店无障碍设施建设情况给予现场指导。通过检查和体验，检查组一致认为 2 家酒店无障碍通道、客房、卫生间、停车位等无障碍设施达到《北京 2022 年冬奥会和冬残奥会无障碍指南》技术指标，能够满足残障人士出行自理的需要，能够较好地解决残障人士在酒店进出和住宿的各项需求。

（张术瑞）

【旅游景区反恐怖工作检查】 11 月 25 日，区文旅局联合区反恐办、区治安支队对石景山游乐园和八大处公园进行反恐怖防范督导检查考评。联合检查组采取查阅资料和听取汇报等方式，对景区物防技防建设、反恐怖防范制度、反恐培训及演练情况、反恐资金投入和防范目标档案等 16 大项目进行详细检查。从检查情况来看，2 家单位对反恐工作高度重视，投入大量资金改造物防技防设施，积极加强教育培训并开展专项演练，各项工作开展均符合《规范》标准。

（张术瑞）

【星级饭店复核】 12 月 16 日，区文旅局以旅游星级饭店年度复核工作为契机，邀请市、区级星评员组成联合检查组对冬奥会签约饭店和星级饭店安全管理、设施设备、运营质量等方面开展实地督导复核。检查组对照《旅游饭店星级的划分与评定》和《2022 年冬奥会签约饭店服务质量监督检查表》相关内容，对首钢秀池智选假日酒店（冬奥会签约饭店）和首钢工舍智选假日酒店（三星级）进行全面检查，对酒店疫情防控、设施维护、无障碍设施、光盘行动、垃圾分类、应急管理、服务质量和冬奥筹备等工作给予肯定，对垃圾分类不彻底、无障碍设施标识不规范等问题提出整改意见。

（张术瑞）

【旅游团队文明旅游管理】 年内，区文旅局为推动石景山区旅游行业文明创建工作，引导和规范游客文明行为与安全意识，向辖区各旅行社印发《关于进一步加强石景山区旅游团队行前教育、行中引导、行后总结的通知》，要求各旅行社强化主体意识，把文明旅游工作摆上重要位置，全面推进“行前教育、行中引导、行后总结”的工作实施，做好工作人员教育培训、行前文明旅游说明会、行中不文明行为劝阻、行后情况总结等工作。并就旅行社“行前教育、行中引导、行后总结”制度落实情况进行检查，推进石景山区文明旅游工作的提升。

（张术瑞）

北京石景山游乐园

【概况】 北京石景山游乐园（简称游乐园）占地面积 35 万平方米，拥有大型主题游艺项目 40 余项，国家 AAAA 级旅游区（点）。2021 年是“十四五”规划开篇之年，也是游乐园的改革之年、奋进之年。凭借坚实的疫情防控屏障、全新的活动经营模式、科学的市场营销策略，游乐园逆势而上，重要经营时段收益均创历史新高，最大限度地确保国有资产保值增值。游乐园全力推进石景山区全国文明城区创建三年行动计划，助力“创城”，弘扬奥林匹克精神，提升北京冬奥会品牌价值，完成特许经营店建设，服务“冬奥”。北京石景山游乐园入选“2021 北京网红打卡地推荐榜单（人文景观类）”，获得“石景山爱国主义教育基地”“首都文明单位”等荣誉称号。春节期间接待游客 5.75 万人次。全年接待游客 138 万人次，综合经营收入 12100 万元。

（于梦晨）

【IDO 北京国际动漫游戏嘉年华】 5 月 1 日至 5 日，游乐园举办为期 5 天的第 34 届“IDO 北京国际动漫游戏嘉年华”活动。活动期间，游乐园通过举办动漫游戏互动体验展区、二次元文化节、数字娱乐衍生文化体验、梦幻偶像祭 5 周年庆、乐享游艺项目大狂欢以及美食街区等 6 大模块内容，让市民参与热情不断升温。在为期 5 天的初夏狂欢中，共接待游客超 10 万人次，直接收入 800 余万元，通过异业合作等方式达成间接收入超过 700 万元，累计综合收入突破 1500 万元。

（于梦晨）

【冬奥特许经营店营业】 年内，游乐园做好北京 2022 年冬奥会和冬残奥会服务保障工作，助推冬奥文化传播，多渠道烘托冬奥氛围，北京石景山游乐园冬奥特许经营店于 6 月 1 日营业。该店包括 2 家分店，分别位于西南门内冰雪幻境馆内和西园飞越世界飞行体验馆内。其中冰雪幻境店整体建筑外立面是由林海、冰峰和雪原等冬季风光元素组成的手绘风景画，极具冬奥特色。店内共销售冬奥吉祥物玩具、纪念徽章、文具、文创礼品、服装服饰等百余种冬奥特许经营商品。自 6 月 1 日冬奥特许经营店开业截至 12 月 31 日，游乐园冬奥特许经营店销售总额超 25 万元。

（于梦晨）

【灯光秀庆祝建党 100 周年】 6 月 21 日至 7 月 6 日，游乐园代表石景山区参加"七一"主题灯光秀,以"热烈庆祝中国共产党成立100周年;百年征程波澜壮阔、百年初心历久弥坚,为中国人民谋幸福、为中华民族谋复兴,不忘初心、牢记使命,永远跟党走"为祝福的主旋律,与园内北京温度、灰姑娘城堡、蓝桥、星座广场、飞越中国、飞越世界等特色景观交相辉映,为建党100周年送上别样的祝福,在央视播出后引起强烈反响,激发人民群众的爱国热情。

（于梦晨）

【"狂欢之夏"活动】 7月8日,游乐园在灰姑娘城堡召开新闻发布会,同时开启2021年"狂欢之夏"游园会的序幕,为持续54天的仲夏狂欢按下了开启键。24日,游乐园夜场游客接待量破历史纪录。活动由裸眼3D城堡夜光幻影秀、非遗打铁花表演、极光光影秀、粉色沙滩水枪水球大战、迷雾隧道、时尚灯光景观、炫彩灯光亮化等内容组成,54天活动共接待人数超40万人次。

（于梦晨）

【新项目十一期间运营】 10月1日,"家庭过山车""叠式过山车""太空滑车"三大滑行类项目设备安装完毕,顺利通过国检检测,于"十一"黄金周开始运行。

（于梦晨）

【国庆游园会活动】 10月1日上午9:00至10月7日晚22:30举办国庆游园会活动。整个活动历时7天,总入园人数超10万人次,销售收入900余万元,其中,10月1日当天接待3.08万人次,收入创历史同日最高。比上年同期客流量增长2万余人,总收入增加110万余元;比2019年同期客流量增长4万余人,总收入增加251万余元。

（于梦晨）

【百魅狂欢汇活动】 10月15日至11月14日,游乐园举办百魅狂欢汇活动,魅影狂欢绘、"百鬼夜行"巡游表演、魅影星空秀、沉浸鬼屋大冒险、魔域游乐大狂欢、黑暗料理大挑战等内容,为游客打造一场独具魅力的狂欢盛会。活动带动经营收入近1000万元,接待36万余人次。

（于梦晨）

【冰雪小镇活动】 12月17日至19日、24日至26日、31日游乐园举办冰雪小镇活动,以冬奥、冰雪、跨年为关键词,为游客打造一场匠心独具、别具一格的冬奥冰雪新年盛会。让市民全方位、立体化地享受冰雪运动乐趣、领略冬奥文化魅力,活动接待游客超15万人次,线上宣传推广量达7000万人次。

（于梦晨）

【获评北京网红打卡地】 12月8日,北京石景山游乐园(飞览天下飞越中国馆、灰姑娘城堡、摩天轮)上榜"人文景观类"北京网红打卡地榜单。

（于梦晨）

7月,石景山游乐园狂欢之夏活动的极光秀　（游乐园供图）

【提示信息】 入园开放时间10月1日至3月31日平日9:00—16:30,节假日9:00—17:00;4月1日至6月30日平日9:00—17:00,节假日9:00—18:00;7月1日至8日平日9:00—17:30,节假日9:00—18:00;7月9至8月31日9:00—22:30;9月1日至9月30日平日9:00—17:30,节假日9:00—18:00。持老干部离休证、65岁(含)以上老年证、军官证、士兵证、残疾证;作家、摄影家协会会员、6岁(含)以下凭有效证件和1.2米(含)以下儿童免门票入园。持全日制大学本科及以下学历学生凭本人身份证或《学生证》、60岁至65岁(不含)老年人凭有效证件购买门票享受半价优惠。本年度执行医护人员免费,并增加摄影协会会员免费。

（于梦晨）

八大处公园

【概况】 八大处公园是国家AAAA级景区、北京市一级一类公园,位于石景山区北部,是新中国成立后首批北京市重点文物保护单位,是一座历史悠久、盛名远播、风景宜人的山地寺庙园林。2021年,八大处公园坚持绿色、可持续发展观,大力推进生态旅游发展各项指标,着力把握战略定位,打造高端惠民工程,不断向AAAAA级景区的目标奋勇前行。受新冠肺炎疫情及闭园影响,全年接待游人188.4万人次,门票收入975万元,综合经营收入2903万元。获市水务局授予的北京市节水型单位称号。

（海　杨）

【环境整治及提升项目】 八大处公园环境整治及提升项目(园内)于2020年8月31日开工,2021年10月29日竣工。建设内容主要包括八大处大门区、七处门区绿化及景观提升;八大处门区至七处车行道、游客登山步道两条道路绿化及景观提升;清凉寺院落、周边绿化及景观提升。

（海　杨）

年内，八大处公园环境不断提升，图为公园一角　　（八大处公园供图）

【第二十届八大处中国园林茶文化节】 4月29日至5月5日，八大处公园以云南勐海普洱茶文化及福建柘荣白茶文化为展示推介核心，以“汇民族佳茗，品京城茶道、赞百年辉煌”为主题，举办第二十届八大处中国园林茶文化节活动，活动包括开幕式、民间斗茶大会、茶健康养生讲座、民乐演奏、文艺演出等内容。期间接待游人77万人次，营业收入52.64万元。

（海　杨）

【《八大处传说》入选国家级非遗】 6月10日，《八大处传说》入选第五批国家级非物质文化遗产代表性项目名录（民间文学类）。《八大处传说》是数百年来，以京西八大处寺庙园林为依托、由附近村庄老百姓共同创造出来的美丽传说。传说种类繁多，有惩恶扬善的，如《金马驹的传说》；有歌颂美好爱情的，如《圣水井与情人柏的传说》；有改造自然、共建美好家园的，如《关公劈山引水的传说》；有关于帝王轶事的，如《八大处西山晴雪和层峦晴雪的传说》等。其中最为著名的是“卢师山和大小青龙的传说”，该传说不仅有碑文为凭，各种史书典籍、诗书文章也多有记载。由于八大处自古以来就是文人荟萃之地，文人墨客历代不绝，赋诗作文之风甚盛，所留下的诗文作品和逸闻趣事，也增加了传说的神秘色彩，彰显了民间文化的深厚魅力。2007年，“八大处传说”被列入北京市非物质文化遗产项目；2015年，石景山区文委出版石景山区非物质文化遗产丛书第二辑专刊“八大处传说”；2020年，八大处公园出版八大处历史文化丛书《八大处传说》。

（海　杨）

【第八届西山八大处文化节】 9月29日至10月7日，八大处公园举办第八届西山八大处文化节，以古人“八大雅事”（与“八”大处相辉映）——“琴、棋、书、画、诗、酒、花、茶”展开。举办多场游客可赏可参的以八大雅事为中心的文化互动体验项目，包括精印谷呈现的“松石间意”演奏会，百卉园进行的“以棋养德，以棋启智”快乐棋艺赛，翠薇茶社举行的“墨舞冬奥”书法笔会和“追寻红色记忆·翰墨传颂百年”绘画交流，沿途展现的“与诗同行”登山沉浸学，马帮雕塑广场互动的“时菊凝露”共饮菊酒、“回归自然，绽放美丽”插花活动和“壶中茶叶自芬芳”茶话会。期间接待游人8.3万人次，营业收入79.48万元。

（海　杨）

【北京八大处重阳游山会】 10月14日，举办以“孝满京城 德润人心”为主题的第四届北京重阳登高节暨第三十四届北京八大处重阳游山会。活动内容主要分为“欢聚重阳”开幕式、重阳国风演奏、非遗重阳小院、再饮菊花酒、重阳花糕敬老人、菊花茶中蕴真情、“最美重阳·最美八大处”摄影展等。活动满足人民对美好生活的向往，弘扬中国优秀的传统文化，将尊老、爱老、孝老的良好社会风气利用具象的文化活动传递进每一个人的心中。

（海　杨）

城市规划与建设

规划与自然资源管理

【概况】 北京市规划和自然资源委员会石景山分局(简称规自分局)于2019年3月23日挂牌成立,内设办公室、法制科(信访与信息公开科)、规划编制与城市设计科、市政交通科、规划实施科、综合审批科(规划土地核验科)、自然资源调查监测科、自然资源所有者权益科(自然资源开发利用科)、国土空间生态修复科(矿产资源管理科)、财务科、机关党委(党建工作科、人事科)、纪检办公室12个机关科室,下设北京市石景山区规划和自然资源执法队和2个事业单位(北京市石景山区不动产登记中心、北京市石景山区规划和自然资源综合事务中心),代管1个区属事业单位(北京市石景山区土地一级开发管理中心)。年内,规自分局落实"三区"定位,坚持规划引领,服务区域高质量发展,推动规划实施有效落地,促进石景山区规划和自然资源工作稳步提升。

(刘　念)

【依法行政】 年内,规自分局成立接诉即办工作专班,定期组织会商会和调度会,研判工作形势,讨论化解方案。全年共受理群众诉求1079件。组织"接诉即办"工作会商会26次、月度调度会10次。信访诉求依法分类处理,接收网信26件、来信86件、来访12件、局长信箱32件,共计156件信访件。受理行政复议案件29件、行政应诉案件11件,领导出庭8件,其中主要领导出庭4件。规范依申请信息公开工作流程和督办,共受理依申请信息公开128件,受理各类咨询电话和现场咨询。

(翟晓璇)

【"双随机、一公开"监管】 年内,规自分局按照"谁制定、谁审查"原则,将涉及市场主体经济活动的市场准入、产业发展、政府采购、招标投标等政策措施全部纳入公平竞争审查范围。建立规自分局公平竞争审查制度,强化事中事后监管,依托市规划自然资源委"双随机、一公开"平台完成全部工作任务。

(牛正民)

【城市体检及五年评估】 年内,规自分局完成区域年度城市体检及五年评估工作。创新工作方法,运用问卷、提案、手机信令等多种方式,引入12345热线工单数据分析,多渠道评估公众满意度情况,形成八项专题。体检评估相关结论融入"十四五"规划及城市更新等重点工作安排,优化城市治理体系和治理能力。

(梁　月)

【石景山责任规划师】 年内,规自分局设立总责任规划师制度。制定《石景山区总责任规划师(团队)工作办法》,形成制定一份年度工作建议、组织一系列专家讲堂活动、提供一揽子技术服务支撑,统筹一盘棋街道更新引导的"四个一"体系化工作内容,提升区域城市规划设计水平。有序开展责任规划师工作,9个街道的6个团队配合开展老旧小区改造提升项目30余个,开展街道老旧小区改造工作走访调研150余次,配合公共空间提升项目58个,开展相关调研超过200余次,提供专业咨询100余次,组织街道公众参与等相关活动次数60余次。

(李　翌)

【街区控规编制】 年内,规自分局全面开展街区控规编制,探索存量更新背景下控规编制路径。完成1601－1603(五里坨、广宁)街区控规编制,1609(首钢北区)街区控规＋01街坊综合实施方案编制,1610(特钢)、1606(八大处)、1617(巴威北锅)街区控规形成成果。街区控规编制率位居中心城区最高(64%),其中1601－1603街区控规获2021年度北京市优秀城乡规划二等奖。

(张　悦)

【既有控规街区评估】 年内,规自分局完成西黄村、刘娘府、衙门口和首钢东南区五个街区评估工作,建立起"1＋3＋n"的工作体系,评估结论作为规划实施前置条件,有效支撑市区重点供地项目。

(张　悦)

【五里坨等浅山区发展研究】 年内,规自分局统筹研究浅山区21.6平方公里范围,将生态修复与城市修补相统一,将规划与实施相统一,将保护与发展相统一,为非建设空间的落地规划编制提供有益经验,信息被中国自然资源报采纳刊登。

(张　悦)

【"四道合一"规划研究】 年内,规自分局整合慢行系统、健身步道、绿道及休闲步道,打破空间和体制机制壁垒,从部门条块管理向协同共治转变,指导滨河路、高井路四道合一试点建设,信息被《北京信息(综合快报)》第197

6月3日,石景山区召开总责任规划师聘任会,并向北京市城市规划设计研究院颁发聘书 (规自分局供图)

期采纳并刊登。

（李丹丹）

【土地供应计划】 年内，规自分局编制完成石景山区2021年度建设用地供应计划。全区计划供应13个项目，供地总量51.74公顷，实际完成供地56.46公顷。

（许 多）

【城乡建设用地减量】 年内，规自分局持续推进年度减量腾退工作。根据2020年国土变更调查结果，石景山区提前完成城乡建设用地规模控制在53平方公里以内的阶段性目标。按照市规划自然资源委的工作部署，石景山区开展历年减量地块动态维护，推进年度结转任务动态巡查，持续推进城乡建设用地减量腾退工作，确保城乡建设用地规模控制在53平方公里以内。

（黄 卉）

【“多规合一”平台】 年内，规自分局核发朝阳医院改扩建工程和北辛安加油站项目初审意见，核发苹果园交通枢纽、首钢东南区、刘娘府综合改造、衙门口棚改等项目多规合一供审意见，总用地面积约35.31公顷，地上建筑规模约79.72万平方米。办理完成首钢东南区1612－769、中关村科技园区1605－651、西黄村1606－646、刘娘府综合改造1604－663等项目“多规合一”协同平台综合会商意见，方案审定建筑规模约163.91万平方米。

（许 多 黄 卉）

【规划综合实施方案】 年内，规自分局完成黄庄43号院棚户区改造项目规划综合实施方案的编制、公示及报审工作。按照SS00－1601－1603街区试点单元控规要求，完成广宁村棚户区改造项目规划综合实施方案编制、公示、公告工作。结合项目实际，分类细化，精准研究，统筹推进巴威·北锅、北重西厂等老工业厂区更新改造项目。

（黄 卉）

【模式口街区规划实施研究】 年内，规自分局采用规划统筹和部门协同方式，精准对接保护更新要求与业态活力提升需求，参照有关文件并结合模式口区域情况，从产权确认、方案审查、审批程序等环节逐一梳理，完成《石景山区模式口历史文化街区平房（院落）保护性修缮和恢复性修建工作方案（试行）》，破解缺少房屋登记手续、原改造房屋难以形成有效经营等难题。

（许 多）

【优化土地管理】 年内，规自分局建立健全石景山区国有建设用地使用权协议出让地价评审工作方案 。签订衙门口回迁安置房营利性配套部分协议出让合同，是全市事权下放后的首个出让合同。加强土地利用动态巡查，截至年末辖区土地动态巡查率76.81%；提高批而未供处置率，合计处置39.32公顷，处置率10.11%；提升闲置土地处置率，处置闲置土地57.27公顷，处置率达92.31%，在全市排名第二。

（吕卫豪）

【M11号线冬奥支线开通运营】 年内，M11号线冬奥支线（新首钢站—北辛安站—金安桥站）开通运营，规自分局配合市规划自然资源委轨道处研究全线方案，以用地预审代替建设工程规划许可证先行核发北首区间地下部分建设工程规划许可证，以保障冬奥为前提推动开工建设。通车后M11号线、M6号线与S1线可在金安桥站换乘，北京赛区实现所有比赛场馆地铁直达，构建起绿色低碳的交通体系。

（王晓燕）

【优化营商环境】 年内，规自分局落实优化营商环境改革新政，精简审批环节，推进“多测合一”，推进“双快”办理。推进低风险项目全流程案例的形成，在规划验收中坚持“少干扰、少接触”的原则，发挥好全过程监督系统的优势。截至年末辖区共有31个低风险项目，形成5个有效案例。完成不动产登记中心办事大厅及办公区域的合并改造，办理窗口由18个增加至38个，实现税务、交易、登记同址办公，不动产登记“一站式办理”；推行延时服务和上门服务政策，成为全区首个推行延时服务期间办理全部业务的单位。

（成 卓）

【完成历史代征道路移交】 年内，规自分局制定《石景山区2021年代征道路用地移交接收工作方案》，对2021年重点历史代征道路用地移交工作剩余的8个项目，以向相关建设单位逐一发函的形式，明确主体责任，同时要求建设单位根据自身情况说明未腾退理由，并回函至区政府。年末，完成全部历史代征道路用地移交接收工作。

（成 卓）

【保障重点项目建设】 年内，规自分局完成建设工程规划许可证（城镇建筑工程）30个，建筑面积191.59万平方米；临时建设工程规划许可证（城镇建筑工程）34个，建筑面积22.48万平方米；低风险建设工程规划许可证（城镇建筑工程）5个；建设工程规划许可证（市政类）67个，管线长度4.56万米；规划核验（验收）81个，验收面积289.92万平方米；核验备案1个；地名命名10个；建筑物命名13个；选址意见书和用地预审合并（市政）42个，用地面积73公顷；土地划拨21个。

（成 卓）

【土地权属审查】 年内，规自分局完成国家体育总局冬季训练中心及配套设施项目、焦化厂东路、福寿岭公交中心站及地铁1号线福寿岭站启用改造工程、苹果园综合交通枢纽土地一级开发等35个项目的土地权属审查工作。

（李 涵）

【第三次全国国土调查】 年内，规自分局开展“三调”主要工作汇报、数据安全保密排查、数据库成果领取使用、准备区级主要数据公报发布与项目验收等工作。在上级统一要求基础上自主更新完善全区宗地土地使用权人信息。

（李 涵）

【2020年度国土变更调查】 年内，规自分局组织完成区级方案编制、底图制作、内外业调查、区级自查、市级及国家级核查和整改、成果报送、数据领取、数据分析等工作。共提取监测图斑342个，其中国家级提取122个，市级提取73个，区级自提147个。

（李 涵）

【国有自然资源资产报告】 年内，规自分局成立领导小组、组织工作专班、搭建框架、汇总整合、编制报告,完成《石景山区2020年度国有自然资源(资产)管理情况专项报告》,专项报告全面体现辖区土地、森林、水等自然资源总量、管理成效、有效监管、存在问题、措施和建议等内容。

(崔茜倩)

【开发区土地集约利用评价】 年内,规自分局开展辖区年度开发区土地集约利用评价工作,通过用地状况调查、供地状况调查、用地效益调查、闲置土地调查和待建地调查等,摸清用地状况,完成开发区土地利用状况调查、评价等工作,并依据调查结果,对开发区土地利用情况进行调查分析并形成报告。

(崔茜倩)

【征收农用地区片综合地价】 年内,规自分局按照"维护被征地集体经济组织合法权益,保证同地同价、协调平衡新老标准、综合意见公开听证"的工作原则,按时保质完成北京市征收农用地区片综合地价(石景山区)成果制定上报工作,确定辖区征收农用地区片综合地价标准为"80万元/亩"。

(崔茜倩)

【"多元化补偿"标准】 年内,规自分局为规范征地补偿、促进各类项目顺利落地、保护集体经济组织长远利益、严控土地开发成本,会同区内相关单位,制定《石景山区集体土地征收"多元化补偿"标准的实施办法》,明确规范补偿标准及执行时间等内容。

(崔茜倩)

【集体土地征收及农转用】 年内,规自分局完成刘娘府综合改造B地块一级开发项目集体土地征收及农转用工作,征收集体土地面积10.40公顷。

(崔茜倩)

【汛期地质灾害防治】 年内,规自分局完成汛期地质灾害防治工作,组织巡查排查158人次,发现新的地质灾害隐患15处,及时发现和快速处置灾情险情16起,累计更换和补竖警示标识牌58块,发放"北京市地质灾害防治明白卡"5000余张,指导街道完善地质灾害隐患点"一点一预案"工作。

(张 韬)

【矿产资源和涉矿企业监督管理】 年内,规自分局组织人员对辖区内矿泉水企业和化石收藏单位进行检查,根据市规划自然资源委采矿权到期(5家)后不再延续的要求,督促涉矿企业(1家)做好采矿权到期前的申请注销工作。

(张 韬)

【历史遗留矿山核查】 年内,规自分局组织专家对自然资源部下发的涉及辖区7块疑似历史遗留矿山图斑进行核查认定,其中1块图斑确定为露天开采石料形成,专家认定为自然恢复,已通过自然资源部审核,其他6块认定为自然损毁。

(张 韬)

【拆违腾地消减存量违法建设】 年内,规自分局重点拆除整治侵害生态环境、群众反映强烈、严重影响国土空间规划实施的违法建设。在市专指办平台销账违法建设18处,面积35979.72平方米,完成市绩效任务1万平方米的359.7%;腾退土地15566.6平方米,完成市绩效任务1公顷的155.6%。以实际行动夯实石景山区"基本无违法建设城区"工作成果。

(陈 莹)

【推进自然资源督察整改】 年内,规自分局按照《石景山区2019年度自然资源督察问题整改工作方案》《石景山区2019年度自然资源督察暂未整改到位图斑处置方案》,通过分类处置、精准施策的方式,完成2019年度自然资源督察台账88项中的63项,整改到位率为71.59%。

(陈 莹)

【年度耕地保护督察整改】 年内,规自分局成立由区长担任组长的迎检工作领导小组,制定《石景山区迎接2021年国家自然资源耕地保护督察工作方案》。按照督察要求,汇总整理内业材料,做好外业自查。坚决拆除占用耕地的违法建设1787.84平方米,破除占耕地硬化地面,恢复耕地面积631.29平方米,完成督察反馈问题整改工作。

(陈 莹)

【农村乱占耕地建房专项整治】 年内,规自分局按照《石景山区农村乱占耕地建房问题摸底排查工作方案》,组织区工作专班成员单位对市工作专班下发的63个单体图斑和全区198个耕地地块进行逐个摸排,确定7个纳入类图斑,通过专题研究,制定分类处置措施。截至年底拆除3处。

(陈 莹)

【公共公益类违法用地专项整治】 年内,规自分局成立石景山区公共公益类违法用地违法建设专项整治工作领导小组及工作专班,制定《石景山区公共公益类违法用地违法建设专项整治行动工作方案》。在全市率先完成54个图斑项目的排查及系统录入,并全部通过市工作专班初步审核,确定54

4月20日,区领导到不动产登记事务中心调研 (规自分局供图)

个图斑项目的处置措施和整治路径。

（陈　莹）

【不动产登记业务】　年内，石景山区不动产登记中心累计预约41120人次，受理业务38838件，登簿36451件，颁发不动产权证书23722件，不动产权证明8935件，办理查封解封业务1254件；办理房屋首次登记144件，土地首次登记40件；受理预告登记业务535件，注销房屋登记12件，注销土地登记16件；接待档案查询群众20107人次，档案查询总量22166卷次；报送各种信息126篇；收到锦旗16面，收到表扬信122封。

（隋　佳）

【10个历史遗留项目问题解决】　年内，规自分局构建"政府主导、部门联动"的工作机制，由区领导调度规划、住建、税务等各职能部门落实责任，共组织区级专班联席会议6次、专题协调会13次，为华润置地、万商公司、特钢公司、金融街资本运营中心等企业提出针对性处理方案和解决路径。全年共打通10个历史遗留项目的办证路径，涉及房屋4930套，超额完成市规划自然资源委下达的3500套年度指标，完成率达140%。

（湛亚静）

【历史数据整合入库】　年内，规自分局按照登记处关于历史数据治理工作要求，全面开展数据入库工作。石景山区"老房新案"97524户，"老房老案"48237户，全年完成入库28645户，入库率达到17.05%。确保历史数据装载的准确性和完整性，为"全程网办"、"跨省通办"打下坚实基础。

（隋　佳）

【全市首批预购商品房全程网办】　年内，规自分局完成全市首批500余笔预购商品房预告登记全程网办业务。鹰腾京西商业管理（北京）有限公司于11月26日通过"北京市不动产登记领域网上办事服务平台"成功申请首笔"预购商品房预告登记"业务，完成在线预审、登簿等全部环节，企业当日取得"不动产登记证明"电子证照。

（湛亚静）

【档案管理】　年内，规自分局共接收、整理、上架不动产档案35001卷，与上年相比增加22.87%。为落实市政府积分落户政策，协助积分落户人员查询不动产登记信息367人次；为学生入学及升学协助教委核查房产登记信息443人次；协助区住建委、征收办、各街道等有关单位核查房屋登记信息5000余户；为军队、公检法查询登记信息41592人次。

（张　华）

【土地储备开发】　年内，石景山区完成衙门口棚户区改造项目和首钢东南区等3个项目的土地供应工作，完成商品住宅地块土地上市面积约5.34公顷，商业地块土地上市面积约1.21公顷，可实现资金回笼69.02亿元，实现政府收益14.08亿元。

（何　莉）

建设管理

【概况】　石景山区住房与城市建设委员会（简称区住建委）是负责辖区住房和城乡建设行政管理的区政府工作部门。年内，石景山区开工各类政策性住房1816套，竣工各类政策性住房6907套，圆满完成年度开、竣工任务指标；为219户次廉租补贴家庭发放租金20.99万元；为20233户次公租房家庭发放补贴3631.92万元；为16956户次市场租家庭发放补贴3541.44万元；共计37408户次，7194.35万元。

（田梦柳楠）

【重大项目建设】　年内，石景山区36项重大项目全部完成。其中新建项目15项，前期推进项目3项，续建项目18项。新建项目为：冬奥赛场周边及阜石路沿线整治提升二期、首钢北区冬奥周边道路、高井沟生态修复工程3项完成工程建设；土地上市项目1项完成入市交易；北辛安110KV变电站、十一学校石景山学校、北大附中石景山学校、首钢人才社区北区036地块、银保园651地块、中关村互联网产业园034地块、鲁谷北重供热厂、北重文化产业园一期、地铁1号线福寿岭车站、福寿岭公交中心站、衙门口配套道路11项实现开工。续建项目首钢滑雪大跳台、首钢工业遗址公园、冬奥广场、石景山水厂、冬奥公园、轨道交通M11号线（首钢站至金安桥站）、高井规划一路、锅炉厂南路、北辛安路南段（长安街至锅炉厂南路段）、棚改安置房（北辛安、衙门口）、老旧小区综合整治（2019年项目）、光大银行研发中心、银保园636地块13项完成工程建设；首钢织补工场中区一期、首钢织补工场西区一期、首钢人才社区南区、首钢医院医技大楼、苹果园交通枢纽5项，完成年度计划目标。

（刘　晶　张潇潇）

【竣工验收备案】　截至年末，石景山区竣工验收备案71项，建筑面积303万平方米。其中，政策性住房13项，建筑面积122万平方米，共10660套；商品住房11项，建筑面积71万平方米，共5489套；公共建筑24项，建筑面积94万平方米；装修工程22项，建筑面积16万平方米；市政工程1项，热力管线18.2米。

（王丽波　陈　溪）

【住宅工程缺陷保险投保】　截至年末，石景山区累计完成投保住宅项目33项，当年投保完成13项，投保完成率100%，涉及主承保单位4家，风险评估机构8家。

（王丽波　陈　溪）

【保障性住房资格审核分配】　年内，石景山区公租房新增1038户，市场租补贴新申请824户，公租房备案家庭总保障率为46.4%，比去年提升10.6%，完成市住建委提出的总体保障率提高10%的目标；加强对保障房家庭的审核、复核，第一批公租房轮候家庭大核查终止不符合资格家庭876户；开展2次公租房专项配租活动，共计配租房源368套，参加选房的家庭包含低保、低收入、大病、重残、老龄、优抚、退役军人等重点人群。

（原文斌　李　倩）

【保障性住房管理】　年内，区住建委核查数据4627条（2481户），其中：公租补贴2291条（1202户），市场租补贴2336条（1279户）。涉及问题数据935条（526户），其中：公租补贴413条（227户），市场租补贴522条（299户）。

共查出违规领取补贴25户,涉及金额658824.21元。17户全部退款,金额447956.93元;2户部分退款,涉及金额97749.82元,退回22982.30元;6户未退款,金额共计113117.46元。规范对物业企业日常巡查内容及检查方式,更换站前小区等3个项目物业企业。对金顶阳光等5个廉租房项目加装人脸识别系统并对监控改造升级。全年共清退不符合资格家庭7户,安居北京系统中动态监管模块案件受理率达到100%,受理三个月以上的案件处理率达到85%。

(潘丹丹)

【棚户区改造】 年内,区住建委统筹推进西黄村、北辛安、衙门口、广宁村、黄庄村棚户区项目改造进度,加快房屋征收、安置房建设、土地入市回笼资金等工作。完成石景山区420户棚户区改造和环境整治市级任务,对应广宁村项目搬迁签约449户,完成率为任务目标的107%;完成北辛安B区“拔钉子”工作任务,北辛安项目A、B区均完成全部地上物拆除,实现净地;北辛安项目680、690地块22.63万平方米、3105套安置房竣工交付,673-A地块完成入市交易;衙门口项目东区28万平方米、3622套安置房竣工交付,708地块完成入市交易;黄庄村项目纳入2022年棚户区改造实施计划,授权北京城建房地产开发有限公司为实施主体。

(石 云 郭家麟)

【物业管理】 年内,石景山区有267个住宅小区,254个小区组建业委会(物管会),业委会(物管会)覆盖率达到95.1%;有物业管理的小区254个,物业管理覆盖率达到95.1%;党组织覆盖业委会(物管会)252个,党组织覆盖物业项目221个,党的组织覆盖率达到93.1%。针对不同产权性质的小区,分别制定治理措施。在商品房小区,推动物业服务履约考评机制的构建,督促物业企业提供与物业服务合同质价相符的服务;在老旧小区,制定老旧小区服务管理标准和考核办法。组建物业行业协会,开展定期评比。量化社区对物业管理的测评体系,发挥社区共同监督、共同评价的作用,推动“接诉即办”向“未诉先办”转变。

(朱宝星 袁 丽)

【专项维修资金审核备案】 年内,区住建委在遵循原有审核流程和标准的基础上,优化审理流程,对申请材料真实性详细复核,提升专项维修资金审核工作的工作效率和使用安全。对审核项目台账进行优化,增加数据比对分类,为更好地对专项维修资金的使用和分布进行分析,对全区房屋使用情况提供数据支撑。全年共审核维修项目68笔,涉及金额2128万余元。其中应急支取项目24笔,涉及金额1055万余元;非应急支取项目44笔,涉及金额1073万余元。维修项目主要为消防、防水、电梯、外墙维修四项。

(朱宝星 佟志刚)

【房改售房】 年内,区住建委对57个单位(次)的房改售(调)房进行审核备案,共售988套,约6.27万平方米的房改售(调)房进行审核备案(其中:央产房156套,14404.08平方米;市属505套,36200.08平方米;区属300套,10105.94平方米;办理调房27套,1991.89平方米)。办理回购住房13套,958.72平方米。

(张继奎 李 瑾)

【住房补贴和专项维修资金管理】 年内,区住建委累计审核63个单位,共计4411838.3元的级差、差额补贴。审核通过2个单位支取售后公有住房专项维修资金57.56万元。

(张继奎 李 瑾)

【建筑施工绿色安全管理】 年内,区住建委全力督促各施工项目落实“新冠”疫情防控工作,全面统筹推进建筑工地疫苗接种工作。对全员接种疫苗的施工项目,授予“放心工地”的奖励,累计发放26家。督促建设项目落实绿色施工及扬尘治理管控工作:严格工作标准,规范工地扬尘管控要求。强化科技运用,丰富多种监管手段。加强部门联动,巩固施工扬尘治理防线。开展综合治理,提升施工现场管控强度。狠抓施工现场安全生产管理工作:坚持完善机制,有效预防重特大生产安全事故。坚持危大工程安全管控,全面排查安全生产隐患问题。坚持重点整治,严控高风险作业。坚持应急值守,确保汛期建筑工地安全平稳。坚持严格执法,形成安全生产高压势态。服务企业,做好建筑业企业审批工作。

(曹 宇 白 石)

【房屋登记管理与征收】 年内,区住建委共审核房产实测绘备案项目52件,审核通过52件,建筑面积3008603.2平方米。房屋征收,司法强制执行3户,完成13户签约收尾工作。

(陈 洁)

【房屋交易与资金监管】 年内,区住建委受理预售许可22件,监管预售资金总额53.7亿元,商品房签约量12988套。二手房购房人资格核验受理9384件;存量房网签6443件,成交总面积48.14万平方米,成交金额142.22亿元。

(果雪梅 冯艳萍)

【工程建设招标投标】 年内,区住建委办理建设工程施工招标31项,招标工程建筑面积618047平方米,中标价439273.71万元;办理建设工程监理招标15项,中标监理费3539.93万元。

(高相波 张倩倩)

【房产经纪机构管理】 年内,石景山区房地产经纪(分支)机构、租赁企业登记备案数量为226家(经纪机构83家、分支机构117家、租房租赁企业26家)。全年受理涉及房地产经纪行业的“12345”市民服务热线、信访投诉等共550件。通过58同城、安居客等网站对35家房地产中介行业的网络房源信息发布情况进行执法检查,查处291处房源信息发布情况,均未发现虚假、违规房源信息发布现象。检查16家经纪机构、31家租赁企业,收取备案合同190份。同时,对10家没有备案数据的住房租赁企业进行约谈,再次强调住房租赁合同备案的必要性和重要性。联合市住建委对2家在互联网平台发布违规房源信息的住房租赁企业进行调查处理,暂停其互联网房源信息发布,并对其进行公示曝光。将鑫众、青年嘉业以及灏升物业3家房地产中介机构作为重点关注住房租赁企业报至市住建委向社会进行公示，以提示广大房主和房客谨慎选择，避免利益受到损害。蛋壳公寓在辖区持有房源 881 套，涉及房客 1867 人。截至 9 月 30 日，石景山区蛋壳公寓问题共涉及 7 个街道（广宁、五里坨街道不涉及）、107 个社区，1867 间房屋。累计化解 1867 间房屋，化解率 100%。

（李红印　董　静）

【普通地下室管理】 年内，石景山区普通地下室点位 1130 处，建筑面积 161 万余平方米。完成 143 处点位的散租住人的清理和环境整治提升的任务，全年联合属地街道等相关单位和部门共出动检查人员 2520 人次，对全区 7 个街道 35 个小区 50 处登记在册的自用性宿舍进行全面检查，共清理点位 7 处。普通地下室散租住人保持"动态清零"状态。全年完成普通地下室新增备案登记 36 处。推进普通地下室腾退再利用 1 处。

（李红印　王绍华）

【违法群租房管理】 年内，区住建委排查发现、举报核实、整治 430 户，其中整改拆除 181 户，清退 524 人；空置封存、限期拆除整改的违法群租房 79 户（条），经核实举报不实的 147 户（条）、重复举报的 38 户（条）。在市专班对全市 16 个区开展的年度违法群租房整治群众满意度调查中，取得群众满意度 100%、并列第一的好成绩。

（李红印　李金增）

【房屋安全及防汛管理】 年内，区住建委全面梳理既有危房，对符合解危条件的危房督促产权单位尽快解危。制定石景山区城镇房屋防汛预案和水泥厂 68 号院低洼院落应急预案，部署全区城镇房屋防汛工作。6 月 25 日蓝色暴雨预警，全区房管系统出动巡查人员 640 人次，雨中检查处置平房 221 间、楼房 1476 栋次、疏通排水 6 处。各物业防汛 1287 人在岗值班，区住建委 17 人巡查值守。未出现地下室倒灌、房屋漏雨和低洼院落积水现象。6 月 30 日雷电蓝色预警，全区房管系统出动巡查人员 1585 人次，雨中共检查平房 411 间、楼房 1383 栋次，未出现地下室倒灌、房屋漏雨和低洼院落积水现象。

（李红印　任小虎）

【劳务管理】 年内，区住建委落实人员管控，强化现场劳务管理，联合区人力社保局定期开展联合检查，及时消除农民工讨薪隐患。截至年底，在监在建项目共计 151 个，累计使用农民工 2.6 万余人，开展工地劳务日常检查 236 次，开展多部门联合检查 10 次；组织农民工参与石景山区建筑工程安全及新冠肺炎防控知识竞赛，累计参加 10000 余人；共受理并解决农民工讨薪和工程款纠纷案件 152 次，涉及人数 1613 人。

（吴　琨　赵　伟）

【建筑节能和建筑材料监管】 年内，区住建委落实新建建筑节能标准，开展市区两级建筑节能及建材专项检查，强化事中事后监管；推进绿色建筑及装配式建筑，履行工作联席会议职责，发挥指导组织协调作用，加强建设环节监管。38 个项目取得绿色建筑二星、三星级设计标识，建筑面积 356.6 万平方米，取得运营标识 2 个项目，建筑面积 20.08 万平方米。装配式建筑项目 23 个，实施装配式建筑面积 98.22 万平方米，占新建建筑面积的 43%，完成年度达到 35% 以上的目标；牵头编制北京市地方标准《既有工业建筑绿色改造评价标准》并正式实施；开展公共建筑电耗限额管理和公共建筑节能绿色化改造工作，刘娘府天著春秋绿色建筑项目、京燕饭店节能绿色化改造项目、万达嘉华酒店节能绿色化改造项目获得北京市建筑节能项目奖励资金。

（王丽波　杨慧宇）

【工程质量管理】 石景山区全年工程质量监督管理项目 283 项，建筑面积 1019 万平方米，其中：政策性住宅 23 项，建筑面积 193 万平方米；商品住宅 44 项，建筑面积 265 万平方米；公共建筑 93 项，建筑面积 426 万平方米；装修工程 88 项，建筑面积 135 万平方米；市政工程 35 项，总长度 6.08 万平方米，总造价 973 万元。

（王丽波　陈　溪）

【房地产企业资质管理】 年内，区住建委办理 28 家房地产开发企业开发资质升级、延续、变更等手续。截至年底，全区共有房地产开发企业 86 家。其中一级资质 5 家、二级资质 2 家、三级资质 2 家、四级资质 60 家、暂定资质企业 17 家。

（倪跃龙　贾　洁）

【建筑业企业资质管理】 年内，区住建委受理建筑业企业资质审批申请 148 件，其中：升级 10 件，增项 38 件，首次申请资质 29 件，变更 54 件，主动申请注销资质 16 件，资质延续 0 件，建筑企业全资子公司间重组、分立及国有企业改制重组分类申请 1 件。完成二级建造师业务 463 人，其中：初始注册 132 人，注销 38 人，变更注册 91 人，延期注册 134 人，遗失补办 0 人，重新注册 68 人。

（吴　琨）

工程竣工

公建工程

【实验中学新建综合楼工程竣工】 工程位于八角路，包括石景山区实验中学新建综合楼工程。工程规模 11203.81 平方米。石景山区实验中学新建综合楼工程地上 3 层、地下 2 层。框架结构，工程总造价 5625.37 万元。2018 年 8 月 24 日开工，2021 年 4 月 20 日竣工。北京市石景山区教育委员会建设，中国航天建设集团有限公司设计，中铁建设集团有限公司施工，北京建宇工程管理股份有限公司监理。

（何　为　王　蕊）

【北辛安棚改 1608－656（A 号等 4 项）竣工】 工程位于北辛安，包括 A 号～C 号办公楼、地下室。工程规模 230446.95 平方米。A 号办公楼地上 17 层，B 号办公楼地上 17 层，C 号办公楼地上 17 层，地下室地上 1 层、地下 5 层。框架结构，工程总造价 170018.29 万元。2018 年 7 月 5 日开工，2021 年 4 月 26 日竣工。北京安泰兴业置业有限公司建设，中国建筑设计研究院有限公司设计，中建国际建设有限公司施工，建研凯勃建设工程咨询有限公司监理。

(何　为　王　蕊)

【五里坨 1601－055 地块(55－1 号等 5 项)竣工】 工程位于五里坨,包括 55－1 号～55－4 号、地库。工程规模 89245 平方米。55－1 号～55－4 号地上 5 层,地库地上 1 层、地下 3 层。框架结构,工程总造价 29257.15 万元。2019 年 6 月 26 日开工,2021 年 5 月 25 日竣工。北京景西房地产开发有限公司建设,中外建工程设计与顾问有限公司设计,中建二局第三建筑工程有限公司施工,中国城市发展规划设计咨询有限公司监理。

(何　为　王　蕊)

【中关村科技园 1605－636 地块 B23 项目竣工】 工程位于实兴北街,包括 1～15 号楼、地下及人防出入口。工程规模 152694 平方米。1～7 号楼、9～12 号楼、15 号楼地上 5 层,8 号楼、13～14 号楼地上 4 层,地下及人防出入口地下 2 层。框架结构,工程总造价 87032.41 万元。2019 年 1 月 9 日开工,2021 年 11 月 4 日竣工。北京保兴置业发展有限公司建设,华东建筑设计研究院有限公司设计,北京市石景山区建筑公司施工,中科金石(北京)工程咨询有限公司监理。

(何　为　王　蕊)

住宅工程

【五里坨 1602－074 地块(A－1 号等 20 项)竣工】 工程位于五里坨,包括 A－1 号住宅楼～A－16 号住宅楼、A－17 号居服配套楼～A－19 号居服配套楼、地下车库 A。工程规模 180050.24 平方米。A－1 号住宅楼～A－16 号住宅楼地上 7 层,A－17 号居服配套楼地上 1 层,A－18 号居服配套楼地下 1 层、地上 2 层,A－19 号居服配套楼地下 1 层、地上 2 层,地下车库 A 地下 3 层、地上 1 层。剪力墙结构,工程总造价 43698.09 万元。2018 年 8 月 9 日开工,2021 年 1 月 22 日竣工。北京万越辉置业有限公司建设,北京维拓时代建筑设计股份有限公司设计,中天建设集团有限公司施工,北京精正兴工程建设监理有限公司监理。

(何　为　王　蕊)

【五里坨 1602－062(62－01 号等 16 项)竣工】 工程位于五里坨,包括62－01 号～62－03 号住宅楼、62－08 号住宅楼、62－13 号住宅楼、62－14 号住宅楼、62－19 号住宅楼、62－20 号住宅楼、62－25 号住宅楼、62－26 号住宅楼、62－2 号住宅楼～62－33 号住宅楼、62－S1 号居住公共服务设施楼。工程规模 97264.51 平方米。62－01 号住宅楼地下 3 层、地上 5 层,62－02 号住宅楼地下 3 层、地上 5 层,62－03 号住宅楼地下 3 层、地上 5 层,62－08 号住宅楼地下 3 层、地上 5 层,62－13 号住宅楼地下 3 层、地上 5 层,62－14 号住宅楼地下 3 层、地上 5 层,62－19 号住宅楼地下 3 层、地上 5 层,62－20 号住宅楼地下 3 层、地上 5 层,62－25 号住宅楼地下 3 层、地上 5 层,62－26 号住宅楼地下 3 层、地上 5 层,62－29 号住宅楼地下 3 层、地上 5 层,62－30 号住宅楼地下 3 层、地上 5 层,62－31 号住宅楼地下 3 层、地上 5 层,62－32 号住宅楼地下 3 层、地上 4 层,62－33 号住宅楼地下 3 层、地上 5 层,62－S1 号居住公共服务设施楼地下 2 层、地上 2 层。剪力墙结构,工程总造价 24126.30 万元。2018 年 8 月 8 日开工,2021 年 3 月 18 日竣工。北京景西房地产开发有限公司建设,北京弘石嘉业建筑设计有限公司设计,远洋国际建设有限公司施工,北京建大京精大房工程管理有限公司监理。

(何　为　王　蕊)

【古城南街 1612－819(1 号等 6 项)竣工】 工程位于古城南街东侧,包括 1 号楼～6 号楼。工程规模 27877.52 平方米。1 号楼～6 号楼地上 8 层。剪力墙结构,工程总造价 11100 万元。2019 年 6 月 10 日开工,2021 年 4 月 21 日竣工。北京金安兴业房地产开发有限公司建设,天津中机建设工程设计有限公司设计,中天建设集团有限公司施工,北京五环国际工程管理有限公司监理。

(何　为　王　蕊)

【古城南街 1612－819(地库及配套)竣工】 工程位于石景山区古城南街东侧,包括地下车库及设备配套。工程规模 17665.21 平方米。地上 1 层、地下 2 层。框架结构,工程总造价 6700 万元。2019 年 6 月 10 日开工,2021 年 4 月 21 日竣工。北京金安兴业房地产开发有限公司建设,天津中机建设工程设计有限公司设计,中天建设集团有限公司施工,北京五环国际工程管理有限公司监理。

(何　为　王　蕊)

【古城南街 1612－820(1 号等 7 项)竣工】 工程位于古城南街东侧,包括 1 号楼～7 号楼。工程规模 40609.97 平

4 月 21 日,古城南街东侧 1612 部分地块完工　　(区住建委供图)

方米。1号楼~7号楼地上8层。剪力墙结构,工程总造价16000万元。2019年6月10日开工,2021年5月6日竣工。北京金安兴业房地产开发有限公司建设,天津中机建设工程设计有限公司设计,中天建设集团有限公司施工,北京五环国际工程管理有限公司监理。

(何 为 王 蕊)

【古城南街1612-820(地库及配套)竣工】 工程位于古城南街东侧,包括地下车库及设备配套。工程规模25914.07平方米。地下车库及设备配套地上1层、地下2层。框架结构,工程总造价9700万元。2019年6月10日开工,2021年5月6日竣工。北京金安兴业房地产开发有限公司建设,天津中机建设工程设计有限公司设计,中天建设集团有限公司施工,北京五环国际工程管理有限公司监理。

(何 为 王 蕊)

【铸造村一区14号楼竣工】 工程位于铸造村一区,工程规模10424.22平方米。14号楼地下1层、地上16层。剪力墙结构,工程总造价3228.16万元。2020年6月2日开工,2021年6月9日竣工。首钢集团有限公司建设,北京首钢国际工程技术有限公司设计,北京首钢建设集团有限公司施工,北京诚信工程监理有限公司监理。

(何 为 王 蕊)

【北辛安棚改1608-689(1号等4项)竣工】 工程位于北辛安路,包括1号楼、2号楼、S-1号楼、地下车库及设备配套。工程规模65675.79平方米。1号楼地上28层,2号楼地上25层,S-1号楼地下1层、地上1层,地下车库及设备配套地下4层、地上1层。剪力墙结构,工程总造价28740.31万元。2018年12月10日开工,2021年6月28日竣工。北京安泰兴业置业有限公司建设,北京市天地都市建筑设计有限公司设计,中建国际建设有限公司施工,建研凯勃建设工程咨询有限公司监理。

(何 为 王 蕊)

【北辛安棚改1608-680(1号等15项)竣工】 工程位于北辛安,包括1号楼~10号楼、S-1号楼~S-4号楼、地下车库及设备配套。工程规模181398.77平方米。1号楼~5号楼、9号楼、10号楼地上28层,6号楼地上6层,7号楼地上20层,8号楼地上22层,S-1号楼地上1层,S-2号楼地下1层、地上3层,S-3号楼地上2层,S-4号楼地下1层、地上2层,地下车库及设备配套地下3层、地上1层。剪力墙结构,工程总造价82804万元。2019年3月25日开工,2021年8月13日竣工。北京安泰兴业置业有限公司建设,中国建筑标准设计研究院有限公司设计,中建国际建设有限公司施工,东方华太建设监理有限公司监理。

(何 为 王 蕊)

【北辛安棚改1608-6901(1号等)竣工】 工程位于北辛安,包括1号楼、2号楼~9号楼(回迁安置房)、S-1号楼~S-7号楼、地下车库及设备配套。工程规模176322.11平方米。1号楼地上23层,2号楼~5号楼(回迁安置房)地上28层,6号楼(回迁安置房)地上19层,7号楼(回迁安置房)地上23层,8号楼(回迁安置房)地上26层,9号楼(回迁安置房)地上27层,S-1号楼、S-4号楼、S-6号楼地上1层,S-2号楼、S-5号楼地上2层,S-3号楼地下1层、地上2层,S-7号楼地下1层、地上1层,地下车库及设备配套地下3层、地上1层。剪力墙结构,工程总造价78827.31万元。2018年12月20日开工,2021年8月16日竣工。北京安泰兴业置业有限公司建设,北京市住宅建筑设计研究院有限公司设计,中建国际建设有限公司施工,北京建拓工程管理有限公司监理。

(何 为 王 蕊)

【五里坨1601-029地块(29-1号等13项)竣工】 工程位于五里坨,包括29-1号~29-12号住宅楼、地库。工程规模86335平方米。29-1号~29-12号住宅楼地下3层、地上6层,地库地下3层。剪力墙结构,工程总造价32726.61万元。2018年11月13日开工,2021年8月18日竣工。北京景西房地产开发有限公司建设,中外建工程设计与顾问有限公司设计,中建二局第三建筑工程有限公司施工,中国城市发展规划设计咨询有限公司监理。

(何 为 王 蕊)

【北辛安棚改1608-669(1号等12项)竣工】 工程位于北辛安,包括1号楼~4号楼、6号楼、S-1号楼~S-7号楼。工程规模111726.13平方米。1号楼~3号楼地上26层,4号楼地上24层,6号楼地上21层,S-1号楼~S-4号楼地上1层,S-5号楼~S-7号楼地下1层、地上1层。剪力墙结构,工程总造价47233.79万元。2019年3月6日开工,2021年9月7日竣工。北京安泰兴业置业有限公司建设,天津中机建设工程设计有限公司设计,北京新兴保信建设工程有限公司施工,北京北辰工程建设监理有限公司监理。

(何 为 王 蕊)

【北辛安棚改1608-669(5号等3项)竣工】 工程位于北辛安,包括5号楼、7号楼、8号楼。工程规模39541.27平方米。5号楼、8号楼地上26层,7号楼地上16层。剪力墙结构,工程总造价15000万元。2019年3月6日开工,2021年9月7日竣工。北京安泰兴业置业有限公司建设,天津中机建设工程设计有限公司设计,北京新兴保信建设工程有限公司施工,北京北辰工程建设监理有限公司监理。

(何 为 王 蕊)

【北辛安棚改1608-669地库及配套竣工】 工程位于北辛安东路,包括地下车库及设备配套。工程规模71262.62平方米。地下车库及设备配套地下2层、地上1层。框架结构,工程总造价30000万元。2019年3月6日开工,2021年9月7日竣工。北京安泰兴业置业有限公司建设,天津中机建设工程设计有限公司设计,北京新兴保信建设工程有限公司施工,北京北辰工程建设监理有限公司监理。

(何 为 王 蕊)

【东下庄1605-630(1号等9项)竣工】 工程位于东下庄,包括1号~7号住宅楼、8号商业楼、9号地下车库。工程规

11 月 5 日,金顶山南路 1604－745 混合用地竣工　　(区住建委供图)

模 128744.27 平方米。1 号～3 号住宅楼地上 10 层,4 号～7 号住宅楼地上 9 层,8 号商业楼地上 2 层、9 号地下车库地下 4 层、地上 1 层。剪力墙结构,工程总造价 40040.39 万元。2018 年 12 月 18 日开工,2021 年 9 月 17 日竣工。北京建恒汇景房地产开发有限公司建设,北京维拓时代建筑设计股份有限公司设计,北京建工四建工程建设有限公司施工,北京中集大房建设监理有限公司监理。

(何　为　王　蕊)

【金顶山南路 1604－745 混合用地竣工】 工程位于绍家坡 2 号,包括住宅(公租房)、住宅(商品房)、办公楼、地下车库及设备配套。工程规模 17274 平方米。住宅(公租房)地上 6 层,住宅(商品房)地上 5 层,办公楼地上 5 层,地下车库及设备配套地下 3 层。框剪结构,工程总造价 4500 万元。2018 年 7 月 17 日开工,2021 年 11 月 5 日竣工。北京星和源通房地产有限责任公司建设,中国城市建设研究院有限公司设计,泰通建设集团有限公司施工,北京康迪建设监理咨询有限公司监理。

(何　为　王　蕊)

【刘娘府定向安置房 D3、D7 号楼竣工】 工程位于刘娘府,包括刘娘府定向改造安置房项目 D 区 D3 号楼、刘娘府综合改造定向安置房项目 D 区 D7 号楼。工程规模 31287.95 平方米。D 区 D3 号楼地下 2 层、地上 16 层, D 区 D7 号楼地下 2 层、地上 15 层。剪力墙结构,工程总造价 11019.02 万元。2020 年 3 月 18 日开工,2021 年 12 月 8 日竣工。北京奥宸房地产开发有限公司建设,北京维美工程设计有限公司设计,北京京石建业建设工程有限公司施工,北京市曙晨工程建设监理有限责任公司监理。

(何　为　王　蕊)

【古城南街 1612－806(1 号等 8 项)竣工】 工程位于古城南街东侧,包括 4 号楼～8 号楼。工程规模 26767.61 平方米。4 号楼～8 号楼地上 8 层。剪力墙结构,工程总造价 15900 万元。2021 年 3 月 12 日开工,2021 年 12 月 14 日竣工。北京金安兴业房地产开发有限公司建设,天津中机建设工程设计有限公司设计,中北华宇建筑工程公司施工,北京五环国际工程管理有限公司监理。

(何　为　王　蕊)

【古城南街 1612－806(1 号～3 号楼)竣工】 工程位于石景山区古城南街东侧,包括 1 号楼～3 号楼。工程规模 16438.65 平方米。1 号楼～3 号楼地上 8 层。剪力墙结构,工程总造价 6050 万元。2021 年 3 月 19 日开工,2021 年 12 月 14 日竣工。北京金安兴业房地产开发有限公司建设,天津中机建设工程设计有限公司设计,江苏中益建设集团有限公司施工,北京五环国际工程管理有限公司监理。

(何　为　王　蕊)

【古城南街 1612－806(地库及配套)竣工】 工程位于古城南街东侧,包括地下车库及设备配套。工程规模 29344.34 平方米。地下车库及设备配套地下 2 层、地上 1 层。框剪结构,工程总造价 9100 万元。2019 年 3 月 18 日开工,2021 年 12 月 14 日竣工。北京金安兴业房地产开发有限公司建设,天津中机建设工程设计有限公司设计,中北华宇建筑工程公司施工,北京五环国际工程管理有限公司监理。

(何　为　王　蕊)

城市管理

综 述

【概况】 石景山区城市管理委员会(区环境建设办、区水务局、区交通委)是负责辖区城市环境建设、城市管理的综合协调,市政基础设施、市政公用事业、市容环境卫生、能源日常运行、水务、交通等管理工作的区政府工作部门,设14个内设机构。年内,区城市管理委员会(简称区城管委)按照区委区政府对城市管理工作的各项部署要求,压紧压实全面从严治党主体责任,发挥好党建引领作用,紧抓“两大机遇”,把握“三区定位”,坚持疫情防控与复工复产两手抓两不误,推动各项工作任务落地见效,促进城市治理能力和治理水平现代化。重大任务推进平稳有序。服务保障冬奥筹办,实现北京冬奥公园如期开园,“冬奥景观大道”精彩亮相,M11线冬奥支线、S1线剩余段开通运营,北辛安路南段、锅炉厂南路、高井规划一路正式通车,冬奥临时交通场站正式启用,首钢北区慢行系统示范区建成,冬奥社区高井路优化提升,为冬奥会冬残奥会顺利举办提供支持。推进常态化创城,完成重大活动服务保障,强化新冠肺炎疫情防控。提升城市环境面貌,推进重点区域环境整治提升,强化环境建设管理,落实“查、治、考、报”与“多元化协同”的环境建设工作机制,加强户外广告及夜景照明设施治理,巩固提升垃圾分类管理成效,严格建筑垃圾处置管理,统筹组织各部门、街道开展建筑垃圾治理联合执法366次,采取“人防+技防”方式加强源头工地管控,发挥街巷长、小巷管家作用。水环境治理和水资源管理成效明显,推进涉水工程建设,发挥河长制统领作用,开展节水型社会创建,做好防汛抢险,实现汛期安全度汛。优化交通出行环境,完善城市路网和交通线网,加强道路巡养管理,推进交通综合治理。城市生命线运行平稳有序,推进重大基础设施陆续落地、建设、投产,加快推进老旧小区管网设施改造,保障供暖季供热安全稳定,完成2020年至2021年采暖季供热运行保障,加强燃气使用安全管理,强化地下管线监管。持续提高城市精细化管理水平。发挥规划引领作用,实施城市“微治理”,统筹推进“接诉即办”工作,加大城市管理综合执法力度。提升行政办事效率,倡导依法行政,提高行政效能,落实信访代理制,坚守安全底线。3月,根据石编委〔2021〕12号文件通知,将北京市石景山区户外广告发展中心职责、事业编制3名及对应人员整建制划转至北京市石景山区城市景观建设管理中心,不再保留北京市石景山区户外广告发展中心;将北京市石景山区静态交通管理中心与北京市石景山区个体出租车服务管理站整合,组建北京市石景山区交通运行服务中心,为区城管委所属公益一类事业单位,机构规格正科级,事业编制16名,不再保留北京市石景山区静态交通管理中心、北京市石景山区个体出租车服务管理站。9月,根据石编委〔2021〕70号文件通知,设立北京市石景山区城市管理综合行政执法局(简称区城管执法局),为区城管委管理的副处级行政执法机构,以区城管执法局名义执法,行政执法专项编制39名。

(王 璐 郝 丽)

【新冠肺炎疫情防控及疫苗接种】 年内,区城管委落实“四方责任”,提高常态化疫情防控能力和水平,加强单位内部、行业企业及在施工地人员排查和管理,落实测温、验码、戴口罩、消毒等防疫措施和物资保障,并按照全区统一部署,组织开展9类重点人群和大规模人群接种工作,组织23223人完成第二针接种工作,10815人完成加强针接种工作,接种率均达90%以上。

(胡冰梓予)

【服务保障冬奥筹办工作】 年内,区城管委作为石景山区城市运行及环境保障组牵头单位,牵头制定《北京2022年冬奥会和冬残奥会石景山区运行保障指挥部城市运行及环境保障组工作方案》,做好冬奥景观布置、清废外围保障、环境卫生保障、火炬传递景观保障、环境秩序整治、基础设施隐患排查治理,开展城市运行和环境保障全流程全要素应急演练,健全完善赛时运行保障机制,推进“百日会战”攻坚行动,实现北京冬奥公园如期开园,“冬奥景观大道”精彩亮相,M11线冬奥支线、S1线金苹区间开通运营,北辛安路南段、锅炉厂南路、高井规划一路正式通车,冬奥临时交通场站正式启用,首钢北区慢行系统示范区建成,冬奥社区高井路优化提升,为冬奥会冬残奥会顺利举办提供坚强有力支持。

(于思昂)

【重大活动服务保障工作】 年内,区城管委做好建党100周年庆祝活动服务保障,牵头组建启迪冰雪中心集结疏散指挥部,安全有序完成“七一”文艺汇演9000余名观众集结疏散;围绕全国“两会”、春节、五一、国庆等重要时间节点以及服贸会、中国科幻大会、北京西山永定河文化节等重大活动,制定城市运行保障工作方案,实时监控城市运行数据,做好供排水、供电、燃气、热力、环境、景观、交通等服务保障工作。

(楼 岳)

【12345“接诉即办”】 年内,区城管委接收12345“接诉即办”工单6212件。其中市政1621件,占比26.09%;交通1362件,占比21.93%;水务1771件,占比28.51%;市容609件,占比9.80%;供热燃气682件,占比10.98%;电力167件,占比2.69%。总体响应率为97.70%,解决率为75.61%,满意率为84.86%。

(石 硕)

城市环境建设管理

【概况】 年内,区城管委推进常态化创城,推进重点区域环境整治提升,完成“花语公园”、10条街区市政设施提升改造,建成“冬梦”“飞跃”冬奥会徽雕塑,安装5.3万套夜景照明灯具,提升冬奥赛场周边及阜石路沿线景观品质;完成39条精治类背街小巷、59条保洁街巷路环境整治提升,改善背街小巷环境。强化环境建设管理,落实“查、治、考、报”与“多元化协同”的环境建设工作机制,牵头开展施工围挡、通信箱体、绿林地环境等专项整治7次,重点协调治理问题320余处。加强户外广告及夜景照明设施治理,对全区166座楼宇及长安街沿线的景观照明设施加强安全检查,及时维修、更换破损设施设备;整治违规户外广告、牌匾标识153处(其中市级上账49处),推进12根单立柱式户外广告拆除。巩固提升垃圾分类管理成效,建设居住小区生活垃圾分类驿站98处,设立大件垃圾投放点284处、装修垃圾投放点282处,实现全区2568组生活垃圾桶站“一桶一码”管理全覆盖;强化非居民厨余垃圾管理,健全1417家非居民厨余垃圾产生单位信息台账,建立闭环收运交易场景;推进可回收体系建设,建成可回收物交投点344处、街道中转站9处;开展垃圾分类“进机关、进学校、进社区”“周末守桶我参与”活动,利用“石分达人”小程序,采用市场化运营模式,扩大垃圾分类社会参与面,居民自主投放率从20%增长至85%以上。严格建筑垃圾处置管理,统筹组织各部门、街道开展建筑垃圾治理联合执法366次,采取“人防+技防”方式加强源头工地管控;加强辖区2座建筑垃圾资源化处置场、7处弃土利用点监管,全年生产再生骨料72万吨,弃土回填利用187万吨。

(王　璐)

【全国文明城区创建】 年内,区城管委建立完善创城工作领导小组,制定《2021年创建全国文明城区工作方案》《2021年创建全国文明城区测评服务保障方案》。召开工作推进会12次,研究部署、调度主次干道、背街小巷、宣传布设、共享单车、门前三包及网上申报等方面工作。维修主次干道沥青路面和人行步道,巡修故障路灯,整治共享单车停放秩序,增加共享单车停放处,清理小广告,安装公厕指示牌,开展垃圾分类检查,完成主次干道、公交车身、地铁站内各类创城公益广告宣传品布设。组织全委干部职工学习《石景山区创建全国文明城区应知应会》,利用“石景山城市管理”微信公众号,转发《创城进行时|文明礼仪云课堂》《一图看懂石景山区创城工作》等各类宣传文章20余篇次,提高创建文明城区的知晓度、参与率及满意度。在测评服务保障中,聚焦包片责任点位“八角东街(东侧)”,动员所属8个党支部轮流开展包片志愿服务;组织85后年轻干部对6个农贸市场周边2公里范围内背街小巷开展巡查;全委干部职工全天在岗,保障主次干道、重点背街小巷环境秩序,及时清理烟头、小广告,维护宣传布设、果皮箱垃圾分类及共享自行车秩序等问题。

(靳文静)

【垃圾分类管理】 年内,区城管委持续开展“周末守桶我参与”活动,助力居民养成垃圾分类习惯,居民自主投放率从20%增长至85%以上。全区2568组生活垃圾桶站实现桶站“一桶一码”管理全覆盖,日常发现问题、解决问题效率提高。建立清运单位日常监督考核机制,每周对各街道进行考评通报,督促工作落实。开展垃圾分类示范创建工作,完成38个居住小区、10栋商务楼宇及174家党政机关和事业单位示范创建。强化可回收体系建设,促进垃圾源头减量。初步搭建区级可回收管理体系,对全区124处非正规再生资源回收点位实行分类管理。

(田　锦)

【非居民厨余垃圾规范管理】 年内,区城管委建立健全基础管理台账,全区1400余家非居民厨余垃圾产生单位全部完成排放登记信息填报工作。区城管委在日常管理中落实市级关于称重计量、车辆轨迹等信息化要求,建立健全交易场景,实现收运合同、收运联单电子化管理。

(田　锦)

【大件垃圾规范收运】 年内,区城管委继续抓好大件垃圾规范收运工作,为各街道制作配发“石景山区大件垃圾清运消纳通行证”132张。协调各街道设立居住小区大件垃圾暂存点282处、公示牌282块,督促各街道及时收集清运。全年收集处置大件垃圾2.15万立方米。

(赵艳涛)

【城市环境建设管理】 年内,区城管委加强统筹协调相关委办局、街道办事处,加大督导检查、督促整改力度,以“三环境、一任务”为考评重点,市容环境考评主要围绕城市部件、垃圾分类、清扫保洁、公厕管理等开展;秩序环境考评主要围绕车辆乱停乱放、僵尸车、“开墙打洞”、占道经营、堆物堆料等开展;城市运行安全环境考评主要围绕井盖缺失、架空线垂落、广告牌匾不牢固、杆体断裂倾斜等开展;重点任务考评主要围绕重大活动、会议环境保障和背街小巷环境精细化整治提升、铁路沿线整治等工作开展。年内,1、2、4、9月份取得中心城区第一名成绩,5、7、8、10、11月份取得中心城区第二名成绩,促进城市精细化管理水平和城市环境秩序整体提升。

(王文昌)

【背街小巷环境整治提升】 年内,区城管委完成古城公园西街等39条精治类背街小巷环境精细化整治提升任务。完成拆除违建35.9平方米,整饰外立面4673.3平方米,绿化美化24处,规范停车4处,修复无障碍设施51处,完善便民服务设施5处,清理堆物堆料13吨,规范垃圾收容器18处,治理街巷秩序5处,规范门头牌匾41处,规范公共服务设施64件,修复盲道352.86平方米,修复缘石坡道33处,通信架空线入地140米,通信架空线梳理3565米。完成精细化整治提升的街巷按照相应标准要求列入日常维护管理。

(王文昌)

【冬奥周边及阜石路沿线整治】 年内,区城管委完成冬奥赛场周边及阜石路沿线整治提升一期疏整促工程和二期景观照明工程。完成阜石路沿线绿化景观提升、建筑立面改造、景观雕塑设置、市政设施提升改造、景观照明等工程,以北京冬奥组委授权的雕塑、图形、标识、色彩等元素融合区域特色进行表现,打造一条“冬奥景观大道”。通过新建景观照明系统、楼体外立面改造等打造区域内焕然一新的立体空间;通过对阜石路沿线两侧绿化带进行升级改造以及对非机动车停放设施进行建设等,打造绿色、自然、舒适的地面空间;通过阜石路沿线重要节点冬奥元素景观小品布设,彰显奥运主题特色,实现冬奥赛场周边区域城市品质提升。

(梁　涛)

【景观布置】 年内,区城管委完成2021年春节景观布置工作:32条重点道路"利旧"布置发光灯笼、中国结等临时景观灯饰2101基12394个,石门路、八大处路2条道路(不具备发光条件)布置绒质灯笼261基1566个;国际雕塑园、五环桥西南角、厂东门西南角、冬奥组委办公区首钢小西门内设置景观小品4处;古城步行街、台湾街以及首钢小西门布置艺术小品3套及射灯、树挂等灯饰。完成创建全国文明城区主次干道宣传布设:利用150个景观小品、340个景观灯杆、1370个果皮箱、543个候车亭广告位、32块地铁广告位、246辆公交车身广告、123个地插式提示牌等设施设置,实现在全区69条主次干道上每60米一处公益宣传布设要求。完成建党百年景观布置:长安街延长线(石景山路)悬挂中国结303组;征用区政府周边、杨庄东街、中部战区等重点区域公交候车亭28个,发布公益广告画面90幅;发动各党政机关、驻区企业、部队、学校等悬挂国旗1100余面,插挂红旗彩旗100余面。

(张　楠)

市政基础设施建设

【概况】 年内,区城管委推进重大基础设施陆续落地、建设、投产。加快推进老旧小区管网设施改造,完成32个"三供一业"小区、17个老旧小区电力设施改造;完成6项老旧小区热力管网改造和4项燃气技改工程。保障供暖季供热安全稳定,完成2020年至2021年采暖季供热运行保障;组织29家供热单位精细调节、提前升温,2021年至2022年采暖季提前9天供热;推行"供热管家"等微循环模式,及时解决供热问题,提升供热服务质量。加强燃气使用安全管理,严格实施燃气管理条例,加大液化气执法整治力度,推进全区居民用户液化气安全型配件更换和非居民液化气替代工作,确保用气安全。强化地下管线监管,制定《石景山区地下管线监督管理方案》,对区域市属道路、区属道路、背街小巷、小区内部道路进行高频次、全覆盖巡查,建立信息共享机制,加强施工前对接交底,全年发生5起地下管线外力破坏事故,较上年减少18起。

(王　璐)

【管网改造】 年内,区城管委各供热单位对上一年发现的老旧管网问题进行解决,进行消隐及管网改造大、中、小检修3736项。管网改造涉及金三区、金五区、老山小区、八角北里、杨庄小区、八角南路、古城南路等小区的二次供热管线翻新改造项目,模式口中里、海特花园、模式口西里、北重西厂等小区部分楼宇的楼内立管更新改造共计246项检修技改项目。通过更换腐蚀严重、存在安全隐患的二次线、盘管、立管等,确保供暖安全稳定,提升供热质量。消隐项目涉及13个小区,已完成18项。

(王　萌)

【燃气管线消隐工程】 年内,区城管委通过精密仪器对5万余公里管线运行情况进行检测分析,对中低压管线进行30次燃气抢修作业,成功处置户内事件209起,引入口改造400余个,户内用户设备设施改造2100余户,调压箱改造3座,对西井小区燃气管线进行技改更换,小区管线改造5公里,资金投入1120万元。永乐东区、西区户内锈蚀管完成项目立项,石景山区古城南路户内锈蚀管改造工程实现进场施工。

(张　洁)

【重要活动电力保障】 年内,区城管委在国庆、春节、"两会"等重要节点,派专人现场24小时驻守,协调供电公司派驻专业人员、应急车辆等在现场附近持续巡逻。从预警、预案、预控和综合调节上入手,督促电力企业加强对重点电力设备和线路的持续巡查,及时协调处置电力隐患,确保活动和节日期间电力运行安全稳定。

(杨光伟)

【新冠肺炎疫情期间电力保障】 年内,区城管委为做好新型冠状病毒感染肺炎疫情下城市电力运行保障工作,确保期间电力运行平稳安全,与电网企业加大协调沟通,到行业企业一线进行工作对接沟通,确保疫情防控期间电力运行稳定、安全。落实市、区要求的30项疫情防控举措,按照要求做好疫情监测、排查、预警以及供电保障等各项工作,助力复工复产和地方经济发展。督促电力企业按照疫情防控要求进行核酸检测,配合开展区域内重点防控单位全方位供电保障,为各街道核酸检测点提供24小时供电保障。

(杨光伟)

【变电站投运】 年内,石景山区5个输变电工程取得重要进展。其中刘娘府110千伏、炼钢110千伏输变电工程运行投产,完成主体工程,并进行投产前调试。苹果园、北辛安110千伏输变电工程完成前期手续办理工作,取得建筑工程规划许可证和施工许可证,实现进场施工。通过各项输变电建设工程的实施,进一步优化地区电网网架结构及变电站电源布点,从根本改变原电源点偏少难以支撑地区经济发展的短板,为区内各重点项目的投产提供电力能源保障,提高供电可靠性。

(杨光伟)

【老旧小区电力配网改造】 年内,区城管委为落实区委区政府关于老旧居民小区配网改造工作精神,会同各街道、区供电公司研究梳理,着力开展老旧小区电力配网改造。2020年石景山区老旧小区配网改造包括长安家园小区、古城南路小区、八角南里小区、双锦园小区、重聚园小区、碣石坪小区、五芳园小区和七星园小区。其中,所有小区均改造内线,长安家园和碣石坪改造外线。截至年底,已完成施工。2021年度确定对9个小区进行电力配网专项改造,苹果园二区20号院、依翠园14号楼、六合园24号楼、八角北路北院、八大处路甲8号院、西井路甲8号院、模式口中里联建楼、模式口北里联建楼、杨庄小区51号楼9个小区已完成改造。

（杨光伟）

交　通

【概况】 北京市公安局公安交通管理局石景山交通支队（简称区交通支队）是区道路交通的管理机关，主要职能是对道路交通依法进行管理。年内，区交通支队围绕建党100周年、冬奥会筹备安保“两条主线”，主动向前，攻坚克难，完成各项中心工作，推动全区交通管理品质迈上新台阶。年内，区交通委完善城市路网和交通线网，建成高井规划一路、北辛安二街等4条主干道和北辛安东路、衙门口新八路等7条次干路、支路，加快推进刘娘府东街北段、八大处路以及苹果园、新首钢和西黄村、北辛安、衙门口等重点区域道路建设，“三横两纵”高快速路系统和“五横六纵”主干路系统基本形成，全区城市道路总里程达288.4公里；建成M11线西段（金安桥站—新首钢站）、S1线金一苹区间，开工建设地铁1号线福寿岭站启用改造工程，轨道交通运营里程达到18.6公里。加强道路巡养管理，完成古城西街南口道路拓宽、苹果园南路东口路口改造、西井中街打通断头路等8项道路疏堵工程；实施30项掘路恢复工程、66条道路无障碍改造，及时修复路面30266.4平方米、人行步道27223.7平方米、路缘石4232.7米、树池597座、检查井996座，提高道路完好率。协调完成八宝山冬奥交通场站建设，施划停车位508个，做好场站清废拉运、能源消耗、饮水清洁、房屋租赁等日常运维保障工作，更换石景山路新型交通护栏10640延米，提升冬奥场馆周边交通环境秩序。制定《石景山区2021年交通综合治理行动计划》，完成10所学校及3个医院周边交通综合治理、5项区级常规疏堵工程、学校医院景区及商业区周边交通综合治理，开展有偿错时共享14处，新增停车位6000余个。在金安桥地铁站、八宝山地铁站、八角游乐园地铁站等重点区域设置电子围栏点位89处、视频嗅探设备10套、入栏结算区33处，安装道钉1260个，打造非机动车静态交通秩序示范街。推进福寿岭、刘娘府2处公交场站建设，完成八大处、田顺庄2处公交场站迁移，优化调整公交线路18条。编制发布《石景山区“十四五”时期交通发展建设规划》，明确重点区域设施建设、停车综合治理等8处工作任务，提出相关保障措施。

（王　璐　韩振杰　石荣军）

【停车设施建设】 3月23日，区交通委印发《2021年停车设施建设方案》，推进衙门口安置房二期项目3678个停车位、苹果园综合交通枢纽项目400个停车位、京西大悦城项目地下停车场1289个停车位、首特绿能港科技中心项目1400个停车位、首钢园区3600个停车位建设，年底新增停车位6000余个。

（韩振杰）

【冬奥石景山交通场站】 5月8日，石景山冬奥交通场站进场施工，10月21日全面建设完成，施划停车位508个（96个大车停车位，412个小车停车位）、功能用房700平方米，配建有车辆整备设施（更换雪地轮胎，粘贴冬奥专用车辆标识，安装车辆识别设备，配发防疫物资）。石景山冬奥交通场站位于八宝山地铁站西北侧，占地面积2.3万平方米，作为首钢大跳台赛时临时（2021年4月起至2022年6月止）交通场站使用。10月，区交通委为冬奥石景山交通场站配备电脑、打印机、办公桌椅等家具白电，布设1条100兆的宽带专线，安装4部固定电话，保障7名人员闭环前餐饮，做好场站清废拉运、能源消耗、饮水清洁、房屋租赁等日常运维保障工作。

（韩振杰）

【专11路公交增设站点】 5月26日，区交通委协调区交通支队、老山街道、公交集团客四分公司及高能所社区、何家坟社区，在玉泉西街甲3号院附近双向增设专11路玉泉西街南站，解决该地居民距离公交站点较远、交通出行不便的问题。

（韩振杰）

【服贸会交通保障完成】 9月2日至7日，区交通委租赁25辆电瓶车、开通2条临时线路用于参展嘉宾、游客乘坐摆渡，安装10个规格44面交通指示牌，引导无证车辆前往P3、P4、P5停车场，引导持证车辆进入首钢园区，聘请90名保安协助维护现场交通秩序，完成中国国际服务贸易交易会首钢园区周边交通保障工作。

（韩振杰）

【新开专210公交线路】 12月26日，区交通委为解决长安云锦、金玉雅苑等小区居民公共交通出行问题，协调公交集团，新开燕堤南路西口—苹果园南的专210公交线路，增加古城南街地面公交线网覆盖，方便乘客快速、就近接驳地铁1号线古城站及地铁6

10月，冬奥石景山交通场站完工　　（区城管委供图）

号线杨庄站。

(韩振杰)

【新开专215公交线路】 12月26日,区交通委为解决东下庄路、福田寺西街、射击场南街周边小区居民公共交通出行问题,协调公交集团,新开雍王府—银河大街的专215公交线路,增加东下庄路、福田寺西街等道路地面公交线网覆盖,方便乘客快速、就近往返地铁1号线及石景山路沿线商业、就业区域。

(韩振杰)

【新冠肺炎疫情服务保障】 年内,区交通支队强化内部防疫,严格落实消杀、测温、扫码等各项防疫措施和"不聚集、不聚餐、不饮酒""非必要不出京"要求,动态摸排队伍情况,做好防疫物资储备,并对照内部防疫"十二条要求"开展自查,进一步堵塞管控漏洞,坚决守住"零感染"局面。全力做好全区疫苗接种点交通保障工作。实地踏勘全区疫苗接种点,制定个性化交通维护方案,增设交通诱导,规划停车区域,加大警力投入,强化秩序清整,为接种点周边创造良好交通环境。与区疫情防控指挥部、卫健委、疾控中心沟通对接,调整工作方案,优化行驶路线,确保新冠疫苗安全、准点送达至各接种点,为疫苗接种工作顺利进行提供有力交通保障。

(曹世兴)

【重大活动保障】 年内,区交通支队围绕全国"两会"、清明节、建党100周年、中国科幻大会、国庆、冬奥会筹备等各项重大活动,出动民警和警辅5019人次、警车1377辆次,做好各项交通安保工作。支队党委班子全员上路、一线指挥,积极协调对接,实地踏勘调研,排查问题短板,开展勤务演练,针对性完善交通安保方案,确保各项职责任务落实到位。在3条主干路及重点部位,建立固定卡控岗、联合整治岗、区域夜查岗,并每日组织夜查行动,全面加强禁限车、重点车、可疑车盘查卡控,消除社会面人、车安全隐患。联合交通综合执法等部门,深入各施工路段开展检查,对不按规定整改的,一律强制停止施工。针对重要时间节点、重点区域车流人流集中情况,采取提前分流疏导、设施隔离控制、开辟临时停车场、铁骑动态处置等措施,全面疏堵保畅。针对重大活动与汛期交织叠加,迅速启动防汛应急保障方案,紧盯全区重点积水点段,提前与区防汛办、应急办、气象局及排水集团、消防等部门沟通对接,共同做好积水点段交通维护,确保汛期交通安全有序运行,未发生重特大事故和严重拥堵,为重大活动举办提供有力交通保障。特别是围绕冬奥组委周边,新增、复划交通标线1.1万平方米,增设各类交通标志223套、柔性隔离桩113根,排查整改各类问题标志、设施等63处,为冬奥会召开奠定坚实保障基础。

(曹世兴 郝炘)

【秩序整治】 年内,区交通支队以"12345"、网络舆情等群众反映的交通秩序问题为导向,依托市局平安行动、"减量控大"等专项工作,通过科技监控、综合执法等手段,针对性打击各类交通违法,净化秩序环境。特别是持续深化警种融合执法,针对货车违法,联合属地派出所、城管等力量,建立"吹哨报道"机制,通过设卡盘查、联动执法等举措,严厉打击货车违法,预防重大事故发生。针对电动三四轮车违法,建立"队所联勤、交治联动"机制,依托5处文明示范路口岗,联合打击电动三四轮车违法,掀起整治高潮。

(曹世兴 郝炘)

【交通宣传】 年内,区交通支队开展宣传教育,组织"一区一警""社区交警",依托"七进"(即进机关、进企业、进公园、进社区、进学校、进商场、进邻里节),深入各街道、社区、商场、学校等单位,开展"一盔一带"(即安全头盔、安全带)"文明驾车、礼让行人""开学第一课"等各类主题宣传活动310余场,讲授交通安全课290余场,发放宣传材料16.5万余份。丰富宣传手段,争取区文委和文化馆支持,组建"老街坊"文明交通劝导队,到重点路口开展快板数来宝交通安全宣传。依托示范路口创建行动和"创城"工作,在古城路口等试点点位,通过施划上下行斑马线、路口内增设盲道、设置过街安全岛、铺设非机动车彩色通道等交通组织优化措施,发动派出所民警、协管员、劝导员、志愿者共同开展路口交通违法劝导、纠正,引导广大群众文明安全守规通行。协调北京日报、今日头条、北京电视台红绿灯等媒体,宣传报道违法整治、服务群众等成果成效2977条,有效扩大社会宣传面和影响力。同时,狠抓源头监管不放松。建立外卖企业"源头管、路面查、事后追"闭环管理机制,强化外卖车出行监管。走访检查公交客运、专业运输等单位,落实"三见面、三把关"监管措施,对出现严重交通违法的单位做到100%追查,督促企业主动落实交通安全管理责任,从源头降低事故风险。

(曲守全)

【拓展服务】 年内,区交通支队抓好"接诉即办",全年承办12345派单平均响应率100%、解决率96.7%、满意率97.2%。坚持"请进来、走出去",组织市区代表、委员召开座谈会,征求意见建议14条,建立账单,抓好落实。全国"两会"期间收到37件建议提案,均在规定期限内办理完毕,答复满意率100%。深化"放管服"措施,支队党委定期到对外办公大厅"走流程",亲自感受群众办事、窗口服务体验,主动征求意见建议15条,逐一整改落实。通过在大厅内设学雷锋志愿服务站、向外延伸咨询台,在大厅外施划排队"一米线"标识、加装遮阳伞、为特殊群体改造无障碍通道、制作便民服务告知栏等举措,为群众创造良好办事环境。特别是针对近期电动自行车上牌激增情况,迅速召开服务协调会,与市车管所、自行车协会沟通,再新增5处电动自行车带牌销售点。协调区市政部门开辟残疾车、电动自行车专用车位区域,在大厅外搭建临时帐篷,新开辟电动自行车上牌办事窗口,解决群众需求。年内,区交通支队收到12345表扬派单185件、锦旗27面、表扬信3封。

(李栋 郝炘)

【城市道路建设】 年内,区交通委完成2021年北京市交通综合治理行动计划要求的3条次干路、支路建设任务，衙门口新八路、衙门口新九路和衙门口新十路建成通车。高井规划一路、北辛安路南段（长安街西延至锅炉厂南路段）、锅炉厂南路实现通车，为服务2022年北京冬奥会和冬残奥会提供保障。

（张　亮）

【苹果园综合交通枢纽建设】 年内，苹果园综合交通枢纽南区主体结构封顶，北区进行地上主体结构施工。

（张　亮）

【轨道交通建设】 年内，地铁S1线（金安桥站—苹果园站）和M11号线（金安桥站—新首钢站）正式开通试运营。全市首条中低速磁浮交通示范线和地铁M6号线西延线实现全部贯通，石景山区第一条南北骨干轨道交通线正式亮相，构建起绿色低碳、便捷高效的公共交通体系。

（邵　彬）

【架空线入地】 年内，阜石路10千伏电力架空线入地工程完工。此项工程道路起点金顶南路、终点高井路，全长4.9公里。该工程提升了冬奥组委及赛场周边环境和供电可靠性，建成安全可靠、智能互动、绿色低碳、环境友好的冬奥保障配电网。

（张争争）

【冬奥社区高井路改造】 年内，区交通委实施冬奥社区高井路优化提升改造工程。该工程有效利用道路空间，结合高井沟滨河道，打造高井路冬奥社区5公里健身道，实现道路多功能出行，疏通拥堵节点，建立良好空间秩序，提升出行幸福感。

（彭　鹏）

【常规疏堵工程】 年内，区交通委以人大政协建议和12345热线反映的交通堵点问题为线索，对既有道路设施进行局部优化改造，提升道路通行能力，实施古城西街南口道路拓宽、苹果园南路东口路口改造、西井中街打通断头路、鲁谷村路路口改造、金顶北街路口改造、八大处路北口人行步道拓宽、西五环八角桥西南侧人行步道拓宽7项道路疏堵工程。

（彭　鹏）

【首钢北区慢行系统示范区】 年内，区交通委为保证冬奥组委办公区、冬奥比赛场地、冬训场馆周边交通出行，以及奥运赛事期间和后奥运时期市民休闲出行等综合需求，实施首钢北区慢行系统示范区建设，包括非机动车道慢行彩铺、过街路口奥运主题彩绘、人行步道阻车桩、智慧道钉斑马线、蓝牙诱导非机动车停放区等。

（彭　鹏）

【代征代建道路用地移交】 年内，区交通委根据区政府《石景山区代征道路用地调查核准目录》和《2020年拟移交接收代征道路任务清单的函》（石政函〔2020〕89号）要求，配合区规自分局完成历史遗留的68条代征道路用地项目移交工作。根据区级“疏整促”任务，配合区规自分局完成首钢特钢5条代征道路用地移交工作。按照市首钢办要求，完成首钢北区西部13条市政道路及附属设施移交工作。

（彭　鹏）

【桥下空间治理】 年内，按照市“疏解整治促提升”专项行动——桥下空间治理任务“八有八无”核验标准，根据“疏整促”台账信息，由市交通委牵头联合相关部门，对石景山区五环路八角桥、人民渠通道桥、石丰桥三地的桥下空间进行专项检查、及时整改、快速完成台账注销，并接受市区绩效考核。

（彭　鹏）

【市政设施承灾体普查】 年内，区交通委根据第78次区政府常务会议（石政纪〔2021〕18号）要求和区普查办《关于转发石景山区第一次全国自然灾害综合风险普查经费有关批复文件的通知》，完成辖区市政设施道路桥梁普查工作。

（彭　鹏）

【慢行交通服务评价及考核】 年内，区交通委依据市交通委印发的《慢行交通服务评价及考核体系》考核工作要求，对辖区内所有支路等级以上道路，包括断面骑行量、机动车违章侵入非机动车道率、非机动车道宽度达标率、机动车违章侵入步道率、设施占用步道率、步道通行宽度达标率、慢行林荫覆盖率7项指标进行摸底调查、数据采集、综合性分析，指出问题所在，提出合理化建议，形成成果报告。

（彭　鹏）

【地下管线探测和建模】 年内，高井路社区地下管线探测和建模项目完成。此项目对高井路社区的高井小区、八千四小区、高井路29号院、教工宿舍小区、六千四小区、一万平小区、松树林小区7个小区进行地上建筑物、地下管线的测绘和三维建模，探测管线21.1公里，测绘小区面积6.1万平方米，为下一步工作提供可复制可推广的经验做法。

（张　楠）

【地下管线安全防护】 年内，区交通委根据市相关文件规定和石景山区实际情况制定地下管线监管方案，联合区住建委、区园林局、区城管指挥中心、各街道办事处等相关部门和区自来水公司、排水集团、燃气集团、热力集团、电力公司等14家管线运维单位组成专班，形成长效合力机制，加强石景山区地下管线防外力破坏工作。全年出动巡查人员8000余人次，汇总收集巡查台账76期，累计发现并通报新增施工点位300余处。完成86项工程131个挖掘施工点位的施工前交底对接工作，减少外力破坏管线事故发生。

（金梦元）

【交通综合治理行动计划】 年内，由区交通委牵头，按照《2021年北京市交通综合治理行动计划》（京交综治发〔2021〕1号）和《2021年北京市交通综合治理行动计划任务书》要求，结合辖区实际，会同区交通工作领导小组成员单位研究制定《石景山区2021年交通综合治理行动计划》，于6月16日正式印发。计划包含23项任务，从轨网、路网、公交线网、慢行系统等方面优化供给，提升城市交通服务能力；从降低机动车使用强度和强化交通规划管理方面调控需求，强化交通承载约束能力；从开展5项区级疏堵工程、10处堵点乱点治理、学校医院景区及商业区周边交通综合治理、优化隔离护栏规范清理、交通配套设施优化提升、停车设施建设、加强互联网租赁自行车规范管理等方面强化治理，将精治、共治、法治落实到位。

(崔玲霞)

【停车综合治理示范区】 年内,区交通委按照市委“每月一题”推动解决有关停车诉求问题的工作要求,对2020年市民12345诉求进行梳理分类,同时结合辖区实际情况,选取六合园、琳琅庄园、西山奥园3个停车矛盾突出的重点居住区,开展停车挖潜建设工作,并于6月10日正式印发《石景山区推进解决小区周边居民停车难问题的工作方案》(石交字〔2021〕15号)。通过小区停车设施登记、深入挖潜资源、开展有偿错时共享、规范道路停车、加强违停执法等措施实施停车综合治理,为鲁谷街道和苹果园街道辖区居民协调提供1435个停车位,有效解决居民停车难问题。

(崔玲霞)

【停车有偿错时共享】 年内,石景山区根据2021年交通综合治理行动计划的相关任务安排,在每个街道开展2处公共建筑停车设施有偿错时共享试点。截至年底,已完成7个街道14处停车场的车辆录入工作,共享653个停车位。

(崔玲霞)

【共享自行车管理】 年内,区交通委依据市级绩效考核任务以及打造长安街西延长线非机动车静态交通秩序示范街的相关要求,完成长安街电子围栏建设设计方案。方案拟将长安街东起玉泉路地铁站西至首钢厂东门,南北延伸1—2公里范围内,包括西五环东辅路全线建设安装电子围栏设备,引导市民有序停放。在重点区域计划设置电子围栏点位89处、视频嗅探设备10套、入栏结算区33处,安装道钉1260个,利用电子围栏技术规范停车秩序。年内,在金安桥地铁站、八宝山地铁站、八角游乐园地铁站完成“电子围栏”嗅探安装,通过电子围栏系统监测地铁站周边共享单车骑行量。

(翟鲁敏)

【石景山路新型交通护栏】 年内,区交通委根据5月10日长安街环境提升办公室《关于进一步做好长安街及其延长线环境景观提升工作的函》(长安街提升办〔2021〕1号)要求,将石景山路及周边沿线的交通护栏更换为新型交通护栏。该项工程于6月20日进场施工,8月6日竣工完成。更换交通护栏10640延米,其中中心护栏6036延米、机非护栏228延米、便道护栏2780延米、临时可移动护栏1596延米。

(韩振杰)

【福寿岭公交中心站建设】 年内,区交通委协调区规自分局、区发展改革委、区人防办、区园林局等单位,配合市公交集团取得福寿岭公交中心站多规意见函、钉桩通知书、办理选址意见书及用地预审,完成施工和监理招标。

(韩振杰)

【刘娘府公交场站建设】 年内,区交通委协调区规自分局、区发展改革委、区园林局等单位,配合市公交集团对位于保险产业园3号楼西侧,地块面积8000平方米(含1500平方米社会加油站)的刘娘府公交场站综合实施方案进行完善。年底,该设计方案已基本稳定。

(韩振杰)

【八大处公交场站外迁】 年内,区交通委对八大处南站东行、申王府街、金府南路、金府北路增设站点进行地面硬化,在刘娘府北街东侧、金顶山路南侧,建设占地面积4050平方米的临时导改场站,协调交管、运管等相关部门,完善八大处摆渡车运行方案。6月24日,协调公交集团将八大处公交场站迁移至刘娘府北街临时导改场站,347路、958路、972路首末站调整至金顶山路的雍王府公交场站,389路、598路首末站调整至刘娘府北街站。

(韩振杰)

【田顺庄公交场站迁移】 年内,区交通委为配合北辛安棚改地块上市交易,对接市公交集团,协调区住建委、区园林局、区交通支队、古城街道、石泰集团等部门,多次研究公交场站搬迁、线路调整、交通导改等事宜。9月25日,将原场站驻发的318路、327路、夜5路、专148路、专152路等5条公交线路调整至城通街公交场站,完成田顺庄公交场站搬迁。

(韩振杰)

【“十四五”交通发展建设规划】 年内,区交通委按照《2021年北京市交通综合治理行动计划》(京交综治发〔2021〕1号)和《石景山区2021年交通综合治理行动计划》(石交综治发〔2021〕1号)文件要求,牵头编制《石景山区“十四五”时期交通发展建设规划》,规划全文约2万字,共4章,在分析自“十三五”以来交通发展建设规划实施情况及成效、梳理存在的问题基础上,研判“十四五”发展形势,提出发展思路及交通发展建设规划重点任务,并提出规划实施保障措施。为优化提升石景山区交通服务能力,推进区域转型发展、高水平建设好首都城市西大门提供支撑。

(黄智森)

【道路停车电子收费视频管理】 年内,区交通委为进一步落实《石景山区2021年交通综合治理行动计划》道路停车改革要求,在八角西小街、杨庄北区中路、环卫局宿舍路3条道路150个车位采用移动视频设备进行电子收费,并于11月30号正式上线运营。年底,石景山区实现道路停车电子收费视频管理。

(张　茹)

水　务

【概况】 年内,区水务局推进涉水工程建设,石景山水厂实现并网通水,日供水能力达到22.1万吨,区域供水水质得到有效改善;完成永定河左岸公共空间提升、永定河左岸京原路以南环境整治提升、莲石湖公园景观提升、永引渠水系景观提升二期等工程,推进北京冬奥公园重点区域整治提升、首钢与人民渠水系连通、石府沟治理等工程建设,打造“秀水石景山”。发挥河长制统领作用,组织督促各级河长等力量开展巡河,累计巡河7313公里,发现并整改问题630余个,各级河长巡河率100%,问题整改率100%;持续开展“清河行动”“清四乱”专项行动,累计腾退高井沟春秋季围垦7000余平方米,劝阻不文明行为8500余人次,现场制止违法行为650余起,确保河湖生态环境整洁有序；持续加强沟渠、水体管护，6处在账小微水体未发生问题反弹，4处考核断面水质全部达标。开展节水型社会创建，编制《石景山区三年节水行动实施方案》，明确节水工作方向；完成888个用水户计划用水指标的生成、下达，全区计划用水覆盖率达99.89%；换装25000套节水器具，创建40家节水载体，不断提高节水器具普及率和节水型单位覆盖率；推进海绵城市建设，建成区35.71%的面积实现70%降雨就地消纳与利用。坚持落实最严格水资源管理制度，完成75眼区属自备井核查登记，实现"一井一卷"管理；推进取用水专项整治行动，完成22个取水口问题整改销号；加强区管自备井日常监管，累计换装智能水表60块，开展执法检查200余人次，实现远传智能水表全换装，取水量较上一年度压减13%。做好防汛抢险，推进金安桥雨水泵站建设，新建排水管线8.6公里，完成4处积水点、6处雨污混接错接治理，改造5.4公里隐患污水管网，全面排查疏通258公里雨水管道及附属设施，实现南马场水库数字化管理，进一步增强防洪排涝能力；及时修订完善防汛应急预案，开展应急综合演练28场次，汛期启动城市防汛专职值班45次，组织应急抢险16次，出动车组246次，抢险人员1850人次，实现汛期安全度汛。

（王　璐）

【北京冬奥公园开园】　10月1日，北京冬奥公园实现开园测试，截至12月31日，接待游客360560人次，期间整体情况平稳，游客体验良好，周边交通运行正常。北京冬奥公园位于石景山区西部，永定河沿岸，北起永定河双峪桥，南至园博园桥与西五环交界处，东含首钢北区和南区生态景观休闲区，西到永定河右堤，规划总面积约1142公顷。公园基于城市缝合理念建设，通过对莲石湖公园、永定河休闲森林公园、首钢园等现状资源的整合提升，使得新首钢高端产业综合服务区与周边自然生态公共空间有机融合，实现了冬奥、自然山水、历史文化和工业遗产的相互交融。公园内部打造一条全封闭的42公里滨河马拉松路线，以及马拉松大本营、冰雪森林、火车乐园等特色景观节点，企鹅绿谷、冰川广场等儿童娱乐区，并建有国际化的冬奥主题户外雕塑展区，以期为2022年冬奥会和冬残奥会提供良好的环境保障，为市民们留下宝贵的奥运遗产。

（郝　杰）

【水环境治理与水生态建设】　年内，区水务局持续加大辖区水质断面管护力度，通过实施严格的考核断面水质检测监测维护、开展全区有水河道水体维护等工作，实现水质考核全部达标的目标。根据北京市水务局印发的《北京市水务局关于开展水生态空间管控规划和水要素规划编制工作的通知》（京水务规〔2020〕3号）的工作要求，完成向市水务局报送12条区属河道水生态空间管控规划编制工作。

（温冬青）

【水资源管理】　年内，区水务局完成全区区管取水口智能远传水表换装60个，按照市级要求，在规模取水户数据共享汇聚工作中完成"三率"100%。

（温冬青）

【河长制工作】　年内，各级河长及成员单位持续开展河湖巡查及"清河行动""清四乱"工作，在"四乱"及"小微水体"台账相关问题完成整治的基础上，按照"动态清零"标准开展长效管护，实现全年涉河问题零新增。在"河长+警长+检察长"的联动基础上引入水务、发展改革委、生态环境、园林绿化、渔政等部门的联动协作机制，联合开展涉河塑料制品白色污染物整治、打击水生态管控范围内捕杀动物（特别是打鸟、捕鱼行为）违法行为、渔业资源人工增殖放流等专项行动，联合清理整顿永定河广宁麻峪村段管理保护范围内的春季围垦7000余平方米。开展节假日安全文明游河行动，累计劝阻不文明行为8000余人次，制止违法行为600余起。

（温冬青）

【供水基础设施建设和管网改造】　年内，区水务局推动石景山水厂建设。水厂建设规模为20万吨/日，建筑面积20000平方米，占地面积61000平方米，总投资10.89亿元。9月30日正式并网通水（3.6万立方米每日）。加强老旧小区供水管网改造。截至年底已进场94个小区，竣工验收50个小区，已施工128520米，完成总进度的66%。

（高　越）

【节水型社会建设】　年内，区水务局严格用水总量控制。制定区管户用水单位的计划用水指标，完成2021年888个用水户计划用水指标的生成、下达，建立用水指标考核体系，促进全区用水单位节约用水，全区计划用水覆盖率达到99.35%。1至12月全区生产生活用水总量为5935.77万立方米，新水用量为5202.45万立方米，2021年第四季度万元地区生产总值水耗降幅为-14.3%。投入资金378.69万元完成节水器具换装工作，为石景山区9个街道25000户老旧小区居民换装25000套节水花洒。投入资金128.7万元，完成40个节水创建工作，复核30家节水载体。利用"世界水日、中国水周""全国城市节水宣传周"等时间节点，推进节水工作"进机关、进部队、进企业、进校园、进社区、进家庭"活动。组织各学校开展线上活动，向各街道、群众发放宣传资料4000余份、宣传品700余份。推动《国家节水行动方案北京市石景山区节水实施计划》《石景山区三年节水行动实施方案》编制。

（王艳平）

【海绵城市建设专项规划】　年内，区水务局有序推动2021年各项海绵城市建设项目。石景山区海绵城市专项规划（包含于《石景山分区规划（国土空间规划）（2017年—2035年）》）于2019年11月20日获北京市政府正式批复。年内，石景山区海绵城市建设达标面积比例为35.71%，满足城市建成区24%以上面积达到海绵城市建设要求的目标。

（吕春华）

【污水管线建设】　年内，石景山区制定《石景山区进一步加快推进城乡水环境治理工作三年行动方案（2019年

7月—2022年6月)》和《石景山区2020年清管行动工作方案》,完成雨污水错接混接治理19处,水环境治理取得成效,全区基本实现污水收集处理设施全覆盖,全区污水处理率达到99.4%。

(张　洋)

【防汛工作】 年内,区水务局在五里坨浅山区组织开展2021年防汛应急综合演练28场次,通过演练掌握预案内容、处置流程,提高各级抢险指挥人员的决策能力和抢险人员的处置能力。完成体育场西街、西黄村下凹桥区、18号互联网产业园、金顶北路首钢模式口南里小区大门口处4处积水点治理,增加收水设施,通过调蓄提高应对瞬时强降雨的防洪排涝能力。制定并落实南马场水库、永定河石景山段、中小河道的城市防汛应急预案,提高城市防汛应急处置和防洪排涝能力。开展清管行动,对辖区258公里的雨水管线进行排查治理,出动人数2000余人次,清掏雨水箅子12246余个,清掏污染物8.75吨,雨水管道疏通率达100%,提高城市防洪排涝能力。

(张　洋)

【永引渠水系景观提升工程】 年内,区水务综合执法队推动永引渠水系景观提升二期工程进行。永引渠水系景观提升工程总长5公里,一期于2019年完成1.1公里河道提升改造。二期在一期的建设基础上,对永引渠石景山段模式口北街至西五环区界其余河段进行整治提升,总长3.9公里。建设内容包括生态护岸、河坡防护、新建"清川"及"永引体育公园"景观节点,按照森林城市标准提升全线绿化工程配置,增加滨水景观小品,完善夜景照明及公共服务设施,建设篮球、足球及儿童户外运动场等。二期于10月30日完工,自此永引渠水系景观提升工程全面完工,永引渠滨水景观带正式建成,传承了永定河引水历史文脉,打造了一条空间融合、设施齐全、交通便捷、生态良好的市民休闲廊道和创意文化展示廊道。

(郝　杰)

【永定河左岸京原路以南环境整治提升】 年内,区水务工程管理所推动完成永定河左岸京原路以南环境整治提升工程。该工程治理范围北至京原路,东接西五环,东北至丰沙铁路线,西南至卢沟桥北路,总面积36.1公顷,是北京冬奥公园的重要组成部分,也是服务保障北京2022年冬奥会和冬残奥会的重要工程。该工程依靠冬奥公园跑马IP,着力于自身空间优势,通过拆违治乱提升环境景观品质,拆除建筑5929平方米、围墙1400米,外立面改造18800平方米,绿化种植约16万平方米。经过一年的建设,实现该地区的疏解整治、环境提升、城市缝合及活力再生,成为城市更新的新范例、市民休闲娱乐的京西后花园。工程于2020年10月开工,2021年10月完工,总投资9696.47万元。

(马芳冰)

10月30日,永引渠水系景观提升工程全面完工　　(区城管委供图)

市容环境

【概况】 石景山区环境卫生服务中心(简称区环卫中心)是区政府直属公益一类事业单位。机关内设11个职能科室,下设6个公益一类事业单位和1个待撤销未分类事业单位,机关和所属事业单位均为独立法人单位。年末有干部职工3119人,其中全额事业编制职工274人,离退休职工530人,非在编职工1166人,劳务派遣职工1149人。区环卫中心承担全区环境卫生方面的技术性、服务性和事务性工作,主要职能是:制定环境卫生工作发展和年度计划,并组织落实;根据区政府核定下达的环境卫生作业任务、指标和要求,组织专业单位作业并对其实施监督、检查和管理;负责环卫经费的管理和使用;负责全区环卫设施的管理和使用;负责全区环卫产权公厕的保洁、粪便清运与消纳;负责全区环卫产权垃圾楼的垃圾清运、处理与消纳;管理和使用现有国有资产;按核定标准和社会委托服务项目组织开展有偿服务;负责完成区政府交办的其它工作。年内,区环卫中心坚持党建引领,聚焦主业,以服务冬奥保障和"创城"工作为牵引,以"接诉即办"为抓手,全年完成专业清扫保洁总面积487.6万平方米,可机械化作业面积295.8万平方米;生活垃圾日产日清,全年完成2500组果皮箱清理,45座清洁站、109个垃圾桶站、57个垃圾箱站及176座环卫产权公厕清运维护及服务保洁,全年清掏粪便13万吨,清运转运其他垃圾15万吨。做好全区厨余分类小区的垃圾密闭清运和6座分类清洁站收集管理,处理及清运厨余垃圾1.1万吨。协调收运系统各环节有序衔接,确保垃圾、粪便100%无害化处理。

(黄　芪)

【专业作业】 年内,区环卫中心完成全区487.6万平方米道路城市清扫保

7 月 17 日，区环卫中心进行暴雨蓝色预警保障　　（区环卫中心供图）

洁，122 条责任城市道路全部对标一级作业标准实施“一扫两保”，车行道实现机械化作业全覆盖，超额完成市机扫率 94% 和区新工艺率 97% 目标任务。强化重点区域和污染道路降尘清理工作，年出动作业车辆 6 万余车次，作业人员 27 万余人次，责任道路尘土残存量均值达到 5.5 克/平方米。区环卫中心责任范围内 176 座公厕和 45 座垃圾楼全部按精细化标准保洁运维，强化保洁、消毒、除臭措施，加大道路边线死角清理和果皮箱清掏力度，严格落实垃圾分类职责，规范管理垃圾粪便处理设施，实现全年 15 万吨垃圾和 13 万吨粪便 100% 无害化处理。在创城、建党 100 周年、极端天气保障等重大活动中，先后增派人员 1.3 万余人次，调用车辆 2000 余台次，清理垃圾渣土 600 余吨，出色完成应急保障任务。

（黄　芪）

【服务保障冬奥】　年内，区环卫中心成立冬奥保障工作领导小组，组建 152 人场馆保障队伍，针对“1 + 6 + 1”（即 1 个竞赛场馆 + 6 个非竞赛场馆 + 交通场站）场馆垃圾清运、化粪池清掏和外围道路扫雪铲冰任务，细化 4 项标准流程，准备 160 余台融雪设备、5400 吨融雪剂（含无氯融雪剂 400 吨），1500 名作业人员确保辖区雪天道路通行，做好赛事保障服务。针对冬奥红线内、外区域保障要求，制定冬奥疫情防控方案，严防内部感染和外部传播。提前进行专项演练培训，赛前完成滑雪大跳台 400 余吨余雪清理、35 吨化粪池污物清掏和 130 吨垃圾清运等保障任务，全力确保赛事保障和城市运转平稳有序。

（黄　芪）

【热线办理】　年内，区环卫中心成立“接诉即办”专班，建立责任明确、逐级落实的办理机制，建设中心信息化平台 12345 模块，集体研究重难点工单，对诉求集中的高频、共性问题主动开展专项治理，创新分类施策，全面调整道路保洁夜间作业时间，改进车辆洒水工艺，对垃圾清洁站加装密闭除臭设施，赢得市民理解和认可。全年办理工单 593 件，响应率 100%，综合解决率 88.6%，综合满意率 93.5%，取得 92.7 分的成绩。

（黄　芪）

【信息化平台建设】　年内，区环卫中心依托环卫信息化平台远程视频监控、回放、督办整改等功能，提高处理大件垃圾果皮箱周边堆积、道路遗撒等问题效率。同时，为 317 台车辆进行智能化改造，386 台车辆加装倒车雷达系统；45 座垃圾楼、4 座公厕、3 座加水点、排放站、转运站、五环桥下停车场、南山场站的视频均可远程图像调取；增加非编人员管理模块，将非编职工纳入电子化管理范畴。

（黄　芪）

【设施设备更新升级】　年内，衙门口综合场站环境整治提升工程和设备升级改造项目土建工程接近尾声，设备按计划安装。粪便消纳站汽修间升级改造工程完工。完成区城管委移交 5 处密闭式清洁站前期手续和建设工作。衙门口及综合场站东区等 3 处停车场站投入使用。稳步推进环卫车辆新清能源化任务达标工作，2020 年度新购置车辆全部到位并投入使用，完成 40 台车辆报废处置工作。使用 2021 年度北京市大气污染防治专项资金购置 75 台专业作业车辆，45 台国五柴油车辆环保在线监控设备安装到位。

（黄　芪）

【安全生产管理】　年内，区环卫中心制定《液化石油气专项安全检查工作方案》《春节、“两会”期间火灾防控工作方案》《环卫中心消防安保百日攻坚行动方案》等制度，加强车辆保险业务管理，全年投保 464 车辆 247 万余元。完成转运站、一队南山分队、修缮队职工食堂使用液化气罐“以电改气”改造工作。全年进行安全综合检查 89 次，涉及 467 处点位，整改安全隐患问题 63 个。开展安全生产、驾驶安全和消防知识培训，累计培训千余人次。

（黄　芪）

【重点工程建设】　年内，区环卫中心完成衙门口生活垃圾转运站设备升级改造财政评审工作及推进垃圾压缩设备、密闭负压除尘除臭设备、渗沥液处理设备政府采购工作；针对区环卫中心公厕无障碍改造工程项目，梳理出 900 余个问题进行台账登统整改，区财政预算资金投入 247 万元；推进杏石口场站、景阳东街西侧用地、衙门口综合场站方案调整编制工作。

（黄　芪）

【新冠肺炎疫情防控】　年内，区环卫中心全面落实“四方责任”。高标准落实疫情防控单位管理责任，严格落实进出京管控和作业防控措施，做好干部职工防疫物资保障，实现“零感染”。职工接种疫苗 2400 余人，加强针接种 2200 余人，疫苗接种率达到 93.4%。配合有关委办局做好防控应急保障工作，主动腾出衙门口环卫停车场作为八角街道接种点,为辖区居民疫苗接种提供有力支持。

(黄 芪)

【机构改革】 年内,区环卫中心完成中心机关本级及下属6个基层单位事业单位机构改革,注销中心下属5家事业单位。落实《石景山区进一步完善事业单位绩效工资政策及财政拨付经费管理工作方案》,制定中心绩效工资分配方案,对改革涉及工资变化的职工,妥善做好思想工作,确保方案平稳实施。

(黄 芪)

园林绿化

【概况】 石景山区园林绿化局(简称区园林局)成立于2009年8月31日,挂石景山区绿化委员会办公室(简称区绿化办)牌子,是负责辖区园林绿化工作的区政府工作部门。主要承担城市园林绿化、林业行政管理职责和森林防火职责。年内,区园林局有综合办公室(主体责任办公室)、绿化发展科、规划审批科(法制科)、建设管理科(林业有害生物防疫检疫科)、资源执法科、财务审计科6个内设机构,行政编制23名。3月24日,根据《关于北京市石景山区园林绿化局所属事业改革有关事项的批复》(石编办〔2021〕20号),重新核定各事业单位编制数及科级领导职数,下设综合服务中心、森林防护中心、绿化养护中心3个全额拨款事业单位。有干部、职工95人,其中行政编制人员22人,事业编制人员73人。年内,区园林局完成庆祝建党100周年环境保障任务。超额完成新一轮百万亩造林绿化市级年度任务,绿化面积267.6亩。聚焦冬奥筹办,冬奥景观大道精彩亮相,石龙匝道、阜石路沿线及全龄友好公园等重点节点绿化景观提升建设高水平完成。全年新建改造公园绿地15处,新增绿化面积28.62公顷。全区公园绿地500米服务半径覆盖率达到99.32%,全市排名第一;人均公共绿地面积24.16平方米,城市绿化覆盖率53.8%,均位居中心城区第一。完成“留白增绿”6.68公顷绿化、46处“揭网见绿”及92处裸露土地治理,推进京广、京石、京原铁路周边环境整治工作,衙门口城市森林公园等4处大尺度公园相继开放。年内,区园林局推进林长制工作。成立区级林长制办公室,建立区、街道、社区三级林长组织体系,指导各街道推进林长制办公室规范建立、工作方案及配套制度制定工作。提高专业绿地养护水平,提升绿地质量。逐步推进绿地无障碍设施建设及改造工作,注重森林、绿地土壤的有机覆盖和功能提升,截至年底,全区铺设有机覆盖物7.1公顷。对石景山范围内325处点位、31182株杨柳树注射“抑花一号”,有效抑制春季飞絮。加大全区古树管护工作力度,加强巡查,压实责任,提高全区古树管护单位责任意识。精准开展第三代美国白蛾防控工作,为美国白蛾持续治理打下良好基础。提升林业执法力度,落实森林督查及打击毁林专项检查工作,组织开展“清风行动”野生动植物非法贸易联合执法。强化森林防火队伍建设和责任落实,建立森林防火区联防机制。强化森林火灾风险点监控管理,实现林区视频监控覆盖率90%以上,连续20年未发生重特大森林火灾。

(郑文靖)

【2021园林绿化重点工作】 3月20日上午,石景山区召开区长专题会,调度2021年园林绿化重点项目推进工作。会议听取区园林局关于2021年园林绿化重点项目建设情况的汇报,并就2021年创森工作安排、2020年园林绿化续建项目和2021年新建项目建设情况以及石景山区纳入绿化建设的集体土地委托管理事项进行了讨论。会议明确:要加强信心,保持战略定力,持续推高全区创森工作热潮;要群策群力,攻坚克难,努力消解和克服创森评选程序调整的不利因素。要科学组织,因事施策,确保2021年重点绿化项目按计划推进;要找准抓好迟滞工期的难点性和节点性问题,一事一策,分层协调,重点突破;要加强统筹调度,强化部门沟通对接,压紧压实责任,加快破解难题。要在稳定现行集体土地托管政策安排的基础上,研究破解集体土地绿化可持续发展难题。要全面梳理政策,按照节省财政资源、实现集体土地绿化可持续发展的方向,研究集体土地集中管理,实现规划目标的新路径。

(潘 岩)

【专题研究铁路沿线环境整治】 3月29日下午,区园林局召开丰沙铁路线新首钢大桥至京源路景观方案专题研究会,李新、李先侠参加会议。会议听取区园林局关于丰沙铁路线新首钢大桥至京源路景观方案的汇报。李新指出:要从快从速完善方案设计,按照裸地治理标准,聚焦铁路沿线周边环境整治,就地取材,调整种植设计,控制苗木规格,加快完善丰沙铁路线新首钢大桥至京源路段景观方案,全面持续“提速”推进项目建设。要加强协调联动,相关部门要进一步强化责任担当,主动协调地权单位,营造良好氛围,确保丰沙铁路线新首钢大桥至京源路段环境提升工作稳步推进。

(潘 岩)

【区绿化委员会调整】 3月,石景山区完成区绿化委员成员调整工作,李新任主任,李先侠、张玉国(陆军政治工作部群工联络局联络工作处处长)、蒋艳明(中部战区联合参谋部直属工作局副局长)、胡雄光(首钢总公司副总经理)任副主任。区政府各委、办、局、处,各街道办事处,各人民团体,驻区有关单位主要领导为委员,成员共计45人。

(郑文靖)

【全民义务植树宣传】 3月至4月,区绿化办以“第37个首都全民义务植树日”为契机,结合“首都全民义务植树开展40周年”,组织发动全区9个街道、首钢系统开展20场义务植树宣传。活动通过社区LED显示屏、单位宣传栏、街道微信号等平台宣传中国植树节、首都义务植树日;向社区居民、单位职工发放义务植树宣传材料;社区组织居民、首钢组织干部职工开展义务植树、抚育管护等绿化相关活动。期间134个社区、7000余人参与活动。

(黄 乐)

【首都全民义务植树日活动】 4月3日，北京冬奥办、北京冬奥组委、首都绿化办、区政府在北京冬季奥林匹克公园共同举办"添绿冬奥 低碳有我"主题植树活动。市政府副秘书长韩耕，区领导李文起、吴克瑞、陈婷婷、周西松、李先侠、姜玉英，北京冬奥办、北京冬奥组委、首都绿化办等单位相关领导与干部职工、市民群众、环境志愿者代表等100余人一起参加义务植树活动，在"冬奥环境志愿者林"栽植早樱、山杏、晚樱、垂柳等143株。同日，在鲁谷半月园开展"2021年石景山区创森春季公益宣传暨全民义务植树40周年活动"。活动由区园林局（区创森办）主办，鲁谷街道办事处协办，现场邀请石景山区市民前来参加创森嘉年华，活动设有创森和义务植树知识问答、垃圾分类换绿植、生态彩虹瓶、环游石景山、趣味拍照打卡等环节，整个活动将创森成果、生态文化、古树保护和垃圾分类等工作融入其中，首都绿化办、区园林局、鲁谷街道领导和市民100余人参加活动。

（黄　乐）

【义务植树基地接待活动】 4月，石景山区"互联网＋全民义务植树"衙门口城市森林公园基地以线上预约形式组织并举办8场社会义务植树接待活动。内容包含植树造林和抚育管护。接待单位20余家、团体和个人2000余人，栽植白皮松、银杏、元宝枫、榆叶梅、黄栌、海棠等苗木1531株。其中4月17日，区委统战部组织全区各领域统战成员，在基地开展"共植同心林 百人百树庆百年"植树活动。以植树造林方式共庆中国共产党百年华诞，助力石景山区创建国家森林城市。陈婷婷出席活动。各民主党派代表人士、无党派代表人士、民族宗教界代表人士、民营经济代表人士、新的社会阶层代表人士、港澳台侨代表人士等120余名各界统战成员，以及统战系统机关干部共同栽植树木100株。

（黄　乐）

【西山绿道项目设计方案】 5月20日上午，李新专题研究西山绿道项目设计方案。会议听取区园林局关于西山绿道项目设计方案及推进情况的汇报。李先侠参加会议。李新指出：要拓宽设计思路，统筹考虑西山绿道与永定河、永引渠绿道的连通关系，逐步形成"山水绿链"城市绿色生态网络；统筹考虑与海淀、门头沟区的连通关系，以绿道建设力促京西绿色发展。要突出特色挖潜，在整合利用好西山地区的自然山水风貌和丰富的历史文化资源上下功夫，深度挖掘景观特色和人文价值，着力打造汇聚西山永定河文化带生态文化、红色传承文化、传统历史文化和山林运动文化特色的北京生态文化金名片。要强化部门对接，主动对接规自、发改、西建办等相关部门，进一步凿实规划指标，争取市级资金支持最大化，以绿道建设助推西部地区高质量发展。

（潘　岩）

【"十四五"园林绿化发展规划】 6月29日，《石景山区"十四五"时期园林绿化发展规划》正式对外公开发布。规划明确了"十四五"园林绿化发展的战略方向、总体定位、实现路径以及贯彻落实指导思想、确定规划目标任务应遵循的基本方向；提出"全面建成国家森林城市"总体发展目标，聚焦"锚固生态本底""提升生态品质""增强绿色惠民""营造魅力景观""完善支撑体系"5个方面发展重点，形成17项主要工作任务和30项可实施、可落地的重大项目。

（潘　岩）

【乡土植物"六进"活动】 9月9日，区绿化办以首都全民义务植树开展40周年和"擦亮城市西大门，文明祥和迎冬奥"专项行动为契机，组织开展石景山区乡土植物"六进"活动。向全区9个街道的32个社区、3所学校、3家部队单位提供马蔺、玉簪、大花萱草10万余株。相关社区和单位组织老街坊、志愿者等开展整地、卸苗、拔草、栽植等抚育管护劳动和"争创首都绿化美化花园式社区"等活动，对黄土裸露和斑秃绿地进行治理，改善提升周边环境。

（黄　乐）

【林长制工作协调会】 11月4日，区林长制办公室会同区委编办、区财政局、区民政局及各街道共同召开林长制工作协调会。与会单位共同探讨研究了区林长制办公室、各街道林长制办公室的人员配备问题，"一长两员"中的林管员、护林员聘用模式及资金来源问题，林长制日常工作经费来源等相关问题。各街道表示建议通过招录社工和政府购买服务的方式聘请"两员"，负责承担林长制办公室的综合协调、管理工作和日常巡检职责，经费统一由区林长制办公室申请拨付，同时各街道林长制办公室负责协调辖区各社区，安排人员配合区林长制工作人员落实各街道社区界限问题，完成全区网格划分工作。

（王苗苗）

【区林长制办公室揭牌】 11月12日，区园林局举行"石景山区林长制办公室"正式揭牌仪式。区林长制办公室主任李元员、毛轩，区林长制办公室副主任任久生等同志参加揭牌仪式。

（王苗苗）

【"12·4"国家宪法日暨宪法宣传周】 11月29日至12月5日，区园林局开展一系列"12·4"国家宪法日暨宪法宣传周宣传活动。活动包括：结合局内新媒体平台"石景山创森"微信公众号发布宪法宣传相关视频和H5；引导全局工作人员和下属单位进行线上宪法知识竞答，参与活动总计68人，100余次；在宣传告示栏和部分公园绿地内张贴宪法宣传海报，并引导辖区有林单位使用公众大屏幕播放宪法宣传视频。

（潘　岩）

【林长制区长专题会】 12月2日，区园林局召开区长专题会，对石景山区林长制工作开展专题研究。会议听取区林长制办公室主任、园林绿化局局长毛轩关于全面建立林长制工作的汇报。研究林长制七项配套运行制度、街道级林长制办公室建立、"一长两员"实施方案及人员配置和经费等问题。李先侠要求：要充分与市林长制办公室、相邻区林长制办公室、市财政局、市民政局等相关单位沟通了解社区林长及"两员"的聘用模式和资金来源情况。要根据各街道实际工作困难适当提高护林员聘用经费,人员由街道统筹安排,有集体林地资产的街道可优先考虑聘用林地集体单位护林人员兼任;林管员由各街道社工用于林长制专项工作,根据林地面积和护林员人数适当申请1至2名社工。林长制办公室办公经费与财政局沟通核算,根据林地面积及网格人数确定办公经费标准。进一步精准核算聘用第三方经费和林长制指挥平台运行经费。

(王苗苗)

【总林长1号令和2号令发布】 12月3日,区园林局为认真践行习近平生态文明思想,牢固树立绿水青山就是金山银山的理念,全面履行林长职责,开展林长巡林检查,督导责任区域内园林绿地资源保护发展工作。石景山区发布总林长1号令《关于开展林长制巡林工作的通知》。为加强石景山区森林资源安全,强化全区森林防灭火工作,保障冬奥会和冬残奥会顺利召开,发布总林长2号令《关于加强秋冬季森林防灭火工作的通知》,要求各级林长、林长制办公室、各相关单位认真贯彻落实。

(王苗苗)

【林长制年度督查考核】 12月24日,石景山区林长制办公室组织9个街道、西山试验林场、永定河休闲森林公园召开区林长制年度考核部署工作会议。会议由区林长制办公室副主任任久生同志主持,会议传达了《北京市林长制2021年度督查考核方案》(京林长办〔2021〕12号)文件,通报了各街道林长制工作完成情况,详细分解了石景山区林长制考核评分细则。要求各街道级林长高度重视,认真做好准备,落实年度考核工作。

(王苗苗)

【首都全民义务植树书画大赛】 年内,首都绿化办主办纪念“首都全民义务植树40周年”书画大赛,并面向全市征集书画作品。区绿化办联合区文联向区书画艺术团体征集反映石景山区义务植树、绿化美化、园艺生活等内容的书画作品140件,其中区书协29件、区美协25件、区老年书画研究会86件,创作者中年龄最大的已86岁高龄。征集作品通过“石景山创森”微信公众号进行线上展示,并向“首都全民义务植树40周年”书画大赛进行推荐。区园林局、区文联、区老年书画研究会分别荣获大赛“卓越组织奖”,40位作者获得大赛个人奖项,其中成人绘画一等奖2人、二等奖4人、三等奖12人,成人书法一等奖3人、二等奖6人、三等奖13人。

(黄　乐)

【花园式创建】 年内,石景山区完成创建花园式单位1个(北京华美天祥投资管理公司金府南路89号院),完成创建花园式社区1个(苹果园街道边府社区)。

(黄　乐)

【园艺驿站】 年内,石景山区6家园艺驿站举办各类园艺体验活动92场,线上直播点击量6.98万人次,微信推文阅读量3.45万人次,线下参与人数3744人。驿站深挖园艺精髓,延展园艺内涵,除传统活动如插花、盆景制作外,还尝试将园艺体验与传统文化、非遗手工艺、自然认知、美育启蒙相结合,开展植物扎染、国韵拓印、非遗草编、园艺绘本共读、自然笔记制作、博物画赏析绘制、风景创意拍摄等多种类型活动。

(黄　乐)

【古树保护工作】 年内,区园林局启动《石景山区古树名木保护规划(2021—2035)》编制工作,通过整合全区古树资源,谋划全区古树名木中长期保护规划,年底基本形成规划初稿。对全区古树进行健康体检,排查树体空腐及倒伏等高危风险,通过分析古树立地条件和生长状况,形成全区古树体检报告;全年完成古树体检1543株,并对有历史价值、长势衰弱、生长点位特殊的135株古树进行精细化体检。精准施治,对辖区西部地区、拆迁腾退待建区域等日常古树管护薄弱点位加大保护力度,重点对此范围内13株长势衰弱的古树实施保护性复壮,对生长地点较偏僻、拆迁待建区域等地的52株古树实施环境整治,加装围栏及警示标语。加强古树监管、检查力度,落实四级管理机制,与全区9个街道、30余家古树管护单位签订《石景山区古树名木保护管理责任书》。明确各级古树管护职责,实现全区古树棵棵有人管。加大古树名木保护宣传力度,制作古树名木宣传画册,通过微信公众号、报纸等媒体平台对石景山路、法海寺、八大处、琅山村等地的古树进行宣传,讲好石景山区古树故事。

(郑文靖)

【病虫害防治】 年内,石景山区开展越冬基数调查和春季病虫害监测工作,主要调查虫种为美国白蛾、春尺蠖、国槐尺蠖等食叶类害虫。调查采取林分及小班周边重点线路及路段的踏查方式,采用数据采集的方法,更准确地预测辖区虫害的发生规律。监测针对于早春常发生的春尺蠖及草履蚧等害虫,采取样地监测的办法。

(尹　赫)

【野生动物救助】 年内,石景山区开展野生动物救助处置5次。救助鸭子1只、乌龟1只、刺猬1只、猫头鹰1只、喜鹊1只;在石景山区爱玛裕市场附近查获卖鸽子和各种鸟14只,其中5只鸟属国家“三有”名录中保护动物:大山雀、珠颈斑鸠、黄雀、金翅雀、北红尾鸲,其余9只鸟分别为:黄化玄凤鹦鹉1只、黄桃脸牡丹鹦鹉1只、蜡嘴雀2只、文鸟2只、普通朱雀2只、鹌鹑1只(人工)。发生救助事件时,行政执法人员和森林公安干警第一时间到达现场,疏散围观群众避免市民直接接触野生动物,处置同期进行野保知识宣传,及时安抚群众情绪。

(常　亮)

【野生动物疫源疫病监测】 年内,石景山区设有老山、法海寺、南大荒3处市级野生动物疫源疫病监测站,依托京津冀野生动物资源监管工作平台科学监测重点区域野生动物资源情况。自1月1日起开展监测活动360天,累计出动监测人员685余人次,监测野生动物63948只,未发现疑似异常情况。

(常　亮)

【野生动物执法检查】 年内,区园林局累计出动行政执法检查人员、森林干警、第三方巡查人员3028人次，出动车辆695车次，巡逻检查里程7586余公里，检查野生动物经营场所528次，对福寿岭自发鸟市等可能存在野生动物非法交易的重点场所进行定点设防。制定石景山区野生动物保护专项执法行动工作方案，会同区公安分局、区森林公安处、区市场监管局、区城管执法局、区卫健委和区集体资产监管办和属地街道，依据各执法部门职责，对辖区内商铺、药店、饭店、市场等处进行拉网式联合执法，严厉打击野生动物违法交易和破坏野生动物资源违法行为，遏制新冠肺炎疫情传播。

（常　亮）

【森林督查及森林资源管理】 年内，石景山区开展森林督查及森林资源管理"一张图"年度更新。10月20日，完成图斑核查、现地核查、数据收集整理、更新小班区划调整、完善森林资源信息、标注国土现状地类、修正林地落界错误边界、森林资源调入调出及成果提交工作。50个疑似图斑完成48处图斑合法性审核工作，剩余2个疑似图斑。

（陈泽林）

【林地资源日常巡查及管理】 年内，区园林局结合森林资源年度动态监测评价工作；结合比对结果对部分疑似图斑进行外业调查；做好日常巡查；对易发侵占林地行为的重点地区（浅山区、集体林地和西山林场交接处、区界交汇处等）进行重点巡护。

（陈泽林）

【林长制实施方案及配套制度】 年内，石景山区按照市委、市政府、区委、区政府统一部署，成立林长制办公室，设在区园林局，负责组织、调度、巡查、协作、考核等相关工作。6月，制定并审议下发石景山区《关于全面建立林长制的实施方案》。制定《石景山区建立"一长两员"网格化管理体系实施方案》《石景山区规范设置林长制公示牌实施方案》，编制调度、部门协作、巡查、督查、考核、信息共享和报送等7项改革配套制度。

（王苗苗）

【建立健全林长制责任体系】 年内，石景山区按照《关于全面建立林长制的实施方案》要求，建立区、街道、社区的三级林长工作体系。全区设区级总林长2名、区级副总林长2名、区级林长11名、街道级林长20名、社区级林长156名。全区9个街道和2个处级单位建立林长制办公室，制定各级林长制工作方案，划分责任区域，明确街道级林长名单及"一长两员"工作职责。建成以领导干部保护生态属地管理责任为核心，党政同责、属地负责、部门协同、源头治理、全域覆盖的长效机制。

（王苗苗）

【区级林长开展巡林巡绿】 年内，区级总林长、副总林长、林长根据石景山区《关于全面建立林长制的实施方案》和林长制巡查制度工作要求，分别到新建公园绿地、提升改造项目、山区林地等地开展巡林巡绿工作，检查督导绿地养护、景观设施建设、绿地巡护和森林防火等工作开展情况。提出要进一步加强城市绿地管理，坚持建管并重，提升全区绿化资源质量，积极助推石景山区创建国家森林城市工作；要进一步提高专业化绿地养护水平，科学合理规划植被绿化，着力体现层次感，推进"增绿护绿活绿"，做到四季常绿；要强化森林防火宣传，加强防火意识，做好防灭火设施设备配备，通过人防、技防降低森林火灾风险；要进一步完善林长制专项工作责任体系，提升绿色生态整治水平，扎实推进全区林地、绿地管护工作智能化、精细化、规范化等要求。

（王苗苗）

【森林防火隐患治理】 年内，区园林局按照市局防火工作要求，牵头组织林区输配电设施火灾隐患排查治理行动，建立隐患台账。督促各单位按照实施方案细则迅速行动，限时整改完成。结合排查工作各有林单位采取"一割、二清、三运"的方法，提前清理林下可燃物。收集建账19处，治理完成19处，清理林下可燃物157.2万余平方米，清理1130余车次。按照《北京市园林绿化局关于印发2022年冬奥会和冬残奥会消防安全暨今冬明春火灾防控工作方案》和《关于开展林区输配电设施火灾隐患专项排查治理行动方案》等文件和防火视频会议精神，制定并完善区级《森林防火宣传方案》《森林防火预案》《森林火灾处置程序》等相关制度，与14家单位签订《森林防火承诺书》《烟花爆竹禁放承诺书》。依照《中华人民共和国森林法》《森林防火条例》《北京市森林防灭火办法》等法律法规，制定并下发《关于可燃物清理工作的通知》《林区输配电设施火灾隐患排查治理的通知》等通知19份。

（唐晓晨）

【森林防火宣传】 年内，石景山区结合林长制、野生动物保护等工作联合区街道、区教委对学校、社区、单位、文化广场、旅游景区等场所组织开展"禁止燃放烟花爆竹""森林防火"宣传活动。倡导群众不购买、不燃放烟花爆竹，制止林区吸烟及野外用火。以实际行动营造绿色环保文明之风，全年防火宣传活动开展32余轮次，发放森林防火宣传物品、宣传材料1.3万余份，宣传教育群众8000余人次。在主要路口安装防火宣传牌60余块，在林区小道和游客频繁通过的区域悬挂小型防火宣传牌300余块。

（唐晓晨）

【森林防火执法督查】 年内，区园林局在防火期以来，对14家有林单位和冬奥场馆周边红光山、四平山等重点区域进行全覆盖、高频次防火督查，领导带队检查累计36次，检查单位53次。出动车辆52次，累计行驶里程540余公里。开具森林防火检查单15张。组织成员单位、有林单位联合开展森林火灾处置演练5次，有效提高森林火灾应急处置能力。

（唐晓晨）

【参加市级法律法规知识竞赛】 年内，区园林局为进一步推动"八五"普法，宣传贯彻新修订《森林法》等园林绿化法律法规，为辖区园林绿化事业高质量发展营造良好的法治氛围，参加北京市园林绿化法律法规知识竞赛。为提升法律法规知识竞赛参与度，为市级竞赛预热，组织局内职工参与园林绿化法律知识线上问答活动，广大职工积极响应,热情参与,累计参与线上知识问答 468 人次。根据线上问答活动参与结果,选派 3 名同志组成代表队于 5 月 14 日参加市级法律法规知识竞赛,参赛队员按照竞赛题目范围积极备赛,沉着参赛,最终取得团队三等奖的优异成绩。

(潘　岩)

【“疏解整治促提升”市级任务】 年内,石景山区承担“疏解整治促提升”鲁谷大街 1.9 公里林荫路改造提升、6.33 公顷“留白增绿”绿化 2 项市级工作任务。8 月 12 日,“留白增绿”绿化任务超额完成,绿化面积达 6.68 公顷;鲁谷大街 1.9 公里林荫路改造提升任务全部保质保量完成,并顺利完成 2 项任务在北京市“疏解整治促提升”综合调度信息平台上的任务图斑销账工作。借助“疏解整治促提升”专项工作,逐步实现“减量增绿”发展目标,全区公园绿地体系得到进一步拓展和完善。

(潘　岩)

【绿化养护管理】 年内,石景山区绿化养护工作围绕北京冬奥残奥园林绿化环境保障任务,注重加强绿地景观常态化维护,开展绿化环境综合治理。区园林局统筹安排,落实好排患消隐、防寒防盐、树木修剪、病虫害防治、绿地保洁、安全作业等各项工作内容,确保管护工作有序安全推进。做好应急处置准备,应对大风、大雨、大雪等极端天气,细化预案、人员、物资、器材等各项保障措施,有效应对突发情况,确保冬奥绿化环境保障任务圆满完成。全年养护绿地面积 493.14 公顷,其中特级绿地 158.18 公顷、一级绿地 111.26 公顷、二级绿地 120.39 公顷、三级绿地 61.60 公顷、行道树面积 41.70 公顷。

(张莉非)

【园林植物有害生物防治】 年内,区园林局深入各居民区、单位、公园、绿地、山区等地开展美国白蛾虫情巡查防治,利用所属林场、公园、绿化队、街道、第三方社会化服务公司等防控力量,进行群防群治、联防联治。建立健全一整套美国白蛾综合防控技术体系。针对虫情发生的地点、树种、虫态、危害位置等不同情况,采取化学、物理、生物相结合的综合防治手段,科学用药。以监测指导防治,加大无公害防治力度;采用综合防治方法,做到绿色防控、安全防控、精准防控。加强督导,开展专项检查、联合检查,动员群众力量,保障处置效果。有效控制美国白蛾的发生、危害、扩散蔓延以及扰民情况。美国白蛾防控工作出动 3626 人次、393 车次,巡查里程 4316 公里,防治面积 9400 亩次,使用药剂 0.8 吨。

(张莉非)

公园管理

【概况】 石景山区公园管理中心(简称区公园管理中心)是负责全区区属公园及其他所属机构规划、建设、管理、安保、服务、科技工作的区政府直属相当正处级全额拨款事业单位,管理北京国际雕塑公园、老山城市休闲公园、古城公园、石景山雕塑公园、法海寺森林公园 5 所公园。年内,区公园管理中心围绕“一个开局”“两件大事”“三项任务”,坚持稳中求进工作总基调,以庆祝中国共产党成立 100 周年为主线,服务保障冬奥会、冬残奥会和石景山“三区”(即国家级产业转型发展示范区、绿色低碳的首都西部综合服务区、山水文化融合的生态宜居示范区)功能建设,推动“十四五”规划起步开局,统筹推进公园服务管理各项工作。区公园管理中心全年事业发展稳中有进、稳中提质、稳中增效。

(叶　萌　宋　超)

【第十八届玉兰赏花季】 3 月 27 日至 4 月 5 日,第十八届玉兰赏花季在北京国际雕塑公园举行,活动以“赏花”为主要内容,并将“品茗”“观展”2 项活动有机结合,在落实好疫情防控常态化措施的前提下,为市民创造舒适、安全、优美的赏花环境。

(叶　萌　宋　超)

【第九届非遗文化体验周】 9 月 28 日至 10 月 5 日,第九届非遗文化体验周在北京国际雕塑公园举行,活动以“植根文化沃土,传承多彩非遗,绽放创新活力,点亮生活之美”为主题,推出“京津冀非遗传承展示”“戏曲文化展示”“茶文化展示”“书画笔会”“非遗论坛”5 个板块的活动内容,使游客在参与活动中体悟美好生活、感受非遗魅力。

(叶　萌　宋　超)

【冬奥保障】 年内,区公园管理中心推进公园无障碍环境建设,完成 5 所公园主要出入口坡化、低位服务设施、无障碍卫生间、无障碍停车位、无障碍游览指示牌等 13 个设施元素的优化和改造,实现公园游客游览区域无障碍设施有效衔接,其中北京国际雕塑

3 月 27 日至 4 月 5 日,第十八届玉兰赏花季在北京国际雕塑公园举行

(区公园管理中心供图)

公园获评石景山区“无障碍环境建设达标点位”，建设成效被央视《朝闻天下》栏目专题报道。推动公园外语标识标牌规范建设，组织编写外籍游客电话预约游览及公园门区服务常用英语交流句型，开展涉外服务及外语培训。做好模式口文保区修缮改造及环境整治项目服务保障，完成法海寺森林公园监控指挥中心等原址配套用房整体迁移工作。

（叶　萌　宋　超）

【新冠肺炎疫情防控】 年内，区公园管理中心把疫情防控作为公园服务管理头等大事，强化底线思维，完善防控机制和方案预案，精准落实预约限流、验码测温、佩戴口罩、通风消毒、“一米线”等公园常态化防疫措施，出台重点节假日期间瞬时游客量“黄橙红”三色预警限流管控方案，加强园内“网格化”检查巡查，全体党员干部职工坚守防控一线，守护市民游客生命健康，完成重要会议、重大活动和重点节假日期间公园防疫和服务保障任务，年内未发生涉园突发疫情，实现区公园管理中心干部职工“零感染”目标，疫情防控形势持续保持稳定。

（叶　萌　宋　超）

【项目建设】 年内，区公园管理中心围绕提升长安绿轴景观、完善绿地空间服务功能，启动老山城市休闲公园、北京国际雕塑公园西园改造提升方案编制的前期研究工作。

（叶　萌　宋　超）

【生态环境保护】 年内，区公园管理中心围绕创建国家森林城市，完成老山城市休闲公园生态修复和环境保护提升工程，绿化修复面积27公顷，抚育复壮植物5000余株，新增灌溉设施覆盖面积2万平方米，铺装生态道路1万平方米。围绕景观提升，加大“多元增绿、见缝插绿、见空补绿、精准建绿”，各公园累计新植调整乔灌木3300株、栽种花卉22万株、更新草坪地被面积2500平方米。做好养护管理、无公害防治等基础性工作，植物成活率始终保持在98%以上。严格落实林长制，完成549株二级以上古树名木“一树一档”体检行动，打造国际雕塑公园湖心岛古树主题花园。持续做好杨柳飞絮综合防治、美国白蛾和松线虫病监测除治工作，年内未发生重大病虫疫情灾害。深化“一微克”行动，强化扬尘污染管控，开展老山城市休闲公园春季防尘治理绿化补植专项行动，累计补植苗木3万平方米。强化空气污染应对，严格执行养护、保洁作业一体化规范和标准，公园环境精细化管护水平进一步提升。

（叶　萌　宋　超）

【园区服务】 年内，区公园管理中心加强全龄友好型公园建设，完成北京国际雕塑公园群众体育健身器材维修更新改造，做好为老年人提供代查健康宝、现场预约指导及园内消费场所保留现金支付渠道等传统服务，解决老年人运用智能技术的“数字鸿沟”问题。持续开展园林路灯专项整治，完善日常检修机制，公园路灯照明系统故障发生率降低。

（叶　萌　宋　超）

【精细化管理】 年内，区公园管理中心做好新一届全国文明城区公园创建工作，开展“擦亮城市西大门，文明祥和迎冬奥”专项行动，推动常态化创城与公园建设、精细化管理、民生改善等工作紧密结合、一体推进、同向发力，完成2021年度测评迎检服务保障任务。推进《北京市文明促进条例》贯彻落实，开展文明游园宣传活动，规范游园秩序，推动形成文明祥和的游园氛围。结合公园品质提升专项行动、常态化疫情防控、垃圾分类等工作，开展爱国卫生运动，公园健康卫生服务环境持续净化。

（叶　萌　宋　超）

【文化建设】 年内，区公园管理中心围绕发展园林创意文化，举办北京国际雕塑公园第十八届玉兰赏花季、第九届非遗文化体验周系列活动。围绕讲好绿色故事，公园特色文化走上云端线上，制作北京国际雕塑公园“匠心风华——雕刻城市之美”雕塑主题宣传短片6期、“云赏花、游国雕”园林科普云课堂19期，已上线栏目累计受众点击量达1万余人。围绕弘扬生态文明，以突出园林文化、丰富大众文化为切入点，制作安装树木、花卉“身份”科普标识牌400块。

（叶　萌　宋　超）

【共建共治共享】 年内，区公园管理中心完善“接诉即办”工作机制，抓好“未诉先办”，开展“我为群众办实事”实践活动和便民服务补短板行动，推动公园主动治理走深走细走实，用心用情解决一批市民游客最关心最直接最现实的利益问题，市民游客的获得感、幸福感、安全感进一步增强。全年累计办理群众诉求145件，较上年下降32.87%，实现“诉求降量”目标，解决率、满意率保持在90%以上。因迅速响应、有效解决群众诉求，年内7次收到市民游客赠送锦旗。

（叶　萌　宋　超）

【平安建设】 年内，区公园管理中心开展火灾风险隐患集中排查整治专项行动，紧盯重点时段、重点部位和重点人群，强化属地部门联动巡逻及火源管控，加大对有林公园进山口、林区散坟的巡查值守密度和社会面防火宣传力度，完成重要节日、重要活动期间消防安保任务。加强森林防火基础设施建设，新建消防水池4处，蓄水有效容积总量达1100立方米。健全完善公园防汛安全责任机制，压实防汛安全责任，全面排查巡查安全隐患，做好强降雨期间应急应对，确保市民游客生命财产安全，实现公园安全度汛。实施行业安全生产专项整治行动，强化重点领域安全监管力度，抓好隐患排查治理，建立完善安全生产责任制，实现全域全员全覆盖。加强重点节假日、重要活动期间应急值班值守，严格执行在岗带班值守规定，落实突发事件应急预案，确保公园安全平稳有序运行。年内，未发生森林火情及安全生产异常情况，各公园运行平稳有序。

（叶　萌　宋　超）

城市管理监督指挥

【概况】 石景山区城市管理指挥中心（简称区城管指挥中心）是负责网格化管理和“接诉即办”指导协调工作的区政府直属事业单位，设9个内设机构。

年内,区深化12345市民服务热线"接诉即办"工作领导小组办公室印发《石景山区"接诉即办"快速处置资金使用办法(试行)》,加大"接诉即办"工作中群众诉求快速处置力度,提升"接诉即办"工作效能和水平。印发《石景山区12345市民服务热线"接诉即办""双派双考"工作实施办法(试行)》,强化街道工委党建引领"吹哨报到"作用,发挥街道对于属地"接诉即办"工作的统筹协调职能。研究制定《石景山区"热线+网格"工作三年行动计划(2020—2022年)》。1至12月,受理群众诉求129171件,其中直派街道46794件,派单区属部门82377件。石景山区承办诉求量占全市十六区交办件2.73%;占全市所有诉求交办量1.94%。年内,石景山区群众诉求解决率由年初83.16%上升到88.58%,满意率由年初86.68%上升到90.62%,全年平均综合成绩90.18分,在十六区中排名第十一,3次进入全市前八。诉求类别主要为住房、市场管理、物业管理、城乡建设、教育、公共安全、疫情防控、交通管理、环境保护、社会保障类。

(马　瑛)

【网格工作推进会】 3月18日,区城管指挥中心组织召开2021年度网格工作推进会,总结2020年网格工作,部署2021年重点工作。

(刘秀杰)

【年终绩效考核】 12月,区城管指挥中心根据区政府年度绩效考评工作安排,对辖区各相关单位2021年接诉即办成绩进行评分汇总,形成相关考核材料5份,撰写《2021年度石景山区政府绩效管理考评报告——12345市民服务热线"接诉即办"专项》1份;梳理全区"接诉即办"、网格化管理工作,对全年减分项进行汇总,形成《2021年"接诉即办"减分项信息采集表》《2021年"接诉即办"网格化管理减分项信息采集表》;对辖区党群、人大和政协机关2021年度接诉即办工作进行评分汇总,形成《石景山区党群、人大和政协机关2021年接诉即办工作评分表》1份,并报送至区委办督查科。

(赵　欣)

【"接诉即办"重要工作】 年内,区城管指挥中心研究制定《石景山区"接诉即办"快速处置资金使用办法(试行)》《石景山区12345市民服务热线"接诉即办""双派双考"工作实施办法(试行)》和《石景山区"热线+网格"工作三年行动计划(2020—2022年)》,全年刊发日报363期,周报69期,半月报、月报22期,重点问题专报11期,七有五性分析报告15期,物业报告12期,企业分析5期,疫情专项分析165期,全区"接诉即办"工作年度体检报告1期。

(马　瑛)

【专班区领导调度工作】 年内,区城管指挥中心落实"接诉即办"周调度机制,督促协调区级专班召开主管区领导调度会,并将专班调度情况及工作进展进行汇总,形成《重点问题专班周工作情况通报》报送至区委、区政府督查室,各专班主管区领导组织专班调度会62次,区指挥中心报送《重点问题专班周工作情况通报》18期。

(赵　欣)

【未解决诉求督办】 年内,区城管指挥中心每月将市中心下发的《石景山区回访未解决诉求清单》发送给各承办单位并进行督办,月底汇总各单位未解决诉求解决情况及情况说明,形成《石景山区未解决诉求解决情况清单》《石景山未解决诉求督办情况报告》各9份报送至区指挥中心办公室。

(赵　欣)

【"疏整促"点位治理督办】 年内,区城管指挥中心对城市管理、市场管理、住房建设、教育培训、生态环保五大专班负责的教育培训、物业管理、施工扰民、油烟扰民4类重点问题及8个街道治理点位进行长期督办,并定期汇总各专班、各街道"疏整促"工作总结报送至区发展改革委,报送总结13份,完成2021年度"疏整促"各项任务,并制定2022年区城管指挥中心"疏整促"任务报送至区发展改革委。

(赵　欣)

【12345热线回访】 年内,区城管指挥中心开展12345热线回访工作,完成受理案件全回访目标,对119825件热线工单完成回访,其中有效回访56907件,有效回访率73.26%,有效回访中市民表示已解决45406件,解决率为79.79%,表示满意50506件,满意率为88.75%。

(王志遥)

【12345热线考核】 年内,区城管指挥中心根据市级要求,结合辖区实际情况,完成全年12345热线考核剔除、挂账等工作。完成报送不纳入考核申请材料43720件,承诺申请挂账材料312件,加分申请材料22份;结合市中心反馈考核工单明细,完成12个月度考核成绩和绩效成绩的测算工作。

(王志遥)

【数据分析平台建设】 年内,区城管指挥中心推进石景山区城市运行数据分析平台项目(一期)建设。以"热线+网格"综合数据分析运用为主线,融合网格、12345热线、垃圾分类等业务数据,与全区三维白模地图联动,初步构建网格融合、接诉即办、垃圾分类、门店管理、工地管理、综合数据及地下管线7个主题数据分析应用模块,完成平台基本架构搭建。项目建设中及建成后,市委党校、政务服务局、城市管理委等多个市区部门到指挥中心就系统建设情况进行调研交流。在北京市接诉即办改革典型案例评选中,项目"热线+网格"综合数据分析应用内容得到专家组一致认可,并入选典型案例。

(薛红民)

【城市管理问题智能采集应用】 年内,区城管指挥中心探索AR技术在城市管理问题采集中的智能应用。运用枭龙AR眼镜技术,通过AI智能识别算法,自动获取暴露垃圾、乱堆物堆料、店外经营、无照游商、非机动车乱停放、道路积水等城市管理问题,对接区网格平台,形成制式网格案件工单进行派发,同时可对相关视频进行关联调用,辅助核实现场情况。截至12月底,通过AR眼镜累计采集识别12896条数据,基本达到预设功能效果。

(薛红民)

【市区五级网格统一划分】 年内,区城管指挥中心依据《关于全市统一划分网格的实施方案》,以市级下发的地形图为基础，规范市区统一的四级网格，切分具有行业管理属性的五级网格，按照区界确认、街道及内部界确认、行业管理界确认3个步骤，9月至12月完成市级要求的1个一级网格、9个二级网格、156个三级网格、238个四级网格划分和数据报送，建立包括城市道路、公共绿地、活动广场、河道、水域、背街小巷、居住小区、门前三包等专题图层，形成区级5030个五级网格，为网格系统精细化派单提供数据支撑。

（薛红民）

【年度基础数据普查】 年内，区城管指挥中心按照北京市《数字化城市管理信息系统技术要求》《2021年度网格化城市管理专项考评实施细则》《关于开展全市城市部件普查的工作方案》，制订石景山区《2021—2022年度城市基础数据普查更新工作方案》，对城市管理基础数据进行普查更新，核实城市部件354917个，删除灭失城市部件7363个，新增城市部件18108个；测绘首钢园道路及附属部件，测绘21条新修道路及附属部件。

（薛红民）

【社区“一码通”】 年内，区城管指挥中心整合全区微信矩阵、“石时解纷”、预付费监管平台，建立社区“一码通”。居民扫描“一码通”，根据需要可以反映问题，获得专业答复。社区通过扁平化的服务模式，及时获取和协调解决群众诉求，实现“未诉先办”。年内，以苹果园街道为试点，进行社区“一码通”推广应用。全年累计受理诉求356件，办结354件，办结率99.44%。

（薛红民）

消防救援

【概况】 石景山区消防救援支队（简称区消防救援支队）是负责辖区防、灭火和综合救援主责主业的部门。下设6个消防救援站、8个小型站，分别为古城、八大处、银河、高能所、石电、五里坨消防救援站，首钢冬奥、苹果园、广宁、水屯、北辛安、首钢南区、五芳园、陈家沟小型消防站。年内，在市消防救援总队和区委区政府的坚强领导下，深入践行总书记授旗训词精神，立足“十四五”开局之年及“三区”功能定位，紧抓服务保障冬奥办和打造新时代首都城市复兴新地标“两大机遇”，紧扣“实战化训练年”工作主线，围绕“严防起火冒烟、严防小火亡人”工作目标和创建全市“消防安全城区”奋斗目标，坚持疫情防控与防灭火和综合救援主责主业统筹结合，完成服贸会、建党100周年系列庆祝活动等各项重大安保任务。年内，检查单位11952家，整改火灾隐患20058处，下发责令改正通知书9559份，临时查封373处，三停268家，罚款456.77万元，拘留26人。依托全区9个大网格、151个中网格、2200个小网格，落实网格化火灾防控。发动社区网格员、公安民警、专兼职安全员以及“老街坊”防消队等3.08万群防群治力量，落实巡防巡控、隐患排查、死看死守等管控措施。1个基层党组织、4名党员荣获市消防救援总队“两优一先”表彰；在总队组织的大合唱比赛和创新成果评比中分别荣获二等奖和三等奖；全年无违法违纪问题发生；被首都精神文明建设委员会评为首都文明单位标兵。

（尹成云）

【调研大型商业综合体】 2月23日，区消防救援支队在万达广场开展实兵实装实地调研，结合单位平面图对商场内部结构、功能布局分区、水源分布、消防安全管理及疏散楼梯等情况进行熟悉，着重对万达影院各个放映厅及放映机房情况进行调研摸底，勘察周边道路、疏散通道、固定消防设施、消防水源等情况，针对在熟悉过程中发现的问题，现场提出整改要求和改进意见。此次调研在做好大型商业综合体灭火救援实战演练以及提升实战打赢能力方面，起到重要作用。

（张志飞）

【水屯小型消防站揭牌】 3月1日，区消防救援支队举行古城街道水屯小型消防站揭牌仪式。亢军、区应急管理局局长张玉国、古城街道办事处主任王庆亮等有关领导以及支队班子成员、小型站全体指战员、辖区20余家单位消防安全负责人参加揭牌仪式。水屯小型消防站位于石景山区古城街道水屯村紧靠京原路旁，占地面积1250平方米，是第二代模块化小型站的典型代表，是支队正规化建设的第一批试点单位。水屯小型消防站落成，能够提升地区火灾防控能力，保障人民群众安居乐业。

（刘　畅）

【首钢大跳台全要素消防演练】 4月9日，区消防救援支队联合首钢、电力以及公安各警种对首钢滑雪大跳台开展助力冬奥倒计时“300天”首钢滑雪大跳台全要素实兵实装演练。支队严格按照总方案要求，模拟正式比赛当天场景，将可能遇到的问题和突发情况想细想全，逐一制定应对措施，由区消防救援支队副支队长李健全程对演练进行调度指挥。此次全要素演练是冬奥正赛前唯一一次大规模演练，有效检验首钢滑雪大跳台各团队间协同配合能力，提升场馆消防安保团队实战水平，为接下来消防安保团队实体运行提供指导意义并奠定坚实基础。

（张志飞）

【校园安全主题活动】 5月24日，区消防救援支队联合区应急局、教委、地震局，在黄庄职业高中开展“落实安全责任、推动安全发展”校园安全主题活动，全校600余名师生参加活动。通过模拟应急演练、各类应急灭火体验等形式，提升在校师生突发安全事件应变能力、自救互救逃生技能，增强校园整体消防安全意识。此次活动有20余万人通过石景山消防官方微博等平台在线观看，现场发放宣传材料2000余份。

（雷新胜）

【安全护送100天授旗活动】 5月27日，区消防救援支队本着对人民生命安全高度负责的态度，举行“我为群众办实事”暨“火焰蓝疫苗护送队”安全护送100天授旗活动。区卫生健康委主任葛强、区消防救援支队支队长杨欣、消防指战员代表、疫苗接种医务人员共计200余人参加活动。

（刘　畅）

【水域救援综合演练】 6月23日，区消防救援支队联合蓝天、人防浩天、绿舟3支救援队开展水域救援综合演练,亢军莅临现场观摩指导。支队结合辖区汛期救援工作特点,找准“抗大洪、抢大险、救大灾”实战需求立足点,设置“舟艇驾驶救援、抛投拖拽救援、抢险排涝、水上救生机器人救助、水上舟艇紧急维修”等多项水域救援课目,调派30余人,出动中操快艇1艘,橡皮艇6艘,手抬泵、浮艇泵10台,水上机器人2台,同时调集区蓝天、浩天、绿舟3支救援队20人、2艘橡皮艇到场协助处置。通过演练,支队全方位展示水域救援、舟艇驾驶等培训成果,检验指战员在面对突发险情时快速反应和综合应急保障能力,为完成汛期水域救援工作打下坚实基础,确保队伍在关键时刻召之即来、来之能战、战之必胜。

(张志飞)

【服贸会展馆联合实战演练】 8月21日,区消防救援支队联合门头沟消防救援支队开展“蓝剑使命2021”中国国际服务贸易交易会展馆联合实战演练。演练坚持实战导向,模拟服贸会2号展馆因施工电气短路发生火灾,全体参演指战员严格按照大跨度厂房火灾灭火救援作战规程,着重从指挥部设置、协同作战、枪炮协同、内攻救人、火场供水、现场监护等方面进行实兵、实装、实战演练。全体指战员密切配合,落实跨区域增援预案工作要求,发挥门头沟救援支队、急救中心、“环卫+消防”两部洒水车等社会联动力量到场协同作战重要作用,提升队伍灭火救援实战能力水平、跨区域协同作战能力,确保“服贸会”消防安保任务万无一失。此次演练邀请总队副总队长张先来,李新,亢军,首钢集团有限公司副总经理胡雄光,国家会议中心副总经理刘克,区政府办主任张伟,门头沟消防救援支队政委杨复员,区应急局、北京首钢建设投资有限公司及支队党委班子成员等相关领导现场观摩指导。

(张志飞)

【冬奥倒计时100天誓师大会】 10月26日,区消防救援支队深化冬奥安保政治动员,激励全体指战员牢固树立“主场、主责、主力”意识,举行“护航冬奥会,忠诚守平安”冬奥倒计时100天誓师大会,支队党委班子成员、机关和各队站指战员代表、文职人员参加大会。全体人员面向中国消防救援旗宣誓,要以一流的状态、一流的素质、一流的形象,为首都荣誉而战、为职责使命而战,夺取冬奥消防安保任务全面胜利。

(刘 畅)

【“119”消防宣传月线上启动】 11月8日上午,石景山区举行“119”消防宣传月线上启动仪式,联合市级主流媒体开展“带你玩转市民消防安全教育体验馆”直播活动,此次宣传月主题为“落实消防责任、防范安全风险”。邀请区消防宣传大使、知名相声演员李然,《你好,火焰蓝》主演周彦辰作为嘉宾带领广大网友打卡体验。直播活动持续2个小时,119万网友在线观看,让更多市民了解消防、关注消防、支持消防。

(雷新胜)

8月21日,石景山区与门头沟消防救援支队在首钢园开展实战演练

(区消防救援支队供图)

【首钢南区小型消防站揭牌】 12月29日,区消防救援支队举行首钢南区小型消防站揭牌仪式。首钢集团有限公司园区管理部党委书记王云平、首钢建设集团有限公司总经理武阔君出席揭牌仪式。首钢南区小型消防站正式落成使用,标志着辖区消防救援力量得到进一步扩充,为辖区居民增加一道强有力的保护墙。

(刘 畅)

【灭火救援】 年内,区消防救援支队接警1471起,其中火警398起,抢险348起,社会救助725起,其他出动241起,出动消防车辆4424车次,出动指战员30968人。按照全口径方式统计,发生火灾167起,其中轻微火灾118起,非轻微火灾49起。按照非轻微火灾进行对比,上年发生52起,同比减少5.76%;死亡0人,同比上年减少100%,受伤3人,同比上年持平;直接财产损失255261万元,上年直接财产损失60450万元,同比上升322.26%。

(董高超 李海江)

【民生实事落细落实】 年内,区消防救援支队聘请中国建筑科学研究院全程参与“十四五”消防事业专项规划编制,召开研讨会5次,征求有关委办局意见2次,经主管区领导审阅、区发展改革委员会签审核通过,规划已正式对外公开发布。推动政府召开专题会议研究部署电动自行车充电设施建设工作,明确由区住建委牵头,各街道具体实施。全年建设5552个充电口,年度任务完成185%。完成2021年第二轮第一年度创城测评服务保障工作,全面整治“两个通道”(即消防车通道和疏散通道)堵塞、飞线充电等安全隐患。全年受理区级“接诉即办”投诉举报工单455件，消防投诉举报率较上年同比下降30%。

（雷新胜）

【消防安全专项整治】 年内，区消防救援支队以深化消防安全专项整治三年行动为抓手开展系列专项整治。区政府召开常务会专题研究审议“两个通道”整治管理实施方案，李新牵头成立工作专班，细化29项工作职责，建立4项工作机制统筹推动落实。小区消防车道划线率100%。对各大型商业综合体开展消防安全检查评估工作，开展“一警六员”（一警即社区公安民警和中央在京单位执勤武警；六员即各街道、居委会基层工作人员，安全生产巡查员，物业服务企业职员，保安员，消防安全重点单位及餐饮、娱乐等火灾高风险场所职员，微型消防站、义务消防队和社会志愿力量等多种形式消防队员）考核2800人，8家大型商业综合体全部通过达标验收。高层建筑隐患整改率、微型消防站建站率均完成年度任务，推行高层建筑“楼长”制，建立完善消防管理机制。76个老旧居民小区按照“一区一策”全部完成划线标识，并建立停车管理和紧急挪车机制，设置电动自行车集中充电设施32个，充电接口数1170个，建设微型消防站或志愿消防队76个，小区全部独立式感烟报警器安装数量9208个。平房区清理液化气罐180个，畅通生命通道30条，清理可燃物150吨，整治违规充电560处。

（张金永）

【重点行业消防安全管理】 年内，区消防救援支队排查194家储能电站及UPS、EPS场所相关单位，建立底账。发动联合行业、部门、监管单位落实管理责任，开展安全风险评估、专项治理、联合检查，督促整改隐患。支队三停268处，推广安装电气火灾监控系统15套；开展电气火灾专题培训4次，培训人员351人，发放安全用电宣传材料2300余份。部署开展文物保护单位和医疗机构组团体检式检查，抓好施工现场消防安全隐患集中排查和波次清查攻坚行动，加强液化石油气、中小学、养老服务机构、商业零售和餐饮场所消防安全隐患排查行动，摸排检查消防技术服务机构，加强消防产品质量监督管理，推动各行业最大限度消除安全隐患。

（张金永）

【消防宣传】 年内，区消防救援支队制作发布“灭、逃、躲救命三招”等消防宣传短视频和精品图文，创新形式，引导群众增强识别、防范、化解风险能力。发动消防志愿者深入各住宅小区、社会单位等重点场所开展防范电动自行车火灾消防宣传活动，以案例警示教育群众。在央级媒体上稿182篇，在市级媒体发布信息1001篇；在区融媒体中心开设固定消防宣传专栏，刊播消防公益宣传片5000余次、消防安全提示字幕30000余条次；曝光火灾隐患和消防安全违法行为10余起，开展政策解读和动态报道6次。发挥新媒体平台优势，完善官方微信、微博、抖音等新媒体平台建设，制作发布一批寓教于乐的消防宣传短视频和精品图文，普及火灾扑救和疏散逃生等常识，引导群众增强识别、防范、化解风险能力，打造石景山消防宣传品牌。年内，“石景山消防”官方抖音号累计发布作品77条，播放、点赞量过亿次，粉丝76万人；“石景山消防”官方快手号累计发布作品77条，播放、点赞量过亿，粉丝84万人；“石景山消防”官方微博、微信累计发布2339条。依托11个消防队站的消防科普培训基地作用，通过“走出去、请进来”的宣传形式，对党政机关、各行业系统、社会面并行开展形式灵活、内容丰富、宣传重点突出的培训工作，截至年底，已完成全区4万人的全民消防大培训任务；同时利用消防宣传车开展流动宣传，发动派出所、居委会、物业企业深入居民家庭开展“敲门行动”，起到良好社会宣传作用。完成2021年度20850人“一警六员”实操实训。

（雷新胜）

【实战化救援能力提升】 年内，区消防救援支队围绕地震、高空山岳、水域、有限空间4支专业救援队建设，开展各类专业培训12次、实战演练8次。围绕“抓尖子、提中枢、强末梢”的综合发展思路，全方位开展分门别类的比武考核，打造练兵场、比武场、大擂台三级练兵考核比武模式，设立“红黑榜”“尖兵组”“提升班”，拓宽比武考核维度。完善特种器材配备，加大指战员专项技能培训，提高队伍实战能力。

（张志飞）

【2021服贸会消防安保】 年内，区消防救援支队担任中国国际服务贸易交易会消防安保工作任务。结合区情实际，支队提前谋划，挑选防灭火业务骨干组建安保团队，提前进驻首钢园。针对服贸会重点保卫场所和周边不放心不托底单位，调研重点单位28家，修订完善方案预案12份，联合门头沟支队在展馆集中区域举行蓝剑使命2021服贸会联合实战演练，进一步提升跨区域协同作战能力。依托9个大网格、151个中网格、2260个小网格，推动群防群治力量进楼入户开展巡查检查和宣传提示工作，并针对1.1万名弱势群体，督促社区、物业落实常态化敲门入户帮扶机制，期间清理可燃物65吨、违规充电自行车28辆。紧盯四方责任、施工布展、展览运行、监督执法，期间检查展位500余处，发现整改隐患1327处，约谈搭建方、布展方130余家次，罚款9.5万元。在重点时段，机关人员最大化下沉一线，划分30个小组深入辖区，检查单位1132家，发现整改隐患2095处，三停20家，查封32家，罚款28.1万元，行政拘留2人。联合政府行业部门及各街道开展专项整治，劝导挪移占用消防车通道车辆65辆，清理楼道堆物堆料60余车，警告教育54人次，发放“至居民的一封信”15000余份。在安保期间，支队全体指战员牢固树立主场、主责、主力意识，以最高标准、最严要求、最实举措，完成2021年中国国际服务贸易交易会消防安保任务。

（尹成云）

【清明节消防安保】 年内，区消防救援支队结合清明节消防安保工作特点，提早着手、突出重点、兼顾山林、全面推动，协调区应急局，以区安委会、防火委名义联合印发《关于加强清明祭扫期间火灾防范工作的通知》,明确民政、城管、园林等部门及各街道5大方面11项消防工作职责任务。安保期间,支队细致摸排全区3.5万亩山林、8000余座散坟,全部建立底数台账、纳入管控视线。累计发动专群力量3200人次,清理可燃物120余吨,洒水湿化10余平方公里。督促扫墓点及周边单位落实消防安全主体责任,全面开展隐患排查,3月至4月初检查单位933家,督促整改火灾隐患1392处,下发责令改正通知书681份,查封29家,三停24家,拘留2人,罚款54.7万元,劝导街头祭扫不文明行为291起,看护处置182起。此次清明安保任务支队围绕"加强疫情防控,平安文明祭扫"主题,依托社区干部、保安、志愿者在全区300余个小区出入口,发放清明祭扫消防安全提示单11000余张,悬挂宣传横幅100余条,设立宣传板报40余块,张贴宣传标语6000余份,运用辖区商业电子滚动显示屏幕及广播,不间断播放清明防火知识,提示祭扫群众时刻注意消防安全。

(尹成云)

【"两会"消防安保】 年内,区消防救援支队在"两会"消防安保期间,精心部署、统筹谋划,启动全国"两会"消防安保遂行思想政治工作机制,成立"两会"消防安保领导小组和工作专班,提前制作"两会"驻地消防安全工作专档手册,制定并完善各类方案预案20余份。针对重点部位开展不定时抽查,累计发现并整改隐患165处,培训"一警六员"280人,开展消防宣传教育3000余人次,设置消防宣传展台11处,投放各类宣传资料3000余份。依托全区9个大网格、151个中网格、2260个小网格,发动"老街坊"防消队、社区、物业人员等3.08万群防群治力量,开展"三清三查"(三清即清理居民楼院疏散楼梯、走廊等公共区域可燃杂物,清理居民楼院电动自行车违规停放、充电问题,清理电缆井、管道井等竖井防火封堵不严以及堆放可燃杂物问题;三查即检查消防车通道、疏散通道、安全出口是否畅通,检查室内消火栓、疏散指示标志、应急照明、灭火器是否完好有效,检查初起火灾扑救各项准备工作是否到位)、入户宣传、检查等活动,巡查居民楼856栋,清理可燃物75吨,清理违规充电、停放电动自行车259辆,发放消防宣传单4500余份。对13个平房区、16家文博单位、52家养老机构、15处施工现场等不托底、不放心场所和电动自行车、消防弱势群体、出租房屋等火灾隐患薄弱环节,联合行业部门、公安、街道开展联合检查,检查单位330家次,发现并整改隐患528处,下发行政处罚决定书14起,查封23起,三停2家,罚款18.6万元,约谈单位负责人160余人次,拘留2家,督促落实"一警六员"工作措施,确保"静态隐患清零,动态风险掌控"。"两会"安保期间,接警21起,其中火警7起,抢险救援6起,社会救助8起,无突出警情及亡人火灾事故。实现社会面火灾形势和队伍内部双稳定。

(尹成云)

【《灭逃躲》系列消防宣传作品】 年内,区消防救援支队落实全民大培训这一民生实事项目,自主创作救命三招《灭逃躲》系列宣传作品。通过"以案示警、以案宣教"情景剧、《什么是灭逃躲》宣传歌曲、广场舞比赛等形式展现,调动群众参与消防的积极性。在宣传过程中,支队丰富推广手段,利用媒介优势扩大影响力和传播力,采取"请进来、走出去"方式,扩大"灭逃躲"消防知识宣传普及工作,提高消防宣传工作的覆盖率、渗透率和传播率。《灭逃躲》系列宣传作品在2021年首都应急管理创新案例征集评选活动中荣获一等奖,在北京市应急局组织开展的"应急宣传进万家"工作中获得"最佳实践活动""最佳公益作品"等多项荣誉。

(雷新胜)

【"四联""消防+环卫"】 年内,区消防救援支队联合区环境卫生服务中心、区园林局、首钢集团启动"消防+环卫"合作模式,依托各消防救援站场地设施,对区环卫中心和区园林局的6个分队、80余名司机骨干开展针对性消防技能实操培训。全区70余部洒水车实现"一呼百应"调度模式,参与处置20余起垃圾废弃物火灾补救任务。参加大型商业综合体消防实战演习,湿化专项行动,春节、全国"两会"、清明消防安保巡逻执勤任务,有效防范和化解重大安全风险。在做好冬奥MOC主运行中心测试演练消防安全工作方面,支队联合首钢园区内环卫、安保等联勤联动力量开展实地调研,突出实地检查"四联"成效。在防范杨柳絮火情工作方面,支队调度环卫、园林等联勤联动力量开展湿化专项行动。截至4月中旬,支队出动140车次530人次,喷洒树木1790株,洒水53300平方米,洒水量770吨;环卫、园林绿化部门出动4280车次1850人次,喷洒树木13840株,洒水面积830万平方米;群防群治力量出动30车次210人次,喷洒树木450株,洒水面积13000平方米,未接报杨柳絮火情。

(董高超)

【社会面网格化火灾防控】 年内,区消防救援支队在建党100周年庆祝活动期间全面发动,从"群防群治再培训""街道社区再发动""全员防控再深入"3方面精密部署社会面网格化火灾防控,以防火委办公室名义下发深化落实消防安全隐患集中排查行动通知,督促街道全面启动网格化火灾防控和"秒级响应"机制,落实死看死守、巡查防控等措施。组织机关人员最大化下沉街道、深入社区,与辖区群防群治力量共同做好巡查巡控工作,排查辖区风险隐患。同时,组织辖区万余名群防群治力量开展消防安全培训,提升民众发现火灾隐患、扑救初期火灾、快速响应能力。

(张金永)

气　象

【概况】 石景山区气象局(简称区气象局)是科技型社会公益事业单位,受市气象局和区政府双重领导。主要负责区域内气象防灾减灾、地面气象观测、天气预报、气象灾害预警、公共气象服务、专业气象服务、气象科普宣传、气象探测环境保护、气象行政执法

2月，区气象局预报员进行天气会商　　（区气象局供图）

等工作。下设综合办公室、业务管理科、社会管理与法制科和石景山区气象台，同时代管石景山区气象灾害预警中心。有职工22人，其中博士1人，硕士4人，本科12人；高级工程师4人，工程师11人，中共党员13人。年内，面向社会开展气象观测和天气预报、预警服务工作，向区委、区政府和相关部门发送决策气象信息；通过预警平台向区各级防汛部门、各街道气象协理员、各社区气象信息员和社会公众发送天气预报预警信息；通过手机短信、区电视台、电子显示屏、户外预警广播系统、官方微博、微信发布气象信息，不断提升预报准确率，观天测云，守土有则，为石景山区防灾减灾当好“消息树”“发令枪”。

（王琳琳）

【气象科普宣传】　“3·23”世界气象日，区气象局开展线上主题作品征集活动，并联合三色幼儿园开展专题科普活动。“5·12”防灾减灾日、6月安全生产月在八大处公园开展现场气象科普宣传活动。6月，到北京清河水业发展有限公司进行汛期科普。7月，对全区气象信息员、协理员进行气象科普宣传教育，1名职工参加北京市气象科普讲解大赛，荣获二等奖。8月、10月2次气象科普入军营。“12·4”宪法宣传日邀请法律顾问进行宪法宣讲，同时通过电子显示屏、微信公众号、新浪官方微博等新媒体渠道对公众进行宪法及气象科普宣传。全年累计开展气象科普宣传活动8次。

（王琳琳）

【依法行政】　年内，区气象局开展气象行政执法137次，其中加油站、加气站等危化场所雷电灾害防御类58次、升放气球类77次，气象设施和气象环境保护2次。未出现行政复议或诉讼案件。开展政务服务事项网上办理行政审批服务手续，办理行政许可3件。

（果欣欣）

【气象服务】　年内，区气象局完成汛期及重大活动气象服务保障。发布灾害性天气预警信号195期；向区政府及公众发送气象预报预警短信140万条；制作发布气象信息专报37期、重大活动气象专报154期、节日天气专报8期、雨情通报9期、逐时雨（雪）情信息专报215期；发布新浪官方微博预报及实况信息1095次、微信天气预报419次。制定建党百年气象服务保障方案，为建党百年庆祝活动提供气象服务保障；制定2021年服贸会气象服务应急预案，提供2021年中国国际服务贸易交易会专报64期。做好2022年北京冬奥会、冬残奥会气象服务保障筹备工作，完成冬奥专题石景山区自然灾害风险形势分析报告12期，为首钢大跳台提供造雪气象专报17期。加强全区公共安全形势分析工作，完成石景山区季度气象灾害形势分析报告4期。

（李　辉　张静静）

【气象科研】　年内，由区气象局牵头撰写的2项北京市地方标准《气象灾害风险调查技术规范第3部分：冰雹》和《气象灾害风险调查技术规范第4部分：冷冻》审查通过，正式发布；北京市地方标准《气象灾害风险调查技术规范第1部分：城市内涝》拟修订为《气象灾害风险调查技术规范第1部分：暴雨》，已通过专家评审，正式立项。市气象局科技发展项目《石景山区近五年漏报的强对流天气技术报告》完成项目验收；市委组织部青年骨干项目《主要气象因子以及太阳辐射对北京臭氧长期趋势的影响》进行数据统计和数值模拟，建立多元回归模型。

（李　辉　李　朝）

【气候评价】　石景山区全年平均气温为13.4℃，接近常年平均值（13.2℃）。年极端最高气温为36.4℃，出现在6月20日，年极端最低气温为-18.9℃，出现在1月7日。年总降水量为1120.9毫米，较常年降水量（565.9毫米）偏多近1倍。降水主要集中在6月至9月，降水量为971.8毫米，主汛期（6月至8月）的降水量为812.1毫米，较常年（391.2毫米）偏多1.1倍，其中7月降水量为519.8毫米。一日最大降水量为113.8毫米，出现在7月18日。年日照时数为1904.8小时，较常年（2292.5小时）偏少387.7小时。全年出现大风25次、霾95天、冰雹6次、沙尘暴1天、扬沙6天、浮尘2天、大雾15天、轻雾104天。

本年度平均气温接近常年，时间分布特点为：1、5、7、8、10月较常年偏低；3、9、11、12月较常年偏高；4、6月接近常年；2月较常年明显偏高，其中2月较常年明显偏高2.7℃。年降水总量较常年明显偏多近1倍，时间分布特点为：1、4、12月较常年偏少；2、5月接近常年；3、7、9、11月较常年明显偏多；6、8、10月较常年偏多。年日照时数较常年偏少不到两成，时间分布特点为：1月至11月较常年偏少，12月较常年偏多。

表 10　石景山区 2021 年月平均气温与常年对比统计表　单位:℃

年度	1月	2月	3月	4月	5月	6月	7月	8月	9月	10月	11月	12月
2021年	-3.6	3.3	9.2	15.1	20.5	25.3	26.1	25.3	21.31	2.0	6.0	0.6
常年	-2.7	0.6	7.5	15.3	21.4	25.2	27.0	25.9	20.8	13.4	5.0	-1.1

(李　辉　李　朝)

防震减灾

【概况】 石景山区地震局(简称区地震局)是区政府直属公益事业单位,主要负责地震监测、防震减灾宣传培训等基础性、技术性工作。年内,区地震局完成重大活动和节日期间震情保障,做好地震监测设施检查维护;组织形式多样的防震减灾科普宣传活动;完成2所防震减灾科普示范学校创建。

(曹　冰)

【防震减灾示范学校创建】 年内,区地震局根据北京市《关于进一步加强防震减灾科普示范学校建设工作的通知》要求,开展防震减灾科普示范学校创建工作,新建石景山区第二实验小学和海特花园小学。会同区教委、校领导考察校园实际情况,对创建工作进行具体指导,结合校园实际情况制定建设方案、完善建设合同,完成防震减灾知识培训,并做好标识牌安装及应急物资配备等系列工作。组织区教委、区科委组成联合验收工作组,对创建的2所学校统一进行验收和评审,并对达标的示范单位进行区级防震减灾科普示范学校认定。

(乔　怡)

【防震减灾宣传教育】 年内,区地震局在纪念"5·12"全国防灾减灾日及"7·28"唐山大地震纪念日期间,按照市局及区里要求,开展系列宣传活动。结合防震减灾示范学校建设,指导新建的石景山区第二实验小学和海特花园小学2所学校制作宣传展板,将庆祝中国共产党成立100周年与地震知识宣传相结合,宣传在"5·12"抗震救灾中优秀共产党员的先进事迹;在2所新建的防震减灾示范学校为全体师生组织开展防震减灾知识培训,为学校发放防震减灾宣传用品;联合区教委通过平安校园微信工作群开展线上地震科普资料的宣传推广;联合区委宣传部在政府机关大楼电子屏幕播放防震减灾系列宣传片;联合区残联、社区开展防震减灾知识培训,邀请市地震局专家为残疾人授课,提升地震灾害应对能力。

(乔　怡)

【震情跟踪保障】 年内,区地震局执行《北京市2021年震情跟踪工作方案》,做好前兆数据资料的收集、处理工作,确保按时、按质、按量传送地震观测资料,全年无错报漏报情况。做好重大活动和节日期间震情保障。对地震监测台站及技术系统进行排查,落实"宏、微观异常零报告制度",完成"两会"、七一、国庆和重大节日期间各项地震安全保障服务任务。

(乔　怡)

【监测台站建设管理】 年内,区地震局协调各有关部门,保障监测网络畅通,加强与台站人员的联系,并及时对人员进行调整;为确保前兆监测台网及强震台网稳定运行,定期到各台站进行巡查,做到有问题,早发现,早解决。汛期及重大活动前夕增加检查次数,确保全区各观测站点运行基本正常。及时落实仪器异常,做好监测设施维护。做好各种观测仪器的日常维护及保养工作,保证观测数据的连续性、可靠性。对八大处公园、自来水公司、九中及八角雕塑公园4处强震动观测台完成国家地震烈度速报与预警工程北京子项目的设施改造工作。

(乔　怡)

生态环境

综　述

石景山区生态环境局(简称区生态环境局),是负责全区生态环境保护工作的区政府工作部门。内设办公室、生态监管科、政策与法规科、大气环境科、水生态环境科、土壤生态环境科。下属生态环境综合执法大队、监测站2个单位,在职员工83人。2021年是中国共产党成立100周年,是“十四五”规划开局之年,也是全面建成小康社会、开启全面建设社会主义现代化国家新征程的关键之年,区生态环境局全面贯彻落实习近平生态文明思想和习近平总书记关于生态文明建设重要指示批示精神,坚持首善标准,立足“三区定位”,以服务保障冬奥筹办为统领,统筹推进生态环境保护工作,生态环境治理体系和治理能力现代化水平逐步提升,污染防治攻坚战成效显著,生态环境质量明显改善,为高水平建设好首都城市西大门奠定坚实基础。一是空气质量明显改善。2021年石景山区空气质量首次全面达到国家二级标准,细颗粒物($PM_{2.5}$)年均浓度和排名均取得历史性突破,年均浓度为33微克/立方米,优于年度目标4微克/立方米,在全市排名并列第六,在城六区和海淀区排名并列第一。可吸入颗粒物(PM_{10})年均浓度为61微克/立方米,同比下降1.6%。二氧化硫(SO_2)和二氧化氮(NO_2)年均浓度为3微克/立方米、30微克/立方米,同比分别下降25.0%、3.2%。空气质量优良天数持续增加。全年空气质量达标天数为285天,同比增加6天,达标率为78.1%。年降尘量为4.5吨/平方公里·月,在全市排名第13。二是水环境质量稳中向好。2021年国控南大荒桥、市控玉泉路和高井麻峪村桥断面平均水质均为Ⅲ类,永引上段亚疗桥断面平均水质为Ⅱ类;集中式饮用水水源地水质保持稳定达标;地下水水质保持稳定。三是土壤环境质量总体良好,建设用地安全利用率达100%,土壤环境风险得到有效管控。

(夏显东)

4月20日,区生态环境局调研八宝山街道空气质量状况及精细化管理工作

(区生态环境局供图)

3月16日,石景山区与门头沟区开展生态环境领域联合执法

(区生态环境局供图)

环境质量

【概况】 年内,区生态环境局按照《石景山区2021年生态环境监测工作方案》需求,顺利完成水质、大气、噪声及土壤环境等各项监测工作和任务。全年进行地下水监测4次,共计16个点位;地表水监测12次,共计120个断面;降尘监测12次,共计108个点位;土壤监测1次;噪声监测1次,共计完成117个区域环境噪声及35条道路交通噪声监测。共出具经审核数据5000余个。

(魏　铮)

【空气环境质量】 年内,石景山区空气质量指数类别为优、良的天数为284天,与上年相比增加5天,占总有效监测天数比例同比上升1.7个百分点;空气质量指数类别为重度污染、严重污染的天数为8天,与上年相比减少2天,占总有效监测天数比例下降0.5

个百分点。石景山区二氧化硫、二氧化氮、可吸入颗粒物、细颗粒物、一氧化碳、臭氧年均浓度值分别为3微克/立方米、30微克/立方米、61微克/立方米、33微克/立方米、1.1毫克/立方米、150微克/立方米，与上年相比分别下降25.0个百分点、下降3.2个百分点、下降1.6个百分点、下降10.8个百分点、下降15.4个百分点、下降11.8个百分点。自动监测项目中，所有项目均达到国家大气环境质量二级标准，石景山区各街道降尘点位年均降尘量为8.9吨/平方米·每月，各街道降尘点位年均降尘量与上年相比上升53.4个百分点。

（魏　铮）

【地表水环境质量】 年内，石景山区地表水各个断面水质均有所改善。其中高井沟麻峪村桥断面水质类别为Ⅳ类、永定河平原段南大荒桥断面水质类别为Ⅲ类、新开渠玉泉路断面水质类别为Ⅲ类、永定河引水渠上段亚疗桥断面水质类别为Ⅲ类、南马场水库水质类别为Ⅳ类。

（魏　铮）

【地下水环境质量】 年内，石景山区杨庄水厂11号井4月份、8月份总硬度含量分别为522毫克/升、533毫克/升，超过Ⅲ类标准，其它水井监测频次及所有监测项目均符合Ⅲ类标准。与上年相比，石景山区地下水环境质量保持稳定。

（魏　铮）

【声环境质量】 年内，石景山区建城区区域环境噪声昼间的平均值为52.4分贝(A)，比上年上升0.5分贝(A)，区域环境噪声总体水平二级，评价为较好，主要声源为社会生活噪声，施工噪声所占比例有所增加；石景山区城市主干线（石景山路）噪声年平均值为68.6分贝(A)，昼间年均值为66.5分贝(A)，达到标准，夜间年均值均为61.1分贝(A)，超过标准6.1分贝(A)，数据同比有所下降；石景山区城市次干线（鲁谷路）噪声年平均值为65.6分贝(A)，昼间年均值为63.8分贝(A)，达到标准，夜间年均值为57.9分贝(A)，超过标准2.9分贝(A)，数据同比有所下降。道路交通噪声夜间超标情况仍然严重，主要因为石景山区大部分监测路段处于五环或者五环以外，夜间大型车辆数量增多，同时车速高于昼间。石景山区道路交通噪声（手工监测）昼间平均值为70.5分贝(A)，同比上升0.7分贝(A)；平均车流量为1770辆/小时，与上年相比增加77辆/小时。道路交通噪声总体水平为三级，评价为一般。

（魏　铮）

【生态环境质量】 年内，石景山区生态环境状况指数(EI)为61.0，生态环境状况分级为“良”，即植被覆盖度较高，生物多样性较丰富，适合人类生活。年内，石景山区集中建设区生态环境状况指数(EI)为66.9，集中建设区生态环境状况良好。与上年相比，石景山区生态环境状况指数(EI)变化值(ΔEI)为+3.7，生态环境质量变化幅度分为第三级，即生态环境质量明显变好，生态环境状况分级无变化，为“良”。

（魏　铮）

【辐射环境质量】 年内，石景山区γ辐射剂量率（电离辐射）年均值为126.6纳戈瑞/小时。监测结果在标准范围内，处于环境正常水平。2021年，石景山区γ辐射剂量率年均值与上年相比增加0.1纳戈瑞/小时，电离辐射无明显变化。

（魏　铮）

【土壤环境质量】 年内，石景山区土壤监测点位北京天山新材料技术有限公司苹果园街道西山枫林二区、北京天山新材料技术有限公司苹果园街道静洋科技大厦、北京天山新材料技术有限公司苹果园街道中国曲阳石刻馆、北京天山新材料技术有限公司苹果园街道金树叶艺术幼儿园所有监测项目污染物含量均低于污染风险筛选值，对人体健康的风险可以忽略。

（魏　铮）

生态环保督察

【概况】 年内，区生态环境局坚持问题导向，深入剖析原因，强化协调调度，制定有针对性措施，发扬钉钉子精神，坚决推动中央督察反馈问题整改落实，定期调度中央督察交办信访件办理情况。对中央督察移交的责任追究事项以及整改期间存在的突出问题，依规依纪依法严肃追责问责。

（王宇轩）

【第二轮中央生态环境保护督察】 年内，区生态环境局制定《北京市石景山区贯彻落实第二轮中央生态环境保护督察报告反馈意见整改方案》，开展任务整改、信访件自查和销号工作，将第一轮中央环保督察遗留问题与第二轮合并整改。北京市中央生态环境保护督察下达石景山区整改任务共18项，

7月，区级督查组查看古城街道子站周边扬尘管控情况（区生态环境局供图）

年内16项任务完成整改,2项任务序时推进;承办督察期间信访件64件,全部办结。

(王宇轩)

【区级生态环境保护督查】 年内,区生态环境局制定《石景山区2021年生态环境保护督查方案》,6月至8月,区委生态文明委牵头组建四个督查组,对全区18家部门及街道开展大气污染防治工作落实情况等进行督查。各督查组查阅文件资料1800余份,开展个别谈话51人次,现场勘查点位195个,下发督查建议书1份,核查中央、北京市生态环境保护督查交办件424件,核查市民服务热线信访件1000余件。

(王宇轩)

【区委生态文明委督察】 年内,区生态文明委加快推进五里坨污水处理厂提标改造工程进展,针对项目进展滞后问题下发督查通知单。开展跨区联合整治工作。联合丰台区协调解决两区交界处生态环境问题,跟踪督促整改,大公馆大件垃圾中转站于6月拆除;与门头沟区开展2次污染防治联合执法检查,发现环境违法行为2起,立案处罚2起,处罚金额1万元。重点问题重点督办,针对鲁谷街道辖区内消纳场出口道路积尘负荷得分排名倒数的问题,对1家区属企业下发督查通知单。

(王宇轩)

环境监管

【环境准入】 年内,区生态环境局审批各类建设项目7件,否决不符合区域发展定位和环保要求项目8件,企业自主备案269件。审批时限压缩50%以上,报告表、报告书分别为14和9个工作日;申请材料分别缩减为4—5项。

(李君鹏)

【排污许可证核发】 年内,区生态环境局对2020年度执行报告提交情况核查,办理排污许可证核发、变更、延续、注销等手续。全年辖区共计核发排污许可证30家,登记管理19家,2020年度87家企业执行报告全部提交,全区平均提交率100%。

(李君鹏)

【危险废物监管】 年内,区生态环境局梳理各产废单位年度转移量并制定监管工作计划,开展重点单位年报申报和审核工作,组织相关单位开展危险废物管理计划和应急预案备案工作。顺利通过市生态环境局组织的危险废物规范化管理督察考核。开展危险废物等专项整治,对31家单位进行现场核查,通过“危险废物专项整治三年行动APP”填报核查情况并上传。完成危险废物跨区转移量及处置量核算工作。向新申请的产废单位发放国家固废系统注册码。会同区卫健委等相关部门,按照新冠肺炎疫情医疗废物和重点管控类生活垃圾的收集贮存要求,协调医疗废物收集单位进行安全处置。按照全区的工作部署,筹备组织保障首钢滑雪大跳台重点管控生活垃圾的清运及处置工作。

(彭 萌)

【辐射环境安全监管】 年内,区生态环境局受理Ⅲ类辐射项目行政许可和放射源、放射性同位素备案事项5件。完成辖区5家新发证单位和许可证延续单位“辐射安全规范单位”创建工作。

(李君鹏)

【空气重污染应急】 年内,区生态环境局启动重污染黄色预警5次,开展内部防控措施5次。全区各单位、各街道按照污染应对措施及应急减排清单,“抓早、抓小、抓细”采取应对措施,强化执法检查,最大程度“削峰降速”,减缓大气污染积累程度。根据国家和北京市要求,按照差异化绩效分级管理思路,重新修订石景山区空气重污染应急减排清单,将全区40家重点企业、54个施工工地、225条道路纳入空气重污染应急减排清单分级管理,并上报国家生态环境部和北京市生态环境局,同时指导重点工业企业完善“一厂一策”应急预案。

(常 超)

【固定源行政执法】 年内,区生态环境局依照工作职责,结合重点区域、重点行业、重点时期,落实全时执法、双随机和“点穴式”执法工作要求,全面完成年度生态环境保护执法计划。组织完成VOCs专项、餐饮专项、汽修专项、扬尘专项、医疗专项、噪声专项、固废专项、验收专项、水和生态专项、锅炉专项、在线监测专项、信息公开专项、“散乱污”动态清零专项等30余个执法活动,通过高频次检查发现违法问题。全年累计出动执法人员8620余人次,检查各类固定污染源单位4258余家次,立案109起,查封35起,处罚金额185.8万元。

(杨 峰)

【移动源行政执法】 年内,区生态环境局检查重型柴油车31467辆次,完成全年任务的157.33%。采用“公安处

6月,区生态环境局为家乐福超市赠送购物袋2000个(区融媒体中心供图)

5月23日，区领导检查全国“两会”期间大气环境保障工作（区生态环境局供图）

罚、环保检测”执法模式，路检、夜查重型柴油车24198辆次，完成全年任务的161.32%，环保检测超标2701辆次，交警使用“6063”代码处罚排放超标车1499辆次。环保入户检查重型柴油车7269辆次，完成全年任务的145.38%，处罚198辆次。检查非道路移动机械678台次，处罚44台次，完成全年任务的100%；发放非道路移动机械登记编码350台。进行加油站常规监督检查363家次，抽测46家次，处罚3家。油品清净性抽测9家次，完成全年任务的100%，排放浓度抽测8家次，完成全年任务的100%。巡查检测场271次，检查车辆14155辆次。

（杨　峰）

【环境信访】 年内，区生态环境局按照12345市民服务热线“接诉即办”和12369环境投诉举报办理工作要求，处理办结环境信访543件，案件办结率100%。其中“12369”举报系统51件，“12345”市民热线479件，转自信访办受理13件；按照环境类型分，大气环境类285件，水环境类10件，声环境类40件，辐射类4件，固体废物类6件，其他类198件。其中“12345”市民热线占信访件总数的88%。

（杨　峰）

节能减排

【污染物减排】 年内，区生态环境局通过居民餐饮油烟治理、老旧车淘汰、优化重点行业车辆结构等工作的开展，石景山区氮氧化物减排7.5%，挥发性有机物减排4%。

（詹发燕）

【煤改清洁能源】 年内，区生态环境局组织开展“煤改电”居民电取暖设备及户内线更换工作，完成873户居民的改造任务，保障居民安全温暖过冬。

（龙国瑜）

【应对气候变化】 年内，区生态环境局完成市级下达石景山区二氧化碳强度，碳排放总量任务目标，“石景山区2020年辖区单位地区生产总值二氧化碳降低率为10.82%，碳排放总量为194万吨”，超额完成下降3%和305万吨以内的目标。组织开展碳中和思路研究，形成《关于石景山区实现碳中和的初步建议研究报告》，启动《石景山区“十四五”及中远期碳中和规划》前期工作。持续提升碳汇能力。以创建“国家森林城市”为引领，加强绿化工程建设，持续提升综合碳汇能力。推进碳中和示范，紧抓筹办2022年冬奥会机遇，着力打造冬奥场馆和冬奥社区碳中和示范，分批在国家冬季运动训练中心（首钢）、首钢滑雪大跳台、北京冬奥组委办公区开展绿电直购交易。

（王宇轩）

生态保护

【蓝天保卫战行动】 年内，区政府印发《石景山区大气污染防治2021年行动计划》，主要包括空气质量目标、实施挥发性有机物专项治理行动、推进机动车结构进一步优化、持续推进能源清洁低碳化、提升城市环境精细化管控水平、推进区域大气污染联防联控6个部分，共31项重点任务，54项工作措施，涉及主责单位30家。以区委生态文明委大气小组名义出台《石景山区2021—2022年秋冬季大气污染综合治理攻坚行动措施任务表》，各项重点任务措施顺利完成，主要包括：全

6月3日，石景山区开展世界环境日“人与自然和谐共生”主题宣传活动（区生态环境局供图）

年检查重型柴油车31467辆,处罚1697辆,罚款36.62万元;检查非道路移动机械678台,处罚42台,罚款21万元;非道路移动机械编码发放350台;开展加油站常规监督检查363家次,处罚案卷3件,对油气回收在线监测进行监督性抽测48家次,排放浓度抽测8家次,油品清净性检测9家次;参加各类建筑垃圾运输治理联合执法366次,生态环境部门查处尾气排放超标建筑垃圾运输车辆130辆。以化工、工业涂装行业、汽修企业为重点,开展挥发性有机物专项执法行动,检查工业、餐饮、汽修等涉VOCs企业及其他固定源单位4258家次,查封35起,处罚109起,罚款金额185.8万元;组织辖区涉VOCs重点企业召开挥发性有机物治理视频会,指导企业填报挥发性有机物排查系统。积极开展裸地巡排查工作,发现30平方米以上裸地扬尘等问题共1683处,全部整改完毕,整改率为100%。“揭网见绿”756处台账中,销账546处,揭网率全市排名第三。完成老山驾校关停工作。在冬奥组委驻地北侧、铸造村居民楼顶安装油烟净化设备36台,通过对油烟统一收集、净化处理,减少居民餐饮油烟排放对空气质量的影响。建设首钢园区冬奥服务保障环境空气质量监测标准站,掌握冬奥场馆周边环境空气质量实际情况。围绕餐饮、工业、汽修、高值区等重点区域加装60台VOC监测设备及16台七参数监测设备。发挥大气污染综合管控平台,及时分析全区和各街道$PM_{2.5}$、TSP浓度变化,编写《石景山区空气质量周报》《石景山区空气质量月报》,对道路扬尘负荷、街道粗颗粒物浓度进行排名通报。

(常　超)

【水污染防治】 年内,区政府印发《石景山区水污染防治2021年行动计划》。成立区委生态文明委水污染综合治理工作小组,制定2021年工作要点;组织召开水污染综合治理工作小组会商会,统筹全区水污染防治工作。深化工业污染防治,强化证后监管,定期对五里坨污水处理厂、京西燃气热电有限公司进行依法排污检查,确保工业废水达标排放;每季度开展全区入河排污口水质检测工作,联合区水务局加强河道巡查力度,直排入河污染源动态“清零”;组织开展2021年石景山区集中式饮用水水源地环境保护状况评估工作,每季度发布石景山区集中式生活饮用水水质状况,每季度开展地下水水质监测工作。根据《石景山区水环境街道跨界断面考核办法》,开展街道间跨界监测断面水质采样和监测,检测结果纳入石景山区“河长制”系列考核机制,推动“河长制”建设和“河长”履职;建立覆盖到社区的水环境质量监测评价体系,对相关社区的水环境质量开展监测评价;石景山区尚未出现黑臭水体,全年未发生突发水环境应急事件。年内辖区地下水持续保持稳定。

(田　涛)

【土壤污染防治行动计划】 年内,区政府印发《石景山区深入打好污染防治攻坚战2021年行动计划》,重点任务包括土壤污染防治目标、强化预防和保护、强化风险管控和修复及强化基础保障体系4部分15项任务,涉及牵头单位8家,协办单位22家。区生态环境局和区经信局完成2020年关停企业原址用地筛查工作,更新工业企业关停退出台账,将7家重点行业企业用地调查中的高、中风险关停企业纳入筛查台账管理;督促土壤污染重点监管单位落实生产经营期间的排查、监控、报告等义务,完成一轮土壤污染安全隐患排查工作。完成耕地周边涉重金属行业企业排查、整治专项工作。会同市规划自然资源委石景山分局组织专家对衙门口棚户区改造、西黄村棚户区改造土地开发项目等10个地块的土壤污染状况调查报告开展评审,动态更新建设用地土壤污染状况调查名录。开展首钢主厂区、特钢厂区等区域内的污染地块开展专项检查和“双随机”检查,严查污染防控措施落实情况,有效管控二次污染,共检查96家次,现场均未发现违法行为。同时开展从业评价,公示年度辖区建设用地土壤污染状况调查报告评审通过率。会同规自分局完成石景山区年度建设用地污染地块安全利用率核算工作,安全利用率为100%。

(何　川)

【生态环境保护宣传】 年内,区生态环境局开展地球日、生物多样性日、环境日、低碳日主题宣传活动,举办环保讲座4场,组织生态环境知识进课堂4次,开展中小学生“我为冬奥添一抹绿”环保主题演讲比赛。全年在北京电视台、《北京日报》播发新闻5条,石景山有线电视、《石景山报》刊播新闻50条,“北京石景山”微信公众号发布46篇,“绿色石景山”微信、微博发文1856篇,阅读量203.6万余次。

(韩　坤)

北京石景山年鉴
BEIJING SHIJINGSHAN NIANJIAN
2022

科学技术

2021中国科幻大会
潮幻奇遇季
TRENDY SCI-FI ADVENTURE SEASON
潮幻
奇遇季
北京科幻嘉年华
CSFC 2021
中国科幻大会
China Science Fiction Convention 2021
科学梦想 创造未来
潮幻奇遇季
TRENDY SCI-FI ADVENTURE SEASON

综　述

【概况】　石景山区科学技术委员会(简称区科委),是负责贯彻落实中央、市委关于科技工作的方针政策、决策部署和区委有关工作要求的区政府工作部门。内设3个科室;下设1个事业单位。年内,石景山区科幻产业集聚区建设初见成效,一批科幻龙头企业、大师工作室、科幻特色活动和展览落地,中国科幻研究中心落户石景山区,完成北京科技周科幻分会场活动。区科委推动高精尖产业发展,加大科技创新企业培育和政策服务力度,助推科技领域产学研合作。深入落实"科创28条",支持虚拟现实、人工智能等产业项目,在社区治理、智慧医疗、城市管理等领域促进应用场景示范应用。2021年石景山区申报国家高新技术企业认定的企业有330家,通过认定的有262家,累计认定达794家,科技政策对高新技术企业覆盖率达到100%。全区拥有孵化器12家,众创空间11家,总孵化面积达到30万平方米。全年技术合同登记2262项,技术合同成交额124亿元。

(耿　璐)

【获"新一代人工智能"立项】　1月,石景山区企业中译语通科技股份有限公司牵头申报的科技部科技创新2030——"新一代人工智能"重大项目"以中文为核心的多语种自动翻译研究项目"成功立项,获得1700万元中央财政资金支持。该项目将推动解决针对资源稀缺的小语种、多噪声环境的语音翻译和图片翻译的高质量等机器翻译瓶颈问题,构建以中文为核心的多语种多模态机器翻译平台,实现云端和智能终端多个场景的产业化应用。国家科技创新2030重大项目是以2030年为时间节点,体现国家发展需求的重大科技项目和重大工程。科技创新2030—"新一代人工智能"重大项目是科技部为落实国务院印发的《新一代人工智能发展规划》总体部署,根据《新一代人工智能重大科技项目实施方案》启动实施的重大项目。

(赵楚然)

【百进千线上专场对接会】　2月2日,首都条件平台石景山工作站举办2021年度百进千线上专场对接会。石景山区内30位科技企业代表参加此次会议。区科委副主任邓清平介绍百进千活动的背景及近年来石景山区工作站取得的工作成效。条件平台管理办公室毛振芹老师介绍首都科技条件平台的主要构架、科技资源情况、相关政策,以及创新券申领流程。此次百进千线上对接会是石景山工作站依托首都科技条件平台的资源优势,深入挖掘企业的需求,推动科研设施与仪器向社会需求方开放,促进高校和科研院所的科技资源与企业需求有效对接,实现资源共享的重要举措。

(蔡真婷)

【2020年度科技项目结题验收】　3月24日、9月16日,石景山区召开2020年度科技项目结题专家验收会,对2020年立项的社会发展类科技计划10个项目和新技术、新产品研发及在石景山区城市管理和民生改善领域示范应用10个项目进行结题验收。

(蔡真婷)

【"科创28条"政策培训】　3月,区科委开展"科创28条"政策培训会。培训采取"线上线下"相结合的形式进行,企业可根据情况选择在网络平台或区科委会议现场听取政策讲解和答疑,形式更便捷。以应用场景和科技项目申报为主,主要支持前沿技术研发、虚拟现实、工业互联网、科幻、科技冬奥、城市治理等符合区域战略定位和发展方向的领域。线上线下累计超过200家企业工作人员参会,现场答疑50余个问题。

(杨晶晶)

【2021年度科技项目评审会】　4月26至4月27日,石景山区召开2021年度科技项目立项专家评审会,对2021年征集的社会发展类科技计划20个项目和新技术、新产品研发及在石景山区城市管理和民生改善领域示范应用3个项目进行专家评审会。5月12至13日,对拟支持7个项目进行踏勘。对立项项目进行全过程管理。

(蔡真婷)

【四家机构复核国家级众创空间】　4月,科技部火炬中心公示2020年度国家众创空间复核名单中,石景山区创业公社、猫妹众创空间、91众创、趣酷石谷轻文化基地共四家创业孵化机构上榜。近年来,区科委以科创28条《石景山区促进应用场景建设加快创新发展支持办法》支持"优秀创业服务机构"为抓手,引导创业服务做精做专;以科技孵化器、众创空间、孵化产业园为平台。年内,石景山区从事科技企业创业服务的机构总计30余家,其中获得市级以上资质认定的各类孵化器和众创空间共计12家,总计运营场地面积近30万平方米,从业服务人员400余人,当年在孵企业1400余家。

(岳继华)

【新增"北京市知识产权公共服务工作站"】　5月,"启迪之星石景山加速孵化器"获授牌"北京市知识产权公共服务工作站",该工作站是市知识产权局对知识产权公共服务机构能力和水平的肯定,是以知识产权为产业发展加力、为创新创业赋能的重要抓手。该公共服务工作站将配合市知局开展知识产权创造、运用、管理和保护各环节的公共服务事项。公共服务工作站的建立进一步完善区域知识产权公共服务体系,扩大知识产权公共服务范围,为区内企业创新发展提供知识产权保障。

(崔　欣)

【首个科幻产业联合体成立】　9月23日,由首钢集团牵头发起,联合业内40家企业、高校、科研机构共同组建"科幻产业联合体"。该联合体首批成员单位充分覆盖科幻产业代表性企业及机构,包括保利影业、北方华录等央企,腾讯、华为河图等创新民营科技企业,清华大学、中国科幻研究中心等科研机构以及京东方等硬件厂商。区域覆盖上,联合体包括北京、上海、深圳等一线城市的知名企业。首钢集团为理事长单位、中关村通力科服为秘书处单位。

(崔　欣)

9月28日，石景山区政府与华为技术有限公司签署战略合作协议

（区科委供图）

【石景山区与华为签署合作协议】 9月28日，2021中关村论坛技术交易暨合作签约活动在中关村展示中心举行，该活动作为本届论坛闭幕式，重大高精尖项目落地签约“压轴”呈现，市政府副秘书长刘印春参会。区政府党组成员王智勇、华为北京政企业务总经理张东亚出席并签署“石景山区人民政府与华为技术有限公司战略合作协议”，双方将在以虚拟现实为代表的新一代信息技术产业创新发展、智慧城市建设等领域展开全面合作，重点共建虚拟现实（北京）创新中心。此次合作，是石景山区落实市领导调研精神，坚持创新驱动发展战略，以科技创新引领和产业数字化转型为目标，以关键核心技术突破为重点，以多场景应用示范为突破口，有效促进虚拟现实产业高质量发展、打造产业发展高地的重要举措。

（付　航）

【中国科幻大会举办】 9月28日至10月5日，2021中国科幻大会及北京科幻嘉年华活动在石景山首钢园成功举办。大会以“科学梦想、创造未来”为主题，采取“线上+线下”相融合、“会+展+演+映”相结合的方式，开展一系列精彩纷呈的活动，激发社会公众的参与热情，体现中国科幻产业的蓬勃生机与活力，为加快北京科幻产业集聚区建设，实现科幻、科技、科普的融合创新和高质量发展打下坚实的基础。大会共有400余位科技工作者、科幻领域重量级专家、企业家、投资人、著名科幻作家参加活动，20余位来自美国、英国、日本等国家的科学家、著名科幻作家、科幻业界知名人士和全球科幻机构和组织代表通过线上方式参会。大会召开期间，共举办开幕式2场，专题论坛12场，潮幻奇遇季特色品牌活动19场，播放露天展映电影5场，播放VR展映电影11部，光影秀7场，科幻秀场放映“未来的约定”沉浸式演出14场，发布大会宣传视频7个，文章宣发近百篇，刊发重点媒体30余家，到访科幻大会及北京科幻嘉年华人数逾4万。

（岳继华）

【中国科幻研究中心成果发布】 9月，位于石景山区的中国科幻研究中心举办2021年成果发布会。发布《中国科幻发展年鉴2021》《中国科幻发展报告（2015－2020）》《北京科幻产业发展研究》《世界科幻动态》等一系列代表性成果，从历时、共时、业态、区域、城市等视角呈现中国科幻发展，展示科幻发展“中国模式”研究的独特视野。

（岳继华）

【5G创新应用成果亮相首钢园】 10月，云转播、数字人民币、无人驾驶等多项5G创新应用成果亮相石景山首钢园。自动驾驶小巴、自动驾驶小轿车已在首钢园区内来回行驶，进行最高等级的L4自动驾驶测试，5G网络和AI智能等车技术让车辆行驶更流畅；在首钢园的云转播中心展示区，通过最新的云转播技术，仅通过一台笔记本电脑即可在远程完成张家口冬奥场馆和首钢园的视频信号导切工作，无需转播车和大量工作人员，大幅度提升转播效率；在首钢园区，观众佩戴具备数字人民币钱包功能的手套，轻轻一碰，就可完成支付购买商品。作为“国内首个5G示范智慧园区”，目前首钢园已在远程办公、智慧场馆、移动安防、无人驾驶、高清视频等多个领域

9月29日，2021北京科幻电影周启动仪式　　（区科委供图）

实现5G技术的应用,为冬奥智慧应用提供重要参考。

(蔡真婷)

【"高新技术企业培育加速训练营"】 11月25日,区科委举办"国家高新技术企业培育加速训练营"第四期培训班,全区250余名科技企业人员参加此期训练营培训。在本期线上培训中,专业老师为参训企业带来专场授课,课程内容涉及高新技术企业认定"报备即批准"政策试点、高新认定规范化管理、高新认定各环节不通过原因解析等,课后特别设立提问交流环节。年内,区科委已陆续举办四期高企训练营,累计入营科技企业人员近700人次,10余位专家老师从多方面为企业提供贴合企业需求的培训。

(崔 欣)

【获"报备即批准"认定】 12月,区科委通过组织政策培训、广泛摸排动员企业、1对1精准辅导申报等措施,共推荐15家企业申报高新技术企业"报备即批准"认定,最终7家企业获得认定,在全市占比9.1%。获批准企业覆盖4个领域,分别是电子信息领域的中电科电子科学研究院、悦游信息技术,人工智能领域的字节跳动、爱奇艺智能,集成电路领域的融硅思创、新毅东科技,生物医药领域的国信医药。

(岳继华)

【科技扶贫活动】 年内,区科委主要通过举办科技人才培训班、科技下乡等方式,围绕脱贫人口急需的特色种植养殖技术等方面,宁城和莫旗开展玉米栽培技术、肉牛养殖技术等3期培训班,200余人参加培训,聘请技术专家进村入户开展种植养殖技术指导,印发实用技术科普读本600余本,网上发布实用技术宣传片,提高种植养殖技能。

(蔡真婷)

科技活动

【概况】 年内,区科委以"培育科普人才志愿者队伍,砥砺强国之志"为核心,以"科普专题讲座""一展一馆"两大主题为重点方向,制定有特色的、符合实际工作的活动内容。全年开展"科普能力提升"线下活动,科普专题讲座共计组织5场,其中参观活动2场、专题讲座2场及公益捐书活动1场,专题讲座通过与街道沟通对接,针对社区需求,开展科普进社区活动;开展石景山区第27届科技活动周;开展"创意科普,助力生态绿色冬奥"的科普活动;开展"科普能力提升"线上科普课程等科技活动。

(蔡真婷)

【科普能力提升线上课程】 2月,区科委举办"科普工作者能力建设系列活动暨2021年度科普工作者培训班"。区科普工作联席会议成员单位以及科普基地的科普工作者近30余人通过线上形式参加培训,内容播放量达到500余次。培训坚持理论学习与线上教学相结合,邀请中国科普研究所副研究员就基层科普工作进行梳理和讲解。

(蔡真婷)

【青少年科幻创意活动】 5月22日,"想象力与科技同行"青少年科幻创意活动在首钢园举办,活动由中国科幻研究中心、腾讯教育主办,区科委、区教委、首钢集团支持,中国科普作家协会中小学生科普科幻人才培养工作委员会、《科学故事会》杂志协办。活动中,刘慈欣、王晋康、韩松、何夕等十余位科幻大咖齐聚,隔空为本次活动到场的青少年送上祝福视频,共同展望中国科幻群星闪耀的未来。参与现场活动的青少年通过大咖讲科幻、主题科幻展、创意科幻课等形式,感受科幻所带来的无限魅力与乐趣,探索科幻世界。中国科幻研究中心主任、中国科普研究所所长王挺,区领导周西松,腾讯云副总裁、腾讯教育副总裁王涛出席活动,共同开启科技周青少年科幻创意活动。

(蔡真婷)

【科技活动周】 5月22日至28日,石景山区第27届科技活动周在首钢园成功举办。本次活动以中国共产党建党100周年"百年回望"为主题,以"创新科幻、智享未来"为主线,由市科委、中关村园区管委会和区政府主办,首钢集团和清华大学美术学院协办。市政府副秘书长刘印春,市科委、中关村管委会党组书记、市科委主任许强,区委书记常卫,首钢集团党委副书记、总经理赵民革,市科委副主任朱建红,区委常委、副区长周西松,首钢集团副总经理梁捷,腾讯副总裁刘勇参加启动仪式。市有关部门、区委区政府负责人,科技工作者、科幻业界代表、影视界人士和科幻爱好者等100余人出席分会场开幕会。

(蔡真婷)

【"青年科幻人才队伍建设与培养机制"沙龙】 5月23日,由中国科协科

5月23日,"科技传播与影视融合系列沙龙"在首钢园举办 (区科委供图)

技传播与影视融合办公室、中国科幻研究中心主办，中国科普作家协会承办的“青年科幻人才队伍建设与培养机制”主题沙龙在首钢园区举办。来自科幻领域的作家、评论家、教育工作者以及来自国内外高校硕士博士研究生参加。沙龙搭建起科幻专家和青年爱好者交流沟通平台，共同分享科幻研究热情，推动青年科幻人才队伍建设与培养。

（岳继华）

【“科幻写作训练营”开班】 5月25日，2021年春季·未来事务管理局“科幻写作训练营”在石景山区创业公社开班，由科幻评论家、科幻IP开发人、科幻编辑李兆欣老师为61位科幻爱好者学员带来为期4周的短期科幻写作课程，以互助小组的方式带领学员开展科幻小说创作。

（崔　欣）

【欢乐科普行主题活动】 6月，石景山区开展“赏科幻电影学科学知识”欢乐科普行主题活动。活动中，主要观看国内外经典科幻电影有《流浪地球》《火星救援》等通过观影交流、科学知识讲解等不同方式普及科幻电影中的科学知识，了解爱国主义教育、基础科学、未来世界等不同内容方向，其中世界三大电影节2019葡萄牙国际奇幻电影节最佳影片《最后的日出》观影中邀请该片的导演任文、制片人、编剧李昳青亲临现场与大家面对面交流，主创团队讲述与科学顾问对于本片的整体科学设计、艺术设计、场景设计，以及讲述与《流浪地球》制作班底关于中国科幻未来的思考，活动深度有趣，对话性交流性强，活动现场青少年极受鼓舞，立志要创作科幻作品。受疫情影响，开展2场线上《流浪地球》直播活动，活动持续约90分钟，共计882人次线上观看活动。

（蔡真婷）

【八角美好生活造物节】 9月22日，2021北京国际设计周石景山区设计之旅活动在八角新乐园正式启动。活动由区科委、八角街道办事处共同举办，邀请到国内外知名品牌、独立设计师、创新教育者等嘉宾的共同参与，一起体验设计让生活更美好的乐趣，感受城市更新的新魅力。

（蔡真婷）

【“创意科普助力冬奥”活动】 12月，区科委正式启动“创意科普助力冬奥”线上科普活动，通过自有政务新媒体“创新石景山”上线4期线上创意科普课程，内容包括“创意科普助力冬奥系列之认识自由式滑雪”“创意科普助力冬奥系列之认识雪容融”“创意科普助力冬奥系列之手绘冰墩墩环保袋”“创意科普助力冬奥系列之衍纸小雪花”。活动旨在通过创意手作的制作，带领大家了解冬奥文化知识，体验其中的创意乐趣，激发公众参与科普活动的热情、满足科普学习的新需求。

（蔡真婷）

中关村科技园区石景山园

【概况】 2021年，中关村科技园区石景山园（简称园区）有高新技术企业总数843家，从业人员10.6万人，工业总产值112.8亿元，总收入3644.7亿元，进出口总额35.2亿元，实缴税费总额134.9亿元，利润总额455亿元，资产总计9702亿元，科技活动经费支出总额215.8亿元，专利授权2858件。年内，石景山区制定并印发《石景山区“十四五”时期虚拟现实产业发展规划》《石景山区促进中关村工业互联网产业园高质量发展暂行办法》《关于推动北京侨梦苑高质量发展的若干措施》《石景山区关于促进楼宇经济高质量发展的若干措施》。注重政校企联动，加强硬科技支撑，建设华为（北京）虚拟现实创新中心、工业互联网实训基地，打造京西“产学研创”服务平台、中小企业创新基地2个创新平台。改造提升42300平方米虚拟现实产业发展空间，筹建2113平方米工业互联网产业孵化器。开发科技冬奥、自动驾驶、智能机器人、智能制造和服务、智慧园区建设等应用场景，利用VR技术组织开展“四讲两促”党史学习教育、庆祝建党百年活动153场。承办中国虚拟现实产学研大会等品牌活动11个。建立高精尖项目储备库，助推技术转化和商业应用。兑现2020年“加快创新发展支持办法”政策资金，向183家企业拨付2.7亿元。持续巩固石景山区商务楼宇疫情防控成果，开展风险人员、聚集性居住场所、聚集性会议活动、国际快递、非冷链进口货物排查和科学管控，“楼、人、物”风险日排查、日反馈，指导商务楼宇严格落实扫码测温、公共区域消毒通风等各项防疫措施，发现问题督促立行立改。防控关口前移，严格坚持出返京人员备案机制，及时排查风险，第一时间将市区防疫政策要求落实到位。实施疫苗接种“绿标行动”，有效动员服务园区企业接种疫苗，接种率超过90%。获国家发展改革委“真抓实干成效明显产业转型升级示范园区”通报表扬。

（杜　静）

【登榜“中国领先金融科技50强”】 1月18日，毕马威·中国发布《2020中国领先金融科技企业50》报告及评选入围榜单。本届榜单围绕科技与数据、创新与变革、金融服务普及、资本市场认可度、发展前瞻度五大维度对企业进行量化评估。园区企业百融云创、融360、中译语通凭借在创新科技应用、痛点解决与金融效率提升及行业发展前瞻度等层面的绝对优势，连续多年荣登此榜单。其中，百融云创已连续五年登榜，成为这一榜单发布以来的“满贯”企业，融360已连续四年登榜，此次两家企业作为毕马威中国金融科技企业图谱中的“信用科技”领域入选。中译语通已连续两年登榜，作为毕马威中国金融科技企业图谱中的“监管科技”技术企业入选。

（李　丹）

【创业公社B轮融资】 1月，园区孵化机构创业公社完成B轮融资，获得北京国瑞国企改革发展基金1.2亿元战略投资。该融资将用于孵化器项目改造、同业并购、智慧园区系统建设等。北京创业公社投资发展有限公司成立于2013年5月，总部设立在中关村石景山园，是国内领先的空间运营和产业服务提供商，致力于打造以复合办公空间为核心的产业集聚服务平台。目前在全国多地运营面积合计超过53万平方米,服务企业1.7万余家,拉动企业产值近百亿元。

(罗耀玲　李　丹)

【百融云创港股上市】 3月31日,园区企业百融云创在香港联交所主板挂牌上市(股票代码:6608.HK),发行约1.24亿股股份,IPO募资规模近40亿港币。成立于2014年的百融云创,依凭国内领先的独立AI技术平台成长为金融领域的头部科技公司。依托云原生SaaS平台提供的产品及服务可嵌入至金融机构从获客、贷款发起、保险承保、存量客户运营到贷后管理的业务流程,为金融机构更智能的决策提供赋能支持。石景山区在"金融+科技"产业建设发展上已有多年积淀和产业创新,在石景山"1+3+1"产业布局中,现代金融产业占据石景山区产业发展主导地位,以建设国家级金融产业示范区为核心,加快推进北京银行保险产业园特色产业园区建设。

(李　丹)

【获城市更新优秀案例奖】 3月31日,石景山区虚拟现实头部企业当红齐天打造的首钢园1号高炉改造"超体空间"建设项目,获得2020年度中国城市更新和既有建筑改造"科技创新类优秀案例"奖。该奖项针对国内老工业园区改造、商办(区)改造、老旧小区改造、城市街区改造、历史保护等城市设施改造项目评选得出。当红齐天集团致力于围绕VR/AR技术探索全新的文化传承体验方式,通过沉浸式技术手段再创造,推动智慧城市建设,为石景山老工业区的后工业时代城市改造提供可行的方法之一。首钢1号高炉改造"超体空间"建设项目结合高炉本身工业建筑风貌和历史痕迹,进行VR、AR、全息影像等最前沿的创新科技改造,包含虚拟现实博物馆、沉浸式剧场、VR电竞、智能体育、奥运项目体验中心、特色商品区、未来光影互动餐厅及全息酒吧等新消费、新业态,呈现顶尖的沉浸式文化娱乐体验。

(李　丹)

【虚拟现实产业推进会】 3月,虚拟现实产业推进会(VRPC)闭门工作会暨虚拟现实产业专家座谈研讨会在石景山区中关村工业互联网先导园召开。华为、百度、京东方、中国移动、芒果TV、创维科技等行业重点企业,及北京邮电大学、国开制造业转型升级基金、江西泰豪等生态支撑机构,近40家单位代表与专家出席到会,国家工信部电子信息司、市科委双新中心等行业主管部门领导参加座谈。大会围绕产业政策、产业洞察、XR终端互联互通标准和产业白皮书制定等主题展开专业讨论,会上中关村石景山园联合中国信通院对《北京市石景山区"十四五"时期虚拟现实产业发展规划》进行介绍。园区交流听取参会专家代表对产业规划的建议意见和政策发展诉求,同时向各市场主体释放积极的产业导入信号。

(杨　莉)

【仿真技术产业高峰论坛】 3月,"2021中国仿真技术产业高峰论坛暨中关村工业互联网峰会"在中关村工业互联网产业园盛大开幕。由中国仿真技术产业联盟主办,石景山园管委会、区经信局等单位支持的本次仿真技术产业高峰论坛,迎来100余家国内知名企业、60余家科研院所、50余所知名高校的300多位领导、专家嘉宾出席,在两天的时间里,共话仿真技术、工业互联网技术产学研用融合。周西松出席峰会开幕仪式,开幕式由石景山园管委会主任唐铭主持。

(马海涛)

【首家"智慧托育"】 3月,园区创新企业北京爱宾果科技有限公司(简称宾果智能)与藤泽教育科技(北京)有限公司成功签署战略合作协议,与"藤泽国际儿童成长中心"开启全方位深度合作,打造国内首家"AI+托育"智慧托育中心。"AI+托育"智慧托育中心建设将实现双方品牌提升、教科研产品输出等多方面发展需求,同时成为国内首家将"AI+托育"运用在行业的机构。"AI+托育"智慧托育体系通过搭建人工智能云平台智慧托育系统、定制AI课程体系,以及机器人游戏化、交互式授课等方式实现标准化托幼系统和一体化解决方案。

(罗耀玲)

【工业互联网年度创新方案】 3月,园区企业东土科技Newpre 3101 AI边缘通用控制器产品入选中国工业报2020"智造基石"优选榜"工业互联网年度创新方案"奖项。年内,园区已入住的工业互联网企业涉及行业产业链中的自动化、网络、平台(软件)、安全、应用/集成5大环节,初步形成集聚效应。

(杜　静)

【获评"北京市科技企业孵化器"】 3月,北京创业公社投资发展有限公司荣获北京市第一批市级科技企业孵化器认定。创业公社作为驻区孵化机构领头机构,成立7年以来相继获得国家级孵化器、国家级众创空间、全国青年创业示范园区、海峡两岸青年就业创业示范点、中关村创新型孵化器、北京市小型微型企业创业创新示范基地、全国首个SGS认证的ISO创业服务标准化体系等60多项荣誉及资质。

(林茂盛)

【凌宇科技完成B轮融资】 3月,园区虚拟现实交互科技企业凌宇科技(NOLO VR)完成由蔚来资本领投,蓝驰创投、愉悦资本老股东跟投的2000万美元B轮融资。北京凌宇科技2018年成立于石景山区,公司研发人员核心班底由中科院博士团队领衔的顶尖技术专家组成,拥有海内外专利200余件,国际专利已进入12个主流国家。本轮融资募集资金将继续用于新一代交互技术研发、新品量产及内容生态建设。

(马海涛)

【园区产业推进日】 4月13日,"中关村智用人工智能研究院第一届第二次理事会"暨"园区产业推进日·虚拟数字人闭门研讨会"在园区召开。会上智用研究院对行业技术研究发展、创新产品、技术平台搭建等方面工作进行介绍。园区管委会与智用研究院签署合作协议,拟共同开展共建虚拟现实产业基地、搭建产业服务平台等工作。工程院院士戴琼海、原国家广电部副部长何栋材、小米、明略、百度、旷视等理事单位参会,市科委、中关村管委会二级巡视员刘航，区领导周西松出席会议。

（杜　静）

【标准化与质量管理工作站揭牌】　4月23日，区市场监管局和园区管委会设立首家驻区标准化与质量管理工作站。中国标准化协会理事长、中国标准化专家委员会副主任委员兼秘书长、国家市场监管总局标准技术管理司原司长于欣丽，市区相关部门负责人及100余名企业代表参加成立仪式。此工作站是为全面落实中共中央和市区两级关于开展质量提升行动文件精神，发挥标准化与质量管理在区域建设中的重要支撑作用，推动企业形成标准化建设意识，提升科技创新能力和培养标准化与质量管理人才，实现区域营商环境优化和经济高质量发展的重要举措。

（雪　冰）

【园区诞生“超级独角兽”】　4月26日，新经济智库长城战略咨询发布《中国独角兽企业研究报告2021》。在石景山区布局发展的字节跳动、一下科技、乐元素、第四范式、小猪短租等企业荣膺此榜单，分布于数字文娱、人工智能、旅游体育等赛道领域，其中字节跳动以1800亿美元估值领跑独角兽企业榜单。中国独角兽企业是指在中国境内注册的，成立时间不超过十年，获得过私募投资且尚未上市，企业估值超过（含）10亿美元的具有法人资格的企业。企业估值超过100亿美元的独角兽企业称为超级独角兽。独角兽企业具有发展速度快、数量稀少、备受投资者青睐、爆发式成长、颠覆式创新等特征。近年来，石景山区持续优化创新创业生态环境，已成为独角兽企业的聚集地和潜在独角兽孵化地。

（李　丹）

【航天云网INDICS平台通过评测认证】　4月28日，园区企业航天云网公司搭建的INDICS工业互联网平台，通过2021年首批工业互联网平台功能性能综合评测。该项评测是以中国信息通信研究院为主导的工信部工业互联网平台创新及测试验证实验室，依据《工业互联网平台测试验证》（AII/001－2019）标准所作的权威评测认证，已累计在全国范围内评测150余家工业互联网平台，涵盖跨行业跨领域、特定行业/区域、特定专业技术等三大类平台，目前共15家平台通过此项评测。航天云网公司搭建的INDICS工业互联网平台，以安全为基础，融合大数据、人工智能、数字孪生、5G等新兴技术，面向政府和企业两类用户，提供平台产品、智能制造、工业大数据、网信安全、产教融合等服务。

（马海涛）

【“创业石景山”活动】　5月12日，由石景山园管委会、区科委、清华校友总会工业物联网专委会和启迪之星共同主办的“创业在石景山”——走进石景山第一期创业行活动在石景山区举办，来自各地的十余家清华创业团队参加。活动由区文化创意产业促进中心、石景山首创郎园文化创意产业园、中关村工业互联网产业园、新首钢高端产业综合服务区和启迪之星石景山基地共同协办，围绕清华校友三创大赛办赛主旨，立足工业物联网领域创新需求，从冬奥场景应用、工业物联网产业建设等方面优先进行项目筛选，借绿色办奥黄金发展窗口期，向初创企业提供石景山区的政策对接与支持。区科委、园区管委会、区文促中心先后向企业介绍石景山区“2＋N”政策，让创业团队感受石景山区优良的营商环境。活动邀请中科云创（北京）科技有限公司CEO周北川先生作为本次活动的创业导师，为创业团队分享“中小制造企业的数字化案例及路径探讨”主题，帮助创业提出创业新思考，提供创新新途径，并为在场学员们答疑解惑。

（林茂盛）

【斯威克斯入驻石景山】　5月25日，冬奥保障项目斯威克斯办公场所装修改造完成，企业正式入驻石景山。位于郎园西北侧的斯威克斯办公场所装修改造项目完成四方验收，正式投入使用。该场所兼具办公、实验、展示等功能于一身，是斯威克斯在华北地区首店。

（邢迎飞）

【清华校友三创大赛工业物联网赛道】　6月22日，“汇智清华 创新中国——创业在石景山”第六届清华校友三创大赛京津冀鲁赛区＋北美赛区工业物联网赛道决赛成功举办。区委常委、副区长周西松，园区党工委副书记、管委会主任唐铭，清华校友总会秘书长助理李小龙、启迪之星董事长张金生、启迪控股高级常务副总裁陈鸿波、启迪科技城集团执行总裁丁光松、启迪之星常务副总刘雪良、中国通用技术集团信息中心田冲、清华校友集成电路专委

6月22日，石景山区举办第六届清华校友三创大赛工业物联网赛道决赛

（园区供图）

会秘书长刘卫东、国知局审协北京中心郭强、中国高校创新创业教育联盟、中科云创、未来创赢、启迪之星创投、水木清华校友基金等评委,北京日报、科技日报、区融媒体中心、区属孵化、科技企业、金融机构80余人参会。

(雪　冰)

【园区获四部委通报表扬】 6月,国家发改委、科技部、工信部、自然资源部印发《关于产业转型升级示范区建设2020年度评估结果及下一步重点工作的通知》,北京京西、北京中关村科技园区石景山园等光荣上榜并被通报表扬。《通知》对年度评估结果为优秀的湖南湘潭、北京京西、安徽铜陵、贵州六盘水、江西萍乡、广东韶关、辽宁沈阳等城市予以通报表扬,对真抓实干取得明显成效的北京中关村科技园区石景山园等6个园区和唐山轨道交通产业创新中心项目等6个项目予以通报表扬。综合评估发布后,北京京西等20个产业转型升级示范区建设方案将纳入"十四五"时期产业转型升级示范区支持政策范围。

(马海涛)

【服贸会"侨梦苑北京论坛"举办】 9月5日,2021年中国国际服务贸易交易会的重点论坛活动之一的侨梦苑北京论坛在石景山区举行,论坛以"侨聚京华·开放共赢"为主题,旨在充分发挥北京侨梦苑资源平台作用和对外开放窗口示范效应,促进推动北京"两区"建设,聚集更多侨智侨资侨创资源服务首都高质量发展和石景山区域转型发展。论坛由陈婷婷主持,中央统战部副部长谭天星、市委统战部部长孙梅君出席论坛并致辞,美国科学院院士丘成桐等嘉宾作线上致辞。李新作"两区建设"投资创业宣传推介,周西松进行政策发布。石景山区发布《关于推动北京侨梦苑高质量发展的若干措施》;聘请毛大庆等5位专家、学者为北京侨梦苑和石景山区"两区建设"专家委员会特聘专家;进行"北京侨梦苑·侨事侨创服务中心"揭牌;签订共建北京侨梦苑战略合作框架协议签署战略合作协议和共建北京侨梦苑协议;12个重点侨创项目同时进行现场签约,开展以"智汇新格局 聚力双循环"和"抓紧北京冬奥会新契机,打造首都开放新高地"主题深入的对话讨论。中央、市、区相关部门领导,海外商协会、重点侨资企业代表,河北侨梦苑代表等180余人参会。海外嘉宾以线上方式参会。

(马海涛)

【中关村数字化创新国际论坛】 9月14日,第三届中国仿真技术应用大会暨中关村数字化创新国际论坛在石景山区开幕。工信部、科技部、教育部,市、区两级有关领导及来自国内外数字经济、工业互联网等相关领域企业、高校、科研院所的近400名领导、专家、科技工作者出席。本次大会旨在推动以数字仿真为代表的工业技术创新资源向石景山区集聚,进一步助力石景山区打造工业互联网发展新高地。本次大会以"新时代/新形势下仿真技术的新应用"为主题,共分开幕式、主论坛、航空航天暨增材制造等7个专题专题论坛、"新时代/新形势下的仿真技术新应用"与"数字孪生与智能制造"两场高端对话、新技术新成果发布会、最佳实践案例发布等。同时,"数字化赋能万里行活动"在大会上正式发布。仿真技术作为数字经济时代的基础设施,是中国工业制造领域研发和科技创新的关键工具。

(李　丹)

【中关村工业互联网产业园核心区建设】 9月17日,中关村工业互联网产业园项目启动仪式在中关村石景山园西井地块举行。齐春利在奠基仪式上发布《石景山区促进中关村工业互联网产业园高质量发展暂行办法》。中关村工业互联网产业发展有限公司与12家单位进行创新生态联盟签约。创新生态联盟将为日后入园企业提供融资、智库、知识产权咨询、科技服务、节能环保、创投租赁、公共平台等专业性服务,构建工业互联网产业生态可持续发展的最强"有力军"。中关村工业互联网产业园项目是为加快推进中关村一区多园统筹协调发展,更好地贯彻落实新发展理念,促进北京市工业互联网产业发展,由区政府与中关村发展集团合作共同推动建设,打造"国内一流、世界领先"的高精尖产业示范园区及创新社区。中关村工业互联网产业园项目投资约90亿元,总建筑面积约45万平方米。

(曹　旭)

【6家VR企业荣获VR/AR创新奖】 10月19日,由工信部、江西省政府共同主办的以"VR让世界更精彩——融合发展、创新应用"为主题"2021世界VR产业大会",发布"中国VR 50强""VR/AR创新奖"等榜单。石景山区6家VR企业创新项目分别斩获VR/AR创新金奖和创新奖两项大奖,引领VR行业新趋势。其中,北京耐德佳现实技术有限公司的"自由曲面光学模组·

9月17日,中关村工业互联网产业园核心区建设破土动工　(园区供图)

灵越”、北京爱奇艺智能科技有限公司的“奇遇 34K + VR 一体机”、北京凌宇智控科技有限公司的“NOLO Sonic VR 一体机”荣获 VR/AR 创新金奖；达瓦未来(北京)影像科技有限公司的“虚拟现实在轻武器外弹道先进仿真系统中的研发与应用”、红色地标(北京)文化科技有限公司的“基于 5G + XR + 华为河图技术赋能的文化旅游模式”、中国动漫集团有限公司的“基于虚拟现实技术文物遗址互动展示”荣获 VR/AR 创新奖。

(李　丹)

【元宇宙产业实验室落成】 10 月 22 日，以“聚势数字经济，赋能创新发展”为主题的区块链经济专委会成立大会暨元宇宙产业实验室揭牌仪式在中关村石景山园召开。会议由中关村自主品牌创新发展协会，创佰汇前沿科技平台主办，石景山园管委会，中国信息通信研究院、中国中小企业国际合作协会等领导专家学者，行业技术领军人才出席会议。中关村自主品牌协会及创佰汇前沿科技平台创始人盖玉云、国务院资深参事沈梦培、中国中小企业国际合作协会新技术产业投资分会副会长兼秘书长、国际欧亚科学院材料科学部秘书长阮汝祥等与会嘉宾先后致辞。会上，全国首家元宇宙产业实验室揭牌，实验室的成立将为推动元宇宙产业发展、开启全新互联网时代提供新动力。大会宣布成立中关村品牌协会区块链经济专委会，并为特聘专家颁发证书。

(马海涛　杜　静)

【凌云数安科技入驻石景山】 10 月 27 日，北京汇志凌云数据技术有限公司正式搬迁入驻大正创想广场。北京汇志凌云数据技术有限公司(以下简称“汇志凌云”)隶属于 TCL 科技集团，主要为网络安全、虚拟现实集成系统等业务。汇志凌云在石景山区拓展业务范围，成立全资子公司北京凌云数安科技有限公司负责信息安全服务业务。

(刘子强)

【中航信移动科技入驻石景山】 10 月，中航信移动科技有限公司入驻石景山区古城创业大厦(工业互联网先导园)。中航信是中国民航信息网络股份有限公司的全资子公司，注册资金 18981 万元，主要产品为“航旅纵横”APP。

(杜　静)

【流金岁月文化公司挂牌北交所】 11 月 15 日，北京证券交易所开市交易。首批共有 81 家公司在北交所上市。园区文创企业北京流金岁月文化传播股份有限公司，作为石景山区首家正式获得北京首批股转系统精选层挂牌企业，名列北交所首批上市公司之列。

(李　丹)

【花滑协会与数智人工智能产业联盟签约】 11 月 19 日，中国花样滑冰协会与中关村数智人工智能产业联盟进行战略合作签约。中国花样滑冰协会主席、团市委副书记申雪，区领导齐春利等出席活动。此次中国花样滑冰协会与中关村数智人工智能产业联盟的战略合作，是石景山区顺应“智慧体育”发展趋势，促成体育产业与智能科技一次成功的跨界合作，将通过人工智能、虚拟现实等科技手段，围绕 AI 辅助竞技、动作识别与姿态分析、智慧场馆建设、训练保障和体育赛事信息化解决方案等方面开展合作。

(杨　莉)

【京蒙(赤峰)协作项目】 11 月 22 日，通过区发改委、园区管委会等相关部门、区挂职宁城县县委常委、副县长王君和园区企业的共同推动，宁城县政府副县长鞠李宏与园区独角兽企业北京快跑信息科技有限公司 CEO 王连涛就《宁城县人民政府 北京快跑信息科技有限公司合作框架协议》成功网上签约。该签约仪式以网络视频会议形式举办，采取网络云端签约形式，分 4 轮进行签约。同时，仪式上通报京蒙协作在赤峰的工作情况和网上签约项目情况。区发改委、园区管委会、北京快跑信息科技有限公司工作人员参加会议。

(梅传刚)

【中国虚拟现实产学研大会】 12 月 5 日，2021CVRVT 第七届中国虚拟现实产学研大会首次在石景山区以线上虚拟演播厅直播形式顺利召开。本届大会由中国产学研合作促进会、市经信局、石景山区政府主办，中关村石景山园管委会、中国虚拟现实技术与产业创新平台承办，大会以“虚拟现实让生活更美好”为主题，创新性利用 VR 演播厅、元宇宙 VR 展厅等形式，打破传统会议时间与空间的交流限制，可实现多人异地沉浸式协同、展商与观众虚拟空间内交流。中国工程院院士赵沁平、中国产学研合作促进会常务副会长陈小娅、市经信局副局长姜广智、石景山区领导王智勇、韩国科学技术院文化技术大学院院长 Wo ontack 等出席并致辞，中国科学院、清华大学、北京航空航天大学、纽约州立大学等顶尖专家学者，以数字孪生、人机交互、复杂局系统与虚拟现实技术发展为主题发布权威主旨报告，石景山园管委会正式发布石景山区“十四五”时期虚拟现实产业发展规划，邀请华为河图、耐德佳、艾迪普科技、亮亮视野、利亚德集团等重点企业代表参加圆桌论坛，共同探讨产业新场景新应用。据数据统计，大会吸引在线观众突破万人、虚拟现实展厅参观 2000 余人。大会采用视频与 VR 会议、VR 展览等形式陆续举行八场专题分论坛、虚拟现实技术与商业应用展览会、虚拟现实技术应用创新大赛、高校毕业生双选会等内容。

(付　航)

【“园小服”开讲】 12 月 10 日，在京西国际商事与人才综合服务港，由园区管委会和市场监管局共同举办的园小服企业培训正式开讲，市场监管局、知识产权机构和财税服务机构为近 20 家驻区孵化器和招商平台企业进行深入浅出的讲解，涉及企业工商年检申报流程、知识产权常识与经典案例、银行贷款注意事项、挂牌新三板流程、新三板分层机制等多个方面。

(翟媛媛)

【京西产学研创服务平台】 12 月 28 日，以“政企校研协同育才 赋能京西产业发展”为主题的京西产学研创服务平台启动仪式在中关村石景山园党群服务中心举行。中关村石景山园、中关村门头沟园、首钢工学院、首钢技

12月30日,首钢园六工汇获中关村石景山园特色产业园认定并授牌

(园区供图)

师学院以及包括畅游时空、中关村京西建设、北京城市大数据研究院、枭龙防务、侨创空间、IBM等区内外企业家代表在内的50余人参加会议。石景山区副区长李文化,门头沟区副区长颉换成以及市教委、市人社局领导分别以视频致辞、线上贺信形式祝贺平台启动。会上,两园与两院领导就京西“产学研创”服务平台进行签约并揭牌。作为平台支撑,双院与“侨梦苑、搜狐、智能园”等为代表的多家双园企业共同签署“人才培养体系”共建协议,从课程设置、师资培养、教材开发、实习实训、就业等方面开展深层次合作;与迪生数字、中天瑞合、首钢自动化等公司签订“新型学徒制”共建协议,创新提出“招工即招生、入企即入校、企校双师,联合培养”模式,共同培养高级技工型人才;与中科致远和北京城市大数据研究院签订产学研合作协议,利用大数据实现多元、动态、协同的运行系统;与侨创空间·侨梦苑共建校外双创基地,共同打造职教双创教育升级版;为枭龙、华科同安、易用视点、安博教育等20家企业高管颁发创业导师证书,为创新创业与产学研合作深入推进提供有力智力保障。

(罗耀玲)

【首批特色产业园授牌】 12月30日,中关村石景山园特色产业园授牌仪式在党群中心会议室举行,启迪香山、郎园PARK、工业互联网先导园、大正创想、首钢六工汇等5家产业园成为首批特色产业园。“特色产业园”的挂牌,将形成特色产业品牌影响力,释放百万平方米级别的优质空间,鼓励吸引工业互联网、虚拟现实、文化创意等领域的企业集群发展,形成营造创新生态的核心载体,打造具有竞争力的产业集群和创新集群,带动和辐射区域实现产业转型发展。

(罗耀玲)

【入选“中国智能制造十大科技进展”】 12月,园区企业北京航天智造科技发展有限公司联合航天科工空间工程发展有限公司申报的“小卫星智能生产线”项目成功入选“2021年中国智能制造十大科技进展”。该产线作为国内首条以柔性智能化、数字孪生和云制造技术为特点的智能批量生产线,以智能制造等先进技术为导向,建设“18类硬件系统、6大软件”,涵盖仓储与物流、智能部装、总装、测试与试验等多个分系统,能够实现卫星从零部组件入库到整星下线的全部生产流程,项目成果将提供卫星智能生产线整体解决方案,并可推广应用于其他军工、民用产品。目前,该产线已承担3个型号共7颗卫星的生产任务,助力低轨卫星互联网星座建设,推动航天产品生产智能化转型升级,全面提升科技创新能力,维护空间安全。

(杜 静)

【六工汇完工】 12月,首钢园北区六工汇、香格里拉酒店、制氧创新中心等项目完工。六工汇位于北京首钢园北区核心区域,由首钢基金和美国铁狮门共同打造,由11栋产业办公楼和一座购物中心组成,将作为园内重要基础设施,为北京冬奥会提供公共服务。产业方面,六工汇依托首钢园区,将百年工业遗存,与科技、商业、未来产业融合发展,打造城市复兴新地标,也为废弃工业园区的利用和改造,提供良好的示范。石景山园授予其“中关村石景山园‘低碳创新’特色产业园”称号。

(杜 静)

教 育

综 述

【概况】 2021年,石景山区有各级各类幼儿园共计48所62址,其中教育部门办园10所13址、部队办园2所、集体办园1所、地方企业办园4所8址、民办园31所38址(普惠园17所22址)。班数共计620个。在园幼儿共计17158人,入园5400人,离园3367人。教职工共计2873人。全区有小学共计25所,全部为教育部门办学。另有一贯制学校小学部10处(不计校数)。小学阶段教学班班数共计771个。在校生共计24855人,招生4548人,毕业3494人。教职工共计1358人。中学共计21所,其中教育部门办18所、地方企业办1所、民办2所。按办学类型分为初级中学6所(全部为教育部门办学),九年一贯制学校5所(教育部门办4所、民办1所),高级中学2所(全部为教育部门办学),完全中学3所(全部为教育部门办学,含北京市十一学校石景山实验中学,该校正在筹建,尚未招生,所有教职工(含47名专任教师)在校本部涵养培育;不含北京市礼文中学,该校已停办,无学生、无教职工、无资产。十二年一贯制学校5所(教育部门办3所、地方企业办1所、民办1所)。另有附设普通高中班1处(不计校数)。初中班数共计288个,高中班数共计139个,在校生共计12933人(初中8824人、高中4109人),初中招生2976人,高中招生1450人,教职工共计2967人。职业高中共计2所,全部为教育部门办学。在校生234人,在编教职工150人,其中专任教师95人。特殊教育教育部门办1所。在校生88人。另有小学随班就读学生29人,初中随班就读学生37人。在编教职工34人。辖区有北方工业大学、中国科学院大学、北京工业职业技术学院、首钢工学院、国家检察官学院等高等院校。

石景山区教育委员会(简称区教委)是区政府主管教育事业的职能部门,负责管理、推动发展全区学前教育、基础教育、职业教育、成人与社区教育等工作。下设科室22个,有公务员72名,下属现代教育技术中心、青少年活动中心、业余大学等单位12家。年内,区教委优化学前教育资源布局,接收配套幼儿园3所,增加学位810个,普惠性幼儿园覆盖率达到87%。编制完成并实施石景山区"十四五"教育信息化发展规划,开展智慧校园达标建设,持续推动"互联网+基础教育"项目建设,推进"双师课堂"建设,积极构建双师背景下的优质教学资源"内循环、外循环和大循环"。推进北大附中石景山学校(新址)、北京市十一学校石景山学校、金顶街小学施工建设和衙门口配套学校、首钢东南区配套学校前期手续办理。持续深化"双减"校内工作"大学习大讨论大检查大落实"行动,建立暑期托管的长效机制,确保"双减"工作取得显著成效。持续开展教师支教、教师培训、学校结对、精准助学等项目,高效推进与内蒙古、青海、河北、天津、河南等地区的教育合作交流。出台《石景山区贯彻落实<深化新时代教育评价改革总体方案>的工作方案》,推动教育评价改革任务落实。持续推进"石景山区拔尖创新人才培养育苗工程"和高三学习力提升工程,加强创新人才培养。打造石景山区武术进校园品牌,开展第36届中小幼师生四联展、第8届墨香书法活动。举办区、集团、校、班四级体育赛事,统筹区域运动场馆、体育设施用于学生体育锻炼。对全区40余所学校实施中小学校普通教室照明改造,开展心理健康体检,建立完善市区校三级医教结合心理危机干预体系。推进实施《石景山区教育系统人才引进暂行办法》,引进高层次教育人才。聘请25名左右国内优秀教育专家和团队,带动教师队伍发展。推进中小学教师"区管校聘"试点。开展中小学幼儿园挂牌责任督学经常性和专项督导、中小学校发展素质教育督导、集团化办学改革绩效督导、幼儿园办园质量督导评估问题整改。开展区教育工作满意度调查。

(丁荣利)

【参加北京市学生艺术节】 3月13日至5月29日,在北京市第二十四届学生艺术节合唱、器乐市级展演活动中,石景山区京源学校等七所学校取得四金三银的成绩。

(金清苗)

【教育工作领导小组会】 4月14日,区委教育工作领导小组2021年第一次会议召开。会议原则同意《石景山区关于减轻中小学教师负担进一步营造教育教学良好环境的具体措施》《石景山区关于深化新时代教育督导体制机制改革的实施方案》《石景山区关于全面加强和改进新时代学校体育工作的实施方案》《石景山区关于全面加强新时代中小学劳动教育的实施方案》。8月17日,区委教育工作领导小组2021年第二次会议召开。会议原则同意《石景山区关于进一步减轻义务教育阶段学生作业负担和校外培训负担的实施方案》。

(张 蕾)

【"体教融合·植根计划"】 4月15日,中国滑冰协会在景山学校远洋分校举办"体教融合·植根计划"行动启动暨石景山区实验基地授牌仪式。国家体育总局青少年体育司司长王立伟、石景山区委常委副区长周西松、中国中学生体育协会主席薛彦青、人民教育出版社副总编张廷凯、中国滑冰协会主席李琰等20余名领导嘉宾出席仪式共同为滑冰"体教融合·植根计划"石景山区实验基地揭牌。中国滑冰协会主席李琰在仪式上发布"体教融合·植根计划"行动计划。该计划旨在培养滑冰指导员,帮助青少年掌握滑冰技能,建立人才库带动营造校园体育氛围,并搭建校园体育赛事平台。

(金清苗)

【劳动教育】 4月25日,区委教育工作领导小组印发《石景山区关于全面加强新时代中小学劳动教育的实施方案》(京石教组发〔2021〕6号),推动全区中小学劳动教育全面开展;以"五一"劳动节为契机,中小学校组织学生开展学习劳模、劳动实践活动,举办劳动教育现场会;11月区教委开展中小学校落实"双减"任务中德育、劳动教育优秀做法征集活动,推进学校劳动教

4月15日，中国滑冰协会“体教融合·植根计划”行动启动暨石景山区实验基地授牌仪式（区教委供图）

育；年内印发《石景山区中小学生暑假生活实践手册》《石景山区中小学生寒假生活实践手册》5万余册，组织中小学生以寒暑假为契机，开展生活劳动实践。

（康爱农）

【中华经典诵写大赛】 4月27日，石景山区语委组织开展以“传承中华经典，庆祝建党百年”为主题的中华经典诵写讲系列大赛。活动通过诵读、讲解、书写、篆刻等多种方式庆祝中国共产党建党100周年，歌颂建党百年光辉历程，展现举世瞩目伟大成就。参加活动区级预赛的书法、篆刻作品230余件，经典诵读、诗词讲解的视频作品20余件。经推荐参加市级比赛获得一等奖的作品10件，获得其他奖项作品20余件。

（彭中群）

【“万人共绣一面党旗”】 5月13日，以“共绣一面党旗，共学一本党史”为主题的石景山区教育系统“万人共绣一面党旗”活动启动仪式在青少年活动中心金鹏剧场举行，区委组织部、区委宣传部、区委教育工委、区教委领导出席活动。现场与会领导为教育系统党史教育宣讲团成员颁发证书，并与党员教师、学生代表共同开启主题卷轴，在党旗上接力绣针。5月至6月，党旗在教育系统近70家单位传递，各学校的干部、教师、学生万人共绣一面党旗，向党的生日献礼。

（徐继先）

【一体化德育实践研究】 5月17日，区教委与北京市学校德育研究会签订合作协议，石景山区被确定为“北京市一体化德育实践研究示范区”，双方开展为期3年的项目合作。区教委制定《石景山区建设北京市一体化德育实践研究示范区建设实施方案（2021—2023）》，组建理论研究小组开展幼小初高分阶段学生身心发展特点研究；8个教育集团分别围绕理想信念、社会主义核心价值观、中华优秀传统文化、生态文明、心理健康教育，探索构建主题德育内容体系。

（康爱农）

【党史知识竞赛】 6月15日，石景山区教育系统举行“学党史 知党情 跟党走”百场党史知识竞赛团体总决赛。竞赛分为党支部初赛、教育集团联合党委复赛、区级团体总决赛，教育系统两千余名党员先后参与，组织竞赛近百场。最终来自全区各教育集团联合党委、直属单位的9支代表队入围决赛，通过角逐，直属单位代表队获得冠军。

（王　蕾）

【“红色风采”成果展演】 6月25日，石景山区社区教育举办庆祝中国共产党成立一百周年“红色风采”社区教育成果展演活动。参加单位有石景山区委宣传部、石景山区教委、各街道及全区各街道优秀学习社团。此次“红色风采”社区教育成果展演活动，以内容新颖、形式丰富、主题鲜明的展演节目和展览作品为载体，展现石景山区社区教育和学习型社团建设发展成果。

（彭中群）

【建党100周年表彰大会】 6月30日，区委教育工委在石景山区青少年活动中心举行“担当教育使命 共迎建党百年”庆祝中国共产党成立100周年表彰大会，表彰教育战线上的优秀共产党员、优秀党务工作者和先进基层党组织。现场播放党建短片《党建引领 立德树人 奋力谱写新时代石景山教育新篇章》并做“共绣一面党旗，共学一本党史”主题活动成果展示。区委教育工委书记石显富带领四十五名新党员现场宣誓。表彰大会采用歌舞、朗诵、党史创意宣讲等多种文艺形式，歌

6月25日，石景山区“红色风采”社区教育成果展演　（区教委供图）

颂党的百年光辉足迹和丰功伟绩。

(王　蕾)

【评选师德优秀教师】 6月,石景山区教育系统开展2021年师德优秀教师评选活动。通过民主推荐,政治业务考核并经各单位党总支(支部)批准,真正把爱岗敬业、师德突出的优秀教师推荐参评区级师德优秀教师。获得2021年石景山区教育系统师德优秀教师称号的教师共计129人。

(许红军)

【共育机制工作现场会】 7月13日,2021年石景山区学校、家庭、社会共育机制工作现场会在区文化中心四层多功能厅召开。现场会上对《石景山区健全完善学校、家庭、社会“三结合”教育网络工作方案》进行解读,发布涵盖303场活动的《2021年石景山区青少年校外活动场所暑期活动安排》。区文化中心、外语实验小学、景山学校远洋分校分进行经验介绍。各相关行政主管部门、街道、公益文化设施、爱国主义教育基地、中小学负责人参会80余人参加会议。

(马　新)

【爱乐交响乐团成立】 7月17日,石景山区中小学生爱乐交响乐团成立仪式在区青少年活动中心举行。石景山区委常委、副区长周西松,区委教育工委副书记、区教委主任李秀兰,区文化和旅游局党组书记、局长王亚迅,中国爱乐–青少年交响乐团团长翟佳,中国爱乐乐团大提琴副首席关正跃,全区中小学校校长、首批团员和家长共100余人参加活动。成立仪式由区教育委员会副主任孟驰主持。

(金清苗)

【思想道德建设工作部署会】 7月23日,2021年未成年人思想道德建设工作部署会召开。区委领导,区未成年人思想道德建设工作领导小组成员单位、各街道办事处主管领导参会。与会人员学习新修订实施的《中华人民共和国未成年人保护法》,部署2021年未成年人思想道德建设重点工作。会议还听取区教委对校园周边200米“五无”专项整治情况的汇报,相关部门进行表态发言。

(马　新)

【第24届普通话宣传周】 9月12日至18日,区语言文字工作委员会(简称区语委)在全区开展以“普通话诵百年伟业,规范字写时代新篇”为宣传主题的第24届全国推广普通话宣传周活动。参加活动的单位有石景山区各委办局、街道、社区、社会团体及所有中小学,参加人员为石景山区所有居民。区语委共发放语言文字宣传袋10000多个,语言文字宣传册3000多册,其他语言文字宣传品1500余件。活动将推广普通话宣传活动与全区创建文明城区活动结合起来,将推广普通话工作融入创城工作中,同时借助创城工作平台,推进推广普通话宣传工作。

(彭中群)

9月12日至18日,石景山区举办第24届普通话宣传周活动(区教委供图)

【中小学生足球联赛】 9月22日至10月26日,区教委和区体育局联合主办石景山区中小学生足球联赛,由石景山区足球协会承办。经过35天的激烈角逐,北京九中、京源学校、九中分校分别获得高中男子组、初中男子组、中学女子组第一名。金顶街第二小学获得小学男子甲、乙组,小学女子组第一名。

(金清苗)

【依法治校达标创建工作】 9月29日至10月21日,按照市教委对中小学依法治校达标创建相关工作要求,区教委组成联合检查组对八大教育集团核心校逐一开展依法治校达标创建工作现场检查。检查组通过听取学校依法治校工作汇报、查阅档案、实地查看、问卷调查等方式,对标对表《北京市中小学依法治校基本标准》,从依法治校制度体系健全合法、学校内部治理结构健全完善、育人环境平等公正法治安全、依法治校工作体系科学合理良好运转4大方面72项标准开展细致检查,对依法治校工作中需要进一步改进的工作提出建议和要求。

(向　菲)

【共做冰雪操】 10月8日,教委组织小学体育教师在金顶街第二小学体育馆进行冰雪操动作培训。为增强学生身体协调性、大范围普及冰雪运动,石景山区体育教师在教研员及专业运动员指导下完成名为《律动冰雪》的体操创编。

(金清苗)

【“迎冬奥 一起来”活动】 10月,在冬奥倒计时100天来临之际,区教委发布“迎冬奥 一起来”系列活动方案,“学起来”“唱起来”“滑起来”“画起来”“做起来”——五大活动主题贯穿始终,各单位把主题教育实践活动列入重要日程,作为学校冬奥教育的重要内容。

(金清苗)

【全民终身学习活动周】 10月至12月,

9月22日，石景山区中小学生足球联赛开幕　　（区教委供图）

区教委在全区开展以"数字赋能终身学习，提质增效服务冬奥"为主题的全民终身学习活动周活动。活动不仅包含具有特色的石景山区第九届厨艺风采大赛、石景山区第八届市民花卉节、石景山冬奥英语市民公益英语大课堂等系列社区教育活动，还包括遴选2021年石景山区"优秀学习社团"、评选表彰2021年石景山区"学习之星"等活动。

（彭中群）

【依法治校培训】 11月4日至11日，区教委对全区46所中小学依法治校负责人开展依法治校工作线上专题培训。分别从未成年人保护法的新发展与学校保护的新要求、学校依法治校与校园安全事故的预防和处理、《北京市中小学校幼儿园学生伤害事故处理办法》解读、合理行使教育惩戒，促进学生全面发展等4个主题结合相关法律法规和丰富的案例，进行深入浅出的讲解，为干部教师提供在法治的轨道上解决工作难点的思路和方式，对学校在新形势下做好依法治校工作给予有益的指导。

（向　菲）

【心理健康教育实践研究学校】 11月，北京市首批中小学心理健康教育实践研究特色学校评选结果揭晓，全市共选出28所，石景山区北方工业大学附属学校、北京市古城中学、石景山区古城第二小学3所学校榜上有名。

（康爱农）

【语言文字工作会】 12月29日，区语委组织召开石景山区语言文字工作会。区领导、区教委领导、区语委成员单位及各学校语言文字工作负责人近百人参会。会议对近几年全区语言文字工作开展情况进行总结，并有3位基层单位代表作交流发言。大会发布《石景山区全面加强新时代语言文字工作三年行动计划(2021－2023年)》，要求各单位要抓住"冬奥"和"创城"的双重机遇，在常态化疫情防控条件下奋力开创语言文字工作新局面。

（彭中群）

【德育心理教育评比】 年内，区教委、北京教育学院石景山分院(简称教育分院)组织中小学参加北京市第三届立德树人研究成果征集活动，推荐成果全部获奖，包括特等奖3项，一等奖7项，二等奖6项，三等奖6项；参加北京市第十一届中小学心理健康教育优秀成果评选，推荐成果全部获奖，包括特等奖2项，一等奖8项，二等奖11项，三等奖8项，成绩突出。

（康爱农）

学前教育

【概况】 2021年，石景山区有各级各类幼儿园48所62址，其中教育部门办园10所13址，地方企业办园3所7址，事业单位办园1所，部队办园2所，集体办园1所，民办园31所38址，其中普惠性幼儿园33所47址。教职工2873人，其中专任教师1376人。教学班620个，幼儿园占地面积2.81万平方米，校舍面积1.97万平方米。全区在园幼儿17158名，其中普惠性幼儿园在园幼儿14900名，普惠率达到86.8%。石景山区持续贯彻扩大高质量学前学位供给和建设高质量师资保障体系的工作精神，以不断提高普惠率，不断提升办园

11月26日，石景山区第十七届全民终身学习活动周开幕式暨石景山区第九届快乐厨艺风采大赛　　（区教委供图）

品质为指引,构建广覆盖、保基本、有质量的学前教育公共服务体系。

(祁　矛)

【保育员职业技能培训】 1月5日至15日,区教委联合区学前研修室共同组织石景山区幼儿园保育员职业技能提升培训,培训包括理论学习和实操学习,通过线上线下相结合的方式开展,全区共计560多名保育员参与此次培训。

(祁　矛)

【"萌芽杯"表彰会】 3月25日,石景山区召开学前系统第十七届"萌芽杯"教育研究系列活动的表彰会。会议对在第十七届萌芽杯说课评比中获奖的各位教师进行表彰。

(祁　矛)

【幼儿园与小学科学衔接研究】 6月11日,石景山区学前系统组织召开落实幼儿园与小学科学衔接研究项目启动会。项目实验园校的负责人以及全区各类型幼儿园园长参加会议。

(祁　矛)

【推进幼小双向衔接】 6月11日,石景山区学前系统组织组织"如何从课程与教学法的融合创新来推进幼小双向衔接——国际经验与国内探索"为主题的幼小科学衔接专题培训。全区62所幼儿园的园长、业务园长及骨干教师通过线上线下相结合的方式参加培训。

(祁　矛)

【学前教研展示活动】 6月25日,区教委联合区学前研修室共同组织"北京市学前教育教研指导网络机制建设与实践推进"项目区域调研暨石景山区学前教研展示活动,活动在石景山区实验幼儿园进行,市区研究员以及学前全覆盖教研第三组的业务管理者和老师们等近80人参加活动。

(祁　矛)

【"示范幼儿园"授牌】 8月27日,区创城办、区教委联合对北京师范大学石景山附属幼儿园和京源学校幼儿园进行"示范幼儿园"验收授牌。第三方机构测评专家在现场对幼儿园创城环境布设要求进行讲解和指导,全区61所幼儿园负责人进行观摩。

(马　新)

【学前教育培训】 9月15日,区教委联合区学前研修室共同召开年石景山区学前教育教师培养工作坊启动会。全区各类型幼儿园园长及工作坊老师们参加会议。同日,区教委学前科组织全区"适应发展新形势,办有质量的学前教育"专题培训活动。全区共计62所幼儿园的近100名园长及骨干教师参加培训。9月28日,区教委学前科组织全区62所幼儿园的100余名园长和业务园长参加"高质量幼儿园建设的理念与路径"的线上培训活动。

(祁　矛)

【"萌芽杯"录像课展评】 12月9日至10日,区教委学前教育科、分院学前研修室组织第十八届"萌芽杯"——"我的精彩一课"幼儿园教师录像课展评活动,全区共150名教师参加活动。

(祁　矛)

【学前教育督查】 年内,区教委共开展6轮针对全区各类型幼儿园的督查活动,2名专职督查员通过实地走访、线上督查、查阅档案、参与保育教育活动等形式督促幼儿园进行规范管理,督查检查与常态防疫相结合,提升幼儿在园一日生活质量。

(黎　铮)

基础教育

【概况】 2021年,石景山区小学共计25所,全部为教育部门办学。另有一贯制学校小学部10处(不计校数)。小学阶段教学班771个,招生4548人(其中非京籍招生1294人),在校生24855人(其中非京籍在校生7099人),毕业生3494人(其中非京籍毕业生1037人);小学入学率100%,巩固率100%,毕业及格率100%。中学21所,其中初中6所,高中2所,完全中学3所,一贯制学校10所;中学阶段教学班共427个,其中初中288个教学班,高中139个教学班;中学阶段在校生共12933人(其中非京籍在校生2731人),其中初中8824人(其中非京籍学生1782人),高中4109人(其中非京籍在校生949人);中学阶段招生共4426人(其中非京籍881人),其中初中2976人(其中非京籍589人),高中1450人(其中非京籍292人);中学阶段毕业生共3203人(其中非京籍722人),其中初中2216人(其中非京籍493人),高中987人(其中非京籍229人);初中入学率为100%,普通高中录取率为69.4%,高考录取率为89.3%,应届高考录取率为99.4%;中小学教职工4325人,其中专任教师3550人。特殊教育学校数1所,10个教学班,招生12人,结业6人,在校88人;教职工34人,其中专任教师30人;随班就读学生71人。残疾儿童入学率100%,巩固率100%,结业率为100%。校外教育单位1个,教职工62人,其中专任教师43人。小学教师学历合格率100%,初中教师学历合格率100%,高中教师学历合格率100%。中小学具有高级技术职称961人,具有中级技术职称1505人。

(王贤鑫)

【高三期末质量分析会】 1月30日,高三年级期末考试质量分析会在教育分院召开,教委、分院主管领导,各高中学校校长、教学副校长、教学主任、高三年级组长等50余人参加会议。基教研部门分学科把测试的成绩进行统计分析,并基于数据对各学校的教学工作进行诊断,挖优点,找不足,并建议各学校备考工作要回归学科基础,科学选题、高效教学,准确定位、认真分析,个别指导、重点培养,整体架构、提升能力。与会领导要求各高中学校不断强化核心意识、切实加强高三工作的组织领导,突出强化目标意识、坚定提升质量的信心和决心和深入研究分析、强化复习备考策略的科学性和实效性三大方面对高三教学工作特别是下一阶段的复习备考工作提出具体的要求和建议,为2021年高三年级复习备考工作提供指导。

(施　爽)

【高三模拟练习质量分析会】 4月21日,石景山区高三模拟练习质量分析会在区教育分院召开,区委教工委书记石显富、区教委副主任胡光熠、区教育分院院长李文、全区各高中学校校长、教学副校长、教学主任、高三年级组长和教研组长及全区高中教研员共50余人参加会议。区教育分院分学科从成绩分析、存在问题及复习建议等方面做详细的质量分析。会议指出，各校要强信心，重积累，加强高三工作的组织领导；问题清，目标明，优化教育教学工作的规划策略；对策准，效率高，全面提升高三教学质量。

（施 爽）

【创新人才培养项目】 4月，北京教育科学研究院北京青少年科技创新学院每年对创新人才培养项目进行上一年度验收和下一年度申报评审。在区教委组织下，区项目学校北京九中、京源学校、古城中学圆满完成2020年验收。同时，上述三所项目学校以及区教委统筹的爱乐实验小学、京源学校（小学部）、实验小学、苹果园第二小学顺利通过2021年项目申报。北京市基础教育阶段创新人才培养项目是面向全市中小学生开展的育人模式创新和创新人才培养项目，旨在为有创新能力、学有余力的学生提供研究性学习平台，培养创新能力，石景山区自2008年参与项目。

（荆 林）

【特殊教育提升计划实地评估】 4月，市教委专家组到石景山区落实"特殊教育提升计划（2017—2020年）"情况实地评估，并给予充分肯定。对于评估组提出的意见和建议，区教委制定对应的整改方案，并经主任办公会和工委会审议通过，后期区教委进一步落实"提升计划"，将学前融合教育纳入全区特殊教育体系，促进区域特殊教育体系不断完善。

（荆 林）

【第四届融合教育评优课】 4月至5月，石景山区第四届融合教育评优课活动完成，评优课参赛53课次，涉及12个学科，涉及到融合教育学生79名。石景山区自2015年开始，每两年举办一届融合教育评优课活动，要求开展融合教育的普通义务教育学校推荐教师参加，旨在促进普通学校持续关注和加强融合教育，促进相关教师提升融合教育专业素养。

（荆 林）

【"四史"知识竞赛】 5月25日，石景山区委教工委、区教委在石景山区青少年活动中心金鹏剧场举办石景山区中小学生"四史"学习知识竞赛中学组团体决赛。全区中小学教育教学干部、学生约150人现场观赛。经过必答、抢答、选答、讲述、情景等环节的角逐，最终赛出一等奖1名、二等奖3名、三等奖4名。

（王贤鑫）

【第35届师生"四联展"】 5月至9月，石景山区举办主题为"党在我心中永远跟党走"的石景山区第35届中小幼师生"四联展"活动。表达石景区教育系统广大师生迎接党的100年诞辰的喜悦心情，展现师生永远跟党走的信念和决心。"四联展"继承和发展相结合，将以往的"绘画、工艺、书法、篆刻"展示内容调整为"绘画、工艺（含篆刻）、劳技、科技"。共展示中小幼师生作品3551件，教师作品856件，参展中小学、幼儿园82所，布展社区橱窗121个。

（荆 林）

【高中多样化发展调研】 9月23日至28日，区教委基础教育科联合石景山教育分院教育科研中心对全区所有公办高中学校进行多样化特色发展专项调研，10月撰写调研报告。旨在了解高中学校关于深化育人方式改革推进学校多样化特色发展的现状，梳理深化育人方式改革推进学校多样化特色发展的举措与路径。

（王贤鑫）

【学业监测质量分析会】 9月30日，区教委基础教育科联合石景山教育分院基教研中心举行全区五八年级期末监测质量分析会。会上，石景山教育分院基教研中心对五八年级整体监测情况和各学科监测情况进行全面分析。会议对落实好"双减"背景下学校教育教学各项工作，全面提升教育教学质量。

（王贤鑫）

【研学旅行管理】 9月，石景山区教委制定并印发《石景山区教育委员会关于加强全区中小学研学旅行管理工作的实施方案》，发挥研学旅行的实践育人功能，突出实践性、探究性和综合性，促进书本知识和生活经验的深度融合，推动区域人才培养模式创新和全面实施素质教育，培育德智体美劳全面发展的社会主义建设者和接班人。

（荆 林）

【"双师课堂"项目】 10月，石景山区举办"双师课堂"展示与交流活动，双师课堂一期项目已完成3所实验校39间教室所有设备安装并完成调试，完成实验校100余名教师培训，双师课堂教学完成10节研究课。在石景山区双师课堂一期资源建设项目基础上申请二期建设。11月26日，举行双师课堂二期建设项目方案论证会。

（王贤鑫）

【第十五届翱翔学员推荐】 10至11月，按照北京市教委《关于开展北京市基础教育阶段第十五批翱翔培养学员推选工作的通知》要求，在全区普通高中学校开展翱翔学员推荐选拔工作。按照疫情防控要求，2021年市级评选采用线上方式开展。北京九中、京源学校、古城中学、首都师范大学附属苹果园中学、景山学校远洋分校等5所高中校共推荐27名学员参与市级评选，成为第十五批翱翔学员，后续学员将有机会到在京高校重点实验室，在知名专家教授指导下，与大学生开展探究性学习和实验。

（荆 林）

【"守正杯"活动】 10月至11月，石景山区第十九届中小学教育教学培训与展示活动暨"守正杯"思想政治学科教学和优秀课例评比活动圆满完成。活动以"坚持立德树人，贯彻五育并举"为主题，分德育、心理、课程、学科（教研活动）、守正杯、团队等6类进行，全区各中小学共907位教师参展，展示各类活动299项。教学设计方面，共有53篇教学设计获一等奖，82篇获二等奖，84篇获三等奖；现场展示方面，共有63节教研活动或课堂教学获一等奖，92节获二等奖，93节获三等奖。活动结束后，编辑出版石景山区第十九届教育教学展示活动"优秀教学设计集"，收录32篇优秀教学设计。

（施 爽）

【"墨香书法"展示】 10月至12月，石景山区举办第7届中小学师生“墨香书法”展示活动,主题确定为“妙笔生花迎冬奥,翰墨丹青庆华章”,抓住北京市承办第24届冬季奥林匹克运动会契机,引导中小学师生书写“冬奥故事”,号召教育系统广大师全体师生凝心聚力,为办好冬奥会做出教育系统的贡献。活动征集的师生书法作品1000余份,经评300多份作品获得优秀奖,后期将通过公众号、学校宣传栏等形式予以展示。

(荆　林)

【普通高中宏志奖学金】 11月,区教委按照市教委统一部署,完成石景山区普通高中宏志奖学金的申报、评选、审核等工作,普通高中宏志奖学金下拨到学校,石景山区共50名学生得到此项教育资助。

(施　爽)

【推进中华优秀传统文化】 11月,石景山区教委制定并印发《石景山区关于进一步推进中小学中华优秀传统文化教育的工作方案》,指导全区中小学进一步开展中华优秀传统文化教育,以传承中华优秀传统文化和践行优秀传统美德为重点,促进中华优秀传统文化教育在学校深入开展,增强全体学生的民族文化认同感和自信心。

(荆　林)

【中小学武术进校园项目】 11月至12月,区教委举办“中小学武术进校园项目教学成果线上展演”,全区28个项目学校全部参加,参演节目包括集体武术操、社团武术表演和个人武术才艺展示等。经评7所学校获得教学成果一等奖。

(荆　林)

【“双减”工作督导检查】 12月8日至10日,北京市教育督导委员会对石景山区政府履行教育相关职责情况和“双减”工作落实进行实地督导检查。督导组通过听取汇报、召开座谈会、实地察看学校和查阅档案等形式对石景山区教育督导问题整改、深化教育督导改革、推进“双减”工作落实等三方面工作进行全面细致的考察。督导组专家对石景山区教育督导问题整改和“双减”工作推进情况给予充分肯定和高度评价。

(王贤鑫)

【民办学校业务管理】 12月13日,根据市教委要求,区教委基础教育科对2所民办学校的教学管理情况进行全面的梳理调研,撰写完成《石景山区民办义务教育教学管理工作报告》,并报送市教委基础教育一处。

(王贤鑫)

【小学生暑期托管服务】 年内,石景山区教委成立专项工作领导小组,制定《2021年石景山区教育系统小学生暑期托管服务工作方案》全面扎实开展小学生暑期托管服务。经过周密部署,严密组织,科学管理,全区7所小学作为暑期托管承办校,全部完成两期共24天的暑期托管服务工作。参加托管服务的学生共计314人,参加托管服务的校级领导32人、中层干部40人、教师204人、校医和安保人员61人。

(荆　林)

【“当代好课堂”项目】 年内,区教委通过线上线下相结合的方式指导学校进行课堂教学改革培训与实践工作。全年加大线上学校入校力度,入校覆盖率达到90%,共完成线上指导33次,线下入校83次,组织专家讲座、课例研修、教研组建设指导等多次联合活动,涉及到石景山区非加盟校、教育分院、区级学科工作室,同时借助“当代好课堂”平台引进海淀区优质教学资源,实现跨区域联合教研。通过海淀、西城知名专家引领,项目学校在课程建设、课堂教学、教师队伍建设、教学评价、教科研水平、学校文化等方面发生良好的转变,呈现一大批优秀课例、论文、作业等,学校基本实现“以学生为中心”的课堂。

(王贤鑫)

【落实“双减”工作】 年内,区教委结合双减工作要求,制定《石景山区关于进一步减轻义务教育阶段学生作业负担和校外培训负担的实施方案》和《石景山区进一步优化课后服务工作实施方案》等文件,对校内提质增效工作主要是减轻作业负担、优化课后服务和提升教学质量等做出明确具体的规定。建立健全问题整改反馈、教科研视导、督查指导、家校共育和宣传引导六项机制。持续坚持“双减”工作日报、专报工作机制。通过召开4次全体校长会、2次全体教学干部工作会和组织五项管理培训及骨干教师“双减”专题培训班等。全区中小学围绕“双减”开展校级研究活动626次,区级研究活动194次,市级研究活动65次,共885次。

(王贤鑫)

高等教育

【概况】 石景山辖区内有北方工业大学、中国科学院大学、北京工业职业技术学院、首钢工学院、国家检察官学院等高等院校。北方工业大学(简称北方工大)由北京市教育委员会举办,为理工类院校,设有1个校区,设置12个院(系、部)。开设50个本科专业,学校硕士学位授权点覆盖7个学科门类,具有1个服务国家特殊需求博士人才培养项目;硕士一级学科学位授权点17个,专业学位授权类别10个,北京高校高精尖学科1个。国家级一流本科专业建设点13个,北京市级一流本科专业建设点7个,北京高校重点建设一流专业2个。北京重点实验室4个。教职工1173人,其中,专任教师906人,包括正高级163人、副高级351人;博士生导师31人、硕士生导师457人;双聘院士1人;“国家高层次人才特殊支持计划”领军人才1人。外籍教师12人,其中,教授3人、副教授4人。学历教育学生中毕业生4330人,其中,研究生828人(博士生1人、硕士生827人)、普通本专科生2797人(本科生2797人、专科生0人)、成人教育本专科生705人(本科生458人、专科生247人)。本科毕业生就业率97.64%。招生6078人,其中,研究生1211人(博士生12人、硕士生1199人)、普通本专科生3343人(本科生3343人、专科生0人)、成人教育本专科生1524人(本科生1524人、专科生0人)。北京工业职业技术学院(简称北工职院)学校由北京市教育委员会举办,为理工院校。设有1个校区,设置

1月9日，北京工业职业技术学院马克思主义学院成立大会 （北工职院供图）

7个院(系、部)。开设35个专业。教职工528人。专任教师361人，包括教授及教授级高级工程师36人、副教授及高级工程师148人；博士47人，硕士160人；“双师型”教师190人。聘请校外教师34人。毕业生1668人，其中，高职生1504人、中职生164人、成人教育专科生0人。毕业生一次就业率98.34%，一次签约率75.47%。招生1750人，其中，高职生1134人、中职生616人。

（钱丹红　胡军伟）

【北工职院马克思主义学院成立】 1月9日，北工职院举行马克思主义学院成立大会。中国职业教育学会会长、原教育部副部长鲁昕到会为学院揭牌；北京市委教育工委副书记狄涛以线上方式致辞表示祝贺。马克思主义学院是在学校原思政课教学部基础上成立的思政课教学机构，直属学校党委领导，承担统一开设全校思想政治理论课、管理思想政治理论课教师、负责马克思主义理论学科建设的任务；现有专职教师15人，其中副教授8人，讲师7人。

（白旭东　胡军伟）

【施耐德应用工程师学院揭牌】 3月25日，中法能效管理应用人才培养和研究中心暨施耐德电气城市能效管理应用工程师学院揭牌仪式在北工职院举行，标志着在能效管理领域，中法两国共同合作成立的首个创新研究中心正式落地。法国驻华大使馆大使罗梁(Mr. Laurent Bili)，教育部国际交流与合作司副司长方军，北京市教委一级巡视员黄侃，施耐德电气全球执行副总裁、中国区总裁尹正，学校党委书记高喜军、校长安江英等领导和嘉宾，以及学校各职能部门负责人和教师学生代表参加揭牌仪式。

（白旭东　胡军伟）

【“中文+职业技能”研究基地落户】 9月3日，服贸会国际教育服务贸易论坛在北京首钢园召开，“中文+职业技能”实践与研究基地在服贸会教育专题展国际教育服务贸易论坛上举行启动仪式。北工职院“中文+职业技能”实践与研究基地主要职能为通过建立中文+职业技能教育北方校企协作机制，按照强强联合、优势互补原则，吸引政、校、行、企等相关机构积极参与，共同开展中文+职业技能教育领域的交流合作；开展中文+职业技能培训，开发中文+职业技能教学资源，探索依托海外中资企业及外方相关机构，试点推进“中文工坊”等相关项目，同时开展中文+职业技能教育理论研究和区域国别调查研究，发挥中文+职业技能教育智库作用等。

（白旭东　胡军伟）

【北方工大重大活动服务保障】 年内，北方工大把服务保障建党百年庆祝活动、北京冬奥会冬残奥会、北京服贸会等重大活动作为开展理想信念教育、爱党爱国教育的大思政课。110名师生参加庆祝大会，454名师生参加远端集结、城市、中国共产党历史展览馆志愿服务，150名学生承担服贸会6000小时志愿服务。学校主动承接首钢大跳台滑雪160余名闭环管理志愿者“一馆一驻地”服务保障工作。213名冬奥赛会志愿者为冬奥组委制服和注册中心提供服务保障；近600名冬奥城市志愿者为城市志愿服务站点提供服务保障。学校冬奥志愿者代表参加北京2022年冬奥会和冬残奥会誓师

10月27日，北方工业大学举办“青力冬奥”主题系列文化活动 （北方工大供图）

动员大会。1名学生代表参加冬奥会北京城市志愿服务专场主题宣介新闻发布会。首都之窗、石景山区融媒体中心、北京广播电视台等作专题报道。

(钱丹红)

【北方工大思政课程改革】 年内,北方工大制定深化新时代思政课改革创新实施办法,打造思政课"精彩一课"。1名教师获北京高校教书育人"最美课堂"一等奖。制定深化课程思政建设实施方案,强化各门课程育人功能,2门课程入选首批全国课程思政示范项目,2人获评全国课程思政教学名师,入选全国课程思政教学团队1个。

(钱丹红)

【北方工大人才培养】 年内,北方工大录取本科新生3429人,超过一本线70分以上的省份7个,超过一本线50分的考生765人。推动"需求牵引、产教融合、校企合作、协同育人"本科人才培养模式改革,建立"能源工业互联网产教融合基地"。积极推进数字产业学院建设。新增8个国家级一流专业建设点,4个北京市一流专业建设点。3个专业通过工程教育国际认证评估。5门课程获评"北京市高校课程思政示范课程",其授课教师和教学团队被认定为北京市课程思政教学名师和教学团队。获评4门北京高校"优质本科课程",3部北京市"优质本科教材课件"。获批6项省部级教育教学改革创新项目,教育部产学合作协同育人项目立项25项。2人分别获首届教师教学创新大赛国家级特等奖。获评北京市教学名师2人、青年教学名师2人、北京高校优秀育人团队1个。学校召开研究生教育工作会议,制定《研究生教育改革发展实施意见》,修订研究生培养方案。遴选挂牌首批7个研究生产教融合联合培养示范基地。新增备案16家校外研究生培养基地。

(钱丹红)

【北方工大学科建设】 年内,北方工大修订学科建设工作考核指标体系,引导学科和学位点突出特色、质量与贡献,保障人才培养质量。坚持人才培养、学术团队、科研创新"三位一体",启动二级学科方向凝练与调整工作。控制科学与工程高精尖学科通过市教委中期考核。计算机科学与技术、网络空间安全学科与北京航空航天大学相关学科签署共建协议。土木工程与中科院大学合作持续推进。

(钱丹红)

【北方工大科研创新】 年内,北方工大科研经费1.65亿元,国家级、省部级及其他纵向项目立项311项。获省部级奖励16项。发表论文695篇,其中检索论文266篇,SCI/SSCI期刊论文144篇,EI期刊论文38篇,CSSCI期刊论文22篇。11项成果被中央统战部、最高人民法院、中国科协等部门采纳。取得专利、软著共262项,省部级标准17项、国家标准2项。获批北京城市治理研究基地。学校科技园新入驻转化项目3项,获批北京市技术转移机构资质,完成专利权转移项目7项、专利许可1项、专利作价入股1项,新增创业空间500平方米。

(钱丹红)

【北方工大人事制度改革】 年内,北方工大贯彻新时代教育评价改革要求,制定思想政治理论课教师专业技术职务晋升基本条件,实现思政课教师专业技术职务评聘单列单评,树立重视课堂教学的鲜明导向。加强辅导员队伍建设,辅导员职称评审单评单列。推进人事激励制度改革,成立学校激励政策改革咨询委员会,研究学校创新成果与突出贡献奖励办法。完善二级单位学年考核办法,增加党建思政工作考核内容,加大对考核优秀单位奖励额度。

(钱丹红)

【北方工大人才强校】 年内,北方工大引进师资28人,其中具有国(境)外留学或访学经历的9人,高水平院校毕业21人;高层次人才3人。完成海外高层次人才项目自主评选,其中全职项目3人,青年项目1人。1人入选北京市海外高层次人才青年项目。2人分别入选俄罗斯工程院、自然科学院外籍院士。1名教师入选2021年全球前2%顶尖科学家榜单。

(钱丹红)

【北方工大国际化办学】 年内,北方工大接收来自53个国家长期外国留学生356人,其中153人来自14个"一带一路"沿线国家;招收港澳台侨学生6人;聘请长期外籍教师28名。完善留学生入学选拔机制,加强知华友华教育,开展国情教育实践活动。获"爱上北京的100个理由主题短视频和征文大赛"优秀奖3项,学校获最佳组织奖。2名留学生受邀参加第六届中非青年大联欢活动,人民日报、新闻直播间、新华社"全球连线"报道。学校获2021年北京高校港澳台侨学生活动优秀组织奖。

(钱丹红)

【北工职院人才培养】 年内,北工职院以大赛为抓手,以赛促教、以赛促学,在全国高水平技能大赛中获得优异成绩。在全国大学生数学建模(专科组)竞赛中获一等奖;在全国英语演讲大赛(高职组)中获一等奖;在全国大学生机器人(ROBOTAC)大赛中连续7年获一等奖,首个"全国大学生机器人大赛ROBOTAC训练基地落户学校";在"南方测绘杯"首届全国测绘地理信息职业院校大学生虚拟仿真测图大赛总决赛中获特等奖;在全国职业院校技能大赛中获3个二等奖、2个三等奖。年底,北工职院学生参加全国职业院校技能大赛(高职组)累计获得一等奖41项、二等奖45项、三等奖42项,总成绩在全国高职院校中位居前三名。

(白旭东 胡军伟)

成人教育

【概况】 2021年,北京市石景山区业余大学暨石景山社区学院占地面积14057.8平方米,产权校舍建筑面积20575.6平方米,设有八角和八大处2个校区。设有3个教学系,开设23个专业,覆盖9个学科。教职工89人,其中专任教师26人,行政人员41人,教辅人员20人,工勤人员2人,无科研机构人员,无校办企业职工、无附设机构人员。学历研究生41人、本科44人。正高级1人,副高级15人。毕业991人,其中,专科生563人、本科生

428人。招生631人,其中,专科生322人、本科生309人。在校生2097人,其中,专科生868人、本科生1229人。全年非学历继续教育培训项目441个,包括会计职称、茶艺师、养好护理员等职业技能培训;区委组织部、社会工作者等职工继续教育;舞蹈、美术、器乐等青少年教育以及老年普惠教育等,总计3.2万人次。学校图书馆建筑面积174.2 ,藏有纸质图书10.2341万册。阅览室1个,提供师生阅读座位10个。多媒体教室座位60个,计算机1104台。2021年信息化经费投入10.68万元,信息化设备资产1707.61万元,网络信息点880个,校园网出口总带宽100Mbps,无电子邮件系统用户,上网课程218门,数字资源量3200GB,管理信息系统数据总量6200GB。全年教育经费投入2921.26万元,其中,国家拨款2692.25万元、自筹经费229.01万元。年内,学校执行教育部成人高等学校专业教学大纲。学校编辑教材、出版教育教学专著,有《平原构成及应用(第2版)》(吴琳主编,易琳副主编,清华大学出版社)、《舞蹈(第2版)》(李哲主编,清华大学出版社)等2部。校刊《三石录》总期数305期、当年期数15期,编著《北京市石景山区成人教育学会学报》1期。

(徐迎军)

【参加第五届"中日韩"论坛】 2月27日,石景山社区学院组织部分教师参加第五届"中日韩"终身学习(线上)论坛,来自日本、韩国及中国大陆与台湾地区的终身教育研究专家与学者共计60余人参加研讨会。会议由日方组织,会议主题为"新冠疫情下终身学习探索"。校长杨文霞就疫情之下社区学院所做的老年教育实践探索进主题发言,从三个方面,呈现学院面对疫情挑战,主动作为,努力践行"责任、温暖、光华"的价值观,用责任与情怀,给特殊时期的老年朋友送去温暖与关爱的有效探索与生动案例。

(潘　潇)

【红色教育活动】 3月15日,石景山区新时代文明实践中心暨石景山社区学院"纪念中国共产党成立100周年"系列红色教育活动走进社区正式启动。区业余大学党总支书记为鲁古街道永乐西南小区的40余位退休老党员讲授《红色寻踪——追寻石景山的红色记忆》一课。

(甄　珍)

【"红色讲堂"活动】 3月27日,由区委组织部、宣传部,新时代文明实践中心、区党支部书记学院联合举办的"纪念中国共产党成立100周年"系列教育活动之"红色讲堂"党史教育活动在石景山区新时代文明实践中心举行,全区134名社区党组织书记参加教育活动。

(徐迎军)

【党史教育培训启动】 4月12日,石景山社区学院、八角街道时代花园社区联合举办"社区之家"共建项目启动仪式暨党史教育培训课程第一讲,"应四时之变,怡居民之心",开启学习型社区新征程。开班仪式上,社区学院副教授朱国庆老师作《从救亡图存到逐梦复兴》的报告,现场还举行重温入党誓词和与党旗合影活动。

(李　珺)

【丝路书画院揭牌】 4月20日,丝路书画院石景山创作基地揭牌仪式暨庆祝建党100周年书画创作活动在石景山社区学院举办。外交部原副部长、丝路书画院名誉院长吉佩定,区相关部门负责人及丝路书画院成员、社会各界人士代表出席活动。区文联主席主持揭牌仪式。12位嘉宾共同创作庆祝中国共产党成立100周年献礼作品《神州锦绣》。

(刘新丽)

【"阅时光"读书嘉年华】 4月23日,石景山区第十六届"阅时光"读书嘉年华暨学习型社团培育项目启动仪式在石景山社区学院举办。区教委、社区学院以及全区各街道文教科相关负责人出席活动,区学习之星代表等市民代表180余人参加活动。2020年首都市民学习之星代表牛彦营分享作为青年党员及党务工作者,通过阅读书籍,学习党史,增强党性修养的红色故事。启动仪式上,为九个街道授予"石景山区学习型社团培育基地"称号,向学习社团进行赠书。

(马　兰)

【公益冬奥英语培训】 5月25日,石景山区"第二十二期市民公益英语大讲堂暨第七期公益冬奥英语培训班"在石景山社区学院开讲。来自全区的45名英语学习爱好者报名参加培训。10月13日,石景山区第二十三期市民公益英语大讲堂暨第八期公益冬奥英语培训班开讲。来自各街道近50名英语学习爱好者报名参加培训。

(马　兰)

【老年艺术成果展演】 5月31日,区业余大学第三届艺术节暨老年艺术教育教学成果举办。艺术节以"迎建党百年 扬艺术之帆 创幸福生活"为主题,三石学子用歌声唱响激情,用笔墨抒情达意,为建党百年献礼。

(易　琳)

【教师科研工作坊】 6月8日,石景山社区学院举办"叙事探究与案例研究"教师科研工作坊。工作坊由北京大学汪琼教授"教师如何做研究"课程团队成员、美国普渡大学教育学博士、北京理工大学硕士生导师王青主讲。院长于志勇出席会议并讲话。工作坊是由北京开放大学科研外事处及北京学者计划项目主办的系统教师科研能力提升系列活动之一。

(潘　潇)

【外语风采大赛初赛】 7月15日,以"学外语,促交往,迎冬奥"为主题的石景山区市民讲外语风采大赛(老年组)初赛在石景山社区学院举行。此次比赛是由区政府外办、区直机关工委等单位联合主办,社区学院作为"石景山区市民讲外语活动基地"和"石景山区市民讲外语骨干师资培训基地"大力支持,组织参赛选手近30人,分别参加老年组和青年组两个赛区的比赛。

(马　兰)

【教育科学规划课题立项】 10月,石景山社区学院3组课题获得立项,3项科研成果获奖。2021年石景山区教育科学规划课题名单公示,学校《终身学习视域下市民学习型社团创建培育模式探索——以石景山区为例》1个课题被立项为重点课题,在教育科学规划类课题申报上实现新突破。

(潘　潇)

【养老护理技能培训班】　10月13日，由区民政局主办，区业余大学职业技能培训学校承办的2021年石景山区养老护理职业技能培训班顺利开班。区民政局养老服务中心、幸福颐养副总经理等出席参加开班仪式。

(王　爽)

【快乐厨艺风采大赛】　11月26日，“以厨会友展风采 文明祥和迎冬奥”石景山区第九届快乐厨艺风采大赛在石景山社区学院举办。九组参赛单位覆盖石景山区机关、街道、委办局、学校、驻区企业以及学习之星、学习社团代表。

(甄　珍)

【第八届市民花卉节】　12月25日，石景山区举办第八届市民花卉节，花卉节以“践行生态文明 共建美丽家园”为主题，以水仙雕刻为主题内容，是石景山区第十七届全民终身学习活动周市民教育特色系列活动之一。活动以线上线下相结合，以集中和分散相结合的方式开展，参加培训的有200余人。

(徐迎军)

职业教育

【概况】　2021年，北京市黄庄职业高中(简称黄庄职高)，创建于1974年，其前身为北京市黄庄中学，1981年，创办第一个服装职业高中班，1984年正式更名为北京市黄庄职业高中，为公办三年制。毕业生113人(含成人中专35人)，招生168人(职高98人，综高70人)。在校生489人；走读生321人，寄宿生168人。学校有5个专业群，开设幼儿保育、计算机网络技术和计算机动漫与游戏制作等共13个专业，26个教学班。学生职业资格证书取证率10.7%，就业率100%。年内，根据石编委〔2021〕17号关于区教委所属事业单位改革有关事项的批复，北京市石景山区职业与成人教育中心撤销，职责及人员划入校。9月，为适应学校发展需求，根据学校工作内容及专业方向，调整学校组织架构，设有教育教学中心、教学服务中心、资源发展中心、行政管理中心、督政督学中心。职高公共基础课严格执行《中等职业学校公共基础课课程标准》，专业课认真落实国家中等职业学校《专业教学标准》，中等职业学校工作过程导向课程改革实验项目核心课程系列教材，美容美发与形象设计专业教师6人参与编写各学科教材，其中《发式修剪》《烫发》，计2部，发行6007册。计网专业1名教师参与编写1+X证书教材。学校获得北京市扶贫协作先进集体、北京市中等职业院校质量年报二等奖等荣誉称号。构建“三全育人”新格局，开展“党史进课堂”等专题研究课活动，思政教师参加北京市教学能力比赛获二等奖，北京市课程思政教学设计比赛7项获奖。持续与中国数字文化集团合作“中数文创工程师学院”，成为“非遗数字专业委员会”成员校；完成“学习强国”平台《习近平谈治国理政》第三卷录制。实施北京市“胡格教学模式”改革项目。全年在研市区级课题21个；市级教学及论文评比81项、区级56项获奖。研发生活类、生产类、服务类课程，纵向划分小低、小高、初中阶段课程，构建“五有”教学新模式，依托项目化+模块化的教学方式组织实施，通过送课下校、职业体验两种方式满足学校学生需求。2021届学生取得本科率100%，一本率60.6%的好成绩。发挥北京市非物质文化遗产培训基地作用，在中国国际服务贸易交易会等活动中开展京式旗袍非遗培训40次，非遗展品入选北京2022年冬奥会和冬残奥会“中国传统技能技艺文化展示体验区”。

(魏　祯　杨　洋)

【产教融合真实项目】　1月，虹云、雅坤等10位播音艺术家，在黄庄职高金声音录音棚录制“学习强国”学习平台《习近平谈治国理政》第三卷。学校党员、教师、学生共同参与录制、拍摄、监听等工作，中国音像与数字出版协会音视频工程专委会提供技术指导。

(翟　路　文昌敏)

【对口帮扶】　3月15日，黄庄职高被市委办公厅、市政府办公厅授予“北京市扶贫协作先进集体”荣誉称号。4月12日，学校一行9人前往顺平职教中心，有效衔接乡村振兴职业教育帮扶。顺平县副县长王雪，顺平县教育局局长、顺平职教中心校长等参加对接座谈交流会。县政府对两所学校所取得的对口帮扶效果给予肯定，同时对未来提出新的要求，希望双方学校在专业建设、实训基地建设、新校区设计等方面有更多的特色亮点，以提升职业教育的社会适应性。

(王向阳)

【创新教学模式】　3月17日，黄庄职高在实验班艺术19－1班召开“胡格教学模式改革实施项目——制作电视台新闻播报节目”总结会。5月14日，黄庄职高举办北京市胡格教学模式改革现场教研暨石景山区规划课题中期检查带题授课活动。

(赵丽坤　刘　荣)

【拉萨班红色文化活动】　4月8日，黄庄职高组织拉萨班师生参加天安门升旗仪式、开展“踏寻历史古迹·感受长城文化”综合社会实践活动。4月29日，学校组织拉萨班师生开展“感受故宫魅力 坚定文化自信”综合社会实践活动。5月17日，学校组织拉萨班师生开展“铭记历史，勿忘国耻”圆明园综合社会实践活动。7月，北京市职业技术教育学会重点课题《高中阶段运用红色文化资源开发综合实践活动课程研究——以内地西藏班为例》《新时代内地民族班落实五育并举的实践研究》立项。

(杨　洋)

【党史学习教育】　4月12日，黄庄职高开展“学党史 强信念 跟党走”学习教育活动启动仪式。4月18日，学校党员志愿者、团员、学生干部及西藏班学生代表，到衙门口城市森林公园开展“传承红色基因 播种绿色文明”义务植树实践活动。4月22日学校组织开展“红心向党 献礼建党百年”——水墨丹青意境远、唱支歌儿给党听、强身健体跟党走系列活动。5月4日，学校在八宝山革命公墓任弼时广场组织开展“传承红色基因 迎接建党百年”主题团日活动暨新团员入团仪式。5

月27日，学校开展“红心向党——传承长征精神 践行青春责任”主题教育活动，260余名学生及教师参加活动。11月29日至12月10日，学校组织开展“党史进课堂，思政润人心”专题研究课观摩活动，呈现10场党史文化浸润教学盛宴，涉及外语、服务、美服、技术、体育、语文、文科、数学、艺术9个专业组学科组，14位授课教师，听课人数超过100人次。

（魏 祯）

【教学成果宣传】 4月23日，黄庄职高《中职学校构建整体育人课程体系的研究与实践》获得区级教学成果奖一等奖。校长助理在北京教育学院石景山分院教育科研中心对学校四年来综合课改、构建整体育人课题体系的研究成果进行现场汇报。赵丽坤老师主持的《以学生工作室为载体，提升中职影视后期制作人才培养质量的实践研究——以影像与影视技术专业为例》获得区级教学成果奖二等奖。

（尤凤娇）

【职业教育宣传月】 5月20日至6月20日，区教委在北京市黄庄职业高中举办以“未来工匠心向党，青春奋进新时代”为主题的职业教育宣传月活动。5月24日，在黄庄职业高中启动职教宣传月活动仪式，随后，举办北京市胡格教学模式改革现场教研暨石景山区规划课题中期检查带题授课活动。5月27日，石景山区新时代文明实践中心走进学校，开展纪念中国共产党成立100周年“红心向党——传承长征精神 践行青春责任”主题教育活动。6月9日，在石景山区文化中心举办“京式旗袍传统制作技艺”非遗项目专项成果汇报展。

（朱志学）

【推进中小学劳动教育】 6月6日至10日，黄庄职高分别为北京市京源学校、北京大学附属中学石景山分校初一352名学生提供18门丰富多彩的劳动教育实践课程。9月始，在“双减”背景下，学校6名教师下校到北京市京源学校、北京大学附属中学石景山分校提供7门课程，共计64课时。

（王 玥 魏 祯）

【传承非遗文化】 6月9日，黄庄职高“京式旗袍传统制作技艺”非遗项目专项成果汇报展在石景山区文化中心举行。在活动中发布由京式旗袍非遗传承人张凤兰老师研发设计的“京式旗袍中式手袋”等区级非遗礼物。6月11日，学校京式旗袍工作室代表石景山区参加北京市文化和自然遗产日“北京非遗 致敬百年”宣传展示活动。京式旗袍工作室展出内容为雪花装饰画、盘扣雪花挂件、花型胸针、盘扣耳环等。传承人张凤兰现场展示制作布艺铃铛香囊、非遗盘扣饰品等，北京卫视对京式旗袍展示区进行直播和拍摄。9月3日至7日，在首钢园服贸会上，黄庄职高京式旗袍工作室受邀在石景山展台展出盘扣饰品等50余款，并在现场教授制作盘扣小雪花挂件。

（魏 祯）

【综合课程改革与培养】 10月21日，黄庄职高与北京师范大学国家职业教育研究院举行“综合课程改革与培养模式研究项目”合作签约仪式暨项目启动会，梳理和提炼近年来学校“综合课程改革”“产教融合 校企合作”等领域形成的实践和理论成果。

（尤凤娇）

【建设后疫情时代教学机制】 年内，黄庄职高建立与新冠肺炎疫情防控常态化相适应的课程教学机制，保证实现“线上线下”随时切换，无缝衔接。以疫情期间线上课程建设为基础，持续推进后疫情时代学校线上线下混合教学模式建设，持续开发线上课程，并探索适应学情的混合式教学方式方法。学校借助超星学习通教学平台共建设包括公共基础课、专业课、选修课在内的385门在线课程，发布文本、音视频、图片等资源63860个，题库量10562个，形成丰富的在线课程资源。其中，英语、美术两门课程被评为超星中职教学示范包最受欢迎课程。

（魏 祯）

教育督导

【概况】 年内，石景山区人民政府教育督导室（简称区教育督导室）强化政府教育履职，拟制《石景山区关于深化新时代教育督导体制机制改革的实施方案》，经区委教育工作领导小组审议通过并正式印发；完善教育督导委员会体制机制，参照《北京市教育督导委员会成员单位主要职责》，补充完善《石景山区委区政府有关部门教育职责》，形成《石景山区人民政府教育督导委员会成员单位职责》。强化教育职责的绩效考核，将《区政府履行教育职责督导评价指标体系》纳入区政府绩效考核管理；依据《石景山区委区政府有关部门教育职责》和《<区政府履行教育职责督导评价指标体系>责任分解》，组织完成区委区政府有关部门履行教育职责工作自查自评和各部门党政领导干部考评工作。完成北京市教育督导委员会对石景山区政府履行教育职责情况回访督导的迎检组织工作。有效开展园、校督导评估，依据《北京市幼儿园办园质量督导评估办法（试行）》，结合区域教育实际，研制石景山区督导评估工作方案，组建督导评估专家队伍，完成对23所幼儿园办园质量督导评估。依据《石景山区普通中小学校全面实施素质教育综合督导评价指标体系（试行）》和《石景山区普通中小学校全面实施素质教育综合督导评价工作细则（试行）》，完成对景山远洋教育集团5所学校全面实施素质教育综合督导；完成对北京九中综合督导回访。拟定《石景山区教育集团办学绩效评估指标（试行）》，完成对景山远洋教育集团和北京九中教育集团集团办学绩效督导。扎实做好责任督学挂牌督导工作，开展各类专项督导和每月一主题的责任督学经常性督导。开展“推进义务教育优质均衡发展”专项督导检查和“巩固义教教师工资专项督导成果”自查工作。完成2021年区教育工作满意度测评工作。完成年度国家义务教育质量监测和学前教育发展状况监测统计相关工作。补充完善督学队伍，完成新一届督学换届聘任工作；开展石景山区首届“督实杯”教育督导优秀论文案例和“督学之星”征集评选工作。参加市论文征集评选工作，石景山区责任督学2人被评为北京市“督学之星”。年底,区政府教育督导室专职督学24人,兼职督学94人(其中含责任督学33人、特约督学30人)。

(王桂洋)

【义教质量监测结果解读会】 1月19日,区教委督学科会同区督评中心、基教研中心就石景山区小学阶段和初中阶段分别召开2019年国家义务教育质量监测结果反馈解读视频会。会议对全区的实施情况进行简要回顾。区教育分院基础教育研修中心教研员分别就小学和中学语文、艺术学科(音乐、美术),对全区四、八年级的学科监测结果进行详细的分析和解读,并对照全国、全市和全区上一轮监测的数据进行比较分析。同时,结合监测结果分别从中学和小学教育教学质量提升与监控的角度提出具体的建议和要求。区教委主任李秀兰作总结讲话并提出要求。区教委副主任于秀云、胡光熠,区教委督学科、基础教育科,区教育分院领导和基教研中心、督评中心负责人以及语文、美术、音乐学科教研员,全区小学、初中学校的校长、教学副校长、教学主任和语文、音乐、美术学科教师参加会议。

(张树升 王桂洋)

【教育执法目标责任考核】 1月,区教委督政科依据《石景山区区委区政府有关部门教育职责》和《〈区政府履行教育职责督导评价指标体系〉责任分解》,开展政府有关部门履行教育职责自查考核工作,审核32个相关责任单位2020年落实教育职责自查报告、72位党政正职和主管教育副职2020年履行教育职责自查鉴定,并将领导干部个人自查表报区委组织部审核备案。

(赵智红)

【市督导检查问题整改】 1月,区教育督导室依据《北京市人民政府教育督导委员会办公室2020年对石景山区人民政府履行教育职责综合督导检查反馈意见》中的问题和建议,组织相关委办局深入分析原因,制定整改措施;起草《石景山区人民政府关于<北京市人民政府教育督导委员会办公室2020年对石景山区人民政府履行教育职责综合督导检查反馈意见>的整改方案》,经区政府审阅同意后,上报北京市人民政府教育督导委员会办公室。

(赵智红)

【制发教育督导体制机制改革】 2月至4月,区教育督导室贯彻落实中共中央办公厅、国务院办公厅《关于深化新时代教育督导体制机制改革的意见》和中共北京市委教育工作领导小组《北京市关于深化新时代教育督导体制机制改革的实施意见》等相关文件精神,聚焦教育督导机构不健全、权威性不够、结果运用不充分等突出问题,对标中央《意见》和北京市《实施意见》,结合区域实际,在广泛征求各成员单位意见和建议基础上,起草《石景山区关于深化新时代教育督导体制机制改革的实施方案(初稿)》。4月25日,区委教育工作领导小组审议通过并正式印发《石景山区关于深化新时代教育督导体制机制改革的实施方案》。

(赵智红)

【综合督导意见反馈】 3月10日至11日,区教委督学科召开九中教育集团全面实施素质教育综合督导反馈会。会议对综合督导的相关工作进行回顾;对上年10月至11月接受督导的北京九中、九中分校、石景山学校、金顶街二小、金顶街四小和北辛安小学6所九中教育集团成员校分别进行督导意见反馈,要求各校根据反馈意见研究制定并提交整改措施,加强整改。区教委副主任于秀云参会并对学校提出要求,对督学工作给予肯定。督学科专兼职督学和6所学校的校长、书记、教育教学副校长、教学主任、德育主任参加会议。

(张树升)

【教育集团办学绩效评估指标】 3月,区教育督导室依据《石景山区关于进一步深化集团化办学改革的实施意见》精神,经过与教委相关科室、区域内8个教育集团及部分学校反复研讨,广泛征求意见,拟定《石景山区教育集团办学绩效评估指标(试行)》,强化对教育集团办学绩效的考核评估。并依此开展2个教育集团的试督导工作。

(张树升)

【义教优质均衡发展督导检查】 4月,区教委督政科贯彻《中共北京市委、北京市人民政府关于推进义务教育优质均衡发展的意见》精神,落实教育部《县域义务教育优质均衡发展督导评估办法》和《北京市推进义务教育优质均衡发展督导评价实施方案(试行)》,就全区推进义务教育优质均衡发展在组织领导、资源配置、队伍建设、教育治理、教育质量、创新发展等6个方面42个评价指标情况,对各相关委办局进行督导检查,撰写《石景山区推进义务教育优质均衡发展情况的督导检查报告》反馈至区教委,为推进区域教育优质均衡发展提供基本情况参考。区教委依据督导报告中提出的问题和工作建议,组织相关科室进行研讨,撰写整改措施,拟制《石景山区推进义务教育优质均衡发展问题整改措施》。

(赵智红)

【素质教育综合督导】 4月至5月,区教委督学科组织督导评价组分别完成对景山远洋教育集团内的同文中学、师范附小、华奥学校、银河小学和实验小学分校全面实施素质教育综合督导。9月23日、24日,召开景山远洋教育集团综合督导意见反馈会,对被督导的5所学校分别进行全面实施素质教育综合督导意见反馈。

(张树升)

【校外教育培训机构督导检查】 4月至8月,区教委督政科根据教委工作要求,为已批准恢复线下培训的31所学科类校外培训机构配备10名责任督学,制定监督检查制度,规范工作流程,依据《对学科类校外培训机构恢复线下培训工作监督检查单》内容,围绕办学资质、教师资质、教学培训、收费管理、广告宣传、格式合同、资金监管、安全条件、疫情防控等九个方面以及“双减”工作,每月开展2次实地督导检查。8月9日至13日,督政科为落实国家、北京市“双减”工作精神,组织民办责任督学对已批准恢复线下培训的31所学科类校外培训机构“停止所有学科类暑期培训工作”情况进行专项督导检查。

（赵智红）

【幼儿园办园质量督导评估】 4月至11月，区教委督学科依据《石景山区2021年幼儿园办园质量督导评估工作方案》，组织辖区内参评幼儿园依托“北京市幼儿园办园行为督导评估系统”进行网上自评；组织督评专家通过网上评阅资料、实地查看验证等进行区级督评，完成对石景山区实验幼儿园、石景山区杨北幼儿园、师范学校附属幼儿园等全区第三批23所幼儿园办园质量督导评估工作，并逐一完成督评反馈。12月，经市教委、市政府教育督导室批准，参加督评的23所幼儿园全部认定为“合格”。

（张树升　王桂洋）

【国家义务教育质量监测】 5月27日至28日，国务院教育督导委员会办公室、教育部基础教育质量监测中心根据《国家义务教育质量监测方案》，对石景山区2021年义务教育质量进行抽样监控测试。抽取全区20所中小学校作为样本校；监测科目为数学学业质量、心理健康、体育与健康状况以及课程开设、条件保障、教师配备、学科教学和学校管理等相关影响因素；监测对象为四年级和八年级学生及其班主任、数学教师、心理健康教师、体育教师、学校领导。石景山区完成国家义务教育质量监测现场测试的数据采集工作。

（王桂洋）

【完善政府部门教育职责】 5月至6月，区政府教育督导委员会落实国家、北京市教育督导机制体制改革相关文件精神，依据北京市教育督导委员会标准，结合石景山区实际，增补民宗侨办、团区委、统计局等为督导委员会成员单位，至此区教育督导委员会成员单位增至41家；修订《〈区政府履行教育职责督导评价指标体系〉责任分解》；参照《北京市教育督导委员会成员单位主要职责》，补充完善《石景山区委区政府有关部门教育职责》，补充、修改统计局、团区委、民宗侨办、审计局、人保局、司法局等单位教育职责，形成《石景山区人民政府教育督导委员会成员单位职责》，进一步厘清责任、明确任务。

（赵智红）

【集团办学绩效督导】 6月15日、10月21日，区教育督导室由教委副主任于秀云带队，按照《石景山区关于进一步深化集团化办学改革的实施意见》要求，依据《石景山区教育集团办学绩效评估指标（试行）》，组织专职、兼职和特约督学近20人组成的督导评价组，分别对景山远洋教育集团和北京九中教育集团开展集团办学绩效督导。督导评价组通过听取集团理事长工作汇报，并分成中小学和幼儿园两组分别召开集团成员单位的校、园长座谈会、查阅集团办学发展相关的档案资料，了解集团办学改革的相关工作，对教育集团的集团治理、人事管理、资源共享、人才培养、成效与特色等方面的工作进行重点督导检查。并就五方面的工作进行督导反馈，提出集团今后发展的建议。两个教育集团成员单位的校长、园长、集团办公室工作人员参加督导。

（张树升）

【教育满意度调查解读会】 7月13日，区教委、区教育督导室召开“石景山区2020年教育工作满意度调查解读会”。区委教育工委书记石显富，区教委副主任于秀云、孟驰，区教育分院院长李文、副院长陈绪峰，区督评中心及参与调查的幼儿园和中小学校校园长、书记共计140余人参加会议。会议由督学科科长张树升主持。中国教育学会教授石俊卿从项目概述、调查过程、调查结果和结论与建议四个方面就全区教育工作满意度调查总报告进行解读，分析取得的成绩和存在的问题，提出具体改进方向和建议。

（张树升）

【教育工作满意度测评】 9月25日至27日，区教委、区教育督导室委托北京菲尔麦德咨询有限公司开展对全区中小学、公办幼儿园2021年区教育工作满意度调查工作。调查以无记名电子问卷方式，对辖区内幼儿园、中小学、特教学校及中职学校的学生、家长、干部教师进行抽样调查。调查对象为辖区内公办幼儿园家长和教职工；公办中小学（4—6年级、8—9年级、11—12年级）学生和家长；中职学校学生、家长和教职工；区在职干部教职工；特殊学校家长和教职工。《调查问卷》由甲乙双方根据《北京市普通中小学全面实施素质教育评价指标体系》共同研讨制定。北京菲尔麦德咨询有限公司采集数据后，负责对调查数据进行整理、分析，完成《石景山区学校教育工作满意度调查研究报告》撰写。12月，北京菲尔麦德咨询有限公司通过对学校教育满意度调查所获数据进行清洗、整理与综合分析，完成调查结果并反馈至区教育督导与评估监测中心。参加调查的有幼儿园13所，小学34所，初高中25所、职业高中1所及特殊教育学校1所，共计55235人，其中有效问卷55235份，有效回收率为100%。调查结果显示，各学段2021年教育工作整体满意度得分如下：幼儿园97.43%，小学94.91%，中学94.11%，特殊教育学校84.87%，职业高中86.92%。

（王桂洋）

【督学换届聘任大会】 9月28日，区教育督导室召开督学聘任工作暨专题培训会。区教委督政科、督学科、区教育分院教育督导与教育质量评估监测中心部门负责人，以及全体新一届督学和督学所在单位的领导130余人参加会议。会议对首届区“督实杯”教育督导优秀论文、案例获奖者和区“督学之星”进行表彰并颁发证书。会上，区教委主任宣读兼职督学聘任决定。全区教育系统直属单位和基层教育单位管理干部和研修员、教育系统外的相关单位负责人和部分市区人大代表、政协委员、退休专业人员94人受聘为本届区政府教育督导室兼职督学，任期为3年。按照督学管理工作规定，新一届兼职督学自9月份开始正式开展工作。国家特约教育督导员、北京市“督学之星”获得者、正高级教师、教育分院基教研中心副主任杨红兵代表新一届督学发言。其后，石英德以《基于立德树人的教育督导改革发展》为题，从国家教育改革发展方向目标、教育督导制度的历史沿革、几个重要的教育督导政策文件和新时期督导工作和督学素养等方面，对新一届督学进行培训。

(张树升)

【市教育执法督导回访检查】 12月8日至10日，由原市教委副主任、市督学罗杰带队，市政府相关委办局、市级督学及部分督导专家11人组成市教育督导检查组，对区政府履行教育职责情况进行回访督导实地检查。其间，听取申键代表区政府所作的题为《强化履职尽责，努力办好人民满意教育》工作汇报；分别召开相关委办局负责人、教育行政部门相关科室负责人、部分中小学校长和幼儿园园长、学科类校外培训机构负责人座谈会；查阅相关档案材料；并分两组实地察看4所中小学、2所幼儿园，重点检查石景山区在教育专项规划、资源布局、学位供给、条件保障、师资配备、经费投入、督导改革、“双减”落实等方面的履行教育职责和整改情况。

(赵智红)

【责任督学与专项督导】 年内，区教委督学科组织责任督学以每月一主题的形式，对辖区内中小学校和幼儿园开展经常性挂牌督导和专项督导。按照市、区教育督导室工作安排，组织责任督学分别开展对48所中小学和54所幼儿园疫情防控工作、对48所中小学和59所幼儿园疫情防控和安全生产等春季开学工作、对47所中小学校体育工作、对48所中小学“五项管理”工作、对46所中小学和59所幼儿园暑期师生状况和学校工作情况、对46所中小学和59所幼儿园秋季开学工作、对义务教育阶段42所中小学校“双减”工作、对59所幼儿园视频监控管理和食品卫生安全工作、对46所中小学和59所幼儿园安全、“双减”和义务教育学校专用教室现状等情况的专项督导，以及对全区中小学校作业管理、课后服务工作，对幼儿园安全、疫情防控宣传教育和应急管理工作的督导检查。责任督学对在督导中对发现的问题及时督促学校进行整改，并在完成实地检查后登录北京市教育督导信息管理平台填写提交督导报告单。同时强化问题追踪整改、跟踪回访。

(王桂洋)

民办教育

【概况】 2021年，石景山区各级各类民办教育学校、培训机构共110所。其中民办普通中学2所，民办幼儿园31所，培训机构77所(学科类校外培训机构20所)。各类培训机构全年培训人数达16335人，民办幼儿园在校生9244人，民办中小学在校生1325人。各级各类学校(中、小、幼)教职工合计1987人，其中专任教师901人。从2021年1月至12月共办理行政许可事项13项，办理民办学校变更校址、校长、决策机构成员、增设教学点等备案事项20项。

(白　璐)

【专场招聘会】 9月5日，石景山区组织开展校外培训机构人才专场招聘会，为广大培训机构转型升级主动提供对接服务。专场招聘会提供167个中小学、幼儿园工作岗位(其中46个在编岗位)，涉及语文、数学、英语、政治、体育等多个学科。

(白　璐)

【培训机构白名单】 9月，区教委向社会公布石景山区第一批学科类校外培训机构白名单，共6家9址。通过家长信、家长会等渠道，引导学生家长树立科学正确的教育观，理性选择培训机构，减轻家长教育焦虑情绪。

(白　璐)

【培训机构压减】 年内，区教委通过转型、停业等方式，将石景山区学科类校外培训机构总量由88址减少至20址，压减率77%，其中31址无证机构动态清零，有证机构减少37址，切实减轻学生校外培训负担。治理过程中未发生重大社会舆情和安全稳定事件。

(白　璐)

【培训机构营转非登记】 年内，石景山区完成12家非营利性学科类培训机构办学许可证换发工作，保障教育公平，坚决防止侵害群众利益行为。全区面向义务教育阶段学生的学科类校外培训机构已统一登记为非营利性机构。

(白　璐)

【培训机构资金监管】 年内，石景山区现存20址有办学许可证的学科类培训机构全部纳入区预付费信用监管服务平台进行资金监管，其中第一批9址白名单机构在平台存管资金达到1400余万元，为防范资金风险提供保障。

(白　璐)

【培训机构监督检查】 年内，石景山区坚持“一套人马、一查到底”的方式，组建由教育、公安、市场监管和属地街道等部门精干人员组成的联合检查组，对机构开展经常性、多轮次的联合检查，形成高压态势，有效遏制校外培训乱象。全年共开展14轮全覆盖联合检查，完成校外培训机构执法检查526次。

(白　璐)

文　化

综　述

【概况】 2021年,石景山区文化和旅游局(简称区文旅局)推动公共文化服务体系示范区创新发展。建立基层文化组织员动态补充机制,持续优化设施布局,持续探索实践具有示范引领作用的经验做法。高标准运营区文化中心,深入开展面向全龄段人群的高品质文化活动。扎实推进图书馆、文化馆总分馆制建设及法人治理结构改革。加快推进西山永定河文化带建设。推进模式口文保区修缮改造及环境整治,落实法海寺、承恩寺等保护规划,加强文物修缮和基础设施改造。开放燕京八绝博物馆。丰富区博物馆现有展览内容,呈现推出数字化展览项目。筹划石景山非遗互联网+创新发展的建设,以京式旗袍、和香制作技艺等为推送重点,与京津冀非遗项目联动。提升冬奥会文旅服务供给能力。与高校、科研院所进行战略框架合作,提升2022年北京冬奥会官方接待酒店、星级饭店及旅游景区的供给。持续打造精品冰雪、人文民俗等文化旅游线路,推动区域商务服务品牌和文旅消费升级。积极参加大型会展,多媒体推介文旅资源,服务冬奥会。围绕建党100周年、服务保障冬奥等主题,全力打造文艺精品力作。

(齐家卉)

【成立中国文化馆协会合唱委员会】 4月20日,石景山区举办中国文化馆协会合唱委员会成立大会,由区文化馆牵头筹备成立中国文化馆协会合唱委员会。大会选举产生中国文化馆协会合唱委员会领导成员,举行成立仪式以及第一次全体委员会议。文化和旅游部全国公共文化发展中心主任、中国文化馆协会理事长白雪华,市文旅局公共服务处处长刘贵民,区领导周西松,北京文化艺术活动中心主任王维波,公共文化服务及合唱业界知名专家和全国各地文化馆、群艺馆领导共同出席大会。区文化馆馆长甘楠等7人分别当选为中国文化馆协会合唱委员会首任主任委员、副主任委员、秘书长。白雪华、周西松分别代表指导单位、主办地区发表讲话。

(甘丽娟)

【创建公共文化服务示范区】 7月,石景山区作为北京市唯一推荐区,成功创建第四批国家公共文化服务体系示范区。石景山区制定并以区政府办名义印发《石景山区国家公共文化服务体系示范区创新发展规划(2021—2025年)》,持续推动公共文化服务高质量发展。完善示范区创新发展工作机制,将创建国家公共文化服务体系示范区工作领导小组调整为区推动国家公共文化服务体系示范区创新发展领导小组。区财政局、文旅局于11月16日联合印发《关于进一步做好石景山区公共文化设施免费开放相关工作的通知》(石文旅通〔2021〕27号),保证每周开放时间不少于70小时,切实发挥公共文化设施服务效能,保障人民群众的文化权益,丰富人民群众的精神文化生活,由区文旅局牵头,做好免费开放工作。

(齐家卉)

4月20日,中国文化馆协会合唱委员会在石景山区成立(区文旅局供图)

【入选市文化旅游体验基地】 12月2日,由市文旅局主办的北京市100家文化旅游体验基地发布活动,在西城区红楼公共藏书楼以线上线下相结合的直播方式举行。经过前期调研、制定规范、公开征集、各区推荐、专家认定等环节,迄今推出六大主题、共100家富有文化内涵和体验乐趣的北京市文化旅游体验基地。石景山区文化中心入选北京市文化旅游体验基地(多元文化空间体验基地)。同月6日,"2021北京网红打卡地推荐榜单"在吉祥大戏院正式发布。全网海选共征集到打卡地提名线索2000余条,经整理筛选及网络公开投票,最终评出100个北京网红打卡地推荐名单和196个提名推荐。石景山区文化中心入选文化艺术类榜单。

(姜　楠)

【公共文化服务效能大数据平台】 年内,石景山区与国家公共文化云开展大数据合作,探索大数据平台应用实践。完善大数据平台使用功能,制定可行性方案,与国家公共文化云进行深入对接,根据文旅部的要求完成端口开发,实现大数据资源的互联互通。探索大数据应用于指导基层公共文化服务效能提升的实现路径,实现从制度设计到应用创新的有益探索。参加文化和旅游部全国公共文化发展中心组织的公共文化服务大数据应用文化和旅游部重点实验室换届暨全民艺术普及大数据体系建设交流会,与重点实验室签订数据共享协议,并在会上作交流发言,详细介绍石景山区公共文化服务效能大数据平台应用与发展情况，获得与会领导和专家的一致认可。

（齐家卉）

【街道综合文化中心社会化】　年内，石景山区9个街道综合文化中心全面推行社会化运营，按照社会化运营“选、管、用、培”全流程机制开展公共文化服务。持续开展2021年度街道综合文化中心社会化运营日常监测。并从运营实际出发，进一步深化课题研究，制定并完善《石景山区基层公共文化设施社会化运营街道管理手册》等相关研究成果。

（齐家卉）

【城市奥运文化活动】　年内，北京2022年冬奥会和冬残奥会北京市城市文化活动组（石景山区）办公室，落实北京市冬奥文化活动组办公室相关工作要求，协调区内相关单位，做好日常联络、会议组织、信息编发、协调督促工作推进等日常工作。每月收集区内材料向市文化活动组报送工作进展和重点活动信息。做好冬奥城市文化广场等设施的申报工作。组织协调区内相关单位开展冬奥城市文化广场及相关设施申报工作，其中广宁街道冬奥社区文化健身广场作为首个建成、投入运行的冬奥文化广场，获得北京2022年冬奥会和冬残奥会城市文化活动工作专班授牌，在北京、河北等冬奥文化设施建设主体中进行示范推广。

（齐家卉）

【数字文化馆服务效能】　年内，区文旅局依托区文化馆网站、“石景山文E”APP、“石景山文旅”微信公众号、北京数字文化馆、快手（北京文化活动艺术中心）、新浪微博（北京文化活动艺术中心）等数字服务平台，及时更新信息发布、艺术欣赏、网上培训、活动开展、咨询指导等功能版块，为群众提供传统文化、曲艺、舞蹈、音乐、美术、戏曲等艺术门类的活动预告、活动视频、远程辅导等内容700条，线上直播活动的点击量达504932人次，线上服务群众约80万人次。

（甘丽娟）

西山永定河文化带建设

【概况】　石景山区西部建设办公室（西山永定河文化带建设管理委员会）（简称西建办）是负责石景山西部地区和西山永定河文化带的规划、建设、管理等组织协调工作的区政府派出机构，下设事业单位西部地区和西山永定河文化带建设促进中心。12月23日，《北京市石景山区西部建设办公室（北京市石景山区西山永定河文化带建设管理委员会）职能配置、内设机构和人员编制规定》经区委机构编制委员会审议通过，西建办加挂北京市石景山区西山永定河文化带建设管理委员会牌子，内设综合办公室、规划发展科、项目推进科、运营管理科（西山永定河文化带协调服务科）四个科室，负责石景山区西部地区和西山永定河文化带的规划、建设、管理等组织协调工作。年内，西建办推进新首钢高端产业综合服务区规划建设，加快广宁、五里坨等西部地区城市转型升级，推动京西八大厂转型升级，实现模式口历史文化街区顺利开街，成功举办首届北京西山永定河文化节，增进石景山文化品牌塑造与传播。

（罗潇丽）

【新首钢高端产业综合服务区规划建设】　7月2日，石景山区编制发布《石景山区“十四五”时期新首钢高端产业综合服务区转型发展规划》和分工方案。贯彻落实《关于贯彻落实<加快新首钢高端产业综合服务区发展建设打造新时代首都城市复兴新地标行动计划（2019—2021年）>2021年工作方案》和十大攻坚工程，完成31项重点任务，推动49个重点项目按计划实施。召开区企对接会5次，解决锅炉厂南路涉及首钢公务小院拆除、首钢东南区5条次干路手续办理等重难点事项60项。

（罗潇丽）

【首钢园区公共设施移交】　8月21日，石景山区印发《石景山区推动首钢园区公共设施移交工作方案》，9月陆续完成可移动文物、厂东门广场代征绿地和厂东门广场卫生间与高线公园卫生间移交；12月完成五一剧场代征绿地、群明湖、石景山景观公园、9处不可移动文物、功碑阁、北区西部13条道路等移交协议签订；持续推动电厂路等8条道路完成选址意见书及用地预审，完成电厂路、电厂东路等7条道路继续完善项目前期手续的批复。

（罗潇丽）

【北京西山永定河文化节】　9月23日至30日，主题为“百年风华 山河永定”的首届北京西山永定河文化节在石景山区举办。23日，文化节开幕式在首钢园上演，以一台原创大型交响音诗画“百年风华山河永定”作为主题呈现。近20家网站同步实时直播，总观看量超600万人次；光明网、首都之窗推出专题版面，总点击量超200万；微博热门话题阅读总量超264万。26日，北京西山永定河文化高峰论坛在首钢园区举办，立足西山永定河学术成果，邀请专家学者就西山永定河历史文化挖掘、文化遗存现状与保护、文化研究成果落地等话题进行广泛深入的探讨交流，《人民日报》、北京时间等21家网站总观看量为63.1万次，充分展示西山永定河文化带建设的文化底蕴和建设成就。

（罗潇丽）

【模式口历史文化街区开街】　9月29日，模式口历史文化街区开街，古道晨曦、京西书院、京西秋韵、月色驼铃、古井生辉等“五景七院三十铺”全部呈现，充分展现模式口“千年古道、百年老街”的独特魅力。年内，西建办先后召集专班会、区领导调度会、重点问题协调会共20余次，完成区四套班子调研20余次、市领导调研4次，初步解决茶棚搬迁、指导手册编制、招商和趸租方案制定等问题。推进模式口历史文化街区招商、产业业态植入，按计划完成基础景观环境提升和11个重点院落修缮改造。

（罗潇丽）

9月29日，石景山区模式口“驼铃古道”正式开街　　（西建办供图）

【西部地区城市转型升级】　12月16日，石景山区发布实施《石景山区广宁、五里坨等西部地区发展建设三年行动计划》，计划打造“中交·生态智慧城”，梳理形成63项重点任务、68项建设项目以及31项储备项目。研究确定《石景山区广宁、五里坨等西部地区投资建设协议》，召开4次五里坨、广宁等西部地区城市更新项目月度调度会。推动重点项目，结合1601－1603街区控规，编制西部地区土地资源整理实施方案，先期启动永引渠南路西延、石门路改扩建、西山绿道等10个重点项目。

（罗潇丽）

【推动京西八大厂转型升级】　年内，西建办完成巴威·北锅、北重、高井电厂、石景山热电厂等老旧厂区的走访工作，对各厂区现状及改造意愿、产业发展方向、改造工作的阻力和难点完成摸排工作。结合案例研究，编制完成《京西八大厂老旧厂房更新改造研究报告》。统筹推进巴威·北锅城市更新项目，召开区政府专题会研究通过项目用地规划综合实施方案，协调北重东厂文创园一期综合管网和景观改造工程实现开工建设。

（罗潇丽）

【文化品牌塑造传播】　年内，西建办筹划拍摄纪录片《石景山》、宣传片《山河之约》，通过新的视角和手段，传播石景山的文化内涵，已在北京时间平台、相关公众号发布52条西山永定河文化带相关内容的图文、视频推送。

（罗潇丽）

群众文化

【概况】　年内，区文旅局为推进国家公共文化服务体系示范区创新发展、服务保障冬奥会、全国文明城区创建等工作有序开展，公共服务科统筹区文化馆、图书馆、非遗中心、文化中心，围绕中心，服务大局，稳步开展各项工作。围绕中国共产党成立100周年、服务保障冬奥等主题，统筹区－街两级公共文化设施开展“我们的中国梦——文化进万家”主题活动，全年共组织开展公共文化活动6093项，8206场，参与群众约162.71万人次。

（齐家卉）

【线上春节文化活动】　1月至2月，区文化馆按照北京市疫情防控要求，在取消线下聚集性群众文化活动的同时，依托文化馆的数字网络平台、微信群、公众号等线上渠道，全力做好以传统文化、曲艺、舞蹈、音乐、美术、戏曲为主题的网上“云”服务课程更新、录制和播放，开展线上服务。在春节前夕，特别安排线上写春联的示范、讲解及线上抢“福”字活动，市民通过数字平台参与文化馆云课堂学习手工制作灯笼、彩绳编织、节日食品大拼盘等线上活动。

（甘丽娟）

【正月十五唱大戏】　2月26日至3月1日，区文化馆组织“正月十五唱大戏——京、评、梆、越名家名段演唱会”线上活动。按照北京市疫情防控要求，文化馆依托“石景山文E”APP、“石景山文化E站”网站、石景山公共文化微信公众号、北京数字文化馆网站等线上渠道，为市民奉上京剧、评剧、河北梆子、越剧四大剧种经典剧目及唱段的演出。“正月十五唱大戏·百姓戏聚石景山”是区文化馆多年来精心打造

2月26日，石景山区文化馆举办“正月十五唱大戏　百姓戏聚石景山”线上活动　　（区文旅局供图）

的品牌活动，活动邀请京津冀京剧名家名票、国家院团知名演员倾力加盟，联合区文化馆优秀戏曲团队，丰富群众节日文化生活。

（甘丽娟）

【“3·5学习雷锋日”活动】 3月5日，区文化馆“3·5学习雷锋日”文艺演出活动在区文化馆网站、“石景山文E”APP、“石景山文化E站”微信公众号、北京数字文化馆网站等平台播出，作为庆祝中国共产党成立100周年的系列活动，该项活动以诗歌、小品、歌曲、相声、器乐合奏等多种艺术形式宣传和弘扬雷锋精神。

（甘丽娟）

【清明咏怀线上演出】 4月4日，由区文旅局主办，区文化馆承办的“忆满京城 情思华夏”——2021年石景山区清明咏怀文艺演出采取线下录制线上播出的形式举办，活动分为上下两个篇章，集诗歌朗诵、歌舞等节目形式为一体的综合性演出。观众通过“石景山文E”APP或“石景山文化E站”网站、“北京数字文化馆”网站、快手APP（北京文化艺术活动中心官方账号）、新浪微博（北京文化艺术活动中心官方账号）等数字平台线上观看演出。本次活动作为2021年首都系列文化活动，拉开2021年石景山区各项大型文化活动的序幕。

（甘丽娟）

6月3日，石景山区第38届“古城之春”艺术节群众舞蹈比赛（区文旅局供图）

【“古城之春”艺术节】 5月至6月，石景山区围绕庆祝中国共产党成立100周年，在全区开展“永远跟党走”群众性主题文艺汇演活动，100余支群众艺术团队、万余名群众直接参赛，通过举办第38届“古城之春”艺术节文艺赛事、全区文艺汇演、全区文艺巡演、群众合唱展演、文学艺术作品征集等一系列精彩活动，弘扬中华优秀传统文化，培育践行社会主义核心价值观，助力冬奥会、推动冰雪运动发展，探索建立“政府主导、社会主体、群众主角”的公共文化活动格局。

（甘丽娟）

【戏聚石景山·戏曲进校园】 5月至9月，由区文化馆组织举办的“戏聚石景山——戏曲进校园”，以戏曲演出与戏曲知识培训相结合的形式，面向石景山区未成年人群，开展戏曲惠民演出、文化讲座。活动自2012年举办以来，邀请近百位来自国家京剧院、北京京剧院、中国戏曲学院、中国评剧院和天津、河北、河南、浙江等地专业院团的各剧种著名戏曲艺术家，为石景山区内外的广大群众带来500余场（次）的戏曲讲座及演出。

（甘丽娟）

4月4日，“忆满京城 情思华夏”石景山区2021年清明咏怀文艺演出（区文旅局供图）

【红色经典诵读交流会】 6月27日，为庆祝建党100周年，石景山区文化中心举办“诵读红色经典，礼献建党百年”红色经典诵读交流会活动。活动采用个人展演、专家点评、集体学习、共同创作的方式，激发群众文化创作的热情与动力，让群众自发的融入到活动的每个环节，通过朗诵展示自己喜爱的、擅长的红色经典文学作品。

（姜　楠）

【“庆祝建党100周年”主题展览】 6月，由中共石景山区委宣传部、区文化和旅游局主办、区文化馆承办的“庆祝建党100周年‘永远跟党走’——石景山区群众书法、美术、摄影作品展览”举办线上展览。参展作品共110件，其中美术作品50件；书法作品60件。这些作品形式多样、题材广泛。内容有讴歌建党一百年丰功伟绩的;有展现石景山人积极向上精神风貌和全区在推进全国文明城区和国家公共文化服务体系示范区创建中取得喜人成绩的;有反映万众一心抗击疫情和齐心协力迎冬奥的;也有表现人民群众美好生活以及区内自然风光、人文景观的。

(甘丽娟)

【冬奥会倒计时200天活动】 7月19日,由北京市文化和旅游局、北京文化艺术活动中心和石景山区联合举办,各区文化和旅游局共同参与的“北京2022年冬奥会倒计时200天——欢乐冬奥行系列群众文化活动”在石景山区文化中心举办。北京市文化和旅游局党组成员、副局长、一级巡视员庞微,中共石景山区委常委、副区长周西松致辞,并共同启动欢乐冬奥行系列群众文化活动。活动当天,举办文艺演出、互动体验、知识冬奥、非遗冬奥、冬奥电影等五大版块的欢乐冬奥行系列群众文化活动。近千名群众走进区文化中心参与享受公共文化服务,学习冬奥知识,体验冬奥魅力,感受冬奥文化。

(姜 楠)

【制作“不得不”折页】 8月,区文化中心(区旅游咨询服务中心)围绕“吃住行游购娱”旅游全要素,梳理区域资源,完成设计制作石景山九大“不得不”系列宣传折页,通过线上投放和线下在服贸会、文明旅游宣传等活动现场派发,为市民游客提供便捷、丰富的旅游资讯,助力打造城市休闲旅游目的地。

(穆建培)

【原创文艺作品获奖】 11月30日,由市委宣传部、市文旅局主办,北京文化艺术活动中心、各区文旅局、文化馆承办,河北省群众艺术馆、天津市群众艺术馆、中国文化馆协会合唱委员会、北京音乐家协会合唱协会协办的第八届“歌唱北京”全市群众性音乐展示活动中的“我爱唱歌”京津冀歌手大赛中,由石景山区非遗中心何京江作词、区文化馆赵新作曲、岳欣演唱的原创音乐作品《剪月亮》获得青年组金奖,由文化馆选送、张秀芝演唱的《芦花》同步获得老年组银奖。

(甘丽娟)

【红色讲解员大赛】 11月,区文化中心(区旅游咨询服务中心)组织八宝山革命公墓、首钢工业遗址2家北京市红色旅游景区讲解员,参加“百年征程波澜壮阔,百年初心历久弥坚”——2021年北京市红色故事讲解员大赛。八宝山革命公墓讲解员常婷婷荣获志愿组金牌讲解员,八宝山革命公墓朱瀚文、首钢工业遗址刘建荣获专业组优秀讲解员。

(穆建培)

【光影石景山活动】 年内,区文化中心推出光影会客厅互动艺术沙龙,打造区文化中心特色影像栏目,多层面拓展本项目影响力,将“光影石景山”文化品牌持续延续。全年共开展线上活动11次,同时,创新活动形式,采用粉丝见面会、互动式讲座、漫谈等形式,推出“光影石景山”线上线下主题文化沙龙,新片观影会,让更多百姓参与交流,增强体验感、参与感、互动感。

(姜 楠)

【公益电影主题放映】 年内,为庆祝中国共产党成立100周年,开展“奋斗百年路 启航新征程”公益电影主题放映活动,共放映千余场,满足基层群众精神文化生活需求,激发广大群众热爱党、热爱祖国、热爱社会主义的热情,凝聚团结进取、奋发图强的强大精神力量。为北京市棚户区改造的民心工程和重点项目外来务工人员送去精心挑选的文化礼包和热门影片。

(姜 楠)

【文化助力冬奥】 年内,区文旅局通过开展冬奥主题群众文化活动、宣传推广《一起向未来》、丰富冬奥主题文艺创作等形式,营造全力迎冬奥的文化氛围。组织文化馆业务骨干、群众合唱团、文化志愿者等拍摄《一起向未来》MV;将独唱《一起向未来》改编为合唱版本,促进辖区群众广泛传唱;组织广场舞普及推广活动,走进全区9个街道开展《一起向未来》广场舞培训,300余名群众学习和参与;通过网站、公众号等网络平台建立冬奥专题栏目,启动《一起向未来》舞蹈教学线上培训活动;充分利用各大网络平台、电子显示屏、户外大屏等载体进行宣传推广,与线下活动相结合,形成强势宣传矩阵。开展冬奥主题文艺创作,原创歌曲《冰雪情怀》荣获北京2022奥运会和冬残奥会第一届冬奥优秀音乐作品奖;采用阿卡贝拉形式演唱的歌曲《冰雪之约》参加全国第十九届“群星奖”(音乐类)北京赛区评选;结合石景山冬奥元素创编儿童剧《神秘火炬手》公演受到青少年朋友的欢迎。以冬奥为主题的绘画、摄影作品持续展出,提升群众主动创作、参与冬奥、献礼冬奥的热情。

(甘丽娟)

【周末场演出】 年内,由区文化馆组织实施周末剧场系列演出活动,系北京市文化和旅游局开展的“周末场演出计划”基层公益性演出文化服务项

5月23日,周末剧场——河北梆子《辕门斩子》演出　　(区文旅局供图)

目,是以低票价让市民朋友观赏专业艺术院团高水平演出的惠民文化活动,自2013年6月进驻石景山区文化馆以来已连续举办8年。

(甘丽娟)

【国家级院团惠民演出季】 年内,“家门口看顶级演出”成为地区市民群众文化生活新常态。区文化馆加大与北京人艺、国家京剧院、中国评剧院、西区爱乐室内乐团、中国煤矿文工团、中国儿童艺术剧院、中央歌剧院等专业院团战略合作,在传统节假日期间,继续推出由国家级院团参与演出的惠民演出季活动,提升公共文化活动的艺术水准,弘扬中华优秀传统文化。广大居民通过登录石景山文E手机APP和石景山文旅微信公众号,提前了解演出计划、选择观看场次、预订演出剧目。

(甘丽娟)

图 书 馆

【概况】 石景山区图书馆(区图书馆)加强图书流转配送体系建设,提高基层分馆服务保障能力。建设基层流转配送书库1100平方米,藏书15万余册,全年向基层网点配送861次,配送图书310363册。为分馆新增图书5331册、报纸期刊450种。通过文化辅导员开展驻馆服务656次、4689小时。新增华夏书房、瞭仓书房特色阅读空间,新建首钢大跳台暖心驿站职工书屋,高标准保障冬奥分馆、银保园分馆服务。分馆通过“快乐阅读直通车”点单活动85场,惠及群众2518人次。11月,图书馆获得全国文化和旅游系统先进集体。

(齐家卉)

【春节主题活动】 2月11日至16日,区图书馆正常开放,共接待到馆读者1247人次,借还图书6964册次,线上访问30685次。依托“石景山区图书馆”和“石景山公共文化”微信公众号、活动粉丝群等线上渠道,开展“石景山区图书馆2021年春节灯谜线上竞猜活动”以及“我爱你,中国——最美中国年画展”微信展等主题展览。

(王祯玥)

【世界读书日主题活动】 4月23日,在第26个“世界读书日”来临之际,区图书馆发挥全民阅读阵地作用,围绕“颂读百年路 展阅新征程”主题开展多场线上线下阅读活动,在全区大力营造爱读书、读好书、善读书的良好氛围。

(王祯玥)

【冬奥主题活动】 10月,区图书馆举办“筑梦冰雪,童绘冬奥”藏书票比赛、冬奥会倒计时100天——快乐阅读直通车赴冬奥之约主题活动、“家书情长添彩冬奥”京津冀三地少儿原创书信绘画作品大赛等冬奥会主题系列活动,营造文化迎冬奥的浓厚氛围。

(王祯玥)

【“虚拟读者卡”启动】 年内,区图书馆利用移动互联网手段方便读者,推出集多种功能于一身的“虚拟读者卡”,提供图书推荐、借阅情况查询、图书借阅、图书分馆查询、馆藏查询、活动查询等功能,读者只需收集出示“虚拟卡”二维码即可进馆借阅。两馆自助借还系统也同步升级,读者可凭借身份证号、读者卡号实现无卡借阅。

(王祯玥)

文化遗产保护

【概况】 2021年,区文旅局按照“保护为主、抢救第一、合理利用、加强管理”的文物工作方针,全力服务保障冬奥筹办,推进西山永定河文化带建设,鼓励和支持博物馆发展,提高文物保护传承利用水平。年内,争取北京市文物及历史文化名城保护资金1677万元,完成北辛安记忆建筑工人俱乐部修缮、防雷,安防工程,模式口西老爷庙东耳殿修缮工程、龙泉寺修缮工程(一期)、慈善寺山门殿西倒座房、马神殿等四处屋面挑顶抢险修缮工程等17项文物修缮、安技防、展览等工程项目。争取区财政资金232.7877万元,完成法海寺西院墙消防通道改造、慈善寺护坡修缮工程等6项基础设施建设。争取区财政拨款100万元,完成区文物保护单位内65颗古树健康体检与部分衰弱古树复壮维护;加强博物馆建设,做好文物活化利用,建设石景山区石刻文物园,石景山区博物馆正式对外开放,鼓励社会力量兴办博物馆,石景山区第一家民办博物馆——北京燕京八绝博物馆正式对外开放;首钢园区雍正御制碑、首钢古建群移交石景山区管理;完成《西山永定河文化带文化系列丛书》出版;开展线上线下文物保护、传承宣传活动。

(白建其 贾卫平 李振平)

【新增2处文保单位】 1月26日,区文旅局将北辛安记忆建筑、刘娘府明朝皇族墓列入石景山区未核定为文物保护单位的不可移动文物予以登记并公布。

(杨晓红)

【市第一批革命文物】 3月27日,市文物局公布北京市第一批不可移动革命文物名录(158处)。包括全国重点文物保护单位18处,北京市文物保护单位29处,区级文物保护单位52处,尚未核定公布为文物保护单位的不可移动文物59处。石景山区全国重点文物保护单位八宝山革命公墓入选。

(杨晓红)

【北辛安记忆建筑安防工程】 4月9日,北辛安记忆建筑安防工程开工,为区县历史名城与古迹保护资金项目,区财政拨款65.58万元。项目采用竞争性磋商招标形式确定项目实施单位北京益泰牡丹电子工程有限责任公司。5月19日,工程经建设单位、设计单位、施工单位、监理单位四方验收合格竣工。工程内容主要是对石景山区新安城市记忆公园记忆建筑(包括老区政府、中新药店、新华书店、供销社和工人俱乐部),建立由视频监控系统、传输系统、供电和防雷系统组成的纵深防护体系。

(杨晓红)

【北辛安记忆建筑防雷工程】 4月10日,北辛安记忆建筑防雷工程项目开工,为区县历史名城与古迹保护资金项目,区财政拨款75.98万元,采用竞争性磋商招标形式确定中丕建设有限公司为实施单位。对新安城市记忆公园内记忆建筑,接闪带、引下线、断接卡、接地极、雷电峰值记录仪等安装及接地电阻试验,砖地面拆除及恢复,水平接地极管沟挖填土方等。5月19日,工程经建设单位、设计单位、施工单位、监理单位、气象部门五方验收合格竣工。

(杨晓红)

【北辛安记忆建筑工人俱乐部修缮工程】 4月11日,北辛安记忆建筑工人俱乐部修缮工程项目开工,为区县历史名城与古迹保护资金项目,区财政拨款143万元,采用竞争性磋商招标形式确定项目实施单位北京市文物古建工程公司。对新安城市记忆公园内记忆建筑——工人俱乐部拆除现有石棉瓦瓦面、加固现有钢桁架;重新做屋面保温层、防水层及瓦面。5月30日,修缮工程经建设、设计、施工、监理、北京市文物工程质量监督站五方验收合格竣工。

(杨晓红)

【法海寺藏龙钮铜钟钟壁铭文研究项目】 4月20日,法海寺藏龙钮铜钟钟壁铭文研究项目开工,研究项目预算总额50.685万元,为市级转移支付资金项目。经竞争性磋商北京北建大城市规划设计研究院负责该项目的实施,10月15日竣工。该项目完成钟壁铭文的数据采集、建模、研究和报告编制,深层次地挖掘文物的文化内涵。10月25日召开该项目主体、实施方及北京大学、故宫博物院、北京古建所有关专家参加的课题验收会,肯定项目成果。

(杨晓红)

【区文保单位古树维护】 4月20日,区文物保护单位内古树健康体检与部分衰弱古树复壮维护项目开始实施,为区森林资源培育资金项目。区财政拨款100万元,通过三方比价的采购方式确定北京金都园林绿化有限责任公司为实施单位,分别对法海寺、承恩寺、慈善寺、显应寺院内65颗古树进行体检,对其中20株长势衰弱的古树进行"一树一策"保护方案设计与复壮维护。11月3日竣工。

(杨晓红)

【区博物馆3D交互项目】 4月22日,石景山区博物馆馆藏文物3D交互展示项目开工,由市级专项资金投入343.4万元,通过公开招标的方式确定北京数字万方文化科技有限公司为实施单位。10月8日,竣工验收。主要用于文物3D激光矩阵采集、建模复原、交互制作;馆藏文物3D可视化交互展示平台建设;博物馆宣传品制作印刷;举办走进博物馆系列文化活动。

(杨晓红)

【慈善寺香文化展项目】 4月22日,慈善寺香文化展项目开工,争取市对区转移支付资金89.63万元,完成"善行天下 香飘四海"2021慈善寺香文化展项目。该项目经过公开招投标方式,确定环顿文化发展(北京)有限公司为实施单位。主要对"善行天下、香飘四海"香文化展室展陈进行布展。8月30日竣工。

(杨晓红)

【"5·18国际博物馆日"活动】 4月24日,中国第四纪冰川遗迹陈列馆(简称冰川馆)携手石景山区三色幼儿园举办"文明创城手牵手喜迎冬奥心连心'童心绘冬奥'"主题绘画活动,30个家庭一起绘制一幅长达7米的冬奥画卷。画卷上有冰墩墩、雪容融冬奥吉祥物和水立方、首钢滑雪大跳台等重要的奥运比赛场所,以及连接北京与张家口两座城市的京张高铁。5月18日,区博物馆举办"5·18国际博物馆日"主题活动,区领导常卫、田利跃、吕秀艳、岳林华等参加启动仪式。区博物馆、法海寺壁画博物馆、燕京八绝博物馆、冰川馆、石刻文物园、京西五里坨民俗陈列馆、慈善寺古香道文化陈列馆等七位馆长代表石景山区博物馆界发出倡议,共同探索文博事业发展新思路,服务社会、服务群众,讲好石景山故事,共创博物馆美好未来。同日,冰川馆举办冰雪迎冬奥全民庆百年——探索冰川文化展望时代新篇的国际博物馆日展览活动,展出京西古道模式口文物古迹画展,李四光地质队员野外考察画作及馆藏珍贵化石,百余游客参观展览;慈善寺免费开放,举办"慈善寺历次修缮出土残瓷"讲座和传拓技艺讲座。

(杨晓红 姜 楠)

【法海寺壁画保护监测成果研讨会】 4月26日,区文旅局组织召开第一阶段法海寺壁画预防性保护监测成果研讨会,原国家文物局副局长、中国博物馆协会理事长刘曙光,中国文化遗产研究院副院长乔云飞,市文物局文保处处长李粮企,区领导周西松、区文旅局及多位行业内专家参加研讨会。法海寺壁画预防性保护监测项目自2020年8月启动,持续监测至2025年,均采用无损的技术手段,包括三维激光扫描、近景摄影测量、全景摄影、地质雷达探测和应力波检测等十几项技术,形成古建筑壁画预防性监测的关键技术研究报告,着力推进总结出一套适合于古建筑壁画预防性监测的技术导则,积极推广行业应用。会议听取法海寺壁画预防性保护监测第一阶段研究报告,与会专家就监测工作进行工作讨论。会议为第一阶段前期勘察成果研讨会,是探索古建筑壁画预防性保护的第一步。

(杨晓红)

【"铁肩担道义 妙手著文章"巡展】 4月28日至5月12日,慈善寺举办庆祝建党100周年"铁肩担道义 妙手著文章"巡展。展出李大钊的生平、李大钊与中国共产党等宣传展板20块。展览接待区文旅局、区纪委、人力社保局和黑石头社区党员及社区群众1615人。

(杨晓红)

【非遗主题文化宣传周】 4月29日至5月5日,慈善寺举办第二届"楸树开花 带福还家"非遗主题文化宣传展示周。市非遗处处长张迁、五里坨街道、文旅局部门领导出席开幕仪式。活动周包括秉心圣会和五里坨高井高跷香会展演、非遗衍生品状元及第香发布、龙凤砖雕拓片展示、和香制作技艺、"铁肩担道义 妙手著文章"庆祝建党100周年巡展及迎冬奥非遗衍生品展览、"四道雅集"香文化展演、香会"茶棚曲艺"展演、非遗项目传拓体验活动。活动周共接待参观群众1365人。

(杨晓红)

【区博物馆正式开放】 5月12日,石景山区博物馆开馆仪式在区文化中心举行。市文物局副局长、首都博物馆党委书记白杰,北京博物馆学会理事长刘超英，区领导周西松以及区各委办局、驻区高校、中小学校的领导出席开馆仪式。区博物馆位于区文化中心4层至6层，建筑面积约6000平方米，由基本陈列历史文化展（6层）、临时展区（5层）、功能服务区（4层）、文物库房（负一层）及其他业务配套用房组成，收藏并展示全区15000余件文物。博物馆基本陈列包含序厅及“石景为开”“燕都仙境”“山水灵聚”“宫阁寺苑”“京西门户”“百年圆梦”等六个展区，以故事与人物串联时间线索，用文物佐证历史事件，将山水与城市完美交融。截至年底，区博物馆共接待“2021年中国国际服务贸易交流会”代表团、北京市石刻艺术博物馆、大钟寺古钟博物馆，区人力社保局、区政协、民建联、教委高思研学团队，古城小学、银河小学研学旅师生，金顶街社区等机关、事业单位、社会团体、中小学生、社会群众15000余人，讲解800余场。

（杨晓红 姜 楠）

【“文化和自然遗产日”活动】 6月9日，主题为“人民的非遗 人民共享”的2021年区“文化和自然遗产日”非遗宣传展示活动暨区非物质文化遗产保护中心开放启动仪式在石景山区文化中心举行。北京市文化和旅游局非遗处、东城区文联、天津市非遗协会、区相关单位相关领导，以及市区级非遗专家共同参加活动。仪式上，为石景山区非遗示范校赠送石景山非遗丛书，为新增非遗示范校和非遗保护传承基地颁牌，同时首次发布“石景山区非遗礼物”。区非遗中心位于区文化中心7层。由非遗展厅、非遗技艺传习室、临展厅、直播间等功能厅室组成。正式开放后将常年开展非遗项目展览展示、技艺传习互动体验等活动，并借助声光电等现代技术手段，用动静结合、互动体验等方式，把石景山区最具代表性的非物质文化遗产以直观的形式展示出来。活动期间举办京韵大鼓（少白派）专场演出，石景山区京韵大鼓（少白派）代表性传承人白慧谦、陈秀敏领衔主演，还邀请中国曲艺家协会副主席、国家级非遗代表性传承人种玉杰，梅花大鼓表演艺术家、国家一级演员王玉兰，以及著名笑星、少白派传承人徐德亮，曲艺名家关键及少白派传承人志淑嫣、支文英等登台献艺，著名笑星应宁担任节目主持，年逾八旬的曲艺名家孙鸿宴先生也助阵演出。6月12日，区博物馆紧扣文化遗产日主题“文物映耀百年征程”举办红色历史故事分享会和红色拓片体验主题活动。“聆听红色故事·见证百年风华”分享会中，中小学师生、社会群众认真倾听着5位宣讲员们讲述他们身边那些感人心脾的红色故事。“铭记历史·复刻初心”红色拓片体验活动中，在专业老师的指导下，每一位参与者在体验传统技艺、见证古人智慧同时更感受到隐藏于文化背后的红色情怀。区中小学生和社会群众共30余人参加活动。

（郭 琪 杨晓红）

【八大处传说等入选非遗项目名录】 6月10日，中华人民共和国中央人民政府网站公布国发〔2021〕8号文件，国务院批准文化和旅游部确定的第五批国家级非物质文化遗产代表性项目名录（共计185项）和国家级非物质文化遗产代表性项目名录扩展项目名录（共计140项），石景山区非遗代表性民间文学类项目“八大处传说”成功入选。9月29日，市政府公布北京市第五批市级非物质文化遗产代表性项目名录和扩展名录，其中第五批市级非物质文化遗产代表性项目名录48项，扩展项目名录4项。石景山区传统技艺类项目“和香制作技艺”、曲艺类项目“京韵大鼓（少白派）”名列其中。

（郭 琪）

【法海寺藏龙钮铜钟钟壁铭文研讨会】 6月10日，法海寺举办法海寺藏龙钮铜钟钟壁铭文研讨会。北京北建大城市规划设计研究院院长王玮、市古代建筑研究所建筑历史研究室主任李卫伟、北京古钟博物馆馆长薛俭、北京建筑大学高级工程师倪越等多位专家及区文旅局领导出席会议。会议为研究中期成果研讨会，主要目的为确保研究方向和方法的准确性和科学性，对数据分析及成果形成提出深化要求。

（杨晓红）

【冰川馆科普大篷车进校园】 6月18日，冰川馆以“童心向党迎华诞 共圆魅力冬奥梦——我爱石景山 我说石景山”为主题的科普大篷车开进三色幼儿园。活动围绕矿物和化石资源，以主题展览、现场科普知识互动问答、矿物和化石标本展示等形式，为小朋友普及三大岩的形成过程、各类矿物的鉴别方法及在生产生活中的应用知识，讲述各类动植物化石特征和形成演化过程。200名小朋友参加活动。

（杨晓红）

【雍正御制碑移交石景山区管理】 6月30日，经区政府批准，区文旅局与

6月10日，法海寺藏龙钮铜钟钟壁铭文研讨会 （区文旅局供图）

首钢集团正式签订《首钢园区内区级文物保护单位雍正御制碑移交协议书》,7月1日进行现场交接。雍正御制碑及碑亭移交范围为现有碑亭建筑四至外6米,占地面积338.13平方米。移交不可移动文物管理权和使用权。

(杨晓红)

【首批金牌"小小讲解员"】 7月11日,由区文化中心、区博物馆选送的石景山区外语实验小学商龄月同学在2021年北京红色故事"小小讲解员"大赛中取得第二名的好成绩,成为北京市首批金牌"小小讲解员"。

(杨晓红)

【区第一家民办博物馆开放】 7月12日,石景山区第一家民办博物馆——北京燕京八绝博物馆正式对外开放,并举行开馆仪式。北京燕京八绝博物馆位于石景山区全国重点文物保护单位承恩寺内,展厅面积约1000平方米,收藏明清以来近千件燕京八绝工艺精品。该馆常设燕京八绝主题展厅9个,临时展厅2个、体验区2个。燕京八绝主题展厅分别是"金漆镶嵌、花丝镶嵌、景泰蓝、牙雕、玉雕、雕漆、京绣、宫毯"和"其他"展厅。"其他类别展厅"中含有"木雕精品、燕京八绝相关工艺衍生品与文创产品"。年内,举办燕京八绝非遗传承系列活动103场次。其中,"燕京八绝承恩文化传习大讲堂"23场,"燕京八绝非遗大师课堂"5场,"非遗互动体验"5场。开展精准帮扶"非遗文化助力乡村振兴"系列活动4场。举办"燕京八绝非遗大师精品展""大师创新作品石景山特展",以及工艺美术大师携燕京八绝工艺精品巡展助力大型活动13场,惠及百姓万余人。

(杨晓红)

【文保单位机构调整】 9月14日,经区委编委批复,区文旅局进行下属事业单位机构调整。撤销北京市石景山区承恩寺文物保管所,将其职责、6名事业编制及对应人员整建制划入北京市法海寺文物保管所。调整后,北京市法海寺文物保管所主要职责为:负责法海寺、承恩寺、田义墓景点内的文物保护和管理工作,协助做好文物修缮方案、规划、报告的拟订及实施;实行对社会开放,弘扬历史文化遗产,开发文物资源的丰富底蕴,举办各式展览,开展社会教育;合理利用文物资源,搞好文物展陈;开展相关研究、宣传、培训、收藏等工作。

(杨晓红)

【成立石景山古建群文保所】 9月14日,经区委编委批准设立北京市石景山区石景山古建群文物保管所(石编委〔2021〕73号)。核定编制8名,设所长1名,副所长2名。石景山古建筑群位于首钢园内,包括功碑阁、北惠济庙雍正御制碑等,其中市级文物1处,区级文物2处,未核定为文物保护单位的文物7处。

(杨晓红)

【冬奥会倒计时100天线上活动】 10月27日,距冬奥会开幕式倒计时100天之际,石景山区博物馆延续"我在博物馆修文物"系列线上活动,继续推出文物翻模工艺讲解,助力冬奥百日冲刺。400余人参加线上活动。

(杨晓红)

【冬奥倒计时50天非遗活动】 12月16日,区非物质文化遗产保护中心联合北方工业大学经济管理学院举办"非遗迎冬奥一起向未来"冬奥倒计时50天活动暨石景山区民间文学"声音故事(七)"展演颁奖活动。北方工业大学副校长王力,学工部等相关负责人以及在校师生2000余人,石景山区非遗传承人代表和非遗讲解志愿者代表参加活动。此次活动分为剪雪花、送祝福、迎冬奥和展非遗、颂情怀、强自信两个环节,既展现非遗传统技艺又普及冬奥知识。活动期间,还对石景山区非遗声音故事(七)进行展示和展播,对"非遗中的家国情怀"征文大赛获奖同学进行颁奖,活动累计吸引近3000人次参与。

(郭 琪)

【石景山古建群移交区政府管理】 12月31日,经区政府批准,区文旅局与首钢集团正式签订《首钢园区9处不可移动文物和功碑阁移交协议书》。对9处(首钢古建群)不可移动文物、功碑阁的管理使用权进行移交。首钢古建群和功碑阁移交面积共21045.62平方米,包括9处不可移动文物及1处现代建筑,其中9处不可移动文物分别为:石景山古建群元君庙(区保)、石景山古井(区保)、石景山古建群金阁寺(普查登记文物)、石景山碉堡(普查登记文物)、本来洞(普查登记文物)、摩崖石屋(普查登记文物)、石景山崖葬石窟(普查登记文物)、金阁寺双眼古井(普查登记文物)、玉皇神祠遗址(普查登记文物)。一处现代建筑:功碑阁。

(杨晓红)

文化创意产业

【概况】 年内,石景山区以数字创意为主的文化及相关产业实现收入910亿元,同比增长15.6%,收入规模约为5年前的2.5倍,文化产业收入占全市比重达到5.2%,约占全区第三产业收入的20%。其中数字文化产业实现收入827亿元,占全市数字文化产业收入比重7.2%,排名全市第三。文化产业人均年收入产出达358万元/人,高于全市平均水平84万元/人。

(王 震)

【文化企业上市】 2月、11月,互联网广告领域头部企业宝盛科技和优矩互动分别在纳斯达克和香港联交所挂牌上市。11月,流金岁月公司由"新三板"精选层转板北交所,成为唯一一家登陆北交所的文化企业。石景山区上市文化企业达到7家,占全区上市企业数量的37%。

(王 震)

【国际电竞创新发展大会】 10月22日,"电竞北京2021""北京国际电竞创新发展大会"在首钢园举办。首建投公司分别与腾讯科技(深圳)有限公司和当红齐天国际文化科技发展集团有限公司就《和平精英》冰雪竞技乐园项目及VR智慧体育&电子竞技项目签约。2021北京国际电竞创新发展大会再次落户首钢,引导更多高端产业要素汇聚石景山、汇聚新首钢园。

(王 震)

【培育文化精品】 12月28日,在第34

届中国金鸡百花电影节上，“追光动画”公司制作的动画电影《白蛇2：青蛇劫起》喜获最佳美术片奖，“盛世顺景”公司制作的动画电影《立秋》获最佳美术片提名。中奥泰和公司制作的大型情景喜剧《冬奥一家人》入选2021年度北京市文化精品工程重点项目。

（王 震）

【出台政策】 年内，石景山区制定《石景山区“十四五”时期以数字创意为主的文化及相关产业发展规划》，印发规划任务分解方案，为“十四五”时期文化及相关产业高质量发展定目标、绘蓝图、谋路径；区文促中心落实《石景山区促进以数字创意为主的文化及相关产业发展暂行办法》，支持各类文化产业项目38个，支持资金1436万。

（王 震）

文化市场

【概况】 2021年，石景山区文化市场综合执法大队（简称执法大队）出动检查人员2200余人次，检查文物保护和文化经营单位4700余家次，校园及景区周边70余次，组织联合执法行动26次，立案查处各类违规行为192起，结案196起，罚没款共计22.14万元。上报各类工作信息27篇，其中全国扫黄办采用1篇，市文化执法总队采用12篇，《今日头条》4篇，区委区政府采用5篇；落实“12345”接诉即办件1500余件，其中网络游戏投诉占90%以上，均按时办结。

（余 梅）

【疫情防控常态化执法工作】 年内，执法大队在日常检查工作中，加强对文化和旅游市场的疫情防控工作，特别是电影院、互联网上网服务营业场所、文化艺术培训机构、酒店、旅行社等重点文化旅游经营场所，严格做好经营场所消毒、佩戴口罩、进入人员登记测量体温等疫情防控工作。

（余 梅）

【宣传活动】 年内，执法大队组织实施“烟花爆竹禁放宣传”“文化和旅游行业‘安全生产月’宣传活动”“护苗有我、全民净网”护苗2021防网络沉迷宣传活动等活动。

（余 梅）

媒体传播

【概况】 2021年，石景山区融媒体中心（简称区融媒体中心）发挥媒体深度融合和聚合共振效应，牢牢把握正确舆论导向，全面落实意识形态工作责任制要求，不断提高新闻信息生产、传播、服务能力，加快推进融媒体建设，聚焦区委、区政府中心工作，积极开展主题主线宣传，为石景山区经济社会发展提供良好的宣传舆论保障和精神文化支撑。区融媒体中心、政务服务中心、新时代文明实践中心已实现贯通。“北京石景山”APP在首页显著位置开设文明实践中心、政务服务、便民服务、“12345”等功能入口，可为用户提供1120余项政务咨询查询服务和650项政务服务。

（谷 雨）

【新媒体】 年内，“北京石景山”APP下载量95127人，注册用户49624人，日活跃用户数量380人次。“北京石景山”APP设立资讯、头条、新华视界、专题等新闻资讯栏目，“12345”和“发个身边”等问政监督栏目，开设“石景山号”，九个街道全部入驻，开设《石景山报》《石景山工作》移动客户端频道。《石景山新闻》在“北京石景山”APP同步直播。中心新媒体部以“两微一端”、抖音、快手等媒体平台为载体，强化新媒传播、城市服务、沟通渠道的行业宣传新意识和新优势，逐步成为宣传报道的主力军。新媒体记者深入一线，进疫苗接种点，进园区、进工地，进社区，采访报道园区企业生产、冬奥项目建设，以及最基层的民生项目进展情况，并通过微信、微博、人民号、新华号、北京号、百度百家号、腾讯企鹅号、网易新闻号、“北京石景山”APP客户端，以及新闻网站等平台进行集中推送。策划《干部在岗 群众过节》《我在北京过大年》《我为群众办实事》等专栏，发布新媒产品百余期、系列视频10期。在北京石景山APP策划创森有奖知识问答活动和APP地推活动，有效扩大APP影响力。在带动三亿人参与冰雪运动活动举办期间，融媒体中心推出《穿越飞行石景山首钢园 冰雪盛会魅力无限》《嗨玩冰雪 打卡石景山》两个短视频，经过全网推送获得超过430万的阅读量，超过15.6万的点赞量。融媒体中心推出的短视频节目《南丁格尔奖获得者向新护士授帽》，在各网络平台播放，阅读量超过1280万。

（谷 雨）

【纸媒体】 年内，《石景山报》对标党报和主流都市报，从四开八版的小报改为对开四版的大报，在原有栏目的基础上，开办“石评时论”“热点聚焦”“基层悟说”“社区观察”“老街坊留言板”等新栏目，特别加大热点聚焦版块，加深社会新闻深度报道力度。并在“北京石景山”公众号，北京号公众号，开办石景山报电子报端口。《石景山工作》严把理论关，成为党员领导干部的“手边资料”书。坚持把强化主流舆论“引导力”和传递主流声音摆在首要位置，严把内容导向和出版质量，制订内容发布审核制度，严格落实三审三校制度。审核单每期严格落实各项责任，由专人管理存档。发挥杂志整合的优势和功能，选取刊登《求是》《前线》等理论刊物中的优秀理论文章。

（谷 雨）

【电视媒体】 年内，区融媒体中心围绕疫情防控、服务保障冬奥等全区重点工作，同步开设《百日会战》《创城为民 创城惠民》等数十个系列版块和专题专栏。全年完成大专题片策划、拍摄、制作近30部。包括党代会专题片一部《党建引领新发展 双奥之区迎蝶变》，政府专题片一部《深度转型升级 共铸“双奥之区”》，人大专题片一部《坚持党的领导肩负人民重托推进新时代人大工作高质量发展》，政协专题片两部《协商民主谋发展凝心聚力谱新篇》、政协风采《品高声自远 风正一帆悬》、人物专题片《他乡亦故乡——齐升》、《扶贫攻坚》专题片（制作中）、组织部《党建协调委员会专题片》、发改委专题片《聚力高精尖擦亮首都城市西大门——石景山区高精尖三年行动计划》、妇联专题《创时代辉煌 展巾幅最美》、妇联专题《与时代共奋进 乘盛势开新局》、鲁谷街道《百年辉煌路 扬帆新征程》、民政局专题片《坚持首善标准优化养老服务——石景山区推进国家级居家和社区养老服务改革试点工作》、民政局专题片《越擦越亮的石景山"老街坊"》、监督所专题片《蓝盾护航疫苗安全》、区委党校《讲党课》等。制作区委组织部党课《追寻红色记忆 坚定理想信念》《共产党员关键时刻冲在前》《让党旗在"战疫"一线高高飘扬》等系列小专题片20期。其中党课获得市委组织部三等奖。典型事迹片《他乡亦故乡》获得市委组织部二等奖。撰写"奋斗百年路起航新征程""我为群众办实事""服务保障冬奥百日会战攻坚""服贸会""科幻大会"、"换届选举""双奥之区迎蝶变""冬奥倒计时100天"等大型活动策划方案20余个。制作《爱·说石景山——博物馆讲解员风采展示》100余期。《石景山新闻》播发新闻3580条,新闻资讯360条,《今日视点》播出140期,《法治聚焦》近50期。其中外宣播发380条次,北京新闻25条,中央电视台16条,其中新闻联播4条。

(谷　雨)

档　案

【概况】 年内,石景山区档案馆(简称区档案馆)馆藏档案124个全宗149799卷件,各类资料8523册,排架长度2297.7米。照片档案63054张,光盘34张,实物档案2012件。馆藏档案起止年代为清同治十三年(1874年)—2010年。档案内容涵盖区政治、经济、社会生活的各方面。珍贵特色档案包括清同治十三年(1874年)刊印的反映孔子生平事迹的《圣迹图》、反映100年前老北京建筑、民俗和市井风情的影像资料,1949年石景山钢铁厂职工参加开国大典的照片,2003年温家宝看望石景山区玉泉路小学师生时亲笔题词,国民党荣誉主席连战出席石景山区台湾街开街仪式照片,北京市非物质文化遗产项目——具有600年历史的石景山区古城村秉心圣会实物等。区档案馆接收文书档案2807卷、45729件,会计档案136卷,照片档案2436张。共接待利用者1977人次,利用档案2372卷/件次,开具证明2128份,复印档案资料9630页。区档案馆围绕区委区政府关于"建党百年"工作要求,统计和梳理石景山区"红色档案"。在数据库中收集整理相关档案资料,并配合区委党校、区史志办、区融媒体中心等单位提供"红色档案"照片3976张,文书档案目录726条。

(虞　雪)

【"国际档案日"活动】 6月9日,区档案馆举办以"档案话百年"为主题的北京市石景山区2021年国际档案日活动。档案日启动"线上+线下"的方式,线上在"北京石景山"公众号发布主题活动,线下设置一个主会场和三个分会场,实现同步观展。主会场设置在区档案馆,分会场位于八大处公园、特钢社区和北方工业大学。活动以"一主题、两主线、三板块、多活动"为亮点,紧紧围绕"档案见证建党百年征程"和"档案助力冬奥服务保障"两条主线,通过"奋斗百年 与党同行""激情冰雪 助力冬奥""魅力兰台 服务你我"三大板块,整合展览展示、宣传教育、互动体验等多项活动,吸引近千余人前来观展。

(虞　雪)

【编辑出版《麻峪村》】 12月,区档案馆编辑的"档案历史文化系列丛书"第六册《麻峪村》出版发行,该书采编近50篇文章、近200幅图片,深入挖掘麻峪村的历史文化内涵和相关资料,从村名来历、街巷布局、趣闻轶事、民俗民居、驼业运输、作坊店铺、教育医疗、改革发展等方面,呈现广宁村的历史文化风貌以及在城市化进程中的蜕变发展。详实地反映居住在永定河畔的麻峪村民千百年来治河护堤、变害为利的历史。

(靳晓蕾)

【档案数字化工作】 年内,区档案馆完成2021年进馆档案的数字化工作。数字化总量为:图像扫描143676页、录入目录20384条。优化验收流程,严格实施三层质检措施,分别由公司自查,科室抽查和主管馆长核查,确保年度数字化工作完成。

(虞　雪)

【与党校共建教学点】 年内,区档案馆以爱国主义教育基地建设为平台,与区委党校共建现场教学点,挖掘档案资料蕴含的历史、文化和思想内涵,作为全区干部教育现场教学基地。组织公务员初任培训班、中青班进馆开展区情区史教育活动,使档案馆爱国主义教育基地成为宣传展示石景山区发展经验和成就的一个重要窗口,成为党员干部了解党的历史、加强党性锻炼的重要场所。

(靳晓蕾)

【建党百年教育宣传】 年内,区档案馆开展"一个主题,十项活动"。充分利用红色资源,深入开展地方党史与文化的挖掘研究,整合档案资源,聚焦"国之大者",用档案讲好红色故事,弘扬红色精神,助推全区党史学习教育,为建党百年献礼。携手区委党校、史志办和区融媒体中心,合办"奋斗百年路"石景山党史宣讲,参与协办"红色回响·石景山"中国共产党北京市石景山区历史大型展等,提供大量珍贵的馆藏照片和档案史料;面对未成年人和社区居民开展"兰台大课堂——党史专题"教育讲座;在特钢社区、西井社区、八大处公园、北京工业大学等开展"档案馆周——建党百年展览巡展"活动,让红色文化、档案文化深入人心;开展建党百年档案征集活动,填补馆藏和史料空白。

(靳晓蕾)

【编写《档案参阅》】 年内,区档案馆编写《档案参阅——西山永定河文化带石景山区段概览》,并向西山永定河文化带建设管理委员会等区属相关单位印发。内容围绕西山永定河文化带的来历、石景山区段的范围划定、历史文化及人文资源、保护与发展,展开详细论述,便于各单位快速了解西山永定河文化带历史文化和当代发展,为未来规划决策提供档案依据和参考。

(靳晓蕾)

【冬奥记录工程】 年内,区档案馆建立记录石景山区服务保障2022年冬奥

9月28日，区档案馆开展建党百年展览社区巡展活动　（区档案馆供图）

会、冬残奥会的照片资源库。收集石景山区服务保障冬奥、冬残奥的相关照片2万余张，并深入整合和开发冬奥相关档案资源，开展冬奥画册、冬奥展览等相关准备工作，主动做好服务保障冬奥会记录资源的编研利用，力图通过冬奥记录工程，真实、全面、系统地反映石景山区服务保障冬奥会的历程。

（新晓蕾）

【档案征集】　年内，区档案馆围绕服务保障冬奥、新时代首都城市复兴新地标、西山永定河文化带、绿色生态城区建设、经济发展、民生、重点工程和重大项目等各方面进行照片征集和跟踪记录，全年征集各类照片近4万张，实物档案60余件。

（钟　平）

地　方　志

【概况】　年内，区委党史研究室、区地方志办公室（简称区史志办）开展的地方志业务以编纂《北京石景山年鉴》2021卷和《北京市石景山区地名志》为主要工作。同时深入挖掘石景山区红色资源，编写《中共北京市石景山区历史》《石景山红色记忆》《石景山·红色历程》党史画册；与区委宣传部筹办“石景山·红色回响”主题展览，参与展览设计，撰写展览文字资料，提供图片200余张。在区政务服务系统上，规范“对部门志、行业志、乡镇志、街道志编纂方案进行备案”事项办理操作指南和流程，办理电子印章，实现一网通办理。根据市志办的要求，完成“石景山制铁所遗址”“华人养成所旧址”2处抗战遗址名录的核实和补充资料等工作。

（宋正鑫）

【2021年鉴出版发行】　12月，由区政府主办，区志办承编的《北京石景山年鉴（2021）》由中华书局出版。2021卷为总第16卷，依据中国精品年鉴工程规范要求，2021卷对框架结构进行微调和完善，全书共分栏目29个，全面翔实系统地记述石景山区2020年政治、经济、文化、社会发展等情况，记述时限为2020年1月1日至12月31日（部分内容根据实际情况略有前后延伸）。全书共分栏目32个，文字总计约95.6万字；彩页增加年度特色板块“新冠肺炎疫情防控”“冬奥服务保障”栏目。向全区各单位累计发放1000余册，发放范围覆盖机关、企业、社区、军营和学校。

（宋正鑫）

【地名志编纂】　年内，区志办编纂的《北京市石景山区地名志》进入出版环节，书稿经过多轮修改和补充资料送到北京出版社审校。完成书中行政区划图、地势图、交通图三张地图的制作和审图号的办理。书稿版面字数约50.6万字，正文分6个篇章，包括自然地理实体，政区、聚落，交通设施，古迹名胜，生产建筑和公共建筑，地名管理等内容。

（宋正鑫）

文联活动

【概况】　石景山区文学艺术界联合会（简称区文联）现有文艺团体16家，登记在册会员2300余人。年内，区文联以庆祝中国共产党建党一百周年和迎冬奥为契机，团结引领文艺家协会学习贯彻习近平总书记关于文艺工作的重要讲话和指示精神，围绕区委区政府的中心工作，履行“团结引导、联络协调、服务管理、自律维权”的职能，推动文联深化改革措施的落地；以强化意识形态工作责任制为抓手，开展以“建党百年”“迎冬奥”等为主题的文艺活动。

（胡朝英）

【“以心为笔　情系冬奥”画展】　1月26日，由区文联主办、北京天地华夏艺术文化院承办的首届“以心为笔　情系冬奥”冰雪画派主题书画展开幕仪式在北京冬奥组委会议楼举行。冬奥组委市场开发部部长朴学东，秘书行政部副部长蔡兵，机关党委专职副书记、机关工会主席王风，区领导吴克瑞、刘海涛、周西松等及部分在京书画名家50余人出席开幕仪式。本次书画作品展历时五天，参展作品是由来自北京冬奥组委机关职工书画协会、北京天地华夏艺术文化院冰雪画艺术研究会，区美协、书协，区政协书画院，区老年书画艺术研究会以及北京祥隶书法艺术研究会的全国16个省市百余名冰雪书画艺术家、资深书画家历时近三个月创作而成。

（胡朝英）

【新春送福送联活动】　1月28日，由区文联、融媒体中心和图书馆联合举办的冬日暖阳新春送福送联在区图书馆顺利进行，活动是区文联迎新春“冬日暖阳”系列活动之一，是由区文联所属书法家协会、美术家协会、老年书画研究会、祥隶书法艺术研究会和政协书画院20余名老师共同参加的一场“特殊”笔会。按照北京疫情防控要求,本次活动全部移至线上进行,通过网络收到来自区文联各协会的祝福;与书法家老师们进行线上互动,通过新媒体评论区留言对本次活动进行评价。

(胡朝英)

【文艺家协会换届】 3月至4月20日,区文联所属12个文艺家协会分别召开换届大会,完成换届工作。换届协会包含:作家协会、书法家协会、美术家协会、老年书画研究会、音乐家协会、曲艺家协会、民间文艺家协会、舞蹈家协会、集邮协会、摄影家协会、戏剧家协会、城市文化艺术研究会。文联所属各文艺家协会换届筹备工作自2020年9月启动,先后召开四次专题培训会,形成换届材料23份。

(胡朝英)

【丁荫楠红色电影艺术展】 6月17日,由区委宣传部、区文联、区直机关工委和区文旅局主办,区对外文化交流促进会、区戏剧家协会承办的“庆祝中国共产党成立100周年——丁荫楠主旋律红色电影艺术展”正式开幕。中国文联副主席赵实、著名导演丁荫楠,中国电影家协会、市文联领导等以及电影的主要演员和多名影视界、评论界嘉宾出席开幕式。影展期间,区各委办局和基层党组织开展预约观影活动,观影人数逾千人。电影艺术展引起媒体广泛关注,各类媒体共发布稿件(含电视新闻)263篇。其中,一类媒体42篇,其他221篇。

(胡朝英)

【“再唱山歌颂党恩”音乐会】 6月26日,区文联在石景山文化馆举办以“再唱山歌颂党恩”主题音乐会,用原创音乐向“七一”党的生日献礼,创作的新曲《曙光映红船》《英雄畅想曲》和专门为迎接2022北京冬奥会创作的《喜迎冬奥万家欢》亮相。各大媒体对主题音乐会进行全网直播,单日收看人数近93万,总播放量117万。

(胡朝英)

【“勿忘来时路”书画展】 6月29日,“勿忘来时路”庆祝中国共产党成立100周年主题书画展在区文化中心美术馆开幕。展览联合外交部丝路书画院、北京艺术创作中心等多个部门参与。展出作品内容紧扣庆祝建党百年和红色教育主题,反映石景山区文艺家对党忠诚、爱国、爱家的良好精神风貌,集中表达石景山区人民对党对祖国、对人民的真挚感情。“七一”当天央视网和北京电视台北京新闻对“勿忘来时路”主题书画展进行报道。

(胡朝英)

【“不忘初心 百年巨变”摄影展】 9月23日,“不忘初心 百年巨变”庆祝中国共产党建党100周年摄影展与西山永定河文化节开幕式共同举办,该活动作为首届北京西山永定河文化节系列活动之一,着重展示石景山区在百年历史长河中的巨大变化,特别是改革开放以来的崭新风貌。摄影展历时五个月的筹备,得到社会各界支持,共征得摄影作品2000余幅。经过甄选,展出作品210幅,设置“绿水青山”“文脉民风”“钢城今昔”等板块,从不同时期、不同角度生动呈现西山永定河沿线在几十年间发生的巨变和多姿多彩的百姓生活。

(胡朝英)

【区曲艺家协会挂牌】 10月20日,石景山区曲艺家协会在鲁谷街道挂牌暨“鲁谷百姓书场”开书仪式在鲁谷街道文化中心举行。“鲁谷百姓书场”是石景山区第一个由街道和专业文艺家协会共同打造的根植社区的群众曲艺项目。鲁谷百姓书场挂牌成立,旨在用曲艺的形式宣传党的方针、政策,人民群众享受娱乐生活的一块精神文明的阵地。

(胡朝英)

【“冰雪情缘石景山”画展】 10月27日,由区政协、广宁街道办事处和区文联共同主办的“冰雪情缘石景山”迎冬奥倒计时100天冬奥人物主题网络画展开展。网络画展集中展出政协书画院画家李平、焦斯予老师原创人物油画作品23幅,全部运用具象艺术中写实绘画的表现形式。

(胡朝英)

【“迎冬奥·一起向未来”书画展】 12月9日,由区委宣传部指导,区文联、北京冬奥组委机关职工书画协会主办,央视频《百年传承》栏目、北京美育中视文化中心、中视干线承办,泸州老窖北京办事处、福建省优之源农业有限公司、仲辉纸业、一得阁墨业协办的“迎冬奥·一起向未来”中国书画名家作品邀请展在区文化中心美术馆开幕。

(胡朝英)

卫 生

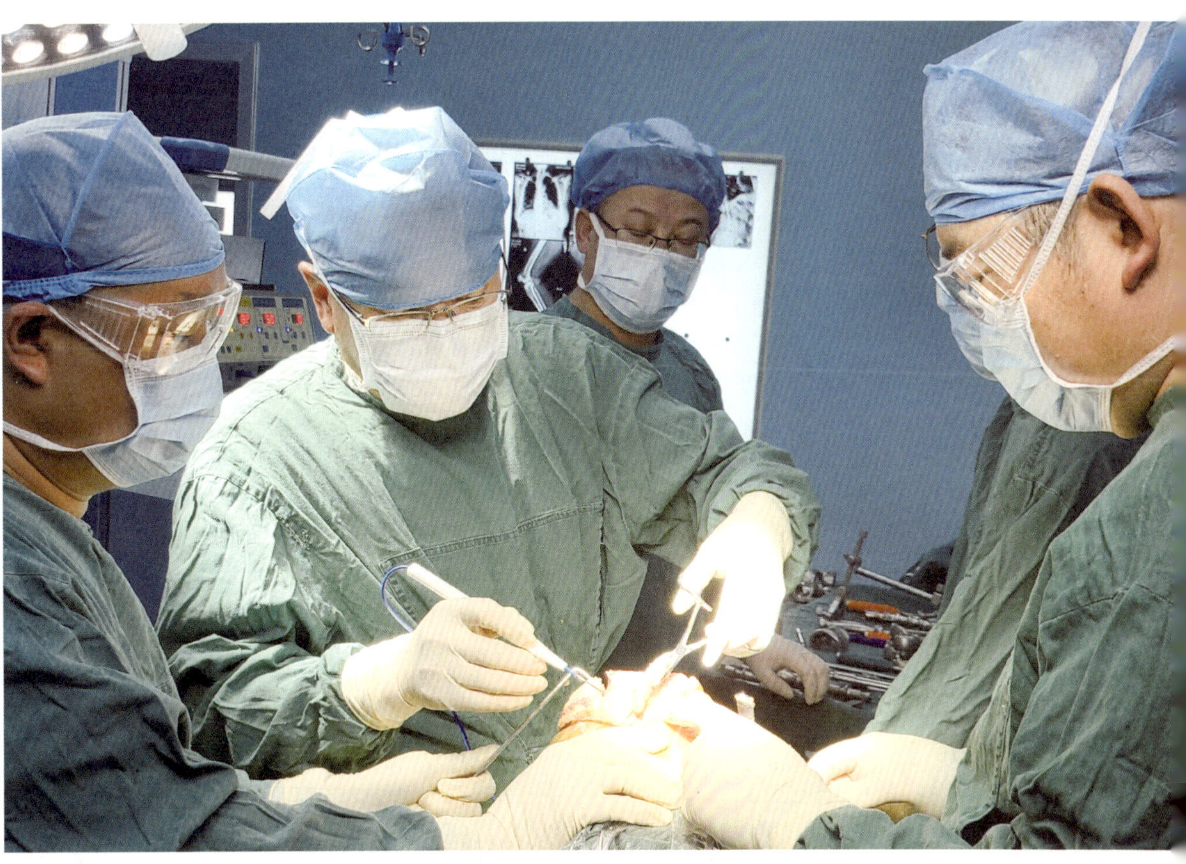

综 述

【概况】 2021年,石景山区共有医疗卫生机构224家,其中一级以上医院24家,社区卫生服务机构49家,其它医疗机构151家。每千常住人口实有病床数、执业(助理)医师和注册护士分别为9.37张、6.29人、7.63人,分别同比减少0.40张、0.07人、0.15人。全区医疗机构总诊疗748.91万人次,同比增加21.00%;门急诊748.66万人次,同比增加21.00%,其中门诊717.73万人次,同比增加21.74%,急诊30.93万人次,同比增加6.09%;社区卫生服务机构总诊疗249.12万人次,同比增加12.38%;社区卫生服务机构总诊疗人次占全区总诊疗人次33.26%,同比减少2.56个百分点。全区医疗机构出院人数12万人次,同比增加32.37%;住院患者手术5.6万例,同比增加36.95%;二级以上综合医院出院患者平均住院日8.91天,同比减少0.63天;实有病床周转次数30.72次,同比增加7.72次;实有病床平均使用率74.60%,同比增加14.97个百分点。全区人均期望寿命预计为82.64岁;孕产妇死亡率为0,婴儿死亡率0.89‰,5岁以下儿童死亡率0.89‰,甲、乙类传染病报告发病率91.93/10万,疾病死因前三位依次为恶性肿瘤、心脏病和脑血管病。全区户籍人口出生上报2180人,国家免疫规划疫苗接种率保持在99%以上。严重精神障碍患者在册规范管理率94.3%,患者报告患病率4.8‰。全年无偿献血累计完成11580.3单位,完成率为102.25%。全区开展核酸检测163.12万人次,接种新冠疫苗135.73万剂,其中第一剂接种53.55万人,全程接种52.03万人,全人群第一剂接种率为107.53%,全人群全程接种率为104.48%,位列全市第三,城六区第二;3-11岁人群第一剂接种率为94.922%,位列全市第一。

年内,石景山区卫生健康委员会(简称区卫健委)果断迅速应对北京顺义、大兴、海淀及国内其他地区散发、突发疫情,精准开展流调溯源、核酸检测筛查、风险人群管控、突发事件应急处置,做到快发现、快响应、快决策、快处置,坚决阻断疫情传播链条。在全区疫情防控中,首钢医院、北京朝阳医院西院、石景山医院、玉泉医院、北京康复医院、整形外科医院、眼科医院、区中医医院、区妇幼保健院、五里坨医院、联科肾病医院等医院及各社区卫生服务中心(站)火线驰援、共克时艰,坚定完成抗击疫情任务。成立疫苗接种专班,坚持科学筹划,动态调整方案,分阶段、分层次开展疫苗接种和加强免疫接种工作,派出医务人员1800余人,科学设置疫苗接种点位,启用"疫苗班车""轻骑队"等服务,增强接种服务的可及性、便利性。设置N+2核酸采样点,即每个街道建设N个社区采样点,2个大中型集中采样场所,可随时启用。全区具备核检测能力医疗卫生机构共10家,医疗卫生机构日最大单管检测量达到4.356万份,应急情况下连同第三方机构日最大单管检测能力总和达到10.356万份,1:10混采可在1天内完成全区全员核酸检测。启用8个集中隔离医学观察点、20支医务人员队伍,动态完善集中隔离工作流程、制度,严格落实隔离点健康监测、个人防护、核酸检测及消毒通风等要求,全年累计管理确诊病例和无症状感染者的密接157人、次密1014人。各社区卫生服务中心管理居家隔离医学观察人员5103人,入户采集鼻咽拭子2万余件,环境采样约1万件,闭环转运112名发热、咳嗽等症状的人员至发热门诊筛查,对900余名购买退热、止咳等药品人员进行追访及管理。围绕民生保障,建成6家社区卫生服务中心发热筛查哨点,健全基层医疗卫生机构传染病"探头"监测网。加强院前急救体系建设,完成8个急救站和古城洗消站标准化建设并通过市级验收,提前完成本年度市级急救工作站改扩建任务。推进健康示范单位和社区建设工作,累计成功创建市级健康示范单位93家、健康社区104个。

(闫 骞)

【爱国卫生运动】 4月,石景山区组织开展第33个爱国卫生月主题活动,广泛动员群众积极参与"环境卫生大扫除""健康科普教育""新冠疫苗接种宣传""绿色家园齐守护"四类主题活动,区四套班子领导率先垂范,积极参与环境整治行动,带头践行文明行为。活动期间,印制活动海报、折页12000份,印发《新冠疫苗知识问答》折页、宣传品20000份,出动车辆89辆,清理卫生死角1200处,清理垃圾57吨,参与人数5480人,开展科普活动20次,参加科普活动人数865人。以基层党组织和在职党员"双报到"机制为抓手,组织广大党员干部、社区居民和"老街坊"志愿者开展居家和办公环境大扫除,清除卫生死角。组织产权单位、物业单位、社区干部、楼内住户、"老街坊"志愿者开展筒子楼、简易楼公共区域环境卫生清理整治和消毒。宣传推广《首都市民卫生健康公约》,开展传染病防治、心理健康科普知识宣传,倡导垃圾分类,践行光盘行动,引导居民养成健康生活方式。强化防疫宣传,增强居民防范意识,指导做好个人防护。2021年开展周末卫生日活动12次,出动车辆792辆,清理卫生死角16383处,清理垃圾542吨,发放宣传品122132份,参与人数达62640人次。

(崔 莹)

【健康北京周主题宣传】 7月,石景山区印发《关于开展2021年健康北京周主题宣传活动的通知》至各相关委办局、街道和医疗卫生机构,各单位通过电子屏滚动播放、粘贴宣传栏海报、设置宣传展架、发放宣传折页,播放爱国卫生公开课、健康北京公益宣传片以及健康知识讲座视频、微信公众号、家庭医生团队短信、医生通工作站等形式广泛开展健康教育,下发宣传海报4000张,折页2万张,防疫海报2万张,倡导居民践行卫生健康公约,参与新冠疫苗接种,不断提升健康素养水平;组织开展"健康提素——《首都居民卫生健康公约》线上学习竞答活动",全区共有48985人注册,41183人参与竞答;积极推进健康示范单位和社区建设工作，组织全区200余名健康促进场所管理人员参加健康理念知识线上培训班。

（崔 莹）

【卫生专项督导检查】 11月15日至19日，区爱卫办组织控烟、病媒生物防制专家到辖区18个涉冬奥场所开展爱国卫生专项督导检查。主要针对涉冬奥工作人员、志愿者集中驻地及周边场所的病媒生物防制及控烟工作开展督导检查。检查包括控烟管理制度建立、禁烟标志标识张贴、室外吸烟区设置情况；病媒生物防制情况。区爱卫办联合区疾控中心对场馆内、外环境开展病媒生物防制检查和监测，主要包括冬奥会场馆室外下水道鼠密度、毒饵站设立是否规范、室内鼠密度及室内蟑螂密度。

（崔 莹）

【落实《北京市控制吸烟条例》】 年内，石景山区开展第四批北京市控烟示范单位创建活动，组织参与申创的28家党政机关开展创建培训和现场指导，对抽取的14家申创单位开展区级复核。开展世界无烟日系列活动，不断提高全社会对烟草危害的认识和公民守法意识。区卫健委联合区文旅局、市场监管局、城管执法局、烟草专卖局等部门及控烟志愿者，开展冬季控烟联合执法检查和“控烟集中专项执法月”活动，针对控烟投诉举报高发的重点区域开展联合执法检查。以“遵守控烟条例、营造无烟环境”为主题，广泛开展控烟宣传活动，营造全区无烟环境。联合区健教所在首钢工学院开展控烟宣传进校园活动。针对全区控烟重点难点问题，委托第三方公司开展控烟工作暗访调查，督促各行业主管部门履职尽责，形成控烟工作良好态势。

（崔 莹）

【病媒生物控制】 年内，区卫健委在全区各居民小区设立鼠盒28795个，填补鼠洞867个，使用灭鼠药品1092千克。开展夏季灭蚊蝇四轮次，清理蚊蝇孳生地3994处，使用药品3102.9千克。结合周末卫生日活动，清理居民小区、办公场所病媒孳生地。制作宣传海报2000张、《致居民的一封信》4万张，开展灭鼠、灭蚊蝇病媒防制知识宣传。做好全区重大活动病媒生物防制工作保障，完成建党100周年启迪冰雪集结场地现场消杀、服贸会首钢园区场地病媒防控进行督导检查、国际雪联考察消杀等任务。落实《2022年冬奥会和冬残奥会病媒生物控制工作方案（第一版）》，对涉冬奥场所及周边区域开展病媒生物监测和控制工作。

（崔 莹）

【北京市卫生街道创建】 年内，石景山区将北京市卫生街道创建工作作为巩固国家卫生区创建成果的有力抓手，纳入创建全国文明城区工作指标，建立长效管理机制，成立区级评审组，区卫健委动员9个街道同步开展创建工作，加强统筹协调和培训指导。结合创建指标内容对各街道创建情况进行区级初评，每个街道12个项目不少于44个点位进行评估，同时开展多轮次督导检查，下发督办单，共计2271个问题督促整改落实。完成市级暗访评估，并将根据市级暗访结果对各街道创建成果进行通报。

（崔 莹）

【印发《健康石景山行动》】 年内，石景山区贯彻实施“健康中国战略”和健康北京要求，围绕“三区”定位，制定印发《健康石景山行动（2021—2030年）》，完善覆盖政府有关部门、街道、社区、学校、企业、医院的健康促进工作网络。对健康石景山十年行动逐年细化，形成《健康石景山行动2021年重点任务》，并将其中10项重点任务纳入政府绩效考核。

（崔 莹）

【开展全国健康促进区首次复评】 年内，石景山区迎接国家健康促进试点区创建五年后的首次复评。印发《全国健康促进区复评工作方案》至各相关单位，更新完善覆盖政府有关部门、街道、学校等健康促进网络；梳理石景山区健康政策、健康行动、新媒体健康传播、健康人群等资料；对区委党校、自来水公司、冬奥社区、妇幼保健院、九中、老山城市休闲公园六类健康促进场所进行实地检查；完成《石景山区全国健康促进区工作复评报告》和相关复评情况表。

（崔 莹）

【扶贫协作】 年内，区卫健委统筹辖区优质医疗资源，上到驻区三级医院，下到社区卫生机构共11家医疗卫生机构都参与对口帮扶工作中，搭建起区卫健委、二三级医院和社区卫生服务机构三级扶贫保障网络。积极为青海省称多县、内蒙古宁城和内蒙古莫力达瓦达斡尔族自治旗3个支援协作地区输出医疗技术力量，拓展帮扶形式，依托信息化假设，开展远程教学、

7月14日，石景山医院与青海省称多县人民医院签订共建协议（区卫健委供图）

培训、会诊等,进一步加强受援地学科建设,提升医务人员诊疗水平,并多次为当地开创技术先例。全年共派出医疗卫生技术人员33人,接收来京进修人员45人;组织各种培训91余次,培训人员2000余人,为贫困地区打造出“带不走的医疗队”;投入扶贫资金共371.5万元,为四地基层卫生院购置急救设备、超声、生化分析仪、康复训练仪等多种医疗设备,健全当地的影像、检验科、康复科等诊疗功能。

(李　卓)

【老龄健康】 年内,石景山区常住人口中60岁及以上人口137768人,占全区常住人口的24.3%,80周岁及以上老年人口21327人,占全区常住人口的3.75%,百岁以上老年人30人;户籍人口中,80周岁及以上老年人口数量约2.07万人,占户籍人口的5.16%,百岁以上老年人20人。全区拥有养老服务机构17家,养老照料中心9家、社区养老服务驿站42家,医养结合养老机构7家(包括护理院1家);清华大学玉泉医院、幸福颐养护理院、八角社区卫生服务中心等12家医疗机构被评为“北京市老年友善医疗机构”;苹果园社区卫生服务中心等7家社区机构被评为“北京市2021年社区老年健康服务规范化建设达标单位”。全年共为22.87余万人次发放高龄津贴3446.65万元;为9.79余万人次发放失能护理补贴4947.13万元。春节、重阳两节期间慰问困难高龄、百岁老人129人次,发放慰问金7.74万元。八角街道杨庄北社区、景阳东街二社区、八角北路社区成功创建全国“老年友好型社区”,获得全国“老年友好社区”称号和北京市“老年友好社区”称号。开展2021年度石景山区“孝顺之星”命名和北京市“孝顺榜样”推荐活动,共命名区级“孝顺之星”60名,古城街道陈素英老人被市政府命名为北京市十大“孝顺榜样”之一。开展“为群众办实事,智慧助老进社区”活动17场,累计直接惠及老年人690余人。

(孙　霄)

卫生应急

【概况】 年内,石景山区急救站点11个,达到市级要求“每个街道至少设1个标准化急救工作站”的目标;截至10月共改扩建并通过市级验收8个,占任务总量的70%,提前完成年度目标。全区院前急救车共20辆,完成市级要求“院前医疗急救救护车达到每3万人口配置1辆”的规划目标,其中区负压救护车5辆,并配备2个负压担架,区急救分中心配备危重新生儿负压转运车和设备。全年共计完成院前急救有效出车21986次,院前急救呼叫满足率达到98.1%。加强人员队伍建设,进一步完善绩效考核评价制度和指标体系,建立院前院内医疗急救机构医师的双向流动机制。区卫健委全面贯彻落实市、区应急工作要求和重点任务安排,完成春节、清明、五一、国庆、中秋等重要节日和全国两会、建党100周年、中高考、服贸会、科幻大会、冬奥演练及强拆等政府指令性应急保障任务55次,派出医疗救护车75车次,医护司担215人次。

(吴海平　王艳红　白　宇)

【新冠肺炎疫情防控】 年内,区卫健委为切实做好新型冠状病毒感染的肺炎病例转运工作,修订《石景山区新型冠状病毒肺炎相关病例转运工作方案》,确定负压救护车调度和专门转运机制,石景山急救站、首钢急救站作为新冠肺炎负压转运专车组,承担新冠肺炎确诊病例、疑似病例、社区有症状的重点监测人员、密接人员等相关人员的转运任务。年底,石景山区负压车出车总计871车次,共转运确诊、疑似、密接、高风险人员等1313人,新冠疫苗不良反应转运出车39次,共转运人员41人,并按时报送转运信息汇总表至市卫生健康委。

(吴海平　王艳红　白　宇)

【突发事件处置】 年内,石景山区加强对各类突发事件的应急处置和信息报送,全年上报10起突发事件处置情况,包括处置3起一氧化碳中毒事件、2起火灾事件、2起燃气爆炸事件、1起车祸伤亡事件,1起伤人事件、1起砸伤事件。在突发事件发生时,各医疗卫生机构均及时上报信息并进行医疗应急救治,未发生有重大影响的突发事件。

(吴海平　王艳红　白　宇)

【出台文件】 年内,区卫健委为加快推进石景山区院前急救建设,根据市级文件研究制定《石景山区院前医疗急救设施建设督导方案》《石景山区院前医疗急救设施建设验收工作方案》;修订《石景山区空气重污染卫生应急分预案》《石景山区卫生健康委反恐怖应急预案》。

(吴海平　王艳红　白　宇)

【血液管理】 年内,石景山区无偿献血完成11580.3单位,其中组织50余家辖区单位团体无偿献血3874.6单位,市级指标完成率为102.25%,街头采血7705.75单位;全年医疗用血12853单位。

(吴海平　王艳红　白　宇)

医疗服务管理

【概况】 年内,石景山区编制《石景山区“十四五”时期卫生健康事业发展建设规划》,指导全区“十四五”期间医疗卫生事业建设。组织召开2021年医政医管工作大会,对全年重点工作进行部署。围绕公立医院党建、行业作风建设、运行管理三个方面,组织相关科室及专家对区中医院、区妇幼保健院、五里坨医院开展巡查。持续改善医疗服务,全面落实辖区内二级以上医疗机构非急诊预约挂号,对老年患者挂号、就医开通绿色通道。改进护理服务质量,继续推进北京大学首钢医院“互联网+护理服务”试点,推动北京康复医院开展居家护理服务试运行,全年累计开展居家护理服务804人次,得到患者的广泛认可和好评。加强医疗质量管理,继续依托26个区医疗质控中心专业技术力量,开展院感、病案、麻精药品管理等多项医疗质量专项检查,举办口腔、药学、病理、麻醉、重症等学会会议及护理论坛、检验影像疑难病例读片交流会等交流活动。

（崔　超　李小方）

【医联体建设】　年内，石景山区以北京市紧密型医联体建设为重点，继续加强三个区域医联体建设，巩固基层首诊、双向转诊、急慢分治、上下联动的分级诊疗模式。1至12月，医联体上转11935人次，下转患者51964人次，核心医院派出副高及以上专家下社区出诊、带教、查房等1526人次，开展远程心电会诊453例。

（崔　超　李小方）

【准入管理】　年内，区卫健委完成医疗机构登记注册9家，中医诊所备案1家，机构注销8家，医疗机构变更名称、法定代表人、主要负责人、注册资金、诊疗科目、床位（牙椅）数、医疗机构地址等58项行政许可。办理执业医师首次注册103人次、变更注册314人次，多执业机构备案339人次。办理护士首次注册129人次，重新注册6人次，延续注册137人次、变更注册138人次、护士执业机构备案281人次。

（曹　晖　李小方）

社区卫生服务

【概况】　年内，石景山区实际运行10家社区卫生服务中心、39家社区卫生服务站。石景山区社区卫生管理中心（简称区社管中心）按照市区防控组及卫健委统一部署，在保障基本医疗、计划免疫和流感疫苗接种工作的同时，配合完成重点人群在社区卫生服务中心和接种点的新冠疫苗接种及社区卫生服务中心（站）医务人员分批次新冠疫苗接种工作。先后制定《2021年石景山区社区卫生家庭医生签约服务实施方案》《北京市石景山区2021年度基本公共卫生服务项目实施方案》《2021年石景山区家庭保健员培养工作方案》等方案，推动社区卫生服务事业发展。

（田爱红　贾彩霞　曾玉香）

【新冠肺炎疫情防控】　年内，区社管中心组织各社区卫生服务中心积极与街道做好对接，按照疾控专业部门培训标准开展居家医学观察人员入户核酸采样工作，截至12月31日，9家中心共出动医务人员5162人次，采集鼻咽拭子12954人20106份，便标本（肛拭子）135人270份，环境采样5259户9394份。区社管中心以“四不两直”的方式，完成七轮社区卫生服务中心、独立站疫情防控督导工作，重点对预检分诊、院感防控、人员防护、医疗垃圾清运、防疫物资储备及前期督导存在问题整改落实情况进行现场督导。家医团队主动开展对辖区居民异常情况健康监测，对112名出现异常健康状况人员按照闭环管理及时送就近发热门诊筛查。每周按时完成市级《北京市社区卫生服务机构疫情防控工作情况表》的收汇报送工作，截至2021年12月31日，辖区社区卫生服务机构参加新冠疫苗接种工作12683人次，接种新冠疫苗1042545人次，培训医务人员52418人次，社区医务人员直接参加疫情防控475人，管理密切接触者及高风险人员5103人，管理境外进京人员551人，社区医务人员进行居家隔离医学观察53238人次；印制各类宣传材料172534份；向居民推送各类信息443201条；对到社区卫生服务机构就诊，诊断明确、病情稳定的患者开具长处方127449人次，其中三个月长处方4500人次；为老年人“送药上门”239人次；预检分诊2278022人次；出诊1793人次。排查工作，截至12月31日，药店购药人员累计排查963人。配合疾控科完成2020年—2021年度流感流行季防控情况的报送工作。

（田爱红　贾彩霞　曾玉香）

12月22日，区卫健委工作人员到石景山医院督导检查医联体工作

（区卫健委供图）

【家庭医生签约服务】　年内，区社管中心制定《2021年石景山区社区卫生家庭医生签约服务实施方案》，召开专项工作布置会暨2020年家庭医生签约服务评价结果反馈会，下达年度重点任务和工作指标；组织家庭医生团队长和专项负责人培训及相关人员参加区县互学互访交流活动，提升家庭医生签约服务规范化、精细化管理水平；以“世界家庭医生日”为契机，加大家医签约宣传力度，配发宣传材料，公示家庭医生团队联系信息，提高居民签约服务知晓性；完善签约服务包内容、持续健康小屋监测项目，家医团队主动为签约失能、高龄老年人开展送医送药上门服务，利用在各街道设置的中医药健康驿站开展家医巡诊服务，不断加强签约个性化需求服务；完成全区28家社区卫生服务机构2021年日常督导及上半年家医专项考核评价工作，加大月度动态监测审核工作，不断提升家医签约服务质量；家医团队辅助开展“全国示范性老年友好型社区创建”“优质服务基层型创建”工作；持续开通“健康名片”推送和彩铃

业务及运用微信、短信、身边医生APP等推送健康信息,建立起卫生专员与街道联防联控机制,开展人员健康监测,线上和线下的结合载体,提升自身健康管理和防护技能;制定区级提升家医签约服务质量与规模委办局分工方案委内分工方案,落实家医签约相关激励政策,调动家医团队积极性,做实做细家医签约服务。截至12月底,家庭医生签约服务222133人,签约率39.12%(其中重点人群签约人数129473人,重点人群签约率97.01%)。

(贾彩霞 李 宁)

【公共卫生服务项目】 年内,区社管中心牵头组织开展基本公共卫生服务项目相关工作,印发《北京市石景山区2021年度基本公共卫生服务项目实施方案》;组织各项目责任单位落实完成《国家基本公共卫生服务项目管理信息系统》区级数据的填报工作,完成石景山区2020年度落实国家基本公共卫生服务项目自评报告;组织辖区社区卫生服务机构积极参加"健康服务在身边"基本公共卫生服务质量提升活动;配合委爱卫办完成2020年健康城市数据填报工作、完成2021年全国健康促进区复评工作资料的梳理填报工作;按月查阅跟进转介系统中鲁谷中心电话综合戒烟服务转介情况,督促机构完成月度转介任务;通过"健康石景山"APP和社管中心公众号推送宣传视频、"百问百答"宣传册、宣传海报、线上有奖答题等多种形式,多渠道广泛开展基本公共卫生宣传活动,提升辖区居民对国家基本公共卫生服务项目的知晓率和服务感受度。

(贾彩霞 马 欣)

【健康档案管理】 年内,区社管中心强化居民健康档案管理和慢性病患者健康管理,优化电子健康档案开放使用,充分发挥电子健康档案的基础信息支撑和便民服务作用。制定印发区级专项工作实施方案,召开专项工作布置会,明确年度工作目标和要求;加大日常监督管理和绩效考核力度,按季度梳理汇总公卫系统区级平台专项管理数据,严格审核北京市常规监测系统季报质量,按季度梳理汇总公卫系统区级管理平台专项管理数据,对辖区内28家社区卫生服务机构开展线上专项日常督导和上半年绩效考核考核工作,针对考核存在问题,督促机构落实整改;充分利用区级家专项业务骨干开展专项服务规范培训和经验交流,及时部署市级最新工作变化和要求,促进各机构规范化管理水平和服务质量的提升;借助信息化建设,在依法保护居民隐私的前提下,不断优化电子健康档案开放使用的服务渠道,积极推进电子健康档案的务实应用,将居民健康档案的应用和慢性病患者健康管理工作与"智慧家医"模式相互融合;有序推进《国家基层糖尿病防治管理指南(2018)》在线培训工作,实名认证审核10余人次完成学习认证考试并获取证书;配合委爱卫办完成2021年社区公共卫生委员会关于居民健康档案管理和慢性病患者健康管理专项培训工作。截至12月底,全区居民规范化电子健康档案覆盖人数354568人,居民规范化电子健康档案覆盖率62.4%。高血压患者健康管理43326人,规范管理32965人,高血压患者规范管理率76.09%;2型糖尿病患者健康管理22244人,规范管理17312人,糖尿病患者规范管理率77.83%。

(贾彩霞 马 欣)

【老年人健康管理】 年内,区社管中心召开工作布置会,下发实施方案,明确工作任务和要求,对专项负责人进行规范培训并现场考试;通过官方微信、LED显示屏、张贴海报、与社区居委会联合通知居民等形式宣传开展老年人健康管理工作;优化服务方式,结合疫情防控常态化要求,完善工作流程,采取预约制开展老年人健康管理工作;强化日常督导提升服务质量,通过社区卫生服务管理平台对工作完成情况进行抽查,电话核实真实性,确保工作扎实推进;实行月(周)报动态监测工作进度,将任务进度完成情况纳入绩效考核。辖区内常住65岁及以上居民93020人,截至12月底,65岁及以上老年人城乡社区规范健康管理服务58421人,65岁及以上老年人城乡社区规范健康管理服务率62.8%。

(曾玉香 郭星华)

【发热哨点建设】 年内,区社管中心根据《加强石景山区公共卫生应急管理体系建设三年行动计划(2020—2022年)》文件要求,加强社区卫生服务中心发热筛查哨点建设。2021年按照工作部署推进6家社区卫生服务中心发热筛查哨点建设,按要求如期完成建设并通过区级院感专家验收投入使用。给与180万元专项经费支持。

(郝伶敏 王小雪)

【国家医共体试点建设】 年内,区社管中心完成国家紧密型县域医共体绩效评价监测系统自评和相关数据两次评估上报;建立多部门协同配合机制,与医政科、首钢医院共同推进国家医共体试点进度;通过管理医疗一体化,医联体上下联动,贯通人才流动机制,通过信息化建设推动双向转诊,推进医联体内医疗资源共享、信息互通,充分发挥医联体核心医院优质医疗资源优势。

(曾玉香 薛 坤)

【中医药服务】 年内,区社管中心完成2020年社区中医医疗服务数据年报审核工作;开展两轮中药饮片处方点评工作,对27家社区卫生服务机构抽取的中药饮片处方2650张进行集中点评,汇总点评结果、通报并纳入绩效考核成绩;开展中医临床病案评选工作,共收集中医临床病案50份上报参评;召开中医工作布置会,下发实施方案,明确工作任务和要求,对专项负责人进行规范培训并现场考试;强化日常督导与绩效考核相结合,加强日常管理,强化督导,完成社区卫生服务机构现场督导、通过社区卫生服务管理平台对工作完成情况进行抽查,电话核实真实性;确保工作扎实推进;召开工作约谈推进会,制定倒排期任务表,对工作进度实行每周通报,完成情况纳入绩效考核;实行月(周)报动态监测工作进度,确保任务按时完成。辖区内常住65岁及以上居民93020人,截至12月底,完成65岁及以上老年人中医药健康管理62725人,老年人中医药健康管理率为67.4%,0-36

个月儿童中医健康管理9775人,0－36个月儿童中医药健康管理服务率为77.2%。

（曾玉香　汪　磊）

【人才培养】　年内,区社管中心根据国家和北京市疫情防控相关文件要求,开展六轮卫技人员和非卫技疫情防控、院感、新冠疫苗接种相关知识线上、线下考试,累计6682人次参加;对社区卫生服务机构师资骨干开展上门核酸采样、新冠疫苗接种异常反应的应急处置、社区常见呼吸系统疾病与新冠肺炎的鉴别、肺功能判读、骨折的应急处理等内容进行理论及实操培训;组织卫技人员900余人参加市级基层医疗机构疫情防控强化和医防融合必修课培训,同时开展区级社区卫生继续医学教育必修课暨提升应急服务能力线上培训,主要包括疫情防控、院感防控、突发公共卫生事件处置等内容。完成社区卫生服务机构卫生技术人员继续医学教育管理系统人员信息维护工作;组织社区卫生服务机构卫生技术人员完成北京市社区必修课学习线上报名并督促各机构按时完成线上必修课学习;开展社区卫生继续医学教育必修课8场,800余人次参加,石景山区卫生技术人员继续医学教育、社区必修课、传染病学分合格率均达到100%。

（曾玉香　汪　磊）

【优质服务基层行】　年内,区社管中心下发关于开展“优质服务基层行”活动自评的通知并启动部署2021年工作,对照能力标准开展自评、持续整改;完成全国“优质服务基层行”系统自评及佐证材料上报、完成初审、区级复核、指导工作,古城、八角2家社区卫生服务中心达到基本标准,鲁谷、五里坨2家社区卫生服务中心达到推荐标准上报条件并迎接北京市专家网上复核;最终国家卫生健康委《关于通报表扬2021年“优质服务基层行”活动中表现突出、服务优质机构的通知》中确定鲁谷和五里坨社区卫生服务中心达到服务能力推荐标准。

（曾玉香　郭星华）

【规范管理返聘专家】　年内,区社管中心加强返聘专家规范管理,严格审核考勤工作量报表,每月不定期现场抽查返聘专家原始出勤工作量记录。强化返聘专家传帮带作用,疫情期间开展线上线下多种形式宣教工作,做好辖区居民的健康教育工作。截至12月底,全区共有返聘退休医务人员75名,其中高级职称28名,中级职称47名,共拨付经费3503382元。返聘退休医务人员共计出诊18355.5天,门诊337935人次、咨询121047人次、带教1909人次、宣教34477人次、会诊175人次、查房5474人次、培训250人次。

（郝伶敏　薛　坤）

【家庭保健员】　年内,区社管中心制定《2021年石景山区家庭保健员培养工作方案》,完成200名家保员的强化培养任务,落实常态化防控措施,持续做好家庭保健员培养工作,拓展强化培养内涵,所有家庭保健员均已考核合格并颁发证书,并纳入家庭保健员信息库,有效引导居民开展自我健康管理,使更多社区居民受益。

（贾彩霞　李　宁）

疾病预防与控制

【概况】　石景山区疾病预防控制中心(简称区疾控中心)是根据国家卫生防病机构改革精神,在原区卫生防病监督管理所、区卫生防疫站、区结核病防治所、区慢病防治所和区性病防治所的机构基础上构建。区疾控中心下辖结核病防治所、性病防治所、健康教育所及慢病防治所,流行病科(免疫预防、地方病防治、消毒科)、环境与职业食品卫生科、放射卫生科、理化检验科、微生物检验科、质控科、美沙酮门诊等10个专业科所,中心办公室、财务科、物资科、总务科4个职能科室。承担着疾病预防与控制、应急事件预警与处置、疫情收集与报告、监测检验与评价、健康教育与促进、应用研究与指导、技术管理与服务等重要公共卫生职责。具有国家计量认证合格证书以及职业健康检查和职业病危害因素检测与评价的资质。年内,区疾控中心加强传染病疫情防控,做好重点地区、重点人群的监测和防控,强化疫情监测和报告,及时对疫情进行分析及趋势研判;加大卫生防病知识宣教,提高群众的防病意识。

（苑　昊）

【慢性非传染性疾病防治与管理】　9月24日,区疾控中心开展区级防跌倒毛巾操宣传推广活动。年内,开展北京市脑卒中高危人群随访干预项目,完成随访对象问卷调查共269人,其中20人失访,1人死亡,随访率93.08%;完成项目随访对象电话回访14人,回访一致率100%。开展心血管病高危人群早期筛查和综合干预项目,截至12月31日,完成初筛调查人数5274人,初筛调查完成率87%;高危干预人数277人,高危干预率18%;短期随访人数25人,短期随访完成率1%。开展石景山区老年人防跌倒操推广与跌倒干预项目,组建9支防跌倒操锻炼小组,完成现场调查388人;9支防跌倒操锻炼小组按要求进行为期1年的组织练习;开展“万步有约”健走激励大赛,参赛队员574人,同时北京市疾控中心慢病所继续开展万步有约精英赛以及拓展赛,人数上升为692人。新成立高血压自我管理9组、糖尿病弹力带操自我管理小组7组,培训师资32名,功能单位增加1组自我管理小组。全民健康生活方式行动新创建健康示范社区3个、健康示范食堂1个、健康示范餐厅1个,顺利通过市级验收。新招募健康生活方式指导员114名,培训指导员200余人。开展三减三健主题宣传活动3场,专项行动6个。开展全民展健康生活方式日、爱牙日等主题日宣传活动6场。根据要求完成慢病示范区填报系统2020年动态资料填报。全年累计发放折页10000余份、健康手册10000余册、支持性工具1000余个。利用石景山区健康教育官方微博及微信、石景山报等多种媒体宣传,发表科普文章100余篇。

（安欣华）

【实验室建设】　12月,区疾控中心完成实验室资质认定复评审工作,具备水利海洋供排水领域和食品、微生物领域共计146个项目/参数的检验检测能力。按照《北京市市、区两级疾控中心仪器装备配备标准(试行)》,A类设备配备标准为132种259台,中心已具备109种313台。根据北京市《2021年度区政府绩效管理日常履职考核事项评分标准》中疾控机构标准化建设指标计算,已达标。

(吴 劲)

【生命统计】 2021年,石景山区出生2247人,出生率5.77‰;死亡3519人,死亡率9.04‰。死因前十位依次为心脏病、恶性肿瘤、脑血管病、呼吸系统疾病、内分泌及营养和代谢疾病、损伤和中毒、消化系统疾病、神经系统疾病、肌肉骨骼和结缔组织病、传染病。人均期望寿命82.70岁,其中男性80.18岁,女性85.40岁。

(史倩楠)

【传染病防治】 年内,石景山区报告法定传染病14种1301例,发病率为229.11/10万;死亡5例(艾滋病2例,丙肝、乙肝、戊肝各1例),死亡率为0.88/10万,病死率为0.38%。甲类无报告。乙类传染病报告9种522例,发病率为91.93/10万,其中,肺结核145例、痢疾115例、梅毒114例、病毒性肝炎103例、淋病27例、艾滋病8例、猩红热6例、布病3例、疟疾1例。丙类传染病报告5种779例,发病率为137.18/10万,其中,其他感染性腹泻病410例、流行性感冒224例、手足口病108例、流行性腮腺炎36例、黑热病1例。流感样病例监测累计监测门急诊就诊病例2013075人次,其中流感样病例为13887人,流感样病例数占就诊总数的比例为0.69%。全年接报238例水痘病例,无脊灰野病毒病例、AFP、百日咳、麻疹、狂犬病、白喉、新生儿破伤风、流脑、乙脑病例发生。

(任丽君)

【计划免疫】 年内,石景山区19家免疫预防门诊均达到A级以上标准。召开专业会议和专业培训19期,参加人次数1500余人次。全年常规免疫接种率保持在99%以上;入托入学接种证查验工作完成118家学校/托幼园所共13603名儿童,查验率100%。需要补种人数1089人,实际补种人数1083人。补接种证儿童18人。补种免疫规划疫苗10种(水痘除外),应补种957剂次,实际补种957剂次,补种率为100%。水痘应补种382剂次,实际补种376剂次,补种率为98.43%。疑似预防接种异常反应监测覆盖率、调查及时率及个案调查完整率等均达到100%。外来务工人员接种工作共完成63家用人单位的摸底和接种工作,接种麻疹疫苗16人,接种流脑A+C疫苗16人,接种率5.69%。完成学龄前流动儿童强化查漏补种工作,全区9个街道共调查流动儿童11211人,其中来京2月以下399人,来京2个月以上10812人。补卡33人、补证33人,补卡补证率100%。累计接/补种疫苗137剂次。全区累计接种流感疫苗48841支,其中免费疫苗39853支(学生接种18096支,60岁以上老人接种19775支,保障人群1982支);自费疫苗8988支。未发生严重疑似预防接种异常反应。儿童免疫接种率抽样调查共调查本市儿童163名,外省市儿童47名,儿童免疫接种建卡率、建证率、卡证符合率均为100%,除甲肝疫苗合格接种率为90.7%,其余疫苗合格接种率均为100%,各种疫苗及时接种率均达到90%以上,五苗全程及时接种率为85.2%,各调查指标均已达到北京市免疫预防工作的要求。按照国务院联防联控机制综合组《关于抓紧做好重点人群新型冠状病毒疫苗接种工作的通知》要求,根据北京市总体安排和工作要求,石景山区自2021年1月1日开始进行大规模新型冠状病毒疫苗接种工作,截至12月31日,共接种新冠疫苗1212301剂次。

(李艳辉)

【艾滋病防控】 年内,石景山区新报告HIV感染者/AIDS病人57例,其中AIDS病人16例。全区现存活HIV感染者/AIDS病人816例。筛查检测HIV抗体199615人份,检出HIV抗体阳性者64人,HIV抗体阳性率0.03%;艾滋病哨点监测调查各类人群1107人,检出HIV抗体阳性者2人,HIV抗体阳性率0.2%。艾滋病高危人群干预36208人次,HIV抗体检测13294人份,检出HIV抗体阳性者33人,HIV抗体阳性率0.2%,HIV感染者/AIDS病人抗病毒治疗率为96.6%。3个艾滋病自愿咨询检测门诊共接待艾滋病咨询检测者1064人,检出HIV抗体阳性者7人,HIV抗体阳性率0.7%。社区药物维持治疗门诊累计治疗人数588人,在治人数163人,治疗保持率98.7%,日均服药人数90人。开展社区组织参与艾滋病防治基金项目以及国家艾滋病综合防治示范区等工作,继续开展艾滋病尿液匿名传递检测工作,健全性病艾滋病防治网络,落实全区"三位一体"艾滋病防治工作模式,加强艾滋病实验室网络建设及质量控制,开展艾滋病确证检测以及CD4淋巴细胞检测,完成辖区社区卫生服务中心及监管场所HIV和梅毒快速筛查点的督导培训及质控考核等工作。对辖区医疗机构性病艾滋病防治工作进行督导检查以及业务培训。开展性病艾滋病防治宣传活动,采取线上线下多种形式,面向各类人群开展防艾宣传活动。全年发放性病艾滋病宣传资料共计10余种8.7万份,免费发放安全套11.8万只、润滑油4000支。

(张国磊)

【美沙酮门诊】 年内,区疾控中心美沙酮门诊在治112人,日均服药人数68人,治疗保持率98.8%,HIV检测率99.2%,阳性率为0;梅毒检测率98.3%,阳性率为0;HCV检测率98.3%,阳性率为75.9%;近一年随访吗啡尿检阳性率为1%。6月26日国际禁毒日、12月1日世界艾滋病日,美沙酮门诊举办以"远离毒品,珍爱生命"为主题的宣传活动。美沙酮门诊每月开展尿吗啡监测工作,为服药人员发放宣传品来提高尿检率,制定奖励政策,定期开展同伴教育小组干预活动,通过小组活动,提高门诊在治病人的依从性,营造积极向上的正面氛围。全年共计开展健康教育及心理干预活动15次,发放安全套及健康宣传材料6000份,累计发放奖励款24200元。

(姜 影)

【结核病防治】 年内,区疾控中心结核门诊共接诊958人次，化验室共做检查3498人次，其中痰涂片416份，涂阳30份；培养249份，培阳20份。X-pert检查90份，其中阳性21份。截止至12月31日，全区登记管理肺结核病人132例（初治121人，复治11人），其中，外地患者32例，本市100例。发放免费药品11130人次。根据《北京市学校结核病防控工作规范（2018版）》等工作规范要求，对辖区大学新生结核病筛查7321人，其中结核菌素皮试监测强阳性165例，发现2名活动性肺结核病人。2021年度内处理学校预警应急事件35起，已对740名学校密切接触者进行筛查，停课/停工17人。发生1起学校结核病聚集性疫情，均已按照北京市工作规范进行积极处置，无重症及死亡病例。2021年度内共筛查幼小中高新生11577人次，其中在定点筛查机构进行结核菌素皮试2177人，PPD中度阳性以上67人，胸片筛查240人，目前未发现结核病疑似或确诊病例。在国家基本公共卫生服务项目肺结核患者健康管理工作中，通知管理的肺结核患者134人，已管理肺结核患者133人，管理率99.3%，已完成治疗肺结核患者80人，规则服药肺结核患者80人，规则服药率100%。全区开展糖尿病患者及65岁以上老年人群结核病筛查工作，结核病可疑症状筛查36667人次，未发现结核病病人。2021年度内围绕“世界防治结核病日”等宣传日，通过网络线上媒体开展结核病防治宣传，引导公众做好新冠肺炎防护的同时做好结核病的防控工作。百千万结防病防治志愿者们走进公园、街道社区、学校、流动人口聚集地开展现场宣传活动共计60场次，发放相关宣传材料10万余份。

（姜　影）

【公共卫生监测与评价】　年内，区疾控中心登陆国家职业病报告网，共审核163份用人单位信息和4281份有毒有害作业工人健康监护个案体检信息，审核并访视尘肺病病例8例、5例无职业病病例、4例疑似职业病病例和1例农药中毒病例。对部分医院开展职业病网络直报绩效考核。开展164例职业性尘肺病的随访与回顾性调查工作。开展食品安全风险监测工作，化学污染物检测145件，其中3件（20%）鸡蛋样品检测结果异常，1件（5%）鸡肉样品检测结果异常，区疾控中心基于此结果撰写1份隐患报告。食品微生物监测191件，在1件熟制蛋类、1件寿司、2件中式凉拌菜中检出单核细胞增生李斯特氏菌，另有4件寿司大肠菌群检测结果为>1100MPN/g，1件卤鸭腿蜡样芽胞杆菌检测结果为5000CFU/g，共撰写6份隐患报告。开展食源性疾病监测工作，共采集225件患者粪便标本，检测出阳性样本数为55株，致病菌阳性率为21.57%。检测病毒样本98份，检出阳性样本数7株，病毒阳性率7.14%。配合区市场监督管理局调查处理1起暴发事件。组织辖区16家医疗机构和21家中小学校通过张贴营养周海报、发放宣传折页、利用电子屏幕播放科普视频、设置咨询台、组织学生绘制营养与食品安全知识手抄报、开展主题班会、组织营养知识答题活动等方式，共开展146场次的宣传活动，受众约1.4万人次，同时借助机构官网、微博及微信公众号平台发布营养科普文章120余篇，受众约2万人。开展16户次的游泳池水、25户美容美发场所、1户商场超市、11户住宿场所的日常监测与监督抽检工作。其中游泳池水均不合格，不合格指标主要包括化合性余氯、氧化还原电位、pH值、游离性余氯、尿素等指标。其他场所结果均未见异常。开展生活饮用水日常监测，共检测水样168件，合格168件，合格率为100%。开展冬奥公共场所、集中空调通风系统和生活饮用水公卫保障监测，共采集614件样本，合格541件，合格率88.1%。开展放射工作人员外照射个人剂量监测52户1845人次，完成大剂量核查2人次。放射性本底监测完成水体总放射性采样2次、土壤放射性分析采样1次和空气γ射线外照射剂量监测4次。完成2021年放射卫生监测工作。对辖区53家放射诊疗机构进行基本信息及放射工作人员职业健康管理信息调查，开展北京市石景山医院介入放射学工作人员个人剂量监测，完成北京市石景山医院、北京大学首钢医院4例过量受照人员的医学随访。对53家医疗机构进行基本情况及放射诊疗频度调查，完成辖区5家医疗机构18台放射诊疗设备监测任务，协助门头沟区完成4家医疗机构13台放射诊疗设备监测。完成用人单位基本情况调查11家，职业健康管理情况调查3家。配合市疾控中心完成奥林巴斯（北京）销售服务有限公司石景山分公司手术C型臂X射线作业场所、北重阿尔斯通（北京）电气装备有限公司X射线荧光分析仪防护监测。完成北京首钢建设集团有限公司第一冶金建设工程分公司2例过量受照人员的医学随访。

（孟庆晨　王明良）

【感染防治】　年内，石景山区纳入消毒卫生监测工作范围的医疗机构为153家，其中二级及以上的12家，二级以下的54家，个体医61家，26家学校医务室。纳入监测的托幼机构为50家。全年消毒效果监测采样共计1510件，合格1510件，合格率为100%。医疗机构消毒效果监测：监测133户次，采样1190件，其中物表及工作人员手涂抹采样887件，空气采样155件，高压锅监测采样21件，其它127件。托幼机构消毒效果监测：监测29户次，采样320件，其中物表及手采样229件，空气采样50件，其它41件。消毒工作检查：医疗机构133家次，托幼机构29次。传染病消毒管理：参加本年度新冠肺炎疫情大流行期间的各项疫情处置工作，其中病家或疫点消毒16次，进行物表消毒面积达5600平方米，消毒效果评价3家。传染病疫情病家及密切接触者居家消毒技术指导170家次，检查社区服务站（中心）12家次。传染病防控督导检查，新冠疫情密接人员集中隔离点传染病防控检查31家次。消毒技术培训，进行托幼机构、医疗机构预防保健人员消毒技术分散培训和个别指导人数120人。病媒生物监测工作，参与并指导第三方pco公司进行石景山区病媒生物密度监测工作。参与全国“两会”、国际服贸会、冬奥会测试及筹备阶段等重要活动的辖区病媒生物防控及安全保障工作。日常病媒生物密度监测:蝇监测共21次,共6类环境每次设点7个场所,累计布放蝇笼119个;蚊监测共18次,成蚊共监测3类环境每次5个点,累计布放诱蚊灯180套;白纹伊蚊专项监测6次,2个点,布放诱蚊诱卵器600个;幼蚊监测共4类环境每次6个点,累计检查容器50个,取水样270勺。蟑螂密度监测12次,每次设点8个场所,累计布放粘蟑板4080张。鼠密度监测12次,每次设点4个,布粉块600块,鼠夹1300把。开展辖区蜱虫及臭虫等非常见病媒生物的调查监测及技术咨询工作。

(佟明新)

【学校卫生】 年内,区疾控中心共开展对全区中小学校校医及相关人员的疫情防控及学校卫生工作专项培训6场次,培训人员500多人次。培训的内容主要涉及学校传染病防控工作部署、学生常见病的预防、视力保护、学生健康饮食、青少年肥胖的预防及青少年控烟知识等学校卫生相关专业知识,为学校卫生工作的顺利开展打下良好人员的基础。利用健康月、爱牙日、爱眼日、无烟日、高血压日、健康月及系列宣教活动的机会开展学校卫生和疫情防控主题宣传,全年共发放健康宣传视频三部、常见病防控宣传折页、家庭视力自测图、健康膳食折页、健康刷牙宣传折页、疫情防控宣传海报、控烟宣传海报等宣传品共计20万余份,开展各类宣传活动30余场。继续开展中小学物质环境监测的工作。开展辖区中小学常见病及健康危险因素监测工作,选取银河小学、石景山学校(小学部)、北京大学附属中学石景山学校、古城中学、首都师范大学附属苹果园中学、北京市第九中学、黄庄职业高中、北京工业职业技术学院、北师大石景山附属幼儿园和军区机关幼儿园等12所学校及幼儿园的2900余名学生开展体检工作,同时开展《2021年学生常见病和健康危险因素监测与干预》工作,包括环境监测、学生体质监测、学校卫生基本情况监测和学生常见病监测等工作。

(刘力勇)

【健康教育与健康促进】 年内,区疾控中心并根据疫情防控需要制作各类宣传材料,为辖区各行业常态化疫情防控保驾护航。动态更新疫情防控指引5个,包括快递和外卖人员日常防护指引、常态化防控期间宴席活动工作指引等;针对街道、学校及活动宣传需要,制作疫情防控宣传海报4种,手册1种;针对一老一幼重点人群新冠疫苗接种工作,发放海报3种;同时充分利用自有微信和微博新媒体平台,发布疫情防控健康科普知识、疫苗接种、辖区核酸检测机构一览表等相关信息。微信累计发布相关信息150篇。围绕《首都市民卫生健康公约》开展系列主题宣传活动,并发动全区所有医疗机构和其他二级网络开展参与宣传活动。在主题宣传期间,开展线上线下主题宣传活动5次,区级培训1次,区级大课堂2次,覆盖辖区居民、学生、幼儿以及企事业单位人员。开展北京市居民健康素养“健康提素”线上竞赛行动,通过线上推广和线下动员,注册45000余人。开展北京市第四次成人烟草调查工作,调查共抽中720户,要求完成率不得低于85%,实际完成644户,完成率89.4%,完成目标要求,期间开展培训及动员1次,督导14次。开展青少年烟草调查,本次共调查505人,完成北京市目标任务。开展北京市第四批控烟示范单位创建工作,19家党政机关参与控烟示范单位创建并通过验收,期间现场督导9次。经过2018—2020年健康促进幼儿园创建工作,石景山区3家幼儿园成功通过北京市验收,并被授予“健促幼儿园”称号;开展幼儿健康教育课评选,3所幼儿园6名老师上交6个作品,区级评选后上报北京市5个,荣获北京市二等奖2名,三等奖1名,优秀奖2名;上报健康促进幼儿园工作信息6篇;开展“讲究卫生”21天健康干预打卡活动,三所幼儿园共计200个家庭参与,并完成40幅作品的上交;在干预活动前后,在三所幼儿园分别选取小中大年级做问卷调查,共计完成问卷283份,调查结果显示,干预前后家长和孩子在个人卫生防护、正确刷牙等方面认知都有提高。全年制作海报、折页、展板等印刷资料12种,并全部发放。对社区卫生服务机构开展基本公共卫生督导考核1次,开展医院公共卫生服务考核1次。按要求完成戒烟服务信息报表、社区常态化疫情防控报表、健康教育季度报表及年报表的上报工作。全年向石景山报投稿科普文章16篇;发送微信402条;利用新浪微博“北京石景山健康教育”及时发布健康知识,发送微博478条;向北京健康教育网站投稿24篇工作信息,完成北京市工作要求。

(安欣华)

【突发事件处置】 年内,区疾控中心接到突发公共卫生事件报告2起,其中1起为学校急性胃肠炎疫情(未分级),1起为黑热病(未分级);接报暴发疫情1起(流感)。本区累计处置入境新冠复阳病例1例;累计管理确诊病例、无症状感染者的密切接触者157名、次密1014名;大数据同时空轨迹密接27名、次密44名;阳性环境密接2名、次密4名。累计调查处置阳性环境、涉疫快递等事件1起。

(吴 劲 任丽君)

卫生监督

【概况】 年内,区卫健委持续加大对医疗机构、公共场所、学校等重点场所监督检查力度,严厉打击非法行医,开展综合监督1万余户次,累计监督覆盖率100%,行政处罚222件,罚没款人民币22.5万余元,医疗机构不良执业积分297分,有效维护医疗及公共卫生市场秩序。

(王丹丹)

【公共卫生监督】 年内,石景山辖区内公共场所891户,生活饮用水673户,学校卫生96户、职业卫生67户。区卫健委共开展经常性监督检查4786户次,覆盖率100%,合格率97.59%,处罚154起,罚款金额104800元。

(王丹丹)

【医疗卫生监督】　年内，区卫健委开展监督检查7242户次，覆盖率100%，合格率98.46%，处罚104起，罚没款金额80323元。打击非法行医情况：取缔黑诊所5户，处罚6起，罚款人民币111000元，没收非法所得7100元、器械67件。对104家医疗机构的不良执业行为作出积分，累计280户次，积分340分。

（王丹丹）

生育服务管理

【概况】　2021年，石景山区辖区户籍人口出生上报2260人、出生率5.80‰，户籍人口死亡3519人、死亡率9.03‰，自然增长率-3.23‰。区卫健委全面落实"放管服"要求，优化办事流程，推行"全程网办"，加强政策衔接，推进全面两孩政策向三孩政策转型。全年户籍人口生育登记2180例，再生育确认32例，流动人口生育登记1602例，办理《独生子女父母光荣证》114例。

（田孟云）

【出生人口监测】　年内，区卫健委做好人口基础数据采集更新，推动跨部门数据共享，充分利用住院分娩、出生医学证明等数据开展信息核查，参加全国人口与家庭动态监测追踪调查。全年户籍人口出生上报2260人，流动人口出生监测960人。

（田孟云）

【婴幼儿照护服务】　年内，区卫健委开展0-3岁托育需求供给状况调查，对"十四五"时期每千人口拥有托位数进行年度指标分解。组织托育机构卫生评价和备案工作，2家托育机构通过备案审核。开展托育机构安全隐患排查现场督导、预付式消费整治专项行动，加强托育机构落实疫情防控主体责任的督导检查。开展示范性托育机构创建活动，4家托育机构被评为2021—2023年度北京市托育服务示范单位。全区正常运营的注册托育机构9家，可提供托位500余个。

（田孟云）

【奖励扶助政策】　年内，石景山区发放独生子女父母奖励费5006人29.2万元；独生子女父母一次性奖励1839人183.9万元；一次性经济帮助60人60万元；特别扶助金1810人1397.856万元。

（田孟云）

【计生特殊家庭帮扶】　年内，石景山区将失独家庭帮扶纳入全区"济困工程"，实施关怀扶助暖心项目，落实好"双岗"联系人制度、家庭医生签约服务、优先便利医疗服务"三个全覆盖"。持续开展"温暖国策百里行"行动，重要传统节日集中走访慰问，发放生日慰问金14.92万元，为年满60周岁的失独家庭发放帮扶补贴62万元，帮扶大病死亡失独家庭29人次，健康体检327人次，京郊游501人次，安排入住公办养老机构9人，订阅《人生》杂志327份。在新冠疫情防控期间，帮助购买生活用品并赠送防疫物资。全年慰问失独家庭3500人次，投入帮扶资金203万元，举办关爱活动29场次。

（田孟云）

【避孕药具服务管理】　年内，区卫健委将免费避孕药具工作纳入基本公共卫生服务项目，完善指标体系，加强绩效考核，开展药具项目评估暨满意度调查，宣传普及药具知识，举办药具干部专题培训班。免费药具发放网点196个，其中24小时自助网点63个，发放药具11.6万盒。

（田孟云）

【妇幼卫生】　年内，石景山辖区孕产妇死亡0人，死亡率为0；新生儿死亡1人，死亡率0.45‰；婴儿死亡2人，死亡率0.89‰；5岁以下儿童死亡2人，死亡率0.89‰。全区发生围产儿严重出生缺陷1例，为脊柱裂，发生率为0.364‰。

（孙　霄）

【计生服务】　年内，石景山区婚检人数为2804人，其中初婚婚检人数为2746人，初婚婚检率为65.73%。疾病检出率为0.25%，其中初婚疾病检出率为0.25%。石景山区免费孕前检查定点单位为区妇幼保健院。组织区妇幼保健院在区婚姻登记处设置婚前保健服务中心。全年免费孕前检查共909对。在婚姻登记的同时加强引导免费婚前检查，鼓励备孕人员积极参加孕前检查，整合孕检婚检服务，做好出生缺陷一级预防，确保扩大婚前医学检查、孕前医学检查覆盖范围。

（孙　霄）

中医药事业

【概况】　年内，根据《国家中医药管理局办公室关于公布2020年全国基层中医药工作先进单位复审结果的通知》（国中医药办医政〔2021〕84号），石景山区顺利通过2020年全国基层中医药工作先进单位复审。区卫健委开展中医健康养老护理员、基层人员中医药技能等培训活动，推动中医传承工作室建设项目建设。

（朱学群　边凌云）

【中医健康养老护理员培训】　4月12至16日、4月19日至23日，区卫健委开展两期中医健康养老护理员培训。培训对象为各街道办事处卫生计生专干、居委会人员，培训内容包含医养结合理论知识、中医基础理论知识、中医适宜技术操作、常用医疗护理知识和技能、老年人心理学等。

（朱学群　边凌云）

【中医药技能培训】　年内，区卫健委从社区卫生服务机构遴选44名医务人员参加2021年北京市基层卫生技术人员中医药知识与技能培训。培训采取线上和线下相结合的方式，通过开展中医药知识与技能培训，提高基层卫生技术人员运用中医药基础理论、诊疗方法、防治常见病和多发病的基本技能，发挥中医药特色优势，更好地满足辖区居民对中医药服务的需求。

（朱学群　边凌云）

【中医传承工作室建设】　年内，区卫健委继续开展第二期名中医传承工作室建设项目，全区32个名中医传承工作室均设置名中医临床经验示诊室、示教室，举办学习交流活动214次，对口支援社区卫生服务机构295次；继承人跟师笔记4961篇、整理总结名中医专家医案741篇、中医经典学习体会95篇。

（朱学群　边凌云）

6月23日，石景山区基层卫生技术中医适宜技术培训　（区卫健委供图）

【中医文化进校园】　年内，区卫健委利用清华大学玉泉医院优质中医专家资源，为辖区全部中小学生设计并制作简单易懂的中医药科普宣传品，成立中医文化进校园专家团队，根据中学生和小学生不同年段阶段需求，设计中医药科普宣传手册、展板、中医药健康特色礼包，并将中医文化进校园宣传品分发到辖区46所中小学校，实现中医药文化进校园中小学校全覆盖。

（朱学群　边凌云）

药品安全监管

【概况】　年内，石景山区药品使用主体203家，药品经营主体103家，医疗器械经营主体1206家，一类医疗器械生产主体4家；特殊食品经营主体788家，化妆品经营企业973家。

（李金科）

【药品使用监管】　年内，区市场监管局对近年出现违法违规行为的医疗机构进行动态挂账，定期复查旧问题、排查新隐患，开展飞行检查。严厉查处非法渠道购销药品、使用假药劣药等违法行为，共检查医疗机构96家次。加强日常特药监管，对使用麻醉药品和一类精神药品以及美沙酮的医疗机构开展现场检查。对全区新冠肺炎疫苗大规模接种点的疫苗质量开展监督检查。开展中药饮片专项整治工作，切实加强中药饮片来源、质量、贮存条件监管力度。区市场监管局加强药品使用环节监管，特别是加强中药饮片验收养护工作，对辖区医院、社区卫生服务站等医疗机构开展现场检查。加强药品生产环节指导，确保医用物资供应保障有序。对高风险环节疫苗接种单位进行监督检查，重点检查疫苗购进、储存和冷链管理情况。

（李金科）

【药械市场监管】　年内，区市场监管局开展中药饮片强化监管、药品流通环节、药品网络销售违法违规行为专项整治、新冠诊断试剂、医疗美容、冠脉支架集采专项和医疗器械风险隐患排查等专项整治工作。全年药品流通环节开展日常监督检查325家次，出动执法人员650人次；医疗器械流通环节共开展日常监督检查家653家次，出动执法人员1306人次。全年共完成药品流通环节行政审批68件，医疗器械流通环节行政审批254件。

（李金科）

体 育

综　述

【概况】　2021年,北京市石景山区体育局(简称区体育局)践行习总书记建设"体育强国"重要思想,紧抓服务保障冬奥筹办和打造新时代首都城市复兴新地标两大历史机遇,成功创建全国首个"带动三亿人参与冰雪运动"示范区,高标准高质量落实冬奥会各项服务保障工作,圆满完成建党100周年庆祝活动信鸽征集等重大任务。统筹抓好疫情防控和群众体育、竞技体育、体育产业等各项工作,体育馆承担疫苗接种任务,保障40余万人次完成接种;完善公共体育设施服务体系,打造"阳春社区体育节""金秋体育盛会"等品牌群众性体育赛事活动,全年累计开展线上线下活动50余场、覆盖人群达20余万人;坚持体教融合、以体育人,积极培养后备人才,组队参加北京市青少年射箭锦标赛、花样滑冰锦标赛等多项赛事并取得优异成绩;区体校输送的朱雪莹在东京奥运会蹦床项目夺金,创造了石景山籍运动员奥运金牌零的突破;推动国际雪联北京代表处、中国冰雪大会总部基地、斯威克斯等知名体育企业协会落户,推荐首钢工业文化旅游区为"2021年北京体育旅游十佳精品景区",持续开展体育促消费活动;不断推动区域体育事业蓬勃发展,被国家体育总局表彰为"2017—2020年度全国群众体育先进单位"。

(陶志伟)

【中国冰雪运动发展高峰论坛】　7月9日,首届中国冰雪运动发展高峰论坛暨产业博览会在首钢三高炉开幕,国家体育总局副局长李颖川,国家体育总局冬运中心主任、党委书记倪会忠,常务副主任丁东,区领导李新、周西松参加活动。论坛分为主论坛及圆桌讨论,冰雪文旅发展论坛,冰雪产业发展论坛,青少年冰雪运动发展论坛等板块,聚焦"中国冰雪运动的可持续发展与产业创新",重点研讨"十四五"时期,如何持续扩大"带动三亿人参与冰雪运动"综合效应,推动冰雪产业和经济社会发展深度融合,在两个一百年奋斗目标历史交汇重要时期,助力体育强国建设和健康中国建设。论坛由冬季运动管理中心、区政府、中国冰雪大会组委会主办,北京海澜鸿润投资集团有限公司、北京清控金媒文化科技有限公司承办,清华大学国家金融研究院文创金融研究中心为支持单位。

(李　昂)

【中国数字冰雪运动会总决赛】　7月9日,作为"带动三亿人参与冰雪运动"工作推进会配套活动之一的首届中国数字冰雪运动会总决赛在石景山首钢园冰球馆举行。倪会忠宣布比赛开幕,电竞世界冠军郭桂鑫等被授予"冰雪数字运动推广大使"称号。中国数字冰雪运动会采取线上电竞和线下沉浸式体验相结合的方式进行,带动民众走进冰雪、了解冰雪、参与冰雪。"电竞+冰雪"模式也是普及冰雪运动的新尝试。当晚的总决赛赛事内容精彩纷呈,包括数字冰雪系列赛极限巅峰总决赛季殿赛和冠亚赛、冰雪推广大使表演赛等。丁东,区领导李新、田利跃、李金克、周西松等嘉宾,以及"带动三亿人参与冰雪运动"工作推进会参会代表、相关企业负责人参加活动。首届赛事线上参与报名人数超过2.4万人,20余家媒体直播转播赛事,全国200余万名体育电竞爱好者在线观看,网络点击超过6400万次。

(李　昂)

【参展北京国际服贸会】　9月2日至7日,2021年服贸会在北京国家会议中心和首钢园区举办。区体育局联合区内多家体育企业,以打造"带动三亿人参与冰雪运动"示范区为主题,再次亮相位于首钢园的服贸会体育服务专题展区。通过展板展示、VR互动体验,进一步展现石景山区作为"双奥之区"和"带动三亿人参与冰雪运动"示范区的形象。石景山区展台位于7号馆中央醒目位置,面积256平方米,在内容设置上主要以图文视频展示"明日之星"中国青少年滑雪公开赛、国际雪联城市越野滑雪中国巡回赛、中国冰雪大篷车百场巡回、科技助力冬奥和石景山区冰雪文化等五个方面的内容。

(李　昂)

【"双奥之区"建设】　年内,石景山区紧抓北京冬奥会冬残奥会历史机遇,坚持政策引领、聚集资源、优化布局、加强融合,以冰雪产业为重点大力发展体育产业,取得显著成效。出台《石景山区关于促进冰雪体育产业快速发展的若干措施(试行)》,以经济贡献奖励、场馆运营补贴、品牌赛事支持、科技成果转化等方式,吸引冰雪体育企业、协会、赛事、活动聚集。国际滑雪联合会中国办事处于9月28日在石景山区揭牌,是国际滑雪联合会在瑞士本土以外的首个驻外机构,也是国际雪联联系中国体育界的窗口和协调机构。首钢园运动中心、启迪冰雪、卡宾集团、艾斯特冰雪、斯威克斯、艾尔豪斯等冰雪体育龙头企业先后入驻,冰雪产业"新高地"格局初步建立。成功创建"带动三亿人参与冰雪运动"示范区,高标准举办"带动三亿人参与冰雪运动"工作推进会、首届中国冰雪运动发展高峰论坛暨产业博览会、中国数字冰雪运动会总决赛,精彩亮相2021服贸会体育服务专题展(冬博会),擦亮"双奥之区"名片。坚持"体育+"文化、旅游、商业的产业融合发展思路,首钢工业文化旅游区获评"2021年北京体育旅游十佳精品景区",新首钢高端产业综合服务区北区已形成初具规模的首钢园区体育服务综合体;结合"8.8北京体育消费节"、冬奥倒计时等时机,组织开展丰富多彩的群众性体育赛事活动,不断培育体育健身习惯、拓展体育消费空间。

(李　昂)

冬奥会服务保障

【概况】　年内,石景山区落实属地责任,以"要把冬奥筹办的服务保障工作作为重要政治任务"为要求,区体育局积极与全区各职能部门沟通协调,履行好作为区服务保障冬奥领导小组场馆运行工作组、"带动三亿人参与冰雪运动"工作组牵头部门的职责,按照"双进入"的原则严格落实疫情防控各项措施,配合冬奥组委人力资源部配齐场馆运行团队与制服和注册中心团队，逐一落实落细工作体系、工作职责和工作任务，确保场馆运行安全。

（李　昂）

【“带动三亿人参与冰雪运动”专题会】 1月7日，区体育局局长李劲挺主持召开专题会，就石景山区打造“带动三亿人参与冰雪运动”示范区研究报告、全国“带动三亿人参与冰雪运动”示范推进会、中国冰雪运动发展高峰论坛等事宜进行工作讨论。冬运中心大众冰雪部部长罗军、中国冰雪大会组委会秘书长张鸿翊、中国冰雪大会组委会副秘书长罗英杰、区体育局副局长闫淑会参会并进行交流。1月27日，李新主持召开区长专题会，就“带动三亿人参与冰雪运动”示范区相关工作进行讨论，周西松以及区委办、政府办、体育局负责人参会。2月10日，“带动三亿人参与冰雪运动”示范区专题协调会在区政府召开，会议由田利跃主持，就国家体育总局领导到区调研、“带动三亿人参与冰雪运动”示范区创建相关工作进行讨论，周西松，区委办、政府办、体育局、区教委、广宁街道以及首钢相关部门负责人参会。

（李　昂）

【冬奥知识进社区】 3月15日，“助力冬奥 有我更精彩”2021石景山区冬奥知识进社区系列活动在广宁街道高井路冬奥社区拉开帷幕。活动以冬奥知识大讲堂、旱地冰壶体验、寄语冬奥、快乐答题迎冬奥四部分组成，同步采用“线下＋线上”相结合的方式进行。

（李　昂）

【国家体育总局副局长调研】 4月7日，国家体育总局副局长李建明到石景山区调研群众冰雪运动开展情况，先后来到市民冰雪体育中心、京源学校小学部、冬奥社区、首钢园区高线公园，实地察看冰雪场地设施建设、冰雪运动进校园、冬奥社区建设、首钢园区建设等情况。体育总局冬运中心主任、党委书记倪会忠，区领导李新，体育总局群体司副司长、一级巡视员邱汝等参加调研。

（李　昂）

【冰雪产业政策项目资金专题会】 5月14日，李新主持召开区长专题会，围绕“带动三亿人参与冰雪运动”工作推进会及相关配套活动、2020年度冰雪产业政策支持项目资金等事宜进行研究。周西松，区政府办、区体育局、区财政局相关负责人参会。

（李　昂）

【“带动三亿人参与冰雪运动”示范区】 7月9日，“带动三亿人参与冰雪运动”工作推进会在石景山区举行。国家体育总局局长苟仲文，副市长张建东出席会议。各省、自治区、直辖市、计划单列市、新疆生产建设兵团体育部门主要负责同志以及国家体育总局、北京冬奥组委相关部门负责同志；国家级冰雪项目协会负责人；石景山“带动三亿人参与冰雪运动”示范区、湖北神农架“南展西扩东进”示范基地等地方政府和相关部门负责人、中国教育电视台等中央媒体代表参加会议。体育总局副局长李建明主持会议。会上，国家体育总局向石景山区授予“带动三亿人参与冰雪运动”示范区牌匾，向电厂路小学授予“冰雪学校”牌匾，向广宁街道高井路社区授予“冰雪社区”牌匾。

（李　昂）

【“携手聚冰雪 联盟助冬奥”活动】 7月24日，石景山区“携手聚冰雪 联盟助冬奥”活动启动仪式在首钢极限公园举办。区领导李新、周西松，中国滑冰协会主席李琰，中国花样滑冰协会主席申雪，体育总局冬运中心大众冰雪部部长罗军等，参加石景山冰雪团队联盟座谈会和启动仪式相关活动。仪式上，石景山冰雪团队联盟与中国滑冰协会、中国花样滑冰协会签署合作备忘录，出席仪式的领导嘉宾为石景山冰雪团队联盟20支队伍授旗。

（李　昂）

【冬奥进军营活动】 7月27日，区体育局举办冬奥进军营活动，通过举办普及冬奥知识展览、军地篮球友谊赛和向驻军赠送体育器材慰问品等形式，同官兵们一起欢度节日，为推进军民融合发展，实现中国梦、强军梦合力做出更大贡献。

（李　昂）

【国际滑雪联合会中国办事处揭牌】 9月28日，国际滑雪联合会中国办事处揭牌仪式在石景山区举行。国家体育总局局长、中国奥委会主席苟仲文，中国奥委会副主席、国家体育总局冬运中心主任、党委书记倪会忠，冬运中心常务副主任、党委副书记、中国滑雪协会主席丁东，区领导常卫、田利跃参加揭牌仪式。国际滑雪联合会主席约翰·埃利亚施通过网络连线方式参加活动。仪式上，苟仲文与约翰·埃利亚施通过网络连线方式为国际雪联中国办事处揭牌。国际雪联中国办事处是国际雪联全球首个驻外机构，经国际雪联、中国奥委会、国家体育总局冬季运动管理中心、石景山区和中国滑雪协会通力协作成立，是国际雪联联系中国体育界的重要窗口和协调机构。其正式设立，将进一步加深国际雪联与中国体育界的沟通与联系，促进滑雪运动在中国的发展，助力“带动三亿人参与冰雪运动”目标的实现，同时也是北京市及石景山区对外开放、加强“两区”建设的重要成果。

（李　昂）

【冬奥会倒计时活动】 12月6日至16日，在石景山市民冰雪体育中心、室内滑板场、户外滑雪场，陆续举办2022北京冬奥会倒计时60天、倒计时50天“我为中国冰雪加油”为主题的群众性冰雪运动。根据疫情防控要求，两场庆祝活动均采用线上直播。活动现场融汇短道速滑、花样滑冰、冰壶、冰球等冰上运动和技巧表演。在主会场，大屏幕还播放来自石景山社区、机关、企业等“冰雪六进”单位群众送上的冬奥祝福。其中，石景山冰雪联盟代表队录制冬奥祝福视频，与群众一同“为中国冰雪加油”。

（李　昂）

体育产业

【概况】 年内，区体育局以创新发展为驱动力，增强体育产业赋能。开展体育产业政策研究项目。研究部署体育行业促消费工作。稳步推进“两区”建设等重点工作。石景山区积极推介政策优势、区位优势和发展前景，吸引国际雪联中国办事处等知名冰雪体育协会、企业入驻落户。吸引国际雪联中国办事处(国际雪联全球首个驻外机构)、中国冰雪大会总部基地、冰雪俱乐部联盟、斯威克斯等重要冰雪组织和国际体育龙头企业落户石景山，并协助办理相关手续，目前累计引进20余家冰雪企业、入驻3家冰雪体育组织。建立常态化沟通机制，通过召开企业座谈会、上门走访、电话联系等方式，及时了解企业情况和发展规划，听取意见建议并帮助协调解决企业困难问题。聘请专业三方公司，对全区各体育场地、场馆、设施进行统计调查，全面掌握全区体育场地情况。

(李　昂)

【入选“北京体育旅游十佳精品景区”】 年内，首钢工业文化旅游区入选2021北京市体育旅游十佳精品景区。首钢极限公园、首钢园冬奥文化工业遗存深度体验线路入选2021北京体育旅游精品项目，设计开发“百变今钢”主题旅游线路，瞭仓数字艺术馆成为园区新晋热门打卡地。石景山区支持首钢统筹整合园区体育、文化、旅游资源，开展北京市体育旅游精品项目申报工作并通过评审。

(李　昂)

【优化营商环境】 年内，区体育局开展“领导干部走流程”活动，主要领导、主管领导全程体验行政许可办理过程，及时发现问题并针对性加以解决；不断优化营商环境，主动服务企业、提高行政审批效率，按程序办理高危许可4件。

(李　昂)

【新冠疫苗接种服务保障】 2021年，石景山体育馆作为石景山区新冠病毒疫苗临时接种点开展疫苗接种工作。截至12月19日，石景山体育馆累计接种新冠病毒疫苗总数463994人次，其中第一针75457人次，第二针305514人次，第三针83023人次。体育馆按照“市级统筹、区级实施”的工作原则确保工作安全有序开展。

(李　昂)

【安全监管】 年内，区体育局针对疫情防控、消防安全、危化品使用管理等重点内容，围绕冰雪运动场所、高危体育项目、奥运场馆周边经营单位等重点部位，结合节假日、全国“两会”特别是建党100周年庆祝活动等重要时机开展不间断检查巡查，及时发现并解决问题隐患。全年共派出行政检查人员600余人次，实施行政检查285起，有效确保行业安全稳定。

(李　昂)

【开展配套安全活动】 年内，区体育局严密组织“安全生产月”系列活动，浓厚安全氛围；推进安全生产专项整治三年行动，对隐患问题实施分类指导、挂账管理；开展风险评估工作，全面摸清安全底数，绘制行业风险地图；组织全区高危项目经营单位开展标准化三级创建工作；继续开展主体责任评估工作，对全区体育经营单位主体责任落实情况进行全面评估并打分排名。

(李　昂)

【预付式消费监管】 年内，区体育局开展体育行业预付式消费专项整治活动，两次召开专题会议推进部署，推广“石景山区预付式消费监管服务平台”；根据市体育局、市市场监管局通知，加大宣传力度，推广使用示范合同文本；结合“双减”政策和市体育局有关要求，建立完善体育类培训机构台账。

(李　昂)

【处置市民投诉】 年内，区体育局积极应对、多方协调，及时回应市民诉求，帮助解决困难问题；联合区市场监管局、属地街道，综合采取双派双考、反复协调、约谈调解等方法推进工作落实；加强相关数据的统计汇总和分析研判，不断规范体育市场秩序，做到未诉先办。全年共处置市民投诉1291件。

(李　昂)

竞技体育

【概况】 年内，区体育局坚持体教融合，以体育人，积极培养后备人才，组队参加北京市青少年射箭锦标赛、花样滑冰锦标赛等多项赛事并取得优异成绩。区体校输送的朱雪莹在东京奥运会蹦床项目夺金，创造石景山籍运动员奥运金牌零的突破。利用石景山区“十冰六雪”场地优势，持续推进冰雪运动进校园，培养冰雪青少年运动后备人才，累计培育教师队伍204人、冰雪社会体育指导员1103人、裁判员27人，注册冬季项目运动员364名，为九支区队训练(市体育局批复的为9支，现在体校实际有12支队伍)工作提供有力保障，切实提升冰雪竞技水平。

(李　昂)

【中小学生冬季运动会】 5月14日，因疫情中断的2020年石景山区第二届中小学生冬季运动会继续在石景山市民冰雪中心举行。比赛共有短道速滑、花样滑冰队列滑、冰壶、冰球、越野滑轮、短道轮滑六大项目。其中，短道速滑、花样滑冰队列滑、冰壶、冰球四个项目在市民冰雪体育中心举办。越野滑轮项目在电厂路小学举办，短道轮滑项目在石景山区师范附属小学举办。比赛共吸引来自17个学校387名中小学生共角逐六个项目34个冠军。中国花样滑冰协会申雪主席莅临赛场并与各校代表队合影。

(李　昂)

【市青少年射箭锦标赛】 5月28日至30日，2021年北京市青少年射箭锦标赛在朝阳区第二少儿业余体校射箭场举行。区体校选派36名运动员参加比赛，共获得6金27银9铜的好成绩。

(李　昂)

【市青少年U系列柔道冠军赛】 5月28日至30日，2021年北京市青少年U系列柔道冠军赛在顺义区体育局体育馆举行。石景山区代表队获得6金4银1铜的好成绩。

(李　昂)

【市青少年U系列跆拳道冠军赛】 5月29至30日，2021年北京市青少年U系列跆拳道冠军赛在人大附中北京经济技术开发区学校体育馆举办，石景山区代表队以11金、11银、11铜获得团体总分第一名。

(李　昂)

【区学生击剑邀请赛】 6月26日至27日，2021年石景山区学生击剑邀请赛在区体校击剑馆拉开战幕。这项比赛是在“体教融合”大背景下，来自全区

27个学校和社会单位的91名小剑客分组别分剑种展开角逐。

（李　昂）

【中小学生篮球联赛】　7月10至15日，石景山区2021年第五届中小学生篮球联赛举办，41支队伍600名运动员参加106场比赛。比赛首次在“我奥篮球”平台上进行直播，最终区外语实验分校摘得小学组男子、女子两座桂冠；景山远洋初中、北大附中石景山学校分别获得初中组男女冠军；九中和京源学校高中则收获高中男子、女子组的冠军奖杯。

（李　昂）

【小学生游泳邀请赛】　7月15日，2021年石景山区小学生游泳邀请赛在首钢篮馆游泳馆举行。吸引全区10个单位120名小选手参赛。为期只有半天的比赛在直播过程中吸引到近36万次的访问量。

（李　昂）

【市青少年U系列花样滑冰冠军赛】　7月16至18日，2021年北京市青少年U系列花样滑冰冠军赛在位于五棵松的北京华熙LIVE－冰上运动中心举办。石景山区代表队夺得四金七银一铜，共有11名队员获得锦标赛参赛资格，创历史最好成绩。

（李　昂）

【市青少年U系列短道速滑冠军赛】　7月23日至25日，2021年北京市青少年U系列短道速滑冠军赛在位于昌平区的世纪星国际冰雪运动中心短道速滑馆举办。石景山区共选派31名运动员参加比赛。石景山区代表队共获得5金7银11铜的好成绩。共有24名队员获得参加青少年短道速滑锦标赛参赛资格。

（李　昂）

【奥运金牌零突破】　7月30日，北京时间14时30分，石景山籍运动员朱雪莹在第32届奥运会女子蹦床比赛中为中国赢得东京奥运会的第十七金。朱雪莹是石景山区体校体操教练培养输送的优秀蹦床运动员，这枚金牌创造石景山籍运动员奥运金牌零的突破。

（李　昂）

【全运会花样游泳自由组合比赛】　9月1日，第十四届全运会花样游泳自由组合项目比赛在西安奥体中心游泳跳水馆举行。石景山区输送的胡琪和程文涛两位运动员的精彩表现助北京代表团摘得全运会首金。包括这两位运动员在内的北京花样游泳队以总分177.0639分获得花样游泳集体项目铜牌。

（李　昂）

【市青少年短道速滑锦标赛】　9月10日至12日，2021年北京市青少年短道速滑锦标赛在世纪星国际冰雪体育中心举办。石景山代表队22名运动员参加比赛。共获得5金8银2铜的优异成绩，获得四至八名共19人次。

（李　昂）

【市青少年花样滑冰锦标赛】　9月19日至21日，2021年北京市青少年花样滑冰锦标赛在燕山华熙冰上运动中心举行。石景山区共有10名队员参加比赛，共夺得8金5银的优异成绩。

（李　昂）

【市青少年冰壶锦标赛】　11月27日至28日、12月4日至5日，2021年北京市青少年冰壶锦标赛在大兴奥悦国际冰壶馆举行。石景山区共选派12名队员参赛。获得男子组和女子组双冠，混双第七名的好成绩。

（李　昂）

【市青少年U系列冰壶冠军赛】　12月18日至26日，2021年北京市青少年U系列冰壶冠军赛在世纪星国际冰雪体育中心冰壶馆举行。石景山区获得男女乙组及男女混双组三块金牌、女子甲组铜牌的优异成绩。

（李　昂）

群众体育

【概况】　年内，区体育局以“六边”工作为引领，助推群众体育摘得“国字号”荣誉。丰富群众身边的体育健身活动。积极扶持群众身边的社会体育组织。优化群众身边的全民健身环境基础。区体育局荣获“2017—2020年度全国群众体育先进单位和先进个人”。

（李　昂）

【阳春社区体育节足球赛】　3月27日至4月25日，石景山区举办第三十六届阳春社区体育节暨石景山区首届八人制社区杯足球赛，利用周末及节假日进行。来自全区各街道的150余名足球爱好者报名参赛。

（李　昂）

【“连线冬奥会·再创新骑迹”耐力骑行】　5月15日，石景山区第四届“连线冬奥会·再创新骑迹”耐力骑行活动在冬奥组委驻地前拉开序幕，参加本次骑行活动的骑手将从首钢出发，全程近280千米，途经清河、延庆百里画廊、后城，至终点张家口崇礼区冬奥颁奖广场。参加本次骑行活动的共有来自北京、河北、天津，以及内蒙古自治区乌兰察布市丰镇市自行车协会的150余名骑行爱好者。

（李　昂）

【“百城”健身气功活动】　5月21日，为庆祝建党100周年，提振全民精神，推动石景山区体育全面发展，2021年全国“百城”健身气功活动暨石景山区健身气功大赛在区体育场成功举办。来自全区三十一个健身气功辅导站的39支队伍、312名健身气功习练者参加大赛。

（李　昂）

【中老年优秀健身项目展示】　6月3日，在广宁街道冬奥社区（高井社区文化广场）举行。此项活动是石景山区全民健身一项传统赛事，专为中老年体育健身爱好者量身定做，比赛设置健身秧歌（健身腰鼓）、武术类、健身气功、健身球操、柔力球、综合才艺等适合于中老年人开展的六大项目。来自全区各街道、社区共17支队伍参赛。

（李　昂）

【“激情冬奥健身节”徒步游园会】　7月18日，冬奥会倒计时200天，由区体育局指导、区社会体育管理中心主办的“激情冬奥健身节”徒步游园会活动在北京国际雕塑公园开幕，活动现场吸引近500名群众参与。

（李　昂）

【推广大众冰雪】　7月24日，在北京冬奥组委办公驻地旁的首钢园极限运动公园内，来自石景山区的400余名冰

7月18日,石景山区举办“激情冬奥健身节”徒步游园会活动(区体育局供图)

雪运动爱好者欢聚在这里,共同见证石景山冰雪团队联盟与中国滑冰协会、中国花样滑冰协会签署合作备忘录,多方联动,共同推广大众冰雪、助力北京冬奥。

(李　昂)

【健身气功易筋经培训】 7月26至30日,区武术协会受冬奥组委邀请,选派优秀健身气功老师为冬奥组委开展为期5天的健身气功易筋经培训,共有30多名冬奥组委官员参加。

(李　昂)

【区滑板挑战赛】 7月31日,由区体育局主办,区社会体育管理中心、北京市石景山区冰雪运动协会、北京市燃烧冰体育发展有限公司一同承办的“第二届石景山区滑板挑战赛”在首钢极限体育公园落下帷幕。活动环节有街式道具赛、大招赛、儿童趣味赛等。

(李　昂)

【“全民健身日”启动仪式】 8月8日,石景山区第十三届“全民健身日”活动启动仪式暨冬奥社区居民线上运动会在广宁街道高井路冬奥社区举行。因疫情防控需要,本次活动为线上全程直播,直播活动有冬奥社区居民线上运动会、冬奥知识讲座,线上冬奥知识竞赛等,吸引众多居民线上观看、参与。启动仪式由区体育局、广宁街道共同主办。

(李　昂)

【“向山礼”自行车强人赛】 9月18日,来自北京、河北、天津等地的200余名自行车专业选手从石景山体育场出发,途经延庆区,骑行近300公里,累计爬升2700米,最终完成挑战。此次由区体育局主办的“向山礼”北京–延庆–崇礼自行车强人赛,比赛路线将三地冬奥赛场相连接,旨在通过骑行活动,宣传石景山区“双奥之区”建设成果,弘扬“更快、更高、更强”的奥林匹克精神。

(李　昂)

【金秋体育盛会闭幕式】 11月26日,第三十六届石景山区金秋体育盛会闭幕式在广宁冬奥社区文化广场举行。闭幕式全程采用“线上云直播”形式进行,包括冬奥知识竞答、花样轮滑展示、连线冬奥骑行等群众喜闻乐见的活动项目,吸引广大市民热情参与,为即将到来的冬奥会、冬残奥会提前预热,营造“知冬奥、爱冬奥、喜冬奥、迎冬奥”氛围。

(李　昂)

社会事业

综　　述

【概况】 中共北京市石景山区委社会工作委员会、北京市石景山区民政局(简称区委社工委区民政局)贯彻落实党中央关于社会建设、民政工作的方针政策、决策部署和市委、区委有关工作要求。在履行职责过程中坚持和加强党对社会建设、民政工作的集中统一领导。年内,石景山区完成第十一届社区居委会换届选举。全区共动态保障在册低保对象87963人次。全年完成“济困工程”项目67项,投入资金约3.51亿元。运营社区养老服务驿站41家,试运营1家。全区有社会组织335个,其中社会团体89个、民办非企业单位246个,社区备案社会组织2086个。

(杨　洋)

【社区居委会第十一届选举】 4月11日,石景山区145个社区居委会完成投票选举,共产生居委会成员889人,选举全部一次成功,选举过程市统“零信访”。居委会换届选举登记选民29.6万人,较上届增加6.02万人;120个社区采取全民直选和户代表选举方式,占全部参选社区的82.75%,较上届提高14.67%;选举投票率为96.23%,较上届提高1.22%。社区书记、主任“一身兼”138人,占比91.39%,较上届提高7.39%;社区“两委”中交叉任职472人,比例为53.09%,较上届提高12.29%;居委会党员579人,占比65.12%,较上届提高9.7%。151个社区“两委”班子成员平均年龄43.65岁,均配备35岁以下年轻干部,大专以上学历人员1140人,占92.23%;居委会成员“本地化”比例56.06%,较上届提高8.55%,持证人员365人,占比41.05%。

(金　超)

【第三届社区邻里节】 10月16日至24日,石景山区9个街道和151个社区共同开展第三届社区邻里节活动。10月16日,第三届“社区邻里节”全市主会场启动仪式在石景山区高井路社区冬奥文化广场举行,活动主题为“同心向党,和睦邻里;喜迎冬奥,和谐社区”。启动仪式后开展嘉年华现场体验活动,分别打造冰雪游乐场、冬奥直通车、爱心义诊团、邻里京剧苑、非遗传承人、宝藏大市集六大主题板块,并特别设置“冬奥石景山 冰雪零距离”主题打卡互动活动,展示石景山区独有冬奥地标,营造全民冬奥的氛围。全区151个社区积极调动社区资源,在社区、住宅小区、居民楼门等各种规模范围内共开展文艺汇演、冬奥知识竞赛、趣味运动会、跳蚤市场、厨艺擂台、全民健步走、农副产品展销等300余场“社区邻里节”活动。通过开展社区邻里活动,营造邻里守望相助、共建美好家园的浓厚氛围,吸引居民走出来、互助起来、参与进来,共同推动社区共治。

(闫　妍)

【完成实验区建设目标】 10月20日,民政部专家组通过视频会议形式对石景山区全国社区治理和服务创新实验区建设工作进行结项验收,专家组给予“成效显著”评价。12月3日,民政部制发《关于确认全国社区治理和服务创新实验区结项评估结果的通知》,向全社会公布石景山区完成实验区建设目标,形成特色鲜明的创新成果,并给予“依托‘老街坊’特色项目,激发居民参与社区治理的内生动力”的评价。实验区建设三年以来,“老街坊”社会动员能力不断提升,“老街坊”议事协商民主有序,“老街坊”志愿服务专业发展,“老街坊”公共精神深入人心。

(宣　言)

【实施“十四五”社会救助规划】 年内,区民政局按照石景山区“十四五”规划,通过综合实施救助政策,形成“6+1”的工作链条,出台《石景山区困难群众主动发现机制实施方案》和《石景山区困难群众分类分层精准救助实施方案》。在全区各街道开展主动摸排,逐人逐户摸清“重点人群”基本生活状况和困难需求;同时通过政策出台有效提升各街道社会救助经办人员政策掌握度。

(李　韦)

社区建设与管理

【概况】 年内,石景山区完成第十一届社区居委会换届选举,高标准实现各项选举目标。批复成立社区居委会3个,至此全区共有社区154个。区委社工委区民政局制发“老街坊”社区议事厅运行规则、居委会六大下属委员会运行规范和社区包片入户工作制度,带动社区高标准规范化运行。完成6个社区服务空间开放式建设示范点、3家“社区之家”示范点、1个“三无”小区服务管理示范点、5个“老街坊”社区议事厅和15个楼门治理示范点等市级示范点建设任务。继续推进生活垃圾分类社区动员,开展宣传发动、入户回访、桶站值守等主题活动,引入社会资本优化居民垃圾分类积分兑换,建成生活垃圾分类社区动员示范点2个。举办第三届“老街坊”社区邻里节活动,并在石景山区举办市级主会场启动仪式。完成全国社区治理和服务创新实验区各项建设目标,顺利通过专家评审,形成特色鲜明的创新成果。创新推进“品质社区”建设,制发《石景山区“品质社区”建设工作方案》,构建“5143”工作布局。完成全区9个街道154社区中高风险进返京人员排查、管控、核酸检测等情况的统计汇总及数据日报工作,配合区委组织部、区委政法委做好社区的常态化疫情防控工作。

(李　露)

【成立3个社区居委会】 12月28日,根据街道提交的成立社区居民委员会的请示,按照社区居委会设立标准及程序,经区政府批准,成立八角街道景颂街社区居民委员会、五里坨街道石府路第一社区居民委员、五里坨街道石府路第二社区居民委员会。全区9个街道共有社区154个。

(金　超)

【推进新时代街道工作】 年内,石景山区落实市委部署要求,优化区街道工作专班机制。先后召开专班会2次,以专班名义制发文件3个,就街道办事处条例落实情况向区人大专题报

7月27日，召开石景山"品质社区"建设工作培训会（区委社工委区民政局供图）

告，完成新时代街道工作意见实施三年情况综合评估和106条任务分项评估，编撰区街道工作和"吹哨报到"改革文件汇编和成果汇编，42项年度重点任务推进有序、目标基本完成。

（宣　言）

【"品质社区"建设】 年内，石景山区在全市范围内率先创新推进"品质社区"建设。以区委区政府名义制发《石景山区"品质社区"建设工作方案》，构建"5143"工作布局（"5"是聚焦"五大品质"，"1"是构建以"五大品质"为核心、以群众满意度调查为重要评价方式的评价体系，"4"是实施定期走访—沟通反馈—优化提升—滚动认定"四步走"步骤，"3"是建立定期分析点评、动态"挂牌摘牌"、加强考核激励三项保障制度），先后对全区143个社区进行两轮全覆盖走访评估、对11440位居民开展随机抽样调查，并对街道社区申报、部门提供的458条加减分情况逐一审核认定，形成区－街道－社区三级评估报告并反馈街道社区。全区各街道社区对表对标报告、加强分析研判，开展优化提升全动员，采取有效措施补短板、强弱项、提品质。经过两轮走访评估，全区"品质社区"建设综合评分85.83分（满分100分），居民群众对居住在石景山区社区的获得感、幸福感、安全感的评价得分达到87.26分（满分100分），社区建设水平和居民满意度稳步提高，年终认定首批15个五星"品质社区"和30个四星"品质社区"。

（宣　言）

【垃圾分类社区动员】 年内，石景山区建成生活垃圾分类社区动员示范点2个。紧密围绕健全积分兑换机制、落实居民公约、加强桶前值守、深化激励奖惩、支持社会参与等深入探索，积极打造生活垃圾分类样板社区。将党建引领垃圾分类社会动员工作纳入区党建协调委员年度任务、纳入街道工作和"吹哨报道"改革专班重要统筹事项，区领导直接调度。制发《关于印发〈关于做好生活垃圾分类"五个一"社区再动员的实施方案〉的通知》，集中推进一次入户宣传、组织一次协商议事、召开一次工作调度会、举办一次积分兑换活动、开展一次主题实践活动"五个一"工作举措。制发《关于开展社区生活垃圾分类入户回访工作的通知》，统筹指导街道广泛发动在职党员、"老街坊"志愿者、社区工作者等多方力量开展普遍入户回访，征求居民意见建议，指导居民正确分类。制发《关于在全区开展"垃圾分类我们一起行动——周末守桶我参与"活动的通知》，以周六值守为重点，开展"小手拉大手，分类全家行"、保护环境"桶"心协力、做好分类"关键小事"喜迎建党100周年、"垃圾分类你我他、地区共建靠大家"、"桶前值守、党员先行"五大主题守桶实践活动。利用"石分达人"小程序向16.58万注册用户发送生活垃圾分类入户回访和宣传动员短信，率先采用市场化运营模式，整合"石分达人"微信小程序与京东平台，畅通居民垃圾分类积分兑换渠道。

（王　刚）

【社区自治能力建设】 年内，石景山区加强社区居民委员会组织建设。制发《石景山区社区居民委员会下属委

4月28日，老山街道举办垃圾分类活动　　（老山街道供图）

员会工作运行规范》，对六大下属委员会的设立与产生、工作职责、工作方式、工作保障等进行明确，社区“两委”换届选举完成后，及时对151个社区六大下属委员会规范调整。完善基层群众自治制度，制发《石景山区“老街坊”社区议事厅运行规则》，健全区、街道、社区三级协商议事联动机制，推进协商议事向楼门院延伸，通过协商解决社区停车管理、环境改造提升、冬奥社区建设等热点、难点问题，开展示范创建，全面完成5个市级社区议事厅示范点、15个市级楼门治理示范点建设工作。

（金　超）

【社区服务改革】 年内，石景山区严格落实社区工作准入制度、社区工作首问责任制及社区全响应服务制，推进“走动式”工作。制发《石景山区社区工作者包片入户工作制度》，推动广大社区工作者深入联系群众，改进工作作风。推广“综合窗口”“全能社工”模式，开展6个市级社区服务空间开放式建设示范点创建，打造“有颜值、有文化、有温度、有认同”的社区服务空间，推动社区服务水平提升。

（金　超）

【“社区之家”规范化建设】 年内，石景山区按照“清理一批、规范一批、有出有进”的标准，对已建成的51家“社区之家”逐一梳理。对因企业改制停止共享服务的1家社会单位进行摘牌，补充新建“社区之家”站点1家，对正常运营的社会单位进行服务规范提升，结合常态化疫情防控要求，按照约定为居民提供相应服务。在此基础上，按照“服务有资源、共建有机制、运行有规范、激励有保障、居民有获得”的标准，重点打造石景山区社区学院、北京启迪和谐投资发展有限公司、北京老街坊之家文化艺术有限公司3家市级示范点。

（金　超）

【市级城乡社区治理表彰】 年内，市委社工委、市民政局、市人力社保局开展北京市城乡社区治理先进集体和先进个人评选表彰活动，经各区推荐——线上投票——综合评议——社会公示后，石景山区苹果园街道苹二区社区居委会等5个社区居委会被评为北京市先进居委会；八宝山社区卫生服务中心等8家单位被评为北京市城乡社区共建先进集体；张艳平等10名社区工作者被评为北京市优秀城乡社区工作者。

（金　超）

社会领域党建

【概况】 年内，区委社工委区民政局修订完善工委会运行规则、局长办公会议事规则、“三重一大”事项决策等制度规范，推行工委会党建议题清单化管理。抓好区委巡察“后半篇文章”，与年度民主生活会、基层党建述职、督查检查等整改一体化推进。严格落实领导述责述廉、个人事项报告、签订责任清单、双重组织生活等规定要求。

（范虎虎）

【社区书记任职培训】 3月2日至5日，区委社工委区民政局组织新任职社区书记开展“石景山区社区书记任职”培训，采取集中授课，分组讨论、代表发言相结合的方式，围绕党建引领基层治理、如何当好新时代社区书记、党员教育管理等专题开展培训。

（范虎虎）

【完善党建工作体系】 年内，区委社工委区民政局调整机关党组织设置，对应业务模块，机关党支部由8个优化调整为6个。实施社会领域党建“全时全景”行动，成立社会工作党委，完善社会组织、养老服务机构、枢纽型社工党组织架构，完成社会工作党委选举工作，形成“社会工委－社会工作党委－社会领域党组织”三级党建工作体系。

（范虎虎）

【党史学习教育】 年内，区委社工委区民政局依托“民政大课堂”和“支部小讲堂”扎实组织理论学习、交流研讨、参观见学等各环节。工委班子围绕四个专题，集中安排2天时间进行封闭学习和讨论交流。在委局机关开展“五讲”活动，通过年轻党员讲党史、支部书记讲党课、社区干部讲体会、养老机构讲发展、社会组织讲责任，促进理论学习和工作实践融合互动。强化对相关社会组织和养老机构的教育指导，成立教育督导组，部署开展“六个一”活动。制定“我为群众办实事”活动方案，开展“一把手进社区”活动，并通过3轮座谈会、协调会、2轮实地跟踪督导，协调解决小区路灯不亮、部分居民家中管道漏水、延伸开展老年餐桌等问题。

（范虎虎）

3月2日，石景山区社区党组织书记任职培训班开班仪式

（区委社工委区民政局供图）

社会工作队伍建设

【概况】 年内,石景山区在苹果园、金顶街、鲁谷街道开展社会工作服务中心试点建设工作;在金顶街街道开展优秀社区社会工作专业人才培养试点工作,促进学员在价值理念、工作方法、服务能力等方面的专业水平提升,推进社区工作与社会工作的融合发展。配合做好持证社会工作者及社区工作者的继续教育、证书登记等工作,结合疫情防控需要,普及线上登记、培训模式。做好高级社会工作师遴选评定的宣传工作,推动符合条件的社会工作者、社区工作者参加评定,提高专业化能力和水平。实现年度内社会工作者职业水平证书持有率不低于三分之一的目标。实施一批特色社会工作服务项目,组建培养一支专业化、职业化的社工队伍,初步建立街道社会工作管理制度、服务标准和督导体系,形成街道社会工作服务中心建设试点经验。

(李　坤　罗　兰)

【枢纽型社工党建】 9月10日,石景山区组织召开枢纽型社工党支部党员大会,选举产生3名支部委员,加强对枢纽型社工的组织管理、人才培养及党员发展工作。年内,经区委组织部批准成立社会工作党委,隶属区委社会工委。社会工作党委下设枢纽型社工党支部。

(周玉坤)

【协管员管理改革】 年内,区委社工委区民政局通过完善联席会议制度,区级部门帮助开展业务培训,街道加强队伍管理等工作,建立区级统筹、部门指导、街道管理的协管员队伍规范管理体制机制。联席会议办公室制发《石景山区协管员队伍规范管理工作联席会议制度》《石景山区关于城市协管员管理的指导意见(试行)》《石景山区关于规范街道城市协管员编号、标识的通知》三个配套文件,夯实协管员队伍管理体制改革工作基础。完成队伍下沉整合,全区协管员队伍管理权限全部由街道统一行使,街道全面负责协管员的招聘录用、培训考核、工资核发和整体调配等工作。加强队伍管理,全区协管员实行编号管理、统一工作标识、戴牌上岗。使用城市协管员信息管理系统开展协管员信息数据管理。

(罗　兰)

【社工队伍制度建设】 年内,石景山区以区委办、政府办名义印发《石景山区社区工作者管理实施细则》,增加社区工作者退出机制、畅通社区工作者职业发展渠道等内容。印发《关于规范社区工作者跨区域调动的通知》,落实以本地化为原则的社区工作者流动。印发《关于建立社区工作者实绩档案的通知》,为优秀社区工作者建立实绩档案。

(董妍君)

【社区工作者培训】 年内,区委社工委区民政局组织开展社区书记任职培训。在社区党组织完成换届工作后,及时组织开展为期4天的任职培训。组织开展社区书记主任新任培训。全区151个社区的党组织书记、居委会主任共174人全部参加培训。组织开展新招聘社区工作者初任培训,落实疫情防控常态化要求,培训采取线上教学的方式,运用网络教学平台和技术,新招社工103人全部参加培训。

(董妍君)

【助力新冠疫苗接种】 年内,区委社工委区民政局组织全区社区工作者积极接种新冠疫苗,共有1703名社区工作者完成加强针疫苗接种,应接尽接完成率达94.4%。先后抽调48名政治素质高、工作责任心强的社区工作者,由疫苗接种专班调度,全力保障郎园和体育场两个点位的疫苗接种工作。

(李　坤)

【志愿服务行政管理】 年内,区委社工委区民政局加强对街道社区志愿服务活动及志愿服务站点的规范指引,及时审批并指导志愿服务团队开展志愿服务项目。石景山区实名认证志愿者总数144765,志愿服务项目总数16442个,志愿团队总数1759个。加强对泄露志愿者信息、变相收取志愿服务报酬等禁止性规范的行政执法检查,完成对志愿服务领域行政执法检查51件次。在区民政局登记的23家社会组织标识为志愿服务组织并完成向社会公告。指导协调街道发动志愿者参与常态化疫情防控、疫苗接种、全国文明城区创建、冬奥服务保障、垃圾分类宣传值守等重大任务。引导志愿服务团队和志愿者积极参与垃圾分类工作,年内累计发动志愿者852948人次,完成784189组次垃圾桶站的值守任务。

(张　运)

民政工作

【概况】 年内,石景山区共动态保障在册低保对象87963人次,动态保障低收入对象118户244人、特困供养人员98人。全年累计发放低保金11190.58万元。出动工作人员和外展救助巡视人员800余人次、救助车辆近200台次,街面救助劝导229人次,有效维护"两会""创城""中国共产党成立100周年"及其他重要时期社会秩序稳定。建立北京市石景山区养老服务部门联席会议制度。全区老年人养老服务补贴津贴累计发放补贴9492.775万元,涉及378615人次。

(杨　洋)

【走访慰问】 2月2日,以市退役军人事务局副局长王岚为组长的市慰问小组在区领导孙学伟等陪同下,对石景山区12户低保、分散供养特困对象和5户优抚对象进行重点走访慰问,送去慰问金和米、面、油、牛奶等慰问品。区委社工委区民政局组织指导各街道对全区3977户低保家庭和93户分散供养特困人员进行普遍走访慰问,共计发放慰问品及慰问金311万元。结合党史学习教育,组织开展"解忧暖心传党恩"和"我为群众办实事"走访慰问活动,让困难群众感受到党和政府的关怀与温暖。

(李文辉　尹　珺)

【见义勇为权益保护】 2月5日,区民政局举行见义勇为确认颁证仪式,为2人颁发见义勇为人员确认证书及确认奖励金共147698元。春节前夕,区委社工委区民政局对全区38名见义勇为

2月5日，石景山区为两名见义勇为人员举行颁证仪式
（区委社工委区民政局供图）

人员进行全面走访慰问，发放慰问金38000元以及30400元的慰问品。为见义勇为伤残人员李忠义发放伤残抚恤金共计9228元。组织部分见义勇为人员参加健康体检活动。石景山区依法确认2人，在北大附中石景山学校校外南侧公交车站制服骚扰女学生的行为确认见义勇为行为。

（孙俊国　程　云）

【慈善工作】 3月上旬至5月上旬，区民政局以“红色慈善，爱满京城”为主题，广泛动员社会组织、相关企业，积极参与第八届“慈善北京”成果（图片）展活动。共选报66个作品，作品内容涉及“党建、扶贫、战疫、助残、助老、助医、助学”七个方面，全面展示“十三五期间”石景山区慈善事业在党建引领下的发展成果。9月，围绕“汇聚慈善力量，助力乡村振兴”主题，抓住“争创全国文明城区”这一契机，与市委社会工委市民政局在国际雕塑公园共同开展“红色慈善 爱满京城”慈善图片展。按照助困、助学、助残、助老和战疫等内容，分六个波次开展慈善宣传进机关、进企业、进公园、进社区、进学校、进商场的“六进”活动，发放宣传品5000余份，广泛宣传《慈善法》《捐赠法》和近几年石景山区慈善成果，普及慈善知识，引导社会各界支持慈善事业。参与第三届“首都慈善奖”评选表彰活动，1人被评为慈善个人。

（孙俊国　程　云）

【社会救助专项治理】 6月，区民政局开展为期4个月的社会救助专项治理巩固提升行动。对连续三年社会救助专项治理工作成效进行巩固拓展。社会救助专项治理巩固提升行动在坚持救助区域全覆盖、救助类型全覆盖“两个覆盖”基础上，主要围绕确保治理问题整改落实到位、确保困难群众“应救尽救”、加大救助资金监管力度、及时回应化解信访诉求、加大服务经办作风建设五个方面开展专项巩固提升工作。本次行动在总结三年专项治理工作推进落实体制机制的基础上组建社会救助专项治理巩固提升行动领导小组，并通过电话、信访等方式畅通投诉举报渠道，提升行动宣传力度，确保群众诉求及时处理、工作成效不打折扣。

（李　韦）

【调整未成年人保护委员会】 6月，石景山区按照新修订的《未成年人保护法》，将区未成年人保护委员会办公室从团区委调整到区委社会工委区民政局，研究制定《石景山未成年人保护委员会调整方案》，明确未保委的主要职能、人员组成、工作规则等事项。

（李　韦）

【政策培训】 7月、11月，区民政局组织2次采取集中授课与线上观看课件方式组织全区各社区书记主任和各街道民生保障办公室、市民服务中心及困难救助服务所和各社区居委会负责社会救助工作的专干等共计380余人次开展救助政策和业务培训。开展社会救助政策宣传，编印、发放社会救助政策汇编及宣传折页80880余册（张）。

（李文辉）

【专项整治】 8月23日，石景山区社会救助专项治理巩固提升工作小组开始深入到全区9个街道，从社会救助对象身份认定、救助资金发放、救助工

9月1日，“红色慈善 爱满京城”——第八届“慈善北京”成果展
（区委社工委区民政局供图）

作保障、救助政策宣传、信访核对处置等方面,实地查访各街道市民服务大厅和部分社区服务站。重点围绕政策执行、规范管理、履职尽责、作风改进等方面,通过查找问题、分析原因、督促整改等方式逐项深入开展实地督查,并对督查中发现的问题及时进行梳理,列出清单并限期整改,杜绝“人情保”“错保”以及套取、截留、克扣救助资金等问题发生,确保专项整治取得预期实效。

(李文辉)

【社会救助】 年内,石景山区全年累计发放低保金11190.58万元。为562人次低收入家庭大病人员及16周岁以下在校生发放生活补贴17.9万元;审批临时救助183户356人次,支出资金104.93万元;审批教育救助43人次,支出资金19.07万元;累计为15960户次低保家庭和分散供养特困家庭发放电价补贴35.05万元;为3380户社会救助家庭发放各类采暖补贴465.95万元。

(李文辉)

【低保调标】 年内,石景山区依照市民政局、市财政局《关于调整本市社会救助相关标准的通知》(京民社救发〔2021〕87号)等文件要求,按时完成低保低收入调标工作任务,从7月起最低生活保障标准由家庭月人均1170元调整为1245元,从8月起,低收入家庭认定标准由家庭月人均2200元调整为2320元,并确保新标准救助资金及时足额发放到困难群众手中。

(冯　栋　李春玲)

【信访核查】 年内,区民政局对4557户新申请和在册复核救助家庭及信访举报等重点对象开展信息核对,生成报告4416份,均按规定作出相应处置;开展救助领域行政检查47户次。按政策规定和时限要求妥善调查处理信访举报10件、12345热线工单12件、直接访38人次。按照区重点行业组推进扫黑除恶专项斗争工作要求,完成扫黑除恶重点行业组各项工作并及时报送阶段性材料。

(冯　栋　张建涛)

【精准救助】 年内,区民政局出台《石景山区困难群众分类分层精准救助实施方案》。将困难群众按照不同困难程度划分为八个不同困难层级,并根据不同困难层级分别实施不同标准的差异性救助;健全完善社会救助联席会议制度、公开披露制度、信访接处制度和投诉举报核查制度,制定《石景山区建立困难群众主动发现机制实施方案》。制定《关于进一步明确街道困难群众救助服务所职能任务和资质条件的通知》及《2021年街道社会救助重点工作任务书》,分别对各街道开展主动发现、定期回访、个案帮扶、资源链接等任务指标进行具体明确,并实行月报告工作制度。各街道困难救助服务所严格按照任务指标要求开展工作,主动接触和了解困难群众,及时发现困难线索和救助需求,完善救助响应方式,全面摸清困难群众底数,科学评估困难群众需求,全部建立“一户一策一档”,并对在册的社救家庭逐户进行回访,及时调整救助帮扶措施,实施动态管理;对有帮扶需求的特殊家庭开展政策咨询、康复照料、教育辅导、心理慰藉、助医助残、家政服务等方面的个案帮扶。全年共建立新申请社会救助对象基础台账425户,定期回访困难家庭16755户次,开展个案帮扶服务159户1108次,资源链接131户。

(李文辉　郭文翠)

【疫情保障】 年内,区民政局简化救助申办流程,推行“网上直办、一网通办”;开通救助“绿色通道”,全面启用临时救助备用金,运用“先行救助”、“一事一议”等方式,全方位做好常态化疫情防控下困难群众兜底保障工作。根据疫情防控要求及实际情况,指导各街道、社区通过电话、微信公众号等方式做好线上政策咨询讲解工作,使困难群众在家利用“北京社会建设和民政APP”就能完成救助申请,并按照主动发现、积极救助的原则,及时将因受疫情影响、重大疾病或因其他意外事故造成基本生活困难的人员全部纳入救助保障范围,做到“应保尽保、应救尽救”。除救助对象亡故正常退出外,暂停低保、特困和低收入家庭经济状况核对预警清退工作,缓解受疫情影响困难群众的基本生活困难。制定《石景山区2021年春节期间救助保障工作方案》,成立以书记局长为组长,以副书记和分管副局长为副组长、相关科室负责人为组员的春节期间救助保障工作专项小组,具体负责春节期间救助保障工作的组织指挥、统筹协调和贯彻落实,指导街道社区做好春节期间所有工作、生活在辖区内生活困难群体的救助保障工作,确保实现兜底保障“不漏一户、不落一人”目标。

(李文辉)

【实施济困工程】 年内,石景山区济困工程各成员单位利用市、区政府和社会捐赠资金,开展救助项目67项,救助对象63.46万人(户)次,投入资金3.51亿元。

(李　韦)

【特困人员供养】 年内,石景山区共有特困人员98人,其中集中供养38人,参照集中供养14人,分散供养46人。全年累计支出特困人员供养资金337.18万元,发放特困人员电价补2810.88元。生活不能自理特困人员集中供养率为57.3%。调整特困人员供养生活费标准,由原先的1755元调整为1867.5元。调整特困人员供养照料费标准,具备自理生活能力人员由440元调整至464元,部分丧失生活自理能力人员由880调整至928元,完全丧失生活自理能力人员由1320元调整至1392元。

(李　韦)

【儿童福利工作】 年内,石景山区共有困境儿童50人,其中散居儿童43人,福利院集中养育儿童7人。累计发放散居困境儿童生活费66.1万元,为5名散居困境儿童进行医疗报销0.56万元,实施“福彩圆梦·助学工程”项目,向4名正在接受高等教育的孤儿和事实无人抚养儿童发放助学金共3.6万元。

(李　韦)

【成年孤儿安置】 年内,区民政局安置成年孤儿1名,周某某,女,25岁,户籍落在石景山区苹果园街道。

(李　韦)

【超转人员服务管理】 年内,石景山区共有超转人员989人,其中市管一般人员783人,市管病残人员44人,区管人员159人,送养3人。累计发放生活费3759.18万元;落实征地超转人员医疗待遇和管理工作,宣传并执行《关于本市基本医疗保险参保人员社区就医管理有关问题的通知》,完善征地超转人员就医管理。

(李 韦)

【地退人员服务管理】 年内,石景山区共有地退人员92人(含入住福利院孤老1人)。累计发放退休金757.05万元;为13位去世地退人员发放丧葬费和抚恤金181.25万元;协助地退人员、家属及公证处等相关部门办理查档工作;为地退人员订阅报纸等相关工作。

(李 韦)

【收养工作】 年内,区民政局办理完结收养业务0宗,审核新增收养意向家庭4户,其中1户在登报公示期,1户已进入试养融合阶段,另2户等待匹配中;为私自收留儿童家庭出具《不予办理收养登记通知书》1份。

(李 韦)

【流浪人员救助】 年内,区民政局有效维护流浪乞讨人员的生存权益,维护"两会""创城""中国共产党成立100周年"及其他重要时期社会秩序稳定。出动工作人员和外展救助巡视人员800余人次、救助车辆近200台次,街面救助劝导229人次,站内救助流浪乞讨人员124人次,其中救助老年人12人次、未成年人1人次,残疾受助对象30人次,接收市局下沉流浪乞讨精神病人9人。

(赵 君)

【慈善公益救助】 年内,石景山区募集善款381万余元,救助支出338万余元。其中新冠肺炎疫情期间接收防疫物资折合人民币75万元,并根据全区防疫物资的需求情况及时发放到位。扶贫协作结对帮扶内蒙古宁城县、莫旗9个行政村,支出2.8万元,资助14名困难残疾学生;"资助低保高中生"、"关爱困难大学生"等助学项目支出31.2万元,资助156人;资助本区培智学校、小飞象孤独儿童、太阳花听障儿童、福利院孤残儿童等助残项目支出98万元,资助140人;关心关爱福利院孤寡老人、慈善医疗卡和日常大病及突发事件等助医、助老、应急救助支出77.31万元,救助362余人(次);"慈善进军(警)营"、"救助困难母亲"、"救助困难党员"等项目,支出50万元,救助178人。

(贺迎潮)

【"共产党员献爱心"捐款】 年内,石景山区开展"共产党员献爱心"捐献活动。捐款活动由区四套班子领导带头捐款,全区各级党组织高度重视,精心组织,广大党员群众积极响应,"共产党员献爱心"捐款活动共接收139家单位、31119名党员、2364名民主人士和群众参与捐款,捐款共计246.305852万元,同比增长20.6%。

(贺迎潮)

【"送温暖 献爱心"】 年内,区捐赠中心联合区慈善协会组织全区捐赠站点积极开展"首善有我"社会捐助活动,累计接收捐款3.99万元、捐物0.0328万件,全部款、物分别上缴市慈善基金会和市捐赠中心。开展扶贫协作活动支出2.8万元。

(贺迎潮)

【残疾人补贴发放】 年内,石景山区残疾人两项补贴累计发放65046人次、1872.96万元。其中困难残疾人生活补贴累计发放26034人次、1328.72万元,重度残疾人护理补贴累计发放39012人次、544.24万元。年底全区有5365人享受残疾人两项补贴,其中享受生活补贴2153人,护理补贴3212人。

(丁 晶 肖艳丽)

【养老服务补贴津贴】 年内,石景山区老年人养老服务补贴津贴累计发放补贴9492.775万元,涉及378615人次。其中,发放困难老年人养老服务补贴298.73万元,涉及19922人次;发放护理补贴5419.345万元,涉及107594人次;发放高龄津贴3768.24万元,涉及249807人次;发放特殊老年人补贴6.46万元,涉及1292人次。通过春节、重阳节慰问活动为区内户籍百岁及高龄困难老年人发放慰问金77400元,涉及129人次。

(罗 巍)

【老年人综合能力评估】 年内,石景山区组建4支老年人综合能力评估队伍,分别是石景山区舒活养老助残服务中心、石景山区星缘社会工作事务所、北京康复辅助器具科技产业园区、石景山区聚力养老照护服务中心。通过现场检查、复查抽评等方式对4支队伍的日常管理及评估结论准确性进行监管管理,全年共对727名区内户籍老年人评估结果进行抽查复评。

(罗 巍)

【养老服务机构疫情防控】 年内,区民政局落实《关于实行养老服务机构疫情等级防控工作的通知》(京民养老发〔2021〕25号)各级防控各项措施要求,按照市区疫情防控部署要求,及时开展人员摸排。组织辖区内养老服务机构工作人员、入住老年人接种新冠疫苗,工作人员疫苗接种1031人、接种率达97.08%,入住老年人疫苗接种731人、接种率为31.4%,共同构筑养老服务机构的免疫屏障。

(毛丽敏)

【养老机构补贴管理】 年内,区民政局落实原政策发放2020年第四季度困补26.6万元,涉及114人次,2021年度1至3季度正式执行《北京市困境家庭服务对象入住养老机构补助实施办法》(京民养老发〔2020〕132号),发放困补2216831.3万元,涉及1159人次。审核发放2020年下半年至2021年上半年养老机构运营补贴1478.5万元,审核发放2019年1月至2021年6月石景山区户籍老人入住河北养老机构运营补贴34.3850万元。审核发放正式运营的社区养老服务驿站运营补贴210.867627万元。为落实《北京市社区养老服务驿站运营扶持办法》(京民养老发〔2021〕154号),组织辖区内社区养老服务驿站开展政策培训会,确保新政策贯彻落实。

(朱桐田 颖 奚博晨)

【养老服务机构安全管理】 年内,区民政局加强对区内养老服务机构消防等安全排查督导。协助市级委托的第三方对全区养老服务机构进行1次安全检查抽查工作；配合石景山区纪检组工作人员巡查养老服务机构3次，局领导、安全员现场检查养老机构240余次。落实《关于规范社会福利机构消防和食品安全管理档案的通知》(京民福发〔2021〕73号)要求，对养老服务机构消防安全和食品安全档案进行标准化规范管理。组织辖区内15家养老机构和36家社区养老服务驿站完成综合责任险投保工作。配合石景山区应急局完成《全国自然灾害综合风险普查》的材料收集填报工作，并与普查办对接进行信息比对工作。

(郝洪玉　李　杰)

【养老服务人才培训】 年内，区民政局组织辖区57家养老服务机构开展职业技能与能力提升两项培训工作。通过线上+线下方式，共培训469人次，其中职业技能培训183人，通过考核结业169人，能力提升培训286人，通过考核结业278人。落实《北京市养老服务人才培养培训实施办法》(京民养老发〔2020〕140号)，为区内15家养老机构一线护理人员按月发放岗位津贴，共计发放185.84万元，涉及4759人次。

(朱　桐)

【老年餐桌建设与管理】 年内，区民政局结合全区"疏解整治促提升"专项行动，开展落实发展老年餐桌任务。严格以《北京市养老助餐点管理规范》为标准开展督查检查，全年共发展备案养老助餐服务单位39家，其中涉及养老机构1家、街道养老照料中心6家和社区养老服务驿站32家。

(奚博晨)

【居家养老巡视探访】 年内，区民政局组织辖区9个街道35家养老服务机构通过定期电话问候和上门巡视相结合方式，为区内有需求的独居、高龄以及其他困境的老年人提供服务。年内累计服务老人数3353人，开展服务93859次，其中上门探访32505次，电话探访61354次。

(毛丽敏)

【养老综合信息平台运维】 年内，区民政局依托"养老综合信息平台"整合养老服务资源，开展养老服务运营监管。全年记录养老券交易30万次，涉及2.7万人，累计交易金额2316.1万元，其中：助餐服务6847次，涉及1448位老人，2021年度共为1.3万老年人实现折扣优惠21.87万元。汇集96.6万条服务过程数据(机构辐射、驿站运营、巡视探访、失能康复、喘息养老服务等)，174.7万条养老补贴充值数据(其中三项补贴数据67.5万条)，308.5万条养老服务消费数据。

(张　军)

【居家养老精准化服务】 年内，区民政局完善专属服务体系。依托"养老综合信息平台"开展居家养老精准化服务，为区内13800名75岁以上"三失一独"及80岁以上老年人家庭配备"居家养老服务信息机"的基础上，通过政府购买服务形式引入第三方单位承接，进行专业化、社会化运营，发展养老折扣服务单位。整合999急救中心、居委会、卫生站、养老驿站、养老照料中心、物业、家政、家电、居家护理等在内的共计415养老服务单位。提供335人次的999紧急救助服务；累计为老人推送养老广播信息44万余次，累计收听38万余次，收听率86%。；老年人累计提供呼叫、咨询等各类服务198万余次。

(张　军)

【养老机构"数字化监管"】 年内，区委社工委区民政局组织辖区内养老机构全面应用"数字化监管"平台。通过召开协调培训会，印发《关于养老机构全面应用"数字化监管"平台的通知》，通过采集养老服务基础数据和服务过程数据，形成对养老服务过程和养老服务结果社会化评价全流程监管，提升养老机构服务质量满意度。

(张　军)

【新建配套养老设施】 年内，石景山区新开工刘娘府改造667地块配套养老设施。接收西府海棠小区、金裕雅苑小区和衙府业园小区3处配套养老设施。衙府居园小区配套养老设施投入运营。

(宋　亮)

【适老化改造与无障碍建设】 年内，石景山区完成110户60周岁以上的低保、低收入、城市特困、计划生育特殊老年人家庭和长护险老年人家庭的适老化改造工作。依据《北京市民政局无障碍环境建设(2019—2021年)行动方案》总体安排，完成27家养老服务机构无障碍环境整改工作。

(宋　亮)

【养老服务设施建设】 年内，石景山区组织召开社区养老服务驿站建设项目评审会通过新建项目5个。组织召开"一事一议"评审会通过"一事一议"项目3个、备案项目2个。累计建成社区养老服务驿站42家，其中正式运营并公示41家，试运营1家。完成家庭照护床位环境改造600户，建成养老家庭照护床位312张。开展养老服务顾问项目，建设养老服务顾问点位56家，配置养老服务顾问共计102人。

(吴飞飞)

【养老机构质量管理】 年内，区委社工委区民政局开展养老机构服务质量专项行动，按照《养老机构服务质量星级划分与评定》《养老机构服务质量规范》以及国家、行业、地方等养老机构服务质量相关标准和规范评定情况，评审出二星级养老机构1家，二星级复审养老机构1家，五星级复审养老机构1家；社区养老服务驿站评审出一星级7家，二星级15家，实现开业运营一年以上的养老机构服务质量星级评定参与率达100%；老年人身体评估员、督导员31人，规范岗前培训，培训率达到100%。审核发放14家养老机构上半年运营补贴762.955万元，审核发放正式运营的社区养老服务驿站运营补贴176.0万元；发放本市户籍养老护理员岗位补贴62.7万元；发放困境家庭服务对象入住养老机构补贴110.36万元。

(石文婷　李　静　田　颖)

【康复辅助器具产业园区建设】 年内，北京市康复辅助器具产业园区基本完成招商引资工作，入驻企业39家，年纳税额450万元。通过建设四个中心：公益服务平台、评估配置服务中心、专业康复辅助器具应用示范中心、先进康复辅助器具产品展示体验服务中心，引先进设备59种、71件。

(李　黎)

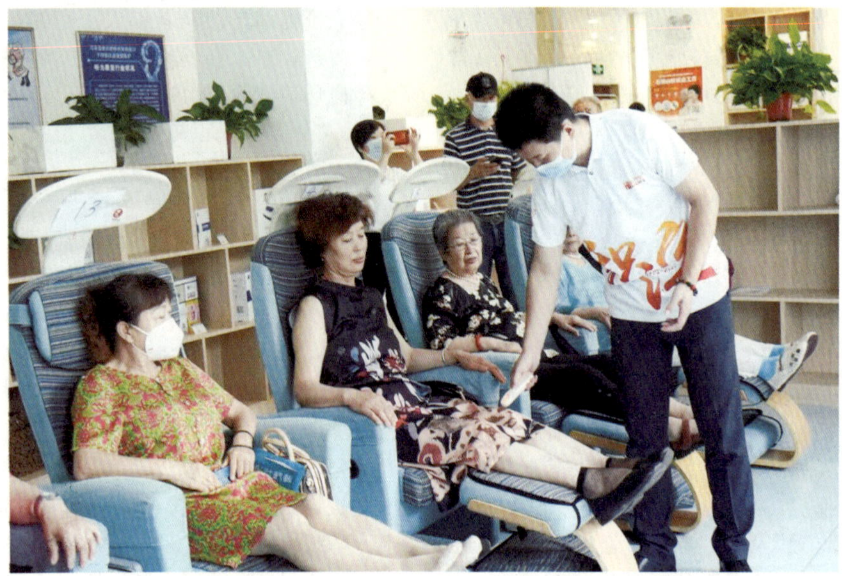

7月,石景山区福利院内的康复辅具租赁旗舰店为老人提供服务

(区委社工委区民政局供图)

【康复辅助器具租赁试点建设】 年内,石景山区完成康复辅助器具租赁试点工作。建设1个服务平台、2家旗舰店、90家店中店,初步形成租赁服务网络体系。累计举办活动235场,累计线下服务约33000人次,其中康复理疗服务约4000人次,康复辅助使用培训与指导人群约3500人次。印制宣传册5000份、宣传单20000单,制作宣传动画《雯雯说辅具》,在有条件的店中使用大屏播放,政策宣传触达人群约20000人。租赁累计申请2519人次,通过1548人次,享受补贴1300多人次。

(李　黎)

【婚姻登记】 年内,石景山区完成办理结婚登记3439件、离婚登记1626件、离婚申请2316件、个人申请撤回8件、逾期自动撤回539件。补发婚姻证件1194件,出具证明17件,为行动不便的当事人上门办理补领婚姻登记证16件,出具婚姻档案2000余件。小客车家庭摇号核验、离婚析产和夫妻更名2003个家庭6500余人次,协助相关部门查档(含远程协查)150余件次。

(谢　旻)

社会组织

【概况】 年内,石景山区有社会组织335家,其中社会团体89家、民办非企业单位246家,社区备案社会组织2086家。271家社会组织完成年检审批和网上发布,其中社会团体75家,民办非企业单位196家。区民政局办理行政许可事项99项。

(刘　青)

【社会组织监督管理】 年内,区民政局制定下发《关于开展2021年社会组织评估工作的通知》《2021年社会组织规范化建设评估工作方案》,委托第三方评估机构对40家社会组织进行等级评估,其中等级评定为5A级的3家、4A级的27家、3A级的4家、A等级的6家。推进社会组织诚信建设,在北京市社会组织信用信息系统网站公开社会组织登记、年检、评估等基础信息,接受各界监督;全年对26家行业协会商会开展涉企收费清查工作,规范收费行为,聘请第三方会计师事务所审查,减免19家会员企业,共计涉企收费63000元,并通过规范会费标准和程序减轻企业负担10000元。开展行政检查49次,行政处罚2件,全部纳入社会组织活动异常名录。开展"僵尸型"社会组织专项整治行动,制定行动方案,召开工作部署会,推动5家"僵尸型"社会组织完成注销,2家"僵尸型"社会组织完成整改。

(刘　青)

【社区社会组织培育】 年内,石景山区备案社区社会组织2086家,达到平均每个社区13.8家。每个社区均具有特色的"品牌"社区社会组织。搭建区街两级社会组织培育孵化中心,打造集孵化培育、社区社会组织联合及社会动员三位一体的综合性社区社会组织发展平台。区民政局动员社区社会组织参与"垃圾分类""疫情防控"等社区治理工作,通过品牌带动共计打造1.4万个志愿项目。

(刘　青)

【社会心理服务体系建设】 年内,石景山区完成《北京市2021年重要民生实事项目》确立的社会心理服务7个站点建设项目。目前全区共有1家区级社会心理服务中心,8个街道级社会心理服务中心,5个社会心理服务站。累计开展各类心理服务活动400多场,服务覆盖10万余人次。形成社会及重点人群心态监测报告14篇。搭建社会心理指导师孵化平台,培养社会心理人才,全区共2家社会心理指导师实习基地,依托实习基地开展初、中级社会心理指导师实习,实习人数达百余人次。

(刘　青)

【社会组织参与扶贫】 年内,区民政局动员区内16家社会组织和社会力量,与宁城、莫旗、称多三地18个贫困村结对,深入莫旗登特科镇、杜拉尔乡开展实地考察,发挥党建工作、养老服务、心理服务特长围绕当地需求开展精准化结对帮扶。打造"资助贫困大学生"等慈善品牌项目,共募集帮扶物资77件、助学资金58000元。与内蒙古莫旗登特科村开展致富鸡项目结对,投资10万元。

(刘　青)

社会生活

“永远跟党走—京颐寄深情 共筑中国梦”文艺演出
永远跟党走
京颐寄深情 共筑中国梦
石景山区社会化管理退休人员
庆祝中国共产党百年华诞文艺汇演
暨文明单位创建主题系列活动
主办单位：石景山区人力社保局
石景山区老干部局

人力资源

【概况】 2021年,北京市石景山区人力资源和社会保障局(简称区人力社保局)是负责全区人力资源和社会保障工作的区政府职能部门,内设13个行政科室和9个事业单位。年内,石景山区研究出台区新一轮促进就业优惠政策,鼓励劳动者通过新就业形态实现就业;城镇登记失业率2.17%,低于全年目标0.83个百分点,就业工作运行机制更加健全,全区就业形势保持平稳有序。社会保险经办服务水平进一步提升,打通快捷高效办事通道;社会保险基金运行平稳,各项社会保险待遇足额支付。中国国际服务贸易交易会中国人力资源管理发展论坛在石景山首钢园区成功举办,助力企业实现人力资源变革与升级,提升企业人力资源管理和行业发展水平;中国国际服务贸易交易会北京博士后成果转化基地圆桌论坛成功举办,助力企业实现人力资源变革与升级,提升企业人力资源管理和行业发展水平。全年共对辖区内2103家用人单位进行劳动保障监察,涉及职工33603人;开展根治欠薪专项行动,保障劳动者合法权益;提升劳动争议仲裁工作效能,完善街道劳动争议调解功能,劳动争议案件结案率98%以上,调解率达到70%。

(李艾娟)

【"根治欠薪"专项行动】 2月,区劳动监察综合执法队开展保安行业"根治欠薪"专项行动,联合区公安分局,在全区范围内开展保安行业联合执法检查,出动执法检查人员218人次,检查单位101户次,共查处拖欠工资案件19件,为19人追回工资9.55万元。6月1日至6月30日,区劳动监察综合执法队组织开展"根治欠薪"夏季专项行动,对辖区内所有在建工程项目农民工工资支付情况进行全面清查,建立健全工作台账,共检查在建工程项目54个,涉及用人单位133家、农民工8441人,通过协调等非立案方式解决欠薪纠纷12件,涉及在建工程项目8个、农民工54人、金额96万余元。2021年11月1日至2022年春节前,开展春节前"根治欠薪"冬季专项行动,联合区建委、公安等部门,对建筑施工企业保障农民工工资支付相关制度机制落实情况开展全面检查,以农民工工资专用账户、实名制管理、总包代发工资、工资保证金、维权信息公示等制度落实情况为检查重点,建立台账,审查工资支付相关凭证,督促单位按月足额支付农民工工资。截至年底,检查建筑施工企业74户,涉及农民工6383人次,通过快速协调途径解决农民工诉求47件,涉及173人,涉及金额165.15万元。在全年"根治欠薪"工作中,强化统筹协调,考核指标全部达标,在上报市根治拖欠农民工工资支付工作协调小组备案的54个建筑工程项目中,农民工工资专用账户、总包代发工资覆盖率达到100%,政府投资项目分账管理覆盖率达到100%,实名制管理覆盖率达到100%,工程款支付担保覆盖率达到82%。全年共接收国务院欠薪平台线索815件,区案件办结率达98%。

(李艾娟)

【事业单位人事管理】 3月5日,区人力社保局召开全区深化事业单位改革人员管理和安置工作部署会,对政策要点进行说明和讲解,并进行事业单位历史沿革及相关业务培训工作,全区50家主管单位参会。年内,区人力社保局开展事业单位改革人员管理和安置工作,根据北京市深化事业单位改革有关精神,综合运用档案查阅、信息库核对等方式对全区纳入规范事业单位和实有在编人员基本情况进行全面梳理,截至年底,各单位基本完成人员套转和岗位设置工作,多数单位完成聘用合同签订工作。开展年度事业单位公开招聘相关工作,共有2159人报名参加,笔试实考人数1239人,进入面试181人,拟录入人员42人,年底前基本完成入职备案;统计区事业单位下半年公开招聘工作,完成需求统计汇总,各单位上报招聘岗位77个,拟招聘人数103人。做好区2020年度事业单位工作人员考核奖励工作,全区参加事业单位考核奖励共164家单位,参加考核人数3352人,优秀等次677人,获得奖励总人数849人,其中获得嘉奖奖励740人,获得记功奖励109人。完成区事业单位脱贫攻坚专项奖励工作。研究制定《石景山区事业单位科级领导干部选拔任用工作流程》,截至年底,共审核备案9个单位选拔任用工作方案,共20人次提拔晋升。

(李艾娟)

【人才工作】 5月1日,北京市启用新的北京市工作居住证系统,区人力社保局全年共为4165名驻区企事业单位人才办理北京市工作居住证。进一步优化毕业生指标分配方案,加大重点纳税企业支持力度,本年度共接收毕业生425人,比上年增加51%。其中:硕士及以上学历毕业生347人,世界大学综合排名前200位和"双一流"院校毕业生164人。挖掘就业先进典型,发挥就业榜样作用,积极推荐"最美基层高校毕业生",引导毕业生服务基层、奉献基层、扎根基层,区推荐的史晓刚被评为全国2021年"最美基层高校毕业生",是北京市唯一获此殊荣的基层高校毕业生,区人力社保局获北京市最美基层高校毕业生优秀推荐单位。

(李艾娟)

【健全就业体系运行机制】 5月8日,石景山、通州、怀柔三区采取线上+线下直播课形式联手共同对各级公共就业服务机构从业人员开展业务技能提升培训,石景山区200余名就业专员参加培训。年内,区人力社保局动态调整就业工作领导小组成员,新纳入区融媒体中心、区城管委、街道等20家单位或部门,小组成员从23家单位扩充至43家。就业工作体系日趋完善,形成周监测、月通报、季调度的工作机制,刊发稳就业工作专刊12期,全区就业形势保持平稳有序。就业体系运行机制逐步健全,联合全区9个街道成立工作专班,出台"1+3"政策保障措施,即:出台1个基础性文件《石景山区就业工作体系运行机制的通知》,配套3个执行性文件《石景山区就业工作运行机制落实方案》《石景山区开展就业服务专员业务培训工作方案》《关于石景山区落实就业工作周运行情况分析报告撰写有关工作的通知》，确保就业工作运行机制有效落实。组建就业服务专员队伍，开展业务综合培训，提升服务效能，保障辖区内劳动力就业工作顺利有效开展。年底，全区共有就业专员243人，形成贯通区级、行管部门、街道、社区的就业工作体系运行机制。

（李艾娟）

【第二届职业技能大赛】 5月27日，区人力社保局举办以"匠心筑梦新时代、技能汇智石景山"为主题的石景山区第二届职业技能大赛。大赛在延续传统项目同时，紧跟时代发展步伐，结合石景山区域功能定位，融合高科技、冬奥、创城等元素，将参赛范围扩大到各院校、各企业、各社会团体和个人。比赛项目共设置四个竞赛模块，即：非遗传承模块、传统项目模块、高新技术模块和服务冬奥模块，另外设有养老护理员、中餐烹饪、中药技能、焊工、美术制作等竞赛项目。比赛吸引200余名选手参赛，选拔出43名各领域优秀技能人才。7月6日举办大赛颁奖仪式，市人力社保局副局长荀连忠，区领导齐春利，区再就业工作领导小组成员单位，部分参赛单位领导等共150余人参加，仪式上对43名获奖选手进行表彰，其中5名选手荣获最高奖项"石景山工匠之星"。通过举办技能大赛，更好发挥以赛促学、以赛促训作用，弘扬"劳动光荣、技能宝贵、创造伟大"工匠精神，推动技能劳动者队伍发展壮大和整体素质提高。

（李艾娟）

【送服务进企业】 6月，区人力社保局与中关村石景山园管委会联合举办"中关村科技型小微企业研发费用资金申报和就业创业惠企政策解读会议"，围绕人力资源服务政策进行全面系统宣传和解读。7月，深入首钢园区，开展"助力冬奥，进企业送服务"主题活动，围绕企业关注的工作居住证办理等政策进行系统宣传和深入解读。8月，联合区委组织部，深入中国邮政储蓄银行股份有限公司信用卡中心，围绕优秀毕业生引进、人才引进、企业招聘、档案管理、社会保险登记等5大类政策及经办流程，开展政策宣讲和经办业务指导，并建立沟通对接机制。年内，区人力社保局与北京字节跳动网络技术有限公司、驻区金融机构——光大银行信用卡中心等重点企业，就高校毕业生接收、工作居住证办理、人力资源服务等方面政策进行宣传推广和系统解读，结合企业人员集中情况，采用"现场办公"方式为近300名员工集中审核工作居住证申请材料，缩短办理时间、提高审批效率。向驻区人力资源服务企业，宣传人力资源服务相关政策，积极普及安全教育。

（李艾娟）

【直播带岗】 7月7日，石景山、门头沟两区联手在门头沟石门营B4科普广场举办以"职等你来 就业同行"为主题的百日千万专场招聘会，推动两区就业帮扶和劳务协作工作开展，解决农村富余劳动力、城镇失业人员、就业困难人员、高校毕业生等就业问题，招聘会首次尝试跨区线上直播带岗模式，为企业及广大求职者搭建精准、高效、安全的招聘服务对接平台，实现用人企业和求职者"应聘不见面、送岗零距离"的互动交流，参与招聘会的41家用人单位现场提供911个岗位，涉及会计、电工、人事专员、调试工程师、社会工作者等，参会人数达到450余人，初步达成就业意向329人。全年开展"直播带岗"14期，149家企业走进"直播间"招聘，提供各类岗位2232个，5516人次浏览，投递简历100余份，成功就业50人。

（李艾娟）

【高端人才工作】 9月4日，中国国际服务贸易交易会北京博士后成果转化基地圆桌论坛在首钢园区成功举办，论坛以"国内国际双循环相互促进新格局－科技创新引领成果转化和博士后人才助力产业发展"为主题，由市人力社保局和区政府共同主办、区人力社保局和博士后成果转化基地联合承办，共吸引各科研院所专家学者、博士后、企业领军人才等近200人参加论坛。论坛成立北京博士后成果转化基地服务中心，发布专家智库、人才智库、企业储备库、项目储备库，并为首批专家代表颁发聘书、为企业代表授牌，论坛还发布北京博士后成果转化基地服务保障政策，10余位国内外优秀专家学者在论坛上互动交流发言。年内，区人力社保局完成区2021年度中关村国家自主创新示范区高端领军人才推荐人选工作，推荐2人参评，分别为首钢集团有限公司技术研究院副高级工程师邹扬和北京康之维科技有限公司董事长陈向前，专业领域为环境污染与防治、轧制，进入市级评审阶段。按照市局开展新设博士后科研工作站北京市博士后创新实践基地申报工作通知要求，组织辖区企业开展申报工作，有4家企业申报科研园区分站，1家企业申报科研工作站，其中3家企业（中节能工程技术研究院有限公司、北京航天兴科高新技术有限公司、北京中科鼎图环境技术服务有限公司）通过评审。

（李艾娟）

【人力资源市场管理服务】 9月6日，以"数字赋能 共创未来"为主题的2021中国国际服务贸易交易会—中国人力资源管理发展论坛在石景山首钢园区三高炉会场成功举办，论坛在市人力社保局指导下，由北京人力资源服务行业协会、区人力社保局、北京劳动保障职业学院共同主办，共吸引国内人力资源领域专家学者、行业领军人才、企业人力资源主管等从业者近300人参加论坛，石景山区人力资源行业领军企业北京中融汇智人力资源有限公司参会，企业负责人进行主题演讲。年内，区人力社保局采取专项行动保障人力资源机构安全复工，及时制定并下发《石景山区人力资源服务机构应对新冠肺炎防控工作方案》《石景山区"应急宣传进万家"工作方案》等文件，开展人力资源机构"疫情防控检查""应急进万家""劳务专项整治"等行动。推动人力资源服务许可证"告知承诺制"审批工作，做到"全程网办、一网通办、群众只跑一趟路"。新增经营性人力资源机构18家，现有62家，同比增长33%。组织全国人力资源服务大赛选拔赛,区首实新业公司赵伟娣、光大银行信用卡中心王新春两名选手分获北京赛区一等奖和二等奖,区人力社保局获北京市“团体组织奖”。

(李艾娟)

【专业技术人员管理】 11月5日至7日,区人力社保局组织高研班线上培训,培训面向高校院所科技成果转化工作人员、企事业单位科技与研发人员、技术转移服务机构负责人等相关人员,共30名学员参加。年内,区人力社保局开展职称评审专家库更新申报工作,汇总新申报专家相关信息,上报市人力社保局统一评审,申报专家17名。完成区中小学及教研机构高、中级职称结构比例调整工作,平均上调5个百分点。完成2021年正高级经济师和正高级会计师推荐工作,推荐正高级会计师2人,年底前上报市人力社保局。在本年度北京市中小学教育系列高级(正高级)专业技术职务评审委员会评审中,共推荐正高级教师12人;在北京市卫生系列高级专业技术职务任职资格评审中,共推荐11家单位(含民营3家)56人,其中正高21人,副高35人;在北京市卫生管理研究专业技术职务任职资格评审中,共推荐2家单位共3人,其中副高2人,中级1人。开展北京市高级研修班选题申报工作,申报的《科技创新与成果转化》高级研修班获市人力社保局批准。

(李艾娟)

【重点就业指标完成】 12月底,城镇登记失业率2.17%,低于全年目标(目标3%)0.83个百分点。促进登记失业人员再就业8178人(指标3800人);帮扶就业困难人员实现就业合计5928人(指标2200人);登记失业人员就业率65.05%,超额完成目标任务(目标60%)5.05个百分点;新就业参保2.15万人,完成指标(指标1.3万人)的165%;开发公共服务类岗位209个(指标200个);全区9个街道共有150个社区上报充分就业地区,充分就业街道占比100%,充分就业社区占比99.3%,达到市人力社保局下达指标要求;全年零就业家庭动态为零。

(李艾娟)

【人事档案管理】 年内,区人力资源公共服务中心(简称区公服中心)加快推进构建“一点存档、多点服务”的一体化人事档案管理服务格局,大力应用数字影像档案,提供网上办、掌上办等多种“不见面”服务,群众可通过信息系统(北京市人力社保局官网及“北京人社”微信公众号)完成异地查阅、网上预约、网上申请等业务办理,全年通过网上办理档案转递、查询等业务963件。结合地区实际完成失业人员档案集中管理及数字影像应用,累计向社保所推送影像档案数据4417条,核定失业保险待遇529人。在疫情防控期间,通过影像档案为3422名相关人员办理失业手续,审核532人的失业待遇申请,保障失业人员后续事项办理。为政府机关单位提供“专门办”,成立查档专班,采取“小批量即时查、大批量预约查”方式配合区委组织部及区属机关单位人事换届选举档案查阅工作。年底,区公服中心存人事档案67391份,其中个人存档54515份,集体存档12876份(单位集体存档2722户)。接转人事档案24323份,档案接转率100%。代办退休782人,核算退休金529人;为16873人次代理社会保险业务,在库参保人员8839人。

(李艾娟)

【出台促进就业政策】 年内,区人力社保局研究出台石景山区2022至2024年度促进就业优惠政策。新一轮优惠政策涵盖高校毕业生就业创业、各类群体创新创业、扎实推进职业技能提升、多渠道灵活就业、高质量单位就业、经营性人力资源服务机构参与公共就业服务等6个方面15项内容,其中为落实《关于促进新就业形态健康发展的若干措施》(京就发〔2021〕3号)文件要求,鼓励劳动者通过新就业形态实现就业,引导新就业形态劳动者参与“全民参保计划”。新一轮区域促进就业优惠政策鼓励劳动者多渠道灵活就业,规定凡通过新经济平台实现灵活就业并以灵活就业身份缴纳社会保险费的,给予区级新业态灵活就业社会保险补贴,促进实现更加充分更高质量就业。新政策于年底前经区政府常务会议审议通过。

(李艾娟)

【就业服务】 年内,区人力社保局深入辖区重点企业、冬奥重点保障单位开展沟通对接,开发就业岗位、提供政策服务保障。防范化解风险,深入关停企业老山驾校做好政策宣传,指导企业依法依规办理关停手续,年底前职工疏解工作基本完成,8成员工实现转岗再就业;加强企业风险预警监测,重点跟踪187家教培企业,化解“双减”风险,联合区教委等部门举办线上和线下专场招聘,提供公立带编教师等优质岗位600个,帮助教培人员转岗再就业。建立共享用工平台,帮助和引导企业之间开展“共享用工”,发挥政府公共服务职能,促成物美集团与花家怡园餐饮有限公司签订共享用工协议,涉及员工上百人,提高人力资源配置效率,中央电视台、《北京日报》等主流新闻媒体均进行报道。实施“启航计划”,对失业人员开展“一对一”帮扶,对区失业人员开展“拉网式”全面排查,为7201人办理求职登记,提供岗位匹配推荐7982次,促使736人实现就业。全年共举办各类招聘会60场,参会单位718家,发布职位1853个,发布岗位23259个,初步达成888个就业意向。全年实施市区两级岗位补贴、以工代训、鼓励创业等减负稳岗政策,惠及700余家企业,2.7万余人次,补贴资金6172万元。

(李艾娟)

【就业扶贫协作】 年内,区人力社保局赴支援合作地开展工作对接,全年投入区级资金285.5万元,为内蒙古自治区和青海省两地开展技能培训12期,培训人员644人;带动就业1259人,其中到京就业156人、到其它地区105人、省内就近就业998人。

(李艾娟)

【创业带动就业】 年内,区人力社保局完善区创业工作会商机制,通过会商沟通,强化信息共享,相互借力,共同发展,为创业者打造全流程创业服务平台。强化创业资金支持,为失业

人员发放创业场地补贴5万元。开展多层次创业担保贷款政策宣讲、业务推进会，推动政策进园区、进企业、进社区、进学校，提高政策知晓度和普及面。全年发放创业担保贷款1700万元，完成市人力社保局下达指标的377%。丰富创业活动，推动"以赛引才"计划，举办第四届"创业北京"石景山赛区选拔赛，征集项目39个，通过"云评审"评选出7个项目入围北京市决赛，2个项目获得北京市优秀奖。针对高校毕业生和有创业意愿人群，开展"陪跑青春"系列讲座云课堂活动，参与人员约1500人次，讲解创业知识，引导理性创业。加快创业载体建设，出台《石景山区创业孵化示范基地认定与管理办法》，认定区级示范基地2家，发挥基地资源集聚效应。建立退役军人就业创业基地，支持退役军人军属创业，提供特色职业技能培训、能力素质提升等多元化服务。举办各类创业培训活动及座谈会，讲解就业创业优惠政策、企业纳税风险防范内容等，覆盖企业1800余家。全年新增参保创业单位1326个，完成市人力社保局下达指标的147.3%；创业带动就业岗位数量6586个，完成下达指标的124.3%。

（李艾娟）

【促进毕业生就业】 年内，区人力社保局实施高校毕业生就业服务"全覆盖"，举办毕业生专场招聘、毕业生就业服务月等活动，提供上万个优质岗位；开设"空中课堂"，拓展线上就业指导新模式，开展线上毕业生职业指导直播课4期；创新校区对接、区街联动机制，开展"一生一策""点对点"实名制登记和跟踪帮扶，积极推送活动信息和工作岗位；挖掘互联网、大数据与实体经济深度融合创造的就业机会，支持毕业生以新就业形态、灵活多样的方式实现多元化就业，年底全区有1861名高校毕业生实现就业；针对困难家庭毕业生全建档、全帮扶、全追踪，区高校毕业生就业率98.2%，15名有就业意愿的困难家庭毕业生全部实现就业，就业率100%。

（李艾娟）

【保障重点群体就业】 年内，区人力社保局为长期登记失业人员提供定制服务，帮其转观念、提技能、快就业；发挥老街坊、冬奥社区爱心帮扶等平台作用，帮助1050名失业人员实现高质量单位就业；发挥公益性岗位托底安置功能，促进967名困难人员实现就业增收；强化与输出区劳务对接，引导区公安分局、环卫中心等部门提供高质量就业岗位，安置农村转移劳动力，帮助209名农村转移劳动力在石景山区就业增收；实现新业态群体权益"全保障"，落实市人力社保局《关于促进新就业形态健康发展的若干措施》文件要求，鼓励劳动者通过新就业形态实现就业，引导新就业形态劳动者参与"全民参保计划"；为新业态群体提供就业服务和权益保障，按照"1+N"模式，成立一个区级务工人员之家，为外来务工人员提供政策咨询、权益维护等，同时建立多个服务站，全区已有257家对外开放的职工暖心驿站，为务工人员就近提供服务，累计9次上门为1000余名新业态人员提供体检服务。

（李艾娟）

【职业技能培训】 年内，区人力社保局制定区级职业技能提升行动方案和年度培训计划，大规模开展技能培训。推进"以训兴业"培训补贴政策落实，面向高精尖企业、文化创意产业、城市运行保障、生活性服务业开展企业职工岗前适应性培训、企业新型企业学徒制培训、以工代训等培训，全年审核各类培训补贴25428人次，完成市级指标的127%，区级指标的508%，拨付专项资金3538.99万元，惠及企业731家。职业技能提升行动管理平台注册企业1174家，创建班级1838个，参训41772人次。新审批老年能力评估师、劳动关系协调员等新职业工种，扩充养老护理员、中式烹调师等5个工种的培训机构。深入冬奥首钢园区，与冬奥保障单位——首钢园区综合服务公司进行需求对接，为首钢冬奥园区30余名项目经理开设职业技能专题培训班，提高冬奥园区项目服务管理水平。

（李艾娟）

【职业技能鉴定】 年内，区人力社保局职业技能鉴定考务系统全面升级，实现考生在线报名、在线支付、在线审核、一次审核通过终身免审、账户管理、发票打印、短信发送、对账管理、分类统计等全项功能，区职业技能鉴定中心（简称区职鉴中心）负责系统运行维护工作，确保鉴定考试顺利开展。区职鉴中心做好考试场所疫情防控工作，对鉴定机构进行疫情防控检查，指导鉴定机构做好个人防护，考场防控，办公场所防控等。举办石景山区第二届职业技能大赛，与民政等部门共同探讨实施"养老服务三年行动计划"。与消防应急部门联合举办消防职业技能大赛，竞赛共设灭火战斗员等六个比赛项目。全年共进行各类评价考试29批次，各类考生4817人次。

（李艾娟）

【工资福利工作】 年内，区人力社保局落实区济困工程项目要求，在"七一"前夕，开展集中走访慰问活动，其中使用区级福利费慰问23家单位的困难人员35人，发放慰问金17.5万元，同时组织13家单位使用本单位福利费，慰问本单位困难人员31人，发放慰问金6.2万元；慰问区属机关事业单位中因特殊疾病导致生活困难人员482人，其中在职人员121人，退休人员361人，共发放慰问金60.3万元。加强一般全额事业单位规范管理，联合区财政局拟定《石景山区进一步完善事业单位绩效工资政策及财政拨付经费管理工作方案》，组织全区各事业单位培训相关政策，指导各单位因地制宜，制订本单位绩效工资分配办法，构建全区科学合理的事业单位绩效工资分配体系。落实原纳入规范事业单位改革政策，自2022年1月起执行事业单位的岗位绩效工资制度。推进公立医院薪酬制度改革试点工作，制定并经区委深改委审议通过《石景山区公立医院薪酬制度改革试点工作实施细则》《石景山区属公立医院绩效考核方案（试行）》，推进试点工作全面实施。

（李艾娟）

【完善学校绩效工资制度】 年内，区人力社保局完善义务教育学校绩效工资分配制度,建立以区、校两级考核为基础、向一线教师和重点岗位倾斜的激励机制。健全中小学教师工资长效联动机制,确保中小学教师平均工资收入高于本区公务员平均工资收入水平,全年接受并通过市政府教育督导办关于义务教育教师工资待遇落实情况检查、北京市对区政府履行教育职责情况综合督导实地检查等。配合实施义务教育阶段学校课后服务工作,根据北京市“双减”工作要求,配合区教委制定《石景山区义务教育阶段学校教师课后服务绩效实施方案》,在现有绩效工资保障基础上,按北京市下达额度,核增义务教育学校绩效工资总量,鼓励和引导教师积极参与课后服务工作。

(李艾娟)

【人事考试工作】 年内,区人事考试中心组织完成2022年度中央机关及其直属机构考试录用公务员笔试工作,设置考点2个、考场30个,接待考生1710人次;组织完成2022年度北京各级机关考试录用公务员笔试工作,设置考点5个、考场83个,接待考生5065人次。截至年底,共承接各种考试18场次,设置考点38个、考场1849个、接待考生72297人次。协助北京市人事考评办公室分流考场、考生,完成全年考试任务。

(李艾娟)

【劳动关系风险防控】 年内,区人力社保局监控企业167户次,涉及职工2.77万余人次,劳动合同签订率98.29%、续订率95.63%。指导企业结合自身特点开展集体协商和集体合同签订,规范街道集体合同签订备案程序,督促到期企业及时备案。截至年底,审查集体合同备案并录入信息466家企业,覆盖职工7.85万余人,其中工资集体协商438家,覆盖职工4.53万余人。加强对全区劳动用工风险监测,及时对提示风险企业进行核实反馈,核实反馈率100%;重点关注并排查全区预警风险企业106家,做好其中2家上报裁减员备案企业(涉及职工106人)后续业务对接工作;重点跟踪市人力社保局下发的187家需重点关注的教培企业,对其加强用工风险监控和指导,核实社保数据、人员减少等信息,做好综合防范。

(李艾娟)

【和谐劳动关系创建】 年内,区人力社保局加强协调劳动关系三方机制建设,组织开展和谐劳动关系创建活动,疫情期间完成和谐劳动关系单位疫情防控维稳事迹材料上报;制作命名决定,向区8家2020年度“石景山区和谐劳动关系单位”发放和谐劳动关系单位荣誉证书及铜制铭牌;完成2021年度区和谐劳动关系单位自荐推荐工作,共有4家企业上交正式申报材料,经过联合审查,确定最终达标名单。参加国家人力社保部、市人力社保局组织的培育助推企业培训,制定《石景山区实施培育助推和谐劳动关系企业行动工作方案》,确定华录出版传媒有限公司、北京茂华物业服务有限公司、嘉丰永道(北京)科技股份有限公司、北京首运物流有限责任公司4户培育企业,联合区总工会、区工商联召集企业召开三次培育助推工作会,建立工作档案。

(李艾娟)

【劳动监察】 年内,区劳动监察综合执法队共对辖区内2103家用人单位进行劳动保障监察,涉及职工33603人。立案查处各类劳动违法案件986件,办结案件952件,均为查处职工举报投诉案件,无逾期未结案件,案期内结案率100%。查处工资类违法案件223件,为劳动者226人追回工资235.77万元。查处劳动合同类违法案件9件,责令9家用人单位返还劳动合同文本9件。通过简易快速形式协调处理案件共625件,涉及劳动者3422人,涉及金额4602.09万元。做出行政处罚10件,罚金28.77万元。

(李艾娟)

【劳动争议仲裁】 年内,区劳动人事争议仲裁院研究制定《案件管理办法》,优化仲裁办案程序,加强案件监督检查,强化案件审限管理,形成调解-速裁-精审一体化办案体系,实现“简案快审、普案细审、繁案精审”办案模式,30日内审结案件1197件,占结案总数的43.89%。开辟农民工案件绿色通道,协调工会、法律援助等部门联动,快立快调快审农民工案件,全年共受理农民工案件591件,审结588件,结案率99.49%,涉及金额954.02万元。发挥首钢唐山地区巡回仲裁庭作用,妥善处理跨区域劳动人事争议案件,本年度受理河北迁安矿业公司案件4起,全部审结完成。强化劳动法规政策宣传,编印书籍《劳动人事常用法律法规及政策文件》和《劳动人事争议100问及典型案例》,与区工会、区工商联等部门开展普法宣传活动4场,发放宣传材料1200余份。全年共受理案件4069件,其中:案外调解1285件,立案2784件,立案数比上年同期减少540件,同比下降16.25%。立案中3人以上集体劳动争议145起,涉及案件703件,占立案总案件的25.25%,比上年同期减少100起,同比下降40.82%。10人以上集体劳动争议11起,涉及案件135件。截至年底,审结2738件,结案率98.35%,终结率72.39%,调解率69.55%。其中:裁决1079件(一裁终局527件),占已结案件的39.41%;调解1455件,占已结案件的53.14%;个人未到庭按撤诉处理204件,占已结案件的7.45%。

(李艾娟)

【劳动争议调解】 年内,区劳动人事争议仲裁院完善街道劳动争议调解功能,推动源头处理,组织召开区构建和谐劳动关系工作会,对街道相关工作进行动员部署,推动街道调解组织建设,截至年底,区9个街道全部建立调解组织,处理基层劳动纠纷。推广街道“互联网+调解”服务平台,促进矛盾源头化解,全年通过街道“互联网+调解”服务平台处理案件61件,受理50件,调解成功20件,调解率40%。发挥区工会调解组织派驻优势,引导当事人调解争议案件,案外调解1285件,立案调解成功1455件,置换调解书191件。

(李艾娟)

【接诉即办工作】 年内,区人力社保局累计接收12345市民热线转办单6313件,较上年增长62.50%。市民反映诉求涉及劳动关系、社会保险、人事人才、就业工作系统，涵盖局内9个行政科室及7个事业单位相关工作，其中拖欠工资诉求占比51.97%、专业技术和职业资格培训退费诉求占比23.79%%、社会保险相关诉求占比11.88%，上述三大类重点诉求办理量占全部工单量的87.64%。本年度区人力社保局群众诉求满意率达到90%以上，全年三率（响应率、解决率和满意率）平均综合成绩94.83分，高于全区委办局综合平均成绩7.77分，高于十六区分中心平均综合成绩6.04分。与上年同期相比整体解决率提高8.85%，满意率提高7.18%，综合成绩提高1.83分。根据市人力社保局公布行业考评成绩，2021年度区人力社保局行业考评平均成绩96.76分，全市排名第一。

（李艾娟）

社会保障

【概况】 年内，石景山区社会保险事业管理中心（简称区社保中心）建立大宗业务办理模式，成立大宗业务组，针对业务量较大的区公服中心、街道市民服务中心以及区属重点企业，建立业务预约办理模式。在全市率先探索设立复杂问题处置窗口，与12345接诉即办有效衔接，梳理疑难及遗留问题清单，形成问题单跟进模式。开通“服务冬奥”绿色通道，为冬奥单位提供增减、变更、补缴等27项业务经办服务，同时拓宽服务渠道，开通邮箱、电话、微信等多种业务咨询和事项办理途径，截至年底累计为冬奥单位提供涉及391人次511笔业务服务。社会保险转移接续任务指标按期推进，成功受理养老保险转入申请2137人次，转出申请4614人；办理医疗保险转入申请733人，转出申请1741人；完成第三次退役军人养老保险转移接续清理工作1075人次。8月起，个人权益记录查询打印增添新途径，参保人可到全市各工商银行网点查询打印个人权益记录，同时权益记录版式发生调整。结合企业和群众社保业务办理需求，全年累计开展“社保大讲堂——空中课堂”43场，直播累计时长40.5小时，累计1.3万余人观看，举办“首钢学堂”线上、线下培训2期，累计600余人观看。区社保中心被评为“全国人力资源社会保障系统优质服务窗口”。

（李艾娟）

【社会化管理服务】 5月18日，区人力社保局、区委老干部局、区国资委、创城办联合举办以“永远跟党走——京颐寄深情·共筑中国梦”为主题，由区社会化管理退休人员庆祝建党百年华诞文艺汇演在区文化馆大剧场举行，全区9个街道及迁安矿山街委近300余名退休人员参与汇演。年内，区劳动服务管理中心（简称区劳服中心）出台《石景山区社会化管理服务专员聘用和管理办法（试行）》，提升社会化退休人员管理服务质量，引导全区9个街道通过公益性岗位、低龄退休人员返聘等聘用方式，共聘用社会化管理服务专员21人。区劳服中心作为“市人力资源市场社会化管理全城通办”模块试点单位，深入街道实地进行系统操作指导，完成异地办理测试，指导全区9个街道市民服务中心完成区内测试，7月15日，石景山区顺利完成模块试运行工作，社会化管理退休人员可通过登录“北京人社”APP方便快捷查看社会化管理全城能办办理结果，成功实现退休人员“少跑路”，打破属地限制，提高退休人员满意度。年内，开展“迎新春、送温暖”慰问社会化管理退休人员活动，慰问313名孤寡、空巢、重病和特困退休人员。区劳服中心围绕建党百年主题，指导街道开展退休人员百字寄语、参观爱国主义教育基地、观影、慰问百岁老人等系列活动。全区实行社会化管理退休人员105460人（其中：迁安驻矿服务中心14518人），接收国企人事档案63976份。

（李艾娟）

【社保基金收支】 年内，石景山区社会保险三险（养老保险、失业保险、工伤保险）参保单位（以养老保险为准）1.87万户，同比增长4.46%；全区社会保险三险参保人数（以养老保险为准）48.47万人（其中缴费人员27.61万人），同比增长2.37%；机关事业养老保险参保缴费单位351户，在编缴费人员1.34万人，退休人员9333人。三项社会保险基金累计收支165.57亿元，同比增加29.8%。三项社会保险基金累计收缴76.52亿元，同比增加79.6%；累计支出89.05亿元，同比增加4.9%。其中：城镇职工养老保险基金累计收缴72.12亿元，同比增加77.7%，累计支出81.35亿元，同比增加5.0%；失业保险基金累计收缴3.16亿元，同比增加107.0%，累计支出3.40亿元，同比减少20.5%；工伤保险基金累计收缴1.24亿元，同比增加147.9%，累计支出4.30亿元，同比增加37.0%。

（李艾娟）

【社保待遇足额支付】 年内，企业职工基本养老保险累计支付79.64亿元，比上年同期增幅为6.02%；本年累计养老保险待遇回收861.18万元，比上年同期增加109.34%；工伤保险累计支付18345人次、43573.18万元，比上年同期增幅35.56%。完成2021年各项待遇调整，其中养老保险待遇调整13万人次，调整养老金共计2914.76万元，调整后区养老金平均水平为4724.16元/月，人均增长220.35元；工伤待遇定期调整369人次，调整金额共计9.7万元，补发48.51万元；离休人员基本养老金以及生活补贴调整214人，涉及96.09万元。根据《北京市企业职工基本养老保险遗属待遇有关问题的通知》（京人社养发〔2021〕29号）要求，遗属待遇申领工作有序进行。

（李艾娟）

【基金内控监督】 年内，区社保中心制定《关于开展养老保险基金管理风险自查工作的实施方案》，就养老金发放、待遇核定、基金财务管理、待遇资格认定等十余项内容开展基金管理风险自查，确保自查和抽查工作高质量完成。创新内控监督方式，动态完善业务运行风险点，制定完成《石景山区社保中心经办内部控制监督办法》（3.0版）；共梳理出119项核心业务和

258个重点风险点,逐项进行风险提示和监督规范;坚持实时内控检查制度,对重点业务进行台账化监督,即时发现问题立即整改。1—12月共开展社保基金内控监督检查318,061笔,占总业务量的88.93%,重点包括:养老账户补填、基金补缴、基金退费、职工养老月报外支付、机关养老月报外支付、在职人员信息变更、领取养老保险待遇人员变更等。实施精准防控,全年共对社会保险综合窗口经办的36,348笔业务进行实时监督,其中低风险业务27,446笔,中风险业务8,817笔,高风险业务85笔;发现各类问题671笔,报送传递单144份,特殊业务审批78份,全年未发生基金安全问题。

(李艾娟)

【劳动能力鉴定】 年内,区劳动能力鉴定中心(简称区劳鉴中心)在疫情期间采取"非接触"服务,对符合劳动能力鉴定条件的申请人,利用远程鉴定平台、同步微信视频等手段"在线鉴定",合计鉴定42例。优化窗口设置,实现工伤认定和劳动能力鉴定业务"一窗受理",提高鉴定效率。提高鉴定频次,缩短鉴定等待周期,对提交完整的鉴定材料力争在30日内完成现场鉴定,出具鉴定结论。完成档案电子化扫描与存档制作工作,实现纸质卷宗与电子卷宗同步保存,在线提供电子卷宗应用服务,实现信息检索、查询、利用和信息共享,提高档案利用效率。依托全市首家"石景山区劳动鉴定中心首钢唐山地区工作站",每月组织北京三甲医院相关医疗专家进驻工作站现场鉴定,并对因伤情严重或因行动不便等原因不能来现场鉴定的人员上门鉴定。全年共组织劳动能力鉴定56场,完成劳动能力鉴定801人次,鉴定总量比上年同期增长13.62%。其中:职工工伤、职业病鉴定715人次、因病丧失劳动能力鉴定86人次。根据市人力社保局下达"劳动能力再次鉴定结论改变率控制在鉴定总数1%以内"指标,截至12月底,区再次鉴定申报5例,结论改变为零,完成任务指标。

(李艾娟)

【工伤认定】 年内,区人力社保局推进工伤保险扩面工作,利用高科技、融媒体手段制作石景山工伤保险公众号和宣传短片,发挥多媒体作用,采取无接触形式,在办事大厅滚动播出工伤宣传片、在冬奥园室外场地宣传建筑业工伤政策、深入大中型企业场站发放宣传品及手册、运用"互联网+"在网上发布工伤调查案例等,开展工伤政策宣传活动,推进建筑施工企业参加工伤保险,提高新建项目参加工伤保险参保率,本年度3家新开工建筑业参保率100%,建筑业项目工伤保险趸缴率100%,工伤保险参保人数增长率达到国家人社部工伤保险发展计划要求。截至年底,工伤保险案卷共受理741件,其中认定工伤723件(含视同工伤17件)、不予认定工伤18件,工伤不予受理4件,认定总量比上年增加106件,同比增长16.7%。

(李艾娟)

【退休核准】 年内,区人力社保局继续完善养老服务体系建设,加大企业年金宣传力度,开展"石景山区企业年金主题宣传季"活动,强化企业年金相关知识及政策法规推广宣传,深入落实"年金政策进企业"任务目标。按时完成上级部署的专项信息核查任务,核查退休人员信息数据590条,其中特殊工种退休520人,因病退休70人。全年共核准企业退休人员4877人,同比下降8.92%。其中,正常退休3640人,占比74.64%,同比下降11.24%;特殊工种提前退休人员1088人,占比22.31%,同比下降1.81%;因病退休(职)149人,占比3.06%,同比上升2.05%。确认补缴2011年7月前养老保险564人次,同比增长10.81%。

(李艾娟)

医疗保险

【概况】 2021年,石景山区医疗保障局(简称区医保局)完成疫情防控、深化医疗保障制度改革、重大活动服务保障等政治任务,推进长护险制度试点,构建多层次医疗保障制度体系,完善筹资运行、待遇保障、基金监管等机制,落实好医药、医保管理服务等相关政策,提供医保电子凭证结算、异地门诊直接结算等多样化服务,推进各项工作落地落实。全区共有定点医药机构94家,其中定点医疗机构75家,定点零售药店19家;长护险制度试点方面,共有长护险经办机构2家,失能评估机构6家,护理服务机构74家。

(王　燕)

【参保总体情况】 年内,石景山区基本医疗保险(含生育)基金总收入45.8亿元,总支出20.1亿元,收支相抵结余25.7亿元。基本医疗保险参保单位31260家,参保人数48.3万人。城乡居民保险参保缴费人数74274人(其中:其中老年人7384人,儿童64254人,劳动年龄内居民2636人)。

(鲁　斌　王　平)

【疫情防控】 年内,区医保局开展长护险相关机构人员摸排、离京备案、核酸检测及疫苗接种,做到应接尽接。制定疫情防控工作方案及日督导检查细则,织密医保办事大厅疫情防控网。拨付医疗机构新冠肺炎费用3.6万元,应检尽检人员核酸检测费用356.5万元。

(王　燕　张迎春)

【长期护理保险制度试点】 年内,区医保局推进国家级长护险制度试点工作。高标准构建"1+1+9"政策体系,统一经办工作模式,全区9个街道政务服务中心设置长护险服务窗口,实现全流程"一窗综办"。加强长护险基金监管,强化商保经办机构协议管理,全流程督导检查6家签约评估机构和74家护理服务机构(区内35家,区外39家)。在全区范围内多渠道多途径开展政策宣传培训,提高政策知晓率。市区联动推进跨区服务,全市14个区及河北迁安304名跨省区重度失能人员享受待遇。2021年全区参保人员42.2万人,长护险基金收入近7600万元,基金支付6000余万元,累计待遇享受人员3178人。

(李　强)

【医保基金监管】 年内,区医保局建立健全监管机制,以"考核指标精细化、监督检查全面化、部门联席制度化、

12月28日，石景山区医保基金特约监督管理员启动仪式（区医保局供图）

社会监督规范化、日常审核智能化、宣传引导多样化”为引领，夯实“六化”建机制，构建医保基金监管制度体系新格局。完善《定点医疗机构基本医疗保险基金检查考核细则（试行）》，建立医保特约监督员制度、医保基金监管多部门联合监管机制和问题线索移交机制，逐步构建医保基金监管制度体系。全区定点医疗机构医保基金审计、专项检查、国家飞行检查、个人异常医疗数据筛查等共追回不合理费用500余万元，日常审核拒付258万元。第三方调查打击欺诈骗保专项工作，定点医药机构满意度达到100%。

（董　嘉）

【优化营商环境】 年内，区医保局完成国务院大督查、市区两级绩效检查等监督检查，制定《石景山区医疗保障局工作职责全清单》，提升医保政务服务能力。利用“石时办”“阳光医保石景山”等公众号，为群众和大型企业提供“在线办”“预约办”“延时办”服务；设置反映“办不成事”窗口，开展政务服务领域“我为群众办实事”活动自查自纠。落实“好差评”制度，推进政务服务标准化建设，群众满意度99.6%。12项涉企非网办政务服务事项于11月初进驻区政务服务中心，实现平稳过渡。

（胡艳霞　徐世堂）

【医疗救助】 年内，区医保局审批事后医疗救助13881人次、救助资金1771万元，审批住院押金减免和出院即时结算41人次、救助资金22.7万元，审批灾难性救助313户、救助资金97.3万元，审批因病致贫救助14户、救助资金24.4万元。城乡居民大病医疗保险方面，完成2020年度审核实际待遇享受人数308人、基金支付448.5万元。城镇职工大病医疗保险方面，2020年度石景山区涉及811人、223家单位，年底累计完成审核实际待遇享受人数733人、基金支付888.4万元。

（胡艳霞　张迎春）

【医疗费用审核结算】 年内，区医保局完成基本医疗保险实时审核结算城镇职工1146.9万笔、基金支付29.7亿元，城乡居民86.9万笔、基金支付1.3亿元，超转人员11.3万笔、基金支付4816.6万元，手工审核结算城镇职工8020笔、基金支付3031.3万元，城乡居民2577笔、基金支付888.2万元，超转人员27笔、基金支付4.8万元。生育保险费用实时审核结算1811笔、基金支付1107.8万元，手工审核结算4681笔、基金支付1445.1万元。生育津贴审核4060人次、基金支付1.6亿元。离休人员费用审核结算3.5万笔，基金支付3552.6万元。全区有4家定点医疗机构“冠脉支架置入手术”按CHS－DRG方式结算，审核结算CHS－DRG冠脉支架置入病组付费446人次，基金结算总金额2656.2万元。拨付2020年度中央在京单位公费医疗费用3060万元，医照人员费用87万余元。

（张迎春　徐世堂　田雨晴　胡艳霞）

【异地就医】 年内，北京市率先开通74家定点医疗机构异地门诊直接结算功能，实现异地就医住院、门诊实时结算全覆盖。区医保局审核跨省异地就医住院费用1.6万人次，基金支付3.2亿元，审核跨省异地就医门诊费用1.3万人次，基金支付111.1万元。

（张迎春）

【信访及接诉即办】 年内，区医保局多次召开信访及市民服务热线“接诉即办”专题会，分析现状问题，结合工作进展，持续提升服务能力，源头治理未诉先办。全年接到区指挥中心派单632件，回退49件，接办583件，绩效考核成绩得分93.9分；即时办结群众信访案件7件，有效化解矛盾。

（王　燕）

【宣传培训】 年内，区医保局发布240条“每天一分钟 医保真轻松”医保政策小问答，发布工作动态信息615条。开展7次线上医保政策有奖知识竞答，参与人数过万。制作打击欺诈骗保警示教育片、公益广告片等，在区电视台、定点医药机构和街道社区持续播放；组织30余场“云课堂”培训，对定点医疗机构“以干代培”，加强业务学习；委托志愿者宣讲等方式推广医保电子凭证，激活率近60%；国家及市级主要媒体报道20余次，收到锦旗80余面。第三方调查医保政策宣传工作群众满意度近100%。

（赵建文　张迎春）

民族宗教事务

【概况】 2021年，石景山区常住人口由51个民族组成，常住少数民族人口2.29万人，占全区总人口的4%，人数较多的少数民族分别是满族、回族、蒙古族。民族幼儿园1所，民族团结教育示范校2所，民族团结教育基地1处，民族团结进步创建示范单位2处，民族养老院1所。辖区内信教公民约2.02万人，其中天主教信徒1500余人，基督教信徒2200余人，伊斯兰教信徒5500余人，佛教信徒11000余名。辖区内有宗教活动场所6处，即北京灵光寺、北京大悲寺、北京双泉寺、石景山清真寺、天主教北京教区老山弥撒点和基督教古城聚会点。

(路 卿)

【民宗领域处罚职权划转】 3月15日,民族宗教领域行政处罚职权划转移交工作完成。原由区民宗侨办行使的9项民族方面行政处罚权划入区市场监管局集中行使;原由区民宗侨办行使的30项宗教方面行政处罚权、1项行政强制权及1项其他类职权划入区文化和旅游局集中行使。

(路 卿)

【宗教节日活动】 4月4日,全区共有1000余名信教群众到天主教老山弥撒点和基督教古城聚会点参加庆祝"复活节"活动。5月13日,石景山清真寺举行开斋节庆典活动,300余名各族穆斯林群众参加活动。5月19日(农历四月初八)是佛教重要节日——佛诞节,共有9000余名游客信众参加浴佛活动。7月20日,石景山清真寺举办"古尔邦节"会礼活动,200余名各族穆斯林群众参加活动。12月24日平安夜、12月25日圣诞节,全区共有600余人次信教群众到天主教老山弥撒点和基督教古城聚会点欢度圣诞。

(路 卿)

【民族团结进步创建系列活动】 4月6日,由市民族文化交流中心和区委统战部联合主办的"石榴花开美京城——铸牢中华民族共同体意识"北京民族团结进步创建主题展线下巡展活动在石景山区文化中心成功举办,对中华民族优秀传统文化和全市近年来民族团结进步创建工作取得的丰硕成绩进行集中展示。5月6日,以"不忘百年初衷·共筑百年梦想"为主题的"石榴花开石景山"民族团结进步创建活动暨石景山区民族领域庆祝中国共产党成立100周年主题活动启动仪式在石景山区实验小学举办,200余名学生参加启动仪式,并进行冰蹴球、空竹、推铁环等民族传统体育项目展示。5月20日,区委统战部(区民宗侨办)在区青少年活动中心举办"石榴花开石景山"石景山区第六届民族歌曲大家唱比赛,来自全区教育系统、街道系统、老干部系统、宗教界20支代表队、800余名各民族群众参加活动。5月21日,在区青少年活动中心成功举办"石榴花开石景山"石景山区第十三届民族健身操舞大赛,吸引来自全区街道系统、教育系统、老干部系统的19支队伍、400余名健身操舞爱好者参加,并推选出5支优秀队伍参加北京市决赛,获得金奖2项、银奖2项。7月7日,区委统战部(区民宗侨办)在黄庄职业高中举办"石榴花开石景山"民族电影进校园、进社区活动启动仪式,并向黄职拉萨班60余名师生播放民族团结主题影片《我的喜马拉雅》。

(路 卿)

【和谐寺观教堂创建】 4月8日,区委统战部(区民宗侨办)组织全区民族宗教界代表人士40人赴首都博物馆参观"伟大征程——庆祝中国共产党成立100周年特展"。5月30日,区天主教爱国会在老山东里社区市民文化活动广场举办"热烈庆祝中国共产党建党100周年——团结共融快乐健身"主题趣味运动会,60余名天主教信众参与其中。6月8日,区伊斯兰教协会组织20余名穆斯林群众,与石景山清真寺共建社区——模式口中里社区(市级民族团结示范单位)共同开展庆祝中国共产党成立100周年"瑞气祥云 执扇赠友"端午节团扇DIY活动。7月1日,区委统战部(区民宗侨办)组织区宗教界收听收看庆祝中国共产党成立100周年大会直播。10月13日,石景山区基督教三自爱国运动委员会开展"九九重阳节,浓浓敬老情"重阳敬老活动,40余名70岁以上基督教信众参加活动。

(路 卿)

【公益慈善活动】 4月23日,区伊斯兰教协会2021年"斋月善行·尊老敬老"公益主题活动在石景山清真寺举办,来自区内的30余名穆斯林乡老参与活动,现场募集善款4000余元。6月12日,区佛教协会到区社会福利院看望慰问福利院工作人员、老人及儿童,捐赠粽子2000个。9月22日,区佛教协会第十三届"慈悲情怀·利乐众生"中秋慈善活动在鲁谷街道党群活动中心成功举办,区佛教协会向50户困难家庭捐赠节日慰问金共计10万元。

(路 卿)

【区基督教爱国组织成立】 7月6日,区基督教三自爱国运动委员会第一次代表大会在北京万商花园美居酒店召开。市区有关部门领导及56名石景山区基督教信徒代表出席会议,选举产生石景山区基督教三自爱国运动委员会第一届委员会、常务委员会、监事会和以刘宁花牧师为主席的第一届领导班子。

(路 卿)

【清真寺加固改造工程】 9月22日,石景山清真寺加固改造工程正式启动,工程主要包括对清真寺内建筑物进行修缮加固、地砖更换及防水、给排水和暖气管线新铺改造、电气管线更换改造等项目。12月10日,石景山清真寺加固改造工程各项施工任务全部完成。通过整体加固改造,清真寺内部装饰和环境氛围更加突出中国元素、中国风格和中国特色。

(路 卿)

红十字事业

【概况】 年内,石景山区红十字会(简称区红十字会)开展应急救护培训,普及应急救护、防灾避险和卫生健康知识。参与、推动无偿献血、遗体和人体器官捐献工作。参与开展造血干细胞捐献的宣传、发动、组织工作。组织开展红十字志愿服务、红十字青少年工作等。红十字基层组织12个,包括区直机关工委、教委、中关村科技园区在内的3个红十字工作委员会和9个街道办事处红十字工作委员会。以石景山红十字冠名的社会公益组织1个,即蓝天救援队。

(柴 阳)

【培育红十字会青少年】 5月,区红十字会联合区教委,在全区中小学开展"我与红十字"主题征文活动,22所中小学参与,报送征文101篇,其中2篇优秀征文在石景山文艺杂志上刊登。23所学校10000余名学生参与红十字知识竞赛答题活动。7名学生被评为

"2021年度优秀红十字青少年会员"。

（柴 阳）

【应急救护培训和普及】 6月，区红十字会陆续在区文化中心、区委党校和区委老干部局鲁谷活动中心公共区域安装自动体外除颤仪（AED），就应急救护知识、AED使用方法等内容开展相关培训。年内，区红十字会加强对消防、公安、公园景区等重点行业及冬奥志愿者等重点人群的应急救护培训力度，全年完成技能取证培训51期2236人。推进应急救护知识进校园、进社区，开展应急救护、防灾避险等知识"大讲堂"37场6779人次。利用《石景山报》、区有线电视等新媒体普及41000余人次。2021年区红十字会荣获中国红十字会颁发的"全国应急救护知识竞赛组织一等奖"。

（柴 阳）

【志愿服务】 7月17日，区红十字蓝天救援队组织志愿者21人奔赴河南开展抗洪救灾救援工作。搜救受困群众1700余人，运送救灾物资22吨、紧急排险9处、环境消杀315平方公里，连续服务时长达1536小时。

（柴 阳）

【"99公益日"网络募捐】 10月12日，区红十字会在古城街道南路东社区举行物资发放启动仪式，将轮椅等爱心物资捐赠给社区服务站，同时，向"老街坊"志愿者发放85个急救包，感谢并鼓励他们继续支持和参与志愿服务工作。年内，石景山区"99公益"线上募捐活动募集善款122898.4元，全部用于为社区服务站及办事大厅等公共区域配备轮椅，并出资3万余元为部分社区服务站配备雨伞、花镜、放大镜、血压仪等便民物资。

（柴 阳）

【项目救助】 年内，区红十字会在元旦、春节开展"两节送温暖"慰问活动，为20户生活困难家庭发放救助款物20000元。开展对遭遇突发事件、意外伤害、重大疾病或其他特殊原因导致基本生活出现严重困难的家庭或个人的救助工作，救助9户，发放救助款125000元。开展"七一"慰问困难党员活动，慰问困难党员30人，发放救助款6万元。开展"扶残助残"项目，资助10名困难残疾家庭学生，发放救助款30000元，慰问物资1685.20元。开展"博爱助学"项目，资助困难学生30人，发放救助款100000元。开展"新增两癌妇女关爱"项目，对石景山区新增两癌妇女53人进行资助，发放慰问款53000元。

（柴 阳）

【募捐救助】 年内，区红十字会共接收"博爱石景山"捐款1073822.90元，累计支出金额491779.20元。接收山西、陕西、河南等抗洪救灾款物价值合计7603470元，其中捐赠资金3204110元，捐赠物资价值4399360元。累计支出捐赠款物价值7603470。接收石景山区扶贫协作和支援合作社会帮扶资金20343795.20元。

（柴 阳）

【支援协作】 年内，区红十字会开展与河北称多县、内蒙古宁城县、内蒙古莫旗三地的对口帮扶，投入9万元，为生活困难群众、学生购买生活、学习用品，累计救助600余户。

（柴 阳）

【"我为群众办实事"】 年内，区红十字会结合党史学习教育活动，践行"我为群众办实事"，为14个区级专业大厅、9个街道政务服务中心、151个社区服务站、45所学校和5个重点楼宇商圈等发放急救箱120个、轮椅218台、应急救护包700余个。在5个社区和1个社会单位中开展"白内障复明医疗服务下基层活动"6次，视力、眼底等检查300余人，3人已完成白内障手术，每人分别获得2000元的救助补贴。

（柴 阳）

【造血干细胞知识普及】 年内，区红十字会开展无偿献血、造血干细胞、遗体和人体器官捐献知识普及，全年共采集造血干细胞血样113份，3名志愿者配型成功实现捐献。

（柴 阳）

残疾人事业

【概况】 2021年，石景山区共有持证残疾人数22517，其中视力残疾人2633人、听力残疾人1652人、言语残疾人116、肢体残疾人14358、智力残疾人1082、精神残疾人1726、多重残疾人950人。石景山区残疾人联合会（简称区残联），下属残疾人劳动就业服务中心、活动中心两个事业单位（根据机构改革相关要求，原康复中心的两个编制并入活动中心，活动中心现有七个编制），在9个街道设街道残联，127个社区成立残疾人协会，形成区、街道、社区三级工作网络。年内，区残联围绕"七有""五性"，在做好新冠肺炎防控基础上，强化残联党的建设，推进残疾人事业创新发展，开展社会保障、就业援助、康复培训、扶贫救助等各类服务。区残联通过政府购买服务方式的购买7个服务项目，共投入经费69.9万余元，为全区残疾人提供文化培训、心理疏导、就业培训、残疾儿童康复、冬奥项目体验、VR科技助残等服务。区残联荣获2022年冬奥会和冬残奥会北京市运行保障指挥部城市运行及环境保障组颁发的"最美城市运行及环境保障团队"称号，打造的区残疾人"冰雪之家"被北京2022年冬奥会和冬残奥会体育遗产报告收录。

（张 晨 白 静）

【新冠肺炎疫情防控】 年内，区残联对9个温馨家园、9个服务类社会组织、11个职康站、9个帮扶性就业基地、19个盲按中心等服务机构进行全方位督导，并配发消杀物资。开展以"国家爱我 免费接种疫苗 我爱国家 共筑防疫屏障"为主题的疫苗接种宣传活动，多次动员、多次部署、多次宣传，部署动员疫苗接种相关工作，并致全区残疾人朋友一封信《全民参与疫苗接种·携手共筑免疫屏障》，号召大家积极参与新冠疫苗接种。

（张 晨）

【无障碍环境建设专项行动】 年内，区残联按照"政府统筹谋划，行业部门牵头，产权单位认领，街道兜底整改，专班查缺补漏"工作思路，对区域内2000余个公共服务场所、3000多个"七小门店"及新首钢园区等场所无障碍设施进行整改。在各街道打造"无障碍精品街"和"一刻钟无障碍服务圈"，做到“工作有统筹,责任有分工,经费有保障,技术有创新,整改有特色”。在北京市无障碍环境建设专项行动2020—2021年度绩效管理考评中,石景山区以综合测评101.38分的成绩蝉联全市第一。

(张　晨)

【帮扶工作】　年内,区残联共审核符合享受助残券的残疾人621名,发放资金63.67万元;为6155人次发放自主创业就业保险补贴639.7万元;为529名残疾人发放城乡居民养老保险缴费补贴;为全区839名困难残疾人提供保洁、洗衣和送餐等居家服务,共计20136人次,支出经费140.95万元;在“元旦”“春节”“助残日”“中秋”“国庆”期间,走访慰问残疾人家庭4803户,发放慰问金336.91万元。

(车　驰)

【残疾人就业】　年内,区残联创新就业模式,拓宽就业渠道,举办“帮扶到人、政策到位、岗位到手、追踪到底”就业援助系列活动,为应届高校残疾人毕业生建立“一生一策”动态服务管理,实现100%就业。按照扶持政策,为2名残疾人发放扶持创业款6万元,帮助残疾人成功实现自主创业,响应“大众创业,万众创新”号召,探索适合残疾人的就业项目,实现残疾人及其家庭就业增收。

(车　驰)

【技能培训】　年内,区残联在八角街道、老山街道和汇智源职康站举办专业技能培训。全年共培训残疾人208人次,超额完成市残联下达的任务指标。在金顶街职康站打造冬奥会非物质文化遗产,建立老北京传统文化实景展示基地,对职康站学员进行老北京特色小吃制作的专业培训。

(车　驰)

【安排就业审核】　年内,区残联安排残疾人就业审核工作入驻区政务服务大厅办理,继续与地税部门保持联络机制,采取短信提醒、快递宣传册、政务网发布公告通知、建立企业微信群,解答用人单位疑问,方便用人单位下载须知、表格等审核文件,大力推动网上审核。严格操作规范,开展业务培训,签订廉政和保密承诺书,按政策规定对全区用人单位开展审核。全区共审核用人单位831家,残疾人职工3012人,按比例就业残疾人数逐年上升。

(车　驰)

【精准救助工作】　年内,区残联在落实普惠政策的基础上,对重大疾病或其他原因导致生活困难的残疾人及家庭给予临时救助。动员社会力量,为残疾人捐款捐物,资助石景山区残疾人家庭子女及残疾人学生完成学业。为11名困难残疾人家庭发放一次性救助金2.2万元;为33名残疾人学生和生活困难残疾人子女学生发放募捐资金8.6万元。

(车　驰)

【各类康复服务】　年内,区残联开展残疾人辅具适配评估与网上申购辅具进社区入家庭宣传活动。实行辅助器具网上申购制度,使残疾人足不出户,便可享受辅具补贴申请购买所需辅具,真正做到“保基本、全覆盖”,对有需求的残疾人辅助器具适配率100%,审批申请辅具6166件,发放辅具补贴金额79万元。创新康复服务方式方法,以“七有”“五性”需求为导向,组建康复巡讲团,着力开展技术进社区、服务入家庭活动,有效提高残疾人疾病预防、自主康复的能力,共有11054人参加康复培训。

(吴文敏)

【宣传残疾人事业】　年内,区残联在助残日期间,围绕“巩固残疾人脱贫成果,提高残疾人生活质量”“爱·无障碍”“庆建党百年、服务冬奥冬残奥、共享绿色文明石景山”3个主题举办第三十一次全国助残日活动。并在融媒体中心开设残疾人事业新闻专栏、《石景山报》开设残疾人工作专版,通过电视、微信公众号和报刊等多种新闻媒介,积极宣传残疾人事业发展,动员社会各界加入扶残助残行列。

(张　晨)

【助力冬奥冬残奥】　年内,区残联创建北京市残联系统第一家以冬奥、冬残奥为主题的功能室。功能室集冬奥、冬残奥知识宣传、器材展示、VR模拟等项目为一体,成为石景山区残疾人了解冬奥、参与冬奥的实践体验基地。“冰雪之家”被收录到《北京2022年冬奥会和冬残奥会体育遗产(2022)》中。年底,组织150余名残疾人、残疾人协会代表及残疾人工作者开展“热情迎冬奥　一起向未来”手语舞推广拍摄活动,用手语演绎冬奥会主题歌《一起向未来》,以特殊方式为冬奥加油。

(曹　笛)

【残疾人文体活动】　年内,区残联开展京剧脸谱、团扇、葫芦画等传统技艺培训,举办“北京冬残奥会开幕倒计时一周年”艺术作品展、“我的小康生活”才艺展等活动,共征集冬奥主题作品317件,制作《传递冬奥梦想　绽放冰雪激情》宣传画册500本。区残联以“坚守百年初心、共筑冬奥梦想”为主题,开展残疾人冰雪系列活动,800余名残疾人参与冬奥知识学习、彩绘文化衫、迷你冰壶球联赛、上冰上雪体验以及到冬奥组委驻地参观等活动;以“梦汇石景山一起向未来”为主题,举办区第十二届残疾人运动会,增设4个冰雪运动项目,全区9个街道及特教学校近300人次残疾人报名参赛。

(曹　笛)

【残疾人动态更新】　年内,区残联开展残疾人需求采集和服务状况常态化工作,对1455名新办证残疾人开展信息采集和需求登记,对21080名往年调查过的持证残疾人进行入户访视工作,创新服务模式,健全“零距离”联系服务残疾人工作体系,做好政策宣传、需求核实和服务落实。

(白　静)

街　道

八宝山街道

【概况】 八宝山街道辖区常住居民5万余人,区划面积4.32平方千米,管辖面积5.24平方千米。八宝山街道党工委下设17个基层党组织,其中,15个社区党组织(13个党委,1个党总支,1个党支部),1个机关党委(下设6个党支部),1个非公企业和社会组织党总支(5个支部)。街道直管党员3621名。年内,街道把服务保障中国共产党成立100周年作为重要政治任务,完成观礼观演任务;向485名符合条件老党员颁发"光荣在党50年"纪念章;评选表彰130名优秀共产党员、80名优秀党务工作者、20个先进基层党组织、10个十佳优秀党建项目;策划"百年征程再回眸·不忘初心跟党走"主题项目,广泛开展系列群众性庆祝活动,并打造全景课堂。全力服务保障冬奥筹办,在冬奥"百日会战"攻坚行动中凝心聚力,持续扩大宣传覆盖,参与全球首发主题口号推广歌曲《一起向未来》MV拍摄,在鲁谷住宅社区打造"冰雪"冬奥墙,并组织开展"激情冰雪、助力冬奥"主题全民健身系列活动,街道获评"北京市全民健身示范街道"。

(邱增珠)

【新冠肺炎疫情防控】 年内,八宝山街道所辖2个大型常态化核酸检测点运行平稳,完成多次大规模核酸检测任务;28个社区核酸检测点具备随时启用能力。街道通过组建专班、入户宣传、广泛动员等,全方位推进疫苗接种有序进行。12月底,街道18岁以上人口完成第一针接种49578人,接种率98.75%;60岁以上老年人完成第一针接种9184人,完成比例69.03%,全区排名第3。18岁以上人口完成加强针接种22506人,接种率91.08%,全区排名第一。

(邱增珠)

【平安八宝山建设】 年内,八宝山街道在党的十九届六中全会、永定河文化节、中国科幻大会、北京科幻嘉年华等重大节点等期间,加强社会矛盾排查化解,全年累计发动志愿者万余人次,切实维护辖区安全稳定。加强智慧平安小区建设,完成老旧小区260个单元楼门门禁设备安装。常态化开展扫黑除恶斗争,做好人民调解、信访等工作,全年累计开展涉黑涉恶线索摸排500余次;参与调解案件128件,成功率100%;妥善处理信访件20件。坚决遏制安全事故,汲取典型案例教训,积极开展安全生产检查、非居民燃气液化气罐专项整治、安全隐患治理等工作,全年累计排查生产经营单位652家,开展检查6220人次,发现并整改问题隐患1727处。

(邱增珠)

【精细化管理】 年内,八宝山街道完成便民工程2个、民生家园项目6个、背街小巷精细化整治提升项目1个;推进老旧小区综合更新改造,完成四季园社区5栋居民楼上下水改造;申报老旧小区综合整治、小微空间改造项目4个,已完成设计方案;推进永乐小区36号楼危旧房改建试点工作,优化改善社区环境。开展"门前三包"、无照经营等专项整治,全年累计检查6500余人次,处罚75起,罚款42200元。

(邱增珠)

【生态环境治理】 年内,八宝山街道累计苫盖裸地3.2万余平方米,补种绿植2900平方米;抓好扬尘污染治理,累计开展专项执法584次,处罚15起,罚款121200元;加强河道精细化管理,落实"河长制",全年巡河574人次,里程1772.309公里,及时吹哨解决人民渠(八宝山段)排水口污染溢流问题。推进国家森林城市创建工作,配合开展乡土植物进社区活动,种植花草8000余盆,绿化面积600余平方米。

(邱增珠)

【基层治理】 年内,八宝山街道深化"吹哨报到"机制,做实党建协调委员会,与市检一分院签订法律志愿服务协议,深化"明珠工作室"建设;建设"新联会""八宝同心·暖蜂续航站"。"品质社区"建设成效明显,街道综合评分91.85份,位列全区第一,所辖7个社区获评首批挂牌"五星品质社区",占全区总数的47%。接诉即办向主动治理深化,健全专班加强调度,重点问题、高频事项专题分析破解,并持续发挥"群众意见受理直通车"作用,全年累计办理群众诉求5022件,处置融合平台案件19758件。抓实抓好"关键小事",积极推进物管会向业委会过度,7个社区获评"市生活垃圾分类示范小区"。

(邱增珠)

【创建全国文明城区】 年内,八宝山街道辖区内2人荣登石景山区"北京榜样"月榜,新时代文明实践所(站)累计开展线上线下活动630场,共吸引14.1万人次参与。坚持创成为民、创城惠民,聚焦问题导向,认真抓好市区两级检查问题的整改落实,开展"擦亮城市西大门,文明祥和迎冬奥"专项清理行动,破解群众"急难愁盼"问题。全年累计清理楼道堆物300余处,整理线缆230处,清理小广告580处;安装消防疏散引导箱、集中充电桩等,并加大群租房整治力度,累计拆除隔断28处,面积3222平方米,劝退疏解人口110人。在环境布设、"创城"元素嵌入等方面持续发力,实现多维度、全覆盖,高标准打造3个示范社区"样板间"。

(邱增珠)

【就业和社会保障】 年内,八宝山街道开展"送岗位进社区"活动,累计组织线上线下招聘活动18次,所辖社区全部为充分就业社区。认真落实社会救助政策,完成定期台账回访800次;为189户低保户家庭、13户低收入家庭、5户特困人员、64户独生子女特扶家庭、16户计生困难特殊家庭以及36名新优抚残疾人办好社会救助业务,支出资金463余万元;提供临时救助、教育救助、医疗救助、采暖救助、慰问补助等733人次,共计130万元。严格推进住房保障与劳动仲裁,全年累计对188户保障性住房新申请家庭进行审核,终止不符合条件申请家庭资格355人次;调解劳动争议案件6件,为劳动者追回工资29850元。

(邱增珠)

【民生实事】 年内,八宝山街道优化营商环境,整合118项业务,实行综合窗口一站式受理,便捷高效提供服务。

推进3个社区养老服务驿站建设，入住老人37名，全年累计提供全托服务、日间照料、健康指导、代开药品以及助餐、助医、助浴、助洁等服务17579人次；发放养老服务补贴、失能护理补贴、高龄老人津贴27586人次，共计618余万元；开展独居老人居家杨巡视探访2000余人次。对所辖205个社区点位、205个“七小门店”点位以及台湾街62家门店进行无障碍升级改造。退役军人服务站获评北京市示范型退役军人服务站。

（邱增珠）

鲁谷街道

【概况】　鲁谷街道辖区面积5.57平方千米，常住人口6.67万人，其中户籍人口2.68万人，流动人口2万人，下辖22个社区居委会，社区工作者425人，鲁谷街道党工委下设59个一级基层党组织，共有党员5408人。辖区有新华社第二办公区、中铁建设有限公司、万商投资有限公司等中央、市属、区属单位40家；农工商公司2个；老街坊志愿者2500人；老街坊劝导队20支401人；文体队伍108支2155人。鲁谷义工协会现有社会团体会员单位14家、义工服务队22支、注册义工3092人。年内，鲁谷街道22个社区党组织、19个社区居委会完成换届工作，选举产生“两委”委员193人。

（王颖军）

【党史学习教育】　年内，鲁谷街道制定党史学习教育实施方案，召开教育动员部署会，集中组织班子成员开展党史学习16次，其中研讨交流5次。开展“学党史赓续红色基因，担使命谱写鲁谷新篇”主题党日、“学党史、强信念、跟党走”红色实境讲堂等系列活动；为基层党组织和党员配发党史辅导书24种、9490余册。走访慰问困难党员55人次、老干部74人次；为569名老党员颁发“光荣在当党50年”纪念章。

（王颖军）

【意识形态工作】　年内，鲁谷街道处理舆情56件；加强辖区250个宣传栏、57个电子屏巡查维护；扩大宣传阵地，建立通讯员队伍，启动视听小站建设及招投标工作；宣传稿件刊登市级媒体412篇、区级媒体546篇、公众号590篇。

（王颖军）

【新冠肺炎疫情防控】　年内，鲁谷街道成立临时党支部，保障辖区三个疫苗接种点位有序运转。开展疫苗接种“星火传递”计划，全年财政供养接种人员607人，接种率95.6%；18岁以上人群接种76572人，总接种率123.52%；60岁以上人员接种10946人，接种率64.05%。制定应急预案，辖区44个自然院落建设临时核酸检测点，按照24小时完成核酸检测要求，开展突发事件处置推演；围绕商务楼宇、商超和餐饮三类场所落实防疫措施，全年进行疫情防控检查15078次，对存在问题单位公示89次，全部责令整改完毕。

（王颖军）

【未诉先办】　年内，鲁谷街道在19个建成社区建立以社区党组织为领导的市民诉求工作站，将“接诉即办”与基层治理相结合，以群众诉求为导向，促进基层治理能力提升，打通服务群众最后一米。持续推进“双派双考”奖补落地，妥善解决七星园12号楼北侧路面塌陷、依翠园小区18号楼电动自行车楼内充电等群众关注的重点问题。1至10月落实“双派双考”奖励金281944.86元，14个社区获得午餐奖励共计165000元。

（王颖军）

【“四个一”模式】　年内，鲁谷街道通过“一体化招标、一揽子改造、一本账统筹、一盘棋治理”的“四个一”模式，实现党建引领工程改造、物业管理和社区治理全方位统筹、融合、提升。物业服务覆盖率、业委会（物管会）组建率、党组织覆盖率均达90%以上。指导六合园南、七星园南、五芳园、久筑物管会推进停车管理。开展业委会（物管会）履职能力培训以及小区物业服务测评。

（王颖军）

【成立“街区功能型党支部”】　年内，鲁谷街道辖区22个社区划分为东、西、南、北4个街区，成立区域化协同管理功能型党支部，邀请公安、市场监管、交通、消防、城管执法五家单位加入，执法力量下沉一线；党建区域化和单位协同化共同破解基层治理资源碎片化和力量分散化问题，初步形成党建共抓、组织共建、工作共谋、资源共享、活动共办、服务共担、成果共享、质量共促“八个共同”的工作格局。

（王颖军）

【重点项目建设】　年内，鲁谷街道推进老旧小区综合整治工作，五芳园、六合园、七星园楼本体改造、公共区域改造、上下水改造和热力管线施工按计划完成。半月园公园升级改造项目、双锦园15－16号楼便民工程竣工。衙门口地区棚户区改造、居民陆续回迁及周边配套设施建设推进中。重点整治衙门口上街北口莲石桥洞下472路公交车站周边脏乱地带，整治面积共计825平方米。

（王颖军）

【精品文化地标】　年内，鲁谷街道突出“鲁谷理想＋”教育功能，围绕党史学习教育，开展“红色回响”主题教育系列活动百余场，以讲好党史故事为核心，打造百姓身边的红色讲堂。区曲艺家协会鲁谷理想＋正式挂牌，《鲁谷百姓书场》正式成立，鲁谷理想＋云后厨正式投入运营，订餐服务覆盖全辖区。

（王颖军）

【新业态新就业群体试点】　年内，鲁谷街道聚焦“暖蜂行动”，完善“1·26N＋”聚蜂服务体系。社区、楼宇、商会企业挂牌成立“暖蜂驿站”，组织新业态、新就业群体200余人办理入会手续、组织体检139人，发放急救包及慰问品420余份，惠及职工500人次。

（王颖军）

【消除安全隐患】　年内，鲁谷街道主要领导带队，采取“5＋2”、两遍覆盖模式，开展安全生产大检查，督促检查辖区单位1703家、整改隐患1158项。完成五芳园小型消防站建设，获评北京市安全社区称号。

（王颖军）

【依法行政】　年内，鲁谷街道开展政

法教育整顿,走访排查323人次;化解重点矛盾纠纷、受理案件275件,组织矛盾排查240次;组织街道干部法律知识学习10期,开展普法宣传13场;为辖区群众提供法律咨询服务1000余件,满意率100%。

(王颖军)

【平安鲁谷建设】 年内,鲁谷街道推进智慧小区建设,加大人脸识别系统信息采集和门禁卡发放,完成辖区30个小区大门施工改造,安装单元门人脸识别系统424套,加装小区出入口大门7个、副门10个,更换87套,维修单元门80套。加大违法群租房清理整治力度,拆除违法出租房35处、隔断7间、面积175平方米,拆除上下铺21张,清退租住人员50人,市场监督和派出所对违法出租群租房屋中介进行处罚4处。荣获2021年度北京市应急值守工作先进基层单位称号。

(王颖军)

【京蒙对口支援】 年内,鲁谷街道对口支援内蒙古汉古尔河镇建设项目资金10万元,用于胜利村、北坤浅村党群服务中心基础和服务建设,对不达标场所进行改建,同时购置基本办公设备和群众文体设施。鲁谷街道赴内蒙古实地调研,为贫困学生捐赠衣服和书包用具;为贫困家庭带去米面油及慰问金;到朝阳村裕丰昌种养殖合作社、西诺敏村稻米加工厂、镇京蒙扶贫协作项目食用菌扶贫产业园实地调研,采买当地大米4000斤。

(王颖军)

【大气污染治理】 年内,鲁谷街道提高作业频次,全年租用洒水车6部进行喷洒作业;加大执法检查力度,施工工地类处罚50起,高限处罚1起,罚款96万元;夜间施工类处罚5起,罚款6万元;建筑垃圾类处罚4起,罚款41000元。

(王颖军)

【创建全国文明城区】 年内,鲁谷街道开展"擦亮城市西大门,文明祥和迎冬奥"专项行动,建设景观小品、宣传布设2474处。重点打造六合园南、七星园北和新岚军休五所院三个示范社区"样板间"。完成辖区204组垃圾分类桶站升级改造,便利性改造完成率达到100%。积极开展"制止餐饮浪费、践行光盘行动"专项工作,累计检查130余次。持续开展榜样模范选树宣传活动,开展"2021北京榜样"选树推介工作。成立696余名志愿者组成的小巷管家队伍,全面参与街面巡查、桶站值守等志愿工作,上报处置街面环境问题1万余件。

(王颖军)

【就业与民生保障】 年内,鲁谷街道加大就业宣传,深挖周边空岗信息,对有劳动能力和就业意愿的失业人员一对一帮扶直至就业;新增登记失业人员710人、就业727人,登记失业人员就业率63.49%;加强社保基金管理,规范保险业务环节、运行程序和操作过程;管理城乡居民医疗保险参保人员4478人,新增参保490人;关注边缘困难群体,完善低保家庭信息,加快实现"应保尽保",累计救助低保家庭2625户、4607人次,发放低保金5750214.9元;救助低收入家庭24户、36人次,发放生活补贴3622.5元;救助特困人员70人次,发放特困人员生活费及护理费323561.5元。

(王颖军)

【无障碍环境建设】 年内,鲁谷街道完成"七小门店"170个点位及西厂、重聚园、重兴园3个社区54个点位、356个元素无障碍建设工程;辖区进行无障碍居家改造试点点位5个。

(王颖军)

【退役军人服务保障】 年内,鲁谷街道落实优抚政策,解决实际困难,走访慰问困难退役军人28人;走访慰问辖区抗美援朝老战士6人。上线"鲁谷老兵之家"退役军人工作小程序,完善政策法规、法律援助、双拥活动、红色教育、困难帮扶、志愿服务等模块。

(王颖军)

2月4日,鲁谷街道小巷管家志愿服务队开展垃圾分类倡议实践活动

(鲁谷街道供图)

老山街道

【概况】 老山街道辖区面积6.1平方千米,常住人口41378人,其中户籍人口28019人、流动人口13359人。辖区有中央、市属、区属企事业单位218家。街道下辖12个社区。年内,完成社区"两委"换届选举和两代表选举工作;推动新业态、新就业群体的党建试点工作,15个暖蜂驿站基本建成;开展机关干部"2+10+1"实践活动,解决138项民生实事。加大社区书记工作室"头雁培育",1个支部书记工作法进入市级终审环节,1个点位被列为北京市基层干部教育培训现场教学点;1个党组织、2名党员获市级"两优一先"表彰。1个党建项目被评为石景山区十佳基层党建创新项目,1人获全国妇联系统劳动模范称号,1个集体成功创建"北京市青年文明号"。何家坟社区退

役军人服务站完成创建全国示范型退役军人服务站验收检查。

（邱雨静）

【郎园疫苗接种点】 1月，石景山区在郎园Park文化发展有限公司园区内建立全区最大的万平疫苗接种点。自1月24日成立至6月11日结束，历时139天，接种161807人次。

（邱雨静）

【核酸检测工作】 10月，老山街道在所辖地区建立14个核酸检测点，根据实际情况编制完成各检测点《采样点“一本通”》作为核酸工作操作手册。《采样点“一本通”》从街道、社区核酸检测工作方案、采样点设置、人员流线示意图、工作人员名册、人员组织安排、特殊人员明细表等多方面进行细化。

（邱雨静）

【建党100周年庆祝活动】 年内，老山街道开展建党100周年系列庆祝活动，500余名党员获得“光荣在党50年”纪念章，组织开展街道“两优一先”评选表彰大会暨庆祝中国共产党成立100周年文艺演出。其中形成的2部党员电教片被纳入市级资源库。

（邱雨静）

【创建全国文明城区】 年内，老山街道建立常态化创城工作机制，构建“党建引领、上下联动、部门协同、全域共治、全民参与”的基层治理新模式，引领带动辖区各单位、各部门、各社区形成共建共治共享新格局。坚持处科级领导干部联系社区制度，有效解决一批重点、难点、堵点问题。4个社区获得“石景山区创城示范社区”称号，占比达33.3%。

（邱雨静）

【“双报到”活动】 年内，老山街道发挥“吹哨报到”机制作用，有效解决居民供水、小区供暖、社区环境提升等关系民生的重点难点问题。运用街巷长、小巷管家、楼门组长、“老街坊”志愿者等群体，通过“敲门行动”、老街坊议事、基层党组织和在职党员“双报到”等多种形式，全面做好前端问题研判和后端趋势预警，推动“接诉即办”向“未诉先办”转变，实现减量降诉。全年共吹哨67次，解决关系城市环境、民生保障、平安治理类等各类问题61项，未诉先办1100余件。

（邱雨静）

【接诉即办】 年内，老山街道坚持条块结合、多方参与、共建共管的“接诉即办”工作体系，协助街道、社区、物业和相关部门的各方责任落到实处。全年共接办2149件诉求工单，其中市直派1410件，区分派699件。全年诉求平均响应率99.42%、解决率93.28%、满意率95.85%。全年有6个考核期进入全市前100名，获得区级接诉即办奖励资金20万元。

（邱雨静）

6月29日，老山街道举办“两优一先”表彰大会　（老山街道供图）

【老旧小区改造】 年内，老山东里北社区公共空间改造完工并投入使用。街道小微空间项目入围“建党百年”百个小微空间改造项目评选。老山老旧小区综改完成设计方案评审、财政评审和招投标工作。老山西街27号院综改立项获得市老旧联席会议批复。

（邱雨静）

【社会保障救助】 年内，老山街道为329户556人发放最低生活保障金918.2万元；为994人次发放医疗救助105.6万元；城市分散特困供养人员5户5人，全年累计发放生活费9.5万元，发放照料护理费4.6万元；享受残疾人生活补贴174人，发放金额99.1万元；享受护理补贴222人，发放金额40.3万元。为2473名80岁以上老人发放高龄津贴，发放金额36万元；发放60岁以上失能护理补贴728人，发放金额36.4万元；发放60岁以上养老服务补贴157人，发放金额2.4万元。办理严重精神障碍患者监护人看护管理补贴147人，发放金额34.7万元；办理生育登记服务单204人。完成街道燕保京原家园、远洋沁山水、京西景园、南宫嘉园公租房项目入住家庭资格。

（邱雨静）

【信访代理】 年内，老山街道受理信访案件74件，213人次，主要涉及辖区环境治理、电梯安装等问题。街道接访61件186人次，系统平台网信类13件27人次，均已得到解决。

（邱雨静）

【流动人口服务管理】 年内，老山街道对辖区新出现和群众多次举报的违法群租房进行联合整治，共整治违法群租房14户，疏解租客53人。完成石景山区下达的人口调控任务。

（邱雨静）

【民生保障】 年内，老山街道市民服务中心协助342人申请遗属待遇，其中手工办理44人，指导群众线上申请298人。失业领金人员已有32人缴纳养老保险。街道就业率达到64.5%，实现就业457人，比上年就业人数增加176人。

（邱雨静）

八角街道

【概况】 八角街道辖区面积5.48平方千米,常住人口11万余人,其中本市户籍人口约8万人、流动人口约3万人。辖区有23个社区、10座商务楼宇、8个工作站、设27个党委、7个党总支、175个二级党支部,共有党员9195名。年内,街道开展庆祝建党100周年和党史学习教育系列活动;坚持应接尽接原则全力开展新冠疫苗接种,完成39个核酸采样点建设;开展平安八角"百日攻坚行动";坚持"里子""面子"一起抓、"硬设施""软服务"双提升,推进"品质社区"和文明城区创建。18人当选区第十三次党代会代表;选举产生31名第十七届八角地区人大代表,完成换届选举任务。八角街道荣获"创建全国无障碍环境示范市县村镇""全国'敬老文明号'政务服务窗口单位"荣誉称号、被评为北京市"扫黑除恶专项斗争先进集体""就业创业工作先进集体""法治宣传教育先进集体""北京市残疾人之家",街道团委被评为北京市"五四红旗团委"。

(朱 丽)

【党史学习教育】 3月,八角街道制定《八角街道党史学习教育实施方案》,辖区9100余名党员参与活动。成立由10名老干部组成的党史"宣讲团",到社区宣讲30余场次,运用"爱八角"微信平台开设党史微课120余期,创作话剧、诗歌、舞蹈等一批党史题材的文艺作品;组织各级党组织集中收看庆祝中国共产党成立100周年大会直播,80人现场观礼;开展"我为群众办实事 我为党旗添光彩"主题实践活动,梳理"为民办实事"项目清单110余件,安装电梯13部,解决29栋楼房和105间平房漏雨问题,打造景二"融景小乐园"休闲空间等,把"为人民办实事"落到实处。

(朱 丽)

【就业保障】 3月,八角街道创建就业指导工作站,通过"爱八角"微信公众号定期发布就业创业线上讲堂。接续深化"5A航站楼"就业服务特色品牌,与辖区企业联手,采取"线上+线下"的形式搭建互动平台;利用"大篷车"形式将就业资源送进社区,同时坚持每月对辖区企业进行走访,了解企业用工需求。共采集岗位897个,登记求职人员287人,推荐岗位匹配533人次,跟踪服务731人次;针对就业困难人员,采取"安置+帮扶"方式促进就业,帮助144名就业困难人员实现就业,其中纳入街道公益性岗位8人。

(朱 丽)

【重点项目建设】 5月,八角新乐园开放运行。作为八角街道重点打造的腾退空间再利用项目,是一座集园林绿化景观、体育休闲设施为一体的高品质冬奥主题乐园。10月,完成八角南路、公园北、八角北路三个社区的环境升级改造项目。

(朱 丽)

6月19日,八角街道工委书记为老党员颁发"光荣在党50年"纪念章

(八角街道供图)

【疫情防控】 年内,八角街道发挥181个小区智慧门禁作用,严格小区出入口管控。辖区10座商务楼宇恢复"双楼长"机制(一名区商务楼宇疫情防控工作领导小组成员单位工作人员和一名物业管理方负责人),实现巡查全覆盖。对辖区1178家商超、餐馆、七小门店,实行统一消毒对外公示,严格扫码测温登记,对288家门店重新施画"一米线"。按照"2+N"模式(文化广场、二管厂两个街道大规模核酸检测点及N个小型核酸检测点)细化以小区为点位的一图一表一预案,完成39个核酸采样点建设,确保战时随时启用。启动大规模核酸检测应急机制,完成重点人群1.2万人的核酸检测任务;激活杨庄北区、杨庄南区社区临时核酸检测点位,对密接人员涉及的两个楼栋的488名居民进行检测。

(朱 丽)

【新冠疫苗接种】 年内,八角街道坚持应接尽接原则,开展新冠疫苗接种工作。成立工作专班,制定工作方案和沟通对接机制,压实责任;运用"爱八角"微信平台、楼门张贴《一封信》、人流量大地点设立登记宣传站点等方式,发动居民约5万人;采取敲门入户行动、实施挂图作战、创建"四个安心"等方式深入推进,对辖区居民、社会单位、七小门店、楼宇等逐个走访,对特殊群体100%专车接送保障到位。完成辖区9.5万余人接种。衙门口疫苗接种点完成21.3万余人次接种。

(朱 丽)

【违法建设拆除】 年内,八角街道共拆除违法建设5处,拆除面积3464.49平方米,其中新生违建1处,罚款金额2.8万余元。

(朱 丽)

【全民健身示范街道创建】 年内,八角街道持续推进全民健身示范街道创建工作。聚焦公共文化服务建设，完善社区健身设施，为社区更换健身器材9套；为八角南路、八角中里、体育场西街三个社区活动室购置15万元的健身器材，增加室内体育设施。

（朱　丽）

【平安八角建设】　年内，八角街道加强对危险化学品的安全监管，辖区4家加油站组织员工进行灭火演练。开展液化石油气专项排查行动，34家非民用液化石油气用户完成整改。深入开展储能电站安全检查，消除144座电动汽车充电桩、74个电动自行车充电桩及107个点位安全隐患。组织“智能防干烧灶具进社区”宣传推广活动30场次、消防宣传讲座演练培训40场次，发放消防安全宣传材料5200份；开展电动自行车违规充电专项治理，安装完成电动自行车充电端口2264处，覆盖23个社区52个小区。积极开展防汛工作，建立《八角街道防汛隐患点位台账》，发放雨鞋、雨衣及膨胀麻袋等物资500余件，入户检查19家。

（朱　丽）

【品质社区建设】　年内，八角街道以景阳东街第二社区、八角中里社区为试点，将文化元素融入社区建设，打造“一楼一主题”楼门文化。每周组织开展“扮靓我家园”行动，集中开展环境卫生整治，共清理乱堆乱放杂物20余吨，回收废旧自行车近300辆。严格压实“门前三包”责任，整治700余家“七小门店”门前乱停乱放、随手乱扔垃圾等不文明行为。实行“社区网格员+楼门长+社区专员+‘老街坊’志愿者+物业”管理模式，对23个社区、5万余户居民逐户宣传普及文明创建知识，覆盖范围达到辖区居民户数的100%；组织开展“整改攻坚·党员先行”承诺活动，建立问题台账，及时整改、“销号”，并加强巡视，防止反弹。围绕文明创城6大类48项达标指标，打造建钢南里、景二、杨南3个社区“样板间”。

（朱　丽）

【物业服务管理】　年内，八角街道制定《八角街道物业指导手册》，进一步规范、指导物业工作、提升物业服务质量。将党的组织体系与基层治理体系有机融合，全面推行“双向进入、交叉任职”，推荐符合条件的社区“两委”成员通过法定程序进入业委会（物管会），推动业委会（物管会）开展好相关工作；建立物业服务日考评制度，社区党委、业委会（物管会）、居民代表每日对社区、楼宇物业服务企业进行考评并公示结果。

（朱　丽）

【垃圾分类】　年内，八角街道推进垃圾分类精细化，成立巡查组每日对小区分类硬件设施检查，发现问题及时督促整改并反馈结果。推进垃圾分类示范小区创建，鼎城世家、景阳东街65号院、体育场南路9号院、古城南里（1－5）号楼、璟公阁和地铁古城家园6个小区已通过市级检查验收；按市级垃圾分类驿站建设要求，对北锅小区西院、公园北南院东区及八角中里小区进行驿站改造及建设；推进撤桶并站，原有的845组减至448组，并加强桶站值守力量，全年值守人员达8.6万余人次，加大“石分达人”小程序推广力度，目前已注册25669户，普及垃圾分类知识。

（朱　丽）

【接诉即办】　年内，八角街道细化完善《八角街道12345市民服务热线“接诉即办”暨“双派双考”工作方案》及《八角街道关于“接诉即办”工作社区奖励实施办法》。建立“接诉即办”疑难问题专班，坚持落实每日调度会制度，加强接诉即办数据的分析应用，围绕群众关注的高频问题梳理共性、发现规律，确保诉求处理的质效，推动“接诉即办”向“主动治理、未诉先办”深化。落实“三见面”机制，充分发挥街道包片领导、社区专员下沉社区的作用，从源头上找准问题、化解矛盾，最大限度减少重复诉求。

（朱　丽）

【“智慧社区”建设】　年内，八角街道完成智慧大门、智慧单元门改造、启用831个，信息采集11.5万人，核实后台提示健康宝黄码人员500余人次，平均每月测量进入小区人员体温123万人次。实有人口全面采集，出租房100%纳入视线，社区“入室盗窃、入室抢劫、盗取非机动车”等三类可防性案件同比下降27.3%。

（朱　丽）

【党组织建设】　年内，八角街道建立1个区级和7个街道级社区书记工作室，搭建社区书记以老带新、提升能力的互动交流平台。构建商务楼宇“1+7+N”组织新架构，建立星宇大厦楼宇党群服务站、挂牌成立7个楼宇统战工作站、打造“一刻钟楼宇党群服务圈”，规范党建引领商务楼宇治理工作。实施“聚蜂行动”，建立13家“暖蜂驿站”，成立“先蜂骑手”流动党支部，为快递企业、快递外卖小哥提供“5+N”清单式服务，为辖区近300名快递外卖小哥找到组织。

（朱　丽）

【社区治理】　年内，八角街道通过辖区单位“一把手”走进社区办实事、社区专员走进社区解难题、社区“两委”走进百姓家听民声等形式，为居民解决更换下水道、清理楼道杂物等问题，开展“心肺复苏”培训、燃气检测、捐赠桌椅等服务，建立社区为民办实事项目清单121项。

（朱　丽）

古城街道

【概况】　古城街道辖区面积15.6平方千米，辖区总人口9万余人，社区居委会21个。辖区有中央、市属、部队单位58家，生产经营单位、小微企业、楼宇企业2258家，8所幼儿园和5所中小学，1个社区卫生服务中心、5个社区卫生服务站、1家民营综合性医院和1家公立综合性医院。街道现有基层党组织160个，党员4609名。年内，街道发动“老街坊”志愿者、楼门组长、党员等群防群治力量3.5万人次，完成服务保障全国“两会”、中国共产党成立一百周年庆祝活动、中国国际服务贸易交易会等重大任务，“智慧小区”门禁系统全部安装启用，修整17个社区物联感知设备，更换设备887个、线缆6.5万米。完善“接诉即办”各项工作机制和制度，推动“同诉同求”和“首都之窗”网络投诉实名制改革，全年累计接件11789件，承办8662件。

(张　越)

【建党100周年庆祝活动】　年内，古城街道服务保障建党100周年庆祝活动突出“百年”庆祝元素。在“西望古城”微信公众号新增“红色博物馆”栏目，邀请老党员、居民讲述红色记忆和背后的故事。落实建党100周年“6+10”工作和“双聚”专项行动，1416名党员做出承诺2148条；完成区“两优一先”评比表彰，共9名同志、3个基层党组织获得区级荣誉，为辖区546名老党员颁发“光荣在党50年”纪念章。

(张　越)

【党史学习教育】　年内，古城街道开设“古城大讲堂”，推动党员教育常态化，组织开展“我为群众办实事”主题实践活动。将“接诉即办”作为主抓手，聚焦高频问题，“一把手”带队深入社区，梳理清单问题105项，持续开展“亮灯工程”“疏堵工程”和“绿化美化工程”，确保105项民生实事清单式管理、项目化落地。

(张　越)

【服务保障冬奥筹办】　年内，古城街道开展冬奥冰雪运动嘉年华等100余场活动，“中国冰雪大篷车百场巡回”首站活动成功落地古城地区。发挥“吹哨报到”机制作用，十天时间铲除丰沙线入地口铁路周边20万平方米区域环境秩序乱点。拆除腾退新首钢大桥南侧等1.7万平方米违建房屋，有效释放空间。整体提升46条背街小巷环境秩序，完成16条背街小巷综合提升，$PM_{2.5}$全年平均水平维持在34微克/立方米。完成白庙村剩余4户“拔钉子”行动。

(张　越)

【无障碍环境建设】　年内，古城街道完成26处点位84个元素的无障碍设施整改和219处便民场所的无障碍环境建设。打造古城南路精品无障碍示范街和温馨家园周边“一刻钟”无障碍服务圈，完成从单一场所转向区域性全要素改造提升，惠及周边3300余名残疾人和1.3万名居民。

(张　越)

【新冠肺炎疫情防控】　年内，古城街道累计排查管控2.3万人，上门核酸检测1091人次；激活“2+N”核酸检测场所，开展大规模核酸检测3次。坚持“应接尽接”，制定疫苗接种组织方案，成立街道接种指导组，加强条块结合，深入79家企业做动员，与辖区商超及古城社区卫生服务中心形成宣传发动、咨询讲解、现场登记合力，疫苗接种率达117.81%。

(张　越)

【老旧小区改造】　年内，古城街道将“接诉即办”和主动治理相结合，及时回应居民在施工中提出的改造诉求。十万平老旧小区综合整治室内成串改造率达85%，长安街沿线窗户护栏拆除率达90%，整体护栏拆除率达80%以上；在临西长安街楼体率先实现23根燃气外爬管线搭建，解决200余户居民燃气入户难题；完成全部17栋楼本体外墙加固保温，增设屋顶外墙外保温层，更换断桥铝外窗，配备金刚纱窗，同比节能50%以上。南路东、南路西老旧小区改造过程中，深入走访调研1788户居民，收集整理改造诉求12项，对室内上下水管更换、补建绿化、完善公共照明等“基础+自选”改造内容逐一“销账”，室内成串施工率超过84%，利用闲置自行车棚打造便民商超、老年餐桌等配套便民设施，盘活社区闲置资源，健全物业管理长效机制，两个小区物业服务合同签约率均超80%。

(张　越)

【基层党建】　年内，古城街道推进“智慧党建”建设。为机关、楼宇工作站和21个社区安装多功能触控协作终端，搭建“街道大脑”支撑平台建设，通过视频会议的形式开展党建学习、技术培训、知识竞赛等，实现街道、社区、楼宇实时视频、即时通信，推进社区治理体系和治理能力现代化。强化“两新”党组织建设，建立13个“暖蜂驿站”，紧贴新就业群体需求，主动开展服务。依托基层党组织和在职党员“双报到”机制，推进基层社会治理。接收2705名在职党员和66个基层党组织报到，开展主题活动248场，参与在职党员4238人次、“老街坊”志愿者2134人次、辖区基层党组织112个。

(张　越)

【社会保障服务】　年内，古城街道办理低保医疗救助1448人次，发放医疗救助金232.38万元，为1290名老年人发放失能老年人护理补贴314.52万元，发放残疾人生活补贴189.2万元，护理补贴73.03万元。落实长护险扩大试点方案，384人享受保险福利，为31户困难家庭提供精准救助个案帮扶，建成1家街道级养老照料中心和4家社区养老服务驿站，增加床位148

8月17日，古城街道十万平老旧小区综合整治后的外立面(古城街道供图)

张,共开展上门巡访探视和助餐等服务4.2万人次。

（张　越）

【垃圾分类】 年内,古城街道建立垃圾分类与再生资源回收"两网融合"体系。街道机关全体干部签订承诺书,主动参与生活垃圾分类,动员在职党员、在校学生、群团组织、行商协会、共建单位和社区力量6类人员高峰时段"看桶、守桶、护桶",2700余户参加桶前值守活动,服务时长达2769小时,210余个垃圾分类督导员队伍活跃在社区内,建成8处垃圾分类驿站,6个小区成功创建北京市生活垃圾分类示范小区,36名垃圾分类志愿者被授予"优秀个人奖"。

（张　越）

【安全生产】 年内,古城街道检查生产经营单位990家,企业检查覆盖率98.9%,检查次数5479次,下达责改文书1368份,发现隐患1556项,隐患核销率100%。梳理水泥厂社区防汛重点点位和平房区294户居民的房屋情况,增设1处排水出口、5处排水口,组织调动4支抢排队伍,建立"耐心安抚、及时转移、关心慰问"的群众工作机制。配合消防支队建成水屯小型消防站和北辛安消防救援站,辐射周边平房区、高层住宅和首钢园区,为社区、高层住宅、企业和弱势群体配装消防器材工具架21套、微型消防柜120处、灭火器390具、烟感报警器1000个。环卫楼小区5部加装电梯和立体停车楼,完成设备零部件更换和全面检修,6月底正式投入运行。

（张　越）

【道路治理】 年内,古城街道解决滨和园地区私家车乱停乱放问题。利用"街道吹哨 部门报到"工作机制,征集相关部门意见,制定打通燕堤中街至燕堤东路断头路的"疏堵结合"方案,完成1处33平方米违建彩钢房拆除和54米墙体拆除,平整铺设沥青路面566平方米,铺设透水砖、增设便道,修缮绿化带,增加斑马线,真正"还路于民"。

（张　越）

【社区"两委"换届】 年内,古城街道完成社区"两委"换届工作。编发简报8期,悬挂宣传横幅50余条、发放《致居民的一封信》等宣传材料2万余份,实现社区书记主任"一肩挑"比例100%,两委交叉任职比例、社区居委会成员本地化比例、居委会成员中党员比例较上届均有提高,党组织班子成员平均年龄47岁,较上届下降5岁,大专及以上人员比例同比提升12.8%。

（张　越）

【创建全国文明城区】 年内,古城街道完成街头绿地改造提升和文化休闲廊道项目建设。优化创城专班设置,明确任务分工,成功创建创城"示范社区",开展"擦亮城市西大门,文明祥和迎冬奥"违法行为和不文明行为专项清理整治行动。发动街道机关干部、社区老党员、老街坊、志愿者等多方力量共3630人次形成整治合力,清理楼道堆积物810处、清理非法小广告3810处、清理不分类投放垃圾4740处。

（张　越）

苹果园街道

【概况】 苹果园街道辖区面积13.13平方千米。街道下辖社区21个,常住人口9.75万人,流动人口3.06万人。辖区内有北京射击场、首都医科大学附属康复医院、中国医学科学院整形医院、中关村高科技园区石景山园、中部战区机关、北京军区善后办、中共中央宣传部培训中心等中央、市属机关企事业单位;有灵光寺、八大处佛牙舍利塔等名胜古迹;地区共有注册企业2.1万多家。年内,街道以庆祝建党100周年为主线,以服务保障冬奥筹办为重点,夯实基层党建,发挥党建引领基层社会治理作用,提升"未诉先办"水平。升级改造583处垃圾桶架,组织志愿者万余人次参与桶前值守。坚持党建引领物业管理,实现"三率"100%。完善民生家园基础设施建设,全年共计完成5项民生家园工程。深入推进"河长制",处理各类河道问题204个,实现入河污染源动态"清零";建立长效绿化管理机制,提升一批"花园式"社区。深化"吹哨报到"机制,累计吹哨150次,解决重点难点民生问题122件。抓好地区环境整治、"门前三包"规范管理等工作,常态化推进全域、全民、全面创城。举办各类线上线下公共文化活动千余场,街道图书室获评"2021年阅读北京·十佳优读空间";打造冬奥文化品牌,培育冬奥主场意识,举办各类冬奥主体冰雪活动共43场。街道获评"北京市垃圾分类推进工作先进集体""北京市信访工作先进集体""北京市五四红旗团委"。

（孙　骥）

【新冠肺炎疫情防控】 年内,苹果园街道持续开展摸排工作,确保所有落地人

12月9日,苹果园街道举办冬奥主题长卷画创作活动（苹果园街道供图）

员情况清、行踪明、全覆盖、无遗漏。与首钢医院、苹果园卫生服务中心紧密配合,组织“两委”换届人员、人大选举投票人员开展核酸检测工作,完成9152人的核酸检测工作。利用街道公众号、发放宣传册、在职党员活动等多种方式宣传,统筹组织辖区居民、行业主管单位、兜底企业三大块的疫苗接种工作。辖区居民共计接种51982人,行业部门共计接种21765人。

(孙　骥)

【接诉即办】 年内,苹果园街道以“共性问题强分析,重解决;个性问题多投入,暖答复;季节性问题常检查,重防范”为原则,推进“三见面”工作机制。实现“老街坊”热线工作站全覆盖,通过扫描二维码,实现居民诉求一站式到达社区,开启“未诉先办”工作新模式。全年累计受理接诉即办案件8659件,结案率100%,响应率99.58%,解决率94.28%,满意率96.52%,4次全市排名前50,6次全市排名前100,全区九个街道排名第5。

(孙　骥)

【创建全国文明城区】 年内,苹果园街道邀请专家老师针对创建全国文明城区相关指标进行培训、现场实地拉练讲解的学习5场。共清理楼道堆物堆料8000余处,整治消防车通道52处,在具备条件的小区安装自行车充电桩121台。维修破损背街小巷28条,维修路灯12处,累计施划停车线93处,累计4750米。

(孙　骥)

【垃圾分类】 年内,苹果园街道升级改造583处垃圾桶架,全部安装公示牌、雨棚、手拉环或脚踏等便利性设施。建设垃圾分类驿站21处,升级分类驿站4处。指导物业建成大件、装修垃圾暂存点67个,提升大件垃圾和建筑垃圾暂存点14处,更换其他垃圾收集车47辆。苹果园街道被评为“北京市生活垃圾分类先进集体”,1名工作人员被评为“北京市生活垃圾分类推进工作先进个人”,申报的八大处甲七号院、雍景双庐、蓝天军苑、涂料厂油库楼小区通过北京市垃圾分类示范片区创建验收,全部荣获“北京市生活垃圾分类示范小区”称号。

(孙　骥)

【物业管理】 年内,苹果园街道坚持党建引领物业管理。辖区共49个小区,其中13个成立业委会,36个成立物管会,9个小区物管会向业委会转化,均成立党组织,实现“三率”100%。利用智能手段探索物业管理新方式,通过“北京业主”APP为业主和物业提供平等对话的平台,提高物业服务质量和业委会工作效率。

(孙　骥)

【就业服务】 年内,苹果园街道实现就业957人。采集单位信息163家,完成年度目标任务103%;开发就业岗位2100个,完成年度目标任务122%。苹果园街道被评为充分就业街道,21个社区均为充分就业社区。

(孙　骥)

【公共文化服务】 年内,苹果园街道举办各类文艺演出、防疫宣传、培训讲座、科普教育、电影放映、读书沙龙、未成年人活动等公共文化活动1492场,参与群众8.24万人次。举办向建党100周年献礼主题活动、文艺作品征集等活动22场。推出线上冬奥健身课堂,举办各类冰雪活动共43场。提升街道综合文化中心硬件设施水平,街道图书室获评“2021年阅读北京·十佳优读空间”。

(孙　骥)

【社会保障服务】 年内,苹果园街道发放低保金、失业保险金、医药费、救助金等各类社会保障金4736.2万元。发放养老服务补贴2804人、失能护理补贴17107人次、80岁以上高龄津贴33253人次。做好各类保障房受理和资格初审工作,保障居民利益。配合区双拥办做好争创双拥模范城“九连冠”工作。

(孙　骥)

【民生工程】 年内,苹果园街道5项民生家园工程;开展电动自行车充电棚场地建设项目(西井、枫林一、枫林二、边府、琅山)建设工作。持续打好污染防治攻坚战,处罚未按规定清运建筑垃圾、未按规定处置或覆盖建筑土方等行为67起,总罚款额45.8万元。街道“双河长”累计巡查河道2046次,处理各类河道问题204个,实现入河污染源动态“清零”。累计硬化、绿化、苫盖裸地62260平方米,为苹一、西井、海三等9个社区补种裸地16000余平。指导西山枫林第二社区获得“首都绿化美化花园式社区”称号,指导北京乐康物业管理有限责任公司西山汇A区获得“首都绿化美化花园式单位”称号。

(孙　骥)

【消除安全隐患】 年内,苹果园街道检查经营单位5755家次,检查任务完成率130.8%,检查覆盖率实现100%,发现安全隐患1562处,下达责令改正通知书1199份,隐患核销率99.68%实现地区全年安全生产零事故。苹果园街道安全生产检查队获评全区唯一五星级安全生产检查队。

(孙　骥)

【信访代理】 年内,苹果园街道妥善办理各类信访案件217件400余人次,集体访9件160余人次,国家局及市区交办件94件,信访案件化解完成率为96%。处置化解蛋壳公寓、西山芳苑电力改造、苹果园综合交通枢纽工程施工扰民等重点矛盾纠纷,苹果园街道被评为北京市信访工作先进集体。

(孙　骥)

金顶街街道

【概况】 金顶街街道辖区面积6.9平方千米。山地约占地区面积1/3,主要分布有金顶山、翠微山、蟠龙山和红光山,永定河引水渠流经这里。有市级历史文化保护地区模式口村,有法海寺、承恩寺、田义墓、第四纪冰川馆等,另有1处伊斯兰教活动场所清真寺,非物质文化遗产太平鼓文化在此传承。地区有9所学校,其中高中1所、初中2所、小学3所、幼儿园4所。金顶街街道划分17个社区,地区现有人数87588人,其中常住人口数69826人,流动人口数13807人。年内,按照市、区第七次人口普查领导小组及办公室要求,完成后续人普资料开发利用工作。金顶街街道被评为2020年北京市禁毒工作示范街道。

(杜若陶)

3月26日，金顶街街道举办“红色邮票见证百年党史”主题展

（金顶街街道供图）

【基层党建】 年内，金顶街街道开展党史学习教育、建党百年庆祝活动和“永远跟党走”群众性主题宣传教育活动。以学党史为主题举办理论中心组学习、读书会、交流研讨等学习活动56次，全体处级领导带头深入社区讲主题党课，街道7个机关党支部、17个社区、9个“两新组织”党支部均高质量召开专题组织生活会，完成“七一”庆祝大会金顶街街道参加人员组织服务保障工作。开辟“三分钟学党史”“青年说”“@党员我来讲”三个特色原创专栏，累计推送131期栏目。打造“红色邮票见证百年党史”主题展、“红色故事感悟百年精神”主题朗读、“红色家底传承百年薪火”主题访谈三项亮点活动，同步开展红色参观、红色观影等活动54场，累计参与4807人次。深入推进“我为群众办实事”实践活动，落实清单项目106项。深化“党员分类管理路线图”项目，构建党员全链条管理机制，获评区级“十佳基层党建创新项目”。实行党建品牌孵化行动，依托社区书记工作室等载体，通过精准培育、成长成型、系统提升“三步走”模式，打造党建品牌矩阵。打造18个“暖蜂驿站”新型党建阵地，推动新业态、新就业群体融入基层党建格局。

（杜若陶）

【垃圾分类】 年内，金顶街街道出台《金顶街街道垃圾分类工作实施细则》。配置分类收集桶站398组，公示牌、容器便利性等设施功能齐备，桶站设置合格率100%；运行街道级大件垃圾中转站1处、再生资源分拣中转站1处、民生实事分类驿站7座，各品类垃圾收运处理体系稳步运行。建立健全小区垃圾清运管理制度，在34个居住小区均设置大件垃圾、装修垃圾暂存点。金三区等六个小区获得北京市垃圾分类示范小区称号。结合双报到、爱国卫生大扫除活动，发动在职党员、退休党员参加“桶前一小时”值守，累计参与9000余人次。并以党员、志愿者、楼门组长、优秀团员家庭为依托，通过示范带动，激励每个家庭源头分类行为。垃圾分类志愿服务队伍采用线上线下相结合的方式，开展现场有奖竞答、居民签名倡议、健步走等活动30余场、商户、居民宣传走访2轮次、推送公众号文章300余篇。做好“五个一”社区再动员，开展“垃圾分类我带头，桶前值守我先行”的培训宣传活动25场，发放宣传海报60余套，居民倡议书11065份，居民垃圾分类指南手册2.9万册，印刷宣传页发放4万余份。开展垃圾分类入户回访工作，发动党员、志愿者、老街坊、社工5000余人次，回访户数27000余户。

（杜若陶）

【老旧小区改造】 年内，金顶街街道完成对全辖区老旧小区综合整治居民意见征询工作，达到区建委政策要求的小区共18个，已完成确认审批12个，其余6个已完成上报待审批。模西中社区老旧小区综合整治工作，已进场施工；金四区教工楼小区正在办理开工许可证；金四区5－16号楼、体委9号院小区已完成区常务会，正在上报财政局评审；模南、模中、模北、模西北、模西南、科研楼、铸造村平楼、金一区等2021年第二批首开集团实施主体的8个小区改造项目已完成设计方案并上报部门联审会审议。老旧小区加装电梯工作：金顶街老楼加梯政策宣传工作正按计划进行开展，目前模南社区15号楼1单元已完成验收并投入使用。金一区1号楼2单元已进场施工；模东10号楼2单元、金四区教工楼共18个单元已完区住建委确认审批。

（杜若陶）

【便民工程】 年内，金顶街街道实施便民工程1项，总投资529万元，涉及项目为金顶北路9号院2栋楼基础设施改造。通过组织老街坊议事厅、协调居民，顺利完成上下水户内改造252户，包括12户底商，改造率达到100%，重修道路、车棚。结合冬奥组委周边、接诉即办等工作，利用民生家园、背街小巷整治等资金，改造铸造一区、小四区等老旧小区，彻底改善社区的环境，科学合理重新规划停车、行车道路，缓解九中高中部交通压力，共计总投资360余万元。

（杜若陶）

【接诉即办】 年内，金顶街街道办理群众诉求5969件，工单处置方面，响应率100%、解决率98%、满意率99%。月考核中，两次进入全市前10名，全年综合成绩排名市第13位，接诉即办综合绩效成绩位列石景山区第1名。接诉即办办公室以落实《北京市接诉即办工作条例》为契机，把对接诉即办工作的理解上升为治理理念和治理思想,全年协调解决老旧小区、平房院落房屋漏水、道路积水等疑难问题300余件,收到表扬工单180余件、表扬信10封、锦旗32面。

(杜若陶)

【平安建设】 年内,金顶街街道完成“智慧平安小区”二期建设任务。全面启用智慧门禁系统,推进721个单元门门体改造。推进电动自行车专项安全整治,建设电动车充电车棚12个、充电口364个。加大对辖区重点反恐单位、场所的检查督导力度,加强宣传培训增强居民的反恐意识和自护常识。推进扫黑除恶斗争常态化,积极开展禁毒、反邪教、铁路护路、烟花爆竹禁放、扫黄打非、地下空间管理、违法群租房治理、预防煤气中毒和燃气安全检查等工作。实施“十大工程”,推进全国自然灾害综合风险普查,开展区域安全风险评估,深化“预付式消费信用监管和服务平台”推广应用。

(杜若陶)

【安全生产专项整治】 年内,金顶街街道召开地区平安建设工作大会、隐患排查工作会,签订《安全生产目标责任书》629份。开展危化、建筑施工、人员密集场所、有限空间等重点隐患排查治理,出动检查人员1390组次、3401人次,排查生产经营单位4408家次,发现隐患1087处,下达责改文书1032份,移动端检查100%,检查覆盖率99.13%,人均检查量275.5。高质量推进城乡结合部综合治理任务,排查单位518家,发现隐患101处,处罚4件,关闭取缔1家。落实126家企业投保安全生产责任险,20家小微企业完成标准化创建,完成率均为100%。通过区委区政府对街道三年安全生产督察,推进安全社区创建,持续落实11个方面23项安全促进项目任务。规范巡查员队伍建设,实现社区安全生产巡查员队伍规范化建设目标。加强安全生产及消防安全宣传,开展“安全生产月”“11·9消防宣传月”活动,发放宣传资料9000余份。

(杜若陶)

【化解矛盾纠纷】 年内,金顶街街道完善多元化纠纷解决机制。联合司法所、派出所、社区等完成“蛋壳公寓”风险处置专项调解以及区级、街级疑难复杂纠纷,全年共参与化解矛盾纠纷48件,调解成功45件。防范化解经济金融领域风险,以“宣传贯彻处非条例,提高金融风险防范意识”为主题,开展金融安全集中宣传活动30余次,受众人数2万余人次,开展“无非法集资社区”和“无传销社区”评选工作,地区未发生涉及金融安全的不稳定事件。积极推进反电信诈骗工作,通过微信群、宣传栏、LED电子屏、入户发放“致全区居民一封信”、推广“全民反诈”APP等形式向居民群众讲解电信诈骗犯罪的种类、常用作案手段以及识别防范技能,“全民反诈”APP安装20862人次,覆盖率达到72.2%。

(杜若陶)

【推进成立物管会】 年内,金顶街街道贯彻落实《北京市物业管理条例》,推动地区物管会(业委会)成立工作,正式成立物管会的小区35个,组建率97%。动员符合条件的社区“两委”委员、回社区报到的在职党员等积极参与业委会、物管会组建宣传工作。成立“街道业主委员会和物业管理委员会组建工作领导小组”,街道主要领导为组长,党委副书记、城市建设、社区建设主管主任为副组长,党群工作办公室、社区建设办公室、城市建设办公室、相关科室及17个社区居委会为成员单位。组织社区干部、居民代表等学习《北京市物业管理条例》等法律法规,熟悉掌握法定程序和相关业务知识。定期召开协调会6次,邀请专业机构及律师参加,对社区在推进业委会和物管会成立工作中出现的难点问题,及时研讨解决。

(杜若陶)

【养老服务】 年内,金顶街街道为60以上重度失能老人发放重度失能护理补贴共计1049.16万元;80以上老人发放高龄津贴共计523.3万元。依托老年福敬老院在辖区为270名老人开展巡视探访服务项目;认领、分配辖区1500余名基本养老服务对象工作,开展签约服务。增强养老服务床位及市场需求对接力度,辖区有6个养老驿站(73张床位),2个养老院(708张床位)。

(杜若陶)

【住房保障】 年内,金顶街街道完成公租房、市场租补贴新申请家庭531户初审上报;公租房轮候3至10年家庭,共计776户资格复核,终止280户。对803户其他备案家庭进行年度资格复核。完成230户家庭的公租房选房配租工作;完成228户家庭资格变更工作。完成地区539户家庭租房补贴纪委核查整改工作,追回补贴5.57万元。

(杜若陶)

【新冠疫苗接种】 年内,金顶街街道累计组织接种105455人次。其中:第一针接种45644人(其中60岁以上第一针12522人);第二针接种37830人;第三针接种21981人(接种率76.77%)。根据区通报及社区摸排情况,辖区18岁以上完成第一针接种63772人,接种率95.36% 。

(杜若陶)

【无障碍环境建设】 年内,金顶街街道开展无障碍环境建设专项行动。完成辖区34个点位、105家“七小门店”无障碍设施改造,打造便民“精品街区”、“一刻钟服务圈”,补齐无障碍设施短板。

(杜若陶)

【拆违控违】 年内,金顶街街道与居委会、物业、协管、保安队伍的联防联管联动,确保新生违建“动态清零”。主要依托M11号线西段(冬奥支线)及模式口历史文化街区整体环境提升等大项工程建设,加强与国土、住建委等其他职能部门的沟通协调,实现其他违建“逐步减少”。制止新生违建苗头10起,拆除违建14起,占地面积2723.7平方米,建筑面积6157.7平方米,疏解901人。

(杜若陶)

【施工环保】 年内,金顶街街道通过日查夜巡和专人盯守方式,督促施工环保制度落实。主要包括铸造村集资房建设工地、金顶街小学建设工地、冬奥组委架空线入地工程、模式口历史文化街区改造工地、街道便民工程，坚持每天巡查，极端天气必查，确保按照施工标准落实管理措施。与区城管委夜查11次，自行设卡夜查33次；查处违法违规运输车辆21辆，依法罚款38500元。其中每月不少于3次在装司桥设立路卡夜查，每次出动执法力量不少于4人、安保力量不少于10人，严查各类乱倾乱倒、车体不洁等违规行为，加强渣土运输、道路扬尘治理。每月不少于2次协同区城管委、区住建委、区生态环境局等部门执法力量对建筑垃圾运输及处置进行专项联合执法；通过日查夜查相结合，在莲石西路加油站、古城南街设卡检查或检查施工工地。

（杜若陶）

【规范街面】 年内，金顶街街道协同市场监管所、街道环保网格员联合执法110余次、自行组织执法检查320余频次。集中整治占道经营重点点位，规范后由协管盯守，值班队员不间断巡查并督导。依法先行登记保存90余起违法违规物品及工具，并依法处罚违法违规行为当事人。采取分组分区巡查、入户宣传、建立微信管理群等方法加强门前三包查处力度。检查"门前三包"累计7100余频次，规范店外经营410余起，入户宣传4100余次，发放宣传通知单210余份。督导和协助沿街商户清运垃圾、堆物堆料680车次；拆除擅自设置占道标牌、灯箱及户外广告8块；清理沿路乱贴乱画、橱窗即时贴广告230余处，清理条幅18条。累计拍照或录像取证擅自散发放宣传品行为950余起，录入非法小广告停机管理系统23起，移送停机2起，处罚13起。

（杜若陶）

【模式口街区综合治理】 年内，金顶街街道在模式口历史文化街区周边拆除违法建设5处，面积420平方米，其中2处为新生违建，做到新生违建"动态清零"。组建3人专项执法小组，带领协管人员对该地域进行整治、巡查和盯守。累计出勤1800余人次、协管7100余人次，共取缔和规范占道经营行为200余起，处罚32起。与城市管理办公室和平安建设办公室等部室合作，成立永定河文化节保障小组，常驻石泰公司指挥部办公室，负责协调街区修缮改造民扰民诉纠纷，成功处理纠纷63起。

（杜若陶）

广宁街道

【概况】 广宁街道辖区面积6.11平方千米，常住人口6756户、14684人，其中外来人口7026人。广宁村、麻峪村、柳林庄、电务三段及高井路两侧是境内5个主要居民住宅区域，并以此为主形成麻峪、麻峪北、高井路、新立街、东山5个社区。辖区设有1所中学、1所小学。社区卫生服务中心1个。广宁地区是北京市电力和供热主要生产基地之一，西北热电中心由6台35万千瓦级燃气热电机组组成，是北京市最大的燃气热电中心。寿山福海养老服务中心是由恒坤投资集团有限公司与麻峪工贸中心合资兴建的北京市五星级养老服务机构。广宁街道办事处与北京冬奥组委一墙之隔，作为冬奥服务保障的重点区域，街道落实习近平总书记推进"三亿人上冰雪"的要求，以冬奥特色环境设施改造聚焦冬奥主题，以冰雪特色文体活动打造特色品牌，以发动共治共享推进治理创新，建成全国唯一被北京冬奥组委授牌的"冬奥社区"。国家体育总局授牌冬奥社区为全国第一个"冰雪社区"。7月9日，在全国"带动三亿人参与冰雪运动"工作推进会上，国家体育总局局长苟仲文向电厂路小学授予"冰雪学校"牌匾，向高井路社区授予"冰雪社区"牌匾。

（王　虹）

【冬奥文化广场授牌】 6月23日，"北京2022年冬奥会和冬残奥会文化广场授牌仪式暨国际奥林匹克日活动"在广宁街道冬奥社区文化健身广场举办，冬奥组委文化活动部部长陈宁宣读广场验收结果并授牌。作为全国首个完成建设的"北京2022年冬奥会和残奥会文化广场"，占地面积约4000平方米，设置"中心舞台区""展览展示区""冰雪体验区""志愿服务区""特许商品展示区"五个功能区，供国内外游客及周边居民观看赛事、获取冬奥信息、体验冰雪运动。

（王　虹）

【冬奥社区综合文化中心开馆】 12月16日，在冬奥社区举行"一起向未来"迎冬奥倒计时50天暨冬奥社区综合文化中心开馆揭牌仪式。冬奥组委、区文旅局、区图书馆、广宁街道、清华同衡规划院、国网石景山供电公司等相关单位以及各社区代表出席活动。

12月16日，广宁街道举办"迎冬奥倒计时50天暨冬奥社区综合文化中心开馆仪式"

（广宁街道供图）

冬奥综合文化活动中心总建筑面积2200余平方米,中心以共享式庭院将各功能区域相互连接,又各自独立,将"教育培训、运动休闲、排练演艺、创意交流、互动共享"多种功能有机结合,以展示奥运文化、体现冬奥精神为主题,搭建居民参与奥运、共享奥运的公共文化平台。

(王　虹)

【"带动三亿人参与冰雪运动"示范活动】 12月26日,在高井路冬奥社区举行。苟仲文等体育总局领导和常卫、田利跃等区领导参加活动。景海鹏、高凤林等各行业代表,叶乔波、申雪、王一博、朱亚文、夏雨、杨倩、管晨辰等文体界代表及武大靖、任子威、隋文静、韩聪等冰雪名将参加活动。活动发布《中国冰雪大扩列(第二季)》动漫宣传片。

(王　虹)

【中华冰雪文化展开幕式】 12月28日,"九三助力冬奥——中华冰雪文化展"开幕式暨《中华冰雪文化图典》捐赠仪式在冬奥社区文化中心举行。中华冰雪文化研究团队介绍研究项目情况,广宁街道介绍冬奥社区冰雪文化建设情况,冬奥社区、电厂路小学接受《中华冰雪文化图典》捐赠。与会领导还参观广宁街道冬奥社区展、中华冰雪文化展和电厂路小学冰雪运动开展情况。九三学社中央常务副主席邵鸿、市委统战部部长游钧,九三学社中央副主席、北京市委主委刘忠范,北京冬奥组委文化活动部部长陈宁、开闭幕式工作部部长常宇,区领导李新参加活动。

(王　虹)

【基层治理】 年内,广宁街道硬化背街小巷15条,施划停车位300个,粉刷墙面小广告2000余平方米,安装太阳能路灯100余盏,安装晾衣杆200个,协调解决老旧小区堆物堆料、麻峪主街停车、环境秩序等难点问题,安装展板、横幅等宣传布设220处。

(王　虹)

【环境整治】 年内,广宁街道开展棚改项目环境整治工作,拆除18处点位违法建设,拆除房屋建筑面积2200余平方米;高井规划一路拆迁项目违法建设拆除工作,累计完成立案13起,拆除房屋建筑面积1400平方米;冬奥社区环境整治,拆除高井路沿线私搭乱建3600平方米。

(王　虹)

【落实河长制】 年内,广宁街道累计巡河436人次、1517公里,及时处理河湖长制综合信息管理系统案件216件。开展"清四乱"、清河专项行动,清理永定河左岸、高井沟、红电支渠河道沿线围垦80余处、6000余平方米,清理垃圾约200立方,解决排污口跑冒滴漏问题17处。

(王　虹)

【新冠肺炎疫情防控】 年内,广宁街道累计完成10400人次核酸采样,完成13468人第一针接种,街道整体接种率达到100%以上,大唐电厂固定接种点位及临时疫苗接种车辆完成60000针次接种任务。

(王　虹)

五里坨街道

【概况】 五里坨街道辖区面积21.5平方千米(山区、浅山区、平原各占1/3),常住人口约6万,其中户籍人口约3万。驻军团级以上部队17个,驻辖区企事业单位339家。五里坨街道下辖15个社区,社区干部227人。党工委下辖18个基层党组织,党员2955名。其中社区党委10个、党总支4个、党支部1个。年内,街道围绕常态化疫情防控和服务保障冬奥会等全区中心任务,开展城市综合治理、辖区平安建设、保障改善民生等工作,贯彻区委主体责任协调会精神,完成30项主体责任年度任务。深化"吹哨报到"机制,共吹哨68次,解决问题64件。成立19个小区业委会(物管会)党组织,物管会党组织覆盖率100%。开展新业态、新就业群体党建试点工作,选派党建指导员对5家快递企业指导党建工作,建设9家"暖蜂驿站"。"天翠侨苑"荣获市级"示范侨之家"称号。

(韩艳玲)

【意识形态工作】 年内,五里坨街道制定"意识形态工作责任制实施方案"。将意识形态工作同服务保障冬奥会冬残奥会、疫情防控、扫黄打非、防范与化解重大风险等紧密结合,不定期专题研究部署意识形态领域工作。全年共处理网络舆情45条,开展媒体报道200余次,推送微信公众号信息800余条。报送区"两办"信息266条,荣获"区委系统信息工作先进单位"。

(韩艳玲)

【党史学习教育】 年内,五里坨街道制定《五里坨街道党史学习教育实施方案》,召开党史学习教育动员部署会。领导班子示范带头,封闭学习2天,完成4个专题交流研讨,基层讲党课12场次,以普通党员身份参加专题组织生活会。开展党史知识竞赛、"走进五里坨"光辉历程影像展、"一把手"进社区等系列活动。梳理"我为群众办实事"问题清单,全力办好道路修缮、增设电动车棚、改造排水管道、加装快递柜等各类民生实事。

(韩艳玲)

【党建工作】 年内,五里坨街道优化调整设置基层党组织3个,制定基层党建任务清单44项,落实党支部标准化规范化建设10个方面突出问题整改。开展"两代表一委员"工作,选举产生9名代表出席区第十三次党代会。完成30名区"两代表一委员"考察。完成社区换届选举工作,选举产生81名社区党组织委员。打造"三乘六"等特色支部工作法,强化重点领域、重点工作监督检查。组建"红色物业工作队",发挥"军嫂志愿服务队"示范作用,推动开展双拥共建、疫情防控、助老爱幼等各项服务工作,并获得《北京日报》《北京晚报》等多家媒体宣传报道。

(韩艳玲)

【廉政建设】 年内,五里坨街道围绕换届选举、接诉即办、疫情防控、创城等重点工作开展专项监督检查273次,对街道财务工作开展专项监督2次,坚持把监督挺在前面、抓在经常。运用"四种形态",共开具廉政证明24

份，开展集体廉政谈话6次，谈话提醒13次。延伸监督“触角”，启动监督向基层延伸工作探索，推选30名社区监督信息员。发挥“石景山e监督”平台作用，将15个社区划分为4个“社区监督协作组”，以交叉检查、联合检查破解熟人监督难题，发现的30个问题全部完成整改。

（韩艳玲）

【“疏整促”专项行动】 年内，五里坨街道完成上账违法建设销账29处，制止新生违法建设3起，累计拆除违法建设4600余平方米，腾退土地11000余平方米。严厉打击街头游商，查处无照经营、擅自摆摊设点18起，罚款13000元。开展2021年乡土植物“六进”活动，修剪砍伐危死树142棵，治理北京园林城镇系统督查21件，完成区园林揭网建绿任务。

（韩艳玲）

【环境治理】 年内，五里坨街道建立完善“河长、街巷长、林长”制度。查处治理非法排污3处，对84条背街小巷开展清洁整治，区反馈单和首环办279个点位、融合平台19259案件已全部完成销账。开展环境类执法检查89次，罚款559000元。对潭峪路、炮厂路、新隆恩寺街等路段进行治理，整治345处裸地。建立大件垃圾和再生资源中转站，建设3座垃圾分类驿站，41个小区基本完成撤桶并站，3个垃圾分类示范小区创建成功，实施垃圾分类行政处罚15起，罚款10400元。

（韩艳玲）

【老旧小区改造】 年内，五里坨街道推进老旧小区综合改造。西山机械厂社区老旧楼房区便民工程完工投用，黑石头现代生活小区施工改造项目完成招标，竣工后342户、855人生活环境将得到较好改善。加快周边配套设施建设，战场态势大队安全隐患整改、五里坨街道健身步道、西山机械厂液化石油气供应站改造项目等均已竣工。

（韩艳玲）

【全国文明城区创建】 年内，五里坨街道采取“自行清、集中清、回头看”三步走，开展清理整治社区（小区）违法行为和不文明行为专项行动。共出动686人次，全面清理堆积物、非法小广告、废旧自行车、僵尸车等，施划停车位1190个，自行车点位162个，消防通道警示标志51个。完成3个示范社区创建工作，落实“区委生态环境保护督查”整改、“卫生街道创建“等重点任务。

（韩艳玲）

【新冠肺炎疫情防控】 年内，五里坨街道严格按照“四个当日”要求，从严从紧从快落实大数据重点人群摸排管控工作，流调7700余人，涉及河南、重庆、西安等20多个地区，核实落地人员2000余人。及时排查核实药店购买退烧、止咳类药品人员情况，指导可疑人员做好就医筛查。对辖区“三类场所”“七小门店”开展常态化检查，现场累计指导责改1432家次，依法处置155家次。街道组建新冠肺炎疫苗接种工作专班，实行处级领导包社区、机关干部包点位、社区干部包人员、单位干部包本院的“四级四包”机制。开展进小区、进楼门、进住户、进单位“四进”宣讲活动，创新接种奖励机制，接种率91.96%，财政供养促接率112.5%

（韩艳玲）

【平安建设】 年内，五里坨街道落实重点人员管控措施。启动社会面一级超常防控等级8次。加强建筑工地、平房区、出租大院、浅山区综合治理，开展联合检查23次，消除社会治安、反恐防恐、生产经营等方面安全隐患。夯实属地安全生产监管责任，制定并签署各类责任书396份。实施液化石油气、校外培训机构和寄宿制学校安全隐患、有限空间作业“双防一推进”等专项行动，累计检查生产经营单位5473家次，全面排查安全隐患，责令问题整改。开展“安全生产月”活动，组织28家企业开展消防应急演练。

（韩艳玲）

【防汛应急处置】 年内，五里坨街道成立防汛工作领导小组，组建应急分队，储备应急物资。针对“7·12”和“7·18”强降雨，第一时间启动应急预案，提前发布强降雨预警信息，集合应急人员，调配防汛物资和施工抢险车辆，专人盯守易积水点位以及地质灾害多发区域。对黑石头、潭峪路路口实施封闭管控，及时劝返游客，撤离6户20人山区居民。快速处置潭峪村居民院墙坍塌、房屋漏水突发问题。

（韩艳玲）

【法治服务】 年内，五里坨街道构建预警排查信息网、矛盾纠纷调解网、心理疏导门户网、普法教育宣传网，组建信息员、调解员、疏导员、宣传员四支队伍，掌握矛盾纠纷，坚持就地化解原则，做好心灵疏导、预警上报、普法宣传等工作。全年组织开展人民调解127例，调解成功121例，调解满意度95%。全年接收法律咨询案件1213件。获评“全国模范司法所”和“石景山区七五普法优秀单位”荣誉称号。

（韩艳玲）

【社会救助保障】 年内，五里坨街道发放低保金327万余元；医疗救助403人45.2万余元；临时救助5户5.2万余元。受理公租房和租赁住房申请补贴84户，办理生育登记、独生子女、新生儿入户448项；完成194名严重精神障碍患者摸底、审批、复核；完成无障碍通道和残疾人温馨家园室外环境改造任务。发放独生子女费1.6万余元，精神障碍患者监护人补贴27万余元，养老补贴490余万元。

（韩艳玲）

【居家养老服务】 年内，五里坨街道实施养老服务行动计划。投入20余万元对辖区279户80岁以上老人家庭进行简易适老改造，指导辖区“2中心、4驿站、1机构”养老场所安全良性运营。

（韩艳玲）

【民生保障】 年内，五里坨街道共办理新申遗属待遇94人，发放资金65.3万余元。开展劳动争议调解工作，调解劳动争议2起。开展联合执法检查3次，全面摸排辖区企业、工地欠薪情况，建立用人用工台账，发现欠薪隐患及时上报，保障农民工合法权益。通过走访企业、组织促就业招聘会等方式，采集空岗信息711个，办理就业登记525人，签订日常服务单位87户，完成全年指标的100%，辖区15个社区均达到充分就业社区创建标准。

（韩艳玲）

【扶贫支援协作】 年内,五里坨街道领导带队前往受援地区内蒙古宁城县,和当地的大双庙镇进行对接,开展实地调研工作,了解当地乡村振兴需求,共商共议后续发展规划。完成街道15万元的扶贫产品采购任务。动员社会力量,为受援地区募捐两万余元的慰问品。

(韩艳玲)

【社区队伍建设】 年内,五里坨街道指导15个社区完成居民委员会换届选举工作,选举产生77名居委会成员。对新一届社区领导班子、社区骨干进行培训,提升社工综合能力。以“年终考评”为杠杆,制定《五里坨街道2021年度社区考核评议工作方案》,综合运用评议结果。

(韩艳玲)

【增设便民服务】 年内,五里坨街道在住宅区94个单元门安装60个门禁,改造34个门禁,完成门禁维修、智慧门禁系统信息录入、信息核查等工作。针对新建小区买菜难、出行不便等问题,引入流动菜车2辆,与区城管委协调引入共享单车500辆,缓解居民困难。建成五里坨街道图书分馆,成立社会心理服务中心。指导3个小区成立业委会,年度党建引领物业管理“三率”考核中的组建率为100%。

(韩艳玲)

【群众文化生活】 年内,五里坨街道建立全民健身“工作运行、教育引导、激励奖赏”三级机制,打造石景山区全民健身示范街道。结合党史教育、冬奥筹办、社区特色、群众愿景,组织“盛世放歌颂党恩,激情相约迎冬奥—唱支山歌给母亲 老街坊汇演”“第三届邻里节”等文化活动251场次。

(韩艳玲)

【接诉即办】 年内,五里坨街道建立健全热线管理制度,完善热线问题台账数据库。形成“常规工单科室(社区)办、特殊紧急工单领导办、疑难工单集体会商办”等工作模式。推广使用“一码通”小程序,缩短问题反映周期,同时提出“三好”工作标准(接听电话态度好、工单办理质量好、回访答复解释好)。接诉即办市考核平均“三率”成绩为:响应率99.43%,解决率95.08%,满意率96.17%,年平均成绩为96.39,在全区街道排名第4名。

(韩艳玲)

石景山区街道工委、办事处负责人

八宝山街道
- 工委书记 宁慧娟(女)
- 办事处主任 卢满钧(10月免)
- 赵　阳(10月任)

鲁谷街道
- 工委书记 李先侠(7月免)
- 苏文颖(7月任)
- 办事处主任 靳　晶

老山街道
- 工委书记 周　冲(女,蒙古族,10月免)
- 郝显军(蒙古族,10月任)
- 办事处主任 杨育忠

古城街道
- 工委书记 赵文侃(10月免)
- 刘吉新(10月任)
- 办事处主任 王庆亮(10月免)
- 李　晨(10月任)

八角街道
- 工委书记 高春玲(女)
- 办事处主任 张晓磊(7月免)
- 岳　赞(7月任)

苹果园街道
- 工委书记 杨举生(10月免)
- 梁学刚(10月任)
- 办事处主任 梁学刚(10月免)
- 王　懿(10月任)

金顶街街道
- 工委书记 吕三伏(10月免)
- 马　斌(10月任)
- 办事处主任 马　斌(10月免)
- 李　宁(10月任)

广宁街道
- 工委书记 张洪江
- 办事处主任 吴智鹏(10月免)
- 杨纪锋(10月任)

五里坨街道
- 工委书记 佟建国(10月免)
- 王国利(10月任)
- 办事处主任 王国利(10月免)
- 齐　升(10月任)

人物　荣誉

全国先进集体

全国五一劳动奖状
物美科技集团有限公司
全国维护妇儿童权益先进集体
石景山区民政局社会福利救助科
全国先进基层党组织
八角街道八角中里社区党委
全国维护妇女儿童权益先进集体
石景山区民政局社会福利救助科
全国民主法治示范社区
石景山区苹果园街道西山枫林第一社区
全国依法治理创建活动先进单位
石景山区教育委员会
全国人力资源社会保障系统优质服务窗口
石景山区社会保险事业管理中心
2017—2020 年度全国群众体育先进单位
石景山区体育局

全国先进个人

全国五一劳动奖章
陈　飞　北京藏经阁收藏文化交流中心
全国三八红旗手
李美红　石景山区八角街道八角中里社区
全国妇联系统劳动模范
赵　红　石景山区老山街道老山东里北社区
全国维护妇女儿童权益先进个人
孙　蕊　石景山区八宝山街道沁山水南社区
全国优秀共青团员
范文娟　石景山区鲁谷派出所
平安之星
金　鹏　石景山公安分局
全国“最美基层高校毕业生”
史晓刚
2017—2020 年度全国群众体育先进个人
贺琼瑶
2017—2020 年度全国群众体育先进个人
王飞飞

北京先进集体

首都劳动奖状
北京市石景山消防救援支队
北京工人先锋号
北京市石景山区人民法院执行局
首都文明单位标兵
石景山区财政局
首都文明单位
石景山区审计局
全国脱贫攻坚先进集体
石景山区国资委改革发展科
北京市扫黑除恶专项斗争集体
北京市公安局石景山分局刑事侦查支队
北京市信访工作先进集体
北京市公安局石景山分局治安支队
北京市扫黑除恶专项斗争先进集体
中共北京市石景山区委政法委员会(区扫黑办)
首都拥军优属拥政爱民模范单位
北京市石景山区统计局
北京市就业创业先进集体
八角街道市民服务中心

北京先进个人

2021 年首都劳动奖章
包曹歆　女　石景山区疾病预防控制中心
陈雅文　女　石景山区苹果园街道下庄社区

宋立丰　男　石景山区道路清扫队

闫志伟　男　北京东土科技股份有限公司

林少克　男　北京首卫保安服务有限公司派驻北京市森林消防

综合救援总队

汪　杰　女　首都医科大学附属北京康复医院

首都“五一”劳动奖章

宋立丰

北京市扫黑除恶专项斗争先进个人

许　鹏

北京市信访工作先进个人

赵桂憨

北京市国家安全工作先进个人

张辰琛

北京市就业创业先进个人

董振林

北京市节约用水先进个人

杨文君

北京市优秀党务工作者

白　娟　石景山区市场监管局

北京市优秀共青团员

卓　越　北京市石景山区人民法院

郭林萌　北京市石景山区市场监督管理局

统 计 资 料

表 11

石景山区主要经济指标完成情况

（2016 年—2021 年）

项　　目	单　位	2016 年	2017 年	2018 年	2019 年	2020 年	2021 年
一、地区生产总值							
地区生产总值	亿元	592.9	667.3	748.8	808.0	855.5	959.9
第二产业	亿元	105.9	114.4	124.0	133.1	138.2	158.2
第三产业	亿元	487.0	552.9	624.8	674.8	717.3	801.7
第三产业增加值占地区生产总值比重	%	82.1	82.9	83.4	83.5	83.8	83.5
二、土地与人口							
土地面积	平方公里	85.7	85.7	85.7	85.7	85.7	85.7
常住人口	万人	63.4	61.2	59.0	57.0	56.8	56.6
户籍人口	万人	38.7	38.2	38.6	39.0	38.9	39.0
人口密度(常住人口/土地面积)	人/平方公里	7394.0	7137.0	6881.0	6648.0	6625.0	6601.0
三、全社会固定资产投资							
全社会固定资产投资增速	%	12.1	20.1	1.1	6.1	20.8	17.0
# 房地产开发投资增速	%	11.2	32.2	-30.2	57.2	36.6	6.7
房屋建筑施工面积	万平方米	353.5	383.1	346.5	382.3	46.7	540.5
房屋建筑竣工面积	万平方米	108.7	61.1	19.2	24.3	229.2	66.1
# 住宅面积	万平方米	20.4	13.1				23.6
四、社会消费品零售总额							
社会消费品零售总额	亿元	374.9	400.1	416.3	435.7	399.5	439.9
批发业	亿元	17.0	17.0	16.4	43.4	67.0	32.3
零售业	亿元	256.4	271.1	277.3	263.6	318.7	388.8
住宿业	亿元	1.2	1.4	1.2	1.5	0.7	1.3
餐饮业	亿元	12.7	13.9	17.4	18.7	13.0	17.5
五、财政							
财政收入总计	亿元	75.1	106.5	112.3	113.0	185.8	187.4
财政支出总计	亿元	127.9	182.3	177.7	206.7	267.6	253.8

续表

项　　目	单　位	2016年	2017年	2018年	2019年	2020年	2021年
六、劳动工资							
非私营法人单位从业人员期末人数	人	196270	199133	204078	207861	206404	202696
非私营法人单位在岗职工平均工资	元	110490	127794	148532	182472	196796	210095
七、文化、卫生、体育							
图书馆藏书	万册	79.6	113.0	104.0	107.5	109.4	117.9
文物保护单位	个	36	36	36	36	36.0	36
卫生技术人员	人	8845	8774	9036	9371	9466	9564
医疗病床	张	5183	5250	5276	5363	5373	5320
每千常住人口拥有医生	人	5.3	5.4	5.8	6.0	6.0	6.3
每千常住人口拥有床位	张	8.2	8.6	8.9	9.4	9.5	9.4
中小学在校学生	人	35455	34100	33942	35038	36398	38022
八、居民生活							
居民人均可支配收入	元	60980	66112	71244	76990	78656	84666
居民人均消费支出	元	38547	40767	43286	45904	40096	44789

注:根据北京市统计局反馈结果,依据石景山区2018年第四次全国经济普查结果,对本区2015—2018年地区生产总值进行历史数据调整。

注:医疗病床为实有床位。

附 录

中共北京市石景山区委主要文件目录

中共北京市石景山区委文件

京石发〔2022〕6 号 中共北京市石景山区委 印发《关于贯彻落实〈中国共产党统一战线工作条例〉的工作措施》的通知

京石发〔2022〕7 号 中共北京市石景山区委关于印发《中共北京市石景山区委常委会及 常委班子成员职责清单》的通知

京石发〔2022〕8 号 中共北京市石景山区委 北京市石景山区人民政府 关于向北京冬奥会、冬残奥会先进集体和先进个人学习的通知

京石发〔2022〕9 号 中共北京市石景山区委 北京市石景山区人民政府 中共首钢集团有限公司委员会 首钢集团有限公司关于印发《贯彻落实〈深入打造新时代首都城市复兴新地标 加快推动京西地区 转型发展行动计划(2022—2025 年)〉2022 年工作方案》的通知

京石发〔2022〕10 号 中共北京市石景山区委印发《中共北京市石景山区委常委会关于落实“三重一大”决策制度的实施办法》的通知

京石发〔2022〕11 号 中共北京市石景山区委关于印发《中国共产党北京市石景山区委员会工作规则》的通知

京石发〔2022〕16 号 中共北京市石景山区委北京市石景山区人民政府 印发《关于加强基层治理体系和治理能力现代化建设的实施方案》的通知

京石发〔2022〕17 号 中共北京市石景山区委印发《石景山区关于加强对“一把手”和领导班子监督的实施方案》的通知

京石发〔2022〕18 号 中共北京市石景山区委北京市石景山区人民政府 印发《石景山区关于深化医疗保障制度改革的任务分工方案》的通知

京石发〔2022〕19 号 中共北京市石景山区委印发《关于认真学习宣传贯彻党的二十大精神的实施方案》的通知

中共北京市石景山区委办公室文件

京石办发〔2022〕1 号 中共北京市石景山区委办公室关于印发《中国共产党北京市石景山区第十三次代表大会工作报告主要任务分解》的通知

京石办发〔2022〕2 号 中共北京市石景山区委办公室关于印发《区委常委会 2022 年议题计划》的通知

京石办发〔2022〕3 号 中共北京市石景山区委办公室关于印发《石景山区落实〈北京市党史和地方志工作规划(2021—2025年)〉工作方案》的通知

京石办发〔2022〕4 号 中共北京市石景山区委办公室 北京市石景山区人民政府办公室关于转发区委区政府研究室《石景山区 2022 年调研工作计划》和《石景山区 2022 年重点协作调研课题安排》的通知

京石办发〔2022〕7 号 中共北京市石景山区委办公室 北京市石景山区人民政府办公室转发区双拥办《关于认真做好 2022 年“八一”期间拥军优属拥政爱民工作的通知》的通知

京石办发〔2022〕8 号 中共北京市石景山区委办公室印发《关于实施“品质先锋”工程提升基层党组织建设质量的意见》的通知

京石办发〔2022〕9 号 中共北京市石景山区委办公室印发《关于推动党史学习教育常态化长效化的实施方案》的通知

京石办发〔2022〕10 号 中共北京市石景山区委办公室 北京市石景山区人民政府办公室关于印发《石景山区议事协调机构管理办法(试行)》的通知

京石办发〔2022〕11 号 中共北京市石景山区委办公室印发《关于加强和改进新时代区政协工作的实施方案》的通知

北京市石景山区人民政府主要文件目录

北京市石景山区人民政府文件

石政发〔2021〕1号　北京市石景山区人民政府关于印发2021年折子工程的通知
石政发〔2021〕2号　北京市石景山区人民政府关于印发《石景山区"十四五"时期国民经济和社会发展规划和二〇三五年远景目标纲要》的通知
石政发〔2021〕3号　北京市石景山区人民政府关于印发《石景山区"十四五"时期深化推进"疏解整治促提升"专项行动工作方案》的通知
石政发〔2021〕4号　北京市石景山区人民政府关于印发《石景山区民生家园建设专项资金管理办法》的通知
石政发〔2021〕5号　北京市石景山区人民政府关于成立相约北京系列冬季体育赛事北京赛区(石景山)组委会的通知
石政发〔2021〕8号　北京市石景山区人民政府关于印发《石景山区"十四五"时期人才发展规划》等8项重点专项规划的通知
石政发〔2021〕9号　北京市石景山区人民政府关于公布《石景山区征收农用地区片综合地价比例》的通知
石政发〔2021〕11号　北京市石景山区人民政府关于印发《石景山区重大行政决策程序暂行规定(试行)》的通知
石政发〔2021〕12号　北京市石景山区人民政府关于实施2022至2024年度促进就业优惠政策的通知
石政发〔2021〕13号　北京市石景山区人民政府关于印发《北京市石景山区人民政府工作规则》的通知

北京市石景山区人民政府办公室文件

石政办发〔2021〕1号　北京市石景山区人民政府办公室关于印发《石景山区2021年办好重要民生实事分工方案》的通知
石政办发〔2021〕2号　北京市石景山区人民政府办公室关于印发《石景山区进一步优化营商环境更好服务市场主体实施方案》的通知
石政办发〔2021〕3号　北京市石景山区人民政府办公室关于印发《石景山区深入打好污染防治攻坚战2021年行动计划》的通知
石政办发〔2021〕4号　北京市石景山区人民政府办公室关于印发《石景山区"十四五"时期国民经济和社会发展规划和二〇三五年远景目标纲要主要目标与任务分工方案》的通知
石政办发〔2021〕5号　北京市石景山区人民政府办公室关于转发区教委《2021年非本市户籍适龄儿童少年在石景山区接受义务教育证明证件材料审核标准》的通知
石政办发〔2021〕6号　北京市石景山区人民政府办公室关于印发《石景山区地下管线监督管理方案》的通知
石政办发〔2021〕7号　北京市石景山区人民政府办公室关于印发《石景山区集体土地征收"多元化补偿"标准实施办法》的通知
石政办发〔2021〕8号　北京市石景山区人民政府办公室关于印发《石景山区重大投资项目储备管理办法》的通知
石政办发〔2021〕9号　北京市石景山区人民政府办公室关于印发《石景山区国家公共文化服务体系示范区创新发展规划(2021—2025年)》的通知
石政办发〔2021〕10号　北京市石景山区人民政府办公室关于成立石景山区加快推进北京国际消费中心城市培育建设领导小组的通知
石政办发〔2021〕11号　北京市石景山区人民政府办公室关于印发《石景山区改革完善医疗卫生行业综合监管制度的实施方案》的通知
石政办发〔2021〕12号　北京市石景山区人民政府办公室关于开展本区行政规范性文件清理工作的通知
石政办发〔2021〕13号　北京市石景山区人民政府办公室关于印发《石景山区家政服务业提质扩容"领跑者"行动实施方案(2021年—2023年)》的通知
石政办发〔2021〕14号　北京市石景山区人民政府办公室关于印发《石景山区落实行政执法公示制度执法全过程记录制度重大执法决定法制审核制度的实施意见》的通知
石政办发〔2021〕15号　北京市石景山区人民政府办公室关于印发《石景山区优化市政府投资项目决策审批改革方案》的通知

区域文化设施名录

全国重点文物保护单位名录

单位名称	地址	电话
法海寺	模式口大街北	88749278 – 809
承恩寺	模式口大街东段路北	88724148
八宝山革命公墓	石景山路	88259709

北京市文物保护单位名录

单位名称	地址	电话
长安寺	八大处	88964661
灵光寺	八大处	88964661
三山庵	八大处	88964661
大悲寺	八大处	88964661
龙泉庵	八大处	88964661
香界寺	八大处	88964661
宝珠洞	八大处	88964661
证果寺	八大处	88964661
慈善寺	五里坨天泰山	88905988
冰川馆	模式口大街 28 号	88722585
田义墓	模式口大街北	88724148
老山汉墓	老山驾校内	64033516 – 8038
皇姑寺	西黄村	88701190

石景山区文物保护单位名录

单位名称	地址	电话
崇兴庵	鲁谷村	88724148
龙泉寺	模式口大街北	88749279 – 809
双泉寺	双泉寺村	88960590
礼王府	福寿岭铁路疗养院内	51028600
万善桥	黑石头村东	88701190
隆恩寺第四纪冰川擦痕	五里坨	88902466
雍正御制碑	首钢制氧厂内	88297552 – 206
福田公墓	福田寺村	88962197
贤良寺塔院	八大处长安寺南 200 米	88701190
石景山古井	石景山南侧	88297552 – 206
石景山古建群元君庙	石景山南侧	88297552 – 206
八大处冰川漂砾	八大处公园五处龙泉庵	88964661
四柏一孔桥	模式口大街北	88749279 – 809
瑞王坟碑亭	西山枫林东南角	68872844
兴隆寺	五里坨小青山上	88902166
翠云庵	高井村	88902166
崇国寺塔	八宝山革命公墓南 300 米	88701190
龙王庙	五里坨街道黑石头路上石府村	88701190
模式口 76 号院	金顶街街道模式口大街 76 号	88711860
五里坨民居	五里坨街道五里坨后街 3 – 7 号	88795053

公证服务机构

公证处名录

单位名称	地址	电话
北京市燕京公证处	杨庄东路66号	88915322 68834410 68875084

法律服务所名录

单位名称	地址	电话
北京市石景山区八宝山街道法律服务所	八角西街61号院222室	13911506990
北京市石景山区八角街道法律服务所	中关村科技园5号楼6层	13501293959
北京市石景山区古城街道法律服务所	杨庄大街69号1212号	13321191098

公安分局派出所

单位名称	地址	电话
八宝山派出所	永乐小区甲66号	68668751
鲁谷派出所	依翠园甲16号	88682186
老山派出所	老山西里甲35号	88971590
八角派出所	八角北路甲38号	68875652
古城派出所	老古城北后道甲1号	68872373
苹果园派出所	实兴大街甲1号	68836781 68872303
金顶街派出所	金顶街五区3栋	88732328
模式口派出所	模式口南里甲1号	68875574
广宁派出所	广宁路3号	88992177
五里坨派出所	五里坨黑石头路1号	88952410
石景山路派出所	石景山体育馆内	68875350
八大处派出所	八大处公园内	88964250
高井派出所	高井甲32号	66384471
四平台派出所	八大处甲1号	88963060

街道社区居委会

八宝山街道

单位名称	地址	电话
三山园社区	永乐东区84楼东侧平房	68657086
四季园社区	永乐东区57楼前白楼	68681076 68681079
永东南社区	永乐东区32楼南平房	68684695
永东北社区	永乐东小区7号楼前平房院	68658546
鲁谷住宅社区	鲁谷村7号楼1层东侧	68636654
瑞达社区	瑞达社区院北11号楼北侧一层	68689014
情报所社区	鲁谷74号院北院26号楼北侧二层	88686047
中铁建社区	八宝山南路29号院食堂一层； 二通厂东门外青年楼2号楼东侧	51885679 68687279

玉泉路西社区	玉泉路甲 65 号院平房	88682712	88682172
玉泉西里西社区	玉泉西里二区 7-3-106		88685338
玉泉西里中社区	玉泉西里二区 29 号楼一层		88609638
玉泉西里北社区	玉泉西里二区 1 号楼一层		88680676
玉泉西里南社区	玉泉西里二区 30 号楼 3 单元		88608457
沁山水南社区	玉泉西里一区 26 号楼三层 302		68645680
沁山水北社区	玉泉西里一区 2 号楼一层 106		88687020

鲁谷街道

单位名称	地址	电话	
依翠园南社区	鲁谷依翠园 13 号楼底商	68624224	68624240
依翠园北社区	鲁谷路市运八场 3 号楼南平房	68663737	68663739
双锦园社区	鲁谷永乐西区 3 楼东侧	68636674	68685266
五芳园社区	鲁谷南路 5 号	68620956	68621980
六合园南社区	鲁谷六合园 20 号楼南平房	68625271	68625272
六合园北社区	鲁谷六合园 12 号楼北侧平房	68626880	68626772
七星园南社区	鲁谷七星园 10 号楼 13 门 101 号	68627417	68627417
七星园北社区	鲁谷七星园 7 号楼对面平房	68627418	68627410
久筑社区	鲁谷双锦园 16 号楼底商 1-9	68658542	68658542
永乐西南社区	鲁谷永乐西区 20 号楼北侧平房院	88681799	88681795
永乐西北社区	鲁谷永乐西区 20 号楼北侧平房院	68686532	68686533
新岚大厦社区	鲁谷依翠园乙 16 号一层	68641236	68641235
新华社社区	京原路 8 号新华社第二工作区西配楼 101 号	63077172	63077157
碣石坪社区	碣石坪 12 号 1 层；碣石坪小区 3 号楼西侧	88690992	68659138
重聚园社区	重聚园 18 号楼西侧综合办公楼 4 层	68686316	88681858
聚兴园社区	重聚路 40 号院 1-10-101；聚兴园 7 号楼	53666011	53666022
西厂社区	北京重型机电厂西厂宿舍 5 号楼西侧平房	68683321	68683393
重兴园社区	鲁谷重兴嘉园 1 号楼(燕都医院)6 层	68655994	88601160
京汉旭城社区	京汉旭城 18 号楼 1 单元 101	68659780	68659780
衙门口东社区	西富港写字楼南楼 206 室	88681730	88681730
衙门口南社区	西富港写字楼南楼 201 室	52885175	52665962
衙门口西社区	西富港写字楼南楼 307 室		68636683

老山街道

单位名称	地址	电话	
老山西里社区	老山西里 4 栋南侧平房		88970474
老山东里社区	老山东里临甲 5 号健身园内		88975996
老山东里南社区	老山东里临甲 28-1 东侧平房		88973339
老山东里北社区	老山东里 49 栋北侧		88973470
何家坟社区	梁公庵临 35 号	57411001	57411008
玉泉西路社区	玉泉西街 1 号院 5 号楼下		88255501
中国科学院大学社区	玉泉路 19 号丙 12 号楼 101 号	88256456	88256073
高能所社区	玉泉路 19 号乙	88233098	88236870
翠谷玉景苑社区	翠谷玉景苑 1 栋 6 门 103 号		58974113
十一号院社区	玉泉路十一号院		68289034
京源路社区	石景山路 23 号院内西侧		68810401
玉泉北里二区第一社区	田村山南路玉泉北里二区 21 号楼 2 单元 102		88620097

八角街道

单位名称	地址	电话		
八角北里	八角北里 45 号楼前	68883787	68865516	68810419
八角中里	八角中里 21 栋东侧	68879231	88777866	88777866
八角南里	八角南里 17 栋东侧	88910810	68849734	68843961
八角北路	八角北路 44 栋对面	88717540	68882386	88794001
八角路	八角路社区 10 栋东侧		68875732	88929741
八角南路	八角南路 12 号楼东侧		68879213	68885821
杨庄南区	杨庄小区 35 栋西侧		68873013	68875242
杨庄中区	杨庄中区 1 号楼西侧		68872903	68867818
杨庄北区	杨庄北区奈伦熙府 49 号楼西侧平房		52651532	52651531
杨庄北区第二	杨庄北区 12 号楼北侧和 13 号楼南侧之间	88996645	88998591	88999943
公园北	古城路甲 61 号		68879259	68872798
古城南路	古城南路 50 栋院内	68873023	68874509	68874196
古城南里	古城南里 5 号楼西南侧		88917921	68871040
建钢南里	八角南里 1 号楼南侧平房		58419189	68879285
北路特钢	八角北路 9 栋北侧平房		88915047	68878797
地铁家园	八角北路 59 号地铁家园社区 5 号楼南侧		68879223	88922228
黄南苑	黄南苑小区 2 号楼北侧平房	88995817	88996311	88996424
时代花园	时代花园南路 23 号院 15 号楼 1 层			88937457
景阳东街第一	景阳东街 69 号院 1 号楼 1 层		68648819	68648809
景阳东街第二	景阳东街 65 号院 3 号楼 2 单元 1 层		88605660	88605880
景阳东街第三	景阳东街 58 号院燕保京原家园底商		88602430	88600430
体育场南路	体育场南街 7 号院 5 号楼	68803012	68800805	68800175
体育场西街	体育场西街 20 号院 10 号楼 1 层		88930782	88938340

古城街道

单位名称	地址	电话		
八千平	古城北路 3 栋平房处		68867563	68849291
古城路	古城路 16 栋西侧		68836120	68874653
南路东	古城南路 28 栋前		68835582	68874955
南路西	古城南路 16 栋北侧		68827934	68875391
十万平	古城大楼市场街西侧		88783942	88783142
北小区	古城北路 14 栋前平房		88929746	88929746
环铁	杨庄大街地铁车辆一公司门口		68835233	68835233
特钢	特钢东门大楼一栋平房		68810165	68810165
西路南	古城西路 8 栋对面		68882076	68882076
西路北	古城西路 10 栋			68874303
天翔	古城北路 21 栋后院		68882488	68882488
老古城东	古城现代嘉园 66 号院 1 号楼 1 单元 102 室		68819071	68880678
老古城西	古城现代嘉园 68 号院 1 号楼 2 单元 102 室		68819073	68811470
老古城南	古城村中街 33 号院 1 号楼底商		88908168	68830989
北辛安大街	古城现代嘉园 66 号院底商		68826703	68826703
北辛安铁新	古城现代嘉园 66 号院底商	68826137	68860624	68860624
北辛安南北岔	古城现代嘉园 66 号院底商		68836117	68836114
水泥厂	京原路 68 号		88957201	68822740
燕堤西街	燕堤西街 7 号院 1 号楼二层		53023228	53023226

燕堤中街	燕堤中街6号院3号楼二层	53023963	53023969
燕堤南路	燕堤南路1号院8号楼三层	53023516	53023515

苹果园街道

单位名称	地址	电话	
苹一区社区	苹果园一区社区服务站8栋北侧		68877460
苹二区社区	苹果园一区甲10号	68861882	68870591
苹三区社区	苹果园三区19栋西侧平房	88719085	88736486
苹四区社区	苹果园中路15号院2号楼二层		56454125
海特花园第一社区	海特花园小区15号楼后平房		88790239
海特花园第二社区	海特花园小区41号楼北侧平房社区服务站	88790874	88790874
海特花园第三社区	西井四区1号楼前	88791077	88796485
西黄村社区	西黄村叠翠庭苑二区二号楼底商	88705057	88705057
西黄新村社区	石景山区西黄新村北里大门东侧(平房)		68834311
西井社区	苹果园街道西井二区甲1号		88931244
琅山村社区	苹果园街道西山奥园D区8号院9号楼底商	88728914	88752643
边府社区	刘娘府路西山奥园9号院8号楼底商		68814302
军区装备部大院社区	绍家坡1号	66397061	66397283
八大处社区	八大处路6号	88962791	68862944
西山枫林第一社区	香山南路168号院8号楼9单元101室	88782445	88782445
西山枫林第二社区	香山南路166号院8-6-102室	88774971	88910751
军区大院第一社区	八大处甲一号58-1-101	66398257	88963343
西黄新村东里社区	西黄新村南里5号楼南侧黄楼1层	88701800	88701800
西黄新村西里社区	西黄新村西里12号楼	88701646	88701881
下庄社区	西山枫林四区2号楼北侧	88960745	88960745
东下庄社区	东下庄路西山芳苑3号楼一层		88728158

金顶街街道

单位名称	地址	电话	
金顶街一区	金顶北路20号院18号楼底商	88775047	88749902
金顶街二区	金顶北路18号院13号楼底商	88778664	88750554
金顶街三区	金顶街临甲6号6栋南侧	88758200	88748025
金顶街四区	金顶北街68号	88748026	88740881
金顶街五区	金五区甲9号	88749971	88739940
模东社区	模东1号楼北侧	88807010	88728152
模南社区	模南9栋北侧	88722187	88726875
模中社区	模南里临甲26号	88739668	88728616
模北社区	模北里44栋南侧	88730004	88748010
模西北社区	模式口西里39栋东侧	88755746	88755746
模西中社区	模西20栋北侧	88722602	88748826
模西南社区	模西33栋北侧	88720481	88720488
西福村社区	金顶北路168号院9栋旁	88710004	88723576
赵山社区	赵山社区9号楼前	68883912	88748007
铸造村社区	铸造村14栋南侧	88748033	88747233
模式口村社区	模式口村76号	88741910	88750148
铸造村二区社区	铸造村中路2号院1号楼	88751375	88751375

广宁街道

单位名称	地址	电话	
东山社区	广宁复兴街75号	88991398	88993512
麻峪北社区	麻峪新街8号往北10米	88991272	88993083
麻峪社区	麻峪南沟14号南侧	88991640	88991931
新立街社区	广宁新立街3号楼对面		88991868
高井路社区	广宁街道高井路21号		88991292

五里坨街道

单位名称	地址	电话		
天翠阳光第一社区	石门南路一号院9号楼		88755221	88755221
天翠阳光第二社区	五里坨西街9号院11号楼一层		88796850	88796850
天翠阳光第三社区	五里坨西街12号院五号楼一层		88920530	88920530
东街社区	西小街7号院4号楼		50842445	50842445
高井社区	五里坨南街与石门路交叉口东150米		88902446	88902446
南宫社区	石门路368号	51511273	51511273	51511273
西山机械厂社区	炮厂路西50米	88906201	51725435	88906201
黑石头社区	黑石头南街49号		88952941	88952941
隆恩寺社区	隆恩寺村礼堂		88902905	88902905
红卫路社区	隆恩寺路99号院	51512279	51512279	51512279
陆军机关军营社区	高井甲32号院		66384479	66384935
隆恩寺新区社区	秀府南路19号金谷香郡小区1号楼4单元		68845300	61803063
隆恩颐园社区	隆恩寺路汇众仁和综合楼2层		61818616	61818616
南宫嘉园社区	五里坨隆恩寺路18号院10号楼一层			88900611
京西景园社区	五里坨中街40号院2号楼北侧		88938610	88999230

索　引

使用说明

一、本索引采用内容分析索引法编制，除大事记外，年鉴中有实质检索意义的内容均予以标引，以便检索使用。

二、本索引基本上按汉语拼音音序排列，具体排列方法如下：以数字开头的，排在最前面；以英文字母开头的，列于其次；汉字索引词则按首字的音序、音调依次排列，首字相同时则以第二个字排序，依此类推。

三、索引词后的数字，表示检索内容所在的正文页码；数字后面的英文字母 a、b、c，表示正文栏别，合在一起即指该页码及内容所在的版面区域。年鉴中用表格、图形反映的内容，则在索引词后面用括号注明（表）（图）字，以示区别。

四、为反映索引词的隶属关系，对于二级索引词，采取在上一级索引词下缩二格的形式编排，之下再按汉语拼音音序、音调排列。

0～9（数字）

00后红色故事宣讲团　134a
3·15普法宣传　197c
3·5学习雷锋日活动　281a
5G创新应用成果亮相首钢园　253c
5G基站　174c
5·12防灾减灾宣传　160a
5·18国际博物馆日活动　284b
12·4国家宪法日暨宪法宣传周　146a、157、233c
　　宣传活动（图）　157
　　系列活动　146a
28期主体班　67c
110主题宣传　143a
119消防宣传月　240b
99公益日网络募捐　329a
12345接诉即办　189b、222c
12345热线　119b、238
　　回访　238b
　　接诉即办监督　119b
　　考核　238c
2021北京消费季　166c
2021北京迎新年活动　165c
2021年国民经济和社会发展统计公报　22～25
　　2017－2021年地区生产总值及增长速度（图）　23a
　　2017－2021年居民人均可支配收入情况（图）　25a
　　2017－2021年社会消费品零售总额情况（图）　24b
　　2021年居民人均消费支出构成（图）　25a
　　财政金融　23b
　　地区生产总值（表）　22
　　对外经济　25a
　　房地产开发　24b
　　服务业　23b
　　公报注释　25b
　　工业　23a
　　工业总产值及增速（图）　23a
　　固定资产投资　24b
　　环境　25b
　　建筑业　23a
　　教育　25a
　　科技　25a
　　能源　25b
　　人民生活　25a
　　社会保障　25a
　　市场消费　24a
　　投资领域情况（表）　24
　　卫生　25a
　　文化旅游　25a
　　一般公共预算收入情况（图）　24
　　中资银行人民币存贷款余额情况（表）　23
　　资料来源　26b
　　综合　22b
2021年居民人均可支配收入情况（表）　188b
2021年居民人均消费支出构成（图）　25a
2021年居民消费支出增长及构成（表）　188b

2021 年每百户耐用消费品拥有量(表)　188b
2021 中国科幻大会　167c
2022 年工作建议　18a

A～Z(英文)

IDO 北京国际动漫游戏嘉年华　208c
M11 冬奥支线新首钢站　165a
M11 号线冬奥支线开通运营　213b
U 系列冠军赛　306c～307b
VR/AR 创新奖　258c

A

爱国卫生运动　292c
爱乐交响乐团　264a
艾滋病防控　298b
安保维稳任务　142a
安全护送 100 天授旗活动　239c
安全监管　160c、306a
安全生产　131b、156c～158a、176c、231c
　标准化建设　158a
　大检查部署会　157a
　督察部署汇报　157b
　管理　231c
　管理保障　176a
　责任保险推进会　156c
　专项整治三年行动　157c
　综合专题督察　162b
安全生产月咨询日　156c、157、207b
　活动　156c、157(图)
安全维稳　131b
安全应急宣传进校园　158c、158(图)
安置帮教　149b
案件处置　119c
翱翔学员推荐　267c
奥运金牌零突破　307a

B

八宝山街道　246、332、354b
　基层治理　332b
　精细化管理　332b
　就业和社会保障　332c
　空气质量状况及精细化管理工作调研(图)　246
　民生实事　332c
　平安八宝山建设　332a
　全国文明城区创建　332c
　生态环境治理　332b
　新冠肺炎疫情防控　332a
《八大处传说》入选国家级非遗　210a、285b
八大处公交场站外迁　228b
八大处公园　209c、210
　《八大处传说》入选国家级非遗　210a
　重阳游山会　210c
　公园一角(图)　210
　环境整治及提升项目　209c
　西山八大处文化节　210
　中国园林茶文化节　210a
八大处中国园林茶文化节(图)　207
八角街道　336a、337、356b
　党史学习教育　336a
　党组织建设　337c
　接诉即办　337b
　就业保障　336b
　垃圾分类　337b
　老党员颁发光荣在党 50 年纪念章(图)　336
　品质社区建设　337a
　平安八角建设　337a
　全民健身示范街道创建　336c
　社区治理　337c
　违法建设拆除　336c
　新冠疫苗接种　336c
　疫情防控　336c
　智慧社区建设　337b
　重点项目建设　336b
八角美好生活造物节　255a
百城健身气功活动　307c
百户耐用消费品拥有量　188c
百进千线上专场对接会　252b
百年复兴·共享荣光活动　60a
百强申报　140a
百融云创港股上市　256a
百姓宣讲团全区巡讲　54b
帮扶工作　330a
帮扶慰问　67a
榜样模范选树宣传　56a
褒扬纪念　100a
保育员职业技能培训　266a
保障性住房　215c
　管理　215c
　资格审核分配　215c
暴雨蓝色预警保障(图)　231
北方工业大学　269、270
　成人教育　270c
　国际化办学　270c
　科研创新　270b
　青力冬奥主题系列文化活动(图)　269

人才培养 270c
人才强校 270b
人事制度改革 270b
思政课程改革 270a
学科建设 270a
职院人才培养 270a
重大活动服务保障 269c
北交所首批上市资格企业 177c
北京城市总体规划落实升 14b
北京冬奥公园 164c、165、205、229a
揭牌 164c
开园 229a
莲花逐水景观(图) 205
首钢园区揭牌(图) 165
北京冬奥会筹办服务保障 42a、164a
北京工人先锋号 347b
北京工业职业技术学院马克思主义学院 269
成立大会(图) 269
北京国际服贸会参展 304b
北京科幻电影周启动仪式(图) 253
北京时装周潮流首钢园发布 167b
北京市城市规划设计研究院获颁聘书(图) 212
北京市国家安全工作先进个人 348b
北京市节约用水先进个人 348b
北京市就业创业 247b、348b
先进个人 348b
先进集体 347b
北京市科技企业孵化器 256c
北京市扫黑除恶专项斗争 247b、348a
先进个人 347b
先进集体 347b
北京市卫生街道创建 293b
北京市文物保护单位名录 353b
北京市信访工作 247b、348a
先进个人 348a
先进集体 347b
北京市学生艺术节 262b
北京市优秀党务工作者 348b
北京市优秀共青团员 348b
北京市知识产权公共服务工作站 252c
北京体育旅游十佳精品景区 306a
北京西山永定河文化节 279c
北京先进个人 347b
北京先进集体 347b
北京消费季 166c
北京新年倒计时活动在首钢园区举行(图) 166
北辛安记忆建筑 283c、284a
安防工程 283c
防雷工程 283c
工人俱乐部修缮工程 284a
北辛安棚改 1608－656 竣工 217c
北辛安棚改 1608－669 219c
地库及配套竣工 219c
竣工 219c
北辛安棚改 1608－680 竣工 219a
北辛安棚改 1608－689 竣工 219a
北辛安棚改 1608－6901 竣工 219b
北辛安消防站揭牌 95a
背街小巷环境整治 223c
笔情墨趣书画展开幕 114a
毕业生就业 323a
避孕药具服务管理 301b
便民办税春风行动(图) 181
便民工程 173a
便民生活圈入选 200c
变电站投运 224c
标准创制 191c
标准化与质量管理工作站 257a
冰川馆科普大篷车进校园 285c
冰雪产业政策项目资金专题会 305a
冰雪嘉年华活动现场临建安全检查 162a
冰雪情缘石景山画展 290c
冰雪运动活动 164b
病虫害防治 234c
病媒生物控制 293a
博物馆 94c、284
3D 交互项目 284a
对外开放 94c、284c
不得不折页制作 282a
不动产档案管理 215a
不动产登记 214、215a
事务中心调研(图) 214
业务 215a
不忘百年初衷·共筑百年梦想活动 57c
不忘初心百年巨变摄影展 290b

C

财产和行为税管理 181a
财源建设 174b、178c
财政 178a、179a、185a
监督管理 179a
审计 185a
收支平衡 178b
财政金融 23b
参保总体情况 326c
参政党建设 58c
参政议政 115b、138b

餐饮品质提升 189c
残疾人 316b、330
　补贴发放 316b
　动态更新 330c
　就业 330a
　文体活动 330c
残疾人事业 329b、330b
　宣传 330b
拆违腾地消减存量违法建设 214b
产教融合真实项目 272b
产品质量安全监管 190b
产权管理 194c
产融结合 170b
产业转型 10a、15a、17b、18b、60c
　改革 60c
　升级 10a
常规疏堵工程 227a
常态化疫情防控 142b、196a
常委会会议 34b
常委(扩大)会议 33b
常卫 6
常务委员会会议 110b
长安金轴 3a
长期护理保险制度试点 326c
厂务公开民主管理 131a
超转人员服务管理 316a
城建环保委员会 112a
城市安全风险评估 158b
城市奥运文化活动 279a
城市承载能力 15b、19a
城市道路建设 226c
城市地下管线管理与监测 175b
城市服务新产业 170c
城市更新 9b、15b、17b、19a、60c、62b
　改革 60c
　实施 15b、17b
　问题研究 62b
　行动实施 9b、19a
　优秀案例奖 256a
城市管理 221、237c、238c
　监督指挥 237c
　问题智能采集应用 238c
城市规划与建设 211
城市环境建设管理 222c、223b
城市建设与管理 3a
城市体检及五年评估 212b
城市志愿服务活动 135b
城市治理 12a、19b、76a
　创新 12a、19b
　和环境保护工作监督 76a
　现代化 12a、19b
城乡建设用地 213a
城镇集体企业疫情防控宣传 177b
成年孤儿安置 315c
赤塔市城市日庆典 95b
出口退税管理 180a
出生人口监测 301a
储备目标企业 193b
处级干部依法行政研讨班 149c
传承非遗文化 273b
传染病防治 298a
创城工作 66a、197c
　集中整治 197c
创建文明城区监督 119a
创新创业大赛 177c
创新工作室 132a
创新教学模式 272c
创新人才培养项目 267a
创新信用领跑行动 176c
创业带动就业 322c
创业公社B轮融资 255c
创业石景山活动 257b
创意科普助力冬奥活动 255b
春节主题活动 283a
春节走访慰问 59c
慈善北京成果展(图) 314
慈善公益救助 316a
慈善工作 314a
慈善寺香文化展项目 284b
促进就业政策 322b

D

打击破案 143b
大合议庭模式判案 148a
大会议案和代表建议督办 75c
大件垃圾规范收运 223b
大事记 27
大数据工作推进小组会议 174b
大厅建设管理 103b
大统战工作格局 59a
大型商业综合体调研 239b
大众冰雪群众体育推广 307c
代表工作 76c
代表履职服务和管理 76c
代征代建道路用地移交 227b
带动三亿人参与冰雪运动 96b、305a
　工作推进会 96b

专题会 305a
带动三亿人参与冰雪运动示范区 44b、97a、305b
建设 44b、97a
当代好课堂项目 268b
党代表选举 66c
党的建设 12b
党的十九届六中全会精神学习 54c
党管人才 46b
党管武装工作 152a
党建工作 32b、48b、53c、312c
会议 32b
领导小组会 48b
体系 312c
责任制 53c
党建领域改革 61c
党建品牌打造 67a
党建研究会理事会 47
党建引领老干部工作向基层延伸 65b
党内帮扶工作 51b
党内表彰 49a
党群服务中心建设 50b
党史编研 68b
党史基本著作出版 69a
党史教育培训启动 271
党史学习教育 43a、55a、66b、133c、272c、312c
党史知识竞赛 263c
党外代表人士队伍建设 58c
党校教育 67b
党校(行政学院)主体班一览(表) 67
党性修养锤炼 52a
党员队伍情况 47c
党政机构职能体系 63a
党支部标准化规范化建设 50c
党支部书记学院成立 67c
党组织 50c、65a
换届 50c
建设 65a
档案 198b、288、289a
等级评定 198b
数字化工作 288b
征集 289a
《档案参阅》编写 288c
道路停车电子收费视频管理 228c
德育心理教育评比 265c
登管衔接 189c
登记注册便利化改革 189b
低保调标 315a
地表水环境质量 247a
地方志 289
编纂 289b
地区高质量发展服务 58a
地区国际形象展示 105c
地区生产总值(表) 22
地退人员服务管理 316a
地下管线 227c
安全防护 227c
探测和建模 227c
地下水环境质量 247a
第一批革命文物 283c
第二次机构编制核查 63c
第二届职业技能大赛 321a
第二轮中央生态环境保护督察 247c
第三次全国国土调查 213c
第三届社区邻里节 310a
第四届融合教育评优课 267a
第五届中日韩论坛 271a
第七次全国人口普查 186a
第八届市民花卉节 272a
第八届市民快乐冰雪季 98a
第八届西山八大处文化节 210
第九次妇女代表大会 136(图)、136b
第九届非遗文化体验周 236c
第十届企业服务季 140b
第十三次党代会 33a
第十五届翱翔学员推荐 267c
第十六届人民代表大会常务委员会 79、80
工作机构负责人 80
第十六届人民代表大会专门委员会 79
第十七届全民终身学习活动周开幕式暨第九届快乐厨艺风采大赛(图) 265
第十七届人民代表大会 80
常务委员会 80
常委会工作机构负责人 80
专门委员会 80
第十八届玉兰赏花季 2236(图)、36c
第二十届八大处中国园林茶文化节 207(图)、210a
第 24 届普通话宣传周 264(图)、264b
第 35 届师生四联展 267b
电动自行车专项检查(图) 190
电视媒体 287c
电子政务网络和安全改造 174c
调研座谈 113c
丁荫楠红色电影艺术展 290a
东下庄 1605 - 630 竣工 219c
冬奥安保 99a、142a、144a、236c
基础建设 142a
冬奥城市志愿站点试运行 130b
冬奥城市志愿者上岗服务 165b

冬奥筹办　2a、9a、18a、106b、139b、146c、189a、222b
　百日会战　77c
　服务保障　9a、18a、106b、146c、189a、222b
冬奥带动效应　9a
冬奥倒计时50天　54b、286b
　非遗活动　286b
　线上活动　54b
冬奥倒计时100天　54b、97c、143b、240b、286b
　誓师大会　240b
　线上活动　54b、286b
　活动　97c
冬奥倒计时200天活动　97b、282a
冬奥倒计时活动　305c
冬奥电力保障服务中心　164c
冬奥防控处突演练活动（图）　144
冬奥服务保障　10a、154c、165b、181b、195a、197b、207c、231a
冬奥会安全应急管理保障　159a
冬奥会冬残奥会专项监督　118b
冬奥会冬残奥会助力　330c
冬奥会服务保障　304c
冬奥会建设工程安全生产督查检查　162a
冬奥会文化广场授牌　96a
冬奥会战服务　146a
冬奥记录工程　288c
冬奥进军营活动　305b
冬奥警务　143c
冬奥签约酒店无障碍设施验收　208a
冬奥青年出征大会　164b
冬奥森林火灾扑救实战演练（图）　159
冬奥社区高井路改造　227a
冬奥石景山交通场站　225（图）、225b
冬奥特许经营店营业　208c
冬奥知识进社区　305a
冬奥制服装备发布　165a
冬奥志愿者骨干培训　135a
冬奥周边及阜石路沿线整治　223c
冬奥主题　60a、133a、137c、283b
　活动　133a、283b
　交流　60a
　科普　137c
冬奥专项志愿服务　136b
督导检查问题整改　274a
督学换届聘任大会　275c
端午假日综合整治行动　207a
对口帮扶　272b
对口支援　43c、94b
　合作交流　43c
　协作　94b
对外经济　25a
对外经贸　201c
多规合一平台　213a
多元化补偿标准　214a

E～F

儿童福利工作　315c
儿童之家提质增效　136a
发热哨点建设　296c
发展党员工作　51a
发展战略　8b
法海寺壁画保护监测成果研讨会　284b
法海寺藏龙钮铜钟钟壁铭文　284c、285
　研究项目　284a
　研讨会　285（图）、285c
法考考点服务保障　149b
法律服务所名录　354b
法律援助　149c
法院　146b
法制建设　189c
法治　141
法治副校长培训　135b
法治营商环境　146c
法治政府　20b、149c、150b
　建设　20b、149c
　示范创建　150b
反恐防恐　143b
反恐禁毒宣传　143b
返聘专家规范管理　297a
房产经纪机构管理　216c
房地产开发　24b
房地产企业资质管理　217c
房改售房　216b
房屋安全及防汛管理　217a
房屋登记管理与征收　216c
房屋交易与资金监管　216c
防空警报试鸣　153a
防汛动员部署会　160b
防汛工作　230a
防汛设备维护及使用培训　160a
防汛应急综合演练　159a
防灾减灾救灾　159c
防震减灾　244
　示范学校创建　244a
　宣传教育　244b
仿真技术产业高峰论坛　256b
非公经济人士教育活动　139a
非居民厨余垃圾规范管理　223b
非税收入管理　180c

非遗文化体验周　236c
非遗主题文化宣传周　284c
扶贫　1198c、293c
　采购　198c
　协作　293c
服贸会　161c、167c、201c、205a、208a、225c、240a、241c、258a
　参加　201c
　参展　205a
　安全生产专项执法检查　161c
　服务保障　208a
　交通保障　225c
　侨梦苑北京论坛　258a
　首钢园会场　167a
　消防安保　241c
　展馆联合实战演练　240a
服务包制度　193c
服务保障体系建设　99c
服务部队办实事　101b
服务贸易　202c
服务数字冰雪运动会　134c
服务型政府建设　20b
服务业　23b
福利院内康复辅具租赁旗舰店为老人提供服务(图)　318
福寿岭公交中心站建设　228b
辐射环境　247b、248c
　安全监管　248c
　质量　247b
副区长　107
复工复产　172b
复查复核　107c
妇联八届六次执委会议　135b
妇联八届七次执委会议　136a
妇女代表大会(图)　136
妇女儿童发展规划　136c
妇幼卫生　301b
阜石路沿线整治　223c
附录　351

G

感染防治　299c
干部日常监督管理　53a
干部选拔任用一报告两评议　52c
钢铁清洁生产环境友好企业　168c
钢铁制造业创新　170a
港澳台新生参访石景山　135a
高等教育　268c
高端人才工作　321b
高精尖产业推进　2b
高精尖经济结构构建　172c
高考服务保障　207a
高考考场周边企业安全检查　161b
高三模拟练习质量分析会　266c
高三期末质量分析会　266c
高校京西发展联盟成立　95c、134(图)、134b
高新技术企业　93b、254a
　培育加速训练营　254a
　走访　93b
高中多样化发展调研　267b
隔离酒店春节期间服务保障　206c
革命文物　283c
个人所得税管理　180b
各领域党建　50b
根治欠薪专项行动　320a
耕地保护督察整改　214c
供水基础设施建设　229b
公安　142c
公安分局派出所　354b
公共安全　143c、156
　监管　143c
　形势分析会(图)　156
公共服务领域重点项目建设　172c
公共公益类违法用地专项整治　214c
公共数据开放工作　175c
公共卫生　296a、299a、300c
　服务项目　296a
　监测与评价　299a
　监督　300c
公共文化服务　61b、278
　服务效能大数据平台　278c
　改革　61b
　示范区创建　278b
公共文明引导行动拓展　56c
公共资源交易　173c
公建工程　217c
公民思想道德建设　56a
公平竞争审查制度　191b
公务员　46b、48a
　考核与考试录用　46b
　信息更新采集　48a
公益慈善活动　328b
公益电影主题放映　282b
公益冬奥英语培训　271c
公益诉讼检察　144c
公园管理　236b
公证处名录　354
公证服务机构名录　354
功能园区建设　195c

工程建设招标投标　216c
工程竣工　217c
工程质量管理　217b
工行服务保障冬奥会筹办　184b
工会建会　131c
工会经费　132a、133a
　审查　133a
　税务代收　132a
工会普法　131b
工伤认定　326b
工商联(商会)换届　139c
工商业联合会　138b
工业　23a、256c
　互联网年度创新方案　256c
　总产值及增速(图)　23a
工业企业环保工作配合　176b
工业、涉危和有限空间作业监管　162c
工资福利工作　323c
工资集体协商　130c
工作机构　70、107
　党组织书记　70
　主要负责人　107
工作机制　193b
工作指导思想　8b
共产党员献爱心捐款　316b
共建共治共享　3b、237c
共青团石景山区委员会　133a
共同思想政治基础　58a
共享自行车管理　228a
共育机制工作现场会　264a
共做冰雪操　264c
古城街道　337c～339a、356b
　安全生产　339a
　党史学习教育　338a
　道路治理　339a
　服务保障冬奥筹办　338a
　基层党建　338c
　建党100周年庆祝活动　338a
　垃圾分类　339a
　老旧小区改造　338b
　全国文明城区创建　339b
　社会保障服务　338c
　社区两委换届　339a
　十万平老旧小区综合整治(图)　338
　无障碍环境建设　338a
　物业服务管理　337a
　新冠肺炎疫情防控　338b
古城街道子站周边扬尘管控情况查看(图)　247
古城南街　218～220
　1612－806竣工　220c
　1612－819竣工　218c
　1612－820竣工　218c、219a
　东侧1612部分地块竣工(图)　218
古城之春艺术节　281
　群众舞蹈比赛(图)　281
古建群　286b
　文保所　286b
　移交区政府管理　286b
古树　234b、284a
　保护　234b
　维护　284a
固定源行政执法　248c
固定资产投资　24b
关爱新就业群体女性　136a
关于加快推进石景山区产业转型升级的研究　62b
管网改造　224b、229b
光彩公益　139b
光功能材料与芯片项目专家论证会　93a
光荣在党50年纪念章颁发　51b
光影石景山活动　282b
广告监管　190c
广宁街道　343b、344、358b
　带动三亿人参与冰雪运动示范活动　344a
　冬奥社区综合文化中心　343c
　冬奥文化广场授牌　343c
　河长制落实　344b
　环境整治　344a
　基层治理　344a
　新冠肺炎疫情防控　344b
　迎冬奥倒计时50天暨冬奥社区综合文化中心开馆仪式(图)　343
　中华冰雪文化展开幕式　344a
归国华侨联合会　138a
规范双公示　177c
规范性文件审查　150c
规划与自然资源管理　212a
规划综合实施方案　213a
轨道交通建设　227a
国防动员　152c
国防教育宣传　152a
国际博物馆日活动　284b
国际档案日活动　288b
国际电竞创新发展大会　286c
国际滑雪联合会中国办事处　305b
国际交往中心功能建设　106c
国际旅游商品博览会　205b
国际税收管理　180b
国际消费中心　200c、205a

城市培育建设　200c
文旅方案制定　205a
国家工作人员任免和监督　76c
国家级产业转型发展示范区建设　10a、17b
国家级高技能培训基地　168c
国家级院团惠民演出季　283a
国家级众创空间复核　252c
国家体育总局到区调研　94a
国家宪法日暨宪法宣传周活动　157c
国家医共体试点建设　296c
国家义务教育质量监测　275a
国家政治安全维护　142a
国库集中收付　179a
国民经济和社会发展统计公报　22
国企改革　169a、194a
发展　194a
双百企业　169a
国土变更调查　213c
国土调查　213c
国有企业改革攻坚　196a
国有资本　179a、193～195
经营预算　194c
管理　179a、194b
监管　193c
经营　195b
国有自然资源资产报告　213c
国资国企发展规划　194a
过去五年工作回顾　6a、14a

H

海绵城市建设专项规划　229c
海外资源拓展　105a
航天云网 INDICS 平台评测认证　257a
航天云网公司调研　94a
行业安全生产监管　200b
行业创城　200b
行业管理　206a
和谐劳动关系创建　324b
和谐寺观教堂创建　328b
河北梆子《辕门斩子》演出(图)　282
河长制工作　229b
黑石头半山花海项目调研(图)　196
红色慈善爱满京城(图)　314
红色风采成果展演　263c
红色风采社区教育成果展演(图)　263
红色回响·石景山主题展览　68c
红色讲解员大赛　282b
红色讲堂活动　271b
红色教育活动　271a
红色经典诵读交流会　281c
红十字会青少年培育　328c
红十字事业　328c
后疫情时代教学机制建设　273b
护苗工作站启动护苗行动(图)　147
花滑协会与数智人工智能产业联盟签约　259b
花园式创建　234b
滑板挑战赛　308b
欢乐科普行主题活动　255a
环境　25b、246c～249a
监管　248b
信访　249a
质量　246c
准入　248b
环境舞蹈展演　167c
换届　52b、77a、119a
风气监督　52b
监督　119a
选举　77a
会前集中活动　77a
会议公开栏目改版　104a
会员管理京卡服务　130c
惠企政策兑现栏目　104a
惠台措施落实　60b
婚姻登记　318a
获报备即批准认定　254a

J

基本地情　2a
基层党建品牌创建工程　49b
基层党员教育培训　50c
基层工会组织建设　131c
基层双拥活动　102a
基层卫生技术中医适宜技术培训(图)　302
基层治理改革　61a
基层组织建设　138b
基础教育　266b
基督教爱国组织　328c
基金内控监督　325c
机构　62c、102c、232a
编制管理　62c
改革　232a
沿革　102c
激情冬奥健身节徒步游园会　307c、308c(图)
疾病预防与控制　297b
集体经济　196
特色产业项目　196c

集体土地　196c、214a
　利用　196c
　征收及农转用　214a
集体租赁房项目建设　196c
集团办学绩效督导　275b
集中隔离观察酒店检查　206b
季度人口抽样　186b
技能培训　330a
既有控规街区评估　212c
济困工程　315c
纪检　117
纪律检查委员会　120
纪律作风建设　67a
纪念五一口号发布长走活动　113b
纪委十二届九次全体会议　118a
纪委十三届一次全体会议　118a
计划免疫　298a
计生服务　301b
计生特殊家庭帮扶　301b
加快推进石景山区产业转型升级的研究　62b
家庭保健员　297b
家庭手抄报大赛　136a
家庭医生签约服务　295c
价格管理　174a
价格　173c、191a
　监测预警　173c
　监管　191a
　调控　173c
架空线入地　227a
监测台站建设管理　244c
监察　117
监察和司法工作监督　76b
监察委员会　120
监督工作　75c、118a
监督执纪形态　119c
减税降费　181c
检察　144b、145
　建议回头看　145c
　听证　145b
健康北京周主题宣传　292c
健康档案管理　296a
健康教育与健康促进　300b
《健康石景山行动》印发　293b
健康文明生活方式倡导　56c
健身气功易筋经培训　308a
建党百年　77c、263c、288c、289
　表彰大会　263c
　教育宣传　288c
　群众宣传教育　135c
　展览社区巡展活动(图)　289
　重大活动服务保障　77c
建行金融系统创城示范点位　182a
建设发展规划发布　174c
建设工程安全生产及疫情防控检查　161c
建设管理　215b
建筑节能和建筑材料监管　217b
建筑施工绿色安全管理　216b
建筑业　23a、217c
　企业资质管理　217c
见义勇为权益保护　313c
见义勇为人员颁证仪式(图)　314
交通　225a～228c
　发展建设规划　228c
　宣传　226b
　综合治理行动计划　227c
教师科研工作坊　271c
教文卫体委员会　112c
教学成果宣传　273a
教育　3b、25a、261
教育督导　273b、274b
　体制机制改革　274b
教育工作　262c、275b
　领导小组会　262c
　满意度测评　275b
教育集团办学绩效评估指标　274b
教育科学规划课题立项　271c
教育满意度调查解读会　275b
教育培训做精做细　52b
教育执法　274a、276a
　督导回访检查　276a
　目标责任考核　274a
教育综合改革　61b
接诉即办　44c、98b、103b、154b、174a、238b、324c
　改革　44c
　重要工作　238b
街道　33b、63b、136a、149c、175a、176c、279a、331、346、354
　党(工)委、党组书记月度工作点评会　33b
　妇联换届选举　136a
　工委、办事处负责人　346
　社区居委会　354
　体制改革评估　63b
　政务诚信建设　176c
　执法业务培训　149c
　综合平台　175a
　综合文化中心社会化　279a
街区控规编制　212b
结对共建　146b
结核病防治　298c

节假日安保　156b
节能减排　249a
节庆品牌活动　60a
节水型社会建设　229c
今后五年主要任务　16b
金顶街街道　340c～343、357b
　安全生产专项整治　342a
　便民工程　341c
　拆违控违　342c
　规范街面　343a
　红色邮票见证百年党史主题展(图)　341
　基层党建　341a
　接诉即办　341c
　垃圾分类　341b
　老旧小区改造　341c
　矛盾纠纷化解　342a
　模式口街区综合治理　343
　平安建设　342a
　施工环保　342c
　无障碍环境建设　342c
　物管会推进成立　342b
　新冠疫苗接种　342c
　养老服务　342b
　住房保障　342c
金顶山南路1604－745混合用地竣工　220a
金牌小小讲解员　286a
金秋体育盛会闭幕式　308c
金融　182a、183
　安全宣传　183b
　防疫屏障　182b
　风险防范化解　183b
　推动实体经济发展　183b
　营商环境优化　183a
　助力乡村振兴　183c
金融服务　183a
　保障冬奥　183a
　实体经济体系　183a
进博会参加　202a
京港一家亲共赏元宵灯活动　59c
京蒙(赤峰)协作项目　259b
京台教学交流　60b
京外招商引资活动　193
京西八大厂转型升级　280a
京西产学研创服务平台　259c
京西产业转型升级示范区　18a、43b、172a
　建设　18a、43b
　通报表扬　172a
京西消费节启动仪式(图)　201
京原路以南环境整治　230b
精彩冬奥志愿有我主题活动(图)　181
精品案件与优秀文书　146b
精神文明建设　4b、55c
精细化管理　237b
精准扶贫　197a
精准救助　315a、330b
精准普法　147c
精准施训　52a
经济发展　2b、15a
　质量　15a
经济管理　171
经济和信息化　174a
经济科技委员会　111c
经济领域改革　173b
经济社会高质量发展监督　75c
经济运行　175a、198c
　平台　175a
　情况　198c
经济责任审计　185b
经济指标　2b、349
　完成情况(表)　349
景观布置　224a
景贤杯创新创业大赛　53b
景贤人才评选认定　47c
警务练兵　143a
竞技体育　306b
纠治形式主义、官僚主义　118c
九三学社石景山区工委　127b、128
　北京冬奥会冬残奥会展示中心参观调研(图)　128
　参政议政　128b
　活动开展　127c
　社情民意　128c
　思想建设　127c
　组织建设　127c
就业　197a、320c、322c、330a
　安置　197a
　扶贫协作　322c
　服务　322c
　审核　330a
　体系运行机制　320c
救灾物资管理　201c
居家养老　317
　精准化服务　317b
　巡视探访　317a
居民人均可支配收入情况(表)　188b
居民生活状况　188a
居民收入　188b
居民消费支出增长及构成(表)　188b
决策参考　62c

决策研究　62a
军民融合　44a、153a
军事　151
军休党委建设　101a
军休干部　100c、101a
　　服务管理　101a
　　接收安置　100c
军政齐心谋发展　101b
竣工验收备案　215c

K

开发区领域腐败问题专项监督　118b
开发区土地集约利用评价　214a
看守所在押人员死亡案件　144c
康复服务　330b
康复辅助器具　317c、318a
　　产业园区建设　317c
　　租赁试点建设　318a
抗击新冠肺炎疫情　103a、140b
考察推介活动　193c
科创28条政策培训　252b
科幻产业联合体　252c
科幻写作训练营　255a
科技　25a
科技传播与影视融合系列沙龙(图)　254
科技创新　170a
科技扶贫活动　254a
科技工作者服务　138a
科技活动　254a
科技活动周　254c
科技项目　252b
　　结题验收　252b
　　评审会　252b
科普能力提升线上课程　254b
科学技术　251
科研工作　68a
空气环境质量　246c
空气重污染应急　248c
控制吸烟条例落实　293a
快递员暖蜂驿站揭牌　134a
快乐厨艺风采大赛　265(图)、272a
矿产资源和涉矿企业监督管理　214a
困境青少年普法教育　133c
困难帮扶　99c
困难职工精准脱贫　132b

L

垃圾分类　223b、311b
　　管理　223b
　　社区动员　311b
拉萨班红色文化活动　272c
蓝色蒲公英青年税收志愿服务队(图)　181
蓝天保卫战行动　249c
劳动关系风险防控　324a
劳动监察　324b
劳动教育　262c
劳动能力鉴定　326a
劳动争议调解　131a、324c
劳动争议仲裁　324c
劳模管理和服务　132a
劳务管理　217b
老干部管理　63c
　　自管组织建设　63c
老干部活动中心新址启用　64c
老旧小区电力配网改造　224c
老龄健康　294a
老年餐桌建设与管理　317a
老年人　296b、316c
　　健康管理　296b
　　综合能力评估　316c
老年艺术成果展演　271c
老山街道　311、334c～335c
　　核酸检测工作　335a
　　建党100周年庆祝活动　335a
　　接诉即办　335b
　　垃圾分类活动(图)　311
　　郎园疫苗接种点　335a
　　老旧小区改造　335c
　　两优一先表彰大会(图)　335
　　流动人口服务管理　335c
　　全国文明城区创建　335a
　　社会保障救助　335c
　　双报到活动　335b
　　信访代理　335c
李新　14
理论武装　51c
历史代征道路移交　213b
历史数据整合入库　215a
历史遗留矿山核查　214b
历史遗留项目问题解决　215a
廉政宣传教育　119b
连线冬奥会·再创新骑迹耐力骑行　307c
粮食安全　201b

粮食购销领域腐败问题专项整治　118b
两大机遇把握　15a
两红两优表彰座谈会　134a
两会期间大气环境保障工作检查(图)　249
两会消防安保　242a
两会驻地服务保障检查　206b
两节送温暖　133b
两区建设　2b、92a、94c、193c、202b
　宣传推介会　92a
　招商推介　94c
两新组织　50a
　教育培训　50a
　两个覆盖　50a
两优一先表彰大会　47a
瞭仓科幻科技展示应用论坛　193b
林地资源日常巡查及管理　235a
林长制　233～235
　办公室揭牌　233c
　工作协调会　233b
　年度督查考核　234a
　区长专题会　233c
　实施方案及配套制度　235a
　责任体系　235a
凌宇科技B轮融资　256c
凌云数安科技入驻石景山　259a
零售金融　183c
领导干部　33c、52c
　个人有关事项报告　52c
　会议　33c
刘娘府定向安置房D3、D7号楼竣工　220b
刘娘府公交场站建设　228b
流金岁月文化公司挂牌北交所　183c、259b
流浪人员救助　316a
留京过大年系列活动　133b
六工汇　260
　中关村石景山园特色产业园认定并授牌(图)　260
鲁谷街道　333、334、355b
　安全隐患消除　333c
　大气污染治理　334b
　党史学习教育　333a
　街区功能型党支部　333b
　京蒙对口支援　334a
　精品文化地标　333c
　就业与民生保障　334b
　垃圾分类倡议实践活动(图)　334
　平安鲁谷建设　334a
　全国文明城区创建　334b
　四个一模式　333b
　退役军人服务保障　334c
　未诉先办　333b
　无障碍环境建设　334c
　新冠肺炎疫情防控　333b
　新业态新就业群体试点　333c
　依法行政　333c
　意识形态工作　333a
　重点项目建设　333c
旅游　203～205b、208b
　活动　204a
　文明旅游管理　208b
　宣传资料编制　205b
律师管理　148b
绿化委员会调整　232c
绿化养护管理　236a

M

慢行交通服务评价及考核　227b
慢性非传染性疾病防治与管理　297c
矛盾纠纷排查化解　107c
矛盾问题攻坚化解　100c
媒体传播　287b
煤改清洁能源　249b
美沙酮门诊　298c
门户网站适老化和无障碍改造　175c
萌芽杯　266
　表彰会　266a
　录像课展评　266b
灭火救援　240c
《灭逃躲》系列消防宣传作品　242b
民办博物馆开放　286a
民办教育　276b
民办学校业务管理　268b
民兵　152b
　训练　152b
　政治教育　152b
　组织整顿　152b
民法典首判　147c
民革石景山区工委　122
　参政议政　122b
　社会服务　122c
　思想建设　122b
　组织工作　122c
民建石景山区工委　124b～125b
　参政议政　124c
　理论学习宣传　124b
　社服联络　125a
　宣传工作　125b
民进石景山区工委　125b、126a

参政议政 126a
社会服务 125b
思想建设 125c
组织建设 125c
民盟石景山区工委 123a～124c
百年华诞文艺演出(图) 123
参政议政 124a
社会服务 124b
思想宣传 123a
组织发展 124c
组织建设 123b
民生保障和改善 17b、45c
民生保障和文化发展监督 76a
民生服务改善 195a
民生福祉 11b、16a、20a
民生计量监管 191a
民生实事 173a、240c
落细落实 240c
谋划 173a
民事检察监督 146b
民营经济 59b、138c
统战工作 59b、138c
民营企业 139c、140a、145a
产权保护服务 139c
调研 140a
发展保障 145a
民政工作 313c
民主党派 58b、121、128
负责人 128
换届 58b
民主监督 114c
民宗领域处罚职权划转 328a
民族团结进步创建系列活动 328a
民族宗教事务 327c
名录库管理维护 188a
模式口 96a、213a、279a、280
街区规划研究 213a
历史文化街区开街 279c
驼铃古道开街(图) 280
文保区专家聘任 96a
墨香书法展示 267c
募捐救助 329b

N

耐用消费品拥有量(表) 188b
内部审计 185b
能源 25b
年度基础数据普查 239a
年度人口抽样 186a
年度荣誉 192b
年度信息化项目前置评审 175c
年鉴出版发行 289b
年终绩效考核 238a
农村乱占耕地建房专项整治 214c
农工党石景山区工委 126
民主监督 126c
社会服务 126b
社情民意 126c
思想建设 126b
组织建设 126b
农工商总公司改制 196b
农行保障服务冬奥会 184a
农行服务实体经济 184a
农民工专项工作 131b
农用地区片综合地价征收 214a
女职工工作 131c

P

排污许可证核发 248b
派出所 354b
培训机构 276
白名单 276b
监督检查 276c
压减 276c
营转非登记 276c
资金监管 276c
配套安全活动 306b
配套设施完善 205a
配套养老设施 317b
朋友圈扩大合作 206a
棚改征收 149b
棚户区改造 216a
品牌引领新消费 204a
品质社区建设 311
工作培训会(图) 311
品质之城建设 11b、20a
平安建设 4b、237c
平安石景山建设 142b
平安之星 347a
平安中国建设示范区称号 98a
瓶装液化气安全隐患排查 161a
苹果园街道 339b～340c、357b
安全隐患消除 340c
冬奥主题长卷画创作活动(图) 339
公共文化服务 340b
接诉即办 340a

就业服务 340b
垃圾分类 340a
民生工程 340b
全国文明城区创建 340a
社会保障服务 340b
物业管理 340b
新冠肺炎疫情防控 339c
信访代理 340c
苹果园综合交通枢纽建设 227a
普法宣传 145b、148c
普通地下室管理 217a
普通高中宏志奖学金 268a
普通话宣传周 264(图)、264b

Q

企业安全管理和疫情防控检查 161a
企业服务季 140b
企业审计 185b
企业走访 192c
气候变化应对 249b
气候评价 243c
气象 160c、242c、243
服务 243b
科普宣传 243a
科研 243c
依法行政 243b
灾害预警发布 160c
气象局预报员天气会商(图) 243
强降雨应对准备工作检查 161b
侨海外统战工作 59a
侨联换届 138a
侨梦苑北京论坛 59b
侨益依法维护 138b
桥下空间治理 227b
清华校友三创大赛工业物联网赛道 257c
决赛(图) 257
清明节消防安保 241c
清明咏怀文艺演出 281(图)、281a
线上演出 281a
清真寺加固改造工程 328c
青年交友 133c
青年科幻人才队伍建设与培养机制沙龙 254c
青少年U系列冠军赛 306c ~ 307b
冰壶冠军赛 307b
短道速滑冠军赛 307a
花样滑冰冠军赛 307a
柔道冠军赛 306c
跆拳道冠军赛 306c
青少年冰壶锦标赛 307b
青少年短道速滑锦标赛 307b
青少年花样滑冰锦标赛 307b
青少年科幻创意活动 254b
青少年科技教育 137b
青少年射箭锦标赛 306c
青少年事业发展规划调研 134a
庆祝大会服务保障 57b
庆祝中国共产党成立100周年 44a、57、281c
文艺汇演(图) 57
主题展览 281c
区长 107
区第十三次党代会 33a、48a
代表选举 48a
区级基层党组织书记工作室授牌 46c
区级林长巡林巡绿 235b
区级生态环境保护督查 248a
区级政策查询库 104b
区领导接访 107b
区情概览 1
区人大常委会第三十三次会议 72b
区人大常委会第三十四次会议 72c
区人大常委会第三十五次会议 73a
区人大常委会第三十六次会议 73b
区人大常委会第三十七次会议 74a
区人大常委会第三十八次会议 74a
区人大常委会第三十九次会议 74b
区十六届人民代表大会第七次会议 72b、75(图)
区十七届人大常委会第一次会议 75b
区十七届人大一次会议 74c
区属行刑衔接 145b
区通管办成立 174b
区委办公室文件 351
区委常委会会议一览(表) 34
区委工作机构主要负责人 69
区委工作务虚会 32c
区委理论学习中心组学习 54b
区委十二届十三次全体会议 32c
区委十二届十四次全体会议 32
区委十三届一次全体会议 33a
区委文件 351
区委重要会议 32b
区委主要文件目录 351
区域高质量发展 15a
区域经济 18b、142c
社会发展保障 142c
提质增效 18b
区域文化设施名录 353
区政府公报发行 103c

区政府文件　352
　办公室文件　352
　目录　352
区政府英文版门户网站上线　93b
区政协党组织主题党日活动(图)　111
区政协第二季度委员培训班(图)　112
区政协第十届委员会第五次会议　110a
区政协第十一届委员会第一次会议　110b
区政协庆祝建党100周年书法笔会活动(图)　114
区政协专题协商议政会(图)　112
区直机关党建　66a
曲艺家协会挂牌　290c
全国健康促进区复评　293c
全国科技工作者日　137a
全国科普日　137a
全国民主法治示范社区　347a
全国群众体育　347
　先进单位　347a
　先进个人　347b
全国人力资源社会保障系统优质服务窗口　347a
全国三八红旗手　347a
全国体育事业突出贡献奖　164a
全国脱贫攻坚　168c、347b
　先进个人　168c
　先进集体　347b
全国维护妇女儿童权益　347a
　先进集体　347a
　先进个人　347a
全国文明城区创建　41b、78a、195c、223a
　督导　78a
全国五一劳动奖章　347a
全国五一劳动奖状　347a
全国先进个人　347a
全国先进基层党组织　347a
全国先进集体　347a
全国依法治理创建活动先进单位　347a
全国优秀共青团员　347a
全国重点文物保护单位名录　353b
全国最美基层高校毕业生　347b
全面从严治党　57c、118c
　工作考核　118c
　主体责任　57c
全面深化改革　60b
全民参与冬奥　99b
全民畅读艺术书店(图)　204
全民健身日启动仪式　308b
全民科学素质提升　137b
全民义务植树宣传　232c
全民终身学习活动周　264c、265
　开幕式(图)　265
全运会花样游泳自由组合比赛　307a
群体党建　50a
群团工作　67b
群众冰雪运动调研　305a
群众获得感　16a
群众体育　307b
群众文化　280b

R

燃气管线消隐工程　224b
热线办理　231b
人才发展规划印发　53a
人才服务体系　53c
人才工作　53c、320c
　宣传力度　53c
人才培训班　47b
人才支持力度　53b
人大备案审查　76b
人大财政经济委员会　78c
人大常委会　75b、77～80
　工作机构负责人　80
　视察冬奥社区(图)　77
　视察优化营商环境工作(图)　78
　主任会议　75b
人大城建环保委员会　79b
人大法制委员会　78b
人大工作研讨会　77b
人大教科文卫体委员会　79a
人大社会建设委员会　79c
人大专门委员会工作　78b
人防工程　153、154
　防汛　154a
　竣工验收　153c
　完好率评估　154c
　维护维修　153b
　行政审批　153b
　行政许可　154c
　再利用　154b
人防进社区　153c
人口普查　186a
人力资源　320a、321c
　市场管理服务　321c
人民代表大会　71、79、80
　常务委员会　79、80
　专门委员会　79、80
人民防空　153a
人民生活　25a

人民调解　149a
人民团体　129
人民团体、群众团体负责人　140
人民武装　152a
人民政府　81
人事档案管理　322b
人事考试工作　324a
人物　347
任命干部履职情况监督　76c
日常运行维护　54a
荣誉　347
软件正版化成果　55c

S

三后问题解决　101c
扫黑除恶专项斗争监督执纪问责　119a
扫黄打非成果　55c
森林督查及森林资源管理　235a
森林防火　158c、160c、235
　联合应急演练　158c
　宣传　235c
　隐患治理　235b
　执法督查　235c
商超调配蔬菜保供应(图)　201
商会工作　139c
商务　199
商务服务业　200c
涉访维稳　143b
涉台宣传　60b
涉台疫情防控　60a
涉外疫情防控　106a
涉疫警情　143c
社保　325
　待遇支付　325c
　基金收支　325b
社工队伍制度建设　313b
社会保险和非税收入管理　180c
社会保险接续　100b
社会保障　4a、25a、325a
社会法制与民族宗教委员会　112a
社会工作队伍建设　313a
社会化管理服务　325b
社会建设　3b
社会救助　310b、314b、315a
　规划实施　310b
　专项治理　314b
社会领域党建　312b
社会面　143c、242c
　防控　143c
　网格化火灾防控　242c
社会生活　319
社会实践基地　47b
社会事业　309
社会心理服务体系建设　318c
社会治理　3b
社会组织　318
　参与扶贫　318c
　监督管理　318b
社区党组织　46a、312
　换届　46a
　书记任职培训班开班仪式(图)　312
社区服务改革　312a
社区妇联换届选举　135c
社区工作者培训　313b
社区建设与管理　310c
社区矫正　149b
社区居委会　310
　成立　310c
　第十一届选举　310a
社区两委换届三到位三严格　46b
社区邻里节　310a
社区社会组织培育　318c
社区书记任职培训　312b
社区团支部选举　134a
社区卫生服务　295a
社区一码通　239a
社区之家规范化建设　312a
社区自治能力建设　311c
设施设备更新升级　231c
审计　53a、184c、185
　查出问题整改　185c
　成果　185a
　监督　53a
　理论研究　185c
审计委员会　184
　第六次会议(图)　184
　会议　184c
审查调查　119b
声环境质量　247a
生产安全事故调查处理　158a
生命统计　298a
生态保护　249c
生态环保督察　247c
生态环境　3a、245～247
　联合执法(图)　246
　质量　247b
生态环境保护　237a、248a、250c

督查 248a
宣传 250c
生态环境局为家乐福超市赠送购物袋(图) 248
生态文明委督察 248a
生态宜居示范区建设 11a、17b
生育服务管理 301a
师德优秀教师评选 264a
师生四联展 267b
施耐德应用工程师学院揭牌 269a
十四五规划纲要印发实施 172b
十四五交通发展建设规划 228c
十四五社会救助规划实施 310b
十四五文旅发展规划 204a
十四五应急体系专项规划 156a
十四五园林绿化发展规划 233b
实体书店 204c、205c
扶持项目 204c
建设和发展 205c
实验区建设目标 310b
实验室危险化学品安全检查 162a
实验中学新建综合楼工程 217c
实战化救援能力 241b
《石景山·红色记忆》 69b
石景山古建群文保所 286b
石景山路新型交通护栏 228a
石景山区 22、69~71、94c、128、130c、135b、137a、253、349
2021年国民经济和社会发展统计公报 22
博物馆对外开放 94c
第十三届委员会 69
妇女联合会 135b
科学技术协会 137a
两区建设招商推介会(图) 94
民主党派负责人 128
人民代表大会 71
文物保护单位名录 353b
政府、党政分设工作机构党组织书记 70
主要经济指标完成情况(表) 349
总工会 130c
石景山区人民政府 81、253、352
办公室文件 352
与华为技术有限公司签署战略合作协议(图) 253
文件 352
主要文件目录 352
石景山区委工作机构主要负责人 69
石景山医院 293、295
医联体工作督导检查(图) 295
与青海省称多县人民医院签订共建协议(图) 293
石景山游乐园 208b、209
百魅狂欢汇活动 209b
北京网红打卡地 209b
冰雪小镇活动 209b
灯光秀庆祝建党100周年 208c
国庆游园会活动 209a
狂欢之夏活动 209a
狂欢之夏活动极光秀(图) 209
旅游景区反恐怖工作检查 208a
提示信息 209c
新项目十一期间运营 209a
石景山责任规划师 212b
食品安全示范区创建 191c
世界读书日主题活动 283b
世界环境日人与自然和谐共生主题宣传活动(图) 249
事业单位 63、320b
法人登记管理 63b
改革试点 63a
人事管理 320b
治理体系 63a
市场监管 188c
市场主体发展情况 192b
市场消费 24a
市级城乡社区治理表彰 312a
市级法律法规知识竞赛 235c
市领导接访 107a
市民花卉节 272a
市民投诉处置 306b
市区五级网格统一划分 238c
市人大常委会到区调研 95b
市容环境 230c
市委领导到区调研 32a
市委巡视整改 43b
市政基础设施建设 224a
市政设施承灾体普查 227b
市政协到区开展协商调研 114a
示范幼儿园授牌 266a
视频共享服务平台 175a
适老化改造与无障碍建设 317b
收养工作 316a
守正杯活动 267c
首都发展为统领 17a
首都基层治理专题研讨会 47c
首都劳动奖章 347b
首都劳动奖状 347b
首都全民义务植树日活动 233a
首都全民义务植树书画大赛 234a
首都文明单位 347b
标兵 347b
首都五一劳动奖章 348a
首都西部综合服务区建设 9b、17b

首都拥军优属拥政爱民模范单位 347b
首钢 A + 极强评级 169c
首钢北区慢行系统示范区 227a
首钢大跳台全要素消防演练 239c
首钢工学院实训中心宣传活动(图) 157
首钢基金 168b、169
　　获卓越社会责任奖 168b、169c
　　助力北京智慧城市发展 169b
首钢跻身世界 500 强 169a
首钢吉泰安助力绿色冬奥 164b
首钢极限公园冠名 166c
首钢集团 163、168b
首钢南区小型消防站 240c
首钢园区 96、162b、166a、168a、204、240、279b
　　公共设施移交 279b
　　科幻产业集聚区 168a
　　全覆盖执法检查 162b
　　全民畅读艺术书店(图) 204
　　实战演练(图) 240
　　体育产业示范基地 166a
　　系列冰雪活动(图) 96
首钢展现服务保障冬奥、培育冰雪体育产业、集聚优质冰雪体育资源(图) 167
首钢政协委员会工作站揭牌 111(图)、166a
首家智慧托育 256b
枢纽型社工党建 313a
疏解整治促提升 173a、176a、192a、194c、197a、236a、238b
　　成果 197a
　　点位治理督办 238b
　　市级任务 236a
　　专项行动 173a、192a
属地责任落实 18a
数据分析平台建设 238c
数据资源管理 54a
数字服务建设 102c
数字文化馆服务效能 279a
双奥之区建设 304c
双报到工作 66c
双减工作 268
　　督导检查 268a
　　落实 268b
双师课堂项目 267c
双随机、一公开监管 212a
双拥工作 101a
双拥共建 152c
双拥品牌创建 102a
双拥宣传 101c
双拥月送关怀 101b
水环境治理 229b
水生态建设 229b
水电小型消防站 239b
水污染防治 250b
水务 228c
水域救援综合演练 239c
水资源管理 229b
税收收入特点 179c
税务 179b
丝路书画院揭牌 271b
司法 146a、148b
　　救助 146a
　　行政 148b
思想道德建设工作部署会 264b
思想建设 64c
斯威克斯入驻石景山 257c
私营个体经济服务 191c
四道合一规划研究 212c
四联消防 + 环卫 242b
四史知识竞赛 267b
送服务进企业 321a
送温暖精准帮扶 132b
送温暖献爱心 316b
素质教育综合督导 274c
诉前建议与磋商 145b
所得税管理 180a

T

台港澳事务 59c
坦克 300 定向挑战赛 166b
特困人员供养 315c
特色产业园授牌 260b
特色主题线路打造 204b
特殊教育提升计划实地评估 267a
特殊困难群体走访慰问 136c
特载 5
特种设备安全保障 190b
腾退山区林地执行案 148a
提案委员会 112c
提议案办理 173c
体教融合·植根计划 262c、263(图)
　　行动启动暨石景山区实验基地授牌仪式(图) 263
体系化营销塑造新形象 205b
体育 3b、303
体育产业 166a、305c
　　示范基地 166a
田顺庄公交场站迁移 228b
铁肩担道义妙手著文章巡展 284c
铁路沿线环境整治专题研究 232c

停车设施建设　225b
停车有偿错时共享　228a
停车综合治理示范区　228a
统计　185c～188a、349
　　调研　187b
　　服务　187c
　　基层基础　186b
　　年报　188a
　　宣传　186c
　　执法　187a
　　资料　349
统计开放日统计进社区专场活动(图)　187
统一战线　57b
投资领域情况(表)　24
突发事件　159a、294b、300c
　　处置　294b、300c
　　应对　159a
图书馆　283a
土地　213、215b
　　储备开发　215b
　　供应计划　213a
　　管理　213
　　权属审查　213c
土壤　247c、250b
　　环境质量　247c
　　污染防治行动计划　250b
团代表联络站、政协委员工作站揭牌仪式　134c
团支部书记学院成立　67c
退休核准　326b
退役军人　99b、100b
　　就业创业　100b
　　事务　99b
退役士兵安置　100b
脱贫攻坚乡村振兴衔接　173b
拓展服务　226c

W

外籍人员疫苗接种　105a
外贸进出口　202c
外商投资　202b
外事　104c
外语风采大赛初赛　271c
外资来源　202b
万人共绣一面党旗　263a
网格工作推进会　238a
网络市场监管　191
危险废物监管　248
为统战对象办实事　58a
违法群租房管理　217a
卫生　3b、25a、291
卫生监督　300c
卫生街道创建　293b
卫生人才培养　297a
卫生实验室建设　297c
卫生应急　294b
卫生专项督导检查　293a
未成年人　56b、145c、147c
　　检察　145c
　　司法保护　147c
　　思想道德建设　56b
未成年人保护委员会　133c、314c
　　全体会议　133c
　　调整　314c
未解决诉求督办　238b
未来五年面临的形势和发展战略　8b
文保单位机构调整　286a
文保单位新增　283c
文化　3b、277
文化创意产业　286c
文化和自然遗产日活动　285a
文化建设　237b
文化交流活动　138a
文化精品培育　286c
文化旅游　25a、278c
　　体验基地入选　278c
文化品牌塑造传播　280a
文化企业上市　286c
文化生态底蕴　19b
文化市场　287a
文化遗产保护　283b
文化政策出台　287a
文化助力冬奥　282c
文件目录　351
文联活动　289c
文旅知名度　204c
文明城区创建　56c、184a、189b
文明单位创建　57a
文明家庭创建　57a
文明吸烟环境建设验收　198a
文明行为促进条例贯彻落实　56b
文体活动　132c
文物保护单位名录　353b
文艺家协会换届　290a
我为群众办实事　49c、137b、147a、329b
　　实践活动　49c
污染物减排　249a
污水管线建设　229c

无军籍职工管理　101a
无障碍环境建设专项行动　329c
五级网格统一划分　238c
五里坨　212c、218a、219
　1601－029 地块竣工　219
　1601－055 地块竣工　218a
　1602－062 竣工　218a
　1602－074 地块竣工　218a
　浅山区发展研究　212c
五里坨街道　344b～346c、358b
　便民服务增设　346b
　党建工作　344c
　党史学习教育　344c
　法治服务　345c
　防汛应急处置　345b
　扶贫支援协作　346a
　环境治理　345a
　接诉即办　346c
　居家养老服务　345c
　老旧小区改造　345a
　廉政建设　344c
　民生保障　345c
　平安建设　345b
　全国文明城区创建　345a
　群众文化生活　346b
　社会救助保障　345c
　社区队伍建设　346a
　疏整促专项行动　345a
　新冠肺炎疫情防控　345b
　意识形态工作　344c
五一假日旅游市场　206c
五一口号发布 73 周年活动　166c
五一期间疫情防控和安全生产检查　161a
五子联动　45b
勿忘来时路书画展　290b
物业管理　216a

X

西部地区城市转型升级　280a
西山绿道项目设计方案　233a
西山永定河文化带　19b、279b
　建设　279b
西山永定河文化节　167b、279c
西苑医院调研西部医院建设　93b
戏聚石景山·戏曲进校园　281c
宪法宣传周学习教育　198b
现场教学点共建　288c
现代金融产业高质量发展　182c
线上春节文化活动　280c
线上宣传　193c
乡村振兴　178a
乡土植物六进活动　233b
向山礼自行车强人赛　308c
向阳花保护计划　130a
项目　193a、237a、329a
　建设　237a
　救助　329a
　推介投洽会　193a
消防安全　207c、241a
　急救培训　207c
　专项整治　241a
消防宣传　241b
消费　188b、201a
　扶贫　201a
　市场　201a
　支出　188b
小微权力腐败问题监督　119a
小学生暑期托管服务　268b
小学生游泳邀请赛　307a
校外教育培训机构督导检查　274c
校园安全主题活动　239c
校园周边烟草零售户创城宣传检查(图)　198
协管员管理改革　313a
协同办公一体化平台　175a
携手聚冰雪联盟助冬奥活动　305b
心理健康教育实践研究学校　265a
新春送福送联活动　289c
新动能培育　193b
新冠肺炎疫情防控　45a、118c、189a、196b、198c、222b、231c、237a、294b、295b、329c
　监督　118c
新冠肺炎疫情服务保障　226a
新冠肺炎疫情期间电力保障　224c
新冠疫苗接种　137b、306a、313b
　服务保障　306a
新冠疫情联防联控　102a
新阶层人士统战　59c
新金融亮相服贸会　182a
新媒体　287b
新年倒计时活动首钢园区举行(图)　166
新时代街道工作　310c
新时代首都城市复兴新地标打造　18a、45a
新时代网上枫桥经验　107c
新时代文明实践所、站、基地试点　55b
新首钢高端产业综合服务区　163、165c、279b
　规划建设　279b
新闻出版审批　55c

新闻宣传　55b
新业态、新就业群体党建　50a
新一代人工智能立项　252a
新一代信息技术产业发展　176b
信访　107a
《信访风采》出版　107a
信访核查　315a
信访及接诉即办　327c
信访举报　119c
信访条例宣传月　107b
信息公开　103b
信息化建设　175c、181c、187a、231b
　培训会　175c
　平台建设　231b
信息技术保障　119c
信息科学研究院走访　97
信息宣传引导　158a
信用＋医疗试点考察调研　177a
信用监管　189c
信用医疗网络化发展　177a
星级饭店复核　208b
刑事检察监督　145a
行刑衔接　145b
行政处罚案卷抽验　150a
行政复议与行政应诉　150b
行政学院主体班一览(表)　67
虚拟读者卡　283b
虚拟现实产业推进会　256a
宣传　54a、59a、287a、327c
　调研工作　59a
　活动　287a
　培训　327c
选人用人工作专项检查　53a
选调生补助资金管理使用　47b
学雷锋日主题活动　133c
学雷锋志愿服务　56b
学前教研展示活动　266a
学前教育　265c、266b
　督查　266b
　培训　266b
学生击剑邀请赛　306c
学习活动　66b
学习与文史委员会　113a
学校绩效工资制度　323c
学校卫生　300a
学业监测质量分析会　267b
血液管理　294c
巡察工作　120a
巡察后半篇文章　120b
巡视整改　119a
汛期地质灾害防治　214a
汛期降雨应对　159b

Y

烟草专卖　197b
严重违法失信行为专项治理　176c
阳春社区体育节足球赛　307c
阳光消费金融公司走访(图)　192
养老服务　61a、316b、317
　补贴津贴　316b
　人才培训　317a
　设施建设　317c
　体制改革　61a
养老服务机构　272a、316c、317
　安全管理　316c
　补贴管理　316c
　护理技能培训班　272a
　数字化监管　317b
　疫情防控　316c
　质量管理　317c
养老综合信息平台运维　317a
药品安全监管　302b
药品使用监管　190a、302b
药械市场监管　190a、302c
冶金科学技术奖　169a
野生动物救助　234c
野生动物疫源疫病监测　234c
野生动物执法检查　234c
一把手进社区活动　49c
一般公共预算收入情况(图)　24
一呼百应整合并入城市大脑　54a
一体化德育实践研究　263b
一站式多元解纷机制　147a
依法行政　173b、212a
依法治区　150a
依法治校　264c、265a
　达标创建工作　264c
　培训　265a
医保基金　326c、327
　监管　326c
　特约监督管理员启动仪式(图)　327
医联体建设　295a
医疗保险　326b
医疗费用审核结算　327b
医疗服务管理　294c
医疗机构准入管理　295a
医疗救助　327a

医疗卫生监督 301a
医药卫生体制改革 61b
医院运行信用+医疗系统(图) 177
移动源行政执法 248c
移送问题线索 145c
以案为鉴、以案促改 32c、118b
　警示教育大会 32c
以心为笔情系冬奥画展 289c
义教优质均衡发展督导检查 274c
义教质量监测结果解读会 274a
义务植树基地接待活动 233a
异地就医 327c
忆满京城情思华夏 2021 年清明咏怀文艺演出(图) 281
意大利品牌冠名首钢极限公园 166c
意识形态建设和管理 54c
疫苗接种 175b、176a、222b
　点位信息化建设 175b
　数据统计 175b
疫苗摸排小程序上线 175c
疫情保障 315b
疫情防控 49a、66b、78a、153a、159c、172b、176a、200b、287a、326c
　保障 49a、159c
　常态化执法工作 287a
疫情风险人员排查管控 49a
因公出国(境)管理 106a
银保园创新发展 182c
婴幼儿照护服务 301a
应检尽检纳入信用+医疗 174b
英文版门户网站 103b
营商环境优化 102c、106c、172c、213b、327a
迎冬奥·一起向未来书画展 290c
迎冬奥一起来活动 264c
应急保障 153b
应急避难场所建设 159c
应急部署 156b
应急管理 155
应急救护培训和普及 329a
应急救援 158b
应急体系专项规划 156a
雍正御制碑移交石景山区管理 285c
永定河左岸京原路以南环境整治 230b
永引渠水系景观提升工程 230a、230(图)
优抚工作 100a
优化营商环境 306a
优秀调研文集 62c
优秀会员企业 138c
优秀文书 146b
优质服务基层行 297a
友好城市交往 105b
有限空间作业 161c、207c
　安全监督检查 207c
　夜查专项行动 161c
幼儿园 266a、275a
　办园质量督导评估 275a
　与小学科学衔接研究 266a
幼小双向衔接 266a
与芬兰商会座谈交流 97b
与金融街控股、中青旅座谈 93c
与麻浦区缔结友城 25 周年纪念展 106a
与兄弟区(市)政协友好往来 113b
与中国电科集团座谈 94b
与中交资本战略合作签约 182b
语言文字工作会 265b
玉兰赏花季 236c、236(图)
预付式消费监管 306b
预购商品房全程网办 215a
预算 76b、178c、179a
　编制与执行 178c
　绩效管理 179a
　审查监督 76b
元旦旅游市场 206a
元宇宙产业实验室 259a
原创文艺作品获奖 282a
园林绿化 232
　发展规划 233b
　重点工作 232b
园林植物有害生物防治 236a
园区产业推进日 256c
园区诞生超级独角兽 257a
园区服务 237b
园区获四部委通报表扬 258a
园区建设三年行动 168a
园小服开讲 259c
园艺驿站 234b
远程教育精品资源开发 53c
远教平台督学促学 54a
月平均气温与常年对比统计(表) 244
阅时光读书嘉年华 271b

Z

再唱山歌颂党恩音乐会 290b
在中国共产党北京市石景山区第十三次代表大会上的工作报告 6~12
　产业转型升级 10a
　城市更新行动 9b
　城市治理创新 12a

城市治理现代化 12a
党的建设 12b
冬奥筹办服务保障 9a
冬奥带动效应 9a
发展战略 8b
工作指导思想 8b
国家级产业转型发展示范区建设 10a
过去五年工作回顾 6a
民生福祉 11b
品质之城建设 11b
生态宜居示范区建设 11a
首都西部综合服务区建设 9b
未来五年面临的形势和发展战略 8b
造血干细胞知识普及 329b
责任督学与专项督导 276a
责任规划师 212b
增添正能量活动 65b
增值税管理 179c
战备执勤 152b
战略性新兴产业布局 195b
招商引资 192c
折子工程 187c
阵地建设 65b
震情跟踪保障 244b
征兵工作 152c
政策 65c、101c、104b、185a、314c
查询库 104b
落实办实事 65c
培训 314c
审计 185a
宣传落实 101c
政法 61c、142c、150
部门负责人 150
队伍教育整顿 142c
领域改革 61c
政法委 142a
政府部门教育职责完善 275a
政府采购 179a
政府常务会 82c
政府常务会一览(表) 83
政府、党政分设工作机构党组织书记 70
政府对外联系电话自查整改 104c
政府工作报告 14~20
2022年工作建议 18a
北京城市总体规划落实升 14b
产业转型 15a、17b、18b
城市承载能力 15b、19a
城市更新实施 15b、17b
城市更新行动实施 19a
城市治理创新 19b
城市治理现代化 19b
冬奥筹办服务保障 18a
法治政府建设 20b
服务型政府建设 20b
国家级产业转型发展示范区建设 17b
过去五年工作回顾 14a
今后五年主要任务 16b
京西产业转型升级示范区建设 18a
经济发展质量 15a
两大机遇把握 15a
民生保障和改善 17b
民生福祉 16a、20a
品质之城建设 20a
区域高质量发展 15a
区域经济提质增效 18b
群众获得感 16a
生态宜居示范区建设 17b
首都发展为统领 17a
首都西部综合服务区建设 17b
属地责任落实 18a
文化生态底蕴 19b
西山永定河文化带 19b
新时代首都城市复兴新地标打造 18a
政府治理能力 16b
中心城区功能提升 17a
中心城区功能优化提升 14b
自身建设 16b
政府投资审计 185b
政府网站内容监管 104a
政府信息 103b、104a、173b
公开依法办理 173b
依申请平台 104a
政府治理能力 16b
政务大厅首席代表 197c
政务服务 102
事项办理 102c
体系建设 102c
政务公开 103b、104a
新媒体平台 104a
政务新媒体突出问题排查整治 104b
政务云平台 174c
政协工作理论研讨会 114a
政协换届 58b
政协石景山区第十届委员会 115
政协石景山区第十一届委员会 115
政协石景山区工作机构负责人 115、116
政协石景山区委员会 109
政协石景山区专门委员会负责人 115、116

政治建设 64c、66a
政治协商 114b
政治巡察 120a
正月十五唱大戏 280
　　百姓戏聚石景山线上活动(图) 280
支援协作 130a、194a、195b、329b
　　阶段性成果 195b
知识产权公共服务 191b
知识竞赛 143a
执行难题破解 147b
直播带岗 321b
直销规范打击传销 192a
职工互助保险 132b
职工之家暖心驿站建设 132c
职务犯罪案件座谈会 145a
职业技能 130b、321a、323
　　大赛 130b、321a
　　鉴定 323c
　　培训 323b
职业教育 272a、273a
　　宣传月 273a
指挥通信建设 153b
纸媒体 287c
制度化规范化建设 120c
志愿服务 313b、329a
　　行政管理 313b
志愿者服务活动 132c
治安整治 143b
秩序整治 226b
致公党石景山区工委 127
　　参政议政 127a
　　服务社会 127b
　　海外联络 127b
　　理论学习 127a
中芬创意交响乐音乐快闪活动 105c
中共石景山区委员会 31、69、120、351
　　办公室文件 351
　　第十三届纪律检查委员会 120
　　第十三届委员会 69
　　文件 351
　　主要文件目录 351
中关村工业互联网产业园核心区建设 258b、258(图)
中关村科技园 1605－636 地块 B23 项目竣工 218a
中关村科技园区石景山园 196a、255b
中关村数字化创新国际论坛 258b
中国冰雪运动发展高峰论坛 304a
中国钢铁清洁生产环境友好企业 168c
中国关工委调研考察 98a
中国国际服务贸易交易会服务 134c
中国国际金融年度论坛 182b
中国科幻大会 167c、253a
中国科幻研究中心成果发布 253c
中国领先金融科技 50 强 255c
中国数字冰雪运动会总决赛 304b
中国文化馆协会合唱委员会成立 278b、278(图)
中国虚拟现实产学研大会 97c、259b
中国智能制造十大科技进展 260c
中航信移动科技入驻石景山 259a
中行市级荣誉 184b
中华经典诵写大赛 263a
中华优秀传统文化推进 268a
中老年优秀健身项目展示 307c
中文＋职业技能研究基地落户 269b
中小企业服务 177b
中小学劳动教育 273a
中小学生 264c、265、306c、307a
　　冬季运动会 306c
　　篮球联赛 307a
　　足球联赛 264c、265(图)
中小学武术进校园项目 268a
中心城区功能优化提升 14b、17a
中央八项规定精神落实 118c
中央生态环境保护督察 247c
中央政法委调研 107c
中医传承工作室建设 301c
中医健康养老护理员培训 301c
中医文化进校园 302a
中医药 296c、301c
　　服务 296c
　　技能培训 301c
　　事业 301c
中资银行人民币存贷款余额情况(表) 23
重大活动 41a、44b、82b、222c、226a
　　服务保障 44b、222c、226a
重大项目建设 2b、172a、215
重点功能区建设 3a
重点工程 102b、231c
　　建设 231c
　　助推 102b
重点行业消防安全管理 241a
重点就业指标 322a
重点林区喷淋洒水降湿 160a
重点群体就业保障 323b
重点人群核酸检测 47c
重点任务 2a
重点投入 178b
重点文物保护单位名录 353b
重点项目建设 195、213c

保障 213c
重点协作调研课题 62a
重要工作和活动 77a
重要会议 72b、110a
重要活动电力保障 224b
周末场演出 282c
周末剧场－河北梆子《辕门斩子》演出(图) 282
主题活动 193a
主题科普活动 137a
主题演讲比赛 135c
主席会议 110c
主要工作 41a、82b
住房补贴和专项维修资金管理 216b
住宅工程 215c、218a
缺陷保险投保 215c
助企惠民 148c
铸造村一区 14 号楼竣工 219a
专 11 路公交增设站点 225c
专 210 公交线路 225c
专 215 公交线路 226a
专班区领导调度工作 238b
专场招聘会 276b
专家组检查文旅行业安全 206b
专精特新企业 177c
发展 177c
中小企业认定 177c
专门委员会 111b
专题调研 45c
专文 21
专项补贴 197a
专项调查 187a
专项督导 276a
专项工作 51b
专项审计调查 185b
专项维修资金审核备案 216b
专项消防与反恐 153c
专项整治 314c
专业技术人员管理 322a
专业作业 230c
转办案件督察 146a
转业军官安置 100a
自然灾害综合风险普查 157a、160
部署 157a
宣传活动(图) 160
自然资源督察整改 214b
自身建设 16b
自主择业军转干部服务管理 100b
宗教节日活动 328a
综合督导意见反馈 274b
综合管理 156b
综合救援总队 348a
综合课程改革与培养 273b
综合调控 172a
综治维稳 142a、197a
总部经济 200a
总林长 1 号令和 2 号令发布 234a
总责任规划师聘任 95c、212
聘任会(图) 212
走访慰问 63b、99c、313c
走进高校引才计划 53b
组织基础 66c
组织建设 46a
组织领导 64b
组织协商议政 114c
最美家庭选树 136c